CONTEÚDO DIGITAL PARA ALUNOS
Cadastre-se e transforme seus estudos em uma experiência única de aprendizado:

1 Entre na página de cadastro:
https://sistemas.editoradobrasil.com.br/cadastro

2 Além dos seus dados pessoais e dos dados de sua escola, adicione ao cadastro o código do aluno, que garantirá a exclusividade do seu ingresso à plataforma.

2405271A3486397

3 Depois, acesse: https://leb.editoradobrasil.com.br/
e navegue pelos conteúdos digitais de sua coleção :D

Lembre-se de que esse código, pessoal e intransferível, é valido por um ano. Guarde-o com cuidado, pois é a única maneira de você acessar os conteúdos da plataforma.

CB037418

Editora do Brasil

ENSINO MÉDIO

GRAMÁTICA
Textos e contextos

volume único

Cibele Lopresti Costa (Coord.)

Doutora em Literatura Portuguesa pela Universidade de São Paulo, Mestre em Literatura e Crítica Literária pela Pontifícia Universidade Católica de São Paulo e graduada em Letras pela mesma instituição. Foi professora de Língua Portuguesa e Literatura no Ensino Fundamental II e Médio da rede particular e professora de Estudos Literários na Pós-Graduação do Centro de Formação da Escola da Vila. Autora de livros didáticos para o Ensino Fundamental II e Ensino Superior. Atua também na área de assessoria pedagógica, formação de professores e mediação em clubes de leitura.

Angela Kim Arahata

Mestre em Linguística Aplicada e Estudos da Linguagem pela Pontifícia Universidade Católica de São Paulo e graduada em Pedagogia pela mesma instituição. Foi professora polivalente no Ensino Fundamental I e de Língua Portuguesa e Literatura no Ensino Fundamental II na rede particular de ensino. Foi professora de Didática e Metodologia de Pesquisa na Pós-Graduação do Centro de Formação da Escola da Vila. Leciona e coordena a área de Língua Portuguesa e Literatura no Ensino Médio da rede particular de ensino. Atua também na área de formação de professores e assessoria pedagógica.

Aline Evangelista Martins

Mestre em Ensino de Literatura pela Universidade Autônoma de Barcelona (ESP) e graduada em Letras e Jornalismo pela Universidade São Judas Tadeu. Foi professora polivalente no Ensino Fundamental I e professora e coordenadora da área de Língua Portuguesa e Literatura no Ensino Fundamental II e Ensino Médio, na rede particular de ensino. Autora de livro didático para o Ensino Superior. Atua também na área de formação de professores.

Elenice Rodrigues Souza e Silva

Especialista em Língua Portuguesa e em Análise do Discurso pela Pontifícia Universidade Católica de São Paulo e graduada em Língua e Literatura Portuguesa pela mesma instituição. Foi professora e coordenadora do Ensino Fundamental II e Médio na rede particular de ensino. Colaboradora na elaboração de materiais didáticos para o Ensino do Fundamental II. Atua também na área de formação de professores das redes particular e pública de ensino e na assessoria pedagógica em Língua Portuguesa na rede particular.

COMPONENTE CURRICULAR
LÍNGUA PORTUGUESA
VOLUME ÚNICO
ENSINO MÉDIO

1ª edição
São Paulo – 2017

© Editora do Brasil S.A., 2017
Todos os direitos reservados

Direção geral: Vicente Tortamano Avanso

Direção editorial: Cibele Mendes Curto Santos
Gerência editorial: Felipe Ramos Poletti
Supervisão editorial: Erika Caldin
Supervisão de arte, editoração e produção digital: Adelaide Carolina Cerutti
Supervisão de direitos autorais: Marilisa Bertolone Mendes
Supervisão de controle de processos editoriais: Marta Dias Portero
Supervisão de revisão: Dora Helena Feres
Consultoria de iconografia: Tempo Composto Col. de Dados Ltda.
Licenciamentos de textos: Cinthya Utiyama, Jennifer Xavier, Paula Tozaki e Renata Garbellini
Controle de processos editoriais: Bruna Alves, Carlos Nunes, Gabriella Mesquita e Rafael Machado

Concepção, desenvolvimento e produção: Triolet Editorial & Mídias Digitais
Diretora executiva: Angélica Pizzutto Pozzani
Diretor de operações e produção: João Gameiro
Gerente editorial: Denise Pizzutto
Editora de texto: Olivia Maria Neto, Tatiana Gregório, Taís Rodrigues
Preparação e revisão: Carol Gama, Érika Finati, Flávia Schiavo, Gabriela Damico, Gisele Gobbo, Juliana Folli, Lara Milani, Leandra Trindade, Nathália Matsumoto, Patrícia Rocco, Roseli Simões
Projeto gráfico: Triolet Editorial/Arte
Editor de arte: Ana Onofri
Assistente de arte: Felipe Frade
Ilustradores: Ana Onofri, Estúdio Kiwi, Daniel Almeida, Filipe Rocha, Nelson Provazi, Reinaldo Martins Portella, Suryara Bernardi, Valter Ferrari
Iconografia: Pamela Rosa (coord.)
Capa: Beatriz Marassi, Ana Onofri

Dados Internacionais de Catalogação na Publicação (CIP)
(Câmara Brasileira do Livro, SP, Brasil)

Gramática: textos e contextos : volume único / Cibele Lopresti Costa ... [et al.] ; Cibele Lobresti Costa, (coord.). – 1. ed. – São Paulo : Editora do Brasil, 2017. – (Série Brasil : Ensino Médio)

Outros autores Aline Evangelista Martins, Angela Kim Arahata, Elenice Rodrigues
ISBN 978-85-10-06609-9 (aluno)
ISBN 978-85-10-06610-5 (professor)

1. Português (Ensino Médio)
I. Costa, Cibele Lopresti. II. Martins, Aline Evangelista III. Arahata, Angela Kim IV. Rodrigues, Elenice V. Série

17-06641   CDD-469.07

Índice para catálogo sistemático:
1. Português : Ensino Médio   469.07

Reprodução proibida. Art. 184 do Código Penal e Lei n. 9.610 de 19 de fevereiro de 1998.
Todos os direitos reservados

2017
Impresso no Brasil

Impresso na Forma Certa Gráfica Digital.
1ª Edição – 5ª Impressão – 2024

Ilustração de capa:
Nelson Provazi

Avenida das Nações Unidas, 12901
Torre Oeste, 20º andar
São Paulo, SP – CEP: 04578-910
Fone: +55 11 3226-0211
www.editoradobrasil.com.br

APRESENTAÇÃO

Caro aluno,

O mundo em que você vive o convida a se comunicar o tempo todo. Seja por gestos, expressões faciais, movimento do corpo, música, fotografia, pintura, desenho, seja pela palavra escrita ou falada, você é constantemente levado a se expressar e a interpretar as mensagens que circulam em diversos meios.

Por ser algo tão presente em seu dia a dia, é possível que você nunca tenha parado para pensar na diversidade de situações comunicativas que vivencia e na sua relação com os códigos e as linguagens que usa para se comunicar. Este é o convite que fazemos neste livro: que você observe a interação por meio da palavra escrita e da linguagem visual, que reflita sobre a forma como os participantes das situações comunicativas usam a linguagem e que pense sobre o uso que faz dos recursos linguísticos, tanto nas situações mais cotidianas quanto nas ocasiões menos familiares e mais formais.

Ao longo dos capítulos, são apresentados textos diversos: tiras, cartuns, artigos científicos, ensaios, reportagens, entrevistas, anúncios, crônicas, poemas, contos e fragmentos de romance, entre outros. Essa diversidade é importante para a observação das peculiaridades do português em distintas situações, o que favorece a percepção das diferentes escolhas feitas pelos usuários da língua. Da reflexão sobre situações reais de comunicação surgem questões que exploram o sentido do texto e atividades voltadas à observação de estruturas linguísticas que serão sistematizadas no capítulo. Por fim, você voltará a outros textos, para analisá-los, à luz dos conceitos construídos. Trata-se, pois, de um movimento que vai da análise do uso à reflexão e sistematização e da sistematização novamente à análise do uso. Nesse percurso, seus conhecimentos gramaticais de consolidarão, de forma contextualizada e significativa.

Além da diversidade de gêneros, o estudo da gramática que propomos enfatiza também as variações regionais e os diferentes usos do português através das regiões do país. Conhecer essa diversidade é extremamente importante para que você possa se apropriar cada vez mais do patrimônio linguístico do qual é herdeiro.

Esperamos aguçar a sua curiosidade para a forma como a língua portuguesa se constituiu, e vem se constituindo, ao longo dos tempos, cada vez que falamos ou escrevemos. Afinal, a língua é viva: forma-se e transforma-se a cada dia, por meio da ação daqueles que fazem uso dela. Conhecendo-a a fundo e refletindo sobre ela, você se tornará mais consciente de suas escolhas linguísticas e mais preparado para transitar por diferentes situações comunicativas, assumindo sua voz no mundo com segurança e tranquilidade.

As Autoras

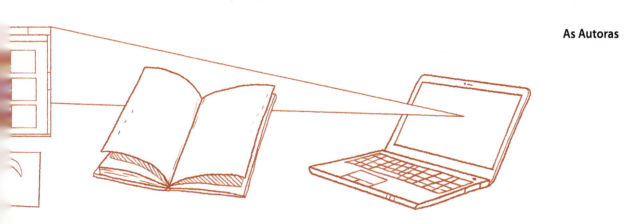

Conheça o livro

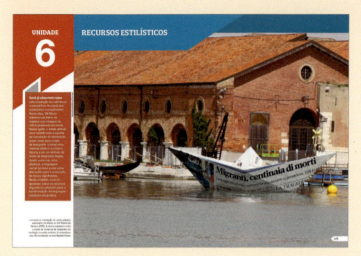

Abertura de unidade

Este livro é composto de unidades para facilitar a divisão da Gramática por assuntos. A abertura é formada por um texto e uma imagem motivadores sobre o tema da unidade.

Abertura de capítulo

Todos os capítulos começam com um texto ou uma imagem disparadora de uma conversa sobre um tema ou situação de uso da linguagem.

Perguntas sugerem a reflexão sobre os recursos que os falantes da língua portuguesa usam para se comunicar. Este é o momento de conversar com os colegas, trocar ideias e levantar questões sobre o tema.

O que você vai aprender

Indica a expectativa de aprendizagem relacionada aos tópicos que serão estudados.

Reflexão e análise linguística

Conceitos gramaticais são abordados a partir de textos, convidando à interpretação e à reflexão sobre os aspectos linguísticos. São trabalhados textos de tipologias variadas e adequados a diferentes situações de uso.

Ampliando o conhecimento

Aprofundamento de temas relacionados aos conteúdos abordados ou de alguma informação apresentada nos textos utilizados para desenvolver assuntos gramaticais.

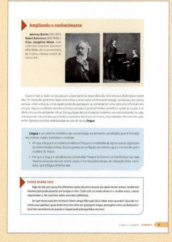

Sistematização de conteúdo

Quadros destacados graficamente em azul sistematizam o conteúdo do capítulo, trazendo conceitos, definições e exemplos dos tópicos estudados.

Pense sobre isso

Apresenta de forma mais reflexiva algum ponto relacionado ao assunto que está sendo estudado.

A gramática e a construção de sentido

Ao realizar as atividades propostas nesta seção, você vai mobilizar o conhecimento construído e analisá-lo em um novo texto, observando como os conhecimentos linguísticos impactam na leitura e na interpretação de textos.

Diálogos

Presente em alguns capítulos, estabelece relação entre conceitos abordados e temas próprios de outras disciplinas, como História, Geografia, Filosofia e Arte, favorecendo a percepção da integração entre as áreas do conhecimento.

Exercícios

Esta seção propõe uma retomada dos conteúdos por meio de atividades elaboradas para sistematizar o que foi estudado.

Enem e vestibulares

No final de cada capítulo, você poderá treinar os conceitos estudados por meio de questões extraídas do Enem e de vestibulares de todo o país.

Sumário

UNIDADE 1 Linguagem, mudanças e permanências

Capítulo 1 Língua e linguagem 12

Reflexão e análise linguística
- As linguagens verbal e não verbal. A língua como sistema simbólico 13
- Articulação entre linguagens 16
- Contextos de comunicação 18
- Funções da linguagem 19

A gramática e a construção de sentido 23
Exercícios 24
Enem e vestibulares 26
Diálogos A palavra fala. A imagem fala. O corpo também fala 28

Capítulo 2 A língua em evolução 30

Reflexão e análise linguística
- História da Língua Portuguesa 31
  - Comunidades dos Países de Língua Portuguesa (CPLP) 33
  - A língua ao longo do tempo: variações diacrônicas e sincrônicas 34
  - Nós conhecemos nossas origens? 35
  - Brasil: uma terra de muitas línguas 36
  - Outras influências no português do Brasil 38

A gramática e a construção de sentido 41
Exercícios 44
Enem e vestibulares 46
Diálogos A língua como elemento de criação artística 48

Capítulo 3 A gramática e suas partes 49

Reflexão e análise linguística
- O que significa estudar gramática? 50
- A gramática e suas partes: morfologia, sintaxe, fonologia e semântica 51
- Morfologia 53
  - Como surgem as palavras na língua portuguesa? 53
  - As palavras e suas funções na língua 54
- Sintaxe 55
- Fonologia 56
- Semântica 57

A gramática e a construção de sentido 59
Exercícios 60
Enem e vestibulares 62

UNIDADE 2 Fonologia e ortografia

Capítulo 4 Fonologia: os sons da língua portuguesa 66

Reflexão e análise linguística
- Fonologia: fonema e letra 67
- Os sons da língua portuguesa: vogais e consoantes 68
- Encontros vocálicos 70
  - Ditongos 71
  - Hiato 72
  - Tritongo 72
- Encontro consonantal e dígrafo 73
- Ortografia e acentuação 74
  - Ortografia 74
  - Acentuação gráfica 76

A gramática e a construção de sentido 79
Exercícios 80
Enem e vestibulares 82

UNIDADE 3 Morfologia

Capítulo 5 Estrutura e formação de palavras 86

Reflexão e análise linguística
- Novas palavras da língua portuguesa 87
  - Neologismo 87
  - Estrangeirismo 89
  - Siglas 90
  - Onomatopeia 90
  - Gíria 91
- Estrutura das palavras 92
  - Derivação 93
  - Composição 94

A gramática e a construção de sentido 95
Exercícios 96
Enem e vestibulares 98
Diálogos Vamos fazer um *brainstorm*? 100

Capítulo 6 Substantivo 102

Reflexão e análise linguística
- Substantivo 103
  - Classificação dos substantivos 105
  - Flexão dos substantivos 108

A gramática e a construção de sentido 114
Exercícios 116
Enem e vestibulares 120
Diálogos O substantivo e a construção de sentido 122

Capítulo 7 Adjetivo 124

Reflexão e análise linguística
- Adjetivo 125
  - Classificação dos adjetivos 128
  - Flexão dos adjetivos 131

A gramática e a construção de sentido 135
Exercícios 136
Enem e vestibulares 138

Capítulo 8 Artigo e pronome 140

Reflexão e análise linguística 141

- Artigo 141
- Pronome 144
    - Classificação dos pronomes 147
    - Pronomes de tratamento 150
    - Pronomes possessivos 153
    - Pronomes demonstrativos 154
    - Pronomes indefinidos 155
    - Pronomes interrogativos 156
    - Pronome relativo 157

A gramática e a construção de sentido 158
Exercícios 160
Enem e vestibulares 162

Capítulo 9 Numeral e Interjeição 164

Reflexão e análise linguística
- Numeral 165
    - Numeral cardinal e numeral ordinal 165
    - Numeral multiplicativo e numeral fracionário 166
    - Numeral coletivo 168
    - Flexão dos numerais 168
- Interjeição 170

A gramática e a construção de sentido 172
Exercícios 174
Enem e vestibulares 176

Capítulo 10 Verbo – Parte I 178

Reflexão e análise linguística
- Verbo 179
    - Definição 179
    - A estrutura dos verbos 182
- Flexão dos verbos 185
    - Flexão de número e pessoa 185
    - Flexão de tempo 188
    - Flexão de modo 189
    - Flexão de tempo e flexão de modo 191

A gramática e a construção de sentido 194
Exercícios 196
Enem e vestibulares 198

Capítulo 11 Verbo – Parte II 200

Reflexão e análise linguística
- Verbos: formas e vozes 201
    - Formas nominais dos verbos 201
    - Locuções verbais 203
    - Vozes verbais 205

A gramática e a construção de sentido 207
Exercícios 208
Enem e vestibulares 210

Capítulo 12 Advérbio 212

Reflexão e análise linguística
- Os advérbios e os textos: a criação de sentido 213
    - Advérbios e locuções adverbiais 213

- Classificação dos advérbios e das locuções verbais 216
    - Advérbios como modalizadores 218
    - Advérbios como dêiticos 220
    - Advérbios como elementos anafóricos 221

A gramática e a construção de sentido 222
Exercícios 224
Enem e vestibulares 226

Capítulo 13 Preposição, Conjunção, Regência nominal e Crase 228

Reflexão e análise linguística
- Elementos relacionais: preposição e conjunção 229
    - Preposição e locução prepositiva: conceito 229
    - Regência nominal 232
    - Contração e combinação 233
    - Crase 235
- Conjunção 238
    - Classificação das conjunções 239

A gramática e a construção de sentido 246
Exercícios 248
Enem e vestibulares 250

UNIDADE 4 Sintaxe: O período simples

Capítulo 14 Frase, Oração e Período 254

Reflexão e análise linguística
- Os elementos linguísticos e suas relações 255
    - Sintaxe 255
    - Frase 259
    - Oração 261
    - Período 262
- Coesão e Coerência 264

A gramática e a construção de sentido 266
Exercícios 268
Enem e vestibulares 270
Diálogos   A frase na linguagem musical 272

Capítulo 15 Sujeito e Predicado 274

Reflexão e análise linguística
- Os termos essenciais da oração 275
    - Sujeito e Predicado 275
- Tipos de sujeito 277
    - Sujeito simples e Sujeito composto 277
    - Sujeito desinencial ou oculto 279
    - Sujeito indeterminado 280
    - Oração sem sujeito ou sujeito inexistente 282
- O sujeito e as vozes verbais passiva e reflexiva 285

A gramática e a construção de sentido 288
Exercícios 290
Enem e vestibulares 292

Sumário

Capítulo 16 Tipos de predicado e Regência Verbal 294

Reflexão e análise linguística
- Sintaxe do período simples: os predicados 295
    - Predicação 295
    - Transitividade verbal e verbos de ligação 296
    - Tipos de predicado 299
- Regência verbal 301

A gramática e a construção de sentido 305
Exercícios 306
Enem e vestibulares 308

Capítulo 17 Termos integrantes da oração (I) e colocação pronominal 310

Reflexão e análise linguística
- Os objetos e a colocação pronominal 311
    - Complementos verbais 311
    - Colocação pronominal 317
- Regras de colocação pronominal 319
    - Ênclise 319
    - Próclise 319
    - Mesóclise 320

A gramática e a construção de sentido 321
Exercícios 322
Enem e vestibulares 324

Capítulo 18 Termos integrantes da oração – Parte II 326

Reflexão e análise linguística
- Complemento nominal, agente da passiva e predicativo do objeto 327
    - Complemento nominal: definição e uso 327
    - Agente da passiva: definição e uso 329
    - Predicativo do objeto 331

A gramática e a construção de sentido 333
Exercícios 336
Enem e vestibulares 338

Capítulo 19 Termos acessórios da oração e vocativo 340

Reflexão e análise linguística
- Termos acessórios da oração 341
    - Adjunto adverbial: definição e classificações 341
    - Adjunto adnominal: definição e uso 345

Aposto: definição e uso 347
- Vocativo: definição e uso 349
- A vírgula e os termos da oração 350

A gramática e a construção de sentido 353
Exercícios 354
Enem e vestibulares 356
Diálogos A escolha de vocativos por diferentes presidentes da República no Brasil 358

UNIDADE 5 Sintaxe: O período composto

Capítulo 20 Período simples, período composto, orações coordenadas 362

Reflexão e análise linguística
- Período simples e composto 363
- A articulação entre as orações: coordenação e subordinação 366
- Orações coordenadas 368
    - Orações coordenadas assindéticas 368
    - Orações coordenadas sindéticas 369
- A pontuação de períodos compostos por coordenação 375

A gramática e a construção de sentido 377
Exercícios 378
Enem e vestibulares 380
Diálogos A lógica de Aristóteles e Lewis Carroll 382

Capítulo 21 Orações subordinadas substantivas ... 384

Reflexão e análise linguística
- A sintaxe do período composto por subordinação 385
- Oração principal e oração subordinada 385
- Oração subordinada substantiva 386
    - Orações substantivas reduzidas 395
- A pontuação das orações subordinadas substantivas 396

A gramática e a construção de sentido 397
Exercícios 398
Enem e vestibulares 400

Capítulo 22 Orações subordinadas adjetivas 402

Reflexão e análise linguística
- A sintaxe do período composto por subordinação 403
    - As orações subordinadas adjetivas 403
- Pontuação das orações adjetivas 407

A gramática e a construção de sentido 412
Exercícios 414
Enem e vestibulares 416

Capítulo 23 Orações subordinadas adverbiais 418

Reflexão e análise linguística
- A sintaxe do período composto por subordinação 419
    - Orações subordinadas adverbiais 419
    - Oração reduzida 430
- Pontuação das orações adverbiais 431

A gramática e a construção de sentido 432
Exercícios 434
Enem e vestibulares 436

Capítulo 24 Períodos mistos: coordenação e subordinação 438
  Reflexão e análise linguística
  • O texto em ação 439
    Períodos compostos por coordenação e por subordinação 439
  • Pontuação de períodos mistos 442
  A gramática e a construção de sentido 444
  Exercícios 446
  Enem e vestibulares 448

Capítulo 25 Concordância Verbal e Concordância Nominal 450
  Reflexão e análise linguística
  • A concordância entre os termos da oração 451
    Concordância verbal: relação entre verbo e sujeito 451
  • Concordância nominal: relação entre substantivo e seus determinantes 462
  A gramática e a construção de sentido 466
  Exercícios 468
  Enem e vestibulares 470

UNIDADE 6 Recursos estilísticos

Capítulo 26 Figuras de linguagem – Parte I 474
  Reflexão e análise linguística
  • O efeito de sentido e o trabalho com a linguagem 475
  • Figuras de palavras 476
    Comparação e metáfora 476
    Catacrese 478
    Metonímia 480
    Sinédoque 481
    Antonomásia 482
    Sinestesia 483
  • Figuras de pensamento 484
    Ironia 484
    Ambiguidade 485
    Personificação ou prosopopeia ... 486
    Antítese 487
    Paradoxo 488
    Hipérbole 489
    Eufemismo 489
    Gradação 491
    Apóstrofe 491
  A gramática e a construção de sentido 493
  Exercícios 494
  Enem e vestibulares 496

Capítulo 27 Figuras de linguagem – Parte II 498
  Reflexão e análise linguística
  • O efeito de sentido e o trabalho com a linguagem 499
    Retomando o conceito: figuras de linguagem 499
  • Figuras sonoras 499
    Assonância 500
    Aliteração 501
    Onomatopeia 502
    Paronomásia 502
  • Figuras sintáticas 503
    Elipse 504
    Zeugma 505
    Pleonasmo 505
    Anacoluto 506
    Anáfora 507
    Hipérbato 508
    Assíndeto 508
    Polissíndeto 509
  A gramática e a construção de sentido 511
  Exercícios 512
  Enem e vestibulares 514
  Diálogos As figuras de linguagem e o texto publicitário 516

ANEXOS

Ortografia 518
Flexão verbal
  • Verbos regulares 519
  • Verbos auxiliares 522
  • Conjugação do verbo *pôr* 527
  • Alguns verbos irregulares 529
Radicais, sufixos e prefixos 533
Numerais 539
Coletivos 541
Algumas abreviaturas 543
Siglas 543

Bibliografia Básica 544

UNIDADE 1

LINGUAGEM, MUDANÇAS E PERMANÊNCIAS

Você já parou para pensar em como planejamos nossa comunicação? Já refletiu sobre as muitas decisões que temos de tomar ao elaborar nossos pensamentos, seja de forma oral, seja de forma escrita?

Escrever um texto, por exemplo, impõe diversas escolhas ao autor: *o que* vai ser escrito, *a quem* se destina o texto e qual é a *finalidade* dele. Esses três aspectos são influenciados por diversos fatores. Quais são esses fatores? De que maneira cada um deles determina as características do texto que está sendo produzido?

Ao longo desta unidade, vamos analisar textos de diferentes naturezas e aprofundar a discussão desses temas.

A tecnologia nos disponibiliza vários meios de comunicação. Porém, é necessário pensarmos em alguns fatores para que a linguagem seja mais adequada e a comunicação, efetiva, como: *qual* meio estamos utilizando, *quem* é nosso interlocutor e *qual* é o grau de formalidade da situação.

CAPÍTULO 1 — LÍNGUA E LINGUAGEM

O que você vai aprender

1. **A linguagem verbal e a não verbal. A língua como sistema**
   - Identificar as características da linguagem verbal e da não verbal.
   - Discriminar elementos constitutivos dessas linguagens.
   - Reconhecer a língua como sistema simbólico de comunicação.
   - Relacionar os elementos constitutivos da mensagem a efeitos de sentido.

2. **Articulação entre linguagens**
   - Comparar diferentes sistemas de comunicação.
   - Contrastar diferentes objetos de linguagem.
   - Interpretar textos com diferentes linguagens.

3. **Contextos de comunicação**
   - Relacionar a mensagem às condições de produção textual.
   - Reconhecer os elementos que constituem o contexto comunicativo.

4. **Funções da linguagem**
   - Identificar os elementos do ato comunicativo.
   - Reconhecer as funções da linguagem.
   - Estabelecer relações entre as funções de linguagens e as intencionalidades comunicativas.

▶ Observe este cartum criado por Rafael Corrêa.

Podemos observar que o cartunista lança mão de elementos próprios da linguagem visual para transmitir uma mensagem ao leitor, seu interlocutor. No primeiro plano, um casal, desenhado em preto e branco, faz uma *selfie*, enquanto o contexto do desenho, abordado em segundo plano, mostra o uso predominante de marrom e suas nuances.

O contraste entre as cores (marrom e branco) separam o casal da natureza, como se eles não fizessem parte do mesmo espaço. As escolhas de cores neutras em detrimento das vivas, que seriam próprias de uma praia em um entardecer ensolarado, são usadas para evidenciar algo que nós, seres humanos, vivenciamos no mundo contemporâneo: muitos hoje parecem mais centrados em si mesmos do que nas experiências externas cotidianas, ou seja, a paisagem não importa. E por esse motivo o cartunista a desenhou desprovida das cores que lhe seriam características.

Para interpretar a mensagem, o interlocutor observa os elementos da linguagem não verbal, ativa seus conhecimentos sobre o tema e inicia o processo de interação com a mensagem que o leva à construção do sentido do texto.

Você já pensou sobre a maneira como interpreta o mundo à sua volta? Como é a linguagem dos diferentes universos culturais que você conhece? Como essas linguagens o ajudam a compor sua própria voz, sua identidade? Como a língua colabora para representar suas ideias, seus pensamentos e suas vivências?

Neste capítulo, vamos estudar o que configura a linguagem verbal e a não verbal, como a língua se constitui socialmente, quais são os elementos que compõem o processo comunicativo e as funções que esses elementos desempenham nesse processo.

Reflexão e análise linguística

As linguagens verbal e não verbal. A língua como sistema simbólico

▶ Leia esta tira de Caco Galhardo.

1. Leia dois dos possíveis significados da palavra *batente*, que constam de um dicionário, e explique o sentido da palavra no contexto da tira.

   1. Ombreira em que bate a porta quando se fecha.
   2. Trabalho efetivo, de onde se tiram os meios de subsistência.

   Michaelis – dicionário brasileiro da Língua Portuguesa. São Paulo: Melhoramentos, 2015. Disponível em: <http://michaelis.uol.com.br/busca?r=0&f=0&t=0&palavra=batente>. Acesso em: 11 fev. 2017.

2. Cite alguns elementos não verbais que indicam qual é o ambiente em que a cena ocorre.

3. A resposta do chefe é formada pela combinação de um elemento verbal e de um não verbal. O que esses elementos revelariam sobre a relação do chefe com uma rede social?

4. Observe a relação entre a linguagem verbal e a não verbal e responda: Como se constitui o efeito de humor na tira?

5. Identifique a alternativa que corresponde ao significado da tira.
   a. O autor faz uma crítica ao uso das redes sociais em qualquer situação.
   b. O autor é a favor do uso das redes sociais no ambiente de trabalho.
   c. A tira expressa uma crítica generalizada ao uso das redes sociais.
   d. O autor aborda o tema com humor e, ao mesmo tempo, critica a forma como algumas pessoas se relacionam com as redes sociais.

Obseve que a tira apresenta:
- pouco texto;
- presença de linguagem não verbal;
- linguagem informal;
- articulação entre as linguagens verbal e não verbal;
- **ironia** na abordagem sobre o tema.

Ironia: recurso estilístico que, em determinado contexto, apresenta uma palavra ou expressão com sentido diferente do corriqueiro para provocar humor.

> **Linguagem** é a atividade humana por meio da qual as pessoas se comunicam. Pela linguagem, os seres humanos se expressam e atuam sobre os **interlocutores**, produzindo efeitos de sentido. A linguagem pode ser **verbal** ou **não verbal**.
>
> **Interlocutores** são aqueles que fazem parte do processo de interação no ato comunicativo por meio da(s) linguagem(ns).

A comunicação é uma necessidade dos seres humanos. O emissor, dependendo de sua intenção, pode fazer uso das linguagens formal ou informal, lançar mão somente de imagens ou de palavras ou, ainda, articular imagens e palavras para comunicar ao seu receptor o que deseja. As necessidades de compartilhar ideias e pontos de vista, dividir descobertas, comunicar dúvidas, questionar situações, entre outros fatores, fazem parte da natureza humana.

Um exemplo interessante de tema que mobiliza muitas opiniões e trocas de ideias é a atuação das pessoas em redes sociais. Leia a seguir o que o filósofo Leandro Karnal declarou sobre o assunto.

Quero ser Leandro Karnal

Trip. Leandro Karnal é um sucesso nas redes sociais. O que atrai seus seguidores?

Leandro Karnal: Todas as pessoas que usam ferramentas midiáticas têm um denominador comum: uma aspiração a um Narciso projetado. Todos buscam a comunicação, querem essa importância. Eu gosto de dizer coisas que tirem as pessoas das zonas de conforto mentais e indico obras que levem as pessoas a pesquisar por si. Quando eu indico que as pessoas escutem o "Concerto em lá menor" de Schumann, que morreu louco, e digo que sua esposa Clara Wieck arrastava asa para Brahms, eu tô tentando puxar pra um campo que geralmente a televisão não puxa, que os jornais não puxam. Eu tô tentando fazer com que as pessoas descubram essa melodia fabulosa. Há um diálogo entre a vaidade de quem assiste e de quem posta. Eu acho o seu texto muito legal e, porque eu concordei, tô me elogiando. Significa que só existe um "eu" que mede esse mundo e este é o meu.

ARAÚJO, Peu. *Trip*, São Paulo, 27 set. 2016. Disponível em: <http://revistatrip.uol.com.br/trip/entrevista-com-filosofo-leandro-karnal-nas-paginas-negras-da-revista-trip>. Acesso em: 15 fev. 2017.

Ferramenta midiática: recurso para comunicação que está disponível em diferentes mídias, como YouTube, *blogs* e redes sociais.

Aspiração: desejo.

AMPLIANDO O CONHECIMENTO

Narciso, o belo e orgulhoso filho do deus Céfiso e da ninfa Liríope, rejeitava o amor de todas as ninfas. Por desprezar, com frieza, o amor da ninfa Eco e por manifestar indiferença aos sentimentos dos outros, recebeu um castigo de Nêmesis, a deusa da vingança: ela o condenou a ter um amor impossível.

Um dia, após descansar depois de caçar, Narciso observou o reflexo de seu rosto em uma fonte cuja água parecia ser de prata, apaixonou-se pela própria imagem e ficou contemplando-a até consumir-se.

Na Psicanálise, método criado pelo neurologista austríaco Sigmund Freud (1856-1939), o termo **narcisismo** designa a condição do sujeito que admira sua própria imagem. O tipo narcisista ama o que ele é, o que foi outrora e o que gostaria de ser.

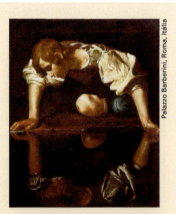

Michelangelo M. Caravaggio. *Narciso*, c. 1590. Óleo sobre tela, 115,5 cm × 97,5 cm.

Unidade 1 Linguagem, mudanças e permanências

AMPLIANDO O CONHECIMENTO

Johannes Brahms (1833-1897), **Robert Schumann** (1810-1856) e **Clara Josephine Wieck**, mais conhecida como Clara Schumann (1819-1896), são representantes da música clássica alemã do século XIX.

Quanto mais as redes sociais passam a fazer parte do nosso dia a dia, mais temos a dizer nelas e sobre elas. Por exemplo, podemos fazer uma crítica a essas redes em forma de charge, conversar com outras pessoas sobre a boa ou a má repercussão de postagens ou somente ter uma conversa informal com amigos. Alguns escolhem estudar o tema e passam a produzir textos científicos sobre as causas e os efeitos do uso do ambiente virtual. Em qualquer dessas situações, estamos nos comunicando, ou seja, selecionando vocabulário, ajustando o tamanho das frases às nossas necessidades de comunicação, enfim, fazendo escolhas relacionadas ao uso da nossa **língua**.

> **Língua** é um sistema simbólico de comunicação socialmente constituído, pois é formado nas práticas sociais, interativas e mentais.
> - Por que a língua é um sistema simbólico? Porque é constituída de signos que se organizam de determinadas formas. Essa organização configura um sistema que é conhecido pelos usuários da língua.
> - Por que a língua é socialmente constituída? Porque se forma e se transforma nas mais diversas situações de uso. Sendo assim, é nas situações sociais, de interação entre indivíduos, que a língua se torna real.

PENSE SOBRE ISSO

Hoje em dia, por causa dos diferentes meios de comunicação aos quais temos acesso, recebemos informações praticamente em tempo *on-line*. Tudo está ao nosso alcance e, muitas vezes, somos requisitados a dar opiniões sobre assuntos polêmicos.

Por quais temas você tem interesse? Você compartilha suas ideias sobre esses assuntos? Quando manifesta suas opiniões, quais destes recursos você usa: postagens longas, postagens curtas ou ilustrações? Você tem consciência de quanto é responsável pelo que fala e escreve?

Articulações entre linguagens

> **Intertítulo**: é o nome que se dá ao complemento da manchete. Localiza-se entre o título da notícia ou da reportagem e o corpo do texto.

▶ Leia o título, o **intertítulo**, a imagem e os primeiros parágrafos da notícia a seguir.

Judeus, muçulmanos e cristãos se unem pela paz no Oriente Médio

Grupo de 45 pessoas passará pela Palestina, Israel, Jordânia e Roma mostrando que é possível viverem juntos, sem guerras

Judeus, muçulmanos e cristãos se unem pela paz no Oriente Médio.

Representantes argentinos das três maiores religiões monoteístas do mundo se uniram e foram até o Oriente Médio mostrar que é possível conviver pacificamente.

A delegação, formada por 15 judeus, 15 muçulmanos e 15 cristãos, deixou a Argentina e chegou nesta quinta-feira (19) [de fevereiro de 2014] na Palestina para mostrar o modelo de respeito e convivência pacífica entre as religiões.

LOPES, Leiliane Roberta. *Gospel Prime*, 21 fev. 2014.
Disponível em: <https://noticias.gospelprime.com.br/judeus-muculmanos-e-cristaos-paz-oriente-medio>. Acesso em: 22 nov. 2016.

A ideia de que os representantes de três grupos religiosos viajaram com o objetivo de promover a paz está representada de várias formas:

- o título afirma que os grupos "se unem pela paz";
- o intertítulo informa que, ao longo da viagem, os representantes dos grupos mostrarão que "é possível viverem juntos, sem guerras";
- na imagem podem ser identificados, pelas suas roupas, os representantes de três grupos religiosos em união e convivência pacífica;
- os primeiros parágrafos ampliam as informações, esclarecendo quantas pessoas compõem o grupo, quando viajaram e de onde partiram. Além de agregar esses dados, reforçam a ideia central: o objetivo da viagem é "mostrar o modelo de respeito e convivência pacífica entre as religiões".

Pode-se notar, assim, que essa notícia articula as linguagens verbal e visual, reunindo informações que enriquecem o texto.

▶ Agora leia e observe a composição do objeto de linguagem a seguir.

Piotr Mlodozeniec, *Coexistence*, obra de 1999.

Nessa obra, criada pelo artista polonês Piotr Mlodozeniec (1956-), repare que algumas letras da palavra *coexist* (que significa "coexistir", ou seja, "existir junto") foram substituídas por símbolos das três religiões monoteístas citadas na matéria mostrada anteriormente. São eles:

- a lua, que simboliza o islamismo;
- a estrela, que simboliza o judaísmo;
- a cruz, que representa o cristianismo.

Os significados de cada símbolo e da palavra *coexist* se articulam para comunicar algo novo. No que se refere à mensagem, há muita semelhança entre a obra e a notícia, já que as duas enfatizam a coexistência pacífica entre diferentes religiões. No entanto, as formas como a mensagem foi organizada em cada texto são completamente diferentes: na notícia, a mensagem foi estruturada por meio da **linguagem verbal** e, na obra, por meio da **não verbal**.

> A **linguagem verbal** se manifesta por meio de palavras escritas ou faladas.
> A **linguagem não verbal** articula diferentes formas de comunicação, como gestos, imagens, cores, sons, expressões e movimentos, entre outros **signos**.

AMPLIANDO O CONHECIMENTO

Signo é uma unidade de significação que pode assumir forma gráfica, sonora ou visual. É composto de duas partes:

I. a ideia ou o conceito a que a representação material se refere (significado);

II. a representação material daquilo a que o emissor se refere (significante).

A relação entre essas duas partes pode ser resumida da seguinte maneira:

Significado

É a ideia ou o conceito a que a representação material se refere.

Exemplo:

O **sentido** produzido pela união das letras R + A + I + V + A, na língua portuguesa.

+

Significante

É a representação material ou sonora daquilo a que o emissor se refere.

Exemplos:

I.

II. A representação sonora da palavra /raiva/.

=

Signo

É a união do significante e do significado.

Língua e linguagem Capítulo 1 17

Contextos de comunicação

Agora vamos abordar a relação entre autor, texto e leitor.

No primeiro contato com a notícia, em geral, o leitor lê o título, olha a(s) imagem(ns) (se houver), e só depois decide se vai ler todos os parágrafos do texto. O autor pretende informar o leitor, por isso organiza a sua escrita para que ela fique clara e objetiva.

Na obra *Coexistence*, de Piotr Mlodozeniec, o leitor estabelece um contato com o texto de forma completamente diferente da maneira como ele se conecta à notícia. O texto de *Coexistence* atrai a atenção por meio de uma linguagem condensada, reduzida, que provoca impacto e efeito inusitado.

Nesse texto, a informação não ocorre somente por meio de palavras, convidando o leitor a retomá-lo e a pensar, repensar, significar e ressignificar a leitura e a interpretação global da mensagem. Esse processo exige a identificação de cada um dos símbolos presentes na obra e uma reflexão sobre a relação deles com a palavra *coexist*.

Uma notícia tem a finalidade comunicativa de informar; uma obra de arte pode provocar sensações, estranhamento e reflexões. Apesar dessas diferenças entre os dois tipos de texto, eles podem abordar o mesmo tema.

Em relação ao tema dos dois textos, muitos fatores estão envolvidos nas interpretações da notícia e da obra feitas pelo leitor. Entre esses fatores estão: se o leitor possui ou não conhecimentos sobre as três religiões representadas nos textos e sobre os conflitos que ocorrem na região de Jerusalém, se ele tem ou não alguma ligação afetiva com esses temas, qual é a posição que adota a respeito deles, se ele teve experiências pessoais com episódios de intolerância e quais seriam essas experiências.

Com um repertório social, pessoal e cultural próprio, cada leitor é único e, dessa forma, cada leitura também é única.

AMPLIANDO O CONHECIMENTO

Coexistence, de Piotr Mlodozeniec

Show da banda U2 durante a turnê mundial *Vertigo*, em 2005.

A obra *Coexistence*, de Piotr Mlodozeniec, propõe sensibilizar e conscientizar o mundo sobre a coexistência pacífica de muçulmanos, judeus e cristãos. Ela simboliza a necessidade de integração, diálogo e respeito ao outro.

Bono Vox, líder da banda irlandesa U2, divulgou a obra em 2005, durante os *shows* da turnê mundial *Vertigo*. Além disso, mostras de arte realizadas em Londres (Inglaterra), Nova York (Estados Unidos) e Paris (França), em 2001, e no Brasil, em 2006, que tinham por objetivo responder ao ciclo de violência em algumas regiões de Jerusalém, expuseram essa obra ao lado de outras produções que também abordavam a união e o entendimento universal.

Para saber mais sobre a mostra *Coexistence*, acesse: www.coexistence.art.museum.

Contexto discursivo é o conjunto de fatores que constituem a situação comunicativa:
- *o que* será comunicado;
- *por que* se deseja comunicar algo;
- *como* a comunicação ocorre;
- *quem* será o interlocutor;
- *onde* o texto será publicado;
- *qual* é a linguagem mais adequada e que recursos são mais eficazes para atingir os objetivos de comunicação.

Funções da linguagem

A linguagem presente nos processos comunicativos é objeto de estudo para muitos cientistas. Alguns estudam a estrutura e a organização interna da linguagem; outros, seus aspectos sociais e contextuais. Ao longo do tempo, esses estudos se complementaram ou até mesmo se contrastaram e, nesse processo, novos conceitos foram (e têm sido) criados. Um dos estudiosos, o linguista russo Roman Jakobson (1896-1982), atribuiu à linguagem funções relacionadas ao objetivo do emissor no ato da comunicação.

Você já reparou quantos atos de comunicação realizamos a todo momento? Jakobson, percebendo a importância da comunicação, passou a se dedicar aos estudos dos elementos envolvidos no ato comunicativo. O esquema a seguir representa esses elementos:

Por meio da análise de diversos contextos comunicativos, Jakcobson percebeu que, de acordo com a intenção comunicativa do emissor, um dos elementos fica em evidência no ato comunicativo.

Chamamos de **funções da linguagem** aos conjuntos dos recursos utilizados na comunicação com base na intenção comunicativa. A linguagem pode assumir diferentes formatos conforme a finalidade de quem produz a mensagem. Essa finalidade determina a ênfase que será dada a cada um dos elementos da comunicação.
- A função **emotiva** coloca o **emissor** em destaque. Tem como objetivo transmitir emoções e sentimentos, por meio da linguagem subjetiva (pessoal).
- A função **conativa** ou **apelativa** se caracteriza pela intenção do emissor em atuar sobre o **receptor**. Assim, o receptor fica em destaque, pois o emissor pretende convencê-lo ou persuadi-lo, a fim de manipular ou influenciar seus comportamentos ou suas ideias.

- A função **referencial** ou **denotativa** tem foco no **contexto** ou no **referente**. Predomina em textos informativos e se caracteriza pelo uso da linguagem de forma objetiva (evita-se posicionamento pessoal).
- A função **metalinguística** ocorre quando o ato comunicativo tem como foco explicar o **código**.
- A função **fática** põe o **canal** de comunicação em destaque, para testá-lo ou para manter o ato comunicativo.
- A função **poética**, mais comum em textos literários, enfatiza a **mensagem** e procura chamar a atenção para o modo como esta foi elaborada e organizada. Assim, explora recursos verbais, visuais, sonoros e imagéticos.

Vale ressaltar que essa teoria da comunicação é um dos estudos, entre outros, que colocam a linguagem como centro de reflexão. A linguagem tem caráter interativo e, nessa dinâmica, emissor e destinatário carregam sua visão de mundo, fruto da história pessoal e cultural. De acordo com a finalidade comunicativa, deixam suas próprias marcas no discurso e fazem suas próprias inferências no ato comunicativo. Desse modo, é o funcionamento da linguagem como prática social que deve ser o foco de estudo gramatical.

6. Indique quais funções da linguagem são predominantes nos textos a seguir, de acordo com as indicações abaixo.

   A – O **emissor** é o foco, uma vez que pretende transmitir suas emoções, seus sentimentos; portanto, a linguagem é subjetiva (pessoal).

   B – O **receptor** é o foco, uma vez que se pretende convencê-lo, persuadi-lo de algo, a fim de manipular ou influenciar seu comportamento ou ideias.

   C – O **contexto** (assunto) é o foco; o intuito, portanto, é informar sobre algo de forma objetiva (evitando posicionamento pessoal).

   D – O **canal** (veículo/suporte por onde circula a mensagem) é o foco. O objetivo é apenas manter o contato, testar se está havendo a comunicação, como quando perguntamos "Você entendeu?" ao interlocutor.

   E – A **mensagem** é o foco, pois o objetivo é chamar a atenção do receptor para a construção da mensagem, isto é, para os recursos – visuais, sonoros ou estilísticos – usados na construção da mensagem.

   F – O **código** é o foco. O objetivo é explicar, esclarecer a própria linguagem em questão. Por exemplo: um filme que tematiza como se faz um filme ou quando explicamos termos e expressões de uma língua.

   a.  Quem produziu esse cartaz pretendia mobilizar o leitor para a questão do genocídio indígena, com o intuito de persuadi-lo a lutar contra esse problema.

   Cartaz contra o genocídio indígena da praça 20 de setembro, em Nova Hamburgo.

b. **linguagem** *s.f.* 1 LING qualquer meio sistemático de comunicar ideias ou sentimentos através de signos convencionais, sonoros, gráficos, gestuais etc.

Esse verbete de dicionário traz o significado de uma palavra. A linguagem verbal é usada para explicar o que significa linguagem.

Dicionário Houaiss da língua portuguesa. Rio de Janeiro: Objetiva, 2001. p. 1763.

c.

Quem produziu esse cartaz tinha a intenção de informar os serviços oferecidos e os dados para contato.

Cartaz divulgando gráfica artesanal, Rio de Janeiro.

d. Esse cartaz busca atuar sobre os comportamentos do leitor.

Cartaz da campanha de orientação contra o mosquito *Aedes aegypti* em hospital de Londrina-PR.

e. Querida:

Ontem assisti de novo ao Anjo exterminador, do Buñuel, que tínhamos visto juntas nos bons tempos do Bijou. Lembra? Decidi te escrever. Fazia tempo que não ia ao cinema. Mal tenho saído da minha toca. Eu que gosto tanto de cinema virei uma reclusa. Da Química volto direto para casa. Tenho evitado encontro com os amigos. Só mesmo as saídas para almoçar na Biologia. Quando tem feriado prolongado vamos para bem longe, fora de São Paulo, onde ninguém nos conheça. Passamos três dias em Poços. Me lembrei daquela vez que fomos juntos a Parati. Às vezes eu me pergunto: por que tudo isso?"

KUCINSKI, Bernardo. *Relato de uma busca*. São Paulo: Companhia das Letras, 2016, p. 46.

Nesse texto, o emissor fala de si. Relata o que tem feito, o que tem evitado fazer, seus atos, suas memórias e questionamentos.

f.

A obra retrata o próprio ato de pintar.

René Magritte. *La clairvoyance* (Clairvoyance), óleo sobre tela, 54 × 64,9 cm. 1936.

Língua e linguagem Capítulo 1 21

g.

Nesse texto, por meio da disposição especial e inovadora das palavras, o autor expõe sua criação poética.

FREIRE, Marcelino. *Era o dito*. Rio de Janeiro: Fundação Biblioteca Nacional, 1998.

h. **Demarcação Já: indígenas Munduruku protestam pela garantia e proteção de seu território**

Lideranças foram ao Ministério da Justiça para cobrar a publicação da Portaria Declaratória da Terra Indígena Sawré Muybu, no Pará

Na manhã desta terça-feira, dia 29, lideranças do povo Munduruku realizaram um protesto em frente ao Palácio da Justiça, em Brasília, pedindo a demarcação da Terra Indígena Sawré Muybu, no rio Tapajós, no Pará. A ação contou com a participação de mais de 80 indígenas e com o apoio do Greenpeace Brasil e do Conselho Indigenista Missionário (Cimi).

Foram utilizadas grandes letras vermelhas para escrever, no gramado em frente à entrada do prédio, a frase "Demarcação Já". Também foram fincadas 180 flechas no local, representando os dias do prazo administrativo – expirado ontem (28) – para que o Ministério da Justiça defina sobre a publicação da Portaria Declaratória da terra reivindicada como tradicional pelos Munduruku.

GREENPEACE. Disponível em: <www.greenpeace.org/brasil/pt/Noticias/Demarcacao-Ja-indigenas-Munduruku-protestam-pela-garantia-e-protecao-de-seu-territorio/>. Acesso em: 9 abr. 2017.

Essa reportagem traz informações sobre um fato; centra-se, portanto, na informação dos fatos.

i.

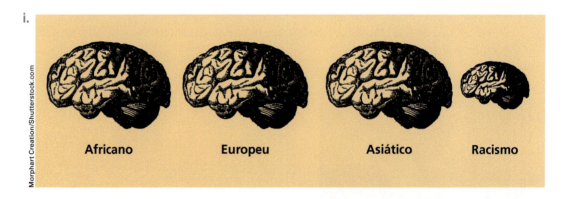

O cartaz dessa campanha usa recursos visuais impactantes: imagens dos cérebros sugerindo igualdade entre os povos e inferioridade dos racistas.

A gramática e a construção de sentido

Os recursos linguísticos e a comunicação

No fragmento da entrevista feita pela revista *Trip* com Leandro Karnal, reproduzido anteriormente neste capítulo, percebemos que ele conhece o assunto sobre o qual vai discorrer e sabe quais são os recursos linguísticos mais eficazes para se comunicar com seus interlocutores. A análise dessa situação comunicativa nos ajuda a pensar para que serve, afinal, estudar a gramática da língua portuguesa. Releia um trecho desse fragmento da entrevista.

....

Leandro Karnal: [...] Quando eu indico que as pessoas escutem o "Concerto em lá menor" de Schumann, que morreu louco, e digo que sua esposa Clara Wieck arrastava asa para Brahms, eu tô tentando puxar pra um campo que geralmente a televisão não puxa, que os jornais não puxam. Eu tô tentando fazer com que as pessoas descubram essa melodia fabulosa. Há um diálogo entre a vaidade de quem assiste e de quem posta. Eu acho o seu texto muito legal e, porque eu concordei, tô me elogiando. Significa que só existe um "eu" que mede esse mundo e este é o meu.

....

Karnal é filósofo, historiador, professor universitário e conhecido por levar temas de História e de Filosofia ao conhecimento do público por meio da televisão e de redes sociais. Observe, no trecho da entrevista, qual é a linguagem utilizada por Karnal para se comunicar com os leitores da revista *Trip* e que estratégias ele afirma usar para atrair seus leitores e espectadores em geral.

1. Cite algumas marcas de informalidade que estão presentes na fala do entrevistado.
2. Ao longo da leitura do discurso de Karnal, podemos perceber que ele conhece algumas características gerais de seus seguidores nas redes sociais. Releia este trecho:
   "Eu tô tentando fazer com que as pessoas descubram essa melodia fabulosa".
   Com base na leitura da entrevista, infira quais são essas características.
3. Considerando os estudos sobre as funções da linguagem, qual delas predomina na fala do professor Karnal?
4. Que marcas do texto você identificou para reconhecer a função predominante?

Língua e linguagem **Capítulo 1** 23

Exercícios

1. A seguir, você vai ler e analisar dois textos:

I. Fragmento do discurso proferido pelo ativista Martin Luther King Junior, líder do movimento dos direitos civis dos negros nos Estados Unidos;

II. Obra de arte do artista Yossi Lemel, que, tal como a do artista polonês Piotr Mlodozeniec, faz parte da exposição *Coexistence*.

TEXTO I

Fragmento do discurso proferido por Martin Luther King Junior, em 1963, na cidade de Washington D.C.

Digo a vocês hoje, meus amigos, que, apesar das dificuldades de hoje e de amanhã, ainda tenho um sonho.

É um sonho profundamente enraizado no sonho americano.

Tenho um sonho de que um dia esta nação se erguerá e corresponderá em realidade o verdadeiro significado de seu credo: "Consideramos essas verdades manifestas: que todos os homens são criados iguais".

Tenho um sonho de que um dia, nas colinas vermelhas da Geórgia, os filhos de ex-escravos e os filhos de ex-donos de escravos poderão sentar-se juntos à mesa da irmandade.

Tenho um sonho de que um dia até o Estado do Mississippi, um Estado desértico que sufoca no calor da injustiça e da opressão, será transformado em um oásis de liberdade e de justiça.

Tenho um sonho de que meus quatro filhos viverão um dia em uma nação onde não serão julgados pela cor de sua pele, mas pelo teor de seu caráter.

Martin Luther King. Disponível em: <http://exame.abril.com.br/mundo/veja-na-integra-o-historico-discurso-de-martin-luther-king/>. Acesso em: 9 mar. 2017

TEXTO II

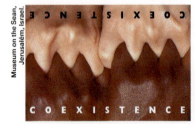

Yossi Lemel. *Coexistence*, obra de 2000.

Pense na relação entre o texto verbal e o texto visual e escolha um trecho do discurso para ser legenda da obra de arte.

2. Leia o texto a seguir.

a. O que foi comunicado?

b. A quem o texto se destinava?

c. Com que finalidade o texto foi produzido?

d. Como a linguagem visual foi trabalhada para atender às necessidades comunicativas?

e. A linguagem verbal apresentada no texto é formal ou informal? Justifique sua resposta.

f. O texto é compreendido rapidamente ou requer que seja feita uma releitura e uma reflexão para construir sua interpretação? Justifique sua resposta.

3. Leia o texto extraído de uma reportagem da revista *Carta Capital*, e responda às questões.

Na luta contra a Aids, a informação salva vidas

[...] Os resultados de uma recente pesquisa encomendada pelo governo federal são alarmantes: 94% da população sexualmente ativa está informada do fato de os preservativos serem a principal forma de prevenir a Aids, mas 45% admite não ter usado camisinha em todas as relações casuais. No levantamento, foram consultados 12 mil cidadãos entre 15 e 64 anos em 2013.

Responsável pelo Departamento de DSTs e Aids do Ministério da Saúde, Fábio Mesquita reconhece: "A estratégia de prevenção com foco exclusivo na camisinha bateu no teto". Não por acaso, as novas peças publicitárias destinadas ao tema trazem um apelo para a população realizar testes de HIV. "Continuamos destacando a importância do sexo seguro, tanto que os personagens aparecem com uma camisinha na mão. Mas o *slogan* agora é outro: '#partiuteste', assim mesmo, com *hashtag*, em linguagem que dialoga com as novas tecnologias e a juventude. A ideia é aumentar o número de diagnósticos e iniciar o tratamento o quanto antes, uma forma de evitar novas infecções".

MARTINS, Rodrigo. *Carta Capital*, São Paulo, 14 fev. 2015. Disponível em: <www.cartacapital.com.br/blogs/cartas-da-esplanada/na-luta-contra-a-aids-a-informacao-salva-vidas-5402.html>. Acesso em: 30 nov. 2016.

Considerando que uma reportagem tem a finalidade de informar o leitor, responda:
a. Os dados estatísticos contribuem para que o texto atinja seu objetivo? Por quê?
b. Além do uso de estatísticas, que outro recurso é empregado para assegurar que o texto seja suficientemente informativo?

4. O texto a seguir foi publicado em uma rede social.

a. Quem é o autor do texto?
b. Qual é a finalidade do texto?
c. No texto, as frases são curtas e objetivas. Quais seriam os motivos dessas escolhas linguísticas?

5. O texto ao lado é um poema visual criado pelo poeta José Paulo Paes em 2008. O título desse fotopoema, "Epitalâmio", significa um cântico nupcial de natureza religiosa que busca pedir aos deuses que abençoem os noivos.

O que se pode depreender do poema com base na articulação da linguagem verbal (o título) com a linguagem não verbal (a imagem das escovas dentro de um copo)?

"Epitalâmio"

PAES, José Paulo. *Poesia completa*. São Paulo: Companhia das Letras, 2008. p. 199

6. Que elemento do ato comunicativo está em evidência no seguinte fragmento de reportagem?

Diabetes Mellitus é uma doença caracterizada pela elevação da glicose no sangue (hiperglicemia). Pode ocorrer devido a defeitos na secreção ou na ação do hormônio insulina, que é produzido no pâncreas, pelas chamadas células beta. A função principal da insulina é promover a entrada de glicose para as células do organismo de forma que ela possa ser aproveitada para as diversas atividades celulares. A falta da insulina ou um defeito na sua ação resulta portanto em acúmulo de glicose no sangue, o que chamamos de hiperglicemia.

SOCIEDADE BRASILEIRA DE ENDOCRINOLOGIA E METABOLOGIA. Disponível em: <https://www.endocrino.org.br/o-que-e-diabetes/>. Acesso em: 4 jul. 2017.

7. Leia a seguinte peça de uma campanha voltada a promover a economia de água.

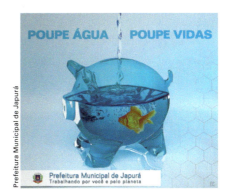

a. Qual a finalidade dessa peça publicitária?
b. Considerando o item anterior, responda: Que elemento do ato comunicativo fica em evidência nesse texto?
c. Que função da linguagem predomina nesse texto?

Enem e vestibulares

1. Unicamp-SP

A publicidade acima foi divulgada no site da agência FAMIGLIA no dia 24 de janeiro de 2007, véspera do aniversário de São Paulo, no período em que foi proposta a campanha "Cidade Limpa". Na base da foto, em letras bem pequenas, está escrito: *Tomara, mas tomara mesmo, que nos próximos aniversários o paulistano comemore uma cidade nova de verdade*.

Considerando os sentidos produzidos por esse anúncio, é correto afirmar:

a. As duas perguntas e as duas respostas que configuram o texto do *outdoor* na publicidade acima pressupõem que os paulistanos estão discutindo o número de *outdoors* e também o abandono de muitos dos moradores da cidade.

b. O texto escrito em letras pequenas tem a função de exortar os paulistanos a refletir sobre as próximas eleições e sobre como fazer para que seja estabelecido um conjunto de prioridades socialmente relevantes para toda a sociedade.

c. A publicidade pretende levar os leitores a perceber que as prioridades estabelecidas pela gestão municipal da cidade não permitem que os paulistanos enxerguem os verdadeiros problemas que estão nas ruas de São Paulo.

d. A publicidade, composta de texto verbal e imagem, tem como objetivo principal encampar o projeto "Cidade Limpa" elaborado pela gestão municipal e também propor a discussão de outras prioridades para a cidade.

2. Enem

A linguagem não verbal pode produzir efeitos interessantes, dispensando assim o uso da palavra. Cartum de Caulos. Disponível em: <www.caulos.com>.

O cartum faz uma crítica social. A figura destacada está em oposição às outras e representa a

a. opressão das minorias sociais.
b. carência de recursos tecnológicos.
c. falta de liberdade de expressão.
d. defesa da qualificação profissional.
e. reação ao controle do pensamento coletivo.

3. Enem

Até quando?

Não adianta olhar pro céu
Com muita fé e pouca luta
Levanta aí que você tem muito protesto pra fazer
E muita greve, você pode, você deve, pode crer
Não adianta olhar pro chão
Virar a cara pra não ver
Se liga aí que te botaram numa cruz e só porque Jesus
Sofreu não quer dizer que você tenha que sofrer!

GABRIEL, O PENSADOR. *Seja você mesmo (mas não seja sempre o mesmo)*. Rio de Janeiro: Sony Music, 2001 (fragmento).

As escolhas linguísticas feitas pelo autor conferem ao texto

a. caráter atual, pelo uso de linguagem própria da internet.
b. cunho apelativo, pela predominância de imagens metafóricas.
c. tom de diálogo, pela recorrência de gírias.
d. espontaneidade, pelo uso da linguagem coloquial.
e. originalidade, pela concisão da linguagem.

4. Enem

> Gerente – Boa tarde. Em que eu posso ajudá-lo?
>
> Cliente – Estou interessado em financiamento para compra de veículo.
>
> Gerente – Nós dispomos de várias modalidades de crédito. O senhor é nosso cliente?
>
> Cliente – Sou Júlio César Fontoura, também sou funcionário do banco.
>
> Gerente – Julinho, é você, cara? Aqui é a Helena! Cê tá em Brasília? Pensei que você inda tivesse na agência de Uberlândia! Passa aqui pra gente conversar com calma.
>
> BORTONI-RICARDO, S. M. *Educação em língua materna*. São Paulo: Parábola, 2004 (adaptado).

Na representação escrita da conversa telefônica entre a gerente do banco e o cliente, observa-se que a maneira de falar da gerente foi alterada de repente devido

a. à adequação de sua fala à conversa com um amigo, caracterizada pela informalidade.

b. à iniciativa do cliente em se apresentar como funcionário do banco.

c. ao fato de ambos terem nascido em Uberlândia (Minas Gerais).

d. à intimidade forçada pelo cliente ao fornecer seu nome completo.

e. ao seu interesse profissional em financiar o veículo de Júlio.

5. Enem

Casados e independentes

Um novo levantamento do IBGE mostra que o número de casamentos entre pessoas na faixa dos 60 anos cresce, desde 2003, a um ritmo 60% maior que o observado na população brasileira como um todo...

Os gráficos expõem dados estatísticos por meio de linguagem verbal e não verbal. No texto, o uso desse recurso

a. exemplifica o aumento da expectativa de vida da população.

b. explica o crescimento da confiança na Instituição do casamento.

c. mostra que a população brasileira aumentou nos últimos cinco anos.

d. indica que as taxas de casamento e emprego cresceram na mesma proporção.

e. sintetiza o crescente número de casamentos e de ocupação no mercado de trabalho.

6. Enem

O artista gráfico polonês Pawla Kuczynskiego nasceu em 1976 e recebeu diversos prêmios por suas ilustrações. Nessa obra, ao abordar o trabalho infantil, Kuczynskiego usa sua arte para

a. difundir a origem de marcantes diferenças sociais.

b. estabelecer uma postura proativa da sociedade.

c. provocar a reflexão sobre essa realidade.

d. propor alternativas para solucionar esse problema.

e. retratar como a questão é enfrentada em vários países do mundo.

DIÁLOGOS

A palavra fala. A imagem fala. O corpo também fala.

Leia a seguir a sinopse da animação *Divertida Mente*, dirigida por Pete Docter e Ronnie Del Carmen, de 2015.

Riley é uma garota divertida de 11 anos de idade, que deve enfrentar mudanças importantes em sua vida quando seus pais decidem deixar a sua cidade natal, no estado de Minnesota, para viver em San Francisco. Dentro do cérebro de Riley, convivem várias emoções diferentes, como a Alegria, o Medo, a Raiva, o Nojinho e a Tristeza. A líder deles é Alegria, que se esforça bastante para fazer com que a vida de Riley seja sempre feliz. Entretanto, uma confusão na sala de controle faz com que ela e Tristeza sejam expelidas para fora do local. Agora, elas precisam percorrer as várias ilhas existentes nos pensamentos de Riley para que possam retornar à sala de controle e, enquanto isto não acontece, a vida da garota muda radicalmente.

INTERFILMES. Disponível em: <www.interfilmes.com/filme_29726_Divertida.Mente-(Inside.Out).html>. Acesso em: 11 fev. 2017.

Na Argentina, em entrevista a Natália Bridi, jornalista do *site* Omelete, o diretor Pete Docter revelou que a ideia de fazer o filme surgiu quando ele observou as mudanças de personalidade de sua filha pré-adolescente. Leia um trecho da entrevista publicada no *site* e observe como o diretor "leu" as mudanças de sua filha e utilizou essas informações para realizar o filme.

OMELETE: Gostaria de começar com o básico. Como vocês tiveram a ideia para Divertida Mente? Como esse filme nasceu?

PETE DOCTER: Nasceu enquanto eu via minha filha crescer. Vendo-a mudar. Ela era uma criança feliz e cheia de energia e então ficou um pouco mais quieta e eu fiquei *"ah, eu quero manter a criancinha, gosto da criança feliz, o que aconteceu com ela, o que está passando na cabeça dela?"*. E aí, pensando em emoções, me parece algo que a animação faz muito bem, certo? Personagens caricatos com opiniões fortes, que são bastante emocionais sobre as coisas e se estapeiam pela melhor maneira de fazer algo. Desse conceito básico foram três anos desenvolvendo os detalhes. Quem é essa criança? O que está acontecendo na vida dela? Uma coisa que descobrimos logo no início é quanto maior o contraste entre interno e externo, mais divertido fica. Do lado de fora são poucas coisas, nada de significante, mas dentro é uma loucura, mesmo para escolher entre fruta ou donut para o café da manhã. Dentro é o caos, então isso é divertido.

BRIDI, Natália. Divertida Mente – Pete Docter e Jonas Rivera falam sobre crise, tecnologia e as possibilidades da animação. Omelete, Buenos Aires. 21 jun. 2015. Disponível em: <https://omelete.uol.com.br/filmes/entrevista/divertida-mente-pete-docter-e-jonas-rivera-falam-sobre-crise-tecnologia-e-as-possibilidades-da-animacao/>. Acesso em: 11 fev. 2017.

Em *Divertida Mente*, sentimentos como a alegria, a raiva, o medo, o nojo e a tristeza convivem no cérebro de Riley, transmitindo à personagem diferentes emoções.

Lançar mão de emoções como alegria ou tristeza, como Docter fez na animação, não é um recurso recente na arte. Desde a Grécia Antiga, autores analisam e se inspiram em emoções para criarem suas peças de teatro. O filósofo grego Aristóteles (384 a.C.-322 a.C.), em seu livro *Arte poética*, descreveu as características da comédia e da tragédia no teatro grego antigo, que ainda hoje, na dramaturgia, são representadas por máscaras que expressam alegria e tristeza, respectivamente.

Língua e linguagem Capítulo 1 29

CAPÍTULO 2

A LÍNGUA EM EVOLUÇÃO

O que você vai aprender

1. **História da língua portuguesa**
   - Conhecer a origem da língua portuguesa.
   - Compreender o processo de transformação da língua portuguesa.

2. **Comunidade dos Países de Língua Portuguesa (CPLP)**
   - Reconhecer a relação entre as Grandes Navegações, a colonização portuguesa e a presença da língua portuguesa como idioma oficial de diversas nações.
   - Identificar os países em que a língua oficial é o português.

3. **A língua ao longo do tempo: variações diacrônicas e sincrônicas**
   - Identificar as mudanças que a língua portuguesa vem sofrendo ao longo do tempo.
   - Refletir sobre as causas que conduzem a essas mudanças.
   - Compreender a variedade linguística como inerente a qualquer língua.
   - Reconhecer algumas evidências da variedade linguística.
   - Refletir sobre a importância de conhecer a variedade linguística para fazer melhor apreciação do patrimônio linguístico.

▶ Leia esta tira.

A tira que você acabou de ler satiriza o Acordo Ortográfico da Língua Portuguesa (1990), firmado em 2009. Acordos ortográficos servem para unificar a maneira como os falantes de determinada língua escrevem o idioma. O objetivo do Acordo de 2009 foi facilitar a comunicação escrita entre os países cuja língua oficial é o português, favorecendo a circulação de publicações e a troca de informações entre eles.

O Acordo de 2009 determinou mudanças em algumas regras de acentuação, ortografia e uso de trema e de hífen. As mudanças geralmente são polêmicas, visto que os acordos modificam alguns registros consagrados. Na tira, quando um dos personagens lê o texto sobre a mudança na grafia da palavra *voo*, ele se mostra contrário a essa alteração e faz um poema expressando seu descontentamento. O outro personagem também se manifesta com outra palavra que perdeu o acento circunflexo: *enjoo*.

Você já pensou sobre as mudanças pelas quais a língua portuguesa já passou? Será que ela ainda poderá sofrer mais modificações?

Neste capítulo, veremos como a língua portuguesa surgiu, o que desencadeou certas mudanças nessa língua e alguns aspectos que podem modificá-la.

Reflexão e análise linguística
História da língua portuguesa

 Leia o poema a seguir.

Língua portuguesa

Última flor do Lácio, inculta e bela,
És, a um tempo, esplendor e sepultura:
Ouro nativo, que na ganga impura
A bruta mina entre os cascalhos vela...

Amo-te assim, desconhecida e obscura.
Tuba de alto clangor, lira singela,
Que tens o trom e o silvo da procela,
E o arrolo da saudade e da ternura!

Amo o teu viço agreste e o teu aroma
De virgens selvas e de oceano largo!
Amo-te, ó rude e doloroso idioma,

Em que da voz materna ouvi: "meu filho!",
E em que Camões chorou, no exílio amargo,
O gênio sem ventura e o amor sem brilho!

Olavo Bilac

Ganga: parte não metálica da massa principal do minério.
Tuba: instrumento de sopro.
Clangor: som forte produzido por instrumentos metálicos.
Trom: som produzido pelo arremesso de balas de canhão.
Silvo: assovio.
Procela: tumulto, agitação.
Arrolo: canto, cantinga de ninar.

Nesse poema, Olavo Bilac (1865-1918) refere-se à língua portuguesa como a "última flor do Lácio", expressão que está relacionada às origens de nosso idioma. Para entender a relação criada por Bilac, é preciso saber um pouco da história da língua portuguesa. Lácio (*latium*) é a região central da Península Itálica, onde fica a cidade de Roma. No século II, com o objetivo de expandir seus domínios, os romanos invadiram a Península Ibérica. À medida que essas invasões eram bem-sucedidas, os territórios conquistados passavam a ser povoados por agricultores, artesãos, magistrados e outros profissionais, que levavam para essas regiões a língua, as leis, as normas, os hábitos, a religião e outros aspectos da cultura romana. Veja os mapas a seguir.

Domínios do Império Romano

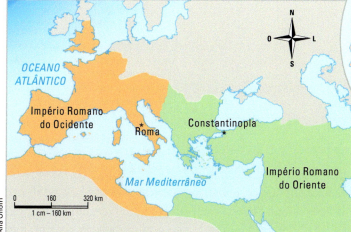

Fonte: DUBY, Georges (Dir.). *Atlas histórico mundial*. Barcelona: Larousse, 2007. p. 52-53.

A língua em evolução Capítulo 2 31

Do contato entre o latim vulgar, falado pelos conquistadores, e as línguas faladas pelos diferentes povos conquistados, surgiram as línguas românicas, como o galego, que era falado na região que mais tarde se tornou um reino independente chamado Portugal. Embora esse novo reino tenha sido fundado em 1139, a oficialização da palavra *português* para designar a língua falada em Portugal ocorreu somente 160 anos depois. Ao designar a língua portuguesa como a "última flor do Lácio", Bilac refere-se ao fato de essa ter sido a última língua criada a partir das invasões romanas.

> O **latim vulgar**, primordialmente falado, era a língua usada pelo povo. O **latim clássico**, de conhecimento mais restrito, era a língua literária, falada em ocasiões extremamente formais e empregada pela elite intelectual na produção de documentos escritos.

Você já deve ter ouvido alguém dizer que "a língua é viva". Dizemos isso porque a língua está sempre se transformando. Ela muda de acordo com a época, os costumes, os espaços geográficos por onde circula. Assim como as sociedades mudam, a língua acompanha as mudanças da sociedade.

▶ Leia a **cantiga** de Dom Dinis (1261-1325) e veja como a língua mudou daquela época para os dias de hoje.

Vós me defendestes, senhor,
que nunca vos dissesse ren
de quanto mal mi por vós ven,
mays fazede-me sabedor,
por Deus, senhor, a quen direy
quam muito mal (lev'e) levey
por vós, se non a vós, senhor?

Ou a quen direy o meu mal,
se o eu a vós non disser?
poys calar-me non m' é mester
e dizer-vo-lo non m'er val.
E, poys tanto mal sofr'assy,
se con vosco non falar hi,
por quen sabederes meu mal?

Ou a quen direy o pesar
que mi vos fazedes sofrer,
se o a vós non for dizer,
que podedes consselh'i dar?
E, por en, se Deus vos perdon,
coyta d'este meu coraçon,
a quen direy o meu pesar?

Dom Dinis

Imagem de trovadores medievais.
Autoria desconhecida.

Cantiga: poema do Trovadorismo, surgiu no século XII, e foi criado para ser cantado. As cantigas são classificadas em três tipos: de amigo, de amor, de escárnio de maldizer.

A leitura da cantiga provoca estranhamento, pois ela foi escrita na língua portuguesa vigente em determinado período da Idade Média. Lendo-a, percebemos que nossa língua já passou por profundas transformações. No entanto, apesar de a cantiga estar no português de uma época tão distante, é possível identificar a voz de um homem que, tendo seu amor recusado pela mulher amada, não sabe a quem revelar seus sentimentos. O drama desse homem se exprime especialmente nos versos em forma de perguntas que ele faz a si mesmo, como "a quen direy o meu pesar?". A grafia e a sonoridade das palavras do texto indicam a distância que nos separa daquele tempo: hoje estamos tão próximos do sentimento representado no poema e, ao mesmo tempo, tão longe da fase retratada da língua portuguesa.

Comunidades dos Países de Língua Portuguesa (CPLP)

À medida que os portugueses desbravavam os mares, encontravam terras que desconheciam e passavam a colonizá-las. Assim, naquela época, a língua portuguesa chegou a três continentes, o africano, o americano e o asiático. Atualmente, o português é falado em Portugal e nas ex-colônias portuguesas: Angola, Brasil, Cabo Verde, Guiné-Bissau, Moçambique, São Tomé e Príncipe e Timor-Leste, além da Guiné Equatorial, que, apesar de ter sido colônia espanhola, tem o português e o francês como línguas oficiais. Esses países integram a Comunidade dos Países de Língua Portuguesa (CPLP), um **foro multilateral** que tem como objetivo promover a cooperação entre as comunidades lusófonas, ou seja, aquelas em que o português é a língua oficial.

Foro multilateral: espaço de discussão e deliberação entre diversos países.

Lusofonia, de acordo com o dicionário, refere-se à comunidade dos países lusófonos, ou seja, países que têm o português como língua oficial. Mas o termo adquiriu sentido mais amplo, pois engloba o processo que une diferentes culturas que têm a mesma base: a língua portuguesa. Assim, lusofonia também se refere a compartilhamentos e trocas existentes entre culturas diferentes, porém com base na origem e na língua lusitana.

Observe o mapa da lusofonia.

Comunidades dos países de língua portuguesa

Fonte: www.cplp.org.

A língua em evolução Capítulo 2 33

A língua ao longo do tempo: variações diacrônicas e sincrônicas

Observando o mapa da lusofonia, é possível chegar a algumas conclusões sobre a maneira como os portugueses exploraram os mares. Ao desembarcarem nas novas terras, encontraram a população nativa, cada qual com seu idioma (ou idiomas), seus hábitos, seus costumes. Tal como os romanos impuseram o latim vulgar às regiões conquistadas na Península Ibérica, o processo de colonização envolveu a imposição da língua e da cultura portuguesa aos povos que viviam em suas colônias.

▶ Veja algumas criações artísticas do século XX que abordam o tema da chegada dos portugueses ao Brasil e seu encontro com indígenas.

SILVA, Oscar Pereira da. *Desembarque de Pedro Álvares Cabral em Porto Seguro em 1500*, 1922. Óleo sobre tela, 1,90 × 3,33 m.

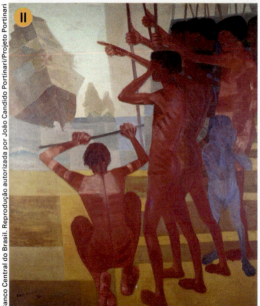

PORTINARI, Candido. *Descobrimento do Brasil*, 1956. Óleo sobre tela, 1,99 × 1,69 m.

LOBO, César. In: NOVAES, Carlos Eduardo. *História do Brasil para principiantes*. São Paulo: Ática, 1997. p. 25.

1. Compare as maneiras como os indígenas reagem à chegada dos portugueses nas imagens I e II. Que diferenças há entre as atitudes dos nativos?

2. Observe a imagem I e responda: Por meio de quais elementos podemos perceber o contraste cultural entre os portugueses e os indígenas que aqui viviam?

3. A imagem III brinca com o fato de os portugueses suporem que haviam desembarcado na Índia. A **ambiguidade** da palavra *índia* é o elemento que traz humor à charge. Explique o sentido que o português quis dar a esse termo e o significado que o nativo atribuiu a essa palavra.

   Ambiguidade: qualidade do que é ambíguo, do que tem mais de um sentido.

4. O uso da língua portuguesa na imagem III corresponde à realidade histórica? Por quê?

Nós conhecemos nossas origens?

A charge de César Lobo apresentada na atividade anterior tem finalidade humorística, sem compromisso com a veracidade da informação; por isso, não há caracterização realista do cenário e da situação retratada. Nela, o artista representa incoerências e faz provocações que acentuam ainda mais o tom humorístico do texto, reforçando confusões e equívocos que permearam a chegada dos europeus à América.

Observe que o indígena retratado na imagem tem traços físicos e usa roupas e adereços que não se parecem com os dos povos indígenas brasileiros. Além disso, as cabanas ao fundo são características das moradias dos povos nativos da América do Norte. Por meio desses elementos, o autor exagera as confusões que ocorreram no momento histórico da chegada dos portugueses às terras brasileiras, a fim de atingir o efeito de humor da charge. Ao mesmo tempo que brinca com os fatos, o artista faz uma provocação: assim como Cabral, muitos de nós, leitores, podemos desconhecer algumas informações importantes sobre os povos nativos do Brasil. Afinal, o que sabemos sobre eles, seja nos tempos da chegada dos portugueses às terras brasileiras, seja nos dias de hoje?

5. Leia as afirmações a seguir e indique se são verdadeiras ou falsas.
   a. Quando os portugueses chegaram ao Brasil, aqui vivia um único povo: os indígenas da etnia tupi.
   b. Havia uma língua comum falada entre os nativos que viviam nas terras que, futuramente, passaram a se chamar Brasil.
   c. Estudos indicam que havia entre 1 milhão e 6 milhões de habitantes na terra que hoje é chamada Brasil.
   d. Atualmente, todos os indígenas brasileiros falam português.
   e. A língua portuguesa falada no Brasil foi influenciada pelas línguas indígenas.

O tópico que você vai ler a seguir esclarece algumas dessas informações. Leia-o e verifique se você acertou ou não as afirmativas.

Brasil: uma terra de muitas línguas

Aqui no Brasil, em 1595, José de Anchieta escreveu *Artes de gramática da língua mais usada na costa do Brasil*, considerada a primeira gramática sobre a língua indígena tupi. Na obra, o padre jesuíta descreveu a referida língua, que era usada pelos missionários para catequizar os indígenas e ensinar-lhes costumes e valores europeus. Hoje sabemos que os padres jesuítas usavam as línguas gerais, ou seja, aquelas que formavam o grupo tupi.

Em seu livro *Gramática pedagógica do português brasileiro* (Parábola Editorial, 2012), o professor Marcos Bagno afirma que dois grupos se destacaram nas línguas gerais:

> a língua geral amazônica (ou nheengatu, "língua boa, bonita"), empregada na porção norte da colônia, e a língua geral paulista, empregada inicialmente em São Paulo e posteriormente difundida para outras regiões por meio das ações dos bandeirantes, que penetravam nos sertões interiores para capturar indígenas e escravizá-los.

Na mesma obra, o professor destaca ainda que:

> por um longo período inicial da nossa história colonial, o português foi língua minoritária, uma vez que a maioria da população era composta de indígenas e mestiços, que aprendiam a língua da mãe.

Quando os portugueses desembarcaram no território que hoje é chamado de Brasil, a região era habitada por milhões de pessoas. A quantidade exata de habitantes do território naquela época não pode ser determinada. Contudo, estudos mencionados por Bagno indicam que havia entre 1 milhão e 6 milhões de falantes de línguas nativas na região.

Ainda hoje, cerca de 150 línguas são faladas por mais de 240 povos indígenas brasileiros. Vários deles falam mais de uma língua, alguns só falam português e outros não falam português.

Com os desdobramentos da colonização, o português deixou de ser uma língua minoritária, e a língua geral paulista, aos poucos, deixou de ser usada até se extinguir. No entanto, é importante observar que, embora essa língua não seja mais falada, a influência dela e de outras línguas do grupo tupi ainda está presente em palavras relacionadas à fauna, flora, geografia, geologia e hidrografia do Brasil, como *Maceió*, *Iguatemi*, *paçoca*, *siri* e *tamanduá*.

A influência de palavras do grupo tupi é presente em nossa cultura. Por exemplo: Bertioga, Itanhaém, Guarujá e Peruíbe. Placa na Rodovia dos Imigrantes na altura da cidade de Cubatão, SP.

AMPLIANDO O CONHECIMENTO

O patrimônio linguístico dos povos indígenas

Por apresentar uma diversidade linguística rica e carregada de história, alguns especialistas hoje se dedicam à preservação de línguas dos povos indígenas do Brasil. Um exemplo dessa ação ocorreu por meio de uma parceria entre a Universidade Federal do Oeste do Pará (Ufopa) e o Grupo de Consciência Indígena (GCI). Leia a notícia a seguir.

Curso de Nheengatu realiza mais uma edição em janeiro

Iniciou-se ontem, 4 [de dezembro de 2015], o curso de Nheengatu, promovido pela Universidade Federal do Oeste do Pará (Ufopa) e pelo Grupo de Consciência Indígena (CGI). O objetivo é formar professores para atuar em escolas de aldeias localizadas no Baixo Tapajós. Este ano, há turmas para os módulos de iniciantes, intermediários e concluintes. No dia 4 de fevereiro haverá a formatura da primeira turma de Nheengatu.

Na abertura do curso, o diretor de Ações Afirmativas da Ufopa, Florêncio Vaz, o professor do curso, Antônio Neto (USP/Ufscar), e os pesquisadores convidados, os geógrafos Eduardo Carline e Natália Freire (Ufscar), e a professora Camila de Lima, saudaram os novos estudantes. Antônio Neto é linguista e especialista em Nheengatu e participou da última edição do curso, quando lançou o *Nheengatu Tapajowara*, primeiro livro de Nheengatu na região do rio Tapajós.

Freire, que participa pela primeira vez do curso, destacou a importância do aprendizado da língua na defesa das causas indígenas: "Resgatar a história indígena, a partir do Nheengatu, é defender direitos historicamente negados. Significa ainda promover a cultura e identidade dos povos indígenas. Não podemos esquecer que tudo isso representa elementos que devem convergir para a proteção e manutenção das terras indígenas".

UNIVERSIDADE FEDERAL DO OESTE DO PARÁ. *Curso de Nheengatu realiza mais uma edição em janeiro*. Santarém, 2016. Disponível em: <www.ufopa.edu.br/noticias/2015/dezembro/curso-de-nheengatu-realiza-mais-uma-edicao-em-janeiro>. Acesso em: 4 mar. 2017.

Outras influências no português do Brasil

A história do português brasileiro relaciona-se fortemente com o encontro de povos: inicialmente, as línguas nativas entraram em contato com o português; depois, imigrantes de diferentes localidades do mundo chegaram ao Brasil, trazendo consigo línguas, costumes e crenças que influenciaram a cultura e o idioma do país. Dos italianos, por exemplo, herdamos a palavra *caricatura*; dos espanhóis, *farol*; dos japoneses, *origami*; dos alemães, *blitz*; e dos africanos, *caçula*.

A língua portuguesa falada no Brasil tem uma longa história. Muita coisa mudou no mundo desde que os romanos invadiram a Península Ibérica, que os portugueses chegaram às terras brasileiras, que a língua geral paulista desapareceu e que você nasceu e começou a falar. Da mesma forma, a comunicação entre as pessoas se transformou e, a cada dia, acontecem encontros entre povos e surgem novas ideias e novos conceitos. Dessa forma, no processo histórico, a língua passa por mudanças e variações que transformam sua forma original.

 Leia o trecho a seguir, extraído da crônica "A idade das palavras", de Walcyr Carrasco, que ilustra outras variações da língua.

Volátil: inconstante.

Já cansei de ver gente madura falando gíria para parecer jovem. O trágico é que, em geral, a gíria é velha! Verbos, adjetivos e substantivos possuem maior permanência. Gíria é **volátil**. Terrível ver uma senhora madura e plastificada dizendo:

– Eu sou prafrentex!

O termo foi usado lá pela década de [19]60 para dizer que alguém aceitava comportamentos mais ousados, tipo viajar no fim de semana para a praia com um grupo de amigos, o máximo de liberdade imaginável até então. É passado. Assim como as variações para falar de homem bonito. Houve época em que era "pão", lá pelos anos [19]80 virou "lasanha". Agora se usa gato, se não estou atrasado. Volta e meia noto uma cinquentona exclamar à passagem de algum atleta:

– Ai, que pão!

Esse é o mal das gírias. Marcam a juventude de cada um. O tempo passa. Fica difícil mudar o modo de falar.

CARRASCO, Walcyr. A idade das palavras. *Veja São Paulo*, São Paulo, set. 2009.
Disponível em: <http://vejasp.abril.com.br/materia/a-idade-das-palavras>.
Acesso em: 4 mar. 2017.

6. Por que se pode afirmar que as gírias são voláteis?

7. Além de *pão*, *lasanha* e *gato*, você conhece outra gíria que pode ser usada para designar homem bonito?

8. Ao afirmar "Esse é o mal das gírias. Marcam a juventude de cada um", o autor julga positivo ou negativo o uso de gírias? Explique.

As gírias exemplificam como o tempo causa variações em uma língua, uma vez que ela se altera através das gerações. No entanto, as mudanças no uso de gírias podem ter outras origens. Veja como esse tema é abordado no fragmento a seguir, reproduzido de uma reportagem sobre o grupo musical Dream Team do Passinho. Neste trecho, a vocalista comenta o sucesso da canção "Vai dar ruim".

"Vai Dar Ruim" é uma expressão que pode significar algo muito bom ou horrível, dependendo do contexto. "É nossa aposta", diz Lellêzinha. "Na nossa música tem significado de dar muito certo. É uma gíria da favela que carrega a inteligência da favela. Você precisa estar ligado no contexto e na forma como isso está sendo usado para entender se é bom ou ruim. Se piscar, entende exatamente o oposto."

MOTA, Denise. Dream Team do Passinho: a favela é rica. E muito pouco aproveitada. *Folha de S.Paulo. Blog* São Paulo, ago. 2016. Disponível em: <http://pretapretopretinhos.blogfolha.uol.com.br/2016/08/08/dream-team-do-passinho-a-favela-e-rica-e-muito-pouco-aproveitada>. Acesso em: 22 mar. 2017.

A vocalista do grupo, Lellêzinha, considerou importante explicar o significado de *Vai dar ruim*, não porque essa expressão é antiga, mas porque é uma gíria própria de determinada comunidade, possivelmente desconhecida por muitas pessoas. As informações sobre o contexto social em que a expressão é usada ajudam o leitor a compreender o sentido dessa gíria na música do grupo e, consequentemente, a interpretá-la melhor. Nesse caso, a variação linguística acontece em um mesmo período histórico, revelando que diferentes variações do português brasileiro podem coexistir.

Na fala da vocalista, podemos notar, além das gírias, outras expressões próprias da informalidade, como "Você precisa estar ligado no contexto" ou ainda "Se piscar, entende exatamente o oposto". Na situação de entrevista em que ela está explicando o sentido de uma gíria para um veículo de comunicação direcionado aos jovens, não é necessário o uso da formalidade. Ela pode ser autêntica e usar expressões próprias de seu meio, que provavelmente são conhecidas por seus fãs.

Porém, em um seminário em que um aluno esteja expondo uma explicação sobre o sentido de uma gíria para os outros alunos, a linguagem formal seria a mais adequada à situação.

Variações linguísticas são as variações que uma língua pode sofrer em consequência de determinadas circunstâncias. Elas podem ocorrer por causa da passagem do tempo ou de questões culturais, geográficas, sociais ou situacionais.

AMPLIANDO O CONHECIMENTO

A expressão *pós-verdade*

▶ Leia o fragmento a seguir, extraído de uma notícia publicada em um jornal digital.

....

Anualmente a Oxford Dictionaries, departamento da universidade de Oxford responsável pela elaboração de dicionários, elege uma palavra para a língua inglesa. A de 2016 é "pós-verdade" ("*post-truth*").

Em 2015, a palavra escolhida foi um emoji – mais especificamente aquela carinha amarela que chora de tanto rir.

Além de eleger o termo, a instituição definiu o que é a "pós-verdade": um adjetivo "que se relaciona ou **denota** circunstâncias nas quais fatos objetivos têm menos influência em moldar a opinião pública do que apelos à emoção e a crenças pessoais".

A palavra é usada por quem avalia que a verdade está perdendo importância no debate político. Por exemplo: o boato amplamente divulgado de que o papa Francisco apoiava a candidatura de Donald Trump não vale menos do que as fontes confiáveis que negaram esta história.

Segundo a Oxford Dictionaries, o termo "pós-verdade", com a definição atual, foi usado pela primeira vez em 1992 pelo dramaturgo sérvio-estadunidense, Steve Tesich. Ele tem sido empregado com alguma constância há cerca de uma década, mas houve um pico de uso da palavra, que cresceu 2 000% em 2016.

FÁBIO, André Cabette. O que é "pós-verdade", a palavra do ano segundo a Universidade de Oxford. *Nexo*, São Paulo, 16 nov. 2016. Disponível em: <www.nexojornal.com.br/expresso/2016/11/16/O-que-%C3%A9-%E2%80%98p%C3%B3s-verdade%E2%80%99-a-palavra-do-ano-segundo-a-Universidade-de-Oxford>. Acesso em: 4 mar. 2017.

....

A expressão *pós-verdade* tornou-se popular ao longo da eleição dos Estados Unidos de 2016. Durante a campanha, muitos boatos circularam nas redes sociais e analistas políticos concluíram que eles tiveram grande importância no resultado, já que os eleitores acreditavam no que liam sem verificar a verdade sobre as informações, o que se tornou um novo comportamento decorrente do uso das redes sociais.

> **Denotar:** mostrar por meio de sinais ou indícios; significar; representar.

1. Converse com os colegas sobre a relação de sentido que há entre a partícula *pós* e a palavra *verdade* na formação do termo *pós-verdade*. Use o texto lido e a explicação do sentido atribuído a esse termo para desenvolver a discussão.

Durante um dos debates das eleições presidenciais dos Estados Unidos de 2016, a então candidata democrata Hillary Clinton faz um pronunciamento. Próximo a ela está o republicano Donald Trump, que também era candidato e foi eleito presidente dos EUA.

40 Unidade 1 Linguagem, mudanças e permanências

A gramática e a construção de sentido

Variações linguísticas

As gírias são bons exemplos de variações linguísticas que ocorrem entre as diferentes regiões do Brasil. Contudo, as variações não se limitam às gírias. Elas também ocorrem nas formas usadas para nomear, adjetivar, fazer saudações, expressar emoções, organizar os termos das orações etc. Observe alguns casos de variações linguísticas.

Variação no vocabulário

▶ Leia o poema a seguir e observe que o eu lírico se propõe a apresentar palavras típicas do português falado no estado de Pernambuco.

O pernambuquês

Pra todo pernambucano
Amar seu vocabulário,
Pros turistas aprenderem,
Pois eles não são otários,
Falarei Pernambuquês
Para o pobre e pro burguês
Melhor que o dicionário.
[...]

Pirangueiro é mesquinho,
muquirana ou amarrado,
sovina ou mão de vaca,
Há mais significado.

Corrente é trancilim,
Frescura aqui é pantim,
O bêbado, "tá bicado".

A borracha de dinheiro
Aqui se chama de liga.
Sujeira de olho, remela,
Pão bengala é tabica.
Pernilongo, muriçoca,
Qualquer doce é paçoca,
Por isso, amigo, se liga!

CORDEL, Carlinhos. O Pernambuquês. *Recanto das Letras*.
Disponível em: <www.recantodasletras.com.br/cordel/1973261>. Acesso em: 4 mar. 2017.

Há muitos exemplos na língua portuguesa que ilustram a diversidade ao nomear um mesmo objeto em diferentes regiões do país. Um exemplo clássico é o pão que comemos quase todos dia. Ele é denominado de formas muito diferentes dependendo da região dos falantes. Veja a seguir alguns exemplos deste item tão corriqueiro em nosso cotidiano:

- Ceará: pão de sal, pão carioquinha.
- Baixada Santista: média.
- Pará: pão careca, carequinha.
- Paraíba: pão aguado.
- Porto Alegre: cacetinho.
- São Paulo: pão francês, pãozinho, filão.
- Sergipe: pão jacó.
- Rio de Janeiro: pão francês, pãozinho, pão de sal.

A língua em evolução Capítulo 2 41

Por que no Brasil a gente come "pão francês"?

Da imitação do que se fazia na França surgiu a tradição brasileira

Não querendo estragar a viagem de ninguém, mas quem entrar em uma padaria de Paris e pedir "un pain français, s'il vous plaît" ("um pão francês, por favor") vai encontrar dificuldades. Mesmo após muita gesticulação, deve sair apenas com um pedaço de baguete. Acontece que o pãozinho, também conhecido como "pão de sal" e "cacetinho", e que a maior parte do Brasil chama de "francês", não existe na França.

Os encontros e desencontros de tradução começaram no início do século 19. Naquela época, o pão popular da França era curto, cilíndrico, com miolo duro e a casca dourada – um precursor da baguete, que só consolidou a forma comprida no século 20. Enquanto isso, no Brasil, o pão comum era um com miolo e casca escuros, uma versão tropical do pão italiano.

Acontece que, quando a elite do Brasil recém--independente viajava para Paris, voltava descrevendo o pãozinho para seus padeiros, que faziam o possível para reproduzir a receita pela descrição. Dessa gastronomia oral saiu o "pão francês brasileiro", que difere de sua fonte de inspiração europeia, sobretudo por poder levar até açúcar e gordura na massa. Assim como o arroz à grega e o café carioca, a homenagem é alheia ao homenageado.

LIMA, Raquel. Por que no Brasil a gente come "pão francês"? *Superinteressante*, São Paulo: Abril Comunicação S.A, n. 284, p. 44. 1º nov. 2010.

Variação no uso de artigo

Leia a seguir a transcrição de um trecho do depoimento dado pela mato-grossense Amélia Lopes Legal ao Museu da Pessoa.

nós fomos pra escola já bem adiantadinhos e não foi aquela coisa de chegar lá e não saber nada, né? A gente já chegou sabendo um pouquinho [...]. Naquele tempo, não era igual agora que cada ano faz um ano, né? A gente entrou na primeira série e quando chegou o final do ano, eu já estava no terceiro ano [...].

[...] depois eu só poderia ir até aí, porque também ficamos sem papai e a vida ficou apertada e eu não pude estudar mais.

MUSEU DA PESSOA. *Costurando entre os percalços*. Depoimento de Amélia Lopes Legal. São Paulo, dez. 2010. Disponível em: <www.museudapessoa.net/pt/conteudo/historia/costurando-entre-os-percalcos-44706>. Acesso em: 4 mar. 2017.

Observe que, ao explicar o motivo de ter interrompido os estudos precocemente, Amélia diz: "ficamos sem papai". Esse tipo de construção é usual, por exemplo, no Mato Grosso. Em outras regiões do Brasil, é comum o uso de artigo em construções como essa ("ficamos sem o papai").

Variação no uso de pronomes

Leia a seguir trechos de declarações que a escritora gaúcha Martha Medeiros fez para o jornal *Folha de S.Paulo*.

Quando a gente escreve ficção a gente está mais protegido, já a coluna é diferente: ali é o teu nome, é um achismo, é opinião, ali tu estás te colocando completamente", acrescentou a gaúcha. "Por isso que eu sou fanática pela ficção. Eu adoraria ser uma escritora de ficção, ser reconhecida pela ficção, coisa que eu não sou porque eu não tenho a técnica.

KRAMER, Renato. "Não sou escrava do sucesso", afirma a escritora Martha Medeiros. *Folha de S.Paulo*, São Paulo, 2 mar. 2015. Disponível em: <http://f5.folha.uol.com.br/colunistas/renatokramer/2015/03/1596836-nao-sou-escrava-do-sucesso-afirma-a-escritora-gaucha-martha-medeiros.shtml>. Acesso em: 4 mar. 2017.

Em um dos trechos, a escritora usa o pronome *tu*, conjuga o verbo *estar* na segunda pessoa do singular e emprega o pronome oblíquo *te* da segunda pessoa do singular: "*tu estás te colocando*". Essa opção pela segunda pessoa se mantém quando ela emprega o pronome possessivo: "ali é o *teu* nome". Essa característica é própria de falantes de algumas regiões do país (Regiões Norte e Sul, por exemplo). Já em outras regiões brasileiras, é comum o uso de verbos conjugados na terceira pessoa: "você *está* se colocando" e do pronome possessivo da terceira pessoa: "ali é o *seu* nome".

Esses são alguns exemplos dentre muitos que poderiam ser analisados. Apreciar a língua portuguesa implica conhecer essas variações e desfrutar as várias possibilidades que o idioma oferece.

A escritora Martha Medeiros em foto de 2014.

Exercícios

1. Leia a manchete.

> **Portugal realiza festival com escritores lusófonos em cidade medieval**
>
> TRINDADE, Elaine. *Folha de S.Paulo*, São Paulo, 19 out. 2015. Disponível em: <www1.folha.uol.com.br/ilustrada/2015/10/1695715-portugal-realiza-festival-com-escritores-lusofonos-em-cidade-medieval.shtml>. Acesso em: 4 mar. 2017.

a. O que significa dizer que os escritores são lusófonos?

b. Escritores de que nacionalidades podem ser esperados em um festival lusófono?

2. O trecho a seguir faz parte de uma entrevista. No texto, a pergunta foi feita pelo escritor angolano José Eduardo Agualusa e a resposta foi dada pelo escritor moçambicano Mia Couto. Leia e responda às questões.

Agualusa – Quem foi mais importante na tua formação enquanto escritor, o angolano Luandino Vieira ou o brasileiro João Guimarães Rosa?

Mia Couto – É difícil comparar. Cada um deles actuou de modo diverso. Um abriu uma porta, outro abriu um caminho. Luandino já tinha sido marcado por Guimarães Rosa quando escolheu o seu próprio caminho e deixou entrar na prosa as vozes das ruas de Luanda. Eu li Luandino nos meados da década de 70. E aquilo foi uma mistura de amor e receio. Deixei o livro de lado, impedido de prosseguir. Havia ali algo que dizia: como não descobriste isto antes, dentro ti? E tive que deixar a leitura em suspensa para a ela regressar tempo depois. Como quem se tem que habituar à beleza de um abismo. Depois, quando regressei, li tudo o que havia nele, incluindo os textos marginais, as entrevistas, as anotações. Fui num desses textos que percebi que Luandino tinha recebido de um tal Guimarães Rosa a mesma influência que ele tinha tido em mim.

> BERGAMO, Mônica. "O Brasil está diluído em mim", diz José Agualusa em entrevista a Mia Couto. *Folha de S.Paulo*, São Paulo, 24 set. 2015. FOLHAPRESS Disponível em: <www1.folha.uol.com.br/colunas/monicabergamo/2015/09/1686038-o-brasil-esta-diluido-em-mim-diz-jose-agualusa-em-entrevista-a-mia-couto.shtml>. Acesso em: 12 abr. 2017.

a. Na resposta de Mia Couto, é possível identificar alguma diferença entre o português falado pelo escritor moçambicano e o português brasileiro?

b. O que há em comum entre os países de origem dos autores citados no texto, Luandino Vieira e João Guimarães Rosa, e Mia Couto? Por seus países terem algo em comum, podemos afirmar que esses três autores têm a mesma formação cultural? Explique.

3. Leia esta tira.

Armandinho, de Alexandre Beck

a. Onde se passa a ação?

b. Com quem Armandinho conversa?

c. Explique como o cenário e os personagens envolvidos na situação colaboram para o efeito de humor na tira.

d. Explique qual é a crítica feita na tira.

4. O trecho a seguir, da carta de Pero Vaz de Caminha, narra o encontro de indígenas com o capitão da esquadra portuguesa.

> O Capitão, quando eles vieram, estava sentado em uma cadeira, bem vestido, com um colar de ouro mui grande ao pescoço, e aos pés uma **alcatifa** por **estrado**. Sancho de Tovar, Simão de Miranda, Nicolau Coelho, Aires Correia, e nós outros que aqui na **nau** com ele vamos, sentados no chão, pela alcatifa. Acenderam-se tochas. Entraram. Mas não fizeram sinal de cortesia, nem de falar ao Capitão nem a ninguém. Porém um

Unidade 1 Linguagem, mudanças e permanências

deles pôs olho no colar do Capitão, e começou de acenar com a mão para a terra e depois para o colar, como que nos dizendo que ali havia ouro. Também olhou para um castiçal de prata e assim mesmo acenava para a terra e novamente para o castiçal, como se lá também houvesse prata.

Trecho da Carta de Pero Vaz de Caminha.

> **Alcatifa:** espécie de tapete.
> **Estrado:** piso.
> **Nau:** embarcação.

a. No episódio narrado nesse trecho, a interação entre os indígenas e os portugueses não ocorre por meio de linguagem verbal, uma vez que eles não falam uma língua em comum. Dessa forma, como se dá a comunicação entre eles?

b. Explique qual é a relação entre esse trecho da carta e a tira que você analisou na atividade 3.

5. As gírias são bons exemplos de variação linguística. No caso do depoimento a seguir, as variações estão relacionadas à época em que ele ocorreu e ao perfil do emissor. Leia-o e, em seguida, responda às questões.

Papo de malandro

Diante dos jurados cariocas, o réu deixa claro que nada fez.

O que o malandro diz:
"Seu doutor, o patuá é o seguinte: depois de um gelo da coitadinha, resolvi esquiar e caçar outra cabrocha. Plantado como um poste na quebrada da rua, veio uma paraqueda se abrindo. Eu dei a dica, ela bolou… chutei. Ela bronquiou, mas foi na despista, porque, vivaldina, tinha se adernado e visto que o cargueiro estava lhe comboiando. Morando na jogada, o Zezinho aqui ficou ao largo. Procurei engrupir o pagante, mas recebi um cataplum. Aí, dei-lhe um bico com o pisante na altura da dobradiça. Ele se coçou, sacou a máquina e queimou duas espoletas. Papai, rápido, virou pulga e fez Dunquerque."

PRETI, Dino. *A gíria e outros temas*. São Paulo: Edusp, 1984.

a. Quem é o emissor deste depoimento? Em que época ele o pronunciou?

b. Escreva o que você conseguiu compreender do depoimento anterior.

c. Na sua opinião, mesmo que esse depoimento fosse feito hoje, no mesmo local que foi feito, ele seria passível de compreensão? Explique com base em seus conhecimentos de variação linguística.

6. Leia este poema de Gilberto Mendonça Teles.

Língua

Esta língua é como um elástico
que espicharam pelo mundo.
No início era tensa,
de tão clássica.

Com o tempo, se foi amaciando,
foi-se tornando romântica,
incorporando os termos nativos
e amolecendo nas folhas de bananeira
as expressões mais sisudas.

Um elástico que já não se pode
mais trocar, de tão gasto;
nem se arrebenta mais, de tão forte.

Um elástico assim como é a vida
que nunca volta ao ponto de partida.

TELES, Gilberto Mendonça. *Melhores poemas de Gilberto Mendonça Teles*. (Org.) Luiz Bussato. São Paulo: Global, 2001.

a. O poema, por meio do lirismo, aborda aspectos da evolução da língua portuguesa. Explique os aspectos a que cada um dos versos a seguir se relacionam.

- "Esta língua é como um elástico que espicharam pelo mundo."
- "Com o tempo, se foi amaciando,"
- "que nunca volta ao ponto de partida."

b. Explique o que o eu-lírico quis dizer ao afirmar:

"Um elástico que já não se pode
mais trocar, de tão gasto;
nem se arrebenta mais, de tão forte."

A língua em evolução **Capítulo 2** 45

Enem e vestibulares

1. Enem

A forte presença de palavras indígenas e africanas e de termos trazidos pelos imigrantes a partir do século XIX é um dos traços que distinguem o português do Brasil e o português de Portugal. Mas, olhando para a história dos empréstimos que o português brasileiro recebeu de línguas europeias a partir do século XX, outra diferença também aparece: com a vinda ao Brasil da família real portuguesa (1808) e, particularmente, com a Independência, Portugal deixou de ser o intermediário obrigatório da assimilação desses empréstimos e, assim, Brasil e Portugal começaram a divergir, não só por terem sofrido influências diferentes, mas também pela maneira como reagiram a elas.

ILARI, R.; BASSO, R. *O português da gente*: a língua que estudamos, a língua que falamos. São Paulo: Contexto, 2006.

Os empréstimos linguísticos, recebidos de diversas línguas, são importantes na constituição do Brasil porque

a. deixaram marcas da história vivida pela nação, como a colonização e a imigração.
b. transformaram em um só idioma línguas diferentes, como as africanas, as indígenas e as europeias.
c. promoveram uma língua acessível a falantes de origens distintas, como o africano, o indígena e o europeu.
d. guardaram uma relação de identidade entre os falantes do português do Brasil e os do português de Portugal.
e. tornaram a língua do Brasil mais complexa do que as línguas de outros países que também tiveram colonização portuguesa.

2. Enem

Em bom português

No Brasil, as palavras envelhecem e caem como folhas secas. Não é somente pela gíria que a gente é apanhada (aliás, não se usa mais a primeira pessoa, tanto do singular como do plural: tudo é "a gente"). A própria linguagem corrente vai-se renovando e a cada dia uma parte do léxico cai em desuso.

Minha amiga Lila, que vive descobrindo essas coisas, chamou minha atenção para os que falam assim:

– Assisti a uma fita de cinema com um artista que representa muito bem.

Os que acharam natural essa frase, cuidado! Não saberão dizer que viram um filme com um ator que trabalha muito bem. E irão ao banho de mar em vez de ir à praia, vestidos de roupa de banho em vez de biquíni, carregando guarda-sol em vez de barraca. Comprarão um automóvel em vez de comprar um carro, pegarão um defluxo em vez de um resfriado, vão andar no passeio em vez de passear na calçada. Viajarão de trem de ferro e apresentarão sua esposa ou sua senhora em vez de apresentar sua mulher.

SABINO, F. *Folha de S.Paulo*, 13 abr. 1984.

A língua varia no tempo, no espaço e em diferentes classes socioculturais. O texto exemplifica essa característica da língua, evidenciando que

a. o uso de palavras novas deve ser incentivado em detrimento das antigas.
b. a utilização de inovações do léxico é percebida na comparação de gerações.
c. o emprego de palavras com sentidos diferentes caracteriza diversidade geográfica.
d. a pronúncia e o vocabulário são aspectos identificadores da classe social a que pertence o falante.
e. o modo de falar específico de pessoas de diferentes faixas etárias é frequente em todas as regiões.

3. Enem

Óia eu aqui de novo xaxando
Óia eu aqui de novo pra xaxar
Vou mostrar pr'esses cabras
Que eu ainda dou no couro
Isso é um desaforo
Que eu não posso levar
Que eu aqui de novo cantando
Que eu aqui de novo xaxando
Óia eu aqui de novo mostrando
Como se deve xaxar.

Vem cá morena linda
Vestida de chita
Você é a mais bonita
Desse meu lugar
Vai, chama Maria, chama Luzia
Vai, chama Zabé, chama Raque
Diz que tou aqui com alegria.

BARROS, A. *Óia eu aqui de novo*.
Disponível em: <www.luizluagonzaga.mus.br>.
Acesso em: 15 abr. 2017. (fragmento).

A letra da canção de Antônio Barros manifesta aspectos do repertório linguístico e cultural do Brasil. O verso que singulariza uma forma do falar popular regional é

a. "Isso é um desaforo."
b. "Diz que tou aqui com alegria."
c. "Vou mostrar pr'esses cabras."
d. "Vai, chama Maria, chama Luzia."
e. "Vem cá, morena linda, vestida de chita."

4. Enem

Texto I

Antigamente

Antigamente, os pirralhos dobravam a língua diante dos pais e se um se esquecia de arear os dentes antes de cair nos braços de Morfeu, era capaz de entrar no couro. Não devia também se esquecer de lavar os pés, sem tugir nem mugir. Nada de bater na cacunda do padrinho, nem de debicar os mais velhos, pois levava tunda. Ainda cedinho, aguava as plantas, ia ao corte e logo voltava aos penates. Não ficava mangando na rua, nem escapulia do mestre, mesmo que não entendesse patavina da instrução moral e cívica. O verdadeiro smart calçava botina de botões para comparecer todo liró ao copo d'água, se bem que no convescote apenas lambiscasse, para evitar flatos. Os bilontras é que eram um precipício, jogando com pau de dois bicos, pelo que carecia muita cautela e caldo de galinha. O melhor era pôr as barbas de molho diante de um treteiro de topete, depois de fintar e engambelar os coiós, e, antes que se pusesse tudo em pratos limpos, ele abria o arco.

ANDRADE, C. D. *Poesia e prosa*.
Rio de Janeiro: Nova Aguilar, 1983 (fragmento).

Texto II

Palavras do arco da velha

Expressão	Significado
Cair nos braços de Morfeu	Dormir
Debicar	Zombar, ridicularizar
Tunda	Surra
Mangar	Escarnecer, caçoar
Tugir	Murmurar
Liró	Bem-vestido
Copo d'água	Lanche oferecido pelos amigos
Convescote	Piquenique
Bilontra	Velhaco
Treteiro de topete	Tratante atrevido
Abrir o arco	Fugir

FIORIN, J. L. As línguas mudam. In: Revista *Língua Portuguesa*, n. 24, out. 2007 (adaptado).

Na leitura do fragmento do texto *Antigamente* constata-se, pelo emprego de palavras obsoletas, que itens lexicais outrora produtivos não mais o são no português brasileiro atual. Esse fenômeno revela que

a. a língua portuguesa de antigamente carecia de termos para se referir a fatos e coisas do cotidiano.
b. o português brasileiro se constitui evitando a ampliação do léxico proveniente do português europeu.
c. a heterogeneidade do português leva a uma estabilidade do seu léxico no eixo temporal.
d. o português brasileiro apoia-se no léxico inglês para ser reconhecido como língua independente.
e. o léxico do português representa uma realidade linguística variável e diversificada.

> **DIÁLOGOS**

A língua como elemento de criação artística

Na capa de seu álbum *Nheengatu*, o grupo Titãs faz uma associação entre a palavra *Nheengatu*, que remete à história do português brasileiro e a imagem da obra *Torre de Babel*, pintada em 1563 por Pieter Bruegel (c. 1525-1569).

Essa relação estabelecida entre o vocábulo e a imagem é rica, pois problematiza a potencialidade de comunicação de uma língua. Ao explicar, em redes sociais, a concepção desse trabalho, os Titãs declaram:

> "A pintura na capa de Pieter Bruegel retrata a Torre de Babel, um mito bíblico que fala de uma torre que os homens construíram para chegar ao céu, mas que foi destruída devido à falta de entendimento entre eles, que falavam línguas diferentes e não conseguiam se entender."

Sobre a relação entre o mito bíblico da Torre de Babel e a palavra nheengatu, os Titãs disseram:

> "Uma torre que foi destruída pela falta de entendimento e uma língua que foi criada para favorecer o entendimento. Na tentativa de fazer uma foto instantânea do Brasil atual, as duas ideias se contrapõem bem: uma palavra (e uma linguagem) de entendimento para tentar explicar um mundo de desentendimento."

A reflexão sobre a língua como elemento constitutivo de comunicação é um tema que faz parte da criação de artistas. Para aprofundar a reflexão sobre esse tema, assista à *A chegada*, dirigido por Denis Villeneuve. No longa-metragem, uma linguista, em parceria com outros cientistas, busca construir uma língua capaz de estabelecer comunicação entre seres humanos e extraterrestres que invadiram a Terra.

Por meio dessa narrativa cinematográfica, o espectador pode perceber muitos aspectos implicados na elaboração de um idioma: a necessária empatia entre os interlocutores, a relação entre som e sentido, a grafia dos signos e a elaboração de um sistema organizativo dos símbolos inventados. Embora o filme não se aprofunde nas teorias da Linguística, favorece a reflexão sobre as condições necessárias para o surgimento de uma língua.

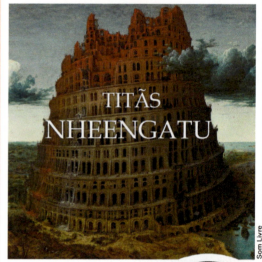

Capa do álbum *Nheengatu*, do grupo Titãs, lançado em 2014.

Cena (acima) e cartaz (ao lado) de divulgação do filme *A chegada*, de Denis Villeneuve, 2016.

A GRAMÁTICA E SUAS PARTES

CAPÍTULO 3

▶ Observe esta imagem.

O que você vai aprender

1. **O que significa estudar gramática?**
   - Compreender o conceito de gramática e reconhecer situações cotidianas em que ocorre reflexão gramatical.
   - Diferenciar gramática descritiva e gramática normativa.
   - Reconhecer que o conhecimento da gramática colabora para o aprofundamento da reflexão sobre a língua.
   - Reconhecer a importância de conhecer as normas urbanas de prestígio.

2. **A gramática e suas partes: fonologia, morfologia, sintaxe e semântica**
   - Compreender o conceito de sintaxe e reconhecer situações de reflexão sintática.
   - Compreender o conceito de fonologia e reconhecer situações de reflexão fonológica.
   - Compreender o conceito de semântica e reconhecer situações de reflexão semântica.

Página do livro *A chegada*, de Shaun Tan. São Paulo: Edições SM, 2011.

O livro *A chegada*, de Shaun Tan, narra, por meio de imagens, a chegada de um homem a um país estrangeiro. A página reproduzida apresenta uma das primeiras situações que o personagem vive no novo país. Observe os gestos e as expressões dele e reflita: Que dificuldades ele parece estar enfrentando nesse momento? Que recursos ele usa para contornar essa dificuldade? Esses recursos se mostram suficientes para estabelecer comunicação? Você já passou por situação semelhante? Que relação é possível estabelecer entre essa imagem e a importância do domínio verbal no cotidiano?

Reflexão e análise linguística
O que significa estudar gramática?

 Leia a tira a seguir.

Armandinho, de Alexandre Beck

Você já pensou sobre a origem das palavras da língua portuguesa? Já refletiu sobre a sonoridade delas? Percebeu que algumas nos parecem mais sonoras, enquanto outras são estranhas aos nossos ouvidos? Note que, ao fazer uso da língua, precisamos escolher as palavras mais adequadas para comunicar o que desejamos, fazer arranjos entre elas, além de pensar no efeito de sentido que esse conjunto promove no interlocutor. Ou seja, articular tudo que conhecemos sobre o idioma para concretizar o ato comunicativo.

Na tira que você acabou de ler, o personagem Armandinho fica confuso quando tenta aplicar ao nome dos meses do ano uma lógica que se mostra ineficiente. Ele está seguindo pistas falsas quando pensa sobre a origem desses nomes? Leia o trecho da reportagem a seguir e reflita sobre essa questão.

Tudo começou na Roma Antiga, alguns séculos antes da Era Cristã. No primeiro calendário romano, estabelecido no século VII a.C., o ano tinha 304 dias e era dividido em dez meses – a contagem começava em março e terminava em dezembro.

Qual é a origem dos nomes dos meses? Publicação: *Mundo Estranho*, Edição: 10 Data: 01/12/02. Página(s): 40. Crédito Mundo Estranho/Abril Comunicações S/A. Disponível em: <http://mundoestranho.abril.com.br/cultura/qual-e-a-origem-dos-nomes-dos-meses>. Acesso em: 10 maio 2017.

Ao pensarmos sobre a origem das palavras da língua portuguesa; sobre as regras que seguimos, por exemplo, ao passar um termo para o plural; sobre o gênero das palavras ou sobre a ordem em que elas são dispostas na oração, mobilizamos conhecimentos gramaticais, ou seja, utilizamos estruturas próprias da língua, mesmo que de forma inconsciente. À medida que crescemos, aprendemos a falar, a ler, a escrever e a participar de diferentes situações comunicativas, reconhecemos princípios e regras da língua, identificamos suas rupturas. De maneira intuitiva, passamos a promovê-las em um processo progressivo de domínio da **gramática** implícita na língua, isto é, a gramática que o falante tem internalizada, a que ele usa automaticamente em situações de comunicação.

No entanto, apesar de já fazermos uso da língua e de nos comunicarmos com familiares e amigos, as situações comunicativas se diversificam, o que faz com que o conhecimento aprofundado da gramática seja muito importante. Isto porque, no ato comunicativo, temos de fazer as escolhas mais adequadas a cada contexto se quisermos nos comunicar bem. Dessa forma, a aprendizagem de novos recursos linguísticos, por exemplo, permite-nos desfrutar melhor das qualidades estéticas de textos literários, torna mais crítica a leitura de textos que circulam socialmente e contribui para nos comunicarmos em situações formais de forma mais adequada e eficiente.

> **Gramática** é a estrutura e o funcionamento de uma língua. Ao longo do tempo, os avanços dos estudos gramaticais fizeram surgir duas concepções para esse conceito:
> - **Gramática descritiva** é aquela que trabalha com qualquer variedade da língua e não apenas a norma culta. O linguista, cientista da área, observa a oralidade e a escrita em situações reais de comunicação para construir hipóteses que expliquem o mecanismo de funcionamento da língua.
> - **Gramática normativa** é aquela que estuda a norma culta da língua. Geralmente, considera ocorrências da escrita para estabelecer as regras da língua. A oralidade é pouco explorada, pois se considera que esta deve seguir a escrita. Como dita as normas e regras para o uso da língua em uma sociedade, considera erro as demais possibilidades de uso da língua.

Como já vimos, conhecer contextos mais formais, tanto da produção oral quanto da escrita, contribui para a leitura crítica e apreciativa de textos sofisticados.

Conhecer a norma culta, ou seja, a variedade de maior prestígio social será muito importante para que possamos fazer escolhas mais conscientes nas situações formais de comunicação.

> **Norma culta** ou **variedade urbana de prestígio** é a variedade linguística de maior prestígio social.

A gramática e suas partes: morfologia, sintaxe, fonologia e semântica

Ao estudarmos uma língua, seus vocábulos e sua estrutura, por exemplo, podemos fazê-lo em diferentes níveis. Conforme os aspectos a serem estudados, fazemos uso de conceitos e análises específicas de cada uma das partes da gramática.

Na tira, ao discutir o sentido implícito no nome dos meses, Armandinho está fazendo também um questionamento relacionado à origem e à formação dessas palavras.

A **morfologia** é a parte da gramática que analisa questões referentes à origem, à formação e à função das palavras no idioma.

Outros temas gramaticais também estão presentes no nosso cotidiano. Por exemplo: Se a frase *What are you talking about?* fosse traduzida do inglês para o português como "O que está você falando sobre?", logo perceberíamos que a tradução não está adequada, pois esse não é o modo como organizamos as palavras em uma frase na língua portuguesa.

A **sintaxe** é a parte da gramática que estuda aspectos relacionados à estrutura da língua.

Mas, se quisermos saber a pronúncia adequada de uma palavra, como a palavra *gratuito* – se a ênfase está no *tu* ou no *i* –, teríamos de consultar a parte da gramática responsável pelo estudo dos sons da língua, ou seja, a **fonologia**.

Por fim, se o interesse for relacionado ao significado das palavras e das expressões, ou à relação de sentido que se estabelece entre palavras em um contexto, entraríamos em outra área da gramática: a **semântica**.

Morfologia, sintaxe, fonologia e semântica são as quatro áreas da gramática. Porém, é comum que as reflexões linguísticas exijam a abordagem de mais de uma área ao mesmo tempo. Observe a tira:

A expressão "os cambau", do último quadro, tem uma forma mais atual, que é a palavra *escambau* – motivo pelo qual o autor a grafou entre aspas. Conseguimos fazer primeiramente essa relação ao analisar o som semelhante dessas duas expressões (fonologia).

A palavra *escambau* tem basicamente dois sentidos: "mais um monte de coisas", "etc.", como em "Ele comprou roupas, sapatos, o escambau naquela loja"; e o sentido de negação, já que ele vai cobrar pelas aulas a serem ministradas.

Há algumas hipóteses sobre a origem da palavra *escambau*. Uma delas seria de que deriva de *escambo*, que significa troca. A palavra *escambau* não tem nenhum resquício desse significado, portanto, essa hipótese foi descartada. O pressuposto mais aceito é de que ela deriva de *cambada*, que já teve a forma *cambau*. Dessa forma, temos um exemplo de como as partes da gramática se entrelaçam, pois ao pesquisar a origem de uma palavra, levamos em consideração o sentido (semântica) e a forma (morfologia) de termos que podem fazer parte de sua evolução, assim como as associações sonoras (fonologia) que sugerem.

A seguir, vamos conhecer o âmbito de cada uma das partes da gramática e compreender melhor as relações entre elas.

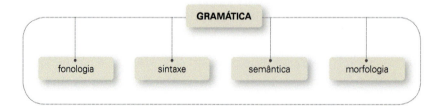

Morfologia

Como surgem as palavras na língua portuguesa?

Assim como o personagem Armandinho tenta entender o nome dos meses, muitas vezes nós nos questionamos: De onde vêm os vocábulos e as expressões? Como passam a fazer parte da língua?

 Leia o texto.

Os grandes contos do vigário

Heranças inexistentes e pagamentos com dinheiro falso – assim começou a arte da vigarice cuja história é narrada em um saboroso livro.

Teria sido o poeta português Fernando Pessoa quem, pela primeira vez, explicou a expressão conto do vigário. Seu comentário aparece em uma crônica publicada no jornal "O Sol", em 1926, sobre a façanha de um pequeno proprietário rural chamado Manuel Peres Vigário. Ele teria comprado animais para a sua fazenda e pago aos negociantes de gado com notas falsas de 100 mil réis, episódio que ficou conhecido como os contos de réis do Manuel Vigário e mais tarde apenas como os contos do Vigário. Esta e muitas outras histórias que elucidam como a nobre designação religiosa terminou por derivar na palavra vigarista foram reunidas no livro "Os Contos e os Vigários – Uma história da Trapaça no Brasil" (Leya), uma interessante e divertida pesquisa realizada pelo historiador José Augusto Dias Júnior.

[...]

Outra hipótese sobre as origens da expressão, apresentada pelo autor, parte da própria figura religiosa do vigário. No final do século XIX e início do XX operou na Espanha, em Portugal e no Brasil uma quadrilha que enviava cartas a famílias abastadas relatando passagens dramáticas e comoventes e, no meio de tanto choro, informava que havia uma herança vultosa em seu nome. Tudo isso com a chancela de um idôneo religioso, os devidos selos e carimbos, aparentando autenticidade. No Brasil, há pelo menos três registros documentados de pessoas que receberam a tal correspondência, todas assinadas pelo vigário espanhol Manuel Suarez Lopes, da suposta Iglesia Parroquial de Santa María, na província de Pamplona, na Espanha. Para cuidar dos trâmites legais do testamento, os beneficiados mandavam um valor em dinheiro. E nunca mais ouviam falar do tal religioso. Em um relato da época pode-se ler: "O conto do vigário é um laço armado com habilidade à boa-fé do próximo ambicioso. É o caso em que os espertos se fazem de tolos e o tolo quer ser esperto."

RANGEL, Natália. *IstoÉ*, São Paulo, nov. 2010. Disponível em:
<http://istoe.com.br/112402_OS+GRANDES+CONTOS+DO+VIGARIO>.
Acesso em: 4 jan. 2017.

1. Qual é o assunto gramatical tratado no texto?

2. Podemos afirmar que os termos e expressões da língua surgem de situações formais, já com normas e regras estabelecidas? Explique de acordo com o texto.

Novas palavras podem surgir, entre outros motivos, por causa de:
- um estrangeirismo que foi bem-aceito e passou a ser muito usado, por exemplo, a palavra *closet*;
- uma história que tenha se tornado famosa, como a do conto do vigário, escrita por Fernando Pessoa;

- um comportamento novo que crie uma situação inusitada, a qual precise ser nomeada; um exemplo desse caso é o termo *pós-verdade* (ver texto do Capítulo 2);
- novidades da tecnologia que propiciam a criação de nomes que, muitas vezes, transformam-se em verbos, por exemplo, *binar*, que vem do substantivo *bina*, um dos primeiros identificadores de chamadas telefônicas a ser usado no Brasil;
- marcas que se consagram no mercado e que têm seus nomes próprios transformados em substantivos comuns ao entrarem para a língua portuguesa. Por exemplo, Gillete, Xerox e Maizena, originalmente nomes próprios, tiveram suas grafias alteradas para *gilete*, *xerox* e *maisena*.

Qualquer que seja o motivo que explique a criação de uma palavra, percebemos que, apesar de a língua não ser fixa nem definitiva, nela existe um campo estável, pois, se buscarmos a origem de um termo ou expressão, veremos que existe uma relação entre sua origem e sua forma atual. Por exemplo, quando lemos um texto escrito em 1500, podemos não o compreender por completo, mas entendemos algumas palavras e trechos e sabemos que é um texto escrito em português.

As palavras e suas funções na língua

As palavras passam a fazer parte de uma língua e nela permanecem por pouco ou por muito tempo. Além disso, elas se transformam. Releia este quadro:

Por exemplo, em algumas regiões do Brasil, o adjetivo *maior* é usado de forma abreviada (*mó*) para indicar intensidade. Na fala de um dos meninos, no terceiro quadro, ele usa a expressão "mó legal". Nessa frase, *mó* deriva de *o maior*: *o maior legal*.

Nesse exemplo, as palavras *mó* e *maior* intensificam o adjetivo *legal*, ou seja, apesar de originalmente serem adjetivos, passam a ter papel de advérbio de intensidade nesse contexto.

Atualmente, o uso do *mó* é restrito a situações comunicativas muito informais, como a da tira. Pode ser que, em alguns anos, essa palavra deixe de ser usada, mas também é possível que continue a ser empregada e que seu uso se intensifique a ponto de ela passar a figurar nos dicionários como um advérbio de intensidade que teve origem em um adjetivo.

Por meio desse e de outros exemplos, podemos observar que precisamos usar palavras, e que, dentro de um contexto, elas têm uma função, por exemplo: nomear o que há no mundo, os substantivos; qualificar coisas, sentimentos etc., os adjetivos; modificar o sentido de outra palavra, acrescentando-lhe determinada circunstância, os advérbios. Substantivo, adjetivo e advérbio são algumas das **classes gramaticais**.

A gramática descritiva, que organiza a língua de acordo com as funções de seus termos, dispõe as palavras em dez classes, que serão apresentadas nos próximos capítulos deste livro. São elas:

- substantivo
- artigo
- numeral
- advérbio
- conjunção
- adjetivo
- pronome
- verbo
- preposição
- interjeição

A parte da gramática que analisa as classes, as flexões e os processos de formação das palavras é a **morfologia**.

Sintaxe

 Leia um trecho desta crônica de João Ubaldo Ribeiro.

Alemanha para principiantes

LÍNGUA – Os alemães não costumam achar muita graça em piadas sobre sua língua. Nem gostam de que a considerem muito difícil. É difícil, sim, e, como já comentava Mark Twain, as exceções à regra são muitas vezes mais numerosas que os casos em que é aplicada. A única razoável defesa que se pode fazer é quanto às palavras quilométricas que a gente acha que jamais conseguirá pronunciar. Consegue, sim, é só lembrar que, na verdade, não são propriamente palavras longas, mas aglomerados que outras línguas preferem separar. É como se, em português, a gente escrevesse "donadecasa", "cartóriodoregistrocivil", ou "professoradjuntodedireitotributário". Mas a língua alemã tem suas esquisitices mesmo e não é impossível você ler uma frase cuja tradução literal seria "ele com uma medicotalentosa jovem no tempo do Kaiser laborou", o verbo "colaborar" dividido em dois, tipo de coisa que acontece muito em alemão. De resto, há numerosos dialetos, aos quais se sobrepõe a língua franca, o chamado Alto Alemão (Hochdeutsch, que na verdade ninguém fala na intimidade, é somente a língua da imprensa e de quem se dirige ao público em geral). Eu mesmo tenho um amigo alemão que diz que se fala uma língua diferente em cada casa.

RIBEIRO, João Ubaldo. *Um brasileiro em Berlim*. Rio de Janeiro: Objetiva, 2011. p. 118.

Valter Ferrari

3. Qual afirmação melhor expressa as ideias presentes no texto?
   a. O autor considera o alemão uma língua difícil e, para exemplificar a complexidade desse idioma, explica o processo de juntar palavras que em outras línguas ficam separadas.
   b. O autor considera que o alemão é uma língua difícil porque há muitas exceções para as regras, por exemplo, os casos de palavras que se juntam.
   c. Mark Twain dizia que as línguas são complicadas porque há muitas exceções para as regras, mas o autor do texto considera que, no caso do alemão, isso não acontece.
   d. Apesar de considerar o alemão uma língua difícil, o autor avalia que as palavras alemãs muito longas não oferecem desafios para sua pronúncia, uma vez que são apenas junções de várias palavras.

4. O autor afirma que há muitas diferenças entre o alemão usado pela imprensa e o que é falado cotidianamente. Em sua opinião, isso também ocorre com o português?

Com base no fragmento da crônica de João Ubaldo, podemos perceber que, para traduzir uma frase do alemão para o português, não basta saber o significado das palavras alemãs. É preciso, também, organizar a frase, dispondo os termos em uma ordem que seja compatível com a estrutura da língua portuguesa. O mesmo aconteceria se fôssemos traduzir, do inglês para o português, a pergunta *What is she talking about?*. Se traduzíssemos essa frase literalmente para o português, ela se tornaria: "O que está ela falando sobre?", uma combinação de palavras que soaria muito estranha. Uma tradução adequada da frase para o português consideraria que a preposição *sobre* não deve ficar no fim da oração, afinal, isso não é próprio da estrutura dessa língua.

Também levaria em conta que, em português, é mais comum o verbo ser colocado depois do sujeito. Se essas duas características da organização da oração fossem consideradas, a tradução da frase seria "Sobre o que ela está falando?" ou "Ela está falando sobre o quê?".

Esses exemplos permitem observar que, dentre as combinações possíveis de palavras em uma frase, algumas podem ser mais adequadas a determinada situação. Porém, existem combinações que não devem ser feitas, por não estarem de acordo com a **sintaxe** da língua portuguesa.

> **Sintaxe** é a parte da gramática que estuda as combinações de palavras, ou seja, a forma como elas se organizam para produzir sentido.

Fonologia

▶ Leia esta crônica de Antonio Prata.

Reinaldo Martins Portella

Choque de civilizações

A única ligação entre São Paulo e o Rio de Janeiro é a Dutra. Fora isso, tudo nos afasta: o clima, a geografia, os costumes e, claro, o idioma – ou você vai me dizer que João Gordo e Evandro Mesquita falam a mesma língua?

Esta barreira idiomática, acredito, é a principal fonte dos nossos problemas: ninguém se entende, acaba surgindo uma certa animosidade, a gente acha que foi chamado de estressado, eles pensam que ouviram alguma coisa sobre malandragem e, quando vamos ver, já era: nós ficamos sem praia e eles sem *pizza*. Perda total.

O choque de civilizações, no entanto, está com os dias contados. Tendo em vista a amizade entre os povos, a paz mundial e os bolinhos de bacalhau do Jobi, resolvi fazer alguma coisa. Mergulhei em intensos estudos carnavalescos, escaldantes pesquisas praianas – entre outras experiências extremamente arriscadas (para um paulista) – e trouxe à luz, acredito, uma grande contribuição para o entendimento entre os dois estados: a Pequena gramática do carioquês moderno.

Nela, cheguei às três regras básicas da língua falada por aquele povo: a regra do R, a regra do S e a regra das vogais. As duas primeiras são de conhecimento geral: R no final da palavra ou no meio se fala arrastado (porrrrrrta, perrrrrrto), e o S transforma-se em X (mixxxxxto-quente, paxxxxta de dentexxxx). É na regra sobre as vogais, no entanto, que consiste a originalidade da minha descoberta e é ela que fará com que a minha gramática, assim como meu nome, ainda ressoem por aí muitos séculos depois que eu tiver ouvido repicar o último tamborim.

Enquanto em São Paulo somos alfabetizados com o A – E – I – O – U, as crianças do Rio de Janeiro aprendem A – Ea – Ia – Oa – Ua. Sim, há um A depois de cada vogal. Pegue qualquer palavra, como copo, pé e carro, por exemplo, e aplique a regra das vogais. Agora, fale em voz alta: coapoa, péa, carroa. Viu só? Aía, éa sóa voaceâ pôarrrr A eam tuadoa, troacarrr S poarrr X e eaxxxticarrr o R quea fiaca óatiamoa.

João Gordo: músico paulistano nascido em 1964. Fundador do grupo Ratos de Porão.
Evandro Mesquita: músico carioca nascido em 1952. Fundador do grupo Blitz.
Animosidade: antipatia.
Jobi: bar carioca que serve petiscos e bebidas.
Mooca: bairro da cidade de São Paulo.

O caminho inverso também funciona. Ao ouvir uma frase em carioquês, por exemplo: "Tua éa móa manéa, paualiaxxxxta oatarioa, voalta pra Móoaca", transcreva-a, subtraia os As sobressalentes e você terá a sentença em paulistês.

Embora seja um grande avanço em face da estagnação em que estavam os estudos do carioquês por estas bandas, minha gramática ainda tem um enorme desafio a esclarecer: como é que o S vira R na palavra mearrrrmoa (mesmo)? E, mais ainda, por que é só nessa palavra? Tema apaixonante ao qual, prometo, retornarei em breve.

PRATA, Antonio. Choque de civilizações. out. 2007. Blog. ©by Antonio Prata. Disponível em: <http://blogdoantonioprata.blogspot.com.br/2007/10/choque-de-civilizaes.html>. Acesso em: 6 mar. 2017.

5. Existe de fato uma "barreira idiomática" entre paulistanos e cariocas? Explique.

6. O fato de o autor da crônica afirmar que paulistanos e cariocas não entendem um ao outro em uma conversa se deve a uma análise da forma das palavras ou do som delas ao falar? Explique.

Para criar o efeito de humor, a crônica exagera a situação retratada. Apesar de reconhecermos que excessos como esses são recursos usados neste gênero, identificamos no caso apresentado, que existem, de fato, diferenças entre as pronúncias de determinados sons por cariocas e paulistanos. Justamente pelo fato de os sons serem objeto de estudo da gramática, o cronista brinca com a ideia de explicar a sonoridade do português falado no Rio de Janeiro por meio da "Pequena gramática do carioquês moderno". Isso nos remete à **fonologia** da língua portuguesa, ou seja, para a parte da gramática que trata dos sons e de suas representações.

Os sons da língua portuguesa estão ao nosso redor quase o tempo todo, mas nem sempre prestamos atenção neles. Em geral, nós os percebemos mais intensamente, por exemplo, quando ouvimos um sotaque diferente do nosso, ou uma canção que explora determinados sons ou se destaca pelas suas rimas e repetições, ou quando ouvimos alguém ler um poema que chama a atenção pela sonoridade. Isto porque ocorrências como essas tendem a nos tirar das situações corriqueiras do dia a dia e, às vezes, nos causam estranhamento.

Se você tivesse de criar uma pequena gramática que descrevesse a forma de falar das pessoas que vivem na região em que mora, o que escreveria? Para responder a essa questão, você pode descrever as expressões e os sons mais usados, ou outras características que sejam marcantes.

Fonologia é a parte da gramática que estuda os sons da língua portuguesa e sua representação escrita, envolvendo a análise da divisão silábica, da acentuação gráfica e da ortografia.

Semântica

▶ Para entender o objeto de estudo da semântica, observe a tira ao lado.

7. A tira mostra a metamorfose de uma lagarta em borboleta. Quais são as fases pelas quais esse inseto passa durante essa metamorfose?

8. Por que a borboleta atende o telefone e diz que não tem ninguém lá com "esse nome"?

Para interpretarmos a tira, é necessário que tenhamos um conhecimento prévio do significado de *metamorfose*, e que ela remete à mudança e, até mesmo, à evolução. Assim, podemos fazer uma interpretação ao pé da letra, pensando no processo pelo qual passa o inseto, mas podemos também interpretar de forma mais ampla, pensando nas mudanças pelas quais todos nós passamos, nas várias identidades (nomes, títulos ou apelidos) que vamos adquirindo ao longo da vida. Portanto, podemos ampliar o sentido de uma palavra ou expressão, ou atribuir relações e outros significados a ela dependendo do contexto em que se encontra.

Leia a notícia a seguir e observe como o arquiteto João Filgueiras Lima cria um novo sentido para a palavra *casulo*.

Mesmo sem querer, Lelé sai do casulo

Um livro dedicado à sua obra e o espaço especial na Bienal Internacional de Arquitetura [...], em São Paulo, já tinham causado uma repercussão que surpreendeu o arquiteto carioca João Filgueiras Lima, o Lelé, em 1999. Ele não gosta de bajulação e salamaleques. "Prefiro ficar no meu casulo", diz.

Agora, vai ter de sair do casulo de novo, para a Bienal de Veneza, onde estará junto com o arquiteto Paulo Mendes da Rocha, o outro brasileiro indicado para a mostra, no segundo semestre deste ano.

GAMA, Mara. *Folha de S.Paulo*, 5 fev. 2000. Disponível em: <http://www1.folha.uol.com.br/fsp/ilustrad/fq0502200027.htm>. Acesso em: 9 mar. 2017.

O arquiteto João Filgueiras Lima, o Lelé, na 4ª Bienal Internacional de Arquitetura, São Paulo (SP), 1999.

No texto acima está escrito que, apesar de preferir o casulo, o arquiteto terá de sair dele para participar de um evento. A palavra *casulo*, nesse contexto, refere-se a recolhimento; *sair do casulo* significa expor-se ao público e, ao final da exposição, provavelmente ser mais admirado, mais reconhecido, tal como ocorre com a borboleta quando ela sai do seu casulo.

Quando investigamos o significado de uma palavra, no caso *casulo*, e o sentido dela em diferentes contextos, estamos fazendo uma análise **semântica** da língua.

> **Semântica** é a parte da gramática que estuda o significado das palavras e os diferentes sentidos que elas podem adquirir de acordo com o contexto.

A gramática e a construção de sentido

A estrutura do texto e a promoção de sentidos

Você estudou neste capítulo as partes que constituem a gramática e como cada uma delas contribui para a construção de sentidos em textos orais ou escritos.

Observe agora como o conhecimento sobre a língua colabora para a compreensão do poema de Arnaldo Antunes.

1. Leia o poema.

Neto e neta são netos, no masculino. Filho e filha são filhos, no masculino. Pai e mãe são pais, no masculino. Avô e avó são avós.

Arnaldo Antunes

a. O poema evidencia uma aparente quebra de regra gramatical ligada à flexão de palavras. Que suposta ruptura você identifica nesse texto?

b. Converse com os colegas e encontrem, na linguagem utilizada no cotidiano, mais três casos que sigam a regra apresentada nos três primeiros versos do poema.

c. Os três primeiros versos do poema seguem uma estrutura muito parecida. O quarto verso, além de trazer uma informação que aparentemente rompe a regra gramatical, apresenta uma ruptura na estrutura. Qual é essa ruptura?

Na língua portuguesa, o artigo que acompanha determinado substantivo indica o **número** (singular ou plural) e o **gênero** (masculino ou feminino) desse substantivo. Veja o quadro a seguir:

- Em "a avó", *avó* é um substantivo feminino singular.
- Em "as avós", *avós* é um substantivo feminino plural.
- Em "os avós", *avós* é substantivo masculino plural.

A palavra *avós* mantém a forma feminina para formar o plural, enquanto as anteriores (*netos, filhos, pais*) se apoiam na forma masculina para formar o plural. Assim, é possível perceber que a construção de sentido do texto se realiza em diferentes camadas: a mais evidente está expressa na indicação dos gêneros masculino e feminino das palavras do texto. Mas há outra camada menos explícita que deve ser considerada: há uma qualidade especial na relação entre avós e netos que fica sugerida pela forma feminina *avó*, e não pela forma masculina *avô*. Dessa forma, implicitamente, o texto aponta para a dualidade entre autoridade e amorosidade presente nas relações familiares.

Conhecer os recursos linguísticos e discorrer sobre eles ampliam nossa compreensão do mundo que nos cerca.

Exercícios

1. Leia, a seguir, fragmentos de textos diversos e identifique em cada um deles o foco da reflexão gramatical de seu respectivo autor.

a.

TEXTO I

E como o grego soa bonito, especialmente quando falado devagar! Está entre as línguas (as de origem mediterrânea, principalmente) que dão a impressão de que quem fala o faz pelo prazer de pronunciar e ouvir aqueles sons.

CAVALCANTI, Péricles. Você já foi à Grécia, nega? Não! Então, vá. *Folha de S.Paulo*, São Paulo, set. 2016. Ilustríssima. Disponível em: <www1.folha.uol.com.br/ ilustrissima/2016/09/1815976-voce-ja-foi-a-grecia-nega-nao-entao-va.shtml>. Acesso em: 7 mar. 2017.

Nesse trecho de uma reportagem sobre o turismo na Grécia, o autor do texto faz uma reflexão gramatical sobre o grego a partir da morfologia ou fonologia? Justifique sua resposta.

b.

TEXTO II

Um velho dicionário escocês aponta que "glamour" é uma referência metafórica à "fascinação feminina". E é uma curiosidade etimológica que a palavra derive de "grammar" (gramática). Na Idade Média, esta última palavra descrevia qualquer erudição, mas particularmente o saber oculto: a capacidade de encantar, de revelar objetos e vidas como "totalmente diferente da realidade" da aparência externa.

MOSER, Benjamin. *Glamour* e Gramática: a bruxaria literária de Clarice Lispector. *Folha de S.Paulo*, São Paulo, ago. 2015. Ilustríssima. Disponível em: <www1.folha.uol.com.br/fsp/ilustrissima/228089-glamour-e-gramatica.shtml>. Acesso em: 7 mar. 2017.

Benjamin Moser, autor da biografia de Clarice Lispector, fala da etimologia da palavra *gramática*. A abordagem trata de aspectos morfológicos ou semânticos?

c.

TEXTO III

Assumindo que "Tempo de espalhar pedras" está, entre outras definições, no campo da prosa poética, o romance não cai nas armadilhas em que esse tipo de escrita costuma tropeçar como, por exemplo, inverter a ordem natural da frase, antecipando o adjetivo ao substantivo. "A voz calma de Ana" é totalmente diferente de "A calma voz de Ana".

FERRARI, Vanessa. 'Tempo de espalhar pedras': um grande romance na soleira da porta. *Nexo*, São Paulo, out. 2016. Disponível em: <www.nexojornal.com.br/ensaio/2016/10/04/%E2%80%98Tempo-de-espalhar-pedras%E2%80%99-um-grande-romance-na-soleira-da-porta>. Acesso em: 7 mar. 2017.

Neste trecho da resenha crítica de Vanessa Ferrari sobre o romance *Tempo de espalhar pedras*, de Estevão Azevedo, o foco da reflexão sobre a obra foi de cunho sintático ou semântico?

2. Leia esta tira de Jean Galvão.

a. Às vezes, para captar o humor, é necessário que se tenha algum conhecimento prévio do assunto. Qual o conhecimento gramatical necessário para entender o humor dessa tira?

b. É possível compreender o conceito citado e o humor da tira a partir do contexto da tira, sem a necessidade de um certo conhecimento da gramática. Explique quais elementos propiciam esse entendimento e como isso ocorre.

3. Leia o diálogo abaixo entre os dois personagens.

a. O primeiro quadro pressupõe um diálogo que começou anteriormente. Indique o que prova tal constatação e cite a possível fala não citada.

b. Pode-se dizer que a expressão "OK, tudo bem", dita pelo chefe no último quadro, expõe uma contradição. Explique.

c. A expressão "há um bom tempo", presente na fala do personagem no segundo quadro, poderia ser trocada por "há um tempo bom"? Justifique sua resposta.

4. Quando estão aprendendo a falar, é comum que crianças utilizem formas como "eu fazi" em vez de "eu fiz" ou "eu di" em vez de "eu dei". Apesar de constituir um equívoco gramatical conjugar os verbos *fazer* e *dar* dessa forma, é perfeitamente possível compreender o que querem dizer.

    a. Dê exemplos de verbos que, ao serem conjugados na primeira pessoa do singular (*eu*), assumem formas semelhantes a "fazi" e "di".

    b. Considerando as partes da gramática – morfologia, sintaxe, fonologia, semântica – a análise feita no enunciado da questão parte da abordagem de qual delas?

5. Leia a anedota a seguir.

    – Pai, o professor baixou a nota da minha redação porque usei "mormente" em vez de "sobretudo".

    – Bem feito! Eu lhe disse para não sair desprotegido nesse tempo frio!

    a. O que garante o efeito humorístico da piada?

    b. Pode-se afirmar que o efeito humorístico só é possível graças a um jogo linguístico que ocorre no contexto de qual parte da gramática?

6. O trocadilho é um jogo de palavras e seu efeito pode se dar em diferentes níveis da língua: fonológico, morfológico, sintático ou semântico. Assinale em que nível ocorrem trocadilhos presentes nas alternativas a seguir e explique-os.

a.

I. na morfologia.
II. na sintaxe.
III. na fonologia.
IV. na semântica.

b.

I. na morfologia.
II. na sintaxe.
III. na fonologia.
IV. na semântica.

c.

I. na morfologia.
II. na sintaxe.
III. na fonologia.
IV. na semântica.

d.

I. na morfologia.
II. na sintaxe.
III. na fonologia.
IV. na semântica.

e.

I. na morfologia.
II. na sintaxe.
III. na fonologia.
IV. na semântica.

A gramática e suas partes   Capítulo 3   61

Enem e vestibulares

UEG-GO Texto para as questões 1 e 2.

Norma e padrão

Uma das comparações que os estudiosos de variação linguística mais gostam de utilizar é a da língua com a vestimenta. Esta, como sabemos, é bastante variada, indo da mais formal (longo e smoking) à mais informal (biquíni e sunga, ou camisola e pijama). A ideia dos que fazem essa comparação é a seguinte: não existem, a rigor, formas linguísticas erradas, existem formas linguísticas inadequadas. Como as roupas: assim como ninguém vai à praia de smoking ou de longo, também ninguém casa de biquíni e de sunga, ou de camisola e de pijama (sem negar que estas sejam vestimentas, e adequadas!), assim ninguém diz "me dá esse troço aí" num banquete público e formal nem "faça-me o obséquio de passar-me o sal" numa situação de intimidade familiar.

Os gramáticos e os sociolinguistas, cada um com seu viés, costumam dizer que o padrão linguístico é usado pelas pessoas representativas de uma sociedade. Os gramáticos dizem isso, mas acabam não analisando o padrão, nem recomendando-o de fato. Recomendam uma norma, uma norma ideal. Vou dar uns exemplos: se o padrão é o usado pelos figurões, então deveriam ser considerados padrões o verbo "ter" no lugar de "haver"; a regência de "preferir x do que y", em vez de "preferir x a y"; o uso do anacoluto (A inflação, ela estará dominada quando...); a posição enclítica dos pronomes átonos. O que não significa proibir as mais conservadoras. Algumas dessas formas "novas" aparecem em muitíssimo boa literatura, em autores absolutamente consagrados, que poderiam servir de base para que os gramáticos liberassem seu uso – para os que necessitam da licença dos outros.

Vejam-se estes versos de Murilo Mendes: "Desse lado tem meu corpo / tem o sonho / tem a minha namorada na janela / tem as ruas gritando de luzes e movimentos / tem meu amor tão lento / tem o mundo batendo na minha memória / tem o caminho pro trabalho. Do outro lado tem outras vidas vivendo da minha vida / tem pensamentos sérios me esperando na sala de visitas / tem minha noiva definitiva me esperando com flores na mão / tem a morte, as colunas da ordem e da desordem".

Faltou ao poeta acrescentar: tem uns gramáticos do tempo da onça / de antes do tempo em que se começou a andar pra frente.

Não vou citar [Carlos] Drummond de Andrade, com seu por demais conhecido "Tinha uma pedra no meio do caminho...", nem o Chico Buarque de "Tem dias que a gente se sente / como quem partiu ou morreu...".

Mas acho que vou citar "Pronominais", do glorioso Oswald de Andrade: Dê-me um cigarro / Diz a gramática / Do professor e do aluno / E do mulato sabido / Mas o bom negro e o bom branco / Da nação brasileira / Dizem todos os dias / Deixa disso camarada / Me dá um cigarro.

Quero insistir: ao contrário do que se poderia pensar (e vários disseram), não sou anarquista, defensor do tudo pode, ou do vale tudo. Nem estou dizendo que "Nós vai" é igual a "Tem muito filho que obedece os pais". O que estou fazendo é cobrar coerência, um pouquinho só: se o padrão vem da fala dos bacanas, se os mais bacanas são os poetas consagrados, por que, antes das dez, numa aula de literatura, podemos curtir seu estilo e em outra aula, depois das onze, dizemos aos alunos e aos demais interessados: viram o Drummond, o Murilo, o Machado, o Guimarães Rosa? Que criatividade!!! Mas vocês não podem fazer como eles.

POSSENTI, Sírio. *A cor da língua e outras croniquinhas de linguística*. Campinas: Mercado de Letras, 2001. p. 111-112. (Adaptado.)

1. Considere o seguinte trecho:

"Os gramáticos e os sociolinguistas, cada um com seu viés, costumam dizer que o padrão linguístico é usado pelas pessoas representativas de uma sociedade. Os gramáticos dizem isso, mas acabam não analisando o padrão, nem recomendando-o de fato. Recomendam uma norma, uma norma ideal."

Sírio Possenti apresenta nesse trecho uma caracterização da atividade dos gramáticos. Para isso, o autor

a. define a sociolinguística como uma área da linguística que visa estudar as formas linguísticas ideais e as formas linguísticas que de fato os falantes usam.

b. faz uma comparação entre a atividade proposta e a atividade efetivamente realizada, que consiste na recomendação de uma norma idealizada.

c. apresenta diversos exemplos de usos cotidianos da língua que demonstram, de forma evidente, o fato de que as línguas são inerentemente variáveis.

d. cita uma autoridade acadêmica da área dos estudos da linguagem a fim de validar as propostas teóricas e analíticas relativas à variação linguística.

e. insere um quadro de definição dos vocábulos técnicos relacionados à área de estudos sociolinguísticos a fim de facilitar a compreensão do leitor.

2. O autor defende no texto a seguinte tese:

a. a norma gramatical, para ser coerente, deve ser baseada no padrão de uso de uma língua.

b. a língua é variável e multiforme, razão pela qual as pessoas podem usá-la como quiserem.

c. as normas de bom uso da língua garantem a quem fala e/ou escreve sucesso comunicativo.

d. as formas linguísticas consideradas corretas são aquelas usadas na língua escrita formal.

e. o padrão de uso de uma língua deve ser cuidadosamente preservado pelos gramáticos.

3. **Enem**

Entrevista com Marcos Bagno

Pode parecer inacreditável, mas muitas das prescrições da pedagogia tradicional da língua até hoje se baseiam nos usos que os escritores portugueses do século XIX faziam da língua. Se tantas pessoas condenam, por exemplo, o uso do verbo "ter" no lugar de "haver", como em "hoje tem feijoada", é simplesmente porque os portugueses, em dado momento da história de sua língua, deixaram de fazer esse uso existencial do verbo "ter".

No entanto, temos registros escritos da época medieval em que aparecem centenas desses usos. Se nós, brasileiros, assim como os falantes africanos de português, usamos até hoje o verbo "ter" como existencial é porque recebemos esses usos de nossos ex-colonizadores. Não faz sentido imaginar que brasileiros, angolanos e moçambicanos decidiram se juntar para "errar" na mesma coisa. E assim acontece com muitas outras coisas: regências verbais, colocação pronominal, concordâncias nominais e verbais etc. Temos uma língua própria, mas ainda somos obrigados a seguir uma gramática normativa de outra língua diferente. Às vésperas de comemorarmos nosso bicentenário de independência, não faz sentido continuar rejeitando o que é nosso para só aceitar o que vem de fora.

Não faz sentido rejeitar a língua de 190 milhões de brasileiros para só considerar certo o que é usado por menos de dez milhões de portugueses. Só na cidade de São Paulo temos mais falantes de português que em toda a Europa!

Informativo Parábola Editorial, s/d.

Na entrevista, o autor defende o uso de formas linguísticas coloquiais e faz uso da norma padrão em toda a extensão do texto. Isso pode ser explicado pelo fato de que ele

a. adapta o nível de linguagem à situação comunicativa, uma vez que o gênero entrevista requer o uso da norma-padrão.

b. apresenta argumentos carentes de comprovação científica e, por isso, defende um ponto de vista difícil de ser verificado na materialidade do texto.

c. propõe que o padrão normativo deve ser usado por falantes escolarizados como ele, enquanto a norma coloquial deve ser usada por falantes não escolarizados.

d. acredita que a língua genuinamente brasileira está em construção, o que o obriga a incorporar em seu cotidiano a gramática normativa do português europeu.

e. defende que a quantidade de falantes do português brasileiro ainda é insuficiente para acabar com a hegemonia do antigo colonizador.

UNIDADE 2

FONOLOGIA E ORTOGRAFIA

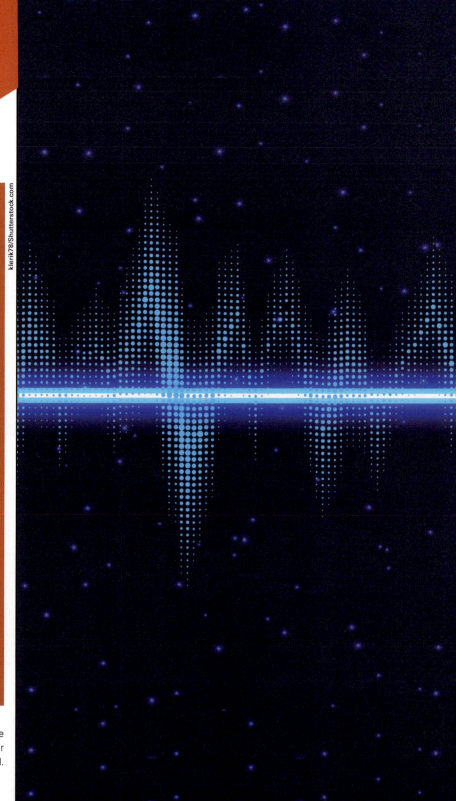

Você já observou como o ritmo de nossa fala se manifesta? Notou que a língua portuguesa, ao ser pronunciada, tem um movimento musical bem marcado?

Nossa língua é um sistema repleto de musicalidade. A alternância entre sons fortes e fracos, entre sílabas mais acentuadas e mais fracas, promove uma cadência particular ao nosso idioma. Assim como o músico faz uso de instrumentos musicais para marcar o compasso da música, a língua faz uso de tonicidades distintas nas sílabas para marcar o ritmo das palavras.

Nesta parte da gramática, vamos estudar os fenômenos sonoros da língua portuguesa e sua relação com as convenções da escrita, ou seja, a ortografia.

Representação gráfica de ondas sonoras a partir de um pulso musical.

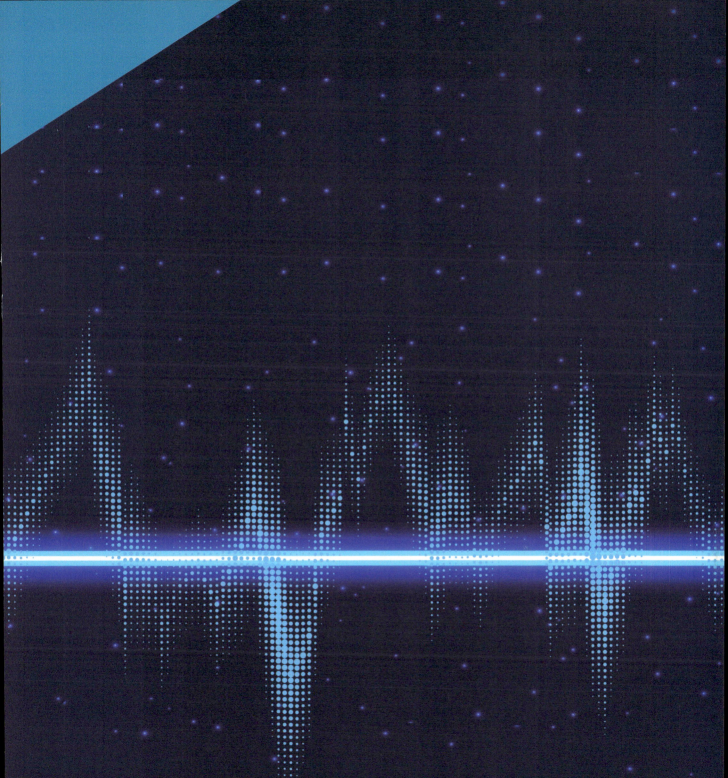

CAPÍTULO

FONOLOGIA: OS SONS DA LÍNGUA PORTUGUESA

O que você vai aprender

1. **Fonologia: fonema e letra**
   - Diferenciar fonema e letra.
   - Comparar diferentes sons da língua portuguesa.
   - Valorizar a diversidade de sotaques da língua portuguesa.
   - Descrever aspectos fonológicos do português.

2. **Os sons da língua portuguesa: vogais e consoantes**
   - Reconhecer os papéis da vogal e da consoante na língua portuguesa.
   - Diferenciar vogal, semivogal e consoante.
   - Identificar sílaba.
   - Identificar ocorrência de ditongo e hiato.
   - Classificar encontros vocálicos e consonantais.

3. **Ortografia e acentuação: normas**
   - Identificar as diferentes grafias correspondentes ao fonema /s/.
   - Escrever a grafia correspondente ao fonema /s/ de acordo com a norma culta.
   - Reconhecer e localizar a sílaba tônica de uma palavra.
   - Aplicar as regras de acentuação.

▶ Leia o poema.

PAES, José Paulo. *Poesia completa*. São Paulo: Companhia das Letras, 2008. p. 306.

Ditados populares são recursos da oralidade utilizados pelos falantes de uma língua. No nosso caso, a língua portuguesa. De autorias desconhecidas, são utilizados para descrever, em sentido figurado, situações corriqueiras. Você conhece algum ditado popular? Já usou alguma vez em determinada situação de sua vida? E o ditado popular "Olho por olho, dente por dente"? No poema que você acabou de ler, o autor José Paulo Paes altera a forma das palavras desse ditado para brincar com seu sentido. No primeiro verso do poema, ele pinta as vogais da palavra *olho* e, no segundo, suprime as consoantes da palavra *dente*. Dessa maneira, sugere o que poderia acontecer se a máxima anunciada no ditado fosse levada ao pé da letra.

Analisando o poema, que representa a marca negra na vogal **o** da palavra olho? E quanto à ausência da consoante **n** na palavra dente? Considerando o sentido do ditado popular, como podemos interpretar esses recursos estilísticos usados pelo autor do poema?

Ao elaborar o texto, o poeta explorou imagens e excluiu sons. A marca em preto em uma das vogais e a ausência de consoante criam um efeito inusitado no poema. Perceber a relação entre letras – presentes e ausentes –, sílabas e suas sonoridades em determinado contexto contribui para a construção do sentido do poema.

Você já pensou sobre a relação entre letra e som, som e sílaba nos textos, como poesias e canções? Já analisou que a presença ou ausência de letras e sílabas podem dar sentidos diferentes às palavras? Neste capítulo, vamos estudar aspectos relacionados ao estudo da sonoridade das palavras da língua portuguesa.

Reflexão e análise linguística
Fonologia: fonema e letra

▶ Leia esta tira do personagem Guilber, do cartunista Gilmar.

Júbilo: alegria, sensação de felicidade.

1. Observe na tira o balão de pensamento do menino. O que, provavelmente, ele está fazendo no computador?

2. Na tira, é possível perceber que a maneira de o menino se expressar causou espanto no homem que o observava. O que evidencia o choque de gerações em relação ao uso da língua?

Ao analisarmos os sons de uma língua e os aspectos relacionados a eles, estamos usando conceitos da **fonologia**, parte da gramática que estuda os sons da língua. Sob a luz desse estudo, podemos perceber a diferença de pronúncia entre o som puro correspondente à letra **K**, ou seja, o **fonema** /k/, e o som produzido quando essa **letra** representa o riso do personagem Guilber, pois cada um deles tem uma sonoridade distinta. Isso ocorre porque esses sons exigem uma articulação diferente do nosso aparelho fonador.

> **Fonologia** (*fono* = sons e *logia* = estudo) é parte da gramática que estuda os sons de uma língua, a maneira como eles se organizam e suas possíveis classificações. Os estudiosos dessa área observam os sons que nos ajudam a diferenciar as palavras e a maneira como os falantes produzem os sons da língua em diferentes situações e contextos. Observe:
>
> **F**ato e **j**ato → /f/ e /j/ são sons que diferenciam o sentido dessas palavras.

Veja, na imagem a seguir, as partes do aparelho fonador, conjunto de órgãos responsáveis pela produção dos sons no nosso corpo.

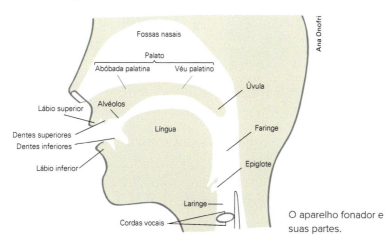

O aparelho fonador e suas partes.

Fonologia: os sons da língua portuguesa Capítulo 4 67

Letra é a forma gráfica usada para representar um som ou um grupo de sons de uma língua. Exemplos:

K → 1 letra

LETRA → L – E – T – R – A → 5 letras

TANTO → T – A – N – T – O → 5 letras

TÁXI → T – Á – X – I → 4 letras

Fonema é a unidade mínima de som dentro de uma palavra. O registro do som na fonologia é feito entre barras. Veja:

K → /k/ – /a/ → 2 fonemas

LETRA → /l/ – /e/ – /t/ – /r/ – /a/ → 5 fonemas

TANTO → /t/ – /ã/ – /t/ – /o/ → 4 fonemas

TÁXI → /t/ – /a/ – /k/ – /s/ – /i/ → 5 fonemas

O número de letras e o de fonemas de uma palavra nem sempre coincidem, pois a pronúncia de uma palavra pode produzir uma quantia maior ou menor de sons em relação às letras de sua grafia. Por isso, a fonologia analisa como o som é produzido e como ele é percebido pelos ouvintes.

Os sons da língua portuguesa: vogais e consoantes

3. Leia em voz alta o poema visual.

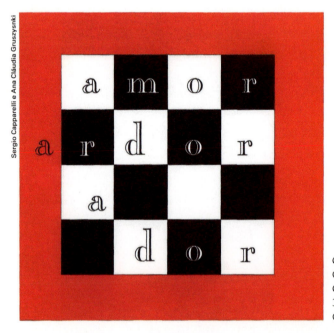

CAPPARELLI, Sérgio; GRUSZYNSKI, Ana Cláudia. *Poesia visual*. 3. ed. São Paulo: Global, 2002. p. 15.

a. Para compor o poema, os autores relacionam o amor a um jogo. Que elementos eles utilizam para estabelecer esse sentido?

b. No poema, a vogal **a** está em destaque em duas linhas: na segunda aparece deslocada, fora do tabuleiro e, na terceira, está sozinha. Como esses deslocamentos colaboram para a produção de sentido no poema?

c. Leia os versos do poema e observe como acontece a emissão do som representado pela letra **a**. Há alguma interrupção na saída de ar?

Ao pronunciarmos os sons da fala, o ar que sai de nossos pulmões pode sair livremente ou com alguma obstrução temporária. Esses fenômenos nos ajudam a compreender as vogais e as consoantes, como veremos na sequência dos estudos sobre os sons da língua.

> **Vogal** é o som produzido por uma corrente de ar que sai livremente pela boca, sem obstáculos. A vogal é a base da sílaba.

▶ Agora, leia os primeiros versos do poema "A valsa", de Casimiro de Abreu.

> Tu, ontem,
> Na dança
> Que cansa,
> Voavas
>
> Casimiro de Abreu

4. Os versos curtos do poema dão ritmo à leitura. Relacione o tamanho dos versos ao título do poema.

5. Em relação ao jogo sonoro estabelecido pelas palavras *ontem*, *dança* e *cansa*, pode-se afirmar que:

   a. os sons produzidos pelas consoantes **m** e **n** quebram a sonoridade poética.

   b. Os sons das consoantes **m** e **n** não colaboram para a criação de rima na estrofe.

   c. os sons das consoantes **m** e nasalizam os sons das vogais a quem essas consoantes estão ligadas.

   d. os sons nasais colaboram para a criação de rimas na estrofe.

> O **som nasal** é representado por vogais seguidas das letras **m** ou **n** na mesma sílaba, como nas palavras d**an**ça e **on**tem, ou pelas vogais **a** e **o** com til, por exemplo, m**ã**e e p**õ**e.

AMPLIANDO O CONHECIMENTO

As **vogais** formam a base sonora das palavras da língua portuguesa. Isto porque não há palavra sem vogal em nosso idioma. Apesar de haver cinco letras que correspondem às vogais, o número de fonemas que podem ser representados por elas é bem maior, pois os **sons vocálicos** podem ser abertos, fechados ou nasais. Observe, por exemplo, como são pronunciados os sons correspondentes às vogais nestas palavras: c**a**sa, c**â**imbra, c**e**sto, s**é**rio, c**e**nto, c**o**isa, l**ó**gico, l**o**nge.

6. Leia um trecho da letra da canção "Pedro pedreiro", de Chico Buarque.

> Pedro pedreiro penseiro esperando o trem
> Manhã, parece, carece de esperar também
> Para o bem de quem tem bem
> De quem não tem vintém
>
> BUARQUE, Chico. "Pedro pedreiro".
> Fermata do Brasil. Editora Música Brasileira Moderna LTDA.
> Disponível em: <www.chicobuarque.co.br/construcao/mestre.
> asp?pg=pedroped_65.htm>. Acesso em: 24 fev. 2017.

Para caracterizar o pedreiro Pedro, o eu lírico utiliza um adjetivo que une o verbo *pensar* à terminação *-eiro*, indicando que o trabalhador exerce duas atividades: construir edifícios e também pensar sobre muitos assuntos. Esse adjetivo inventado combina sonoramente com o nome do personagem e a sua profissão. A canção, assim, caracteriza-se fortemente pelo som da consoante **p**.

7. Explique como ocorre a abertura e o fechamento dos lábios e a posição da língua quando pronunciamos a consoante **p** na palavra *Pedro* e a consoante **t** na palavra *trem*.

> **Consoante** é o som produzido por uma corrente de ar com alguma obstrução ou contração em um ou mais pontos do aparelho fonador.

Você já brincou de trava-língua? Leia rapidamente a frase a seguir, tentando não errar.

> Fia, fio a fio, fino fio, frio a frio.

Os trava-línguas costumam causar confusão na pronúncia dos sons das palavras. São uma brincadeira em que a pronúncia de uma ou mais frases é dificultada por uma sequência de sons que podem nos confundir ao pronunciá-los. Para acertar a pronúncia dos trava-línguas, devemos, no início, falar pausadamente as **sílabas** que formam as palavras. Assim, aos poucos nos acostumamos com os sons de cada uma delas até pronunciarmos todas sem fazer confusão.

> **Sílaba** é a unidade sonora mínima da palavra. É um fonema ou um grupo de fonemas pronunciados de uma só vez.

Encontros vocálicos

8. Leia os textos.

TEXTO I

> o ai
> quando um filho
> cai
>
> Haicai de Alice Ruiz.

TEXTO II

> E Aí... Caí na Rua
>
> *E aí... Caí na Rua*. Brasil, 2006. Direção: Luci Lívia Barreira. Duração: 8 min.

70 Unidade 2 Fonologia e ortografia

a. Em qual das palavras a seguir não há separação de sílabas?

> ai   aí

b. Em qual das palavras a seguir também ocorre esse fenômeno?

> dia   lua   seu

c. Quais são as sílabas com som mais forte nas palavras *ai* e *aí*?

d. Agora responda: como a mudança da tonicidade colaborou para a diferenciação entre essas palavras?

e. Agora, releia o poema de Alice Ruiz. Explique a relação entre a forma do poema e o efeito de sentido que ele promove.

Na língua portuguesa, há sons cuja intensidade é forte suficientemente para constituir unidade sonora. Outros, por serem menos intensos, precisam de apoio para se concretizar.

> **Semivogal** é o som vocálico produzido com menos intensidade quando há duas vogais gráficas lado a lado. Por esse motivo, a semivogal precisa do apoio de uma vogal e nunca ocorre sozinha em uma sílaba.

Ditongos

▶ Leia o miniconto a seguir.

> – Lá no caixão...
> – Sim, paizinho.
> – ... não deixe essa aí me beijar.
>
> TREVISAN, Dalton. In: FREIRE, Marcelino (Org.).
> *Cem menores contos brasileiros do século.* Cotia, SP: Ateliê Editorial, 2004. p. 20.

9. O texto que você acabou de ler apresenta um conflito implícito no uso da expressão *essa aí*. Comente-o, considerando o diálogo entre os personagens.

Observe como se caracterizam os **ditongos** das palavras a seguir, que aparecem no miniconto:

> Caixão – paizinho

O **ditongo** *ai* presente nas palavras *caixão* e *paizinho* é formado por **vogal** seguida de **semivogal**. Porém, nas palavras *quarto*, *linguiça* e *frequente*, por exemplo, acontece o inverso, o **ditongo** é formado por **semivogal** seguida de **vogal**.

Fonologia: os sons da língua portuguesa   Capítulo 4

Ditongo é o encontro de uma vogal com uma semivogal na mesma sílaba.

Ao considerarmos a **intensidade** dos sons vocálicos dos ditongos, podemos classificá-los em:

Ditongo crescente: a semivogal aparece antes da vogal, por exemplo, *série* e *história*.

Ditongo decrescente: o som mais intenso, a vogal, vem antes do som mais fraco, a semivogal, como em *mau* e *muito*.

Em relação ao **modo de articulação** dos ditongos, eles podem ser:

Ditongo oral: o som sai completamente pela boca, por exemplo, *pais* e *boi*.

Ditongo nasal: parte do som sai pelo nariz e parte pela boca, caracterizando um som nasalizado, como em *limão* e *dispõe*.

Hiato

10. Observe a capa do DVD do filme *A jovem rainha Vitória*.

a. Nas palavras *rainha* e *Vitória* ocorrem dois encontros vocálicos diferentes. Separe as sílabas dessas palavras e responda: Qual é a diferença entre esses encontros vocálicos?

b. Leia as palavras a seguir e identifique as que apresentam encontro vocálico formado por vogais que ficam em sílabas diferentes.

| luares | céu | cooperar | egoísmo |
| heroísmo | água | caído | ruim | raiz |

O procedimento da separação de sílabas é fundamental para a percepção das unidades sonoras, visto que, no ato da fala, nem sempre se pode notar a independência delas.

Hiato é o encontro de duas vogais gráficas que são pronunciadas com a mesma intensidade, ficando, portanto, sempre em sílabas separadas.

PENSE SOBRE ISSO

Há palavras em que identificamos claramente a presença de vogais formando **hiatos**. É o caso de **jo - e - lho**, **ra - i - nha**, **sa - ú - de**, entre outros. Entretanto, há palavras em que a separação das vogais não é tão clara, como em *homogêneo*. Por que a separação das sílabas dessa palavra pode gerar dúvida? Que pronúncia favorece essa incerteza?

Tritongo

11. Separe as sílabas das palavras a seguir.

| Paraguai | Uruguai | saguão | enxaguou |

Observe os agrupamentos sonoros que constituem as palavras acima citadas. Nesses casos, vê-se que o encontro vocálico se realiza pela união de três sons que se apoiam para a concretização da palavra.

O **tritongo** se caracteriza pela presença de uma vogal e de duas semivogais na mesma sílaba, como em Parag**uai**. Na sílaba **guai**, o som da vogal **a** se destaca, pois tem som mais aberto e intenso que os das semivogais que a acompanham.

72 Unidade 2 Fonologia e ortografia

Encontro consonantal e dígrafo

12. Agora observe a semelhança sonora entre as palavras *lenha* e *venha*. Lembre mais dois pares de palavras que apresentem esse mesmo jogo sonoro e escreva-as.

13. Observe a sonoridade da palavra *ferro*. Nela, duas letras indicam um único som. Isso também ocorre em qual(is) palavra(s) do quadro a seguir?

assessor   charada   prato   claro

14. Compare os sons produzidos pela união de duas consoantes seguidas nas palavras **fl**or e **pás-saro**. Como ocorre a emissão sonora desses encontros? Há produção de mais de um som ou o som produzido parece único?

15. Agrupe as palavras conforme a orientação abaixo:

   I. Duas consoantes seguidas → um único som
   II. Duas consoantes seguidas → dois sons distintos

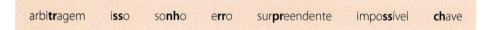
arbi**tr**agem   i**ss**o   so**nh**o   e**rr**o   su**rpr**eendente   impo**ss**ível   **ch**ave

16. Identifique a alternativa em que existam somente sons correspondentes aos destacados na palavra *isso*.

   a. **s**obra, a**ss**obio, lou**ç**a.
   b. **s**isudo, lou**s**a, ca**s**a.
   c. computa**ç**ão, e**xc**e**ss**ivo, análi**s**e.

17. Na palavra *isso*, há a grafia **ss** para representar o fonema /s/. Liste outras duas palavras em que o som /s/ seja representado com letras diferentes.

Ao responder as perguntas feitas acima, você pôde notar que a reunião entre consoantes produz dois fenômenos distintos. Eles são chamados de **encontros consonantais** e **dígrafos**.

Encontro consonantal é o encontro de duas consoantes, sendo que as duas são pronunciadas, produzindo, dessa forma, dois sons distintos.
Exemplos:
Pri – mei – ro   **gr**an – de amor.
Na escrita, os encontros consonantais podem existir:

- Em sílabas consecutivas. Exemplos:
  as – pe**c** – **t**o   a**b** – **s**o – lu – to   ri**t** – **m**o

- Na mesma sílaba. Exemplos:
  pro – **bl**e – ma   **cr**i – a – ção   es – **cl**a – re – cer

Dígrafo é a ocorrência de duas letras que emitem apenas um fonema, ou seja, um único som. Os dígrafos são divididos em:

- **Dígrafo nasal** é formado por duas letras que representam um único som nasalizado. Exemplos:
  sa**n**gue   li**n**do   ca**m**po

- **Dígrafo consonantal** é composto de duas letras que representam um único som consonantal. Exemplos:
  chuva   mo**lh**ado   so**nh**ado   pá**ss**aro

Ortografia e acentuação

Até agora, exploramos a **fonologia**, parte da gramática que estuda os sons da língua. Porém, quando você pensou sobre as diferentes formas de representar o fonema /s/, trabalhou com a **ortografia**, (*orto* = "correta" e *grafia* = "escrita"), uma vez que refletiu sobre as formas como as palavras podem ser escritas em português.

Ortografia

As palavras da língua portuguesa têm origem no grego antigo e no latim. Os árabes, que ficaram cerca de sete séculos (do séc. VIII ao XV) na Península Ibérica, também deixaram uma herança importante, pois muitos vocábulos de nosso idioma são de origem árabe: *almôndega, alfândega, almofada, aldeia, alface, algema, algodão* e *alfaiate* são alguns deles. No Brasil, a língua trazida pelos portugueses agregou termos indígenas, africanos, italianos, espanhóis e de vários outros povos que para cá vieram. Porém, as palavras da língua portuguesa também são formadas a partir de outros processos.

AMPLIANDO O CONHECIMENTO

As regiões do Brasil e seus diferentes sotaques

Você sabia que existe o *Atlas linguístico do Brasil* (Editora Eduel, 2014)? Essa publicação é resultado do projeto de mesmo nome, criado pela Universidade Federal da Bahia e do qual participam pesquisadores de diversos estados brasileiros para discutir os diferentes sotaques existentes no país, entre outros temas. Para conhecer um pouco mais sobre o assunto, visite o *site* oficial do projeto, disponível em: <https://alib.ufba.br/comite_nacional> (acesso em: 13 mar. 2017)

Conheça um pouco sobre os sotaques de algumas regiões do Brasil lendo o fragmento de uma matéria publicada na revista *Mundo Estranho*.

Por que o sotaque muda conforme a região?

[...]

Variação Geográfica – Cinco exemplos estaduais de como o Brasil fala português.

Pernambuco

Uma herança da longa presença holandesa no Recife foi a forte pronúncia do R, como nas línguas de origem germânica.

Bahia

O sotaque local reflete a variada mistura da miscigenação do seu povo, assimilando tanto o S assobiado de São Paulo e Minas Gerais quanto o R aspirado dos cariocas.

Rio de Janeiro

Muitos estudiosos afirmam que o S chiado (quase um X) dos cariocas nasceu com a transferência da família real portuguesa para a cidade em 1808. A chegada da Corte não só provocou mudanças de costumes como influenciou a fala da população local, produzindo uma versão peculiar da pronúncia lisboeta.

São Paulo

Acredita-se que o R acentuado do interior de São Paulo tem origem no jeito de falar dos índios tupis, assimilado pelos bandeirantes. Essa pronúncia caipira ultrapassou as fronteiras do Estado e também se espalhou pelo sul de Minas e por Goiás.

Santa Catarina

O sotaque cantado, mais forte até que o dos gaúchos, é influência direta da forte imigração de portugueses da ilha de Açores.

Mundo Estranho, São Paulo: Abril Comunicações S/A, n. 06, p. 29 ago. 2002 Disponível em: <http://mundoestranho.abril.com.br/cultura/por-que-o-sotaque-muda-conforme-a-regiao>. Acesso em: 13 mar. 2017.

18. Leia a tira a seguir.

a. Qual é o sentido de *des-* nas palavras *desmatamento* e *desequilíbrio*?

b. Identifique as palavras em que *des-* assume o mesmo sentido que na palavra *desmatamento*.

> desenhar   desinformação   desabitar   desobedecer

> *Des-*, que está presente em palavras como **des**matamento, **des**informação e **des**equilíbrio, é um **prefixo**, elemento inserido no início de um vocábulo, que tem seu sentido modificado.

19. Observe a formação de substantivos e adjetivos na tabela a seguir.

Substantivos abstratos formados a partir de adjetivos		Adjetivos formados a partir de substantivos abstratos	
Adjetivo	Substantivo abstrato	Substantivo	Adjetivo
belo	beleza	gosto	gostoso
bonito	boniteza	cuidado	cuidadoso
real	realeza	amor	amoroso
nu	nudez	fama	famosa
limpo	limpidez	preço	preciosa
viúva	viuvez	maldade	maldosa

a. O que há em comum entre os substantivos abstratos formados a partir de adjetivos?

b. O que os adjetivos formados a partir de substantivos abstratos têm em comum?

> As terminações *-eza*, *-ez*, *-oso* e *-osa* de palavras como bel**eza**, nitid**ez**, sabor**oso** e preci**osa** são **sufixos**, ou seja, são elementos inseridos no final de um vocábulo, modificando seu sentido e a classe da respectiva palavra.
>
> Os **substantivos abstratos** formados a partir de **adjetivos** são grafados com os sufixos *-ez*, *-eza*.
>
> Os **adjetivos** formados a partir de **substantivos abstratos** são grafados com os sufixos *-oso*, *-osa*.

Há, ainda palavras derivadas que fazem parte de uma família cuja raiz indica sua grafia. Um dos critérios para conhecer a ortografia de determinado vocábulo é saber à qual família ele pertence. Exemplos:

rosa	→	rosado, Rosália, roseira, roseiral
mexer	→	mexido, remexer, remeleixo
caixa	→	caixote, caixeiro, encaixotar

Como veremos ao longo deste livro, há elementos formadores de palavras, como os prefixos e os sufixos (que regulam sua grafia) além de terminações de verbos conjugados (por exemplo, part*isse* e fiz*esse*) e famílias de palavras que indicam como deve ser a ortografia dos vocábulos. Entretanto, é preciso ressaltar que não é possível, a nenhum usuário da língua, conhecer todo o vocabulário escrito de seu idioma. Então, quando temos dúvidas, podemos consultar um dicionário ou mesmo o Vocabulário Ortográfico da Língua Portuguesa (Volp), que consiste em uma coletânea de palavras pertencentes ao vocabulário de nosso idioma. Essa coletânea apresenta a indicação ortográfica das palavras, suas classes gramaticais e as pronúncias adequadas. O Volp pode ser consultado no *site* da Academia Brasileira de Letras (ABL), disponível em: <www.academia.org.br>, acesso em: 14 mar. 2017).

Página do Volp no *site* da ABL, 2017. Disponível em: <www.academia.org.br/nossa-lingua/busca-no-vocabulario>. Acesso em: 24 jan. 2017.

Acentuação gráfica

20. Separe as sílabas das palavras e identifique as sílabas tônicas.

    a. sabia/sabiá   **b.** tônico/Tonico   **c.** pode/pôde

Como é possível verificar nas palavras acima, a mudança da posição da sílaba **tônica** pode modificar o sentido dos vocábulos e também definir a presença ou não do acento gráfico.

Todas as palavras do vocabulário da língua portuguesa têm alguma tonicidade. Por exemplo, há monossílabos tônicos (palavras com uma única sílaba que é tônica) e monossílabos átonos (palavras com uma só sílaba com som fraco). Alguns monossílabos tônicos são: cá, lá, pé, fé, pó, dó, céu, nós. Exemplos de monossílabos átonos são: nos, ler, o, um, com, sem, que, mas, mal.

As palavras com mais de uma sílaba apresentam variação na posição da sílaba tônica. Por isso, para saber quais delas recebem acento gráfico, é necessário, primeiro, identificar a posição da sílaba tônica no vocábulo para então aplicar as **regras** descritas pela norma culta.

76   Unidade 2 Fonologia e ortografia

AMPLIANDO O CONHECIMENTO

Vamos relembrar a classificação das palavras quanto ao **número de sílabas**:

- **Monossílabo**: uma sílaba. Exemplos: mão, pai, só, lá.
- **Dissílabo**: duas sílabas. Exemplos: você, ruim, livre, dele.
- **Trissílabo**: três sílabas. Exemplos: escola, palavra, sabido, caderno.
- **Polissílabo**: quatro ou mais sílabas. Exemplos: exercícios, automóvel, inteligente, incontestável.

Essa classificação se refere ao número de sílabas, e não à posição da sílaba tônica nas palavras.

Sílaba tônica é a sílaba mais forte da palavra, a que tem som mais intenso.

Regras de acentuação

- **Oxítona** – a última sílaba é a tônica.
  - Acentuam-se as oxítonas terminadas em **a(s)**, **e(s)**, **o(s)**, **em(ns)**.
    Exemplos: sofá, jacarés, avós, também, parabéns.

- **Paroxítona** – a penúltima sílaba é a tônica.
  - Acentuam-se as paroxítonas terminadas em vogais orais e nasais **i(s)**, **u(s)**, **um(uns)**, **ã(s)**, **ão(s)**, e ditongo oral, crescente ou decrescente, seguido ou não de **s**.
    Exemplos: vírus, júris, médium, médiuns, ímã, órgãos, régua, cárie, jóquei.
  - Acentuam-se também as palavras terminadas com as consoantes **r**, **x**, **n**, **l**, **ps**.
    Exemplos: caráter, tórax, pólen, réptil, bíceps.

- **Proparoxítona** – a antepenúltima sílaba é a tônica.
  - Acentuam-se todas as proparoxítonas.
    Exemplos: sólido, límpido, trânsito, lógico, magnífico.

- **Monossílabo tônico** – vocábulo formado por uma única sílaba.
  - Acentuam-se os monossílabos tônicos terminados em **a(s)**, **e(s)**, **o(s)**.
    Exemplos: gás, fé, nós.

- **Acentos diferenciais**
  - Acentua-se o verbo *pôde* (terceira pessoa do singular, pretérito perfeito do indicativo do verbo *poder*) para diferenciá-lo de *pode* (terceira pessoa do singular, presente do indicativo do verbo *poder*).
    Exemplos: Ele **pôde** resolver todos os problemas ontem./Ele **pode** resolver todos os problemas hoje.

- Acentua-se o verbo *pôr* para diferenciá-lo da preposição *por*.
  Exemplos: Ele vai **pôr** as panelas no armário./Ele vai **por** ali.

- **Acentuação gráfica em encontros vocálicos**
  - Acentuam-se os ditongos em palavras oxítonas.
    Exemplos: he-rói, pa-péis.
  - Acentuam-se as vogais **i** e **u** quando estiverem sozinhas na sílaba ou acompanhadas de **s** em sílabas sozinhas, formando hiato.
    Exemplo: sa-í-da, sa-ú-de, fa-ís-ca, ba-la-ús-tre.

- Acentuam-se formas verbais terminadas em **a**, **e**, **o** tônicos, seguidas de *lo*, *la*, *los*, *las*.
  Exemplos: aceitá-lo, recebê-lo, compô-lo.

- **Não se acentuam**
  - a letra **i** quando for seguida pelo dígrafo **nh**.
    Exemplos: cam-pa-i-nha, ra-i-nha, ba-i-nha.
  - as vogais dobradas **ee**, **oo**.
    Exemplos: vo-o, ve-em, le-em, enjo-o, mago-o.
  - os verbos *ver*, *crer* e *ler* quando são conjugados na terceira pessoa do plural do presente do indicativo. Há somente a repetição da vogal.
    Exemplos:
    Ele crê/Eles creem.
    Ele lê/Eles leem.
  - os ditongos **ei**, **oi** de pronúncia aberta nas paroxítonas.
    Exemplos: ideia, geleia, plateia, jiboia, paranoico.

PENSE SOBRE ISSO

Leia a tira a seguir.

As palavras *não* e *dão*, que aparecem na tira, não estão contempladas pelas regras de acentuação, mas recebem sinal gráfico.

1. Que som o til representa?
2. Por que o til não é descrito nas regras de acentuação?

A gramática e a construção de sentido

O som e o sentido

Ao longo desse capítulo, você estudou a sonoridade inscrita em nosso idioma. A alternância entre sons tônicos e átonos atribui ritmo à nossa fala e, por consequência, uma das características da língua portuguesa é a musicalidade.

A música popular brasileira faz uso dessa característica de forma criativa. Para observar esse fenômeno, leia a letra de *Cuitelinho*. De autor desconhecido, essa canção faz parte da cultura popular do Mato Grosso (MT), seu nome refere-se ao pássaro nativo da região, o cutelo, também conhecido por beija-flor.

Cuitelinho

Cheguei na beira do porto
Onde as ondas se espaia
As garça dá meia vorta
E senta na beira da praia
E o cuitelinho não gosta
Que o botão de rosa caia, ai, ai, ai

Quando eu vim da minha terra
Despedi da parentaia
Eu entrei no Mato Grosso
E dei em terras paraguaia
Lá tinha a revolução
Enfrentei forte bataia, ai, ai, ai

Agora, leia o texto de Paulo Vanzolini (1923-2013), compositor brasileiro, que se encantou por essa canção e acrescentou versos em sua releitura.

A tua saudade corta
Como aço de navaia
O coração fica aflito,
Bate uma, a outra faia
Os óio se enche d'água
Que até a vista se atrapaia, ai, ai, ai

Vou pegar o teu retrato
Vou botar num medaia
Com o vestidinho branco
E um laço de cambraia
Vou pendurá no meu peito
Que é onde coração trabaia, ai, ai, ai

Em entrevista a um programa de televisão, Vanzolini declarou que seu maior desafio foi criar a rima em *-aia*, já que ele queria aumentar a letra da canção e, ao mesmo tempo, respeitar a pronúncia caipira das palavras terminadas em *-alha*, como *navalha* e *atrapalha*.

Nesse processo criativo, ao cantar a canção, ele pronuncia a palavra *coração* separando as sílabas, como se a navalha tivesse cortado o coração, ou os sentimentos, do eu lírico. Dessa forma, materializou a imagem dos versos anteriores, em que "saudade" se iguala à "navaia", ou seja, metaforicamente, a saudade é um sentimento que chega a criar uma dor física, como o corte de uma navalha de aço.

As grafias originais das palavras "navalha" e "falha" não apresentam encontro vocálico, mas, para ser fiel à forma como as palavras são pronunciadas em sua comunidade, o autor da música grafou "navaia", "faia" e "paraguaia", indicando a presença de tritongos.

Observar a sonoridade das palavras e a maneira como os artistas combinam e transformam os sons da língua é um procedimento importante para o reconhecimento da qualidade poética de canções e poemas.

---

1. Que recurso linguístico foi usado pelo autor para estabelecer rima de palavras como *paraguaia* e *bataia*, que estão na versão original da canção "Cuitelinho"?

2. Qual fenômeno fonético foi criado nas palavras modificadas por Vanzolini ao compor as rimas de sua releitura da canção "Cuitelinho"?

3. Por que podemos afirmar que a canção ganha em originalidade ao apresentar palavras como "navaia" e "faia"?

Exercícios

1. Leia o quadro a seguir, que mostra palavras em que ocorre ditongo.

herói	heroico	geleia	fiéis	chapéus
fogaréu	estreia	papéis	onomatopeia	jiboia

   a. Separe as palavras do quadro em dois grupos, de acordo com a sílaba tônica.

   b. Observe o acento agudo em ditongos nas palavras dos dois grupos. Liste duas regras que justifiquem a presença e a ausência desse acento.

2. Os períodos a seguir apresentam palavras com hiato. Revise a acentuação dessas palavras de acordo com as regras que você estudou.

   a. O juiz reconheceu que o motivo da morte foi, de fato, a ingestão acidental de raizes envenenadas.

   b. Ao soar a campainha, meu coração foi para a boca, tamanha foi minha emoção ao saber que minha saude emocional estaria a salvo assim que você entrou por aquela porta.

3. Leia o texto a seguir, veiculado em um *blog* esportivo, e analise as afirmações.

   ### Mágoa – má água

   Li só agora a matéria da Camila Mattoso e do Paulo Roberto Conde (Folha, 17/07) sobre [o nadador] Cesar Cielo e lembrei de uma vez em que o Flávio Prado me falou: "não guarde mágoa. Mágoa é sentimento represado, que não serve para nada".

   A matéria basicamente falava que Cielo se isolou, não dá mais entrevistas, não tem treinado depois de não ter se classificado para as Olimpíadas em seu país. Acho que é isso, ele tá magoado.

   O gosto de uma derrota muitas vezes demora muito a passar, isso quando passa. A frustração é algo muito difícil de superar. É entrar em acordo com o que temos dentro da gente. É se perdoar. Perdoar alguém às vezes é mais fácil que perdoar a si mesmo.

   Que essa "má água" vá embora com a correnteza, Cesar.

   PASCHKES, Anita. Blog da *Gazeta Esportiva*, jul. 2016. Disponível em: <https://blogs.gazetaesportiva.com/na-esportiva/2016/07/21/magoa-ma-agua>. Acesso em: 6 jan. 2017.

   I. O texto está escrito em registro informal, o que pode ser verificado pelo uso de expressões como "tá magoado".

   II. O título da postagem faz um jogo sonoro, que pode ser associado ao sentimento que o atleta estaria vivenciando e à sua profissão de nadador.

   III. *Má-go-a* e *água* são palavras que apresentam encontros vocálicos do mesmo tipo: ditongos orais crescentes.

   IV. No texto, as palavras *Paulo, lembrei* e *isolou* também apresentam ditongos orais crescentes.

   Estão corretas:
   a. Apenas I e II.
   b. Apenas I e III.
   c. Apenas I, II e III.
   d. Apenas I, II e IV.
   e. Todas estão corretas.

4. Observe a tira abaixo.

   a. O humor dessa tira se constrói pelo uso que um dos personagens faz de uma palavra no último quadrinho. Indique essa palavra e explique qual é sua relação com o que o outro personagem diz no segundo quadrinho.

   b. Identifique na tira palavras com: hiato, ditongo e dígrafo.

5.

                  Serenata Sintética

    rua
        torta
            lua
                morta
                    tua
                        porta

RICARDO, Cassiano. *Poesias completas*. Rio de Janeiro: José Olympio, 1957. p. 27.

A respeito deste poema de Cassiano Ricardo, os estudiosos Basil Hatim e Ian Mason afirmaram em seu livro, *O Discurso e o Tradutor* (1990), que se trata de poema altamente difícil de ser traduzido, pois nele "a forma fonêmica é tudo". A partir de tal afirmação, pode-se dizer que o poema

a. possui uma combinação de som e sentido própria da língua portuguesa, portanto muito difícil de ser reproduzida em outro idioma.

b. desenvolve por meio de imagens breves (rua, lua, porta) um conjunto de significados que não existe em outra língua.

c. apresenta um conjunto de sons inexistente em outra língua e, por isso, exige o emprego de formas sonoras próximas.

d. possui uma forma visualmente complexa, que não pode ser reproduzida em outra língua por limitações de sua forma.

e. apresenta significados estranhos a um leitor que não esteja bastante inserido na realidade da qual o poema trata.

6. Leia atentamente o poema a seguir, de Oswald de Andrade, e responda às perguntas.

Vício na Fala

Para dizerem milho dizem mio
para melhor dizem mió
para pior dizem pió
para telha dizem teia
para telhado dizem teiado
e vão fazendo telhados.

ANDRADE, Oswald de. Vício na fala. In: *Poesias reunidas*.
© Oswald de Andrade.

a. O eu lírico do poema parte da ideia de que o modo como as pessoas falam não interfere em suas atividades cotidianas. Que verso expressa tal ideia? Justifique com base nas ideias do próprio poema.

b. No texto, algumas palavras da fala cotidiana sofreram transformação. Explique que transformação é essa com base nos conceitos de fenômenos vocálicos estudados.

Leia a tira abaixo para responder às questões 7 e 8.

7. A tira pressupõe que, para entendermos as regras de acentuação, precisamos de conhecimento prévio sobre outros conceitos. Quais são esses conceitos? Explique-os.

8. Com base na explicação dada no primeiro quadro da tira, indique qual das alternativas a seguir apresenta palavras grafadas adequadamente.

a. Fieis, papeis.

b. Boia, aneis.

c. Heroico, estreia.

d. Colmeia, heroi.

e. Caubois, assembleia.

Enem e vestibulares

1. **ESPM-SP** Das propagandas abaixo, assinale aquela em que a mensagem opera um trocadilho no plano fonético:
   a. "Mash que eu gosto"
   b. "Casas Bahia: dedicação total a você"
   c. "Extra – onde tudo é mais barato"
   d. "Grant's. Sinta a diferença"
   e. "Skol – a cerveja que desce redondo"

2. **Unifesp** As questões 2 e 3 são relacionadas a uma passagem bíblica e a um trecho da canção "Cálice", realizada em 1973, por Chico Buarque (1944-) e Gilberto Gil (1942-).

   ### Texto Bíblico

   Pai, se queres, afasta de mim este cálice! Contudo, não a minha vontade, mas a tua seja feita! (Lucas, 22)

   (in: *Bíblia de Jerusalém*. 7ª impressão. São Paulo: Paulus, 1995)

   ### Trecho de Canção

   Pai, afasta de mim esse cálice!
   Pai, afasta de mim esse cálice!
   Pai, afasta de mim esse cálice
   De vinho tinto de sangue.

   Como beber dessa bebida amarga,
   Tragar a dor, engolir a labuta,
   Mesmo calada a boca, resta o peito,
   Silêncio na cidade não se escuta.
   De que me vale ser filho da santa,
   Melhor seria ser filho da outra,
   Outra realidade menos morta,
   Tanta mentira, tanta força bruta.

   (in: www.uol.com.br/chicobuarque/)

3. Na língua portuguesa escrita, quando duas letras são empregadas para representar um único fonema (ou som, na fala), tem-se um dígrafo. O dígrafo só está presente em todos os vocábulos de:
   a. Pai, minha, tua, esse, tragar.
   b. afasta, vinho, dessa, dor, seria.
   c. queres, vinho, sangue, dessa, filho.
   d. esse, amarga, Silêncio, escuta, filho.
   e. queres, feita, tinto, Melhor, bruta.

4. Entendendo-se por rima a identidade ou semelhança de sons em lugares determinados dos versos, nota-se, nas linhas pares da segunda estrofe de "Cálice", que o único verso que frustra a expectativa de rima é:
   a. Como beber dessa bebida amarga.
   b. Silêncio na cidade não se escuta.
   c. De que me vale ser filho da santa.
   d. Melhor seria ser filho da outra.
   e. Tanta mentira, tanta força bruta.

5. **Enem** Diante da visão de um prédio com uma placa indicando SAPATARIA PAPALIA, um jovem deparou com a dúvida: como pronunciar a palavra PAPALIA? Levando o problema à sala de aula, a discussão girou em torno da utilidade de conhecer as regras de acentuação e, especialmente, do auxílio que elas podem dar à correta pronúncia de palavras. Após discutirem pronúncia, regras de acentuação e escrita, três alunos apresentaram as seguintes conclusões a respeito da palavra PAPALIA:

   I. Se a sílaba tônica for o segundo PA, a escrita deveria ser PAPÁLIA, pois a palavra seria paroxítona terminada em ditongo crescente.

   II. Se a sílaba tônica for LI, a escrita deveria ser PAPALÍA, pois **i** e **a** estariam formando hiato.

   III. Se a sílaba tônica for LI, a escrita deveria ser PAPALIA, pois não haveria razão para o uso do acento gráfico.

   A conclusão está correta apenas em:
   a. I.   b. II.   c. III.   d. I e II.   e. I e III.

6. **Unicamp-SP** O parágrafo reproduzido abaixo introduz a crônica intitulada *Tragédia concretista*, de Luís Martins.

   O poeta concretista acordou inspirado. Sonhara a noite toda com a namorada. E pensou: lábio, lábia. O lábio em que pensou era o da namorada, a lábia era a própria. Em todo o caso, na pior das hipóteses, já tinha um bom começo de poema. Todavia, cada vez mais obcecado pela lembrança daqueles lábios, achou que podia aproveitar a sua lábia e, provisoriamente desinteressado da poesia pura, resolveu telefonar à criatura amada, na esperança de maiores intimidades e vantagens. Até os poetas concretistas podem ser homens práticos.

   (Luís Martins, Tragédia concretista, em *As cem melhores crônicas brasileiras*. Rio de Janeiro: Objetiva, 2007, p. 132.)

a. Compare *lábio* e *lábia* quanto à forma e ao significado. Considerando a especificidade do poeta, justifique a ocorrência dessas duas palavras dentro da crônica.

b. Explique por que a palavra todavia (linha 5) é usada para introduzir um dos enunciados da crônica.

7. Vunesp-SP

Trovas

a uma dama que lhe jurara
sempre por seus olhos.

Quando me quer enganar
a minha bela perjura,
para mais me confirmar
o que quer certificar,
pelos seus olhos mo jura.
Como meu contentamento
todo se rege por eles,
imagina o pensamento
que se faz agravo a eles
não crer tão grão juramento.

Porém, como em casos tais
ando já visto e corrente,
sem outros certos sinais,
quanto me ela jura mais
tanto mais cuido que mente.
Então, vendo-lhe ofender
uns tais olhos como aqueles,
deixo-me antes tudo crer,
só pela não constranger
a jurar falso por eles.

(CAMÕES, Luís de. *Lírica*. Belo Horizonte: Itatiaia. São Paulo: Edusp, 1982, p. 56-57.)

Você só... mente

Não espero mais você,
Pois você não aparece.
Creio que você se esquece
Das promessas que me faz...
E depois vem dar desculpas
Inocentes e banais.
É porque você bem sabe
Que em você desculpo
Muita coisa mais...

O que sei somente
É que você é um ente
Que mente inconscientemente,
Mas finalmente,
Não sei por que
Eu gosto imensamente de você.

E invariavelmente,
Sem ter o menor motivo,
Em um tom de voz altivo,
Você, quando fala, mente
Mesmo involuntariamente.
Faço cara de contente,
Pois sua maior mentira
É dizer à gente
Que você não mente.

O que sei somente
É que você é um ente
Que mente inconscientemente,
Mas finalmente,
Não sei por que
Eu gosto imensamente de você.

(In: *Noel pela primeira vez*. Coleção organizada por Miguel Jubran. São Paulo: MEC/FUNARTE/VELAS, 2000, Vol. 4, CD 7, faixa 01.)

Os homônimos homófonos e homógrafos, ou seja, vocábulos que apresentam a mesma pronúncia e a mesma grafia, são comuns na Língua Portuguesa. No verso "pelos seus olhos mo jura", o vocábulo jura é um verbo empregado como núcleo do predicado verbal; mas podemos construir a frase "Ele quebrou sua jura e foi para longe" em que o homônimo jura é empregado como substantivo em função de núcleo do objeto direto.

Com base nesta informação, releia os dois poemas e, em seguida,

a. estabeleça a classe de palavra a que pertence "grão", no décimo verso do poema de Camões e escreva uma frase em que apareça um homônimo homófono e homógrafo dessa palavra;

b. aponte o efeito expressivo, relacionado com o tema e com a rima, que o emprego de advérbios como somente, inconscientemente, etc., produz na letra de Noel Rosa.

UNIDADE 3

MORFOLOGIA

Você já observou como a cena representada na pintura de Teniers lembra um jogo de quebra-cabeça? Para compor a imagem, o autor reproduziu várias pinturas feitas por outros artistas, formando uma composição com essas obras. Observe como as cores, os gestos e as formas de tantos pintores são representados nessa composição. Teniers retratou em sua obra um conjunto de pequenos quadros cheios de configurações e significados, um verdadeiro tratado das formas de seu tempo.
Assim como nas artes plásticas, diversas áreas do conhecimento se dedicam a estudar as formas, as partes, para melhor compreender o todo. A Unidade III deste livro pretende estudar a morfologia, ou seja, a relação entre a forma e o significado das palavras da língua portuguesa, assim como cada classe de palavra se configura e contribui para a construção da linguagem.

David Teniers. *A galeria do arquiduque Leopoldo*, de 1651. Óleo sobre tela, 1,27 m X 1,62 m.

CAPÍTULO 5

ESTRUTURA E FORMAÇÃO DE PALAVRAS

O que você vai aprender

1. **Estrutura de palavras**
   - Identificar morfemas nominais e verbais.
   - Reconhecer o valor morfológico dos morfemas.
   - Identificar o valor semântico dos morfemas.

2. **Processo de formação das palavras**
   - Reconhecer neologismos, estrangeirismos, onomatopeias, gírias e siglas.
   - Interpretar palavras herdadas de outras línguas.
   - Reconhecer a diferença entre a derivação e a composição de palavras.
   - Identificar a semântica das palavras formadas por composição ou derivação.
   - Formar novas palavras de acordo com os processos estudados.

▶ Leia a tira.

Você já notou que nem sempre as pessoas usam as mesmas palavras quando contam uma história ou quando falam sobre determinado assunto? Quantas vezes já percebeu alguém usando uma palavra que você desconhece?

Ao observar a tira acima, você é capaz de entender a relação entre objetos que, ao longo do tempo, deixam de ser usados ou são substituídos, como as palavras. Da mesma maneira, elas deixam de ser usadas e outras passam a fazer parte do nosso vocabulário. Isso acontece porque a língua é um sistema vivo, que se transforma continuamente, assim como mudam os costumes e a cultura de uma sociedade.

Um dos processos pelos quais novas palavras são integradas à língua consiste no empréstimo de termos estrangeiros, que podem sofrer adaptações ou resultar na formação de novos vocábulos. Ao longo deste capítulo, vamos estudar a estrutura e os processos de formação de novas palavras da língua portuguesa.

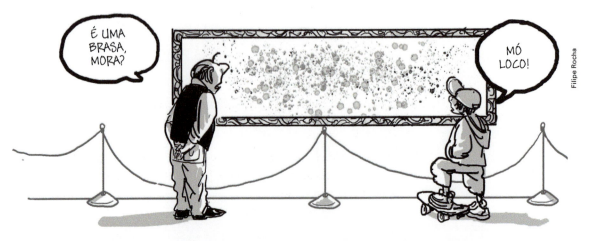

Reflexão e análise linguística

Novas palavras da língua portuguesa

Neologismo

A crônica que você vai ler a seguir foi publicada no *blog* do jornal *Gazeta Esportiva*. Para atrair os leitores, esse periódico usa predominantemente a linguagem informal, procura reproduzir os termos utilizados nos meios esportivos e utiliza palavras criadas no meio futebolístico. Observe como o autor da crônica mistura diferentes níveis de linguagem para explicar estratégias do futebol.

Volantes e que tais

No novo programa da Sportv, comandado com esmero pelo excelente Marcelo Barreto, lá estavam, além de Luxemburgo, uma pá de respeitáveis comentaristas, dentre eles os ex-craques, meus queridos, Carlos Alberto Torres e Ricardo Rocha, além do Cleber Machado, que deu luz à discussão.

Mas, quando o debate caiu na questão dos volantes, a turma embolou o meio-campo, confundindo às vezes semântica e função, o que ocorre, aliás, com muita frequência hoje em dia.

Percebi que alguns **cunhavam** a palavra *volante* justamente no sentido contrário ao seu real significado: referiam-se ao cabeça de área, aquele cara que fica ali na entrada da área protegendo os zagueiros. Costumo brincar que volante *vola*, do latim vulgar *volare*, voar, no nosso português de sempre. Isto é: o mais recuado dentre os homens de meio de campo que vai e vem, incessantemente, da defesa ao ataque e vice-versa.

Volante vem de *médio-volante*, que antes era *médio-apoiador*, cuja origem era apenas *médio* (half, em inglês, abrasileirado nos anos 40 para alfo), mais precisamente, *centro-médio* ou *center-half*, também denominado de *eixo*, pois que se tratava do eixo central da equipe, para quem a bola convergia e de onde partia sua distribuição para o resto da equipe, no sistema clássico original, o 2-3-5 (dois beques, três médios e cinco atacantes).

Com o advento do **WM**, do escocês H. Chapman, no final dos anos 20, o eixo foi substituído por dois médios apoiadores e dois meias, formando o tal quadrado mágico que o pessoal até hoje confunde com quatro jogadores de excelência, seja no meio de campo, seja no ataque.

Mais tarde, já nos anos 50, surgiu a figura do quarto-zagueiro, um desses dois médios apoiadores recuado para a função de zagueiro, o zagueiro que, além de destruir, sabia sair para o jogo, quando seu time estivesse de posse da bola, formando a linha de quatro zagueiros, já não mais de três – dois laterais e dois centralizados, em vez de dois laterais e um central.

Assim, caracteriza-se, à frente dessa linha defensiva, o *médio-volante*, um sujeito que **guarnece** sua entrada de área, mas que, com a bola sai para o jogo, em combinações lúcidas com seus meias e até mesmo ultrapassando-os na sequência da jogada.

HELENA JR., Alberto. *Blog Bola Virtual*, *Gazeta Esportiva*, mar. 2015. Disponível em: <https://blogs.gazetaesportiva.com/albertohelena/2015/03/18/volantes-e-que-tais>. Acesso em: 7 jan. 2017.

Cunhar: imprimir cunho, "marca" em alguma coisa.

WM: esquema tático para o futebol de campo também conhecido como 3-2-2-3, que foi criado em 1925 por Herbert Chapman (1878-1934), então técnico do time do Arsenal, clube de futebol inglês. O nome do esquema se deve ao posicionamento dos jogadores em campo, que lembra o desenho das letras **w** e **m**.

Guarnecer: munir do necessário.

1. Ao analisar um novo programa sobre futebol, Alberto Helena Jr. percebe que os comentaristas estavam fazendo uma confusão linguística. Que confusão é essa?

2. Para esclarecer a confusão, o autor apresenta a origem da palavra *volante*, que passou por várias transformações: desde a inserção do termo inglês *half* na língua portuguesa, até chegar à escrita atual. Quais foram essas transformações?

3. Após essa explicação, o autor apresenta as diferentes funções dos jogadores e o nome desses papéis. Assim, esclarece a confusão feita pelos comentaristas no debate em relação à palavra *volante*. Nesse contexto, por que o autor afirma que algumas vezes os comentaristas confundem semântica e função?

Saber a origem das palavras é importante para a compreensão de alguns contextos comunicativos. Para discorrer sobre o papel do volante no futebol, o comentarista Alberto Helena Jr. retomou a origem do termo *volante* e contextualizou seu uso no futebol brasileiro, o que nos permite perceber sua posição reflexiva em relação ao uso das palavras. Como vimos no texto, *volante* é uma palavra que se originou da transformação de outros termos cuja origem é a palavra *half* (que significa "meio"); entre essas palavras estão *médio-volante* e *centro-médio*.

O processo de criar palavras com base em palavras de outras línguas é contínuo, faz parte da história da língua e persiste até nossos dias. Observe, por exemplo, que Alberto Helena Jr. é jornalista, mas também passou a ser chamado de *blogueiro* porque escreve em um *blog*. Com o surgimento desse novo canal de comunicação, foi preciso criar uma nova palavra na língua portuguesa para designar o profissional que escreve nos *blogs*.

Em exemplos mostrados na crônica, vimos que, em relação à **formação das palavras**, há duas maneiras básicas de criar novos vocábulos na língua portuguesa: baseando-se na combinação de recursos existentes na própria língua ou importando e adaptando palavras estrangeiras para o português.

A efeito de ilustração, procure lembrar quantas palavras novas surgiram com o advento do ambiente digital, da internet. Quantas delas foram herdadas do inglês e incorporadas ao nosso cotidiano?

Neologismo é o processo pelo qual novas palavras são criadas em uma língua. Com o tempo, a palavra inventada pode ser incorporada ao vocabulário da língua, quando passa a ser usada com frequência e, inclusive, a fazer parte de um dicionário conceituado. Por exemplo, *deletar* é uma palavra proveniente do termo inglês *delet*, cujo significado é "apagar".

AMPLIANDO O CONHECIMENTO

Os neologismos de Guimarães Rosa

A literatura é um campo fértil para a criação de neologismos. Muitos autores recorrem à criação de palavras para concretizar suas ideias, pois nem sempre encontram termos já existentes para expressar de forma precisa o que desejam. Eles também criam palavras para estabelecer musicalidade no texto, ou somente para produzir efeitos de sentido inusitados.

Uma das características mais marcantes do escritor brasileiro Guimarães Rosa (1908-1967) é que ele inventava palavras de forma muito criativa. Veja a seguir alguns exemplos de neologismos presentes em alguns de seus contos e romances, reproduzidos no livro *O léxico de Guimarães Rosa*, de Nilce Sant'anna Martins:

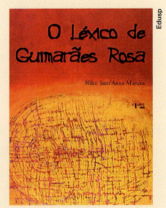

88 Unidade 3 Morfologia

"Hitlerocidade: [...] Atrocidades praticadas no governo no governo de Hitler. // Amálgama de **Hitler + (atr) cidade.** (p. 265)

[...]

"Orgulhamento: [...] Orgulho, soberba. // Deriv. de **orgulhar**. (p. 361)

[...]

"Outramente: [...] Outrossim, também. // Neol. do A. *(autor)* mediante a substituição do elem. **-sim** pelo suf. adverbial. (p. 363)

MARTINS, Nilce Sant'anna. *O léxico de Guimarães Rosa*. 2. ed. São Paulo: Edusp, 2001.

Estrangeirismo

▶ Agora observe o uso das palavras destacadas nesta notícia.

Personal Trainer: do fitness à reabilitação da saúde

A procura por um **personal trainer** não se limita apenas ao trabalho do fitness. Graças ao desenvolvimento da medicina e das ciências esportivas, hoje em dia podemos afirmar que muitas patologias podem ser reabilitadas através da atividade física.

Tribuna do Interior, Campo Mourão, nov. 2013. Disponível em: <www.itribuna.com.br/noticia/personal-trainer-do-fitness-a-reabilitacao-da-saude>. Acesso em: 5 mar. 2017.

4. Qual é o sentido das palavras destacadas no título do texto?

5. Crie uma hipótese para responder à pergunta: Por que no texto são usados os termos *Personal trainer* e *fitness*, emprestados de outra língua, o inglês, em vez de serem utilizadas palavras da língua portuguesa?

É provável que você já tenha se deparado com palavras estrangeiras ao visitar o comércio de seu bairro ou o *shopping* de sua cidade. Que palavras a loja de sua preferência utiliza para anunciar a liquidação anual?

Estrangeirismo ou empréstimo lexical é o processo linguístico em que palavras de outras línguas são incorporadas à língua portuguesa. A grafia desses termos pode ser mantida conforme suas línguas originais ou passar por adaptações. Por exemplo, na língua portuguesa do Brasil, a palavra *mouse* tem a sua grafia original mantida, enquanto *shampoo* mantém a sua forma original, mas foi criada a grafia *xampu*).

Também são consideradas estrangeirismos, na língua portuguesa, palavras e siglas que resultam da tradução literal de palavras estrangeiras. Exemplos: alta-costura (do francês *haute couture*) e basquete (do inglês *basketball*).

Estrutura e formação de palavras Capítulo 5 89

Siglas

Existem vocábulos que podem ser representadas por siglas, que com o tempo acabam por se tornar palavras. Leia o fragmento da notícia a seguir.

A chegada da cor

A primeira transmissão oficial em cores, em rede nacional, na televisão brasileira aconteceu na Festa da Uva, na cidade de Caxias, no Rio Grande do Sul, em 10 de fevereiro de 1972. A responsabilidade pela geração das imagens foi da TV Difusora, com a colaboração técnica da TV Rio e o apoio das TVs Gaúcha, Piratini e de Caxias.

Memória Roberto Marinho, Rede Globo. Disponível em <www.robertomarinho.com.br/mobile/obra/a-chegada-da-cor-1.htm>. Acesso em: 4 mar. 2017.

6. Qual sigla podemos identificar no texto? Ela tem origem em qual palavra?

7. Essa sigla presente representa outra palavra ou ela tem sentido como vocábulo? Explique.

8. Ao ler o texto podemos perceber algo em comum entre outras palavras e as siglas no que diz respeito à flexão? Justifique.

Para economizar tempo e agilizar serviços, lembramos dos números de nossos RG e CPF, documentos cujos nomes completos são *registro geral* e *cadastro de pessoa física*. Em que situações você já ouviu a forma extensa desses nomes?

> **Siglonimização** é a transformação de sequências vocabulares em siglas, que são um tipo de abreviatura. Exemplos: ET (extraterrestre), TV (*televisão*), PTB (Partido Trabalhista Brasileiro).
>
> As siglas, quando passam a ser tidas como palavras e assim incoporadas ao vocabulário, sofrem os mesmos processos gramaticais que outros vocábulos, como o acréscimo de **s** para a formação do plural e de termos derivados. Exemplos: ETs, TVs ou tevês, petebistas.

Onomatopeia

 Leia a tira.

9. Em sua opinião, o que provoca humor na tira?

10. Que palavras indicam o riso do menino e do urso? Qual o motivo do riso de cada um deles?

11. Qual o sentido das palavras do segundo quadro?

Na língua portuguesa, há várias palavras que imitam o som ou o ruído de animais, de objetos em movimento, entre outros. Essas palavras podem ser encontradas amplamente em histórias em quadrinhos.

> **Onomatopeia** é o processo de formação de palavras que reproduzem sons de forma aproximada. Exemplos: tique-taque, au au, vrum, atchim.

Gíria

 Leia a notícia.

A terra do 'véi', 'oxe', 'treta' e outras mil gírias

Véi, tesourinha, cabulo, camelo e baú são algumas das expressões típicas da juventude brasiliense. O modo de falar de quem mora na capital é suprarregional, urbano e com grande influência da língua expressa, diz pesquisadora

Baú, busão, tesourinha, véi, pardal, boto fé, cabuloso. A lista de expressões e gírias brasilienses é extensa e conta com uma inusitada dinamicidade. Se figuras como satélite, zebrinha ou pé de pano vão caindo de uso devagarinho, outras tantas entram rapidinho na cena da cidade. Chegam por meio de músicas, saltam dos aplicativos de celular e de grupos feministas e LGBTs ou surgem na internet e ganham o dia a dia da juventude do Distrito Federal. A lista, que se transforma e cresce a cada dia, é o reflexo de uma capital miscigenada, com gente vinda do Brasil inteiro. Não respeita fronteiras e se expande como as gerações de filhos nascidos na cidade.

CALCAGNO, Luis. *Correio Braziliense*. Disponível em: <http://www.correiobraziliense.com.br/app/noticia/especiais/made-in-brasilia/2017/04/21/noticia-especial-madeinbrasilia,590031/conheca-as-girias-que-se-usa-em-brasilia.shtml>. Acesso em: 17 mai. 2017.

12. Segundo a notícia, qual a origem das gírias no Distrito Federal?

13. No intertítulo, pode-se observar a presença do prefixo *supra*, elemento indicativo de superioridade ou excelência, ligado à palavra *regional*. Considerando o contexto, como podemos interpretar as palavras *suprarregional* e *expressa*, presentes no intertítulo?

O vocabulário de uma língua tem expressões que são utilizadas de maneira informal. Essas expressões são chamadas de **gírias**. Algumas delas marcaram gerações e hoje não são mais usadas. Veja alguns exemplos de frases com gírias em desuso:

Ele é um **chato de galocha** ⟶ muito chato

Isto está **bom à beça** ⟶ extremamente agradável

Vou sair com a **patota** ⟶ turma

É provável que você e seus amigos façam uso de uma ou mais palavras que caracterizam seu grupo social.

> **Gíria** é a palavra ou expressão que surge em determinados grupos sociais ou profissionais e que pode ser incorporada ao vocabulário de várias camadas sociais.
> Exemplo: uma **pá** de respeitáveis comentaristas.

Estrutura das palavras

Como você já viu, palavras que se formam, se transformam e se renovam – como estrangeirismos, neologismos, gírias – fazem parte da construção do vocabulário de uma língua. Veremos agora a estrutura e o processo de formação das palavras da língua portuguesa. Vamos estudar quais são as partes que as compõem e como essas partes se organizam para formá-las.

▶ Leia a tira.

14. A palavra *desodorante* é formada a partir de outra palavra da língua portuguesa. Qual?

15. Com base na resposta da questão anterior, desmembre a palavra *desodorante* em três partes.

16. Qual das três partes carrega o principal significado da palavra?

17. A palavra *relacionamento* também vem de outra palavra da língua. Qual é essa palavra?

18. Qual é a parte em comum entre a palavra *relacionamento* o termo do qual ela foi originada?

As palavras *desodorante* e *relacionamento* foram formadas a partir de outras palavras, às quais foram acrescentadas uma ou mais partes. Notem as palavras *cadeira* e *cadeirante*. Ao observarmos essas palavras, que são de uma mesma família, veremos em comum a parte *cadeir-*, além de percebemos que, ao formar outras palavras com base em *cadeir*, sempre teremos um sentido principal em todas elas: des**cadeir**ar, **cadeir**inha, en**cadeir**ado etc.

> **Morfema** é a unidade mínima de significação que compõe as palavras.
>
> **Radical** é a base (ou raiz) da palavra, contém seu significado primordial e é o elemento comum entre palavras **cognatas**, ou seja, palavras de uma mesma família. Exemplo: o radical *ferr-* faz parte das palavras ferro, ferreiro, ferragem etc.
>
> Na língua portuguesa, temos as palavras **derivadas**, formadas com o acréscimo de morfema(s) a uma outra já existente. Já a palavra que dá origem a outra(s) é chamada de **primitiva**.

▶ Leia a tira do cartunista Adão Iturrusgarai.

Unidade 3 Morfologia

19. Os dois últimos quadros estabelecem, por meio do jogo de palavras, oposição entre ideias.
   a. Que palavra se opõe à palavra *amor*?
   b. Qual o sentido contrário, ou antônimo, de *impossíveis*?
   c. Considerando a estrutura das palavras, copie o par de palavras que têm o mesmo radical, mas sentidos opostos?

20. O sentido da palavra *fáceis*, no contexto dos dois últimos quadros, sugere tanto um tom poético quanto irônico à tira. Comente essa afirmação.

Ao compor o texto, o autor fez uso de palavras que têm uma base comum, ou seja, um radical. Para compreender os processos de formação das palavras, é preciso conhecer suas partes constitutivas, a estrutura das palavras.

As palavras da língua portuguesa podem ser formadas acrescentando **afixos** ao radical, que são os **prefixos** e os **sufixos**.

Prefixo é a parte que se acrescenta antes do radical para modificar seu sentido. Exemplos: **in**feliz, **en**ferrujado.

Sufixo é a parte acrescentada no final de uma palavra para modificar seu sentido ou sua classe gramatical. Por exemplo: feliz**mente**, café**zinho**. As **desinências** são os morfemas que indicam flexões nas palavras. Elas podem ser nominais ou verbais. As **desinências nominais** indicam gênero (masculino e feminino) e número (singular e plural). Já as **desinências verbais** indicam nos verbos modo e tempo (modo-temporais), e número e pessoa (número-pessoais).

Vogal temática é um morfema que se liga ao radical ou faz a ligação entre radical e desinência(s). Elas são classificadas em nominais (**-a, -e, -o**) e verbais (**-a, -e, -i**). Veja os exemplos:

Nominais		Verbais	
cadeira → cadeir-**a**		amar → am-**a**-r	
dente → dent-**e**		crescer → cresc-**e**-r	
ferro → ferr-**o**		sorrir → sorr-**i**-r	

A junção de radical e vogal temática forma o **tema**.

Observação: Sempre quem indica o gênero (feminino e masculino) das palavras são as desinências, e nunca a vogal temática.

Derivação

21. Leia a seguir e observe como o poeta brinca com a estrutura das palavras.
   a. Para compor o poema, o poeta usou prefixos que alteram o significado original da palavra *forma*. Considerando os prefixos que foram incorporados, qual é o tema do texto?
   b. Identifique os prefixos utilizados em *reforma, disforma, transforma, conforma* e *informa*. Depois, comente o sentido que cada um deles atribui a cada vocábulo.
   c. Ao acrescentar prefixos diferentes à palavra forma, o poema valoriza sua construção visual. Comente a relação entre o uso dos prefixos e o formato escolhido pelo poeta para compor o texto.

GRÜNEWALD, José Lino. *Escreviver*. Rio de Janeiro: Nova Fronteira, 1987. p. 80.

Nesse poema, pode-se ver que o poeta apropria-se dos processos de formação das palavras da língua portuguesa e faz uso dos mecanismos próprios desses processos para apresentar a forma de sua poesia.

Derivação consiste em acrescentar afixos (prefixo e sufixo) ao radical para formar palavras. Alguns tipos de derivação são:
- **Prefixal** ou **por prefixação**: processo em que uma nova palavra é obtida por acréscimo de prefixo a uma palavra primitiva.
Exemplo: **in**feliz, **des**elegante, **a**normal.
- **Sufixal** ou **por sufixação**: processo em que uma nova palavra é obtida por acréscimo de sufixo, que podem ser nominais (bel**eza**) ou verbais (bebe**ricar**).
- **Prefixal e sufixal** ou **por prefixação e sufixação**: processo em que é acrescentado a um radical um prefixo e um sufixo a um radical.
Exemplo: **in**feliz**mente**. Nesse caso de derivação, se o prefixo *in-* for retirado, a palavra continuará com sentido: feliz**mente**. Se o sufixo *-mente* for retirado, ela também continuará com sentido: **in**feliz.
- **Parassintética**: processo em que uma nova palavra é obtida pelo acréscimo de prefixo e sufixo simultaneamente. Nesse caso, na língua portuguesa, se for retirado apenas o prefixo ou só o sufixo da palavra, o restante dela não terá sentido.
Exemplo: **en**tris**tecer**.

A derivação também pode ocorrer em uma palavra sem a presença de afixos. Alguns tipos de derivação que ocorrem sem o uso de afixos são:
- **Derivação regressiva**: uma nova palavra resulta da redução da palavra primitiva.
Exemplo: *combate* é derivada de *combater*.
- **Derivação por redução** ou **abreviação**: parte de uma palavra que é eliminada sem prejudicar sua compreensão.
Exemplo: *moto* é a redução de *motocicleta*.
- **Derivação imprópria**: uma nova palavra é obtida pela mudança de classe gramatical da palavra primitiva, sem alterar sua forma.
Exemplo: *jantar* (substantivo) deriva de *jantar* (verbo).

Composição

22. Compare as palavras a seguir e identifique a(s) alternativa(s) correta(s).

I.	II.
planalto = plano + alto	amor-perfeito
embora = em + boa + hora	passatempo

- **a.** Não há modificação sonora ao formar as palavras compostas.
- **b.** No grupo I, há alteração de fonema em pelo menos uma das palavras que formam a palavra composta.
- **c.** No grupo II, as palavras originais mantêm os fonemas ao formar a palavra composta.
- **d.** Os dois grupos apresentam prefixos.
- **e.** As duas palavras do grupo II são formadas por processos diferentes, pois uma tem hífen e outra não.

Para aprimorar o estudo sobre a língua, é importante conhecermos as transformações que os termos originais podem sofrer no processo de formação de uma palavra.

Composição é o processo em que dois ou mais radicais se unem e formam uma só palavra composta. Há dois tipos de composição:
- **Composição por justaposição**: os radicais se unem sem que haja alteração em nenhum de seus fonemas. Exemplo: girassol (gira + sol), couve-flor (couve + flor).
- **Composição por aglutinação**: há alteração fonológica nos radicais quando se unem. Exemplo: aguardente (água + ardente), vinagre (vinho + acre).

A gramática e a construção de sentido

Novíssimas palavras da língua portuguesa

A linguagem nos permite estabelecer relações com diferentes grupos sociais. A língua representa e reflete o mundo, permitindo que os falantes transformem sua forma de se relacionar com ele. Nosso pensamento se modela de acordo com as palavras e sua representatividade em uma língua.

Há palavras, por exemplo, que existem em determinada língua com um significado, mas que não possuem correspondente em outras línguas, como é o caso da palavra *saudade*. Em algumas há palavras ou expressões que têm significado próximo à *saudade*, mas não o mesmo sentido que na língua portuguesa.

Em alemão, a palavra *wanderlust* é usada para expressar a vontade de viajar, de conhecer lugares novos. Na língua portuguesa, especificamente, não temos uma palavra correspondente ao sentido *wanderlust*. Para isso, temos de usar uma frase que expresse esse mesmo sentido.

Leia a seguir um texto sobre a existência de uma palavra em japonês que não existe na língua portuguesa.

A mania de acumular livros não lidos tem um nome. Em japonês.

"Tsundoku" foi o nome dado à prática de comprar livros e mantê-los intactos nas estantes de casa

O hábito de comprar livros que nunca serão lidos e acumulá-los em pilhas é familiar para quem gosta de ler. E há uma única palavra, em japonês, para designar a prática: tsundoku.

Na verdade, o substantivo é um jogo de palavras. "Tsundoku" corresponde à forma oral do verbo "tsunde oku", que quer dizer "empilhar e deixar de lado por um tempo". Mas "doku", palavra expressa por um ideograma, corresponde ao verbo ler. Assim, criou-se uma nova palavra, cujo sentido é a aquisição de materiais de leitura que acabam empilhados, sem nunca serem lidos.

LIMA, Juliana Domingos de. *Nexo*, out. 2016. Expresso. Disponível em: <www.nexojornal.com.br/expresso/2016/10/06/A-mania-de-acumular-livros-n%C3%A3o-lidos-tem-um-nome.-Em-japon%C3%AAs>. Acesso em: 6 abr. 2017.

O texto explica o processo de formação da palavra *tsundoku*, composta de dois vocábulos que, ao se unirem, têm uma de suas formas originais transformadas, ou seja, passam pelo processo de composição por aglutinação.

---

1. Pesquise três palavras da língua portuguesa formadas pelo processo de composição por aglutinação e explique como elas são formadas.

Exercícios

1. Identifique a alternativa incorreta.
   a. *Choro* e *castigo* são termos que se originam de *chorar* e *castigar*, pelo processo de derivação regressiva.
   b. *Desfazer* é uma palavra formada por derivação sufixal.
   c. *Petróleo* e *hidrelétrico* são palavras formadas pelo processo de composição por aglutinação.
   d. *Pólio*, *extra* e *moto* são vocábulos resultantes de abreviação.

2. Na década de 1990, o ex-ministro do trabalho do governo Collor, Antônio Rogério Magri, ganhou fama ao afirmar que "o direito de greve é '**imexível**'". Explique quais os processos de formação de palavras que ele usou para criar o neologismo *imexível*.

3. Leia um fragmento desta canção.

   ### Esteticar
   (Estética do Plágio)

   Pense que eu sou um caboclo tolo boboca
   Um tipo de mico cabeça-oca
   Raquítico típico jeca-tatu
   Um mero número zero um zé à esquerda
   Pateta patético lesma lerda
   Autômato pato panaca jacu

   Penso dispenso a mula da sua ótica
   Ora vá me lamber tradução inter-semiótica

   Se segura milord aí que o mulato baião
   (tá se blacktaiando)
   Smoka-se todo na estética do arrastão

   Ca esteti ca estetu
   Ca esteti ca estetu
   Ca esteti ca estetu
   Ca esteti ca estetu

   Pensa que eu sou um androide candango doido
   Algum mamulengo molenga mongo
   Mero mameluco da cuca lelé
   Trapo de tripa da tribo dos pele-e-osso
   Fiapo de carne farrapo grosso
   Da trupe da reles e rala ralé
   Arrastão dos baiões da roça. Espinha dorsal.

   ZÉ, Tom; BARRETO, Vicente; RENNÓ, Carlos. Esteticar (estética do Plágio). In: *Com defeito de fabricação*. Warner Bros Records, 1998. Faixa 6.

   a. No quarto verso da primeira estrofe, os compositores grafam o substantivo próprio *zé* com letra inicial minúscula. Explique qual é o sentido da palavra *zé* no contexto da canção.
   b. Na segunda estrofe há dois neologismos. Cite-os e explique os seus possíveis sentidos.
   c. Quais palavras do texto que são formadas por justaposição?
   d. O nome da canção é formado por qual processo? Explique.
   e. Identifique algumas gírias da canção "Esteticar".
   f. Na última estrofe, há dois versos que falam a mesma coisa, mas com palavras diferentes. Cite e explique-os no contexto da canção.

4. Leia o poema de Vinícius de Moraes.

   ### Poética

   De manhã escureço
   De dia tardo
   De tarde anoiteço
   De noite ardo

   A oeste a morte
   Contra quem vivo
   Do sul cativo
   O este é meu norte.

   Outros que contem
   Passo por passo:
   Eu morro ontem

   Nasço amanhã
   Ando onde há espaço:
   — Meu tempo é quando.

   MORAES, Vinícius. *Antologia poética*. Rio de Janeiro: José Olympio, 15. ed., 1977, p. 179.

   a. Considerando a primeira estrofe, quais são as ações cotidianas do eu lírico?

b. Justifique o sentido do pronome demonstrativo *este* no contexto da segunda estrofe.

c. Na terceira estrofe, qual o verso traz ideias contraditórias? Explique essa contradição apresentada.

d. Relacione o sentido do verso destacado no item anterior ao sentido do último verso do poema. Em seguida, comente a visão do eu lírico sobre o presente e o passado.

e. Identifique o neologismo presente no poema. Em que medida ele contribui para a criação de sentido do texto?

5. A cartunista Ciça tornou-se um dos nomes mais expressivos no mundo dos quadrinhos na época da ditadura militar no Brasil. Leia uma de suas tiras.

a. Em que consiste o humor da tira? Que recursos gráficos usados na imagem do galo, no terceiro quadrinho, contribuem para esse humor?

b. A galinha da tira chama-se Naná. Levante hipóteses de como poderia ser seu verdadeiro nome. Qual é o processo de formação do apelido Naná?

c. A palavra *dinheirada* foi formada por qual processo?

d. Se a palavra *dinheirada* fosse substituída pela expressão *muito dinheiro* o efeito de sentido seria o mesmo? Explique.

6. Leia a seguir a primeira estrofe de um poema de Manoel de Barros.

Rua dos arcos

A rua era assobradada
Decadente de ambos os lados
Toda espécie de gente ali
Circulava e bebia uniforme.

BARROS, Manoel de. Rua dos Arcos. *Poemas concebidos sem pecado e face imóvel*. Rio de Janeiro: Alfaguara, 2016.
© by herdeiros de Manoel de Barros.

a. Identifique e explique o processo de formação da palavra *assobradada*.

b. Não é comum atribuir a característica de assobradada a uma rua. No contexto, qual o sentido de "rua assobradada"?

c. A palavra *uniforme* pode ser um substantivo (o nome de uma vestimenta) ou um adjetivo (característica de algo que é igual, constante). Entretanto, no poema, ela assume outra forma gramatical. Qual a classe gramatical de *uniforme* nesse contexto?

d. Qual processo de formação explica a mudança de classe gramatical da palavra *uniforme*?

7. Indique as opções em que todas as palavras contenham dois radicais:
a. pernalta, vinagre, infelizmente.
b. pernalta, vinagre, entardecer.
c. infelizmente, entardecer, desagradável.
d. pernalta, vinagre, fidalgo.

8. Identifique o processo de formação de cada uma destas palavras.

> pontapé   hidrelétrico
> couve-flor   zum-zum
> empalidecer   espaçosa
> desleal

Estrutura e formação de palavras   Capítulo 5   97

Enem e vestibulares

1. Enem

A forte presença de palavras indígenas e africanas e de termos trazidos pelos imigrantes a partir do século XIX é um dos traços que distinguem o português do Brasil e o português de Portugal. Mas, olhando para a história dos empréstimos que o português brasileiro recebeu de línguas europeias a partir do século XX, outra diferença também aparece: com a vinda ao Brasil da família real portuguesa (1808) e, particularmente com a Independência, Portugal deixou de ser o intermediário obrigatório da assimilação desses empréstimos e, assim, Brasil e Portugal começaram a divergir, não só por terem sofrido influências diferentes, mas também pela maneira como reagiram a elas.

(ILARI, R.; BASSO, R. *O português da gente*: a língua que estudamos, a língua que falamos. São Paulo: Contexto, 2006)

Os empréstimos linguísticos, recebidos de diversas línguas, são importantes na constituição do Brasil porque

a. deixaram marcas da história vivida pela nação, como a colonização e a imigração.

b. transformaram em um só idioma línguas diferentes, como as africanas, as indígenas e as europeias.

c. promoveram uma língua acessível a falantes de origens distintas, como o africano, o indígena e o europeu.

d. guardaram uma relação de identidade entre os falantes do português do Brasil e os do português de Portugal.

e. tornaram a língua do Brasil mais complexa do que as línguas de outros países que também tiveram colonização portuguesa.

2. Enem

Carnavália

Repique tocou

O surdo escutou

E o meu corasamborim

Cuíca gemeu, será que era meu, quando ela passou por mim?

[...]

ANTUNES, A.; BROWN, C.; MONTE, M. *Tribalistas*, 2002 (fragmento).

No terceiro verso, o vocábulo "*corasamborim*", que é a junção coração + samba + tamborim, refere-se, ao mesmo tempo, a elementos que compõem uma escola de samba e à situação emocional em que se encontra o autor da mensagem, com o coração no ritmo da percussão. Essa palavra corresponde a um(a)

a. estrangeirismo, uso de elementos linguísticos originados em outras línguas e representativos de outras culturas.

b. neologismo, criação de novos itens linguísticos, pelos mecanismos que o sistema da língua disponibiliza.

c. gíria, que compõe uma linguagem originada em determinado grupo social e que pode vir a se disseminar em uma comunidade mais ampla.

d. regionalismo, por ser palavra característica de determinada área geográfica.

e. termo técnico, dado que designa elemento de área específica de atividade.

3. Enem

TEXTO I

Um ato de criatividade pode contudo gerar um modelo produtivo. Foi o que ocorreu com a palavra sambódromo, criativamente formada com a terminação -(ó)dromo (= corrida), que figura em hipódromo, autódromo, cartódromo, formas que designam itens culturais da alta burguesia. Não demoraram a circular, a partir de então, formas populares como rangódromo, beijódromo, camelódromo.

AZEREDO, J. C. *Gramática Houaiss da língua portuguesa*. São Paulo: Publifolha, 2008.

TEXTO II

Existe coisa mais descabida do que chamar de sambódromo uma passarela para desfile de escolas de samba? Em grego, -dromo quer dizer "ação de correr, lugar de corrida", daí as palavras autódromo e hipódromo. É certo que, às vezes, durante o desfile, a escola se atrasa e é obrigada a correr para não perder pontos, mas não se desloca com a velocidade de um cavalo ou de um carro de Fórmula 1.

GULLAR, F. Disponível em: www1.folha.uol.com.br. Acesso em: 3 ago. 2012.

Há nas línguas mecanismos geradores de palavras. Embora o Texto II apresente um julgamento de valor sobre a formação da palavra sambódromo, o processo de formação dessa palavra reflete

a. o dinamismo da língua na criação de novas palavras.
b. uma nova realidade limitando o aparecimento de novas palavras.
c. a apropriação inadequada de mecanismos de criação de palavras por leigos.
d. o reconhecimento da impropriedade semântica dos neologismos.
e. a restrição na produção de novas palavras com o radical grego.

4. **Unicamp-SP** Os textos abaixo foram retirados da coluna "Caras e bocas", do Caderno Aliás, do jornal *O Estado de São Paulo*:

"A intenção é **salvar** o Brasil."

Ana Paula Logulho, professora e entusiasta da segunda "Marcha da Família com Deus pela Liberdade", que pede uma intervenção militar no país e pretendeu reeditar, no sábado, a passeata de 19 de março de 1964, na capital paulista, contra o governo do Presidente João Goulart.

"Será um evento **esculhambativo** em homenagem ao outro de São Paulo."

José Caldas, organizador da "Marcha com Deus e o Diabo na Terra do Sol", convocada pelo *Facebook* para o mesmo dia, no Rio de Janeiro.

(*O Estado de São Paulo*, 23/03/2014, Caderno Aliás, E4. Negritos presentes no original.)

a. Descreva o processo de formação de palavras envolvido em "esculhambativo", apontando o tipo de transformação ocorrida no vocábulo.
b. Discorra sobre a diferença entre as expressões "evento esculhambado" e "evento esculhambativo", considerando as relações de sentido existentes entre os dois textos acima.

5. **Fuvest-SP**

Evidentemente, não se pode esperar que Dostoiévski seja traduzido por outro Dostoiévski, mas desde que o tradutor procure penetrar nas peculiaridades da linguagem primeira, aplique-se com afinco e faça com que sua criatividade orientada pelo original permita, paradoxalmente, afastar-se do texto para ficar mais próximo deste, um passo importante será dado. Deixando de lado a fidelidade mecânica, frase por frase, tratando o original como um conjunto de blocos a serem transpostos, e transgredindo sem receio, quando necessário, as normas do "escrever bem", o tradutor poderá trazê-lo com boa margem de fidelidade para a língua com a qual está trabalhando.

Boris Schnaiderman, *Dostoiévski Prosa Poesia*.

O prefixo presente na palavra "transpostos" tem o mesmo sentido do prefixo que ocorre em

a. ultrapassado.
b. retrocedido.
c. infracolocado.
d. percorrido.
e. introvertido.

6. **Unicamp** Os verbetes apresentados em (II) a seguir trazem significados possíveis para algumas palavras que ocorrem no texto intitulado *Bicho Gramático*, apresentado em (I).

I
Bicho gramático

Vicente Matheus (1908-1997) foi um dos personagens mais controversos do futebol brasileiro. Esteve à frente do paulista Corinthians em várias ocasiões entre 1959 e 1990. Voluntarioso e falastrão, o uso que fazia da língua portuguesa nem sempre era aquele reconhecido pelos livros. Uma vez, querendo deixar bem claro que o craque do Timão não seria vendido ou emprestado para outro clube, afirmou que "o Sócrates é invendável e imprestável". Em outro momento, exaltando a versatilidade dos atletas, criou uma pérola da linguística e da zoologia: "Jogador tem que ser completo como o pato, que é um bicho aquático e gramático".

(Adaptado de *Revista de História da Biblioteca Nacional*, jul. 2011, p. 85.)

II
Invendável: que não se pode vender ou que não se vende com facilidade.
Imprestável: que não tem serventia; inútil.
Aquático: que vive na água ou à sua superfície.
Gramático: que ou o que apresenta melhor rendimento nas corridas em pista de grama (diz-se de cavalo).

(Dicionário HOUAISS (versão digital *on-line*), houaiss.uol.com.br)

a. Descreva o processo de formação das palavras *invendável* e *imprestável* e justifique a afirmação segundo a qual o uso que Vicente Matheus fazia da língua portuguesa "nem sempre era aquele reconhecido pelos livros".
b. Explique por que o texto destaca que Vicente Matheus "criou uma pérola da linguística e da zoologia".

DIÁLOGOS

Vamos fazer um *brainstorm*?

Samba do approach

venha provar meu brunch
saiba que eu tenho approach
na hora do lunch
eu ando de ferryboat
eu tenho savoir-faire
meu temperamento é light
minha casa é hi-tech
toda hora rola um insight
já fui fã do Jethro Tull
hoje me amarro no Slash
minha vida agora é cool
meu passado é que foi trash

BALEIRO, Zeca. Samba do approach. *100% ponto de bala*. Rio de Janeiro: Universal Publishing MGB, 1998. 1 CD.

Na foto, Slash, o guitarrista da banda californiana de *hard rock* Guns N'Roses, que fez muito sucesso nos anos 1990.

Ferryboat ("balsa", em português) levando veículos e pessoas no rio Uruguai, Barra do Guarita-RS, 2015.

Você já conhecia esses versos que acabou de ler?

Já ouviu as palavras *brunch*, *approach*, *lunch*, *ferryboat*, *savoir-faire*, *light*, *hi-tech*, *insight*, *cool* e *trash*? Conhece a banda Jethro Tull e o guitarrista Slash?

Você já pensou sobre quais são as palavras herdadas de outras línguas que usamos no nosso dia a dia?

Provavelmente, você já *deletou* algo, acessou um *link*, falou com alguém em *off* e deu uma olhada no último vídeo daquele *youtuber* de quem você gosta ou na página daquela *blogueira* famosa... E não deve ter encontrado dificuldades para entender essas palavras porque elas já estão cristalizadas pelo uso.

1. Quais outras palavras estrangeiras ou formadas com termos estrangeiros e que foram incorporadas ao português, passando ou não por adaptações, você usa no cotidiano?

2. Reúna-se com os colegas e encontrem mais três palavras estrangeiras, ou formadas com vocábulos estrangeiros, usadas por vocês no dia a dia. Expliquem os processos de formação desses termos na língua portuguesa. Depois, compartilhem essas palavras com a turma. Ao final, juntem-se ao restante da classe e montem um dicionário.

Estrutura e formação de palavras Capítulo 5 101

CAPÍTULO 6

SUBSTANTIVO

O que você vai aprender

1. **Substantivo**
   - Reconhecer o(s) substantivo(s) em frases.
   - Identificar a função essencial do substantivo.
   - Identificar a função do substantivo na construção de sentido.
2. **Classificação do substantivo**
   - Diferenciar as formas primitivas e derivadas dos substantivos.
   - Classificar os substantivos em relação à sua forma.
   - Classificar os substantivos em relação ao seu significado.
   - Relacionar o substantivo ao seu aspecto semântico.
3. **Flexão do substantivo**
   - Reconhecer as possíveis flexões dos substantivos.

▶ Leia alguns trechos da canção a seguir.

Diariamente

Para calar a boca: Rícino
Para lavar a roupa: Omo
Para viagem longa: jato
Para difíceis contas: calculadora

Para o pneu na lona: jacaré
Para a pantalona: nesga
Para pular a onda: litoral
Para lápis ter ponta: apontador

Para o Pará e o Amazonas: látex
Para parar na Pamplona: Assis
Para trazer à tona: homem-rã
Para a melhor azeitona: ibéria
[...]
Para todas as coisas: dicionário
Para que fiquem prontas: paciência
Para dormir a fronha: Madrigal
Para brincar na gangorra: dois
[...]
Para o telefone que toca
Para a água lá na poça
Para a mesa que vai ser posta
Para você o que você gosta
Diariamente

REIS, Nando. *Diariamente*. Rio de Janeiro: Warner Chappell Edições Musicais LTDA. Todos os direitos reservados

---

Rícino: óleo amargo extraído da semente da mamona, usado como remédio natural para o tratamento de infecções e de outros problemas de saúde.

Pantalona: calça comprida de boca larga.

Nesga: retalho de tecido triangular costurado entre duas partes do vestuário para torná-lo mais largo.

Ibéria: relativo à região da Península Ibérica.

Madrigal: nome de uma loja de roupas de cama, mesa e banho.

Nelson Provazi

102 Unidade 3 Morfologia

Os trechos da letra da canção que você acabou de ler relacionam, de forma poética, alguns nomes a possíveis significados. Observe, por exemplo, a palavra *litoral*. Nesse caso, o autor associou a imagem da onda ao nome *litoral*, como se materializasse o sentido deste substantivo. Já ao termo *homem-rã*, que se refere à pessoa que tem a função de fazer expedições submarinas, o autor relacionou a ação de trazer algo ou alguém à tona, ou seja, à superfície. Nesse caso, o substantivo *homem-rã* é associado a uma ação.

A língua portuguesa coloca à nossa disposição um grande número de palavras para designarmos o que consideramos pertinente à realização do ato comunicativo. Fazemos uso de palavras para as mais diversas finalidades: transmitir uma informação, estabelecer contato com alguém, contar uma história, relatar um acontecimento, fazer um pedido, dar uma ordem, emitir uma opinião etc.

A escolha das palavras no ato da comunicação tem grande influência na compreensão da mensagem por parte do interlocutor. A quem conhece o sabor amargo do óleo de rícino e não gosta desse sabor, faz diferença dizer "vou tomar remédio" ou "vou tomar óleo de rícino". Escolher entre referir-se a alguém como *menino* ou como *moleque*, relatar a outrem a natureza do *emprego* ou do *trabalho* que se tem, escolher entre *casa* ou *lar* traz sentidos diferentes ao que se deseja comunicar.

E o que dizer sobre a palavra *beleza*, que carrega em si tanta subjetividade, que agrega tantos valores provenientes de diferentes contextos, como o histórico e o social? O que vem à sua mente quando você ouve ou lê a palavra *beleza*?

Neste capítulo, vamos estudar o substantivo, classe gramatical que nomeia os seres, os sentimentos, os objetos, entre outros elementos.

Reflexão e análise linguística

Substantivo

▶ Leia o fragmento reproduzido de um texto de Rubem Braga. Verifique que, neste trecho, omitimos palavras.

Aula de inglês

— Is this an ❖?

Minha tendência imediata foi responder que não; mas a gente não deve se deixar levar pelo primeiro impulso. Um rápido olhar que lancei à professora bastou para ver que ela falava com seriedade, e tinha o ar de quem propõe um grave problema. Em vista disso, examinei com a maior atenção o objeto que ela me apresentava.

Não tinha nenhuma tromba visível, de onde uma pessoa leviana poderia concluir às pressas que não se tratava de um ❖. Mas se tirarmos a tromba a um ❖, nem por isso deixa ele de ser um ❖; mesmo que morra em consequência da brutal operação, continua a ser um ❖; continua, pois um ❖ morto é, em princípio, tão ❖ como qualquer outro. Refletindo nisso, lembrei-me de averiguar se aquilo tinha quatro patas, quatro grossas patas, como costumam ter os ❖. Não tinha. Tampouco consegui descobrir o pequeno rabo que caracteriza o grande animal e que, às vezes, como já notei em um circo, ele costuma abanar com uma graça infantil.

BRAGA, Rubem. Aula de inglês. In: *Crônicas*.
São Paulo: Ática, 2002. v. 2. p. 55. (Para Gostar de Ler).

1. De acordo com o texto, que estratégia a professora utilizou para saber se o narrador conhecia determinado termo?

2. Na crônica, o narrador diz: "Um rápido olhar que lancei à professora bastou para ver que ela falava com seriedade, e tinha o ar de quem propõe um grave problema". Elabore uma hipótese para explicar por que a professora estava tão séria.

3. Que palavra foi omitida no texto?

4. Imagine que a palavra omitida não exista na nossa língua e que, a cada vez que tivermos que nos referir a ela, precisaremos fazer uma breve descrição do que esse termo significa. Faça uma descrição do significado dessa palavra. Ela deve ser curta, mas certeira, para que o interlocutor identifique exatamente a que se refere.

5. O narrador não sabia o significado da palavra usada pela professora para nomear o objeto mostrado por ela ou ele não conseguia relacionar esse termo ao objeto? Identifique uma passagem do texto para justificar sua resposta.

Você já parou para pensar sobre os nomes dos objetos que estão ao nosso redor? E sobre os nomes que atribuímos aos sentimentos?

Uma das primeiras fases do processo de aquisição da linguagem pela criança é dar nomes a tudo que a cerca. Ou seja, ao nomear, simbolizamos nossa experiência no mundo ao qual fazemos parte.

> **Substantivo** é a classe de palavras que designa os seres (reais ou imaginários, animados ou inanimados), os lugares, as instituições, as ações, os estados, as qualidades, as sensações e sentimentos.

PENSE SOBRE ISSO

O substantivo é a classe gramatical mais versátil de todas no que se refere à sua **função sintática**. Ele pode ocupar diferentes posições e funções em uma frase.

Exemplos:

Maria, me espere!

Maria é minha irmã.

Vou ao cinema com **Maria**.

Escrevi uma mensagem a **Maria**.

Este vestido é de **Maria**.

Minha melhor amiga, **Maria**, é carioca.

Nessas orações, além de Maria, os outros substantivos (*irmã*, *cinema*, *mensagem*, *vestido* e *amiga*) ocupam lugar essencial na composição das mensagens, desempenhando papel importantíssimo na construção dos textos. Dessa forma, identificá-los é tarefa fundamental para o bom entendimento e para o uso adequado da língua.

Classificação dos substantivos

▶ Agora leia o título e o intertítulo de uma reportagem e observe o vocabulário que foi utilizado para a construção da mensagem.

Gordofobia faz tão mal à saúde quanto o excesso de peso em si

O impacto é tanto que vítimas desse tipo de preconceito estão mais propensas a doenças cardiovasculares

VIEIRA, Vand. *Superinteressante*, São Paulo, fev. 2017.
Disponível em: <http://super.abril.com.br/saude/gordofobia-faz-tao-mal-a-saude-quanto-o-excesso-de-peso>.
Acesso em: 27 fev. 2017.

6. Qual é o significado do neologismo *gordofobia*?

7. Apesar de a palavra *gordofobia* não estar dicionarizada, como no *Vocabulário Ortográfico da Língua Portuguesa* (VOLP), por que seu emprego foi incorporado à língua?

8. Que elementos formam o termo *gordofobia*?

Observe que a análise da palavra *gordofobia* nos ajuda a compreender uma das maneiras como são formadas as palavras de nosso idioma.

> Quanto à **forma**, o substantivo pode ser:
>
> - **Primitivo ou derivado**
>   - **Primitivo**: não provém de outra palavra existente na língua portuguesa.
>
>   Exemplos: casa, pedra.
>
>   - **Derivado**: provém de uma palavra que existe na língua portuguesa. Pode derivar de um substantivo, um adjetivo ou um verbo.
>
>   Exemplos: jantar, incapacidade.
>
> - **Simples ou composto**
>   - **Simples**: é formado por somente um radical.
>
>   Exemplo: couve, flor.
>
>   - **Composto**: é formado por mais de um radical.
>
>   Exemplo: couve-flor.

Os substantivos também podem ser classificados de acordo com a relação de sentido que estabelecem com os elementos que nomeiam. Quanto à sua **significação**, um substantivo pode ser:

- **Concreto ou abstrato**
    - **Concreto**: designa seres animados ou inanimados, reais ou imaginários, reconhecíveis pelos sentidos. São substantivos concretos os nomes de objetos, pessoas, deuses, lugares, instituições, gêneros (por exemplo, literários), espécies (por exemplo, de animais), seres imaginários etc.

    Exemplos: disco, Maria, Deus, montanha, escola, crônica, macaco-prego, fada, bruxa, duende.

    - **Abstrato**: nomeia propriedades abstraídas dos seres concretos e não está sujeito às distinções animado × inanimado, real × imaginário. Sua manifestação está sempre associada a um ser do qual depende sua existência. São substantivos abstratos as ações, os estados, as qualidades, os sentimentos, as sensações etc.

    Exemplos: agressão, velhice, beleza, alegria, paixão, frio.

- **Comum ou próprio**
    - **Comum**: nomeia todos os seres de uma mesma espécie ou conceitos abstratos, como os sentimentos humanos.

    Exemplos: rio, modernidade, paz.

    - **Próprio:** nomeia um ser particular, único, dentre os seres de uma mesma espécie. São exemplos de substantivos próprios nome de pessoas, lugares, de jornais e de revistas, de acidentes geográficos, de astros, títulos de obras etc. Os substantivos próprios são sempre grafados com letra inicial maiúscula.

    Exemplos: Maria, Espírito Santo, *A moreninha*, *Gazeta da Zona Norte*, *Cult*, Everest, Sol.

- **Coletivo ou partitivo**
    - **Coletivo**: refere-se à quantidade de seres. É o substantivo comum que, mesmo no singular, designa um conjunto de seres ou coisas da mesma espécie.

    Exemplos: alcateia (lobos), matilha (cães), colmeia (abelha), batalhão (soldados), coro (cantores), arsenal (conjunto de armas).

    - **Partitivo**: assim como o substantivo coletivo, refere-se à quantidade de seres, mas designa uma parte de um todo. Pode denotar medidas exatas (metro, quilo, litro) ou inexatas (fatia, porção, pedaço) e é seguido de preposição e de um substantivo referente à matéria.

    Exemplos: um **metro** de tecido, uma **porção** de batatas fritas.

AMPLIANDO O CONHECIMENTO

A semântica e a gramática

▶ Leia a seguir uma tira de Hagar.

1. Ao ser questionado sobre o que significa a palavra *amor*, o personagem Hamlet dá uma resposta que contraria a expectativa do leitor. Qual seria a motivação que o leva a dar essa definição para *amor*?

2. Por que a interlocutora teria ficado tão impressionada com a resposta de Hamlet? Que sentido ela pode ter dado a essa resposta?

A tira de Hagar provoca humor, pois trabalha com a **semântica** das palavras e do discurso produzido pelos personagens. Interpretar textos sob esse ponto de vista é um procedimento importante para entendê-los de forma global.

No campo semântico, as palavras podem ser classificadas em:

- **Sinônimos**: palavras ou grupo de palavras que têm o mesmo significado. Exemplos: longe – distante.

- **Antônimos**: palavras ou grupos de palavras que têm significados contrários. Exemplos: bondoso – maldoso.

- **Parônimos**: duas ou mais palavras que têm significados diferentes, porém são muito semelhantes na pronúncia e na escrita. Exemplos: emigrar – imigrar.

Em determinados contextos, as palavras podem ser empregadas em seu sentido usual ou adquirir novos significados. Dessa forma, elas podem ser usadas com os seguintes sentidos:

- **Denotativo**: uso da palavra com o sentido que ela apresenta nos dicionários; sentido literal.
  Exemplo: O fogo queimou a loja toda.

- **Conotativo**: uso da palavra com sentido modificado; sentido figurado.
  Exemplo: "Amor é fogo que arde sem se ver". (Luís Vaz de Camões.)

Flexão dos substantivos

Flexão é o processo pelo qual se obtém uma mudança na forma de uma palavra. Do ponto de vista formal, os substantivos admitem flexões de **gênero** (masculino e feminino), **número** (singular e plural) e **grau** (aumentativo e diminutivo).

Quando uma classe de palavras admite flexão(ões), é chamada **classe variável**.

Os gêneros são uma categoria essencialmente linguística. Dessa forma, a correspondência entre o gênero e o sexo dos seres existe em muitos casos, mas em vários outros ela não ocorre.

> Na língua portuguesa, os substantivos são do gênero **masculino** ou do gênero **feminino**. Pertencem ao gênero masculino os substantivos que podem ser precedidos do artigo **o** e ao gênero feminino os substantivos que podem ser precedidos do artigo **a**.

▶ Leia a seguir uma crônica bem-humorada que tematiza a definição de **gênero**.

Sexa

— Pai...
— Hmmm?
— Como é o feminino de sexo?
— O quê?
— O feminino de sexo.
— Não tem.
— Sexo não tem feminino?
— Não.
— Só tem sexo masculino?
— É. Quer dizer, não. Existem dois sexos. Masculino e feminino.
— E como é o feminino de sexo?
— Não tem feminino. Sexo é sempre masculino.
— Mas tu mesmo disse que tem sexo masculino e feminino.
— O sexo pode ser masculino ou feminino. A palavra "sexo" é masculina. O sexo masculino, o sexo feminino.
— Não devia ser "a sexa"?
— Não.
— Por que não?
— Porque não! Desculpe. Porque não. "Sexo" é sempre masculino.
— O sexo da mulher é masculino?
— É. Não! O sexo da mulher é feminino.
— E como é o feminino?
— Sexo mesmo. Igual ao do homem.
— O sexo da mulher é igual ao do homem?
— É. Quer dizer... Olha aqui. Tem o sexo masculino e o sexo feminino, certo?
— Certo.
— São duas coisas diferentes.
— Então como é o feminino de sexo?

Unidade 3 Morfologia

— É igual ao masculino.

— Mas não são diferentes?

— Não. Ou, são! Mas a palavra é a mesma. Muda o sexo, mas não muda a palavra.

— Mas então não muda o sexo. É sempre masculino.

— A palavra é masculina.

— Não. "A palavra" é feminino. Se fosse masculina seria "O pal..."

— Chega! Vai brincar, vai.

O garoto sai e a mãe entra. O pai comenta:

— Temos que ficar de olho nesse guri...

— Por quê?

— Ele só pensa em gramática.

VERISSIMO, Luís Fernando. *Comédias para se ler na escola*. Rio de Janeiro: Objetiva, 2005. © by Luís Fernando Veríssimo.

Nelson Provazi

9. Nessa crônica, pai e filho discutem se existe ou não o feminino da palavra *sexo*. Há duplo sentido no emprego dessa palavra, o que cria humor. Em quais sentidos esse vocábulo é usado no texto?

AMPLIANDO O CONHECIMENTO

Todos os substantivos da língua portuguesa podem ser classificados como **masculinos** ou **femininos**. O gênero, no entanto, é um traço gramatical e nem sempre corresponde ao sexo de um ser. Muitas vezes, inclusive, o ser nomeado não tem sexo, como o caso de um objeto.

A distinção do gênero nos substantivos segue a tradição fixada pelo uso, que resulta na norma. É, portanto, arbitrária. Não existe uma explicação contundente para o fato de serem masculinas as palavras *prédio* e *edifício* e femininas as palavras *construção* e *edificação*.

Esse tipo de arbitrariedade fica evidente quando são comparados os gêneros gramaticais de algumas palavras em diferentes línguas. Por exemplo, em português, *viagem* é feminino, e em espanhol é masculino (*viaje*).

O gênero gramatical é historicamente fixado pelo uso. Isso explica as mudanças de gênero de alguns substantivos ao longo do tempo, como *fim* e *mar*, que já foram palavras femininas.

A definição de gênero gramatical também é influenciada por mudanças sociais. A presença cada vez maior de mulheres em atividades profissionais que antes eram restritas aos homens ou quase exclusivamente realizadas por eles tem levado os sistemas gramaticais de diversas línguas a se adaptar a essa nova realidade. Por exemplo, na língua portuguesa, houve a criação dos substantivos femininos *mestra*, *médica*, *psicóloga* e *juíza*.

Em 2011, o Brasil elegeu, pela primeira vez, uma mulher para ocupar o cargo de presidente da República: Dilma Rousseff. Durante alguns meses, houve uma polêmica em torno da questão de gênero na língua: discutiu-se se todos deveriam se referir a Dilma como *presidente* ou como *presidenta*. Gramáticas e dicionários apresentam as duas formas como aceitáveis, embora a forma terminada em **-a** seja menos usual. A maior parte dos substantivos terminados em *-ente* é invariável, e poucos linguistas aceitam as formas femininas de palavras com essa terminação, por exemplo, *parente* (*parenta*).

Em 3 de abril de 2012, a então presidenta da República assinou o Decreto de Lei nº 12.605 que "determina o emprego obrigatório da flexão de gênero para nomear profissão ou grau em diplomas". Sendo assim, desde então passou a ser obrigatório que instituições de ensino façam a expedição de diplomas com a flexão de gênero correspondente ao sexo da pessoa diplomada ao designar a profissão e o grau obtido. Caso, por exemplo, das formas *bacharel* e *bacharela*, *mestre* e *mestra*.

▶ Releia um trecho da crônica "Sexa", de Luis Fernando Verissimo.

— O sexo pode ser masculino ou feminino. A palavra "sexo" é masculina. O sexo masculino, o sexo feminino.
— Não devia ser "a sexa"?
— Não.
— Por que não?
— Porque não! Desculpe. Porque não. "Sexo" é sempre masculino.
— O sexo da mulher é masculino?

10. Que recurso linguístico foi usado pelo garoto na palavra *sexa*?

11. Embora na crônica isto não seja mencionado, o garoto se baseou em exemplos de outras palavras da língua portuguesa para imaginar que deveria existir a palavra *sexa*. Identifique um exemplo de vocábulo em que o recurso que ele usou na palavra *sexa* pode ser utilizado por estar de acordo com a norma-padrão.

> Quanto à flexão de gênero, muitos substantivos indicam o **gênero** do elemento a que correspondem por meio da vogal final **-o** (masculino) ou da vogal final **-a** (feminino). Também existem substantivos que têm uma só forma, os chamados **substantivos de dois gêneros** (por exemplo, *chefe*, *informante*, *fã*), e aparecem precedidos de artigo definido **o** ou **a** para designar a que gênero correspondem. Quando os substantivos não são antecedidos de artigo definido, cabe ao leitor interpretar o contexto em que estão inseridos para entendê-los.

▶ Leia o cartum.

12. O humor do cartum está na materialização do comportamento dos personagens em imagens. Explique a estratégia usada pelo autor ao compor a mensagem em linguagem visual.

13. Em sua opinião, quais são os sentidos das palavras *coisas* e *ângulos*, presentes na fala da mulher?

14. Que relação de sentido pode ser estabelecida entre o único olho do personagem e os óculos 3D?

A **flexão de número** indica a relação quantitativa entre os substantivos e os elementos a que correspondem. Quanto à flexão de número, o substantivo pode ser:

- **Singular**: designa um único ser, ou, ser for substantivo coletivo, nomeia um conjunto de seres ou coisas da mesma espécie.

    Exemplos: banana, mulher, bola, arquipélago, elenco.

- **Plural**: designa mais de um ser ou mais de um coletivo de seres.

    Exemplos: bananas, mulheres, bolas, arquipélagos, elencos.

Alguns substantivos são usados apenas no plural. Eles são chamados **substantivos de um só número**. As palavras *óculos* e *parabéns* são alguns deles.

Na língua portuguesa, alguns substantivos têm seus sons alterados quando são flexionados em número: os sons fechados de determinadas vogais passam a ser abertos.

Exemplos:

p**o**ço – p**o**ços

imp**o**sto – imp**o**stos

olho – **o**lhos

▶ Leia a tira e o cartum a seguir e observe o sentido das palavras *amigão* e *risadinha*.

Pancho, de Laz Muniz

Substantivo Capítulo 6 111

15. Com base no que você leu nas tiras, identifique a alternativa correta:

a. As palavras *amigão* e *risadinha* denotam carinho em relação aos seres retratados.

b. As palavras *amigão* denota carinho, e a palavra *risadinha* denota ironia ou sarcasmo em relação à forma como o Coringa sorri.

c. A palavra *amigão* denota carinho em relação ao cachorro, e *risadinha* indica tom pejorativo em relação à forma da boca do Coringa, que parece estar sempre sorrindo.

Por meio das palavras destacadas, percebemos que um substantivo pode apresentar flexão indicativa de tamanho – diminuído ou aumentado – ou sentido conotativo, dependendo do contexto em que estiver inserido.

> Os graus dos substantivos são: **normal** (*amigo*), **aumentativo** (*amigão*) ou **diminutivo** (*amiguinho*).
>
> Os substantivos aumentativos e diminutivos são obtidos por dois processos:
>
> - **Sintético**: nos substantivos, são acrescentados sufixos como *-inho(a)*, *-zinho(a)*, *-ito(a)*, *-ico(a)*, *-ão(ona)*, *-aço(a)*, *-arra*.
>   Exemplos: livrinho, livrão, copinho, copão, cadeirinha, cadeirona.
>
> - **Analítico**: após os substantivos, são colocados adjetivos que indicam aumento ou diminuição. Exemplos: livro enorme, copo grande, cadeira pequena.
>
> Em muitos contextos, o emprego das formas sintéticas de substantivos tem sentido conotativo, pois elas são usadas com valor afetivo (como amorzinho, amigão) ou pejorativo (por exemplo, livreco, narigão).
>
> Muitas formas aumentativas e diminutivas de substantivos adquiriram significados diferentes dos seus sentidos originais com o passar do tempo. Nesses casos, passaram a ser consideradas palavras em sua acepção normal, passando a figurar em dicionários e deixando de serem consideradas termos no grau aumentativo ou diminutivo.
>
> Exemplos: portão, corpete.

AMPLIANDO O CONHECIMENTO

▶ Leia o cartum.

O cartum que você acabou de ler brinca com a grafia das palavras *sinto* e *cinto*. Se essa situação fosse vivenciada realmente, se assistíssemos ao diálogo mostrado no cartum, a conversa entre os personagens não causaria estranhamento.

Na língua portuguesa, os vocábulos que apresentam grafia, pronúncia e significado semelhantes, como *sinto* e *cinto*, podem ser classificados em **homônimos**, **hiperônimos** e **hipônimos**.

- **Homônimos**: são dois ou mais vocábulos que, embora tenham significados diferentes, apresentam a mesma sonoridade. Os termos homônimos podem ser subdivididos em:
  - **Homófonos**: são palavras que possuem a mesma sonoridade, mas têm grafias e significados diferentes. Exemplos: *sem* e *cem*.
  - **Homógrafos**: são termos que apresentam a mesma grafia, mas possuem sonoridades e significado diferentes. Exemplos: *molho* (tipo de caldo) e *molho* (uma das conjugações do verbo *molhar*).
  - **Homônimos perfeitos**: São termos que apresentam sons e grafias idênticos, porém significados diferentes. Exemplos: *manga* (de roupa) e *manga* (fruta).
- **Hiperônimos**: são palavras pertencentes ao mesmo campo semântico de outras palavras, mas que têm sentidos mais amplos que os desses termos. Exemplos: *doença* é hiperônimo de *catapora*, de *gripe* etc.
- **Hipônimos**: são palavras cujos significados são mais específicos que os de outros termos que pertencem ao mesmo campo semântico. Exemplos: *gripe* e *catapora* são hipônimos de *doença*.

▶ Observe a tirinha abaixo.

1. O humor da tira depende do significado de três palavras. Justifique como o significado de cada uma tem relação direta com o contexto em que foram empregadas.
2. Caso a tira fosse lida em voz alta, fora do contexto das imagens, ela teria o mesmo efeito humorístico? Explique sua resposta baseando-se na noção de homonímia.

A gramática e a construção de sentido

Os nomes e as coisas

Como você viu neste capítulo, o substantivo é uma parte essencial da gramática, visto que ele nomeia seres, pensamentos, elementos da natureza.

▸ Leia a seguir um fragmento do texto "Circuito fechado", de Ricardo Ramos.

Chinelos, vaso, descarga. Pia, sabonete. Água. Escova, creme dental, água, espuma, creme de barbear, pincel, espuma, gilete, água, cortina, sabonete, água fria, água quente, toalha. Creme para cabelo, pente. Cueca, camisa, abotoaduras, calça, meias, sapatos, gravata, paletó. Carteira, níqueis, documentos, caneta, chaves, lenço, relógio, maço de cigarros, caixa de fósforos. Jornal. Mesa, cadeiras, xícara e pires, prato, bule, talheres, guardanapo. Quadros. Pasta, carro. Cigarro, fósforo. Mesa e poltrona, cadeira, cinzeiro, papéis, telefone, agenda, copo com lápis, canetas, bloco de notas, espátula, pastas, caixas de entrada, de saída, vaso com plantas, quadros, papéis, cigarro, fósforo. Bandeja, xícara pequena. Cigarro e fósforo. Papéis, telefone, relatórios, cartas, notas, vales, cheques, memorandos, bilhetes, telefone, papéis. Relógio. Mesa, cavalete, cinzeiros, cadeiras, esboços de anúncios, fotos, cigarro, fósforo, bloco de papel, caneta, projetor de filmes, xícara, cartaz, lápis, cigarro, fósforo, quadro-negro, giz, papel. Mictório, pia, água. Táxi. Mesa, toalha, cadeiras, copos, pratos, talheres, garrafa, guardanapo, xícara. Maço de cigarros, caixa de fósforos. Escova de dentes, pasta, água. Mesa e poltrona, papéis, telefone, revista, copo de papel, cigarro, fósforo, telefone interno, externo, papéis, prova de anúncio, caneta e papel, relógio, papel, pasta, cigarro, fósforo, papel e caneta, telefone, caneta e papel, telefone, papéis, folheto, xícara, jornal, cigarro, fósforo, papel e caneta. Carro. Maço de cigarros, caixa de fósforos. Paletó, gravata. Poltrona, copo, revista. Quadros. Mesa, cadeiras, pratos, talheres, copos, guardanapos. Xícaras. Cigarro e fósforo. Poltrona, livro. Cigarro e fósforo. Televisor, poltrona. Cigarro e fósforo. Abotoaduras, camisa, sapatos, meias, calça, cueca, pijama, chinelos. Vaso, descarga, pia, água, escova, creme dental, espuma, água. Chinelos. Coberta, cama, travesseiro.

RAMOS, Ricardo. Circuito fechado (I). *Circuito fechado*. Biblioteca Nacional. ©by herdeiros de Ricardo Ramos.

1. No texto não existem verbos ou outras palavras que estabeleçam coesão entre os substantivos, mesmo assim, podemos compreender a sequência dos acontecimentos. Qual é a estratégia do autor para que tenhamos essa compreensão?

2. Por que o autor usou repetição do trecho "maço de cigarros, caixa de fósforos"? Baseando-nos nessa repetição, o que podemos supor sobre os hábitos e o estado emocional do personagem?

3. Em quanto tempo se passam os acontecimentos? Justifique sua resposta com passagens do texto.

4. Qual trecho representa a hora do almoço?

5. Como se caracteriza o ambiente de trabalho retratado na narrativa? Qual a natureza de suas funções? Indique os substantivos que apoiam essa resposta.

6. Explique a relação de sentido entre o título do texto e a sua forma. Qual efeito de sentido ele promove no leitor?

▶ Agora, leia um poema de Manoel de Barros e observe como o autor representa o poder das palavras substantivas.

O apanhador de desperdícios

Uso a palavra para compor meus silêncios.
Não gosto das palavras
fatigadas de informar.
Dou mais respeito
às que vivem de barriga no chão
tipo água pedra sapo.
Entendo bem o sotaque das águas
Dou respeito às coisas desimportantes
e aos seres desimportantes.
Prezo insetos mais que aviões.
Prezo a velocidade
das tartarugas mais que a dos mísseis.
Tenho em mim um atraso de nascença.

Eu fui aparelhado
para gostar de passarinhos.
Tenho abundância de ser feliz por isso.
Meu quintal é maior do que o mundo.
Sou um apanhador de desperdícios:
Amo os restos
como as boas moscas.
Queria que a minha voz tivesse um formato
de canto.
Porque eu não sou da informática:
eu sou da invencionática.
Só uso a palavra para compor meus silêncios.

BARROS, Manoel de. O apanhador de desperdícios. *Meu quintal é maior do que o mundo*.
Rio de Janeiro: Alfaguara, 2015. ©by herdeiros de Manoel de Barros.

7. Releia os seis primeiros versos e identifique a(s) alternativa(s) correta(s):
   a. O poeta respeita mais as palavras que são populares.
   b. O poeta gosta da essência das palavras e despreza as palavras saturadas de sentido.
   c. *Água*, *pedra* e *sapo* sugerem significados concretos, por isso o eu lírico gosta dessas palavras.

8. Considerando o sentido do termo *informática*, mostrado a seguir, elabore um significado para o neologismo *invencionática*, que aparece no penúltimo verso do poema.

in·for·má·ti·ca substantivo feminino
Ciência que se ocupa do tratamento automático e racional da informação considerada como suporte dos conhecimentos e das comunicações, que se encontra associada à utilização de computador e seus programas.

Dicionário Priberam da Língua Portuguesa. On-line. Disponível em:
<www.priberam.pt/dlpo/inform%C3%A1tica>. Acesso em: 25 fev. 2017.

Observe quais são os substantivos mais utilizados por você e pelo seu grupo; depois, note que sentidos eles apontam. Certamente você terá pistas sobre temas e ideias que fazem parte do seu universo.

Exercícios

1. No cartaz a seguir, a palavra *saber* aparece duas vezes em uma frase, mas somente em uma dessas ocorrências está substantivada. Essa palavra pode ser classificada como substantivo na primeira ou na segunda vez que é mencionada na frase? Que informação possibilita essa classificação?

2. Leia uma estrofe da letra da canção a seguir.

Cabelo

Cabelo, cabeleira, cabeluda, descabelada

Cabelo, cabeleira, cabeluda, descabelada

Quem disse que cabelo não sente

Quem disse que cabelo não gosta de pente

JOR, Jorge Ben; ANTUNES, Arnaldo. 50% Rosa Celeste (Universal Publishing MGB), 2010.

a. Os dois últimos versos indicam que cabelo tem sentimentos. Nesse contexto, o que essa palavra pode representar?

b. Os dois últimos versos da canção problematizam um padrão de beleza, presente em nossa sociedade, que considera belos somente cabelos penteados. Comente essa afirmação, baseando-se nesses versos.

c. Quais são os substantivos presentes na estrofe da canção?

3. A manchete de uma notícia do jornal *Folha de S.Paulo* aponta um comportamento dos usuários das redes sociais.

> **Acirramento político e 'textão' fazem usuários abandonarem redes sociais**
>
> GRAGNANI, Juliana. *Folha de S.Paulo*, mar. 2016. Disponível em: <www1.folha.uol.com.br/cotidiano/2016/03/1749366-acirramento-politico-e-textao-fazem-usuarios-abandonarem-redes-sociais.shtml>. Acesso em: 28 fev. 2017.

a. De que maneira o acirramento político se manifesta nas redes sociais?

b. Além de indicar o tamanho do texto, o aumentativo presente na palavra *textão* sugere outro significado. Explique o sentido da palavra no referido contexto.

4. Observe a tira.

Nas duas vezes em que a palavra *carinho* aparece na tira, ela:

a. tem o mesmo significado, mas o personagem à direita finge não entendê-lo e cria um novo sentido para esse termo.

b. é escrita da mesma forma, mas pronunciada de maneiras diferentes em cada quadro.

c. é escrita de formas diferentes, mas o personagem à direita a pronuncia da mesma maneira, gerando uma confusão com os significados desse termo.

d. é escrita e pronunciada da mesma maneira, mas o personagem à direita faz um jogo com os diferentes significados que esse vocábulo pode ter.

5. Leia a letra da canção a seguir.

Bate-boca

Prá quem é bom de bate-boca,

pessoal, vamos brincar.

O nome dessa brincadeira é TRAVALÍNGUA,

quem for errando sai da roda.

Vamos lá que a confusão vai começar.

[...]

Isso é **bate-boca**

é **morde-beiço**,

é **quebra-queixo**,

é **trinca-dente**,

é **troca-tudo**,

é **travalíngua**.

LOBO, Edu; PINHEIRO, Paulo César. Bate-boca. In: *Camaleão*. São Paulo, Universal Music, 2006. 1 CD. Faixa 8.

a. Na segunda estrofe, substantivos compostos estão grifados. Flexione-os no plural.

b. O substantivo composto *boia-fria* pode ser flexionado no plural da mesma maneira que esses três substantivos? Justifique sua resposta.

6. Leia o conto, de Marina Colasanti.

Atrás do espesso véu

Disse adeus aos pais e, montada no camelo, partiu com a longa caravana na qual seguiam seus bens e as grandes arcas do dote. Atravessaram desertos, atravessaram montanhas. Chegando afinal à terra do futuro esposo, eis que ele saiu de casa e veio andando ao seu encontro. "Este é aquele com quem viverás para sempre", disse o chefe da caravana à mulher. Então ela pegou a ponta do espesso véu que trazia enrolado na cabeça, e com ele cobriu o rosto, sem que nem se vissem os olhos. Assim permaneceria dali em diante. Para que jamais soubesse o que havia escolhido, aquele que a escolhera sem conhecê-la.

COLASANTI, Marina. Atrás do espesso véu. *Contos de amor rasgados*. Record: Rio de Janeiro, 2010. © by Marina Colasanti.

a. A personagem do conto parte da casa dos pais em uma caravana. Que fato a leva a fazer isso?

b. A ambientação do conto dá pistas ao leitor sobre a região onde o enredo se passa. Observe as palavras e expressões presentes no conto que caracterizam essa região. Esses termos são característicos de que região?

c. O que levou a personagem a tomar a decisão de cobrir seu rosto definitivamente?

d. O substantivo *caravana* contribui para a construção do fato narrado. De acordo com o estudo gramatical, qual é a classificação desse tipo de substantivo?

7. Leia o título e o intertítulo de uma reportagem jornalística.

A memória judaica em exposição no iPad

A Casa do Leitor, na Espanha, apresenta o acervo da Biblioteca Nacional de Israel em uma exposição interativa

A mostra só pode ser percorrida por tablets ou celulares

CONSTENLA, Tereixa. *El País*, mar. 2014. Disponível em: <http://brasil.elpais.com/brasil/2014/03/05/cultura/1394047004_090821.html>. Acesso em: 23 mar. 2017.

No título e no intertítulo da reportagem há dois substantivos coletivos. Identifique-os.

Exercícios

8. Leia a letra da canção.

As mariposa

As mariposa quando chega o frio

Fica dando vorta em vorta da lâmpada pra si isquentá

Elas roda, roda, roda e dispois se senta

Em cima do prato da lâmpada pra descansá

Eu sou a lâmpida

E as muié é as mariposa

Que fica dando vorta em vorta de mim

Todas noite só pra me beijá

As mariposa quando chega o frio

Fica dando vorta em vorta da lâmpada pra si isquentá

Elas roda, roda, roda e dispois se senta

Em cima do prato da lâmpada pra descansá

Tá muitu bom...

Mas num vai si acostumá, viu

Dona mariposinha?

BARBOSA, Adoniran. As mariposa.

a. Na expressão "Dona mariposinha", o diminutivo mariposinha é usado para imprimir subjetividade à forma como o eu lírico se refere a uma mulher. Qual é o sentido desse diminutivo?

b. As marcas de uma variedade linguística que não faz parte da norma-padrão e que está presente na letra da canção são resultado de alterações na pronúncia e na concordância nominal de palavras. Identifique um verso da música que exemplifique essas alterações.

▶ Leia a crônica a seguir, de Antonio Prata.

Primavera, NY

Para dar um curso, vim passar um mês fora do Brasil, num lugar incrível ao qual eu nunca tinha vindo: chama-se primavera. Faz fronteira ao Sul com o inverno, ao Norte com o verão, a Leste com o East River e a Oeste com o Rio Hudson. Viajando por oito meses, tanto para cima quanto para baixo, é possível visitar o outono.

[...]

Ao chegar, achei que tivesse sido enganado. Fui recebido por cinco graus Celsius, chuva e um vento que vinha direto do Alasca. Por duas semanas, vivi entre árvores secas e canteiros áridos; tristes retângulos de terra de onde brotavam apenas esporádicas bitucas de cigarro. Nesta terça-feira, no entanto, saímos do nosso apartamento e demos de cara com duas dúzias de tulipas amarelas.

Achei que o zelador tivesse comprado as flores e plantado naquela manhã, na jardineira do prédio, mas bastou andarmos pela rua para perceber que era geral: ou o zelador era o The Flash, capaz de cuidar de todos os canteiros de Manhattan antes do meio-dia, ou havíamos realmente chegado à primavera.

[...]

Não sei se estou mais impressionado com os efeitos da primavera ou com essa experiência raríssima na vida de um brasileiro: a mudança de estação.

Como vocês bem sabem, no Brasil não há estações do ano.

[...]

Comparando o rigor das estações do ano, aqui, com a esculhambação meteorológica, aí, fica difícil não cair no mais raso determinismo geográfico. Como se a certeza de que todo ano, depois do inverno, virão o sol e as flores incutisse nas pessoas uma espécie de senso natural de justiça, enquanto entre nós uma semana fria em janeiro e um dia de calor em julho reforçassem a tese de que no nosso país nada funciona: se nem o calendário respeita as regras, por que nós haveríamos de respeitá-las?

Expus minha hipótese a um americano e ele disse que aceitaria de bom grado mais bagunça se pudesse se livrar dos quatro meses de inverno. "Felizes são vocês, que têm 12 meses de primavera".

PRATA, Mário. Primavera, NY, *Folha de S.Paulo*, São Paulo, abr. 2017. FOLHAPRESS. Disponível em: <www1.folha.uol.com.br/colunas/antonioprata/2017/04/1877813-primavera-ny.shtml>. Acesso em: 8 maio 2017.

9. Leia os trechos do texto a seguir e indique aquele em que o autor explora os significados dos substantivos destacados e lhes atribui características ou ações que não são típicas dessas palavras.

   a. "vim passar um mês fora do Brasil, num lugar incrível ao qual eu nunca tinha vindo: chama-se **primavera**".
   b. "Por duas semanas, vivi entre **árvores** secas e **canteiros** áridos".
   c. "Achei que o zelador tivesse comprado as **flores** e plantado naquela **manhã**".
   d. "Como vocês bem sabem, no Brasil não há **estações** do ano".
   e. "Como se a certeza de que todo ano, depois do inverno, virão o **sol** e as **flores**".

10. No trecho "Comparando o rigor das estações do ano, aqui, com a *esculhambação* meteorológica, aí, fica difícil não cair no mais raso determinismo geográfico", pode-se dizer que o substantivo *esculhambação* é:

    a. informal e é empregado como sinônimo de *bagunça*.
    b. formal e é empregado como sinônimo de *configuração*.
    c. informal e é empregado como sinônimo de *censura*.
    d. formal e é empregado como sinônimo de *crítica*.
    e. informal e é empregado como sinônimo de *ordem*.

11. Em apenas uma das frases há um caso que apresenta a flexão de grau aumentativo para o substantivo. Indique a alternativa correta.

    a. O portão não abre porque o ferrolho está enferrujado.
    b. Você está gastando muito, é melhor deixar seu cartão em casa.
    c. O fogaréu aumentava, à medida que o vento soprava forte.
    d. Venha para perto de mim, amorzão.
    e. O cavalo alazão tem pelos que variam entre o tom castanho e vermelho.

12. Leia a tira abaixo.

   a. No primeiro quadro, a tira apresenta uma atitude inesperada da iguana. Explique qual é essa atitude e por que é inusitada.
   b. Para definir o que entende por "trapaceiro", a iguana utiliza uma série de substantivos. Identifique-os e explique como são classificados.

Enem e vestibulares

1. FGV

Foi exatamente durante o almoço que se deu o fato.

Almira continuava a querer saber por que Alice viera atrasada e de olhos vermelhos. Abatida, Alice mal respondia. Almira comia com avidez e insistia com os olhos cheios de lágrimas.

— Sua gorda! disse Alice de repente, branca de raiva. Você não pode me deixar em paz?!

Almira engasgou-se com a comida, quis falar, começou a gaguejar. Dos lábios macios de Alice haviam saído palavras que não conseguiam descer com a comida pela garganta de Almira G. de Almeida.

— Você é uma chata e uma intrometida, rebentou de novo Alice. Quer saber o que houve, não é? Pois vou lhe contar, sua chata: é que Zequinha foi embora para Porto Alegre e não vai mais voltar! Agora está contente, sua gorda?

Na verdade Almira parecia ter engordado mais nos últimos momentos, e com comida ainda parada na boca.

Foi então que Almira começou a despertar. E, como se fosse uma magra, pegou o garfo e enfiou-o no pescoço de Alice. O restaurante, ao que se disse no jornal, levantou-se como uma só pessoa. Mas a gorda, mesmo depois de ter feito o gesto, continuou sentada olhando para o chão, sem ao menos olhar o sangue da outra.

Alice foi ao pronto-socorro, de onde saiu com curativos e os olhos ainda regalados de espanto. Almira foi presa em flagrante.

Na prisão, Almira comportou-se com delicadeza e alegria, talvez melancólica, mas alegria mesmo. Fazia graças para as companheiras. Finalmente tinha companheiras. Ficou encarregada da roupa suja, e dava-se muito bem com as guardiãs, que vez por outra lhe arranjavam uma barra de chocolate.

(Clarice Lispector. *A Legião Estrangeira*, 1964. Adaptado)

Considere as passagens do texto:

— O restaurante, ao que se disse no **jornal**, levantou-se como uma só pessoa.

— ... e dava-se muito bem com as **guardiãs**...

Pretendendo-se conferir sentido pejorativo à primeira passagem e obter na segunda passagem um termo masculino plural que siga a mesma regra do masculino plural de "guardiãs", os termos em destaque devem ser substituídos, respectivamente, por

a. periódico e alemães.
b. jornalzinho e cidadãos.
c. noticiário e órfãos.
d. jornaleco e capitães.
e. diário e barões.

2. Fuvest-SP

O diminutivo é uma maneira ao mesmo tempo afetuosa e precavida de usar a linguagem. Afetuosa porque geralmente o usamos para designar o que é agradável, aquelas coisas tão afáveis que se deixam diminuir sem perder o sentido. E precavida porque também o usamos para desarmar certas palavras que, por sua forma original, são ameaçadoras demais. (Luis Fernando Verissimo, *Diminutivos*)

A alternativa inteiramente de acordo com a definição do autor de diminutivo é:

a. O iogurtinho que vale por um bifinho.
b. Ser brotinho é sorrir dos homens e rir interminavelmente das mulheres.
c. Gosto muito de te ver, Leãozinho.
d. Essa menininha é terrível.
e. Vamos bater um papinho.

3. ITA-SP Dadas as palavras:

1. esforços **2.** portos **3.** impostos, verificamos que o timbre da vogal tônica é aberto:

a. apenas na palavra 1.
b. apenas na palavra 2.
c. apenas na palavra 3.
d. apenas nas palavras 1 e 3.
e. em todas as palavras.

4. ITA-SP O plural de terno azul-claro e terno verde-mar é:

a. ternos azuis-claros; ternos verdes-mares.
b. ternos azuis-claros; ternos verde-mares.
c. ternos azul-claro; ternos verde-mar.
d. ternos azul-claros; ternos verde-mar.
e. ternos azuis-claros; ternos verde-mar.

5. **Unaerp-SP**

   Era um burrinho pedrês, miúdo e resignado [...]. Chamava-se Sete-de-Ouros, e já fora tão bom, como outro não existiu e nem pode haver igual.

   Guimarães Rosa, *Sagarana*.

   A palavra *Ouros* está no plural, no nome do burrinho, porque:

   a. não representa o metal precioso e sim um tipo vulgar de metal sem valor.
   b. os nomes dos naipes das cartas só podem ser usados neste número.
   c. está sendo usada num substantivo próprio.
   d. tem que concordar com o cardinal sete, que exige plural.
   e. trata-se de uma expressão popular sem preocupações gramaticais.

6. **Vunesp** Identifique a alternativa na qual os dois substantivos estão corretamente flexionados no plural:

   a. o cidadão – os cidadãos
      o cartão-postal – os cartões-postal
   b. o tico-tico – os tico-tico
      o melão – os melãos
   c. o cônsul – os cônsuis
      o navio-escola – os navios-escola
   d. o acórdão – os acórdões
      o decreto-lei – os decretos-lei
   e. o alto-relevo – os altos-relevos
      o capelão – os capelães

7. **UM-SP** Indique o período que não contém um substantivo no grau diminutivo.

   a. Todas as moléculas foram conservadas com as propriedades particulares, independentemente da atuação do cientista.
   b. O ar senhoril daquele homúnculo transformou-o no centro de atenções na tumultuada assembleia.
   c. Através da vitrina da loja, a pequena observava curiosamente os objetos decorados expostos à venda, por preço bem baratinho.
   d. De momento a momento, surgiam curiosas sombras e vultos apressados na silenciosa viela.
   e. Enquanto distraía as crianças, a professora tocava flautim, improvisando cantigas alegres e suaves.

8. **UM-SP** Assinale a alternativa em que há um substantivo cuja mudança de gênero não altera o significado.

   a. cabeça, cisma, capital
   b. águia, rádio, crisma
   c. cura, grama, cisma
   d. lama, coral, moral
   e. agente, praça, lama

9. **PUC-SP** Escolha, entre as alternativas, a que propõe a substituição dos termos ou expressões em destaque, sem que haja alteração do sentido da sentença apresentada abaixo:

   Parecia **estar prestes a acontecer** a desclassificação, pois os jogadores demonstraram usar métodos **pouco sábios** na **realização** dos preparativos finais para a partida decisiva.

   a. emimente, incípidos, concecussão
   b. eminente, insipientes, consequência
   c. iminente, insipientes, consecução
   d. eminente, insípidos, concecussão
   e. iminente, incipientes, consequência

10. **Fuvest-SP** Dentre as frases abaixo, escolha aquela em que há, de fato, flexão de grau para o substantivo.

    a. O advogado deu-me seu cartão.
    b. Deparei-me com um portão, imenso e suntuoso.
    c. Moravam num casebre, à beira do rio.
    d. A abelha, ao picar a vítima, perde seu ferrão.
    e. A professora distribuiu as cartilhas a todos os alunos

DIÁLOGOS

O substantivo e a construção de sentido

Beleza é um substantivo recorrente em nosso vocabulário; seu sentido é abstrato. Quantas vezes já ouvimos expressões como: "Quem ama o feio, bonito lhe parece"? Ou, ainda, em quantos momentos vemos alguém se apoiar nos versos do poeta carioca Vinicius de Moraes (1913-1980) para fundamentar uma fala sobre a estética feminina? A famosa e polêmica "As feias que me perdoem, mas beleza é fundamental".

O conceito de beleza associado à Arte já foi tema também de reflexão da Filosofia. Vamos recorrer a dois filósofos alemães do século XIX para continuarmos nossa conversa sobre o conceito de beleza e, por fim, debatermos a questão: O que é beleza, afinal?

Para Immanuel Kant (1724-1804), belo é aquilo que encanta, que agrada universalmente, ou seja, que traz satisfação ao espectador, sem o conceito pré-concebido de belo. Para ele, o prazer que é despertado na apreciação artística, a partir da experiência subjetiva, é o único critério para avaliar o que é beleza.

Georg Wilhelm Friedrich Hegel (1770-1831) alega que a beleza não é reconhecida pela subjetividade, mas sim pela visão de mundo predominante em uma sociedade em cada época: a beleza muda através dos tempos. Para ele, o conceito de beleza é estabelecido histórica e culturalmente.

Muitas obras de arte, além de retratar o que já foi considerado belo, propõem reflexões e questionamentos sobre o conceito de beleza. Para conhecer algumas das manifestações artísticas que tratam do tema, vamos ler versos de Alberto Caeiro, um dos **heterônimos** do poeta português Fernando Pessoa (1888-1935), e apreciar duas pinturas, uma do pintor irlandês Francis Bacon (1909-1992) e outra do pintor holandês Vicent Van Gogh (1853-1890).

> **Heterônimo** é um artifício literário. Refere-se à identidade assumida por um autor, com caráter e particularidades próprias. O poeta Fernando Pessoa criou biografias para seus vários heterônimos, com histórias de vida completamente diferentes. Alberto Caeiro, Álvaro de Campos, Ricardo Reis e Bernardo Soares são os mais conhecidos dos heterônimos de Fernando Pessoa.

O guardador de rebanhos

Uma flor ao acaso tem beleza?

Tem beleza acaso um fruto?

Não: têm cor e forma

E existência apenas.

A beleza é o nome de qualquer cousa que não existe

Que eu dou às cousas em troca do agrado que me dão.

Não significa nada.

Então por que digo eu das cousas: são belas?

Alberto Caeiro

 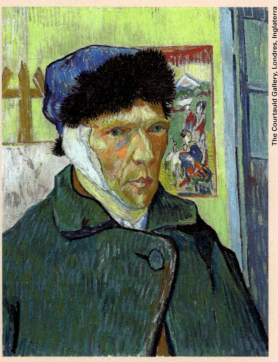

Francis Bacon. *Autorretrato*, 1971. Óleo sobre tela, 35,5 x 30,5 cm. Museu Nacional de Arte Moderna, Centre Pompidou, Paris, França.

Vicent Van Gogh. *Autorretrato com orelha enfaixada*, 1889. Óleo sobre tela, 60,5 x 50 cm. The Courtauld Gallery, Londres, Inglaterra.

Agora que você observou algumas reflexões sobre o que é belo, reflita sobre as questões a seguir e debata-as com os colegas.

1. O que é a beleza, afinal? É possível defini-la de forma objetiva ou somente de maneira subjetiva?

CAPÍTULO 7

ADJETIVO

O que você vai aprender

1. **Adjetivo**
   - Reconhecer o adjetivo na frase.
   - Identificar a função dos adjetivos na construção de sentido.
   - Identificar o aspecto morfológico dos adjetivos.
   - Utilizar adjetivos em diferentes contextos.

2. **Classificação dos adjetivos**
   - Diferenciar as formas dos adjetivos.
   - Classificar os adjetivos de acordo com sua morfologia.
   - Relacionar o adjetivo ao seu aspecto semântico.

3. **Flexão dos adjetivos**
   - Reconhecer as possíveis flexões dos adjetivos.
   - Flexionar os adjetivos de acordo com as variedades urbanas de prestígio.

▶ Leia esta tira de Wesley Samp.

No conto de fadas *A Branca de Neve*, a madrasta pergunta ao espelho mágico se existe alguém mais bela do que ela. Na tira, que atualiza a narrativa clássica, a madrasta já não aparece diante do espelho, mas publicando uma *selfie* na rede social. Você já pensou sobre a publicação desse tipo de foto? A quem as *selfies* se destinam? Por que as pessoas gostam de publicá-las? Qual é sua opinião sobre a publicação de *selfies* em redes sociais?

Há muito tempo, jornais, revistas, novelas e filmes ditam padrões de beleza construídos por meio de imagens que, difundidos em abundância, tornam-se uma imposição aos grupos sociais. Atualmente, as redes sociais também colaboram para a difusão de padrões de beleza e de comportamento. Observe quais são esses padrões que a maior parte das pessoas dos grupos sociais dos quais você faz parte acredita serem ideais. O que, para elas, é bonito ou feio, elegante ou deselegante? Você acha pertinente qualificar as pessoas a partir desses padrões?

Ao longo deste capítulo, vamos estudar os adjetivos, palavras que qualificam os substantivos. Veremos também como os adjetivos estabelecem concordância com as palavras a que se ligam.

Reflexão e análise linguística

Adjetivo

▶ Leia os primeiros parágrafos de *A metamorfose*, de Franz Kafka, e observe como os adjetivos contribuem para estabelecer a tensão que permeia a narrativa.

Quando certa manhã Gregor Samsa acordou de sonhos intranquilos, encontrou-se em sua cama metamorfoseado num inseto monstruoso. Estava deitado sobre suas costas duras como couraça e, ao levantar um pouco a cabeça, viu seu ventre abaulado, marrom, dividido por nervuras arqueadas, no topo do qual a coberta, prestes a deslizar de vez, ainda mal se sustinha. Suas numerosas pernas, lastimavelmente finas em comparação com o volume do resto do corpo, tremulavam desamparadas diante de seus olhos.

– O que aconteceu comigo? – pensou.

KAFKA, Franz. *A metamorfose*. São Paulo: Companhia das Letras, 1997. p. 7-8.

Metamorfoseado: transformado.
Couraça: revestimento ósseo em forma de capa.
Abaulado: com saliência curva.
Arqueado: curvado, dobrado.
Suster: sustentar.

▶ AMPLIANDO O CONHECIMENTO

Franz Kafka (1883-1924) é um importante escritor do século XX. Nascido na cidade de Praga, localizada na atual República Tcheca, escreveu contos, novelas, romances, cartas e diários. Além de *A metamorfose* (1916), Kafka é autor de *Carta ao pai* (1919), *O processo* (1925), *O castelo* (1926) e outros textos que influenciaram muitas gerações, tanto de escritores quanto de leitores. Uma das interpretações de sua obra é a de que ela retrata os conflitos íntimos das pessoas no mundo contemporâneo por meio de situações surreais e absurdas. Os livros de Kafka são conhecidos pelo efeito de estranhamento que causam no leitor.

1. Relacione palavras no texto de Kafka que atribuem características aos substantivos listados no quadro a seguir.

sonhos	inseto	costas	ventre	nervuras

2. Identifique os adjetivos que caracterizam as pernas do personagem ao acordar.

3. A descrição que é feita no parágrafo inicial de *A metamorfose* causa impacto no leitor ao apresentar, na primeira frase, o acontecimento mais importante da história. Observe as expressões "sonhos intranquilos" e "inseto monstruoso". Que constraste existe entre elas?

No livro *A metamorfose*, Kafka retrata uma situação aparentemente absurda: o personagem central, Gregor Samsa, transforma-se em um inseto. Esta e outras narrativas desse autor retratam situações estranhas, que levaram à criação do termo *kafkiano* a partir do seu sobrenome. Ou seja, o estilo de Kafka produziu um adjetivo. Quando se diz que algo é absurdo, estranho ou surreal, pode-se dizer: "isso é *kafkiano*". Dessa forma, vemos que na língua portuguesa há um conjunto de palavras que colaboram para a caracterização de elementos, situações, sentimentos etc.

> **Adjetivo** é uma palavra que qualifica o substantivo, atribuindo-lhe uma qualidade, um estado, um aspecto etc. O adjetivo também estabelece com o substantivo uma relação de espaço, tempo, finalidade, propriedade, avaliação, procedência etc.

Assim como o parágrafo inicial que você leu anteriormente, o parágrafo a seguir, também reproduzido de *A metamorfose*, é bastante conhecido. Ele descreve o quarto de Gregor Samsa. Leia-o.

Não era um sonho. Seu quarto, um autêntico quarto humano, só que um pouco pequeno demais, permanecia calmo entre as quatro paredes bem conhecidas. Sobre a mesa, na qual se espalhava, descompactado, um mostruário de tecidos – Samsa era caixeiro-viajante –, pendia a imagem que ele havia recortado fazia pouco tempo de uma revista ilustrada e colocado numa bela moldura dourada. Representava uma dama de chapéu de pele e boá de pele que, sentada em posição ereta, erguia ao encontro do espectador um pesado regalo também de pele, no qual desaparecia todo o seu antebraço.

4. Releia este trecho.

> Seu quarto, um autêntico quarto humano, só que um pouco pequeno demais, permanecia calmo entre as quatro paredes bem conhecidas.

a. Ao utilizar os adjetivos *humano*, *calmo* e *bem conhecidas*, o narrador descreve como é o quarto e como são as paredes desse cômodo, onde está o personagem Gregor Samsa. Considerando os significados dessas palavras, o que as une? Caracterize o **campo semântico** a que pertencem.

b. Por que a descrição "um pouco pequeno demais", sobre o quarto e suas paredes, contrapõe-se aos adjetivos *humano*, *calmo* e *bem conhecidas*?

5. De acordo com o parágrafo, descreva a figura que está representada na imagem sobre a mesa.

6. Nesse parágrafo, o narrador descreve o ambiente em que Gregor Samsa está. Por meio dessa descrição, o que é possível inferir sobre o personagem?

Descompactado: espalhado.
Caixeiro-viajante: representante de vendas que viaja para comercializar produtos.
Pender: estar quase caindo.
Boá: tipo de adorno usado em torno do pescoço, geralmente de plumas ou de pele de animal.
Regalo: presente.
Campo semântico é o conjunto de significados de uma palavra. Um vocábulo pode ter diferentes significados, os quais são escolhidos de acordo com os contextos em que forem inseridos, modificando o sentido. Por exemplo, as palavras que formam o campo semântico do vocábulo *lar* são: moradia, residência, casa, canto etc.

AMPLIANDO O CONHECIMENTO

Já sabemos que os adjetivos qualificam os substantivos. Observe como o sentido do adjetivo *finas* é intensificado pela palavra *lastimavelmente* nesta passagem:

> Suas numerosas pernas, lastimavelmente finas em comparação com o volume do resto do corpo, tremulavam desamparadas diante de seus olhos.

Nesse trecho, a palavra *lastimavelmente* ajuda a criar uma imagem mais severa da situação, já que significa "de forma triste". Perceba que os adjetivos podem ter seu sentido intensificado por outras palavras, pelos **advérbios**.

Há diferença, por exemplo, em dizer "O metrô é um meio de transporte rápido" e dizer "O metrô é um meio de transporte muito rápido". O adjetivo "rápido" tem a mesma morfologia e a mesma função nas duas frases, mas sentidos diferentes por causa da presença da palavra *muito* na segunda frase.

Há ainda situações comunicativas em que o adjetivo perde sua função.

Compare os casos a seguir.

I. Em "Ele é rápido", a palavra *rápido* é adjetivo, pois qualifica o pronome ele. Se mudássemos o gênero desse pronome, para qualificá-lo, o adjetivo teria de ser modificado para rápida: "Ela é rápida".

II. Já em "Ele anda rápido", a palavra rápido não qualifica o pronome, pois indica a maneira como alguém anda, ou seja, intensifica a ação de andar. Assim, a palavra *rápido* não varia em relação ao gênero a que se refere, independentemente de o gênero estar no singular ou no plural, podendo-se dizer também "Ela anda rápido" e "Elas andam rápido". O vocábulo rápido, nesse caso, é um **advérbio**.

Prosseguindo com o estudo da morfologia dos adjetivos, observe as seguintes construções linguísticas:

> Mostruário **de tecido**
> Chapéu **de pele**

Nesses casos, cada substantivo está caracterizado pela união de duas palavras e não por um adjetivo. Observe a seguir a relação entre alguns adjetivos e sua forma desdobrada, a que chamamos **locução adjetiva**.

> Anel **dourado** = anel **de ouro**
> Casa **paterna** = casa **do pai**
> Menino **medroso** = menino **com medo**
> Avaliação **bimestral** = avaliação **por bimestre**

> **Locução adjetiva** é uma expressão que atua como adjetivo. As locuções adjetivas são formadas por:
>
> - preposição + substantivo. Exemplo: coração de **pedra**.
> - preposição + verbo no infinitivo. Exemplo: piada **de doer**.
> - preposição + advérbio. Exemplo: escritores **de hoje**.
>
> Algumas locuções adjetivas podem ser substituídas por um único adjetivo.
> Exemplo: nota **do bimestre** = nota **bimestral**.

7. Leia a sinopse de *O castelo* (1925), obra também escrita por Franz Kafka, e classifique as palavras e as expressões destacadas no trecho de acordo com sua morfologia.

> O agrimensor K. chega a uma aldeia coberta de neve e procura abrigo num albergue perto da ponte. O ambiente **sombrio** e a recepção **ambígua** dão o tom do que será o romance. No dia seguinte o herói vê, no pico da colina **gelada**, o castelo – como um aviso **sinistro**, bandos **de gralhas** circulam em torno da torre. O personagem nunca conseguirá chegar até o alto, nem os donos **do poder** permitirão que o faça. Em vez disso, o suposto agrimensor – porque nem mesmo sobre sua ocupação se pode ter certeza – busca reivindicar seus direitos a um **verdadeiro** cortejo **de burocratas**, que o atiram de um lado para outro com argumentos que desenham o labirinto **intransponível** em que se entrincheira a dominação.

Classificação dos adjetivos

 Releia o seguinte trecho de *A metamorfose*:

> Sobre a mesa, na qual se espalhava, descompactado, um mostruário de tecidos – Samsa era caixeiro-
> -viajante –, pendia a imagem que ele havia recortado fazia pouco tempo de uma revista ilustrada e colocado numa bela moldura dourada.

Segundo o *Vocabulário Ortográfico da Língua Portuguesa* (VOLP), *caixeiro-viajante* é um substantivo masculino composto, pois tem dois radicais unidos pelo hífen. Porém, no trecho que você acabou de reler, esse termo perde essa função substantiva.

8. Explique a função que o termo *caixeiro-viajante* assume na frase.

Assim como os substantivos, os adjetivos podem ser classificados de duas formas quanto ao número de radicais que apresentam: **simples** ou **compostos**.

> Os **adjetivos simples** são formados por um único radical.
> Exemplos: claro, cego, verde.
>
> Os **adjetivos compostos** são formados por mais de um radical.
> Exemplos: verde-claro, surdo-mudo.

Muitos adjetivos da língua portuguesa são formados a partir de outros adjetivos ou de outras classes gramaticais. Em "moldura *dourada*", por exemplo, o termo destacado é um adjetivo derivado do substantivo ouro.

128 Unidade 3 Morfologia

Os **adjetivos derivados** são aqueles que derivam de outras palavras, são formados a partir de acréscimos de afixos.

Exemplos: *amável* deriva do substantivo *amor*; *estudioso* deriva do verbo *estudar*; *sensacional* deriva do substantivo *sensação*; *tristíssimo* deriva do adjetivo *triste*.

Os **adjetivos primitivos** são aqueles que não derivam de outras palavras, por isso não recebem nenhum acréscimo em sua formação.

Exemplos: alegre, triste, feliz, azul, belo.

▶ Leia estes trechos de duas músicas de Chico Buarque.

TEXTO I

Paratodos

O meu pai era paulista
Meu avô, pernambucano
O meu bisavô, mineiro
Meu tataravô, baiano
Meu maestro soberano
Foi Antonio Brasileiro

BUARQUE, Chico. Paratodos.
In: *Paratodos*. Rio de Janeiro: BMG Ariola, 1993.
Paratodos de Chico Buarque 100% © by Marola
Edições Musicais Ltda. Todos os direitos reservados.

TEXTO II

Morena de Angola

Morena de Angola que leva o chocalho amarrado na canela
Será que ela mexe o chocalho ou o chocalho é que mexe com ela

BUARQUE, Chico. Morena de Angola. In: *Chico Buarque*. Rio de Janeiro:
BMG Ariola, 1980. Morena de Angola de Chico Buaque. !00% © by Marola
Edições Musicais Ltda. Todos os direitos reservados.

Chico Buarque durante passagem de som de *show*. São Paulo, 2012.

Os versos que você acabou de ler possuem o mesmo tema: a relação entre local de origem e identidade. No trecho da canção "Paratodos", o eu lírico faz um inventário de seus antepassados; já o trecho da música "Morena de Angola" apresenta características de uma mulher angolana.

9. Identifique, nas letras das duas canções, as locuções adjetivas e os adjetivos relacionados à origem ou à nacionalidade.

Adjetivo pátrio ou **gentílico** se refere a países, continentes, cidades, regiões etc., exprimindo nacionalidade ou origem.

Exemplos: brasileiro, asiático, capixaba, nortista.

PENSE SOBRE ISSO

Morfologicamente, os adjetivos servem para qualificar os termos a que se referem. Do ponto de vista **sintático**, têm usos semelhantes, pois exercem função de **predicativo**. Observe como isso se manifesta na canção "Paratodos", de Chico Buarque:

> O meu pai era paulista
> Meu avô, pernambucano
> O meu bisavô, mineiro
> Meu tataravô, baiano
> Meu maestro soberano
> Foi Antonio Brasileiro

No primeiro verso, o adjetivo *paulista* qualifica o sujeito *pai* por meio do **verbo de ligação** *era*. Na composição da oração, ele declara a origem daquele de quem se está falando, *pai*. Nesse verso, sintaticamente, a palavra *paulista* exerce a função de predicativo.

Agora, observe os dois últimos versos do trecho de "Paratodos". A frase está na ordem invertida; ao passarmos para a ordem direta, ela permanece com a mesma ordenação sintática.

> Antonio Brasileiro foi meu maestro soberano.

Veja a estrutura sintática de cada um desses versos.

pai	era	paulista
sujeito +	verbo de ligação +	predicativo

Antonio Brasileiro	foi	meu maestro soberano.
sujeito +	verbo de ligação +	predicativo

Comparando os dois versos, verificamos que os predicativos de cada um, *paulista* e *meu maestro soberano*, têm estruturas diferentes. O predicativo *paulista* é composto de uma única palavra, por um único adjetivo, ao passo que o predicativo *meu maestro soberano* é constituído da união de três palavras, sendo uma delas a principal: *maestro*.

No último caso, a informação mais relevante desse predicativo é que ele caracteriza *Antonio Brasileiro* como *maestro*. Assim, nesse contexto, o substantivo *maestro* passa a ter função adjetiva, pois qualifica o sujeito. Além disso, o conjunto da oração indica que Antônio Brasileiro não foi um maestro qualquer, ele foi *soberano*. Portanto, o núcleo desse predicativo (*maestro*) também tem um qualificador que lhe corresponde (*soberano*), uma palavra que o caracteriza diretamente sem a intermediação de um verbo de ligação.

Vemos, portanto, que é preciso observar a ordenação sintática da frase para que saibamos qual função exerce o adjetivo no contexto da comunicação.

Flexão dos adjetivos

Flexão de gênero

 Releia dois versos do fragmento da canção "Paratodos" de Chico Buarque.

> O meu pai era paulista
> Meu avô, pernambucano

10. Nos versos acima, substitua a expressão "meu pai" e "meu avô" por "minha mãe" e "minha avó", respectivamente. Explique as mudanças ocorridas.

11. Considerando o que você já sabe sobre as relações entre as palavras em uma oração, elabore uma regra que justifique essas mudanças.

Os adjetivos podem ser **uniformes** ou **biformes**. Uniformes são aqueles que apresentam uma única forma, seja para acompanhar substantivos femininos, seja para qualificar substantivos masculinos. Biformes são aqueles que sofrem flexão de gênero.

Exemplos:
o pão quente / a comida quente   o pão caro / a comida cara
O adjetivo *quente* é uniforme.   O adjetivo *caro* é biforme.

Há dois tipos de adjetivos biformes: **simples** ou **composto**. No primeiro caso, o adjetivo concorda com o substantivo a que se refere. Assim como o substantivo, ele apresenta uma forma para o masculino e uma para o feminino.

Por exemplo: aluno **alto**; aluna **alta**.

No caso do adjetivo biforme composto, somente o segundo termo concorda com o substantivo.

Por exemplo: cultura ítalo-**brasileira**, costume ítalo-**brasileiro**

Flexão de número

 Leia o cartum.

12. Ao olhar o anúncio, o personagem parece ficar em dúvida sobre quais são os produtos vendidos na loja. Em sua opinião, que produtos a loja comercializa?

13. Por que, no anúncio, a palavra *meia-sola* não concorda em número com o substantivo *calçados*? Podemos subentender que algum termo foi suprimido no anúncio? Se sim, qual é essa palavra?

As variedades urbanas de prestígio seguem as regras inscritas na norma-padrão que regula a flexão dos adjetivos. Essas regras consideram a formação dos vocábulos e as relações que eles estabelecem dentro do contexto comunicativo.

Nos **adjetivos simples** o plural é formado da mesma forma que nos substantivos simples.

Para os **adjetivos compostos**, existem as seguintes regras:

- Somente o último elemento é flexionado em gênero e em número (regra geral).
  Exemplos: especialistas médico-cirúrgicas, camisas verde-escuras, olhos azul-claros.
  Exceções: azul-marinho e azul-celeste, que são invariáveis, e surdo-mudo, em que os dois elementos são flexionados.
- Se o último elemento for substantivo, o adjetivo composto não é flexionado.
  Exemplos: calças verde-exército, vasos amarelo-canário.

Flexão de grau

▶ Agora, leia a tira.

No segundo quadro, o personagem Armandinho estabelece uma relação comparativa quando usa as expressões "o menor" e "o menos" para apresentar o primo, comparando-o aos demais alunos da turma na qual o primo estuda.

Na língua portuguesa, a flexão de grau de adjetivos pode ocorrer para intensificar o sentido da mensagem ou para comparar elementos qualificados.

▶ Leia o texto e reflita sobre a maneira como Carlos Cereto, jornalista esportivo, refere-se aos desafios enfrentados pelo time São Paulo Futebol Clube no início da Copa do Brasil de 2017.

Cereto vê início difícil para Rogério Ceni, mas sem razão para desespero

[...]

– O São Paulo vai pegar o Moto Club pela Copa do Brasil em jogo único, depois a Ponte Preta, no Morumbi, e pega o Santos, na Vila Belmiro. É uma sequência complicadíssima. Deu azar também na tabela de, logo no reinício de trabalho, pegar essa sequência "carne de pescoço". Porque o jogo da Copa do Brasil é jogo único, novo regulamento e tudo pode acontecer, o São Paulo joga pela vantagem do empate. A Ponte Preta é um belo time, um dos melhores do Campeonato Paulista, e depois o Santos, que já estreou com goleada, para mim o favorito a conquistar o campeonato. Então é um começo de campeonato muito complicado para o Rogério e para o São Paulo – concluiu.

CERETO, Carlos. *SporTv*, fev. 2017. Disponível em: <http://sportv.globo.com/site/programas/redacao-sportv/noticia/2017/02/cereto-ve-inicio-dificil-para-ceni-no-sao-paulo-mas-nao-cre-em-desespero.html>. Acesso em: 2 mar. 2017.

Alguns recursos linguísticos usados para descrever o momento vivido pelo time São Paulo Futebol Club são: "sequência complicadíssima", "sequência 'carne de pescoço'" e "campeonato muito complicado".

O autor usou diferentes formas linguísticas para caracterizar a situação do time. No primeiro caso, utilizou a forma sintética "complicadíssima" para expressar, de maneira concisa, a dramaticidade da situação. Em seguida, amenizou o tom de seu discurso, recorrendo à linguagem informal, empregando a expressão "carne de pescoço". Por fim, descreveu o campeonato como "muito complicado".

Por meio desses exemplos, podemos notar que existem maneiras diferentes de expressar o grau de intensidade de uma situação. Na norma-padrão, há a forma sintética, que agrega prefixos ou sufixos ao adjetivo, como em *complicadíssimo*, e a forma analítica, que reúne palavras intensificadoras ao adjetivo, como o termo *muito* em "muito complicado". No uso informal da língua, os usuários utilizam gírias ou imagens que denotam o grau da intensidade que desejam dar à mensagem, como a expressão "carne de pescoço".

A flexão de grau dos adjetivos ocorre sempre que se quer comparar – **grau comparativo** – ou intensificar – **grau superlativo** – as características atribuídas aos substantivos.

Grau comparativo

O grau comparativo apresenta-se na forma analítica e pode ser dividido em:

- **de igualdade:** a qualificação expressa pelo adjetivo tem a mesma intensidade nos elementos comparados.
  Exemplo: Maria é **tão** generosa **quanto** João.

- **de superioridade:** a qualificação expressa pelo adjetivo é intensificada no primeiro elemento em relação ao segundo.
  Exemplo: Maria é **mais** generosa **que** João.

- **de inferioridade:** a qualificação expressa pelo adjetivo é reduzida no primeiro elemento em relação ao segundo.
  Exemplo: Maria é **menos** generosa **que** João.

Grau superlativo

No grau superlativo, uma qualidade ou um estado podem ser intensificados em termos relativos ou absolutos:

- **relativo:** a qualificação atribuída pelo adjetivo ao substantivo é expressa em relação a outros elementos; apresenta-se sempre na forma analítica.
  Exemplo: A aluna **mais** dedicada da minha classe é a Maria.

- **absoluto:** a qualificação atribuída pelo adjetivo ao substantivo não é expressa em relação a outros elementos; apresenta-se na forma analítica ou na forma sintética. No último caso, há o acréscimo de sufixos ao adjetivo, como *-íssimo, -ílimo, -érrimo*, ou de prefixos, como *arqui-, extra-, hiper-, super-, ultra-* etc.

  Exemplos:
  Maria é **muito dedicada**. (forma analítica)
  Maria é **dedicadíssima**. (forma sintética)

> **AMPLIANDO O CONHECIMENTO**
>
> Os adjetivos *bom*, *mau*, *grande* e *pequeno* correspondem a formas irregulares nos graus comparativo de superioridade, superlativo absoluto e superlativo relativo.
>
> **Comparativo de superioridade**
> bom → melhor
> mau → pior
> grande → maior
> pequeno → menor
>
> **Superlativo absoluto**
> bom → ótimo
> mau → péssimo
>
> grande → máximo
> pequeno → mínimo
>
> **Superlativo relativo**
> bom → o melhor
> mau → o pior
> grande → o maior
> pequeno → o menor

14. Leia a nota a seguir.

Cristiano Ronaldo

Melhor jogador do mundo nos últimos dois anos, segundo a Fifa, o português segue empatado com Messi no topo da lista de atletas mais valiosos do mundo. Ambos custam 120 milhões de euros, ou R$417,4 milhões.

O Globo. Disponível em: <https://oglobo.globo.com/esportes/10-jogadores-de-futebol-mais-valiosos-do-mundo-16885443>. Acesso em: 12 mai. 2017.

a. Que adjetivos foram usados para qualificar o jogador Cristiano Ronaldo?
b. Comente os critérios utilizados para avaliar o jogador a partir dos adjetivos que foram empregados.
c. De que maneira a presença desses adjetivos impactam o leitor?

15. Leia a manchete.

Considerado por muitos – e até por si próprio – o "Pior Time do Mundo", o Íbis está próximo de se classificar à segunda fase do Campeonato Pernambucano da Série A2. E a maior bizarrice é a seguinte: sem ganhar um jogo sequer e na base do tapetão.

ESPN. Disponível em: <http://espn.uol.com.br/noticia/642051_no-tapetao-pior-time-do-mundo-pode-se-classificar-no-estadual-sem-vencer-um-jogo>. Acesso em: 12 maio 2017.

a. Qual a informação principal da manchete que você acabou de ler?
b. Como os adjetivos *pior* e *maior* colaboram para o efeito de sentido da notícia?

16. Identifique o grau dos adjetivos destacados nos exemplos abaixo.
a. Messi é **tão** bom **quanto** Cristiano Ronaldo.
b. Gabriel Jesus foi o **mais** caro **do** time.
c. Pelé é **mais** conhecido **que** Ronaldo.
d. Cristiano Ronaldo é **menos** extrovertido **que** Neymar.
e. Íbis é o time **menos** conhecido **do** campeonato.

A gramática e a construção de sentido

O adjetivo e o uso ético da linguagem

▶ A seguir, você irá ler dois textos em que aparecem o mesmo adjetivo, mas com intencionalidades comunicativas distintas. O primeiro trata-se de uma canção de Gilberto Gil, o segundo traz uma entrevista com a MC Soffia.

1. Qual seria a "doença de branco" a que se refere a canção?

Sarará miolo

Sara, sara, sara cura
Dessa doença de branco
Sara, sara, sara cura
Dessa doença de branco
De querer cabelo liso
Já tendo cabelo louro
Cabelo duro é preciso
Que é para ser você, crioulo

GIL, Gilberto. Disponível em: <http://www.gilbertogil.com.br/sec_musica_2017.php?>. Acesso em: 12 maio 2017.

a. Segundo os versos da canção, o que é belo quando pensamos na estética dos cabelos?

b. A quem se dirigem os versos da canção? Indique um trecho que justifique sua resposta.

c. Identifique os adjetivos que qualificam o termo *cabelo* na canção.

2. Agora, leia o trecho a seguir, reproduzido de uma reportagem sobre a participação da MC Soffia na abertura das Olimpíadas de 2016.

'Mais que escravidão, escola deve mostrar o que fazemos de bom no Brasil', diz rapper de 12 anos que cantará na Rio 2016

[...]

Soffia diz que já foi chamada de "neguinha do cabelo duro" e de "macaca". Mas agora sabe o que responder. "Hoje eu digo: 'Meu cabelo não é duro, meu cabelo é crespo. Duro é o seu preconceito' e 'Macaco é o racista, que ainda não evoluiu para poder ser chamado de homem ou mulher'. Estou procurando mais frases como essa."

COSTA, Camila. *BBC*, jul. 2016. Disponível em: <www.bbc.com/portuguese/brasil-36910826>.

a. Segundo a MC Soffia, o adjetivo *duro* já foi usado de maneira pejorativa por outras pessoas para caracterizar o seu cabelo. Explique de que forma ela atribui outra característica, com outro sentido, ao seu cabelo, combatendo o preconceito que sofreu.

b. De que maneira MC Soffia usa a semântica do adjetivo *duro* para superar o preconceito das pessoas que criticaram seu cabelo e a chamaram de "macaca"?

Adjetivo   Capítulo 7   135

Exercícios

1. Leia o selo a seguir, criado por uma companhia de fornecimento de água.

SABESP, São Paulo. Disponível em: <http://site.sabesp.com.br/uploads/file/bonus/Selo_Guardiao_das_Aguas.jpg>. Acesso em: 2 mar. 2017.

A empresa Sabesp, que distribui água no estado de São Paulo, criou um *slogan* para estimular o consumo consciente de água por parte da população e para identificar os consumidores comprometidos com a campanha "Guardião das Águas". O selo destaca, na parte central, as palavras *guardião* e *águas*.

   a. Do ponto de vista morfológico, como essas palavras são classificadas?
   b. Qual é a classificação do termo "das águas", no título da campanha "Guardião das Águas"?

2. Quais são os adjetivos pátrios relacionados aos substantivos listados no quadro?

Alagoas	Maceió	Bahia	Salvador
Maranhão	São Luís	Ceará	Fortaleza
	Paraíba	João Pessoa	

3. Há substantivos que, por causa de seu caráter abstrato, podem facilmente originar adjetivos derivados. Entre as alternativas a seguir, identifique aquela que não apresenta um adjetivo derivado de substantivo abstrato.

   a. "É um andar **solitário** entre a gente;/É nunca contentar-se de contente". (Luís de Camões)
   b. "O poeta é um **fingidor**./ Finge tão completamente/Que chega a fingir que é dor/A dor que deveras sente." (Fernando Pessoa)
   c. "Um monge **descabelado** me disse no caminho: 'Eu queria construir uma ruína. Embora eu saiba que ruína é uma desconstrução.'" (Manoel de Barros)
   d. "O homem atrás do bigode/é sério, **simples** e **forte**./ Quase não conversa". (Carlos Drummond de Andrade)
   e. "O homem que sendo **francês**, **brasileiro**, **italiano**,/é sempre um cauteloso pouco a pouco!" (Mário de Andrade)

4. Leia a notícia abaixo.

Eli Wallach, ator de "O Bom, o Mau e o Feio", morre aos 98 anos.

Um dos atores mais produtivos de Hollywood, estrelou mais de 150 papéis no cinema e em séries televisivas.

Estados Unidos – Eli Wallach, um adepto da atuação metódica, que interpretou o bandido Tuco no filme "O Bom, o Mau e o Feio", morreu nesta terça-feira [24 de junho de 2014] aos 98 anos, de acordo com o *The New York Times*.

Wallach atuou no cinema quando estava acima dos 90 anos, como no filme "O Escritor Fantasma", de Roman Polanski, e na sequência dos filmes "Wall Street: O Dinheiro Nunca Dorme", de Oliver Stone, entre outros títulos.

[...]

Muitos críticos consideravam que seu papel definitivo foi como Calvera, o sinistro chefe dos bandidos em "Sete Homens e um Destino". Outros o preferiam como Tuco em "O Bom, o Mau e o Feio" – ele interpretou "o feio", ao lado de Clint Eastwood no clássico de Sergio Leone.

O Dia, Rio de Janeiro, jun. 2014. Disponível em: <http://odia.ig.com.br/noticia/mundoeciencia/2014-06-25/eli-wallach-ator-de-o-bom-o-mau-e-o-feio-morre-aos-98-anos.html>. Acesso em: 9 mar. 2017.

   a. O gênero notícia tradicionalmente é marcado pela presença de poucos adjetivos para garantir imparcialidade e objetividade na transmissão da informação. Ainda assim, usar adjetivos é muitas vezes inevitável. Nessa notícia do jornal *O Dia*, identifique dois adjetivos que demonstrem alguma marca de opinião do jornal.

b. Nos títulos de dois filmes citados na notícia, – *O Bom, o Mau e o Feio* e *O escritor fantasma* – as palavras "bom", "mau" e "fantasma" têm a mesma função? Justifique sua resposta.

5. Em 1927, o escritor alagoano Graciliano Ramos foi eleito prefeito de Palmeira dos Índios, município do agreste de Alagoas. Mas foi na capital do estado, Maceió, que ele conheceu Heloísa de Medeiros, no Natal daquele mesmo ano. Após dois meses, eles se casaram. Ele tinha 35 anos, era viúvo e pai de quatro filhos; ela ainda não tinha completado 18 anos. Por causa da impossibilidade de se encontrarem, o noivado foi realizado por meio de cartas. Leia um fragmento de uma dessas cartas:

Meu amor: Tenho passado uns dias **inquieto**, muito **inquieto**, e algumas vezes a **inquietação** se transforma em angústia. Que há? Causei-lhe algum desgosto? Esperei notícias tuas quinta-feira passada. Nenhuma linha – e isto aqui se foi tornando **insípido** e **deserto**. Pus as minhas esperanças no sábado, e o sábado se passou como os outros sábados. A **insipidez** cresceu, o deserto aumentou. Restava-me a certeza de que o correio de hoje me traria cartas. Nada! Uma semana sem falar contigo! Que te fiz eu?

[...]

Creio que estou realmente doido. Penso que me seria talvez possível experimentar algum prazer se me atormentasses com alegria e ferocidade; o que é insuportável é ser atormentado com indiferença.

RAMOS, Graciliano. *Cartas de amor a Heloísa*. Rio de Janeiro: Record, 1996. p. 63-69.

a. As palavras destacadas no texto são classificadas morfologicamente como substantivos ou como adjetivos? Classifique morfologicamente cada uma delas e justifique sua resposta.

b. Cite três adjetivos presentes no texto que o emissor da carta usa para caracterizar a si mesmo. Identifique o estado de ânimo que esses adjetivos representam.

6. Leia o texto.

Dia do consumidor

A data de 15 de outubro foi instituída, em 2009, como o Dia do Consumidor Consciente, que age de forma responsável e solidária, pensando nas gerações que ainda virão. Para a diretora do Departamento de Produção e Consumo Sustentáveis do Ministério, Raquel Breda, essa prática deve ser estimulada desde muito cedo, com as crianças.

— A compreensão de que se pode viver e ser feliz com menos e sem apego aos bens materiais, evitando assim o consumismo, é um ato de formação do indivíduo para a cidadania ambiental — afirma.

Antes de consumir, as pessoas devem se fazer perguntas: preciso mesmo de um aparelho celular novo? Será que o armário não está **lotado** de roupas e sapatos sem uso, comprados por impulso? E aquele objeto **quebrado**, será que não dá para consertar?

Ou que tal trocar? Diversas iniciativas da sociedade, como as feiras nas quais se troca de brinquedo a computador, além de sites colaborativos na internet que incentivam essa prática, estimulam valores como o desapego, o respeito ao próximo e ao meio ambiente.

O consumo consciente segue o chamado Princípio dos 3 Rs: reduzir, reutilizar e reciclar. O Instituto Akatu sugere mais um R, de refletir.

OLIVEIRA, Patrícia. Consumir menos gera economia e preserva o meio ambiente. *Senado Federal*. Disponível em: <http://www12.senado.leg.br/noticias/materias/2016/10/18/consumir-menos-gera-economia-e-preserva-o-meio-ambiente>. Acesso em: 12 maio 2017.

a. Comente a relação estabelecida no texto entre o meio ambiente e o consumo.

b. O texto sugere duas atitudes aos consumidores. Quais?

c. Quanto à presença de adjetivo no texto, responda: Por que, no primeiro parágrafo, "consciente" está no singular e "sustentáveis", no plural?

d. No texto, dois adjetivos estão destacados. Qual deles se liga ao referente por meio de verbo?

e. Com base na questão anterior, responda: Como é classificado sintaticamente o adjetivo que se liga ao substantivo por meio de um verbo?

Adjetivo **Capítulo 7** 137

Enem e vestibulares

1. **Cesgranrio-RJ** Assinale a oração em que o termo cego(s) é um adjetivo:
   a. Os cegos, habitantes de um mundo esquemático, sabem onde ir...
   b. O cego de Ipanema representava naquele momento todas as alegorias da noite escura da alma...
   c. Todos os cálculos do cego se desfaziam na turbulência do álcool.
   d. Naquele instante era só um pobre cego.
   e. ... da Terra que é um globo cego girando no caos.

2. **UFPA** Há situações em que o adjetivo muda de sentido, caso seja colocado antes ou depois do substantivo. Observe:

   > Lá se vão os pobres meninos
   > Pelas ruas da cidade.
   > Meninos pobres,
   > pelas ruas da cidade rica.

   Qual é o significado da primeira e da segunda ocorrência da palavra "pobres" no trecho acima?
   a. humildes/modestos.
   b. mendigos/sem recursos.
   c. dignos de pena/improdutivos.
   d. dignos de compaixão/desprovidos de recursos.
   e. ingênuos/sem posses.

3. **Unicamp-SP**

   > Há notícias que são de interesse público e há notícias que são de interesse do público. Se a celebridade "x" está saindo com o ator "y", isso não tem nenhum interesse público. Mas, dependendo de quem sejam "x" e "y", é de enorme interesse do público, ou de um certo público (numeroso), pelo menos.
   >
   > As decisões do Banco Central para conter a inflação têm óbvio interesse público. Mas quase não despertam interesse, a não ser dos entendidos.
   >
   > O jornalismo transita entre essas duas exigências, desafiado a atender às demandas de uma sociedade ao mesmo tempo massificada e segmentada, de um leitor que gravita cada vez mais apenas em torno de seus interesses particulares.
   >
   > (Fernando Barros e Silva, O jornalista e o assassino. Folha de São Paulo (versão on line), 18/04/2011. Acessado em 20/12/2011.)

   a. A palavra público é empregada no texto ora como substantivo, ora como adjetivo. Exemplifique cada um desses empregos com passagens do próprio texto e apresente o critério que você utilizou para fazer a distinção.
   b. Qual é, no texto, a diferença entre o que é chamado de interesse público e o que é chamado de interesse do público?

4. **PUC-RJ** Leia o texto a seguir para responder à questão.

   > "Vais encontrar o mundo", disse-me meu pai, à porta do Ateneu. "Coragem para a luta." Bastante experimentei depois a verdade deste aviso, que me despia, num gesto, das ilusões de criança educada exoticamente na estufa de carinho que é o regime do amor doméstico, diferente do que se encontra fora, tão diferente, que parece o poema dos cuidados maternos um artifício sentimental, com a vantagem única de fazer mais sensível a criatura à impressão rude do primeiro ensinamento, têmpera brusca da vitalidade na influência de um novo clima rigoroso. Lembramo-nos, entretanto, com saudade hipócrita, dos felizes tempos; como se a mesma incerteza de hoje, sob outro aspecto, não nos houvesse perseguido outrora e não viesse de longe a enfiada das decepções que nos ultrajam.
   >
   > Eufemismo, os felizes tempos, eufemismo apenas, igual aos outros que nos alimentam, a saudade dos dias que correram como melhores. Bem considerando, a atualidade é a mesma em todas as datas. Feita a compensação dos desejos que variam, das aspirações que se transformam, alentadas perpetuamente do mesmo ardor, sobre a mesma base fantástica de esperanças, a atualidade é uma. Sob a coloração cambiante das horas, um pouco de ouro mais pela manhã, um pouco mais de púrpura ao crepúsculo – a paisagem é a mesma de cada lado beirando a estrada da vida.
   >
   > Eu tinha onze anos.
   >
   > (Pompéia, Raul. O Ateneu (Crônica de Saudades), S.P., Ática, 1979, p.11)

   A palavra que não pode substituir no texto [a palavra] rude é:
   a. rústica.
   b. áspera.
   c. severa.
   d. rigorosa.
   e. brusca.

5. Puccamp-SP Indique a alternativa que preenche corretamente as lacunas da frase abaixo:

Dois artigos, ❖ por um jornalista que foi ❖ grandes vítimas de um episódio envolvendo parlamentares, bem esclarecem em que medida a impunidade é um desrespeito aos ❖ deste país.

a. recéns-publicados, um dos, cidadãos.
b. recéns-publicado, uma das, cidadãos.
c. recém-publicados, um dos, cidadões.
d. recém-publicados, uma das, cidadãos.
e. recém-publicado, uma das, cidadões.

6. UERJ

As descontroladas

As primeiras mulheres que passaram na calçada da Rio Branco chamavam-se melindrosas. Eram um tanto afetadas, com seu vestido de cintura baixa e longas franjas, mas a julgar por uma caricatura célebre de J. Carlos tinham sempre uma multidão de almofadinhas correndo atrás (...)

Elas já atenderam por vários nomes. Uma "uva" era aquela que, de tão suculenta e bem-feita de curvas, devia abrir as folhas de sua parreira e deliciar os machos com a eternidade de sua sombra. Há cem anos, as mulheres que circulam pela Rio Branco já foram chamadas de tudo. Por aqui passou o "broto", o "avião", o "violão", a "certinha", o "pedaço", a "deusa", "boazuda", o "pitéu", a "gata" e tantas outras (...)

As mulheres ficam cada vez mais lindas mas os homens, na hora de homenageá-las, inventam rótulos de carinho duvidoso. O "broto", o "violão" e o "pitéu" na versão arroba ponto com 2000 era a "popozuda". Depois, software 2001, veio "a cachorra", a "sarada". Pasmem: era elogio. Algumas continuavam atendendo.

Agora está entrando em cena, perfilada num funk do grupo AS PANTERAS – um rótulo que, a propósito, notou a evolução das "gatas" –, a mulher do tipo "descontrolada". (...)

A língua das ruas anda avacalhando com as nossas "minas", para usar a última expressão em que as mulheres foram saudadas com delicadeza e exatidão. (...)

A deusa da nossa rua, que sempre pisou os astros distraída, não passa hoje de "tchutchuka marombada" ou "popozuda descontrolada". (...)

JOAQUIM FERREIRA DOS SANTOS
O que as mulheres procuram na bolsa: crônicas.
Rio de Janeiro: Record, 2004.

Ao enumerar e comentar as designações antigas e atuais aplicadas à mulher, o cronista estabelece uma diferença de épocas na maneira de representar a beleza feminina. Explicite essa diferença e transcreva uma designação típica de cada uma das épocas retratadas no texto.

7. Enem

O sedutor médio

Vamos juntar
Nossas rendas e
expectativas de vida
querida,
o que me dizes?
Ter 2, 3 filhos
e ser meio felizes?

VERISSIMO, L. F. Poesia numa hora dessas?!
Rio de Janeiro: Objetiva, 2002.

No poema *O sedutor médio*, é possível reconhecer a presença de posições críticas

a. Nos três primeiros versos, em que "juntar expectativa de vida" significa que, juntos, os cônjuges poderiam viver mais, o que faz do casamento uma convenção benéfica.
b. Na mensagem veiculada pelo poema, em que os valores da sociedade são ironizados, o que é acentuado pelo uso do adjetivo "médio" no título e do advérbio "meio" no verso final.
c. No verso "e ser meio felizes?", em que "meio" é sinônimo de metade, ou seja, no casamento, apenas um dos cônjuges se sentiria realizado.
d. Nos dois primeiros versos, em que "juntar rendas" indica que o sujeito poético passa por dificuldades financeiras e almeja os rendimentos da mulher.
e. No título, em que o adjetivo "médio" qualifica o sujeito poético como desinteressante ao sexo oposto e inábil em termos de conquistas amorosas.

CAPÍTULO 8

ARTIGO E PRONOME

O que você vai aprender

1. **Artigo**
   - Identificar artigos.
   - Reconhecer os papéis dos artigos.
   - Reconhecer o artigo como elemento capaz de produzir substantivação.
   - Refletir sobre os efeitos produzidos pela presença ou pela ausência de artigos em situações em que usá-lo é opcional.

2. **Pronome**
   - Identificar e classificar os pronomes pessoais, de tratamento, possessivos, demonstrativos, indefinidos e interrogativos.
   - Identificar as pessoas do discurso e os pronomes que se referem a cada uma delas.
   - Reconhecer as funções dêitica, anafórica e catafórica dos pronomes.
   - Reconhecer o papel coesivo dos pronomes.
   - Refletir sobre o efeito produzido pelo emprego de pronomes em contextos específicos.

Ao gritar "Olha! Um tigre!", alarmando para a presença de um animal selvagem durante a caminhada, Calvin brinca com o seu amigo, que é um tigre e, supostamente, não deveria se assustar com a presença de outro. O tigre a quem Calvin se refere é o próprio amigo, que de início não se vê como um animal selvagem e não percebe a brincadeira do garoto.

O fato de o tigre se assustar e na sequência perceber o motivo pelo qual se assustou dá o tom de humor na tira. Além do mais, a ordem "Não faça mais isso" é uma declaração do tigre para que o Calvin não o assuste mais e não o coloque em situações embaraçosas. Para o tigre, a brincadeira do garoto foi de mau gosto.

Ao dizer "Não faça mais isso!", o tigre retoma a situação pela qual ambos passaram. Não foi necessário, portanto, que ele narrasse todo o ocorrido novamente para se fazer compreender. Quando retomou a situação por meio somente da palavra *isso*, o tigre partiu também do pressuposto que Calvin tinha conhecimento do que fez para o amigo.

Você já percebeu que existem palavras com o poder de resumir o que queremos dizer? Já pensou sobre o valor das palavras que acompanham os substantivos para atribuir-lhes algum sentido?

Neste capítulo, vamos estudar as classes de palavras que acompanham substantivos com funções específicas: os artigos e os pronomes, e conhecer a natureza do sinal grave, indicativo da crase.

Reflexão e análise linguística
Artigo

"Mostre e explique" é uma atividade escolar típica dos anos iniciais da Educação Básica nos Estados Unidos e consiste em um aluno mostrar algo da vida particular aos colegas da classe e falar a respeito disso. Na tira a seguir, o personagem Calvin acaba de participar de uma atividade desse tipo.

 Leia a tira.

1. Por que a expressão "Mostre e explique" está grafada entre aspas?
2. Considerando o significado da expressão "Mostre e explique", responda: A que classe de palavras essa expressão corresponde?
3. Observe que, nos dois primeiros quadros, os substantivos *tigre*, *cadeira* e *armário* são determinados por outras palavras, que no caso da tira indicam posse. Identifique-as.
4. Ao longo da tira, a palavra *tigre* aparece duas vezes. No primeiro quadro na construção "seu 'tigre'" e, no segundo, em "o tigre". Explique o sentido expresso em cada uma dessas construções.
5. Agora, compare as duas formas a seguir e comente a diferença de sentido entre elas.
   I. "Bom, pelo menos ponha **o** tigre embaixo da sua cadeira."
   II. Bom, pelo menos ponha **um** tigre embaixo da sua cadeira.

Na tira, podemos inferir que o tigre é um ser especial para Calvin, pois é seu animal de estimação e, logo, seu melhor amigo, que o ajuda a resolver dúvidas sobre o que está estudando. Assim, o uso do artigo **o** contribui para indicar a especificidade do tigre.

> Os **artigos** são palavras que acompanham os substantivos, definindo-os ou tornando-os indefinidos e indicando o **número** (singular ou plural) e o **gênero** (masculino ou feminino) dessas palavras. Os artigos classificam-se em:
> - **Definidos**: o, os, a, as.
>   Esses artigos fazem referência a substantivos conhecidos pelo emissor ou a seres particulares, individualizados.

- **Indefinidos:** um, uns, uma, umas.
  Os artigos indefinidos fazem referência a seres aos quais não tenha sido feita alusão anteriormente e que sejam considerados representantes de uma espécie, sem ser particularizados.

AMPLIANDO O CONHECIMENTO

Em alguns contextos comunicativos, os **artigos** colaboram para a modificação morfológica da palavra a que estão ligados. Observe, nos seguintes títulos de filmes, algumas ocorrências de artigos.

I. *O amanhecer do Quarto Reich*, de Claudio Fäh, lançado em 2016.

O **verbo**, quando é precedido de artigo, torna-se um **substantivo**. Por exemplo, no título *O amanhecer do Quarto Reich*, o verbo *amanhecer*, ao ser precedido do artigo **o**, passa a designar o nome de um acontecimento que ocorre durante o Quarto Reich.

II. *O Iluminado*, de Stanley Kubrick, lançado em 1980.

A palavra *iluminado* é, a princípio, um **adjetivo** que caracteriza um substantivo (por exemplo: quarto iluminado, ser iluminado). No entanto, no título do filme, ao ser precedida do artigo **o**, essa palavra não está qualificando um ser ou um objeto, mas sim designando-o, como é próprio dos **substantivos**. Nesse contexto, o vocábulo *iluminado* é, portanto, um **adjetivo substantivado**.

Pôster de divulgação do filme *O amanhecer do Quarto Reich*.

Capa do DVD do filme *O iluminado*.

▶ Leia a reportagem a seguir.

Gente bonita come fruta feia

Comissão Europeia e comerciantes lutam contra o desperdício das colheitas 'feias'

O chão do palácio é ocupado por alfaces e abóboras com aparência de recém-saídos do chuveiro. Um impressionante lustre de cristal ilumina o salão, repleto de dourados, espelhos e afrescos de um tempo passado que, sem dúvida, foi bem melhor. Essa quitanda não é qualquer uma.

O velho palácio do Ateneo Comercial de Lisboa é o lugar escolhido por Isabel Soares para vender frutas e verduras que seriam destinadas ao lixo. Essa engenheira ambiental, de 32 anos, criou há 14 meses uma cooperativa de consumo que compra dos agricultores produtos que, pelo tamanho ou aparência, não entram no circuito comercial. Chamou-a de Frutafeia, e seu lema é desafiador: Gente bonita come Fruta Feia.

"Um tio me contou que nem chegava a colher 40% de suas peras", explica Soares, em meio à repartição dos produtos nas caixas. "São desperdiçadas porque simplesmente não alcançam o diâmetro legal ou por seu aspecto. Não são as normas europeias, pois elas permitem sua venda; são os supermercados que deixam de comprá-las porque veem que o consumidor sempre escolhe as frutas e as verduras pela sua aparência."

142 **Unidade 3** Morfologia

Quase a metade da produção agrícola vai para o lixo, segundo a FAO. O desperdício alimentar dos países industrializados chega a 1,3 bilhão de tonelada por ano, suficiente para alimentar a todos os famintos do mundo.

[...]

Joana Verísimo, de 65 anos, vai carregando seus vegetais. É uma das primeiras sócias da Frutafeia. "Comecei há um ano e estou adorando. O produto é fresco e a bom preço." A cada semana leva oito quilos, por sete euros (21 reais). "Utilizo tudo", diz. Verísimo não é das imediações. "Venho de longe, de metrô, mas compensa." Os cooperados pagam 5 euros por ano, e semanalmente escolhem a caixa de 4 quilos (3,5 euros) ou a de 8 (7 euros). "Os produtos", explica Soares, "são sempre da estação, produzidos nas proximidades, e foram rejeitados pelo mercado por questões estéticas.

MARTÍN, Javier. Gente bonita come fruta feia. Espanha: *Ediciones El País*, fev. 2015. ©JAVIER MARTIN. Disponível em: <http://brasil.elpais.com/brasil/2015/01/23/internacional/1422038834_120138.html>. Acesso em: 30 abr. 2017.

> **FAO:** sigla do nome em inglês, Food and Agriculture Organization of the United Nations, organização que tem o objetivo de erradicar a fome, a desnutrição e a falta de segurança alimentar no mundo.

6. Segundo o texto, qual é a principal razão para o desperdício de frutas que não têm boa aparência?

7. A reportagem apresenta dados numéricos informando sobre o desperdício de alimentos. Leia-os e responda: Você imaginava que a quantidade de alimentos jogados no lixo era tão grande? Entre os dados apresentados no texto, algum lhe parece mais chocante? Por quê?

Nos seguintes trechos da reportagem, podemos perceber que há vários casos em que artigos se combinam ou se contraem com preposições. Observe três trechos a seguir da reportagem, nos quais ocorrem essas situações.

TEXTO I

O velho palácio do Ateneo Comercial de Lisboa é o lugar escolhido por Isabel Soares para vender frutas e verduras que seriam destinadas **ao** lixo.

Nesse trecho, o substantivo *lixo* é acompanhado do artigo **o**, que está combinado com a preposição **a**. A junção dos dois forma o termo **ao**. Observe a estrutura:

$$\textbf{a + o} \text{ lixo} \rightarrow \textbf{ao} \text{ lixo}$$

TEXTO II

Essa engenheira ambiental, de 32 anos, criou há 14 meses uma cooperativa de consumo que compra dos agricultores produtos que, pelo tamanho ou aparência, não entram **no** circuito comercial.

O trecho refere-se a produtos que não entram **em** determinado circuito: **o** circuito comercial. Observe como, nesse caso, o artigo **o** se contraiu com a preposição **em**:

$$\textbf{em + o} \text{ circuito comercial} \rightarrow \textbf{no} \text{ circuito comercial}$$

TEXTO III

"Um tio me contou que nem chegava a colher 40% de suas peras", explica Soares, em meio **à** repartição dos produtos nas caixas.

Esse trecho é uma citação da fala de uma pessoa, Soares, que realizava uma tarefa no ato de sua declaração: a repartição de produtos nas caixas. Observe a presença do termo **à** no contexto. A preposição **a**, de "em meio a", se contraiu com o artigo **a** de "a repartição de produtos", ou seja, não houve combinação entre os artigos, como o que ocorreu em **ao**. Essa contração é sinalizada pelo sinal grave e denomina-se crase, como veremos no Capítulo 13.

em meio **a** + **a** repartição → em meio **à** repartição

> **Crase** é a fusão de duas vogais, sendo que a primeira é **a** preposição a e a segunda é o artigo **a**.

8. Observe as palavras destacadas em outros trechos da reportagem e explique como elas foram formadas.
   a. "Veríssimo não é **das** imediações. 'Venho de longe, de metrô, mas compensa.'"
   b. "O desperdício alimentar **dos** países industrializados chega a 1,3 bilhão de tonelada por ano."
   c. Essa engenheira ambiental, de 32 anos, criou há 14 meses uma cooperativa de consumo que compra dos agricultores produtos que, **pelo** tamanho ou aparência, não entram **no** circuito comercial.

A seguir, observe a tabela com casos de ocorrências decorrentes da fusão entre preposição e artigo:

Preposição	Artigo definido			
	o	a	os	as
a	ao	à	aos	às
de	do	da	dos	das
em	no	na	nos	nas
por (per)	pelo	pela	pelos	pelas

Pronome

▶ Releia o fragmento a seguir, reproduzido da reportagem "Gente bonita come fruta feia".

> O velho palácio do Ateneo Comercial de Lisboa é o lugar escolhido por Isabel Soares para vender frutas e verduras que seriam destinadas ao lixo. **Essa engenheira** ambiental, de 32 anos, criou há 14 meses uma cooperativa de consumo que compra dos agricultores produtos que, pelo tamanho ou aparência, não entram no circuito comercial. Chamou-a de Frutafeia, e **seu lema** é desafiador: *Gente bonita come Fruta Feia*.

9. No fragmento, a palavra *essa* precede o substantivo *engenheira* ao mesmo tempo que faz referência a um substantivo citado anteriormente. Qual é esse substantivo?

10. A palavra *seu* precede o substantivo *lema* e, ao mesmo tempo, faz referência a outro substantivo mencionado anteriormente. Identifique a alternativa que explica de forma correta de quem é o lema citado na frase, ou seja, a quem a palavra *seu* faz referência.

- A palavra *seu* faz referência à cooperativa Frutafeia. Portanto, "Gente bonita come fruta feia" é o lema da cooperativa.
- A palavra *seu* faz referência a Isabel Soares. Portanto, "Gente bonita come fruta feia" é o lema de Isabel Soares.

Essa e *seu* são palavras que acompanham substantivos, remetendo-os a palavras citadas anteriormente e/ou estabelecendo referências que proporcionam **coesão** ao texto.

> **Coesão** é a relação clara e bem articulada entre as partes do texto. Um texto coeso, por exemplo, não apresenta muitas repetições de termos, tem frases e parágrafos bem encadeados, usa os vocábulos de forma adequada para retomar ou adiantar referências a outras palavras etc.

▶ Para aprofundar a reflexão sobre pronome, leia a tira.

Observe, nas falas dos personagens da tira reproduzidas a seguir, as palavras que indicam os **participantes da interlocução**.

Você sabe o que há de errado com a sua mãe?

↓
palavra que indica o interlocutor (Calvin) ao qual se destina a pergunta do emissor (tigre), ou seja, indica com quem o emissor está falando

Eu adoraria se… não.

↓
palavra que faz referência ao emissor (tigre Haroldo), ou seja, àquele que fala

Por que **ela** iria querer outra criança? **Ela** já tem a **mim**!

↓ ↓
palavra que indica o ser ao qual o emissor (Calvin) faz referência   palavra que faz referência ao emissor (Calvin), ou seja, àquele que fala

As palavras destacadas em falas dos quadros da tirinha – **você**, **eu**, **mim**, **ela** – são **pronomes**.

> **Pronome** é a palavra que identifica o emissor, o interlocutor, ou o conteúdo ao qual emissor e interlocutor se referem (seres, situações ou acontecimentos). O pronome pode representar um substantivo, um adjetivo ou uma oração.

O pronome pode ocupar o lugar de um substantivo ou pode acompanhar um substantivo, o que é próprio do adjetivo. A tira abaixo traz exemplos desses dois casos. Leia-a observando o uso das palavras *isso* e *alguma*.

Em "O que é isso?", a palavra *isso* ocupa o lugar do nome do alimento que está no prato. Portanto, é um **pronome substantivo**. Ela é um pronome porque indica o que se fala (a comida) e é um pronome substantivo porque ocupa o lugar desse nome.

Em "A gente sabe que vai odiar alguma coisa quando eles não dizem o que é", o vocábulo *alguma* é um **pronome adjetivo**. Ele é um pronome porque indica o que se fala ("coisa") e é pronome adjetivo porque acompanha esse substantivo.

> Alguns pronomes podem atuar como **dêiticos**, outros podem estabelecer relações **anafóricas** ou **catafóricas**.
>
> - **Dêitico** é um elemento linguístico que indica uma das seguintes marcas da enunciação:
>   – o **locutor**, o sujeito que enuncia;
>   – o **interlocutor**, o sujeito a quem se dirige o tempo e o espaço da enunciação;
>   – coisas ou lugares de que se fala.
>
> Exemplos:
> **Eu** estive com **você ontem aqui**, **onde** estamos **agora**.
> locutor   interlocutor tempo espaço espaço   tempo
>
> - **Anáfora** é o processo pelo qual uma palavra remete a outra palavra citada anteriormente.
>
> Exemplo:
> Maria é a pessoa mais inteligente que conheço. **Essa** inteligência ainda vai trazer bons frutos a **ela**.
>
> - **Catáfora** é o processo pelo qual uma palavra anuncia algo que será apresentado posteriormente.
>
> Exemplo:
> Só quero te dizer **isto**: eu te amo.

Tanto por atuarem como dêiticos quanto pela possibilidade de estabelecerem relações anafóricas e catafóricas, os pronomes são elementos centrais para que haja coesão no texto.

Como responder a quem diz que o leite faz mal

No mundo de hoje, há dois tipos de pessoas: **as** que toleram a lactose e **as** que não. Se **você** está no segundo grupo, não tem opção a não ser restringir os lácteos ou eliminá-**los** (conforme o grau de intolerância que tiver) para evitar problemas. Mas inclusive se você não tem dificuldade de ingerir leite e derivados, possivelmente acredita que **esses** alimentos possam causar danos ou prejudicar sua saúde; talvez tenha lido ou ouvido todo tipo de afirmações, **muitas delas** contraditórias, pois **esse** líquido branco suscita fortes paixões e fobias entre críticos e partidários.

LINDE, Pablo. Como responder a quem diz que o leite faz mal. *El País*, Espanha, jun. 2015. Disponível em: <http://brasil.elpais.com/brasil/2015/06/24/ciencia/1435133903_111790.html>. Acesso em: 7 mar. 2017.

No texto, cada uma das palavras destacadas é um pronome que se refere a algum elemento dentro do contexto. Observe:

- *As*, equivalente a *aquelas*, remete à palavra *pessoas*.
- *Você* é um pronome que atua como dêitico por fazer referência a um dos participantes da interlocução: a pessoa com quem se fala, o interlocutor.
- *Los* remete a *lácteos*.
- *Esses* remete a *leite e derivados*.
- *Muitas* remete a *afirmações*.
- *Delas* remete a *afirmações*.
- *Esse* remete a *líquido branco*.

Os pronomes têm funções diferentes. Alguns substituem os substantivos, outros tornam os substantivos indefinidos, existem os que são usados para indicar quem possui determinado substantivo, entre outras funções que caracterizam os diferentes tipos de pronome.

Classificação dos pronomes

Os pronomes são classificados em: pessoais, de tratamento, possessivos, demonstrativos, indefinidos, interrogativos e relativos.

Pronomes pessoais

▶ Observe as pessoas do discurso na tira a seguir.

No primeiro quadro, o pronome *você* identifica o interlocutor da menina, ou seja, refere-se à pessoa com quem ela fala, e o pronome *ele* indica o ser sobre o qual ela fala. No entanto, no segundo quadro, vemos que Charlie Brown não entende a quem a menina se refere. As perguntas "Ele? Quem é 'ele'?" mostram uma particularidade dos pronomes pessoais *ele* e *ela* (e seus plurais): podem designar pessoas, coisas ou localidades. Para que esses pronomes sejam usados de forma adequada, é preciso que façam referência a algo que fique claro para todos os envolvidos na interlocução.

> **Pronomes pessoais** são aqueles que identificam as pessoas do discurso, ou seja, indicam quem fala (o enunciador), com quem se fala (o interlocutor) e sobre quem se fala (o assunto).

Os pronomes pessoais podem assumir diferentes formas de acordo com a posição que ocupam na oração. Observe, na tira a seguir, as formas que o personagem Felipe usa para se referir a si mesmo.

11. Enquanto conversam, tanto Felipe quanto Suriá usam pronomes para fazer referência a si mesmos.
  a. Quais desses pronomes Felipe usa no segundo quadro?
  b. E Suriá, no terceiro quadro?

12. Releia a tira e observe o quarto quadro.
  a. Em "Então... A gente está namorando?", que outro pronome poderia ser usado no lugar da expressão *a gente*?
  b. No caso da substituição da expressão *a gente* por outro pronome, que você respondeu na atividade anterior, o verbo da frase sofre alguma modificação? Se sim, qual?

13. Substitua o símbolo na frase a seguir pelo pronome que seria utilizado pelo personagem Felipe caso ele fizesse referência a si mesmo e não ao conjunto *a gente*.

Então… ❖ quero saber se a gente está namorando.

Quando o pronome pessoal atua como sujeito ou como predicativo da oração, ele é chamado de **pronome pessoal do caso reto**.

Quando o pronome pessoal atua como objeto direto, objeto indireto, complemento nominal, adjunto adverbial ou agente da passiva, assume a forma oblíqua. Nesse caso, ele é chamado de **pronome pessoal do caso oblíquo**.

Exemplos:

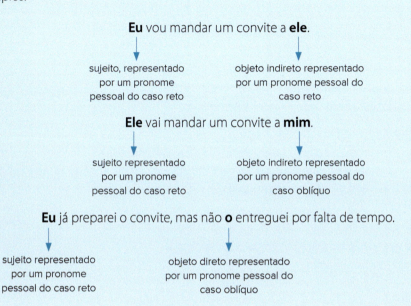

A seguir, observe a tabela com pronomes pessoais do caso reto e pronomes pessoais do caso oblíquo.

	Pronomes pessoais	Caso reto	Caso oblíquo	
			átonos (usados sem preposição)	**tônicos** (usados com preposição)
Singular	1ª pessoa – quem fala, o enunciador	eu	me	mim, comigo
	2ª pessoa – com quem se fala, o interlocutor	tu	te	ti, contigo
	3ª pessoa – sobre quem se fala, o assunto	ele, ela	o, a, lhe, se	ele, ela, si, consigo,
Plural	1ª pessoa – quem fala, o enunciador	nós	nos	nós, conosco
	2ª pessoa – com quem se fala, o interlocutor	vós	vos	vós, convosco
	3ª pessoa – sobre quem se fala, o assunto	eles, elas	os, as, lhes, se	eles, elas, si, consigo

> **AMPLIANDO O CONHECIMENTO**
>
> ### O uso dos pronomes pessoais
>
> ✓ **Você** e **Tu**
>
> Na maioria das regiões do Brasil, os falantes usam o pronome *você* para se referir à segunda pessoa do discurso (o interlocutor). Em algumas outras, empregam o pronome *tu*. O pronome *você* concorda com os pronomes oblíquos de terceira pessoa.
>
> ✓ **Vós**
>
> Esse pronome é pouco usado atualmente no português brasileiro. Na maioria das regiões do Brasil, os falantes usam o pronome *vocês* quando se referem à segunda pessoa do plural. O pronome *vocês* concorda com os pronomes oblíquos da terceira pessoa do plural.
>
> ✓ **Eu** e **mim**
>
> *Mim* é o pronome usado para fazer referência à primeira pessoa quando desempenha função de objeto indireto, complemento nominal, adjunto adnominal ou agente da passiva. Em todos esses casos, é usado depois de preposições.
>
> Exemplos:
> Não saia sem **mim**.
> Espero que você não fique contra **mim** nesta disputa.
> Ele entrou depois de **mim**.
>
> **Atenção:**
> - Essa regra não se aplica à preposição *exceto*.
>   Exemplo:
>   Todos votaram a favor da mudança no regulamento, exceto **eu**.
>
> - *Eu* é o pronome usado como sujeito, mesmo que seja antecedido pela preposição *para*.
>   Exemplo:
>   O diretor pediu para **eu** analisar esse caso com atenção.

Pronomes de tratamento

A escolha do pronome de tratamento é baseada na intenção do emissor, que escolhe a forma familiar ou a cerimoniosa.

> **Pronomes de tratamento** são as palavras e expressões usadas para designar aquele com quem se fala e de quem se fala.

Leia a notícia a seguir, que traz uma nota escrita pelo secretário de Estado do Vaticano, a pedido do Papa Francisco, para expressar o pesar do pontífice pelo acidente que vitimou atletas e membros da equipe técnica do time de futebol Chapecoense (SC), além de jornalistas brasileiros, em dezembro de 2016, nas proximidades da cidade de Medellín, na Colômbia. A mensagem foi enviada ao bispo Fidel León Cadavid Marín, da diocese colombiana de Sonsón Rionegro.

Papa manifesta pesar e pede orações pelas vítimas de acidente da Chape

Papa pediu orações por vítimas do acidente de avião com o time da Chapecoense.

[...]

"O Santo Padre, profundamente atingido ao saber da dolorosa notícia do grave acidente aéreo que ocasionou numerosas vítimas, eleva orações para o eterno descanso dos falecidos. Rogo a vossa excelência que transmita o sentimento de pêsames de Sua Santidade aos familiares e a todos que choram tão sensível perda, junto com expressões de afeto, solidariedade e consolo aos feridos e afetados por esse trágico sucedido", diz a mensagem.

Globo Esporte, Medellín, nov. 2016. Disponível em: <http://globoesporte.globo.com/sc/futebol/times/chapecoense/acidente/noticia/2016/11/papa-manifesta-pesar-e-pede-oracoes-pelas-vitimas-de-acidente-da-chape.html>. Acesso em: 10 jun. 2017.

Conforme foi mencionado anteriormente, a nota traz uma mensagem do papa, mas não foi escrita por ele. A nota foi redigida pelo secretário de Estado do Vaticano, a pedido do Papa. No texto da nota, não foi usado nenhum pronome para fazer referência ao enunciador. Se algum pronome tivesse sido usado seria o pronome *eu*, iniciando a frase a seguir.

[**Eu**] Rogo a vossa excelência que transmita o sentimento de pêsames de Sua Santidade aos familiares e a todos que choram tão sensível perda, junto com expressões de afeto, solidariedade e consolo aos feridos e afetados por esse trágico sucedido.

Se o pronome *eu* fosse usado nessa oração, designaria **quem fala**, ou seja, o **secretário de Estado do Vaticano**. Na nota, são empregados os termos *Vossa Excelência* e *Sua Santidade*. Nesse caso:

- **Vossa Excelência** é o pronome usado para tratar o interlocutor, ou seja, o bispo Fidel León Cadavid Marín, da diocese colombiana de Sonsón Rionegro.
- **Sua Santidade** é o pronome usado para fazer referência ao papa, ou seja, para falar sobre ele.

As **pessoas do discurso** a que a nota se refere são:

1ª pessoa	**Eu:** refere-se a quem fala – o pronome não é citado na segunda frase da mensagem, mas está implícito nela. Esse pronome designa o autor da nota, ou seja, o secretário de Estado do Vaticano.
2ª pessoa	**Vossa Excelência:** refere-se à pessoa com quem se fala. Designa o bispo Fidel León Cadavid Marín, da diocese colombiana de Sonsón Rionegro.
3ª pessoa	**Sua Santidade:** refere-se à pessoa sobre quem se fala, ou seja, o papa Francisco.

Para falar **sobre o papa**, a forma de tratamento é **Sua Santidade**. Para falar **com ele**, a forma correta é **Vossa Santidade**. Para falar com o bispo, a forma usada na nota foi **Vossa Excelência**. Qual seria a forma adequada para falar sobre o bispo?

Os pronomes de tratamento exigem verbos e pronomes na terceira pessoa.

Exemplos:
Vossa Alteza deseja jantar agora?
Espero que Vossa Excelência faça uma boa viagem.

AMPLIANDO O CONHECIMENTO

O pronome *você* tem origem no pronome de tratamento *vossa mercê*. Com o tempo, os falantes passaram a optar pela forma simplificada *vossemecê*, que depois foi reduzida para *vosmecê* e posteriormente para *você*. Na linguagem oral, alguns falantes reduzem o pronome *você* para *cê*; na linguagem escrita, principalmente das redes sociais, observa-se o uso da forma reduzida *vc*. O percurso do pronome *você* exemplifica o quanto a ação dos falantes produz mudanças na língua.

Foto da dupla Bruno e Marrone durante *show*.

Capa do álbum *Cê*, de Caetano Veloso, lançado em 2006.

Unidade 3 Morfologia

Pronomes possessivos

▶ Observe como essas relações ocorrem na seguinte estrofe de um poema.

O nosso livro

Livro do meu amor, do teu amor,
Livro do nosso amor, do nosso peito...
Abre-lhe as folhas devagar, com jeito,
Como se fossem pétalas de flor.

Florbela Espanca

A poetisa portuguesa Florbela Espanca (1894-1930).

Pronomes possessivos são aqueles que indicam relações de posse entre as pessoas do discurso.

Para caracterizar o livro, o eu lírico explora as relações de posse entre as pessoas do discurso e o amor. Observe a tabela a seguir:

Um possuidor (1ª pessoa do singular): eu	um possuído	**meu** amor
Um possuidor (2ª pessoa do singular): tu	um possuído	**teu** amor
Mais de um possuidor (3ª pessoa do plural): nós	um possuído	**nosso** amor

Os pronomes possessivos geralmente acompanham os substantivos, mas também podem substituí-los.

Exemplo: Esse não é o **meu** livro. O **meu** tem a capa dura.

Observe a tabela a seguir com pronomes possessivos.

Pronomes possessivos					
1ª pessoa	masculino	meu	meus	nosso	nossos
	feminino	minha	minhas	nossa	nossas
2ª pessoa	masculino	teu	teus	vosso	vossos
	feminino	tua	tuas	vossa	vossas
3ª pessoa	masculino	seu	seus	seu	seus
	feminino	sua	suas	sua	suas

Artigo e pronome Capítulo 8 153

Pronomes demonstrativos

 Leia os quadrinhos a seguir.

14. Observe que o pai de Calvin não participa dos acontecimentos apresentados no primeiro e no segundo quadros. No terceiro quadro, o pai formula a seguinte pergunta para obter alguma informação sobre o que se passou quando ele não estava presente: "Meu Deus, o que foi todo aquele escândalo?". Nesse caso, o pronome *aquele* foi usado para fazer referência a algo que está distante no tempo. Caso o pai estivesse na cena do segundo quadro, vendo Calvin fazer um escândalo, como essa pergunta poderia ter sido escrita?

15. No quarto quadro, Calvin diz: "Estou perdido. Não acredito que meus próprios pais possam fazer isso comigo". O pronome *isso* se refere a quê?

No exemplo analisado, o pronome *aquele* situa o episódio do escândalo de Calvin em relação ao pai, uma vez que esse pronome informa que o acontecimento está distante no tempo e no espaço. O pronome *isso* sintetiza a situação vivida pelos dois personagens. *Aquele* e *isso* são **pronomes demonstrativos**.

> **Pronomes demonstrativos** são aqueles que situam os fatos, as coisas, os lugares ou as pessoas em relação às pessoas do discurso.

Os **pronomes demonstrativos** desempenham função dêitica, pois são capazes de mencionar as coisas, os lugares ou as pessoas, sem nomeá-los. Para que as referências e as relações estabelecidas pelos pronomes demonstrativos sejam compreendidas, é preciso conhecermos alguns usos dessa classe de palavras. Conheça-os observando a tabela a seguir.

Pronomes demonstrativos	O que indicam	Exemplos
Este, estes, esta, estas, isto	proximidade espacial em relação à 1ª pessoa do discurso	De quem é **esta** caneta? (*esta* indica que a caneta está perto de quem fala) Aquele é meu irmão e **este** é meu primo. (*este* indica que o primo está perto de quem fala)
	o último elemento citado em uma enumeração	Visitei meu pai e meu tio. **Aquele** em maio. **Este** em agosto. (a segunda frase indica que o tio, representado pelo pronome *este*, foi visitado em agosto)
Este, esta	indica tempo presente	**Este** sábado chuvoso está desanimador. (*este* indica que o sábado citado é sábado ocorrente) **Esta** manhã fui à escola mais cedo que o normal. (*esta* indica que a manhã citada é a manhã ocorrente)
Esse, esses, essa, essas, isso	proximidade espacial em relação ao interlocutor, ou seja, à 2ª pessoa do discurso	Por favor, pegue **essa** mala e leve-a para o quarto. (*essa* indica que a mala está perto do interlocutor, ou seja, da pessoa a quem a frase se destina)
Esse, esses, essa, essas	tempo passado ou tempo futuro pouco distante em relação ao momento da enunciação	**Esse** ano será maravilhoso. (*esse* indica que o ano se aproxima) Nem me fale de 2016, porque **esse** foi o ano mais difícil da minha vida. (*esse* indica que o ano de 2016 é passado em relação ao momento da enunciação)
Aquele, aqueles, aquela, aquelas, aquilo	distanciamento temporal em relação à 1ª e a 2ª pessoas do discurso	Quem é **aquela** moça? (*aquela* indica que a moça está distante do enunciador e do interlocutor)
	elementos mais distantes nas citações	Visitei meu pai e meu tio. **Aquele** em maio. **Este** em agosto. (o pronome *aquele* se refere ao pai, e o pronome *este* ao tio)
Aquele, aqueles, aquela, aquelas	passado vago ou remoto, ou seja, muito distante	**Naquele** tempo, você ainda acreditava em Papai Noel. (*naquele* indica que o evento já aconteceu) **Aquelas** horas que antecediam a ceia eram as mais animadas das nossas noites de Natal. (*aquelas* indica que o momento já passou)

Pronomes indefinidos

 Leia estas duas frases e compare-as.

  I. "O desperdício alimentar dos países industrializados chega a 1,3 bilhão de tonelada por ano, suficiente para alimentar a todos os famintos do mundo".

  II. O desperdício alimentar dos países industrializados chega a muitos quilos por ano, suficientes para alimentar a todos os famintos do mundo.

16. Qual dessas frases apresenta uma informação vaga, pouco precisa?

17. Considerando a função do texto jornalístico, qual das duas frases é mais adequada a esse tipo de texto?

A palavra *muitos*, presente na frase II, faz referência vaga, imprecisa sobre alguma coisa, no caso, a quantidade de quilos. Por isso, é chamada de **pronome indefinido**.

Pronomes indefinidos são aqueles que fazem referência à terceira pessoa do discurso de modo vago, impreciso.

Observe a tabela a seguir com pronomes indefinidos.

Pronomes indefinidos	
Invariáveis	alguém; ninguém; quem; que; outrem; algo; tudo; nada; cada; mais; menos; demais
Variáveis	algum, alguma, alguns, algumas; nenhum, nenhuma, nenhuns, nenhumas; um, uma, uns, umas; muito, muita, muitos, muitas; todo, toda, todos, todas; pouco, pouca, poucos, poucas; outro, outra, outros, outras; vários, várias; certo, certa, certos, certas; tanto, tanta, tantos, tantas; quanto, quanta, quantos, quantas; qualquer, quaisquer; qual, quais; bastante, bastantes

Pronomes interrogativos

▶ Leia o fragmento a seguir, reproduzido do poema "Epigrama", de Gregório de Matos Guerra (c. 1636-1695).

Epigrama

Que falta nesta cidade?... Verdade.
Que mais por sua desonra?... Honra.
Falta mais que se lhe ponha?... Vergonha.

O demo a viver se exponha,
Por mais que a fama a exalta,
Numa cidade onde falta
Verdade, honra, vergonha.

Quem a pôs neste rocrócio?... Negócio.
Quem causa tal perdição?... Ambição.
E no meio desta loucura?... Usura.

Notável desaventura
De um povo néscio e sandeu,
Que não sabe que perdeu
Negócio, ambição, usura.

Gregório de Matos

Rocrócio: retrocesso, furto ou roubo.
Néscio: ignorante.
Sandeu: ingênuo.

Nesses versos, o eu lírico lança diversas questões a fim de investigar os problemas da cidade e as suas causas. Para tanto, ele faz perguntas e muitas delas são introduzidas pelos pronomes interrogativos *que* e *quem*.

Os **pronomes interrogativos** são usados para introduzir perguntas diretas ou indiretas. Eles são fortemente relacionados aos pronomes indefinidos, pois ambos têm significação indeterminada. No caso dos pronomes interrogativos, no entanto, existe a possibilidade de o significado ser esclarecido pela resposta. É o que ocorre no poema.

Exemplos:

"**Que** falta nessa cidade?... Verdade."

o significado dessa palavra é indeterminado; ao perguntar, o enunciador não sabe o que falta em determinada cidade

essa informação dá sentido à palavra *que* da frase anterior, ou seja, indica que falta **verdade** nessa cidade

156 Unidade 3 Morfologia

"**Quem** causa tal perdição?... Ambição." Queremos saber **quem** causa tal perdição.

pronome interrogativo usado em uma pergunta direta

pronome interrogativo usado em pergunta indireta

Observe a tabela a seguir com pronomes interrogativos.

Pronomes interrogativos	
Invariáveis	que, quem
Variáveis	qual, quanto, quanta, quais, quantos, quantas

Pronome relativo

Quadrilha

João amava Teresa que amava Raimundo
que amava Maria que amava Joaquim que amava Lili
que não amava ninguém.
João foi pra os Estados Unidos, Teresa para o convento,
Raimundo morreu de desastre, Maria ficou para tia,
Joaquim suicidou-se e Lili casou com J. Pinto Fernandes
que não tinha entrado na história.

ANDRADE, Carlos Drummond de. Quadrilha. In: *Alguma Poesia*.
Rio de Janeiro: Record, 2002. Carlos Drummond de Andrade
©Graña Drummond. www.carlosdrummond.com.br

Na primeira parte do poema, a palavra *que* é central para estabelecer relação entre as pessoas que formam a quadrilha descrita pelo poeta Carlos Drummond. Observe:

"João amava Teresa **que** amava Raimundo
que amava Maria **que** amava Joaquim que amava Lili
que não amava ninguém".

O pronome *que*, ao mesmo tempo que faz referência ao termo anterior, introduz uma nova oração:

João **amava Teresa**. Teresa **amava Raimundo**.

a informação em duas orações

"João amava Teresa **que** amava Raimundo." → duas orações relacionadas por meio do pronome *que*, que faz referência a Teresa e, ao mesmo tempo, introduz uma nova oração

Como os pronomes relativos sempre introduzem orações, eles serão estudados mais detalhadamente no capítulo referente às orações subordinadas adjetivas, o qual propõe um estudo aprofundado desses conectores.

> **Pronome relativo** é aquele que relaciona duas orações, substituindo, na segunda, um termo citado na primeira.

A gramática e a construção de sentido

O artigo definido no jornal e na voz do povo

As manchetes de jornais devem ser curtas, objetivas e claras o suficiente para atrair a atenção do leitor e permitir que ele compreenda o assunto do texto. Por causa da necessidade de comunicar brevemente o conteúdo da reportagem ou da notícia, as manchetes, muitas vezes, abdicam de palavras que não são essenciais para que sejam entendidas, como os artigos.

Observe a manchete a seguir, publicada no jornal *Folha de S.Paulo*, em 29 de janeiro de 2017:

Reforma da reforma do INSS já é debate entre economistas

PINTO, Ana Estela de Sousa. *Folha de S.Paulo*, jan. 2017. Disponível em: <www1.folha.uol.com.br/mercado/2017/01/1853895-reforma-da-reforma-do-inss-ja-e-debate-entre-economistas.shtml>. Acesso em: 3 abr. 2017.

A manchete foi publicada em um jornal da cidade de São Paulo. Provavelmente, se um paulistano a pronunciasse em uma situação de comunicação oral, sem compromisso com a extensão do texto, ele diria: "**A** reforma da reforma do INSS já é debate entre **os** economistas".

Agora observe outra manchete, também publicada na *Folha de S.Paulo* naquele mesmo dia:

Aposentadoria antecipada de professor afeta Estado e município

PERRIN, Fernanda. *Folha de S.Paulo*, jan. 2017. Disponível em: <www1.folha.uol.com.br/mercado/2017/01/1853872-aposentadoria-antecipada-de-professor-afeta-estado-e-municipio.shtml>. Acesso em: 3 abr. 2017.

> **1.** Reelabore essa manchete adaptando-a à linguagem falada nas regiões em que o artigo é utilizado na comunicação oral.

Em termos de morfossintaxe, em alguns textos os artigos são dispensados por razões de estilo: a brevidade é conveniente para a manchete, por isso, apenas os núcleos dos termos da oração são mantidos e os adjuntos adnominais são dispensados.

158 Unidade 3 Morfologia

Regionalismo

Em algumas regiões do Brasil, é comum o uso de artigo definido diante de nomes próprios de pessoas (por exemplo: "**a** Ana vai chegar atrasada") ou de substantivos comuns que designam parentesco, como mãe, pai, avó, avô etc. (por exemplo: "vou pedir o carro d**o** pai emprestado").

Em outras regiões, no entanto, os falantes dispensam o artigo nessas situações, optando por frases como: "Ana vai chegar atrasada" ou "vou pedir o carro de pai emprestado".

Observe, nos seguintes trechos de entrevistas, a forma como o escritor paulista Antonio Prata e o músico e compositor baiano Caetano Veloso se referem a nomes próprios de pessoas.

> **Caetano:** E eu tenho muita inveja da musicalidade natural **de** Gil, essa capacidade inata de captar a relação entre as alturas dos sons.
>
> LICHOTE, Leonardo. Exclusivo: Tom Zé entrevista Gil e Caetano. *O Globo*, dez. 2016. Disponível em: <http://oglobo.globo.com/cultura/exclusivo-tom-ze-entrevista-gil-caetano-18337958>. Acesso em: 3 abr. 2017.

A preposição **de** não está combinada com o artigo definido. Se estivesse, o trecho seria: "musicalidade natural **do** Gil".

> **AP:** Hoje tem essa exigência de que todo mundo apareça, aconteça, essa falácia de que é fácil chegar lá. Just do it. Não é verdade. É uma em um milhão e o resto fica lá falando mal **da** Preta Gil.
>
> FURRER, Júlia. Revista J.P. Antonio Prata e suas reflexões afiadas do cotidiano. *Glamurama*, dez. 2013. Disponível em: <http://glamurama.uol.com.br/revista-j-p-antonio-prata-e-suas-reflexoes-afiadas-do-cotidiano>. Acesso em: 3 abr. 2017.

A preposição **de** está combinada com o artigo **a**.

2. Na região em que você mora, qual é a forma mais usada: **de** ou **da**? Dê exemplos que ilustrem o uso dessas palavras no cotidiano.

Exercícios

1. Leia a tira.

a. Identifique e classifique o artigo presente na primeira e na terceira fala da tira.

b. De acordo com o aspecto semântico dos artigos, explique a diferença de sentido entre os tipos de artigo usados nessas duas falas.

2. Observe a tira abaixo.

a. Qual ação do gato Garfield demonstra que o pensamento da aranha é equivocado?

b. No trecho "Eu sou a criatura mais veloz do mundo!", qual é a classificação morfológica da palavra **a**?

c. No primeiro quadro, a palavra **a** estabelece uma relação de hierarquia entre a aranha e os demais seres? Justifique sua resposta baseando-se no último quadro.

3. Leia o trecho da canção a seguir, composta por Hyldon e gravada pelo grupo Kid Abelha.

Na rua, na chuva, na fazenda

Jogue suas mãos para o céu
Agradeça se acaso tiver
Alguém que você gostaria que
Estivesse sempre com você
Na rua, na chuva, na fazenda
Ou numa casinha de sapê

HYLDON. *Na rua, na chuva, na fazenda* (Casinha de sapê).
Warner Chappell Edições Musicais LTDA.
Todos os direitos reservados.

I. No primeiro verso, a palavra *suas* é um pronome demonstrativo em que o eu lírico apresenta suas mãos ao interlocutor.

II. No terceiro verso, a palavra *você* se refere ao mesmo interlocutor ao qual o eu lírico se dirige no primeiro verso.

III. A palavra *que*, na primeira vez em que aparece no terceiro verso, é um pronome relativo que se refere a "alguém". Esse pronome poderia ser substituído por o *qual*, que tem o mesmo sentido de *que*.

Das alternativas apresentadas anteriormente, estão corretas:

a. II.
b. I e II.
c. II e III.
d. I e III.
e. I, II e III.

160 Unidade 3 Morfologia

4. Observe a tira.

a. No último quadro, a fala da rainha quebra uma expectativa do rei em relação ao que ele considerava um elogio. Explique por que isso acontece.

b. Que tipo de tratamento é estabelecido entre os dois personagens, formal ou informal? Cite três palavras que aparecem na tira para comprovar sua resposta.

c. No último quadro, a palavra **o**, empregada pela Rainha, substitui um trecho inteiro. Explique a qual classe gramatical essa palavra pertence e que trecho ela substitui.

5. Leia este poema.

Estrela

Escutai! Se as estrelas se acendem
Será porque alguém precisa delas?
Porque alguém as quer lá em cima?
Será que alguém por elas clama,
por essas cuspidelas de pérolas?
Ei-lo aqui, pois, sufocado, ao meio-dia,
no coração dos turbilhões de poeira;
ei-lo, pois, que corre para o bom Deus,
temendo chegar atrasado,
e que lhe beija chorando,
a mão fibrosa.
Implora! Precisa absolutamente
duma estrela lá no alto!
Jura! Que não poderia mais suportar
essa tortura de um céu sem estrelas!
Depois vai-se embora,
atormentado, mas bancando o gaiato
e diz a alguém que passa:
"Muito bem! Assim está melhor agora, não é?
Não tens mais medo, hein?"

Escutai, pois! Se as estrelas se acendem
é porque alguém precisa delas.
É porque, em verdade, é indispensável
que sobre todos os tetos, cada noite,
uma única estrela, pelo menos, se alumie.

Vladimir Maiakóvski

a. O uso apropriado dos artigos ou a sua ausência permite explorar a expressividade de um texto. Releia os versos: "Escutai! Se **as** estrelas se acendem", "d**uma** estrela lá no alto!" e "essa tortura de um céu sem estrelas!". Explique por que o uso do artigo definido **as** e do artigo indefinido **uma** (d**uma**), no primeiro e no segundo versos respectivamente, e a ausência de artigo no terceiro verso fazem com que a palavra *estrela* (nos dois primeiros versos) e a palavra *estrelas* (no terceiro verso) tenham sentidos totalmente diferentes.

b. No primeiro verso do poema, "Escutai! Se as estrelas se acendem", o eu lírico se dirige a um interlocutor marcado por um pronome pessoal do caso reto elíptico. Que pronome é esse? Como você o reconheceu?

c. Classifique morfologicamente o pronome *alguém*. Baseando-se nessa classificação, justifique a escolha desse pronome pelo autor para a construção de sentido do poema.

d. Identifique no poema uma expressão usada pelo eu lírico para se referir às estrelas.

Enem e vestibulares

1. Fuvest-SP

As duas manas Lousadas! Secas, escuras e gárrulas como cigarras, desde longos anos, em Oliveira, eram elas as esquadrinhadoras de todas as vidas, as espalhadoras de todas as maledicências, as tecedeiras de todas as intrigas. E na desditosa cidade, não existia nódoa, pecha, bule rachado, coração dorido, algibeira arrasada, janela entreaberta, poeira a um canto, vulto a uma esquina, bolo encomendado nas Matildes, que seus olhinhos furantes de azeviche sujo não descortinassem e que sua solta língua, entre os dentes ralos, não comentasse com malícia estridente.

(Eça de Queirós, *A ilustre Casa de Ramires*.)

No texto, o emprego de artigos definidos e a omissão de artigos indefinidos têm como efeito, respectivamente,

a. atribuir às personagens traços negativos de caráter; apontar Oliveira como cidade onde tudo acontece.

b. acentuar a exclusividade do comportamento típico das personagens; marcar a generalidade das situações que são objeto de seus comentários.

c. definir a conduta das duas irmãs como criticável; colocá-las como responsáveis pela maioria dos acontecimentos na cidade.

d. particularizar a maneira de ser das manas Lousadas; situá-las numa cidade onde são famosas pela maledicência.

e. associar as ações das duas irmãs; enfatizar seu livre acesso a qualquer ambiente na cidade.

2. Unitau-SP

"Vivemos numa época de tamanha insegurança externa e interna, e de tamanha carência de objetivos firmes, que a simples confissão de nossas convicções pode ser importante, mesmo que essas convicções, como todo julgamento de valor, não possam ser provadas por deduções lógicas.

Surge imediatamente a pergunta: podemos considerar a busca da verdade – ou, para dizer mais modestamente, nossos esforços para compreender o universo cognoscível através do pensamento lógico construtivo – como um objeto autônomo de nosso trabalho? Ou nossa busca da verdade deve ser subordinada a algum outro objetivo, de caráter prático, por exemplo? Essa questão não pode ser resolvida em bases lógicas. A decisão, contudo, terá considerável influência sobre nosso pensamento e nosso julgamento moral, desde que se origine numa convicção profunda e inabalável. Permitam-me fazer uma confissão: para mim, o esforço no sentido de obter maior percepção e compreensão é um dos objetivos independentes sem os quais nenhum ser pensante é capaz de adotar uma atitude consciente e positiva ante a vida.

Na própria essência de nosso esforço para compreender o fato de, por um lado, tentar englobar a grande e complexa variedade das experiências humanas, e de, por outro lado, procurar a simplicidade e a economia nas hipóteses básicas. A crença de que esses dois objetivos podem existir paralelamente é, devido ao estágio primitivo de nosso conhecimento científico, uma questão de fé. Sem essa fé eu não poderia ter uma convicção firme e inabalável acerca do valor independente do conhecimento.

Essa atitude de certo modo religiosa de um homem engajado no trabalho científico tem influência sobre toda sua personalidade. Além do conhecimento proveniente da experiência acumulada, e além das regras do pensamento lógico, não existe, em princípio, nenhuma autoridade cujas confissões e declarações possam ser consideradas "Verdade" pelo cientista. Isso leva a uma situação paradoxal: uma pessoa que devota todo seu esforço a objetivos materiais se tornará, do ponto de vista social, alguém extremamente individualista, que, a princípio, só tem fé em seu próprio julgamento, e em nada mais. É possível afirmar que o individualismo intelectual e a sede de conhecimento científico apareceram simultaneamente na história e permaneceram inseparáveis desde então."

Einstein, in: *O Pensamento Vivo de Einstein*, p. 13 e 14, 5a. edição, Martin Claret Editores.

Observe:

I. "Essa atitude de certo modo religiosa de 'um' homem engajado no trabalho..."

II. "Pedro comprou 'um' jornal"

III. "Maria mora no apartamento 'um'."

IV. "Quantos namorados você tem?" "Um"'.

A palavra "um" nas frases acima é, no plano morfológico, respectivamente:

a. artigo indefinido em I e numeral em II, III e IV.
b. artigo indefinido em I e II e numeral em III e IV.
c. artigo indefinido em I e III e numeral em II e IV.
d. artigo indefinido em I, II, III e IV.
e. artigo indefinido em III e IV e numeral em I e II.

3. UEPB

Guardião da brasilidade na América

Na primeira vez em que esteve no Brasil, o historiador Thomas Cohen não estava entendendo nada. Logo ao chegar, tinha um encontro com um renomado professor da história da Universidade de São Paulo. O professor chegou uma hora e meia atrasado e anunciou que precisava viajar em seguida. ²Convidou o jovem Cohen, então com 25 anos, para acompanhá-lo à cidade de Franca, onde passaria o fim de semana dando palestras. Cohen pensou que o professor fizera o convite apenas para compensá-lo pelo desencontro e, polidamente, recusou. ¹"Só depois descobri que os brasileiros são assim mesmo, disponíveis, espontâneos". Diz ³Cohen que acabou encantando-se com a informalidade dos intelectuais brasileiros, e hoje, passados trinta anos, entende muito do Brasil. Já visitou o país dezenas de vezes, é fluente em português, especialista na obra do padre Antônio Vieira (1608-1697) e guardião de uma preciosidade: a única biblioteca dedicada exclusivamente às coisas do Brasil e de Portugal em solo americano - a The Oliveira Lima Library. [...]

Andre Petry. Revista *Veja São Paulo*. Abril. Edição 2317. Ano 46. N° 16. 17 de abril de 2013, p. 93.

Em "Convidou o jovem Cohen, então com 25 anos, para acompanhá-lo à cidade de Franca, onde passaria o fim de semana dando palestras" (ref. 2), pode-se afirmar que:

a. O uso do pronome indica uma referência ao historiador, que também vai para a cidade de Franca.
b. Em "acompanhá-lo", o pronome utilizado faz referência ao jovem Cohen, que viajará com o palestrante.
c. O pronome oblíquo em "acompanhá-lo" substitui o termo "professor" sem alterar o sentido do texto.
d. O sentido do enunciado é construído devido ao emprego do pronome que faz referência ao convite feito pelo professor.
e. O pronome oblíquo foi usado para se referir ao convidado do intelectual brasileiro.

4. Enem

Há qualquer coisa de especial **nisso** de botar a cara na janela em crônica de jornal – eu não fazia isso há muitos anos, enquanto me escondia em poesia e ficção. Crônica algumas vezes também é feita, intencionalmente, para provocar. Além do mais, em certos dias mesmo o escritor mais escolado não está lá grande coisa. Tem os que mostram sua cara escrevendo para reclamar: moderna demais, antiquada demais.

Alguns discorrem sobre o assunto, e é gostoso compartilhar ideias. Há os textos que parecem passar despercebidos, outros rendem um montão de recados: "Você escreveu exatamente o que eu sinto", "Isso é exatamente o que falo com meus pacientes", "É isso que digo para meus pais", "Comentei com minha namorada". Os estímulos são valiosos pra quem nesses tempos andava meio **assim**: é como me botarem no colo – também eu preciso. Na verdade, nunca fui tão posta no colo por leitores como na janela do jornal. De modo que está sendo ótima, essa brincadeira séria, com alguns textos que iam acabar neste livro, outros espalhados por aí. Porque eu levo a sério ser sério... mesmo quando parece que estou brincando: **essa** é uma das maravilhas de escrever. Como escrevi há muitos anos e continua sendo a minha verdade: palavras são meu jeito mais secreto de calar.

LUFT, L. *Pensar é transgredir*. Rio de Janeiro: Record, 2004.

Os textos fazem uso constante de recursos que permitem a articulação entre suas partes. Quanto à construção do fragmento, o elemento

a. "nisso" introduz o fragmento "botar a cara na janela em crônica de jornal".
b. "assim" é uma paráfrase de "é como me botarem no colo".
c. "isso" remete a "escondia em poesia e ficção".
d. "alguns" antecipa a informação "É isso que digo para meus pais".
e. "essa" recupera a informação anterior "janela do jornal".

CAPÍTULO 9

NUMERAL E INTERJEIÇÃO

O que você vai aprender

1. **Numeral**
   - Identificar os numerais cardinais, ordinais, fracionários e multiplicativos.
   - Refletir sobre o efeito produzido pelo uso de numerais.
   - Conhecer as flexões dos numerais.

2. **Interjeição**
   - Identificar as interjeições.
   - Reconhecer emoções, apelos, sentimentos e impressões que elas expressam.
   - Interpretar os sentidos das interjeições em diferentes contextos.

▶ Observe a tira.

A tira que você acabou de ler foi publicada em uma revista digital, a *Revista Bicicleta*, especializada em ciclismo e que propõe debater sobre o uso da bicicleta como instrumento de diversão e prática esportiva, mas também como alternativa sustentável para a mobilidade urbana. A publicação é composta de notícias, reportagens, entrevistas com especialistas, tiras e charges, que abordam o caráter não poluente e econômico da bicicleta (em relação aos demais meios de transporte) e os benefícios que ela traz para a saúde do ciclista.

A linguagem adotada pela revista objetiva atentar o leitor para o papel da bicicleta na sociedade contemporânea. Tem sido recorrente na grande mídia e em grupos de discussão, como os das redes sociais, o debate sobre a bicicleta como importante mecanismo para solucionar problemas urbanos. O número de ativistas e de coletivos em prol da bicicleta tem crescido nas grandes cidades ao redor do mundo.

Observe que o personagem da tira, ao interferir no anúncio do preço da gasolina, utiliza os numerais diferentemente de como usamos no dia a dia. Ele ressignifica esses numerais ao reconhecer o valor que representam naquele contexto, empregando-os de maneira irônica não mais como símbolos de valor, mas como objetos que compõem um meio de transporte. Ao transformar os algarismos 4, 0 e 9 em partes de uma bicicleta, o personagem atribui um novo significado a esses símbolos.

Você já pensou sobre as formas de representar quantidades?

Este capítulo vai apresentar dois conteúdos da gramática. Em um primeiro momento, falaremos dos numerais, suas classificações e suas flexões. Na sequência, trataremos das interjeições, que são as expressões indicativas de emoções.

Reflexão e análise linguística
Numeral

▶ Observe os cartazes dos filmes a seguir.

1. Identifique, nos títulos dos filmes, os elementos linguísticos que indicam quantidade.

2. Por que os numerais inscritos no título do filme *Sete homens e um destino* indicam um contraste entre *homens* e *destino*?

Os três títulos apresentam numerais, palavras que compõem a classe gramatical que indica a quantificação de elementos.

> **Numeral** é a palavra que expressa a quantidade exata de seres ou o lugar que eles ocupam em uma sequência.
>
> Podem ser representados por algarismos arábicos (1, 2, 3 etc.) ou romanos (I, II, III etc.) e são classificados em: cardinais, ordinais, multiplicativos, fracionários e coletivos.

Numeral cardinal e numeral ordinal

▶ Leia a notícia.

Comitê olímpico anuncia cinco novas modalidades para os Jogos de Tóquio

Jogos Olímpicos

Surfe, skate, beisebol, escalada e caratê entraram, por unanimidade, no programa olímpico de 2020

O Comitê Olímpico Internacional (COI) anunciou a entrada de cinco novas modalidades esportivas para os Jogos Olímpicos de Tóquio 2020. Por unanimidade, a organização abriu espaço para atletas do Beisebol (junto ao softbol, versão feminina do esporte), surfe, skate, caratê e a escalada para a competição.

A decisão foi anunciada na última quarta-feira (3) [de agosto de 2016], durante o 129º congresso anual da entidade, no Rio de Janeiro.

Para serem aceitos no programa olímpico, os esportes já haviam passado por duas triagens. Na primeira, realizada no ano passado, oito dos 26 esportes inscritos foram aceitos pelo Comitê Organizador de Tóquio. Em junho deste ano, cinco esportes foram abalizados pelo COI. Esportes como xadrez, squash, sumô e boliche, no entanto, ainda ficarão de fora dos jogos.

Portal Brasil, Brasília, ago. 2016. Disponível em: <www.brasil.gov.br/esporte/2016/08/comite-olimpico-anuncia-cinco-novas-modalidades-para-os-jogos-de-toquio>. Acesso em: 4 mar. 2017.

3. De acordo com a notícia, como foi realizado o processo para a inclusão de novas modalidades esportivas nos Jogos Olímpicos?

4. Explique por que a palavra *unanimidade* atribui valor positivo aos esportes selecionados para os próximos Jogos Olímpicos.

5. Identifique na notícia:
   - duas palavras que indicam quantidade.
   - uma palavra que indica posição em uma sequência de elementos ordenados.

Observe que tanto as palavras que indicam quantidade quanto as que sinalizam a posição de um elemento em determinada sequência fazem parte da mesma classe gramatical, os **numerais**. A variação de sentido entre os vocábulos desse grupo promove diferentes classificações.

> **Numerais cardinais** são aqueles que indicam quantidade. Exemplo:
> A cooperativa foi criada há **catorze** anos.
>
> **Numerais ordinais** são aqueles que indicam o lugar que um ser ocupa em uma sequência. Exemplo:
> Joana é uma das **primeiras** sócias do empreendimento.

Numeral multiplicativo e numeral fracionário

▶ Leia, a seguir, um trecho de uma postagem feita no *blog* Estante Virtual.

As 10 duplas mais famosas da literatura

Engana-se quem acha que só encontrará duplas famosas na música. Para além de Erasmo e Roberto Carlos, John Lennon e Paul McCartney e da dupla sertaneja Zezé Di Camargo e Luciano, também a mitologia, o cinema, a televisão, a literatura e a própria história estão repletos de parcerias inesquecíveis. E, se pesquisarmos um pouco mais a fundo, ainda descobriremos, segundo o cristianismo, que até mesmo a humanidade teve início com uma dupla: Adão e Eva.

Estante Virtual, nov. 2011. Disponível em: <http://blog.estantevirtual.com.br/2011/11/11/as-10-duplas-mais-famosas-da-literatura>. Acesso em: 12 mar. 2017.

6. O texto que você acabou de ler foi publicado em um *site* que comercializa livros usados.

   a. Que estratégia foi utilizada para sugerir títulos aos potenciais leitores?
   b. Que efeito essa estratégia promove no leitor?
   c. Por que, em sua opinião, as histórias sobre parcerias podem ser empolgantes?
   d. Você conhece alguma história protagonizada por uma dupla? Qual?

7. Leia as seguintes manchetes.

   ### Conheça Linda Mar, mãe de quádruplos que luta para sustentar os filhos

   Disponível em: <www.correiobraziliense.com.br/app/noticia/cidades/2017/02/03/interna_cidadesdf,570508/x.shtml>. Acesso em: 23 maio 2017.

   ### A dois dias do fim do prazo, Enem 2017 recebeu metade das inscrições de 2016

   Disponível em: <https://enem2017.biz/dois-dias-do-fim-do-prazo-enem-2017-recebeu-metade-das-inscricoes-de-2016/>. Acesso em: 23 maio 2017.

   a. Na primeira manchete, qual é a dificuldade advinda da única gravidez da mulher?
   b. Considerando o tema da notícia, por que a palavra metade se destaca na segunda manchete?

8. Compare o sentido das palavras *dupla, quádruplos* e *metade*, presentes nas questões acima. Qual é a relação entre elas?

O texto "As 10 duplas mais famosas da literatura" traz um numeral multiplicativo, *dupla*, pois se refere ao agrupamento de dois seres dentro de determinado contexto: "Erasmo e Roberto Carlos", "John Lennon e Paul McCartney"; "Zezé Di Camargo e Luciano". Na manchete sobre os quádruplos, há o impacto pela chegada de quatro bebês em vez de apenas um, que seria o mais comum. Nesses casos, os numerais indicam aumento proporcional dos elementos citados.

Diferentemente, a manchete sobre o Enem está baseada em um numeral fracionário, que divide um agrupamento: o número esperado de inscritos para a prova oficial. Dessa forma, vemos que o efeito de sentido que cada numeral promove em determinado contexto – acumulação de elementos ou divisão de quantidades – favorece a classificação desses numerais.

Numerais multiplicativos são aqueles que indicam aumento proporcional de certa quantidade, ou seja, a multiplicação de elementos tomados como base.
Exemplo: Ele tem o **triplo** da idade do irmão.

Numerais fracionários são aqueles que indicam a divisão de uma quantidade tomada como base. Exemplos:
Ele tem **um terço** da idade do irmão.
Ele tem **dois terços** da idade do irmão.

Numeral coletivo

▶ Leia o cartaz.

O filme *Quarteto fantástico*, de Josh Trank, traz a história de quatro heróis que se unem para proteger o planeta Terra. Repare que, no título do filme, os heróis são especificados pelo numeral *quarteto*. Caso esse grupo fosse composto por três pessoas, e não quatro, qual seria a palavra indicada para designá-lo? E se fossem cinco pessoas?

Com base na história e no título do filme *Quarteto fantástico*, percebemos que uma palavra pode designar um grupo de pessoas. No caso dos amigos retratados na narrativa, a palavra *quarteto* é um numeral que os identifica e os especifica, indicando uma quantidade de pessoas com características afins: quatro personagens formam um grupo de super-heróis. Numerais como *quarteto*, *trio* e *quinteto* indicam **coletivos** de seres ou coisas. São os **numerais coletivos**.

> **Numerais coletivos** indicam o número exato de seres ou coisas que fazem parte de um conjunto. São numerais coletivos termos como par, dezena, centena, cento, década, século etc.
> Exemplo: Comprei **uma dúzia** de rosas.

Flexão dos numerais

▶ Leia o trecho de uma notícia.

NBA: sigla da *National Basketball Association*, liga profissional de basquetebol dos Estados Unidos e do Canadá.

Armador: no basquete, é a posição do jogador que organiza as jogadas ofensivas, os lances do jogo.

Quesito: ponto submetido à opinião ou julgamento de alguém.

Westbrook faz mais um triplo-duplo e entra para trio histórico em vitória do Thunder

Russell Westbrook, mais uma vez, brilhou na noite desta terça-feira na NBA. Em vitória do Oklahoma City Thunder sobre o Utah Jazz, por 109 a 106, o armador anotou mais um triplo-duplo, seu 30º na temporada, e igualou um feito atingido anteriormente apenas por Oscar Robertson e Wilt Chamberlain.

Os três são os únicos, na história da NBA, a conseguirem, ao menos, 30 jogos com dois dígitos em três estatísticas em uma mesma temporada. Westbrook, inclusive, está a apenas um triplo-duplo de igualar os 31 obtidos por Chamberlain em 1967/68. Robertson é o recordista no quesito, com 41 em 1961/62.

ESPN, 1º mar. 2017. Disponível em: <http://espn.uol.com.br/noticia/674948_westbrook-faz-mais-um-triplo-duplo-e-entra-para-trio-historico-em-vitoria-do-thunder>. Acesso em: 13 mar. 2017.

168 Unidade 3 Morfologia

9. Com base no contexto da notícia, responda: A que se referem os numerais *triplo-duplo* e *trio*, presentes no título?

10. Agora, no trecho "Westbrook faz mais um triplo-duplo", substitua o numeral *um* por *dois* e faça as adaptações necessárias.

11. Para fazer as modificações necessárias na questão anterior, você precisou observar o singular e o plural das palavras e estabelecer concordância entre elas. Considerando as alterações realizadas, elabore uma regra que as justifique.

12. Substitua as palavras destacadas pelas palavras indicadas entre parênteses, fazendo as mudanças necessárias.

    a. Comprei **uma** dúzia de rosas. (duas)

    b. **Ele** tem o triplo da idade do irmão. (eles)

Agora, observe as palavras *dúzia* e *triplo*, nas frases do exercício anterior. A partir do contexto em que estão inseridas, podemos notar que a flexão dos numerais varia de acordo com suas características morfológicas ou, ainda, de acordo com o contexto comunicativo. Vejamos:

- A palavra *dúzia* funciona como *numeral* que indica o conjunto de rosas. Por isso, deve concordar com o número, no caso **uma**, que o antecede, ou seja, deve indicar quantos conjuntos de rosas foram comprados.

- A palavra *triplo* está antecedida por um artigo, no caso **o**. A presença dele torna *triplo* um substantivo, que passa a concordar em número com esse artigo que o determina.

Do ponto de vista de sua forma, ou seja, de sua morfologia, as **flexões dos numerais** se fazem de acordo com as seguintes regras:

- **Numerais cardinais** e **numerais ordinais**: são variáveis e podem, em geral, ser flexionados em gênero (masculino e feminino) e número (singular e plural).

    Exemplos:
    Duzentas meninas estão na competição.
    O jogo custa **trezentos** reais.
    Eu li as **primeiras** edições de seu livro.
    Fiquei em **terceiro** lugar na competição.

    Contudo, alguns numerais se flexionam apenas em número.
    Exemplos:
    O ganhador levou um **bilhão**.
    O ganhador levou dois **bilhões**.

    No caso dos numerais cardinais, variam em gênero somente *um*, *dois* e as centenas a partir de *duzentos*.

    Exemplos:
    Duas meninas estão na escola.
    Trezentos meninos estudam nesta escola.

Numeral e interjeição   Capítulo 9

- **Numerais multiplicativos:** sofrem flexões distintas.
  Quando têm a função de substantivo, os numerais multiplicativos são invariáveis.
  Exemplo:
  A prova oficial tem o **duplo** valor das provas aplicadas na escola.

  Quando têm a função de adjetivo, os numerais multiplicativos variam em gênero e em número.
  Exemplo:
  A prova oficial tem **dupla** importância em relação às provas aplicadas na escola.

- **Numerais fracionários:** são flexionados em gênero e/ou em número de acordo com o numeral cardinal que os antecede.
  Exemplos:

  Andei um **terço** do caminho.   Andei uma **terça** parte do caminho.

  Andei dois **terços** do caminho.   Andei duas **terças** partes do caminho.

- **Numerais coletivos:** são flexionados em número.
  Exemplos:

  Usei uma **dúzia** de laranjas para fazer o suco.

  Usei duas **dúzias** de laranjas para fazer o suco.

Interjeição

▶ Leia a tira.

13. Observe que, na tira, Hagar usa um pronome indefinido ao formular a pergunta: "Aconteceu alguma coisa importante enquanto eu estive fora?". A resposta de Helga, por sua vez, é muito precisa: ela enumera uma série de fatos históricos e um fato doméstico.

    a. Releia a fala de Helga e identifique a palavra usada por ela para iniciar sua fala.
    b. Para você, por que Helga utiliza esse tipo de expressão para introduzir sua resposta?
    c. Hagar não foi impactado pelos fatos históricos citados por Helga. Entretanto, o fato doméstico o mobilizou bastante. Identifique a palavra que expressa a reação inicial de Hagar à notícia de que seu cachorro teve filhotes.

d. Identifique a emoção expressa pela palavra que você indicou como resposta na questão anterior.

    I. surpresa

   II. aflição

  III. agradecimento

  IV. alegria

   V. reprovação

e. Qual palavra poderia ser usada por Hagar para expressar sua emoção caso ele tivesse ficado desapontado com o nascimento dos filhotes do seu cachorro?

14. Explique o sentido das expressões destacadas nas frases a seguir.

  a. Puxa! Como você se atrasou.

  b. Tudo vai dar certo. **Força!**

  c. Que cheiro ruim! **Eca!**

  d. Passei no vestibular. **Viva!**

15. Cite interjeições que poderiam preceder as seguintes orações.

  a. O dia está lindo hoje.

  b. Você não foi ao nosso encontro.

  c. Consegui fazer o trajeto da maratona.

  d. Bati meu dedo nessa pedra.

As **interjeições** expressam emoções, apelos, sentimentos, impressões etc. Para interpretá-las e reconhecer seu valor semântico, é necessário considerar o contexto em que apareçam e, no caso das situações orais de comunicação, atentar para a entonação com que são pronunciadas.

As interjeições podem indicar:

Alegria – Eh! Eba! Oba!

Animação – Vamos! Eia! Coragem!

Aplauso – Viva! Bravo! Demais!

Chamado – Ei! Psiu! Ó!

Contrariedade – Droga! Porcaria!

Desejo – Oxalá! Tomara!

Do – Ai! Ui!

Espanto, surpresa – Nossa! Puxa! Ué! Virgem! Vixe! Ó!

Medo – Credo! Ai! Cruzes!

Silêncio – Psiu! Silêncio! Chiu!

A gramática e a construção de sentido

A notícia e os números: o impacto da informação

▶ Leia a reportagem a seguir, publicada no *site* oficial da Organização das Nações Unidas (ONU).

ONU: um terço dos alimentos produzidos no mundo são desperdiçados, enquanto 840 milhões passam fome

Dois bilhões de pessoas sofrem com a deficiência de micronutrientes, 7 milhões de crianças morrem anualmente antes do seu quinto aniversário e 500 milhões de pessoas são obesas.

Mais da metade da população mundial sofre problemas graves de nutrição e, segundo especialistas [...] reunidos em Roma (Itália) nesta quarta-feira (13) [de novembro de 2013], essa questão só poderá ser resolvida com uma mudança drástica nos sistemas alimentares atuais.

"É claro que o modo pelo qual os alimentos são distribuídos hoje não resulta em melhorias para a nutrição da população", afirmou o diretor-geral da Organização das Nações Unidas para a Alimentação e a Agricultura (FAO), José Graziano da Silva.

"O fato mais chocante é que mais de 840 milhões de pessoas passam fome atualmente, apesar do mundo já produzir alimentos suficientes para todos, e desperdiçar um terço dessa produção", prosseguiu, acrescentando que a quantidade atual de alimentos desperdiçados é suficiente para alimentar 2 bilhões de pessoas.

Mulher vende tomates em negócio local. Chimoio, Moçambique, 2011.

Segundo a FAO, enquanto 842 milhões de pessoas sofrem de fome crônica, muitas outras morrem ou sofrem os efeitos nocivos de uma nutrição inadequada. Cerca de 2 bilhões de pessoas são afetadas pela deficiência de micronutrientes, cerca de 7 milhões de crianças morrem antes do seu quinto aniversário todo ano e 162 milhões de crianças menores de cinco anos são raquíticas. Além disso, 500 milhões de pessoas estão obesas.

A reunião é organizada pela FAO e pela Organização Mundial da Saúde (OMS).

ONU Brasil, 14 nov. 2013. Disponível em: <https://nacoesunidas.org/onu-um-terco-dos-alimentos-produzidos-no-mundo-sao-desperdicados-enquanto-840-milhoes-passam-fome>. Acesso em: 14 mar. 2017.

> **1.** Identifique os dados numéricos presentes no intertítulo e na reportagem. Em sua opinião, qual é a relação de sentido entre esses valores?

Ao observarmos o uso dos numerais na reportagem, vemos que os cardinais *milhões* e *bilhões* impactam pela grandeza numérica, indicando que, no mundo, muitas pessoas sofrem em razão da fome.

Para apresentar a informação ao leitor, o emissor escolheu outros numerais ao se referir aos dados estatísticos: "um *terço* dos alimentos", "*quinto* aniversário", "mais da *metade* da população". Dessa forma, nessa reportagem, podemos notar que a diversidade na representação de quantidades favorece a construção do efeito desejado pelo emissor, evita repetições de ideias e amplia as possibilidades de construção sintática.

Veja a diferença de sentido entre os trechos:

I. "O fato mais chocante é que mais de *840 milhões de pessoas* passam fome atualmente, apesar do mundo já produzir alimentos suficientes para todos, e desperdiçar um terço dessa produção."

II. O fato mais chocante é que *metade da população* passa fome atualmente, apesar do mundo já produzir alimentos suficientes para todos, e desperdiçar um terço dessa produção.

Vemos que, nesse contexto comunicativo, o fato mais chocante é que grande parte da população ainda passa fome. A escolha pelo tipo de numeral a ser utilizado em um texto, como você pôde constatar, impacta o leitor e produz um efeito singular no ato da leitura.

Exercícios

1. Os numerais que indicam o aumento proporcional de quantidade são os (I) e os que indicam parte de um todo são os (II).

   a. (I) multiplicativos; (II) fracionários.
   b. (I) multiplicativos; (II) cardinais.
   c. (I) ordinais; (II) fracionários.
   d. (I) cardinais; (II) fracionários.

2. Leia a letra da canção "Tanto amar", de Chico Buarque.

   ### Tanto amar

   Amo tanto e de tanto amar
   Acho que ela é bonita
   Tem um olho sempre a boiar
   E outro que agita

   Tem um olho que não está
   Meus olhares evita
   E outro olho a me arregalar
   Sua **pepita**

   A metade do seu olhar
   Está chamando pra luta, aflita
   E metade quer madrugar
   Na **bodeguita**

   Se os seus olhos eu for cantar
   Um seu olho me atura
   E outro olho vai desmanchar
   Toda a pintura

   Ela pode rodopiar
   E mudar de figura
   A **paloma** do seu mirar
   Virar **miúra**

   É na soma do seu olhar
   Que eu vou me conhecer inteiro
   Se nasci pra enfrentar o mar
   Ou **faroleiro**

   Amo tanto e de tanto amar
   Acho que ela acredita
   Tem um olho a pestanejar
   E outro me fita

   Suas pernas vão me enroscar
   Num balé esquisito
   Seus dois olhos vão se encontrar
   No infinito

   Amo tanto e de tanto amar
   Em Manágua temos um chico
   Já pensamos em nos casar
   Em Porto Rico

   BUARQUE, Chico. Tanto amar. 100%©by Marola Edições Musicais Ltda. Todos os direitos reservados.

   > **Pepita:** fragmento de metal precioso, especialmente ouro. No texto, a palavra designa os olhos da mulher amada.
   > **Bodeguita:** termo em espanhol, que significa "bar".
   > **Paloma:** termo em espanhol que significa "pomba".
   > **Miúra:** touro agressivo, ágil e de chifres pontiagudos.
   > **Faroleiro:** pessoa encarregada da manutenção do farol, ou seja, da torre luminosa que fica junto ao mar para orientar os navegadores.

   a. A letra da música descreve características e comportamentos contraditórios dos olhos da mulher amada. Indique a estrofe que aborda a contradição entre olhar de frente para o amado e evitar o contato visual com ele.

   b. Releia a terceira estrofe. Identifique um numeral nessa estrofe e classifique-o.

   c. Em quase todas as estrofes, o eu lírico contrapõe os comportamentos contrastantes dos olhos da amada. De que forma o numeral que você identificou na questão anterior colabora com a construção dessas contradições?

   d. Na sexta estrofe, o eu lírico assume que a soma das contradições do olhar da mulher amada colabora para que ele se conheça melhor. No caso, enfrentar o mar ou ser faroleiro são atitudes opostas. Tendo em vista o contexto da canção, responda: Qual é o perfil de quem nasce para enfrentar o mar? Quais são as características da personalidade de quem prefere ser faroleiro?

   e. Depois de se referir às duas metades, o eu lírico expressa a soma dessas partes e a maneira como a junção delas repercute nele. Identifique, ainda na sexta estrofe, outra palavra que tem significado próximo ao da palavra *soma* e está sendo usada para caracterizar o eu lírico.

3. Leia a tira de Calvin.

a. Identifique a interjeição presente na tira.

b. Considerando a conversa entre Calvin e sua mãe, explique o sentido irônico da interjeição.

4. Leia a tira.

a. Nos dois primeiros quadros, o personagem apresenta uma condição emocional que se modifica com a chegada do tubarão. Que marcas não verbais explicitam o nervosismo do personagem?

b. Identifique a interjeição presente na tira.

c. Que emoção ela expressa?

d. Se a mesma interjeição estivesse presente no último quadro, que emoção ela exprimiria?

5. Leia o texto a seguir.

Brasil quer ser o quinto mercado para cinema, vídeo e televisão até 2020

Brasília – Em oito anos, o Brasil quer ser o quinto maior mercado consumidor e produtor em audiovisual no mundo. Atualmente, está na 10ª posição. Para isso, precisa dobrar o número de salas de cinema, triplicar a quantidade de canais de TV por assinatura dedicados à produção nacional, veicular mais longas-metragens na TV aberta e ampliar a participação das distribuidoras nacionais de cinema e de produtoras independentes.

COSTA, Gilberto. *EBC*. Disponível em: <http://www.ebc.com.br/2012/09/brasil-quer-ser-o-quinto-mercado-para-cinema-video-e-televisao-ate-2020>. Acesso em: 15 jun. 2016.

a. Quais marcas linguísticas, presentes no título da matéria, indicam que o Brasil não ocupa posição favorável no mercado audiovisual mundial?

b. Qual é o numeral ordinal, escrito por extenso, correspondente a *10ª*?

c. O que é preciso fazer para atingir a meta?

d. Agora, responda: Você costuma assistir a filmes nacionais? Se sim, qual foi o último a que assistiu?

Numeral e interjeição Capítulo 9 175

Enem e vestibulares

1. Unesp-SP

Uma campanha alegre, IX

Há muitos anos que a política em Portugal apresenta este singular estado:

Doze ou quinze homens, sempre os mesmos, alternadamente possuem o Poder, perdem o Poder, reconquistam o Poder, trocam o Poder... O Poder não sai duns certos grupos, como uma **pela** que quatro crianças, aos quatro cantos de uma sala, atiram umas às outras, pelo ar, num rumor de risos. Quando quatro ou cinco daqueles homens estão no Poder, esses homens são, segundo a opinião, e os dizeres de todos os outros que lá não estão – os corruptos, os esbanjadores da Fazenda, a ruína do País! Os outros, os que não estão no Poder, são, segundo a sua própria opinião e os seus jornais – os verdadeiros liberais, os salvadores da causa pública, os amigos do povo, e os interesses do País. Mas, coisa notável! – os cinco que estão no Poder fazem tudo o que podem para continuar a ser os esbanjadores da Fazenda e a ruína do País, durante o maior tempo possível! E os que não estão no Poder movem-se, conspiram, cansam-se, para deixar de ser o mais depressa que puderem – os verdadeiros liberais, e os interesses do País! Até que enfim caem os cinco do Poder, e os outros, os verdadeiros liberais, entram triunfantemente na designação herdada de esbanjadores da Fazenda e ruína do País; em tanto que os que caíram do Poder se resignam, cheios de fel e de tédio – a vir a ser os verdadeiros liberais e os interesses do País. Ora como todos os ministros são tirados deste grupo de doze ou quinze indivíduos, não há nenhum deles que não tenha sido por seu turno esbanjador da Fazenda e ruína do País... Não há nenhum que não tenha sido demitido, ou obrigado a pedir a demissão, pelas acusações mais graves e pelas votações mais hostis... Não há nenhum que não tenha sido julgado incapaz de dirigir as coisas públicas – pela Imprensa, pela palavra dos oradores, pelas incriminações da opinião, pela afirmativa constitucional do poder moderador... E todavia serão estes doze ou quinze indivíduos os que continuarão dirigindo o País, neste caminho em que ele vai, feliz, abundante, rico, forte, coroado de rosas, e num **chouto** tão triunfante!

(Eça de Queirós. Obras. Porto: Lello & Irmão-Editores, [s.d.].)

Pela: bola.
Chouto: trote miúdo.

Assinale a alternativa cuja frase contém um numeral cardinal empregado como substantivo.

a. Há muitos anos que a política em Portugal apresenta...

b. Doze ou quinze homens, sempre os mesmos, alternadamente possuem o Poder...

c. ... os cinco que estão no Poder fazem tudo o que podem para continuar...

d. ... são tirados deste grupo de doze ou quinze indivíduos...

e. ... aos quatro cantos de uma sala...

2. Unitau-SP

"Vivemos numa época de tamanha insegurança externa e interna, e de tamanha carência de objetivos firmes, que a simples confissão de nossas convicções pode ser importante, mesmo que essas convicções, como todo julgamento de valor, não possam ser provadas por deduções lógicas.

Surge imediatamente a pergunta: podemos considerar a busca da verdade – ou, para dizer mais modestamente, nossos esforços para compreender o universo cognoscível através do pensamento lógico construtivo – como um objeto autônomo de nosso trabalho? Ou nossa busca da verdade deve ser subordinada a algum outro objetivo, de caráter prático, por exemplo? Essa questão não pode ser resolvida em bases lógicas. A decisão, contudo, terá considerável influência sobre nosso pensamento e nosso julgamento moral, desde que se origine numa convicção profunda e inabalável. Permitam-me fazer uma confissão: para mim, o esforço no sentido de obter maior percepção e compreensão é um dos objetivos independentes sem os quais nenhum ser pensante é capaz de adotar uma atitude consciente e positiva ante a vida.

Na própria essência de nosso esforço para compreender o fato de, por um lado, tentar englobar a grande e complexa variedade das experiências humanas, e de, por outro lado, procurar a simplicidade e a economia nas hipóteses básicas. A crença de que esses dois objetivos podem existir paralelamente é, devido ao estágio primitivo de nosso conhecimento científico, uma questão de fé. Sem essa fé eu não poderia ter uma convicção firme e inabalável acerca do valor independente do conhecimento.

Essa atitude de certo modo religiosa de um homem engajado no trabalho científico tem influência sobre toda sua personalidade. Além do conhecimento proveniente da experiência acumulada, e além das regras do pensamento lógico, não existe, em princípio, nenhuma autoridade cujas confissões e declarações possam ser consideradas 'Verdade' pelo cientista. Isso leva a uma situação paradoxal: uma pessoa que devota todo seu esforço a objetivos materiais se tornará, do ponto de vista social, alguém extremamente individualista, que, a princípio, só tem fé em seu próprio julgamento, e em nada mais. É possível afirmar que o individualismo intelectual e a sede de conhecimento científico apareceram simultaneamente na história e permaneceram inseparáveis desde então."

Einstein, in: *O Pensamento Vivo de Einstein*, p. 13 e 14, 5a. edição, Martin Claret Editores.

Observe:

I. "Essa atitude de certo modo religiosa de 'um' homem engajado no trabalho...".

II. "Pedro comprou 'um' jornal".

III. "Maria mora no apartamento 'um'."

IV. "Quantos namorados você tem?" "Um".

A palavra "um" nas frases acima é, no plano morfológico, respectivamente:

a. artigo indefinido em I e numeral em II, III e IV.
b. artigo indefinido em I e II e numeral em III e IV.
c. artigo indefinido em I e III e numeral em II e IV.
d. artigo indefinido em I, II, III e IV.
e. artigo indefinido em III e IV e numeral em I e II.

3. **FMU-SP** **Triplo** e **tríplice** são numerais:

a. ordinal o primeiro e multiplicativo o segundo
b. ambos ordinais
c. ambos cardinais
d. ambos multiplicativos
e. multiplicativo o primeiro e ordinal o segundo

4. **Unesp-SP** Identifique o caso em que não haja expressão numérica de sentido indefinido:

a. Ele foi o duodécimo colocado.
b. Quer que veja este filme pela milésima vez?
c. Na guerra os meus dedos disparam mil mortes.
d. A vida tem uma só entrada; a saída é por cem portas.
e. N.D.A.

5. **FVE-SP** Indique o item em que os numerais estão corretamente empregados:

> Consulte os Anexos deste livro para responder às duas questões a seguir.

a. Ao Papa Paulo seis sucedeu João Paulo primeiro.
b. Após o parágrafo nono, virá o parágrafo décimo.
c. Depois do capítulo sexto, li o capítulo décimo primeiro.
d. Antes do artigo dez vem o artigo nono.
e. O artigo vigésimo segundo foi revogado.

6. **Cefet-MG** A alternativa em que o numeral está impropriamente empregado é:

a. O conteúdo do artigo onze não está claro.
b. Já lhe disseram, pela noningentésima vez, o que fazer.
c. Esses animais viveram, aproximadamente, na Era Terciária.
d. Consulte a Encíclica de Pio Décimo.
e. Essas afirmações encontram-se na página décima quinta.

7. **Fasp** Ele obteve o (123º) lugar:

a. Centésimo vigésimo terceiro.
b. Centésimo trigésimo terceiro.
c. Cento e vinte trigésimo.
d. Cento e vigésimo terceiro.

8. **Fuvest-SP**

"A vila inteira, embora ninguém nada dissesse claramente, estava de olhos abertos assuntando se tais bens entrariam ou não entrariam no inventário.

Lugar pequeno, **ah**, lugar pequeno, em que cada um vive vigiando o outro!

Pela segunda vez Vicente Lemes lavrou o seu despacho, exigindo..."

ÉLIS, Bernardo. *O Tronco*, 1956.

Explique que sentimentos ou estado de espírito o termo destacado está enfatizando na passagem: "Lugar pequeno, **ah**, lugar pequeno..."

CAPÍTULO 10

VERBO – PARTE I

O que você vai aprender

1. **Verbos**
   - Reconhecer a função dos verbos dentro de enunciados.
   - Relacionar o efeito de sentido dos verbos a número, pessoa, tempo e modo.
   - Identificar o valor dos verbos para a construção de sentido das orações.

2. **Estrutura e classificação dos verbos**
   - Identificar a estrutura dos verbos.
   - Relacionar as partes constitutivas do verbo e seus sentidos.
   - Utilizar os elementos constitutivos dos verbos para flexioná-los de acordo com as intenções comunicativas.
   - Conhecer as classificações dos verbos de acordo com a mudança na sua estrutura.

3. **Flexão de número e pessoa**
   - Reconhecer as flexões de número e pessoa em verbos conjugados.
   - Flexionar verbos em número e pessoa de acordo com a situação comunicativa.

4. **Flexão de tempo e modo**
   - Reconhecer a flexão de modo em verbos conjugados.
   - Flexionar verbos em número e pessoa de acordo com a situação comunicativa.

▶ Leia a tira.

A tira que você acabou de ler apresenta dois planos narrativos paralelos. No plano em que se desenvolve o diálogo, um dos personagens manifesta o desejo de escrever sua autobiografia, mas **se sente** frustrado por considerar que não há acontecimentos interessantes em sua vida.

Esse contexto narrativo aparece ilustrado no plano superior, em que o leitor pode saber como é o dia a dia do animal: ele **tomou** chuva, **foi** até o farol, **avistou** o mar, **cheirou** uma flor, **nadou**, **dormiu** sob uma árvore. Ou seja, a vida do pinguim é marcada por acontecimentos corriqueiros.

Como a relação entre os dois planos narrativos promove humor? Você já pensou sobre a forma como as pessoas contam sua rotina? Sobre a quantidade de ações que fazemos todos os dias sem mesmo perceber?

Neste capítulo, vamos estudar os verbos, a classe gramatical que indica o que se passa ao longo do tempo.

Ao considerarmos os verbos que aparecem na tira acima, poderíamos pensar que esta classe de palavras indica ação, estado ou fenômeno da natureza. Essa ideia não é falsa, mas é insuficiente para caracterizar os verbos.

Vejamos: se pensarmos nas palavras *corrida*, *tristeza* e *chuva*, chegaremos à conclusão de que elas indicam uma ação, um estado e um fenômeno da natureza, respectivamente. Você sabe, no entanto, que elas fazem parte de outra classe gramatical, os substantivos e que os verbos têm características morfológicas diferentes. Por isso, é importante ter em mente outros aspectos além do semântico.

O grupo de palavras a ser estudado neste capítulo pode ser reconhecido pelas suas marcas estruturais: sabemos que os verbos, quando flexionados, sofrem alteração em sua forma, indicando a peculiaridade de sua morfologia. Conhecer as partes constitutivas dos verbos e de suas flexões é uma das maneiras de reconhecer sua presença dentro de textos.

Reflexão e análise linguística

Verbo

Definição

No texto de abertura, vimos que a vida do pinguim é feita de ações. No caso dos humanos, além das ações, também as reflexões, as sensações, as emoções fazem parte da vida. O texto a seguir, início do romance *Eu vos abraço, milhões*, de Moacyr Scliar, amplia a reflexão sobre esse tema discorrendo sobre a importância das recordações. Leia-o e responda ao que se pede.

Eu vos abraço, milhões

De uma coisa posso me orgulhar, caro neto: poucos chegam, como eu, a uma idade tão avançada, àquela idade que as pessoas costumam chamar de provecta. Mais: poucos mantêm tamanha lucidez. Não estou falando só em raciocinar, em pensar; estou falando em lembrar. Coisa importante, lembrar. Aquela coisa de "recordar é viver" não passa, naturalmente, de um lugar-comum que jovens como você considerariam até algo meio burro: se a gente se dedica a recordar, quanto tempo sobra para a vida propriamente dita? A vida, que, para vocês transcorre principalmente no mundo exterior, no relacionamento com os outros? Esse cálculo precisa levar em conta a expectativa de vida, precisa quantificar (como?) prazeres e emoções. É difícil de fazer, exige uma contabilidade especial que não está ao alcance nem mesmo de pessoas vividas e supostamente sábias. Que eu saiba, não há nenhum programa de computador que possa ajudar – e, mesmo que houvesse, eu não saberia usá-lo, sou avesso a essas coisas. Vejo-me diante de uma espinhosa tarefa: combinar muito bem a vivência interior, representada sobretudo pela recordação e pela reflexão, com a vivência exterior, inevitavelmente limitada pela solidão, pela incapacidade física, pelo fato de que tenho mais amigos entre os mortos do que entre os vivos.

Provecta: idade avançada, própria da velhice.

SCLIAR, Moacyr. *Eu vos abraço, milhões*. São Paulo: Companhia das Letras, 2010. p. 7 e 8. ©by herdeiros de Moacyr Scliar.

1. Como se caracteriza o mundo interno e o mundo externo conforme a declaração do personagem narrador?
2. Considerando o ponto de vista do narrador-personagem, qual é a diferença entre a juventude e a velhice?
3. Releia.

> Coisa importante, lembrar. Aquela coisa de "recordar é viver" não passa, naturalmente, de um lugar-comum que jovens como você considerariam até algo meio burro: se a gente se dedica a recordar, quanto tempo sobra para a vida propriamente dita?

   a. Como se estabelece a relação entre passado e presente na velhice, segundo a declaração do personagem narrador?
   b. Qual das três alternativas é a mais adequada para explicar o efeito de sentido promovido pela forma verbal *considerariam*?
   - indica uma ação hipotética.
   - indica uma ação ocorrida no passado.
   - indica uma ação que vai acontecer no futuro.

4. Identifique no texto as palavras solicitadas a seguir:

   a. Dois verbos que indicam ação ocorrida no ato da enunciação.

   b. Dois verbos que indicam praticada por uma única pessoa.

   c. Três verbos que indicam ação praticada por mais de uma pessoa.

Ao realizar essas atividades, observamos que os verbos se modificam de acordo com o tempo e com o número, podendo fazer referência ao presente, ao passado ou ao futuro, expressando certeza ou possibilidade e referindo-se a diferentes pessoas do discurso. A possibilidade de variar em função desses e de outros fatores é a característica mais marcante dessa classe de palavras.

> **Verbo** é a palavra que varia em número (plural e singular), em pessoa (1ª, 2ª e 3ª), modo (indicativo, subjuntivo, imperativo), tempo (presente, pretérito, futuro) e voz (ativa, reflexiva e passiva).

▶ Leia as frases e observe a diferença de sentido.

   I. Trabalho com determinação para acumular bons resultados no final.

   II. Trabalho com determinação resulta em bons resultados.

Vejamos a palavra *trabalho* no enunciado I e algumas das possíveis alterações que pode sofrer:

Trabalharam com determinação para acumular bons resultados no final.
Trabalharás com determinação para acumular bons resultados no final.
Trabalhávamos com determinação para acumular bons resultados no final.

Nesses casos, as alterações foram na variação de tempo, número e pessoa. Observe:

	Tempo	Pessoa	Número
Trabalho	presente	1ª pessoa	singular
Trabalharam	pretérito perfeito	3ª pessoa	plural
Trabalharás	futuro do presente	2ª pessoa	singular
Trabalhávamos	pretérito imperfeito	1ª pessoa	plural

Vejamos agora a palavra *trabalho* no enunciado II. Alterações como as do enunciado I não são possíveis no segundo enunciado, uma vez que o contexto indica que a palavra *trabalho* assume a função de nomear, ou seja, ela ocupa o papel de substantivo, assim como o de sujeito da forma verbal *resulta*.

> ### PENSE SOBRE ISSO
>
> A **classificação morfológica** depende, muitas vezes, do contexto em que estão inseridas as palavras e de alguns processos de transformação da língua. Dessa forma, um verbo pode se converter em substantivo se for precedido de um artigo definido.
>
> Exemplo: O **andar** dele era decidido.
>
> Nesse caso, a palavra *andar* está nomeando aquilo que era decidido. Sendo assim, *andar*, que originalmente é verbo, está ocupando uma posição própria de substantivo. Trata-se de um verbo substantivado.

Normalmente, os verbos representam ações. Mas quais outras ideias esta classe de palavras poderia representar?

▶ Leia a tira e observe quais significados o verbo pode carregar.

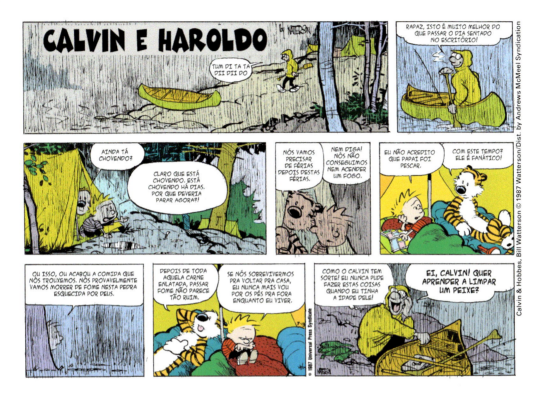

5. O estado de humor de Calvin é bem diferente do de seu pai. Como cada um se sente? Por que cada um deles se encontra neste estado de humor?

6. Qual elemento cria um efeito humorístico na tira?

7. Localize, na tira, dois verbos que indicam ação.

8. Calvin mostra-se surpreso com o fato de seu pai ter saído para pescar na chuva. Haroldo afirma: "Ele é fanático!". A palavra **é** pertence à categoria dos verbos, mas não representa uma ação. O que ela representa?

9. A expressão "está chovendo" também não representa uma ação, uma vez que não é realizada por um sujeito. Qual ideia é representada?

Vemos, portanto, que os verbos podem representar outras ideias além de ações.

> Do ponto de vista semântico (significado), o verbo é a palavra que indica um fazer (uma ação), um acontecer (fenômeno natural), um estado ou uma permanência.
>
> Exemplos:
>
> **Ação** – dançar, correr, partir, suceder, desejar.
>
> **Fenômenos naturais** – amanhecer, trovejar, relampejar, chover, nevar.
>
> **Estado ou permanência** – ser, estar, parecer, continuar, permanecer.

> **PENSE SOBRE ISSO**
>
> Para nos comunicarmos, utilizamos frases, que são enunciados com sentido completo. Elas podem ser compostas de uma ou várias palavras.
>
> Compare as frases:
>
> Oi! Tudo bem com você? Mande notícias, pois estou preocupada com sua saúde.
>
> Observe que "oi" é usado somente para estabelecer comunicação, não há verbo. Na segunda frase, está implícito um verbo: "(Está) Tudo bem com você?". Nas demais frases, há mensagem organizada em torno do verbo, a unidade significativa que aponta quem fala e em que tempo ocorre a ação.
>
> Do ponto de vista **sintático**, o verbo é a base, a estrutura da oração. É por meio dele que se pode expressar uma ação ou um acontecimento; emitir um pensamento, uma opinião sobre algo; assim como atribuir valores e sentimentos ao ser a quem nos referirmos no processo comunicativo. Por isso, só há **oração** quando há um **verbo**.

A estrutura dos verbos

Os verbos variam em número, pessoa, modo, tempo e voz. Nos contextos comunicativos, os verbos se flexionam, passando por modificações em sua estrutura, ganhando elementos significativos para a construção de sentido. Vamos analisar agora de que forma algumas dessas flexões são representadas na palavra.

10. Releia o trecho da obra de Sclair e identifique os verbos flexionados na frase:

> De uma coisa posso me orgulhar, caro neto: poucos chegam, como eu, a uma idade tão avançada, àquela idade que as pessoas costumam chamar de provecta. Mais: poucos mantêm tamanha lucidez. Não estou falando só em raciocinar, em pensar; estou falando em lembrar.

11. Em "de uma coisa posso me orgulhar", qual dos verbos não está flexionado?

12. Quais modificações deveriam ser feitas na frase a seguir, caso o sujeito do verbo fosse "nós" ou "eles"?

> De uma coisa **eu posso** me orgulhar [...]

a. De uma coisa nós ❖.   **b.** De uma coisa eles ❖.

13. Leia as frases e observe as mudanças pelas quais passam os verbos ao serem flexionados.
   I. Hoje **parto** para novos caminhos. Ontem **parti** para novos caminhos.
   II. Em 2016, o Brasil **participou** das Olimpíadas. Em 2020, o Brasil **participará** das Olimpíadas.
   III. Ele **perde** a hora da escola quase todos os dias. Eu **perco** a hora da escola quase todos os dias.
   IV. Meu amigo **ouviu** aquela música especial. Eu **ouço** aquela música especial.
   V. Eu **sou** feliz quando você está aqui. Ele **é** feliz quando você chega.

182   Unidade 3   Morfologia

Em que pares de frases podem ser identificados:

a. verbos que, ao serem flexionados, mantêm seus radicais sem alterações?

b. verbos que, ao serem flexionados, têm seus radicais alterados?

c. um verbo que, ao ser flexionado, tem uma modificação significativa no radical modificado?

Na língua portuguesa, os **verbos**, em sua forma original, apresentam o radical mais as terminações -AR, -ER ou -IR. A vogal que classifica o verbo em 1ª, 2ª ou 3ª conjugações é chamada de **vogal temática**.

Terminação	Conjugação	Exemplos	Vogal temática
-AR	1ª conjugação	andar, falar, nadar	A
-ER	2ª conjugação	comer, fazer, trazer	E
-IR	3ª conjugação	partir, latir, curtir	I

Os verbos **pôr** e seus derivados (**compor, repor, propor** etc), embora terminados em **-OR**, também fazem parte do grupo da **2ª conjugação**, pois têm sua origem na antiga forma *poer*.

Quando flexionados, os verbos apresentam, em sua estrutura, um **radical** que se une a certas **desinências** para indicar suas flexões. Observe:

- **Parti** → **part (radical) + i** (**desinência** indicativa de 1ª pessoa do singular do tempo pretérito perfeito do modo indicativo).

- **Parto** → **part (radical) + o** (**desinência** indicativa de 1ª pessoa do singular do tempo presente do modo indicativo).

- **Partissem** → **part (radical) + i** (**vogal temática**, pois indica que o verbo faz parte da 3ª conjugação) + **sse** (**desinência de tempo e modo**, pois indica que o verbo está no tempo pretérito e no modo subjuntivo) + **m** (**desinência de número e pessoa**, pois indica que é 3ª pessoa do plural).

Ao serem flexionados, há verbos que podem ou não sofrer modificações mais abrangentes no radical. Observe o caso dos verbo **perd**er, em que somente a primeira pessoa do singular (**per**co) apresenta modificação mais severa no radical.

Eu per**c**o

Tu per**d**es

Ele per**d**e

Nós per**d**emos

Vós per**d**eis

Eles per**d**em

Nos casos dos verbos *ser* e *ir*, as alterações no radical não se restringem a uma pessoa e as modificações são mais severas.

Ser	**Ir**
Eu **sou**	Eu **vou**
Tu **és**	Tu **vais**
Ele **é**	Ele **vai**
Nós **somos**	Nós **vamos**
Vós **sois**	Vós **ides**
Eles **são**	Eles **vão**

Outros verbos não podem ser flexionados em todas as pessoas, como o verbo *trovejar*. Considerando o significado desse verbo, não há como usá-lo na primeira pessoa, já que ele não indica uma ação realizável por um ser humano. Somente na linguagem poética, pode-se encontrar esse tipo de verbo relacionado à ação humana.

Outros verbos apresentam duas formas possíveis em determinadas situações, como o verbo *aceitar*. Por exemplo:

I. Eu **tinha aceitado** o convite para a palestra, mas ela foi cancelada.
II. O convite para a participação na palestra **foi aceito**.

Os verbos são classificados em: regulares, irregulares, anômalos, defectivos e abundantes.

- **Regulares** – mantêm a regularidade na vogal temática, nas desinências número-pessoa e modo-temporal durante a conjugação. Exemplos:

    cantar, falar – 1ª conjugação
    vender, correr – 2ª conjugação
    partir, nutrir – 3ª conjugação

- **Irregulares** – apresentam irregularidades no radical e nas desinências número-pessoa e modo-temporal durante a conjugação. Exemplos:

    passear, dar – 1ª conjugação
    ver, perder – 2ª conjugação
    pedir, ouvir – 3ª conjugação

- **Anômalos** – apresentam grande irregularidade em seus radicais. São eles:

    estar – 1ª conjugação
    ser, ter – 2ª conjugação
    ir, vir – 3ª conjugação

- **Defectivos** – não são conjugados em determinadas pessoas, tempos ou modo. Em geral, verbos que indicam fenômenos naturais. Exemplos:

    trovejar, nevar – 1ª conjugação
    amanhecer, chover – 2ª conjugação
    falir, demolir – 3ª conjugação

- **Abundantes** – apresentam mais de uma forma de flexão, como acontece com alguns verbos no particípio. Exemplos:

    aceitado/aceito – verbo aceitar – 1ª conjugação
    acendido/aceso – verbo acender – 2ª conjugação
    imprimido/impresso – verbo imprimir – 3ª conjugação

Flexão dos verbos

Flexão de número e pessoa

O verbo varia em número, pessoa, modo, tempo e voz. Dentro da oração, as flexões do verbo se realizam de acordo com o contexto comunicativo.

 Leia a tira e observe como os verbos estão flexionados.

14. O que faz o personagem pensar que a conexão com o plano celestial está lenta?

15. Há apenas um personagem na tira. Por que ele usa a forma plural "conectarmos"?

16. De que maneira pode-se receber a conexão, segundo o livro que o personagem está lendo?

17. Por que "pode receber" e "deve estar" estão no singular e "conectarmos" está no plural?

Os verbos combinam em **número** com a **pessoa** do discurso a que se referem.

> **Flexão de número** indica se a forma verbal encontra-se no **plural** ou no **singular**. Esta variação está atrelada à **concordância do verbo** com o termo a que ele se relaciona.
>
> Exemplos:
>
> **Chegaram muitas notícias preocupantes** sobre as excessivas chuvas de verão.
>
> **Chegou sua carta** com notícias agradáveis sobre sua estada na Europa.

Alguns verbos, no entanto, não podem ser flexionados no plural, ficando sempre no singular, pois não se referem a nenhuma pessoa do discurso. Por isso, são conhecidos como **verbos impessoais**. É o caso dos verbos *haver* (quando puder ser substituído por *existir, acontecer, fazer*) e *fazer* (quando indicar tempo transcorrido).

Exemplos:

Há muitas histórias sobre sua participação neste evento. Infelizmente nem todas indicam que **houve boa vontade** de sua parte.

Quando poderemos nos ver pessoalmente, já **faz dois anos** que não nos encontramos, lembra-se disso?

Também são verbos impessoais aqueles que exprimem fenômenos da natureza.

Exemplo:

Choveu bastante ontem à noite.

▶ Leia a tira.

18. Explique a relação entre a preposição *contra* e o efeito de humor presente na tira.

19. O pronome utilizado pelo cliente refere-se ao atendente. Como seria a forma verbal, caso ele usasse o pronome de tratamento *você*? E se fosse o plural *vocês*?

Acentuação dos verbos *ter* e *vir* e seus derivados

Os verbos *ter* e *vir* são acentuados, quando flexionados na **terceira pessoa do plural**.
Exemplo:

	Singular	Plural
	Não recebe acento	Recebe acento
ter	Ele **tem** grande consideração por você.	Eles **têm** grande consideração por você.
vir	Ele **vem** chegando pela estrada.	Eles **vêm** chegando pela estrada.

Os verbos que são formados a partir deles recebem acento agudo na forma singular e circunflexo no plural.

Exemplo:

	Singular	Plural
	Não recebe acento	Recebe acento
conter	Ele **contém** o vinho.	Eles **contêm** a água.
deter	Ele **detém** a informação.	Eles **detêm** o poder.
advir	Ele **advém** de uma família pobre.	Eles **advêm** de uma cidade longínqua.
intervir	Ele **intervém** nas discussões.	Eles **intervêm** nos negócios do Estado.

Observação: não acentuamos as vogais dobradas como nos casos a seguir.

Ele lê   Ele crê

Eles leem   Eles creem

▶ Leia o título do filme.

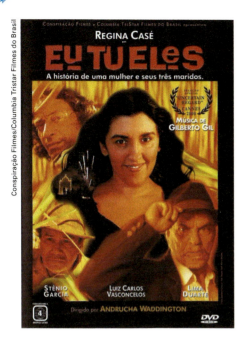

20. Observe a relação entre os pronomes presentes no título e as figuras humanas em destaque no cartaz do filme.

 a. A quem, possivelmente, refere-se o pronome *eu*? Como a linguagem visual colaborou para a construção de sua resposta?

 b. Quem pode ser o "tu" presente no cartaz? Como a imagem colabora para a construção da resposta?

 c. A quem se refere o pronome "eles"?

 d. Qual verbo flexionado completaria as frases a seguir, considerando os pronomes a que se referem?

 • Eu ❖ a um filme brasileiro hoje. (assistir)

 • Tu ❖ a um filme brasileiro hoje. (assistir)

 • Nós ❖ do filme ao qual assistimos hoje. (gostar)

 • Eles ainda não ❖ o filme que vimos hoje. (ver)

▶ Agora leia a capa do livro.

21. Qual pronome pessoal do caso reto pode substituir a forma "a gente"?

22. Que mudança deve acontecer na flexão verbal, caso seja feita a substituição?

23. O livro, destinado a jovens, relata a história de uma garota que sofre por ter terminado um relacionamento amoroso. Qual das duas formas verbais indica mais familiaridade com o público a quem se destina o livro? Por quê?

Flexão de pessoa indica as pessoas dos discursos:
• 1ª pessoa – a pessoa que fala: eu, nós, a gente.
• 2ª pessoa – a pessoa com quem se fala: você, tu, vós, vocês.
• 3ª pessoa – de quem se fala, ou seja, o referente do discurso: ele(s), ela(s).

Note que as pessoas *tu* e *vós*, no português brasileiro, são usuais em apenas algumas regiões do país. Essas pessoas do discurso aparecem em textos religiosos e em textos clássicos de séculos passados. Atualmente, os meios de comunicação adotam as formas *você/vocês*, o que torna menos recorrente a forma verbal em 2ª pessoa.

Flexão de tempo

▶ Leia a primeira parte do conto "O gato negro", de Edgar Allan Poe.

Não espero nem peço que acreditem na narrativa tão estranha e ainda assim tão doméstica que estou começando a escrever. Louco, de fato, eu seria se esperasse por isso, num caso em que até meus sentidos rejeitam seu próprio testemunho. No entanto, louco eu não sou – e com toda certeza não estou sonhando. Mas se morro amanhã, hoje alivio minha alma. Meu objetivo imediato é apresentar ao mundo, sucintamente e sem comentários, uma série de eventos meramente domésticos. Em suas consequências, tais fatos aterrorizaram – torturaram – destruíram minha pessoa. No entanto, não vou tentar explicá-los. Para mim, representam apenas horror – para muitos vão parecer menos terríveis do que **barrocos**. No futuro, talvez, algum intelecto será capaz de reduzir meu fantasma ao lugar-comum – algum intelecto mais calmo, mais lógico e muito menos excitável que o meu, que vai perceber, nas circunstâncias que detalho com **pasmo**, nada mais que uma sucessão habitual de causas e efeitos muito naturais.

POE, Edgar Allan. O gato negro. In: *O escaravelho de ouro e outras histórias*. 6. ed. São Paulo: Editora Ática, 1999. p. 91.

Barroco: esquisito, extravagante.
Pasmo: espanto.

AMPLIANDO O CONHECIMENTO

Edgar Allan Poe (1809-1849) foi um dos mais importantes escritores estadunidenses. Ele é considerado o precursor das histórias de mistério e, por isso, influenciou, e ainda influencia, muitos autores. "O gato negro", ou "O gato preto", como também foi traduzido, é um dos seus contos mais importantes, pois apresenta a tensão própria de muitas narrativas do autor.

Nessa história, o narrador em primeira pessoa relata um episódio cheio de mistério e terror em que fica evidente a perversidade de seu caráter. Ao se deparar com um animal de estimação, o personagem narrador se implica ao lidar com sentimentos de amor e ódio. Seu final surpreendente impressiona até os leitores mais experientes.

Edgar Allan Poe (1809-1849).

24. Identifique no fragmento trechos que indiquem:
   a. o tempo em que se passa a narrativa;
   b. o tempo em que os fatos a serem narrados aconteceram;
   c. o tempo em que o relato do narrador será julgado.

Os tempos verbais contextualizam os acontecimentos apresentados em determinado conjunto comunicativo. Nesse fragmento do conto, por exemplo, a variação dos tempos verbais possibilita que o leitor identifique quais são os fatos que ocorrem no presente, quais ocorreram no passado e quais são as perspectivas de futuro.

Flexão de tempo indica a variação de tempo em relação ao momento em que se fala ou escreve, ou seja, ao agora:

- corriqueiro ou simultâneo ao agora – **presente**;
- anterior ao agora – **pretérito**;
- posterior ao agora – **futuro**.

Exemplos:

Os viajantes **chegam** ao nosso estabelecimento e logo **pedem** dois pedaços de *pizza* e dois sucos de laranja. Nossa fama **está** se alastrando! (ações corriqueiras)

Ontem à noite, **chegaram** dois viajantes ao nosso estabelecimento, **pediram** dois pedaços de *pizza* e dois sucos de laranja. Antes de partirem, disseram que **estavam** indo para o sul. (ações anteriores ao momento do discurso)

Tenho certeza de que, com o tempo, os viajantes **chegarão** ao nosso estabelecimento, **pedirão** dois pedaços de *pizza* e dois sucos de laranja. É só **trabalharmos** com muita dedicação e empenho que tudo isso **acontecerá** em breve. (projeção de ações posteriores ao momento do discurso)

Flexão de modo

▶ Leia o trecho de uma postagem do blogueiro Ricardo Freire.

Manaus – Capital da floresta

Quando ir

Não é à toa que a língua inglesa se refere às florestas tropicais como "rain forests". Chove bastante e é abafado sempre – mas São Pedro dá uma pequena trégua no verão amazônico entre junho e novembro, quando costuma chover apenas uma vez por dia, e rápido. Lá por agosto o nível dos rios já baixou o suficiente para fazer aparecer **praias fluviais**. Para o **turismo de selva**, porém, é melhor ir enquanto os rios ainda estão **cheios**: é quando a floresta alaga e proporciona os passeios de canoa e voadeira pelos igarapés (canais) e igapós (lagos) até as suas entranhas. Para o melhor equilíbrio entre chuvas e volume d'água na mata, viaje em **junho** e **julho**. Em contrapartida, entre outubro e dezembro, devido ao nível baixo das águas, muitos passeios de canoa serão substituídos por caminhadas. A melhor época para visitar o Teatro Amazonas em grande estilo é durante o Festival de Ópera, que costuma acontecer em abril ou maio.

Rain forests: florestas tropicais, do inglês *rain* = chuva e *forests* = florestas.

FREIRE, Ricardo. Manaus: capital da floresta. *Blog* Viaje na viagem, fev 2017. Disponível em: <http://www.viajenaviagem.com/destino/manaus>. Acesso em: 17 jan. 2017.

Teatro Amazonas, em Manaus (AM).

25. Segundo o texto, é possível realizar várias atividades e encontrar diferentes condições em Manaus, a depender da época da viagem. Descreva duas possibilidades apresentadas e seus períodos correspondentes.

26. Esse texto foi publicado originalmente em um *site* especializado em viagens. Considerando as dicas apresentadas, qual é a intenção do autor ao publicá-lo?

Para compor o texto, o autor apresenta diferentes situações pelas quais a cidade passa ao longo do ano. Releia a passagem:

....

Lá por agosto o nível dos rios já baixou o suficiente [...]. Em contrapartida, entre outubro e dezembro, devido ao nível baixo das águas, muitos passeios de canoa serão substituídos por caminhadas.

....

27. Que efeito de sentido a reunião dos tempos pretérito em "baixou" e futuro em "serão" pretende provocar no leitor?

Ao afirmar que **chove** bastante em Manaus, que, em determinada época do ano, o nível do rio já **baixou** e que os passeios **serão** substituídos, o autor do texto expressa certezas sobre o clima e a geografia do local. Para tanto, ele usa o modo verbal que indica certezas. Isso é possível devido ao fato de essas condições climáticas e geográficas serem bastante estáveis e previsíveis.

O cartum ao lado, entretanto, retrata uma situação em que se conversa sobre incerteza, possibilidade. Leia-o.

28. Observe que o emissor lança uma hipótese para o interlocutor. Por que essa hipótese coloca-o em um dilema?

29. O que produz efeito de humor no cartum?

Os **modos verbais** são aqueles que indicam as possibilidades do falante frente às situações: elas podem acontecer de forma certeira, ou são hipotéticas, ou ainda são decorrentes de pedidos ou ordens.

Flexão de modo indica possíveis atitudes do falante em relação ao fato/conteúdo enunciado. Relacionada ao tempo verbal, na maioria das vezes:

- **Indicativo** – imprime a ideia de certeza ao conteúdo falado/escrito, tanto para o presente como para o pretérito e o futuro. Geralmente, esse modo verbal é associado a uma atitude mais objetiva, mais ligada à realidade. Exemplos:

  Estarei em casa logo que a chuva passar.
  Você **opinou** com muita clareza sobre a política ambiental implantada este ano.

- **Subjuntivo** – imprime a ideia de incerteza, hipótese, condição, desejo ao conteúdo falado/escrito, tanto para o presente como para pretérito e o futuro. Exemplos:

  Se **parasse** a chuva agora, poderia ir ao seu encontro.
  Que você **seja** imensamente feliz em sua nova jornada.

- **Imperativo** – imprime a ideia de pedido, ordem, apelo ao conteúdo falado/escrito tanto para uma situação afirmativa como para uma situação negativa. Procura persuadir o ouvinte, levando-o agir de acordo com o que o falante pretende. Exemplos:

    Aguarde meu contato.
    Não **traga** seus problemas para que eu os resolva.

    Note que, em situação de interação comunicativa, é comum no português brasileiro usarmos o pretérito imperfeito em um pedido para imprimir cortesia, polidez ao discurso. Compare:
    I. **Queria** um copo de água.
    II. **Traga** um copo de água.

Flexão de tempo e flexão de modo

A flexão de modo está relacionada, na maioria das vezes, à flexão de tempo. Agora, observe como os tempos se realizam nos modos indicativo, subjuntivo e imperativo.

Modo indicativo

Presente: enuncia um fato que acontece agora. Pode, também, marcar fatos que são verdadeiros em qualquer época, seja por visão do falante, seja por pesquisas científicas, históricas etc.
Exemplos:
A lua **está** tão próxima que **reflete** essa luz radiante.
A lua **é** o satélite natural que **orbita** a Terra praticamente desde a sua formação.

Pretérito: é subdividido em perfeito, imperfeito e mais-que-perfeito.

- **Pretérito perfeito** – indica uma ação passada já concluída no momento do discurso.
Exemplos:
    Trouxe seu recado como o **recebi**.
    Parti com lágrimas nos olhos, depois que você me **deixou**.

- **Pretérito imperfeito** – indica uma ação passada habitual ou corriqueira ou um fato passado de tempo incerto.
Exemplos:
    Todos os dias **pegava** a condução sempre na mesma hora.
    Havia uma princesa que **morava** no castelo mais exuberante da região.

- **Pretérito mais-que-perfeito** – indica uma ação passada em relação à outra também passada (passado do passado).

Exemplos:
Já **tinha terminado** a tarefa quando você ofereceu ajuda para realizá-la. (tempo composto, comum na língua em uso no Brasil)
Já **terminara** a tarefa quando você ofereceu ajuda para realizá-la. (tempo simples, comum em textos clássicos ou antigos)

Futuro: é subdividido em futuro do presente e futuro do pretérito.
- **Futuro do presente** – indica uma possibilidade real em relação a um fato posterior ao agora. Também é comum em enunciados que expressam uma recomendação, uma situação comum em mandamentos morais.

Exemplo:
Terminarei a tarefa logo que você me der as últimas orientações.

> Observação: Note que o futuro do presente é mais usado atualmente na forma de locução verbal. Exemplos:
> **Vou terminar** a tarefa logo que você me der as últimas orientações.
> **Honrarás** pai e mãe.

- **Futuro do pretérito** – indica a ideia de condição, ou seja, depende de outra ação para se realizar ou ainda uma incerteza em relação a um fato passado.

Exemplos:
Terminaria a tarefa se você tivesse me dado todas as orientações necessárias.
Sua mãe **teria** quinze anos quando voltou à sua terra Natal.

O futuro do pretérito também é comum quando se tem a intenção de ser educado ao fazer um pedido. Compare:
I. Eu **gostaria** que você me trouxesse aquele livro de capa vermelha ali. (futuro do pretérito)
II. **Traga** aquele livro de capa vermelha. (imperativo)

> Observação: Note que o futuro do pretérito é empregado quando o emissor não quer se comprometer com o que está afirmando, por não ter certeza dela. Esse recurso é muito comum em textos jornalísticos. Exemplo:
> Arqueólogos brasileiros encontraram novos achados que **seriam** de dinossauros carnívoros.

Modo subjuntivo

Presente: usado em situações comunicativas em que se quer externar um desejo ou um fato duvidoso.

Exemplos:
Espero que você **seja** imensamente feliz em sua nova jornada.
Pode ser que eu **traga** você para conhecer minha mãe.

Pretérito imperfeito: usado em situações comunicativas em que se quer indicar uma condição, uma concessão a um momento passado.

Exemplos:

Se você **recuperasse** suas lembranças, veria que foi muito feliz na infância.

Embora **fizesse** análise por anos, não me sentia pronta para decidir sozinha.

Futuro: usado em situações comunicativas em que se quer indicar hipóteses no momento futuro que imprima a ideia condição ou tempo.

Exemplos:

Se **chegarmos** cedo, vamos contar a viagem com detalhes.

Quando **chegarmos** cedo, vamos contar a viagem com detalhes.

Modo imperativo

Imperativo: usado em situações comunicativas cujo propósito é emitir conselhos, ordens, convites, pedidos, sugestões, recomendações. É muito comum ser usado em cartazes, panfletos, anúncios publicitários e manuais de instrução. O imperativo não é flexionado na 1ª pessoa do singular (eu), uma vez que essa forma verbal se dirige a um interlocutor com a intenção de interferir em seu comportamento. Pode ser **afirmativo** ou **negativo**.

Exemplos:

Impeça todos os casos de preconceitos que encontrar pelo caminho.

Não participe de nenhuma situação de preconceito!

AMPLIANDO O CONHECIMENTO

Correlação entre tempos e modos verbais

Observe a articulação entre tempos e modos verbais na construção do discurso.

I. **Desejamos** que vocês **tenham** um ótimo início de ano.
(presente do indicativo ⟶ presente do subjuntivo)

II. **Queria** muito que vocês **tivessem** um excelente ano.
(pretérito imperfeito do indicativo ⟶ pretérito imperfeito do subjuntivo)

III. Se tudo **correr** bem, **estaremos** juntos novamente.
(futuro do subjuntivo ⟶ futuro do presente do indicativo)

IV. Se você **ficasse** até mais tarde, **saberia** toda a verdade sobre ele.
(pretérito imperfeito do subjuntivo ⟶ futuro do pretérito do indicativo)

Em alguns casos, para promover efeito de estilo, o emissor pode inverter a ordem das orações sem prejuízo da construção da mensagem.

Verbo – Parte I **Capítulo 10** 193

A gramática e a construção de sentido

Os verbos e o texto literário: a criação de suspense

Neste capítulo, você leu o primeiro parágrafo de um dos contos de Edgar Allan Poe. Considerando a sua importância para a literatura contemporânea, leia o início de outros dois contos do autor para observar como se constitui um dos aspectos estilísticos de sua escrita.

TEXTO I

Manuscrito encontrado numa garrafa

De meu país e de minha família tenho pouco a dizer. Maus-tratos e o passar dos anos me afastaram daquele e fizeram de mim um estranho para esta. Uma rica herança me permitiu adquirir educação acima do comum, e uma tendência contemplativa possibilitou-me organizar o saber que acumulara desde cedo em meus estudos.

Edgar Allan Poe

TEXTO II

O gato negro

Não espero nem peço que acreditem na narrativa tão estranha e ainda assim tão doméstica que estou começando a escrever. Louco, de fato, eu seria se esperasse por isso, num caso em que até meus sentidos rejeitam seu próprio testemunho. No entanto, louco eu não sou – e com toda certeza não estou sonhando. Mas se morro amanhã, hoje alivio minha alma. Meu objetivo imediato é apresentar ao mundo, sucintamente e sem comentários, uma série de eventos meramente domésticos. Em suas consequências, tais fatos aterrorizaram – torturaram – destruíram minha pessoa. No entanto, não vou tentar explicá-los. Para mim, representam apenas horror – para muitos vão parecer menos terríveis do que barrocos. No futuro, talvez, algum intelecto será capaz de reduzir meu fantasma ao lugar-comum – algum intelecto mais calmo, mais lógico e muito menos excitável que o meu, que vai perceber, nas circunstâncias que detalho com pasmo, nada mais que uma sucessão habitual de causas e efeitos muito naturais.

Edgar Allan Poe

TEXTO III

O escaravelho de ouro

Há muitos anos, fiz amizade com um certo William Legrand, filho de uma família antiga, protestante. Já tinha sido rico, mas uma série de desventuras o reduziu à pobreza. Para fugir às humilhações que acompanham tais desastres, deixou Nova Orleans, cidade de seus antepassados, e passou a morar na ilha de Sullivan, perto de Charleston, na Carolina do Sul.

Edgar Allan Poe

1. Qual das alternativas abaixo caracteriza corretamente o tempo narrativo dos três trechos?
   a. O passado caracteriza o tempo narrativo do início dos três trechos.
   b. Nos três trechos, o personagem narrador conta algo que se passa em seu momento presente.
   c. Os três trechos apresentam um personagem narrador que vive seu presente, mas conta algo que ocorreu no passado.

2. Justifique a resposta da questão anterior com passagens dos textos.

3. Considerando a estratégia utilizada na construção do tempo narrativo, que impressão o narrador quer provocar no leitor?

4. Releia um trecho do texto "Manuscrito encontrado numa garrafa".

   ....

   uma tendência contemplativa possibilitou-me organizar o saber que acumulara desde cedo em meus estudos.

   ....

   Substitua o verbo "acumulara", pretérito mais-que-perfeito, pela sua forma no pretérito perfeito do modo indicativo. Depois, explique a mudança de sentido que a substituição promove.

5. Compare as duas frases a seguir.
   I. Mas se morro amanhã, hoje alivio minha alma.
   II. Mas se morrerei amanhã, hoje alivio minha alma.
   a. Observe o sentido das frases e comente como a forma verbal colabora para a intensificação do tom de incerteza na frase.
   b. Por que o autor optou pela forma verbal no presente no lugar do verbo no futuro do presente, já que a morte é a única certeza da vida?
   c. A escolha do tempo verbal "morro", nesse caso, torna o texto mais estilizado. Você concorda com a afirmação? Por quê?

Exercícios

1. Leia o poema de Olavo Bilac e observe a flexão de tempo.

Nel mezzo del camim...

Cheguei. Chegaste.
Vinhas fatigada
E triste, e triste e fatigado eu vinha.
Tinhas a alma de sonhos povoada,
E alma de sonhos povoada eu tinha...

E paramos de súbito na estrada
Da vida: longos anos, presa à minha
A tua mão, a vista deslumbrada
Tive da luz que teu olhar continha.

Hoje segues de novo... Na partida
Nem o pranto os teus olhos umedece,
Nem te comove a dor da despedida.

E eu, solitário, volto a face, e tremo,
Vendo o teu vulto que desaparece
Na extrema curva do caminho extremo.

Olavo Bilac

O poema apresenta três momentos do romance vivido pelo eu lírico: o início do relacionamento entre ele e sua amada, os anos que eles passaram juntos e o final da relação dos dois. No poema, indique:

a. um verso que esteja no passado e indique o início do relacionamento entre eles.

b. um verso que esteja no passado e indique que eles passaram um tempo juntos.

c. um verso que esteja no presente e indique que o relacionamento entre eles terminou.

2. Releia os versos a seguir.

I. a vista deslumbrada/Tive da luz que teu olhar continha.

II. o teu vulto que desaparece/Na extrema curva do caminho extremo.

a. Nos versos I, que efeito o olhar da mulher amada provoca no eu lírico?

b. Como você interpreta, nos versos II, a expressão "extrema curva do caminho extremo"?

3. De que maneira o contraste entre os tempos verbais contribui para intensificar a dor do eu lírico em relação à despedida entre os amantes?

4. Releia o poema e identifique:

a. dois verbos na 2ª pessoa do plural;

b. dois verbos na 1ª pessoa do singular;

c. dois verbos que estão no tempo pretérito perfeito do modo indicativo;

d. dois verbos que estão no presente do modo indicativo

5. Leia alguns trechos da reportagem a seguir.

A volta das eliminatórias: veja quem, neste momento, estaria na Copa ou na repescagem

A Copa da Rússia acontecerá entre os dias 14 de Junho e 15 de Julho de 2018, contará com 12 estádios e 32 seleções.

[...]

Mas e se a fase eliminatória acabasse hoje? Quem estaria classificado, quem estaria de fora e quem disputaria a repescagem? A única garantia é a Rússia, país-sede.

[...]

Se as Eliminatórias terminassem hoje, a Argentina precisaria disputar a repescagem para sonhar com a Copa do Mundo. Em quinto lugar com 19 pontos, a seleção de Edgardo Bauza encara justamente o Chile, quarto colocado, na próxima quinta-feira e se vencer, ultrapassa os rivais.

[...]

Na terceira etapa, Nova Zelândia e Taiti lideram seus grupos e hoje teriam a oportunidade de uma vaga. Hoje, as duas disputariam partidas de ida e volta entre si e o vencedor iria para o mata-mata contra o quinto colocado da América do Sul pela chance de se qualificar para a Rússia.

ESPN. Disponível em: <http://espn.uol.com.br/noticia/680319_a-volta-das-eliminatorias-veja-quem-neste-momento-estaria-na-copa-ou-na-repescagem>. Acesso em: 22 mar. 2017.

a. Identifique no texto:
- um verbo no futuro do presente, modo indicativo;
- um verbo no pretérito imperfeito, modo subjuntivo;
- um verbo no futuro do pretérito, modo indicativo;
- um verbo no presente, modo indicativo.

b. Considerando que nem todos os jogos das eliminatórias da Copa do Mundo de 2018 ocorreram, qual é o objetivo da reportagem?

c. Levando em conta o objetivo do texto, qual é o efeito de sentido causado pelos verbos no futuro do pretérito do modo indicativo que aparecem na reportagem?

6. Leia a tira a seguir.

No último quadro, pretendendo falar de maneira informal e adequada ao registro coloquial, Calvin usa uma conjugação verbal que não atende à norma culta. Indique o trecho em que isso ocorre e reescreva-o de modo a atender ao registro padrão do português.

7. Leia atentamente a tira abaixo, na qual Adão conversa com Deus.

a. O humor da tira depende de um conhecimento prévio do leitor, sobre o qual há uma referência direta no último quadro. Que conhecimento é esse?

b. No primeiro quadro Adão dá a entender que precisa de alguém que ainda não está presente entre eles ou não existe. Explique como isso pode ser verificado a partir do modo e do tempo verbal escolhidos.

c. Cada quadro apresenta falas das personagens em diferentes tempos verbais. Apresente cada um deles e explique o sentido que eles assumem no contexto da tira.

8. Leia um fragmento do texto "A nova Califórnia", de Lima Barreto.

Ninguém sabia donde viera aquele homem. O agente do correio pudera apenas informar que acudia ao nome de Raimundo Flamel, pois assim era subscrita a correspondência que recebia. E era grande. Quase diariamente, o carteiro lá ia a um dos extremos da cidade, onde morava o desconhecido, sopesando um maço alentado de cartas vindas do mundo inteiro, grossas revistas em línguas arrevesadas, livros, pacotes...

Quando Fabrício, o pedreiro, voltou de um serviço em casa do novo habitante, todos na venda perguntaram-lhe que tipo de trabalho lhe tinha sido determinado.

Lima Barreto

a. Nesse fragmento, o verbo *viera* está conjugado no pretérito mais-que-perfeito simples. Qual seria a forma verbal empregada caso o verbo estivesse conjugado no pretérito mais-que-perfeito composto?

b. Identifique no fragmento outro verbo conjugado no pretérito mais-que-perfeito simples.

c. O primeiro parágrafo do fragmento descreve ações que ocorriam habitualmente em uma cidade. Qual é o tempo verbal usado para expressar as ações ocorridas no passado?

d. O segundo parágrafo, por sua vez, descreve um acontecimento específico. Que tempo verbal é usado para expressar esse acontecimento?

Enem e vestibulares

1. Enem

Disponível em: <www.behance.net>.
Acesso em: 21 fev. 2013 (adaptado).

A rapidez é destacada como uma das qualidades do serviço anunciado, funcionando como estratégia de persuasão em relação ao consumidor do mercado gráfico. O recurso da linguagem verbal que contribui para esse destaque é o emprego

a. do termo "fácil" no início do anúncio, com foco no processo.

b. de adjetivos que valorizam a nitidez da impressão.

c. das formas verbais no futuro e no pretérito, em sequência.

d. da expressão intensificadora "menos do que" associada à qualidade.

e. da locução "do mundo" associada a "melhor", que quantifica a ação.

2. FGV-RJ No trecho "se os países continuarem a melhorar seu clima de negócios, investirem na educação e saúde de sua população e proverem a boa governança", substituindo-se a conjunção "se" por "caso", os verbos sublinhados poderiam, sem prejuízo para a correção, mudar para:

a. continuam; investem; provenham.

b. continuassem; investissem; proviessem.

c. continuem; invistam; provejam.

d. tivessem continuado; tivessem investido; tivessem provisto.

e. tenham continuado; tenham investido; tenham provindo.

3. PUC-RJ Indique a série que corresponde às formas verbais apropriadas para os enunciados abaixo:

As diferenças existentes entre homens e mulheres ___ ser um fato indiscutível. (1. parece 2. parecem)

Alguns cientistas, desenvolvendo uma nova pesquisa sobre a estrutura do cérebro, os efeitos dos hormônios e a psicologia infantil, ___ que as diferenças entre homens e mulheres não se devem apenas à educação. (3. propõe 4. propõem)

___ diferenças cerebrais condicionadoras das aptidões tidas como tipicamente masculinas ou femininas. (5. Haveria 6. Haveriam)

___ ainda pesquisadores que consideram os machos mais agressivos, em virtude de sua constituição hormonal. (7. Existe 8. Existem)

Como sempre, discute-se se é a força da Biologia, ou meramente a Educação, que ___ sobre o comportamento humano. (9. predomina 10. predominam)

A alternativa que corresponde à série acima é:

a. 2, 4, 5, 8, 9

b. 1, 4, 6, 8, 9

c. 2, 4, 6, 7, 10

d. 2, 3, 5, 8, 10

e. 2, 4, 6, 7, 9

4. FGV-SP

Um cachorro de maus bofes acusou uma pobre ovelhinha de lhe haver furtado um osso.

— Para que furtaria eu esse osso — ela — se sou herbívora e um osso para mim vale tanto quanto um pedaço de pau?

— Não quero saber de nada. Você furtou o osso e vou levá-la aos tribunais.

E assim fez.

Queixou-se ao gavião-de-penacho e pediu-lhe justiça. O gavião reuniu o tribunal para julgar a causa, sorteando para isso doze urubus de papo vazio.

Comparece a ovelha. Fala. Defende-se de forma cabal, com razões muito irmãs das do cordeirinho que o lobo em tempos comeu.

Mas o júri, composto de carnívoros gulosos, não quis saber de nada e deu a sentença:

— Ou entrega o osso já e já, ou condenamos você à morte!

A ré tremeu: não havia escapatória!... Osso não tinha e não podia, portanto, restituir; mas tinha vida e ia entregá-la em pagamento do que não furtara.

Assim aconteceu. O cachorro sangrou-a, espostejou-a, reservou para si um quarto e dividiu o restante com os juízes famintos, a título de custas...

(Monteiro Lobato. Fábulas e Histórias Diversas)

Por que, no texto, o narrador usa o pretérito mais-que-perfeito do indicativo <u>furtara</u>?

5. FGV-SP Leia atentamente o fragmento de texto abaixo, de *O Cortiço*, de Aluísio Azevedo.

E depois da meia-noite dada, ela e Piedade ficaram sozinhas, velando o enfermo. Deliberou-se que este iria pela manhã para a Ordem de Santo Antônio, de que era irmão. E, com efeito, no dia imediato, enquanto o vendeiro e seu bando andavam lá às voltas com a polícia, e o resto do cortiço formigava, tagarelando em volta do conserto das tinas e jiraus, Jerônimo, ao lado da mulher e da Rita, seguia dentro de um carro para o hospital.

Na última linha do texto, o que justifica utilizar no pretérito imperfeito do indicativo o verbo **seguir**?

6. Unicamp-SP Encontram-se, a seguir, a transcrição de parte de uma transmissão de jogo de futebol, trecho de uma canção e uma manchete de notícia.

TEXTO 1

Na marca de 36 minutos do primeiro tempo do jogo, pode abrir o marcador o time da Itapirense. A Esportiva precisa da vitória. Tomando posição o camisa 9 Juary. É a batida de penalidade máxima. Faz festa a torcida. Fica no centro do gol o goleiro Cléber. Partiu Juary coma bola para a esquerda, tocou, é gol. Gol da Esportiva! E o Mogi Mirim tem posse de bola agora, escanteio pela direita. 39 minutos, Juan na cobrança do escanteio para o Mogi Mirim, chutou, cruzou, cabeceia Anderson Conceição e é gol. Foi aos 39 minutos do primeiro tempo, Juan pra cobrança do lado direito, subiu, desviou de cabeça o zagueiro Anderson Conceição, bola pro fundo da rede do goleiro Brás da Itapirense. Cutucou pro fundo da rede Anderson Conceição, camisa 4.

(Transcrição adaptada de trecho da transmissão da partida entre Mogi Mirim Esporte Clube e Itapirense em 04/10/2008. Disponível no Podcast "Mogi Mirim Esporte Clube", em www.mogimirim.com.br)

TEXTO 2

Cotidiano

(Chico Buarque)

Todo dia ela faz
Tudo sempre igual
Me sacode
Às seis horas da manhã
Me sorri um sorriso pontual
E me beija com a boca
De hortelã
[...]

TEXTO 3

"Presidente visita amanhã a Estação Antártica"

(Imprensa Nacional, em www.in.gov.br, 15/02/2008)

a. Nos três textos ocorrem verbos no tempo presente. Entretanto, seu uso descreve as ações de formas diferentes. Compare o uso do presente nos textos 1 e 2, e mostre a diferença. Faça o mesmo com os textos 2 e 3. Explique.

b. O encadeamento narrativo do texto 1 é construído pela alternância entre verbos no presente e no passado. Justifique a presença exclusiva do passado no último parágrafo, considerando que se trata de uma transmissão de jogo de futebol.

CAPÍTULO 11

VERBO – PARTE II

O que você vai aprender

1. **Formas nominais dos verbos**
   - Reconhecer verbos que desempenham funções nominais.
   - Identificar as funções nominais dos verbos no gerúndio, no particípio e no infinitivo.

2. **Locução verbal**
   - Reconhecer as locuções verbais.
   - Flexionar corretamente os verbos auxiliares nas locuções verbais.

3. **Vozes verbais**
   - Reconhecer as diferenças entre voz ativa, voz passiva e voz reflexiva.
   - Identificar verbos na voz ativa, na voz passiva e na voz reflexiva.

▶ Observe esta imagem.

Procrastination: palavra inglesa que significa procrastinação, ato ou efeito de procrastinar, de adiar a realização de alguma coisa.
Channel: palavra inglesa que significa canal, emissora.

Ao pensar sobre uma lista tarefas, o personagem se questiona se deve realizá-las ou assistir à nova temporada de *Acumuladores de Problemas*, no Procrastination Channel. O nome do programa diz respeito a quem acumula problemas e o do canal significa "procrastinação". A atitude do personagem é coerente com esses nomes, porque ele pensa em adiar as tarefas que precisa fazer, acumulando dúvidas.

Você já se sentiu como o personagem? Já adiou providências importantes? Já procrastinou? Faça uma lista de atividades que você costuma adiar e pense sobre o que o leva a agir dessa forma.

No cartum, a relação de tarefas pendentes é formada por verbos no infinitivo (*marcar*, *renovar*, *consertar*, *assistir*). Nesse caso, os verbos estão desempenhando a função de substantivos; afinal, eles estão apresentados em uma lista, como nomes de atividades que precisam ser realizadas. Observe se a lista que você elaborou anteriormente também inclui verbos e repare que eles nomeiam as tarefas que você costuma adiar.

No capítulo anterior, você viu que os verbos indicam ação, estado, mudança de estado e fenômenos da natureza. Agora, vai observar que eles podem assumir formas nominais, atuando como substantivos, adjetivos ou advérbios. Ao longo deste capítulo, você vai se aprofundar na reflexão sobre esse e outros usos dessa classe de palavras.

Unidade 3 Morfologia

Reflexão e análise linguística

Verbos: formas e vozes

Formas nominais dos verbos

No cartum, você observou verbos no infinitivo compondo uma lista de tarefas a cumprir. A canção "Todos os verbos", de Marcelo Jeneci e Zélia Duncan, também traz uma relação de palavras dessa mesma classe gramatical, não para compor uma lista, mas para caracterizá-las. Leia a letra da canção.

Todos os verbos

Errar é útil
Sofrer é chato
Chorar é triste
Sorrir é rápido
Não ver é fácil
Trair é tátil
Olhar é móvel
Falar é mágico
Calar é prático
Desfazer é árduo
Esperar é sábio
Refazer é ótimo
Amar é profundo

E nele sempre cabem de vez
Todos os verbos do mundo (bis)

Abraçar é quente
Beijar é chama
Pensar é ser humano
Fantasiar também
Nascer é dar partida
Viver é ser alguém
Saudade é despedida
Morrer um dia vem
Mas amar é profundo

E nele sempre cabem de vez
Todos os verbos do mundo (bis)

JENECI, Marcelo; DUNCAN, Zélia. Todos os verbos. In: *Pelo Sabor do Gosto*. Universal Music, 2009.

1. No primeiro verso, afirma-se que "Errar é útil". Você concorda com essa ideia? Qual pode ser a utilidade do erro?

2. Como você interpreta os versos "Mas amar é profundo / E nele cabem de vez / Todos os verbos do mundo"?

3. A letra da canção caracteriza diversos verbos e apenas um substantivo. Identifique esse substantivo.

4. Alguns verbos da letra poderiam ser substituídos por substantivos. Observe:

Abraçar é quente ⟶ **Abraço** é quente.

Com base no exemplo, nas frases a seguir substitua os verbos pelos respectivos substantivos.

a. Sofrer é chato.
b. Sorrir é rápido.
c. Beijar é chama.

Nesses casos, a substituição dos verbos no infinitivo por substantivos não alterou o sentido dos versos, porque os verbos estão ocupando uma posição que é própria dos nomes. Os verbos assumiram, portanto, uma forma nominal.

Formas nominais

O verbo assume **formas nominais** quando desempenha papéis que são próprios de nomes, como os substantivos, os adjetivos e os advérbios. As formas nominais do verbo são três: **infinitivo**, **gerúndio** e **particípio**.

- **Infinitivo**

É a forma pela qual se reconhecem as três conjugações verbais: -ar (1ª conjugação); -er (2ª conjugação), -ir (3ª conjugação). O infinitivo indica o sentido genérico do verbo. Nesse caso, os verbos nomeiam as ações, desempenhando papel de substantivo.

Exemplos:
Andar de bicicleta é uma atividade saudável.
Comer pela manhã é importante para a saúde.
Reduzir o consumo de sal é outra atitude saudável.

Existem duas formas de infinitivo:

a. **Infinitivo pessoal:** refere-se a um ser específico; pode ser flexionado em número e pessoas para concordar com o ser a que se refere.
Exemplos:
É necessário nós **agirmos** com urgência.
É necessário vocês **agirem** com urgência.

b. **Infinitivo impessoal:** refere-se a um processo verbal em si mesmo, ou seja, não há relação com um ser específico.
Exemplo:
Estudar é o caminho para a cidadania plena.

- **Gerúndio**

É a forma verbal que indica uma ação prolongada ou em andamento. Assume o papel de advérbio ou de adjetivo em alguns contextos comunicativos. Para formar o gerúndio, retira-se o **r** do verbo do infinitivo e acrescenta-se -ndo: dança**r** – dança**ndo** (1ª conjugação); ferve**r** – ferve**ndo** (2ª conjugação), sorri**r** – sorri**ndo** (3ª conjugação).

Exemplos:

Torci o tornozelo **dançando**.
↓
circunstância de tempo (enquanto dançava, torci o tornozelo)

Use água **fervendo** para higienizar as mamadeiras.
↓
característica da água

- **Particípio**

É a forma verbal que pode ter função de adjetivo. Concorda em gênero e número com o termo a que se refere. Para formar o particípio, retira-se o -ar, -er ou -ir do infinitivo e acrescenta-se, respectivamente, -ado(s) ou -ada(s), caso seja um verbo da 1ª conjugação (encerra**r** – encerra**do**, encerra**da**, encerra**dos**, encerra**das**) e –ido(s) ou -ida(s), caso seja um verbo da 2ª conjugação ou da 3ª conjugação (vende**r** – vend**ido**, vend**ida**, vend**idos**, vend**idas**; dividi**r** – divid**ido**, divid**ida**, divid**idos**, divid**idas**).

Exemplos:
Encerrada nossa conversa, iremos nos encontrar com seus irmãos.
Encerrado nosso bate-papo, iremos nos encontrar com seus irmãos.
As tarefas **encerradas** ontem à noite devem ser entregues até o meio-dia.

Locuções verbais

Resoluções são decisões tomadas depois de um certo período de reflexão. Em geral, elas dizem respeito a atitudes que as pessoas decidem tomar, ações que desejam deixar de praticar ou hábitos que querem modificar. Veja abaixo as resoluções dos personagens do cartum e observe a crítica feita por meio da fala do último personagem: ao anunciar sua resolução, ele confessa que age de forma corrupta.

Jean Galvão/Folhapress

5. Em que tempo verbal as resoluções são formuladas pelos personagens?
6. Esse tempo verbal é formado por dois verbos. Indique-os.
7. Em vez de "Vou parar de fumar", a personagem poderia ter dito "Pararei de fumar". Em que tempo está conjugado o verbo *pararei*? Qual das opções é mais formal?

No cartum, o futuro é representado por meio de dois verbos usados para indicar uma única ação. Esse conjunto de verbos é chamado **locução verbal**.

> **Locução verbal** é o conjunto formado por um ou mais verbos auxiliares (ser, estar, haver, ter, andar, deixar, poder, ir, começar, acabar, querer, dever etc.) e uma **forma nominal** no infinitivo, no gerúndio ou no particípio.
>
> A locução verbal tem características fundamentais: pode conter mais de um verbo auxiliar e apresentar ou não uma preposição ou uma conjunção para unir o verbo auxiliar ao verbo principal.
>
> Exemplos:
>
>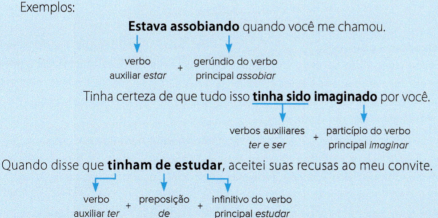
>
> Note que:
> - o verbo auxiliar acompanha o verbo principal, o qual carrega a ideia central da ação verbal.
> - a flexão de pessoa, número e/ou tempo ocorre no verbo auxiliar.

AMPLIANDO O CONHECIMENTO

A relação entre o tempo verbal e a certeza quanto à veracidade da informação divulgada

▸ Leia a seguir o trecho de uma notícia.

Policiais da Venezuela agridem correspondente de rádio colombiana

Policiais da Venezuela agrediram nesta sexta-feira (31) [de março de 2017] a jornalista Ely Angélica González, correspondente da rádio colombiana Caracol, enquanto ela fazia a cobertura de protestos diante do Tribunal Supremo de Justiça (TSJ), em Caracas.

A ação foi registrada em vídeo, em que policiais aparecem empurrando e carregando a jornalista. A repórter, que tem cidadania venezuelana, disse que foi pisoteada e que agentes pediram que ela desligasse seu celular.

"Você está detida. Cale-se, sente-se, estou te prendendo porque tenho vontade", teria dito um policial, segundo relato de González.

Em nota, a Chancelaria da Colômbia rechaçou a agressão, que classificou de "ataque ao livre exercício da liberdade de expressão". A embaixada da Colômbia na Venezuela afirmou ter entrado em contato com a jornalista e disse estar prestando assistência a ela.

Folha de S.Paulo, São Paulo, mar. 2017. Mundo. Disponível em: <www1.folha.uol.com.br/mundo/2017/03/1871545-policiais-da-venezuela-agridem-correspondente-de-radio-colombiana.shtml>. Acesso em: 19 abr. 2017.

Observe que o primeiro parágrafo da notícia descreve uma cena que foi gravada em vídeo, de acordo com a informação inicial do segundo parágrafo. Sendo assim, ações descritas são comprovadas por meio de imagens, pois correspondem a fatos. A narração desses acontecimentos é feita com uma oração composta do verbo *agredir* no pretérito perfeito, *agrediram,* e outra, do verbo *fazer* no pretérito imperfeito, *fazia*.

No terceiro parágrafo, entretanto, um episódio não comprovado é narrado: uma fala supostamente dita por um policial é reproduzida. O parágrafo diz: "'Você está detida. Cale-se, sente-se, estou te prendendo porque tenho vontade', *teria dito* um policial, segundo relato de González". A insegurança em relação à veracidade da informação é observada na escolha do tempo verbal. A locução verbal *teria dito*, formada pelo verbo auxiliar *ter* flexionado no futuro do pretérito e pelo verbo principal *dizer* no particípio, é usada na frase para comunicar ao leitor essa incerteza. Caso o autor tivesse certeza de que essa era a fala do policial, teria conjugado o verbo *dizer* no pretérito perfeito e o trecho seria: "*disse* um policial".

Vozes verbais

 Leia esta tira.

8. Snoopy faz a si mesmo perguntas que a humanidade tem repetido ao longo de sua história. Por que essas perguntas permanecem atuais?

9. Considerando a resposta de Snoopy a essas questões e a posição dele sobre sua casinha no último quadrinho, como você acha que o personagem se sente em relação aos seus questionamentos?

Na pergunta "Por que eu fui colocado neste mundo?", o personagem sofre a ação do verbo *colocar*. Trata-se de um caso de voz passiva.

Voz ativa, voz passiva e voz reflexiva

Existem três vozes verbais: **ativa**, **passiva** e **reflexiva**.

- **Voz ativa**

  É a forma do verbo usada para indicar que o sujeito é o agente da ação verbal.
  Exemplos:
  O ministro **liberou** verbas para a saúde.
  Chuva **destrói** lojas de eletrônicos.

- **Voz passiva**

  É a forma do verbo usada para indicar que o sujeito sofre a ação verbal e, por isso, é um sujeito paciente. Há duas formas de voz passiva:

  a. **Voz passiva analítica**

    É a forma verbal composta de um verbo auxiliar e um verbo no particípio.
    Exemplos:
    A verba para a saúde **foi liberada.**
    Lojas de eletrônicos **são destruídas** pela enchente.

  b. **Voz passiva sintética**

    É a forma verbal composta de verbo transitivo direto acompanhado pelo pronome *se*, que é uma partícula apassivadora.
    Exemplos:
    Vende-se uma casa na Praia da Baleia. (Uma casa na Praia da Baleia é vendida.)
    Vendem-se casas na Praia da Baleia. (Casas na Praia da Baleia são vendidas.)

- **Voz reflexiva**

  É a forma do verbo usada para indicar que o sujeito, ao mesmo tempo, pratica e sofre a ação verbal.
  Exemplos:
  Ela **se penteia** em frente ao espelho com um largo sorriso no rosto.
  Nós **nos vestiremos** com rapidez.

AMPLIANDO O CONHECIMENTO

As vozes verbais e o sentido do texto

A escolha da voz ativa ou da voz passiva na construção do discurso varia de acordo com o elemento que se deseja enfatizar. Leia o seguinte fragmento de reportagem.

....

O escritor argentino Julio Cortázar era um fã de boxe. Certa vez, comparou o esporte à escrita de contos, dizendo que, nessa arte de exercitar a concisão, é preciso ser capaz de nocautear o leitor. A máxima de Cortázar talvez valha para livros que podem ser lidos de uma só vez – em poucas páginas, algumas obras sucintas escondem uma potência capaz de provocar esse nocaute. Livros para serem lidos "em uma sentada" também são apreciados pelo escritor britânico Ian McEwan. "Pouquíssimos romances muito longos justificam o tamanho que têm", disse em entrevista à rádio "BBC" em 2014.

LIMA, Juliana Domingos de. 10 livros para ler em apenas um dia, a partir de dicas de escritores, poetas e editores. *Nexo*, 6 maio 2017. Disponível em: <www.nexojornal.com.br/expresso/2017/05/06/10-livros-para-ler-em-apenas-um-dia-a-partir-de-dicas-de-escritores-poetas-e-editores>. Acesso em: 9 maio 2017.

....

Para observar a intencionalidade na escolha da voz verbal, observe o seguinte trecho do texto:

<u>Livros para serem lidos "em uma sentada"</u> também <u>são apreciados</u> pelo <u>escritor britânico Ian McEwan</u>.

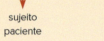
sujeito paciente

forma verbal na voz passiva

Por estar no início da oração e na posição de sujeito, o termo *livros* ganha destaque em relação ao nome do escritor.

Transpondo para a voz ativa, teríamos:

<u>O escritor britânico Ian McEwan</u> também <u>aprecia</u> livros para serem lidos "em uma sentada".

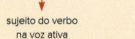
sujeito do verbo na voz ativa   verbo na voz ativa

Como sujeito de um verbo na voz ativa, o nome do escritor ganha destaque.

Verbos que podem ser apassivados

A voz passiva só ocorre com verbos que não pedem preposição, ou seja, os verbos transitivos diretos. O sentido desses verbos se estende a outro termo sem o intermédio de preposição. Exemplos:

O vendedor **carregou** frutas.

Frutas **foram carregadas** pelo vendedor.

A gramática e a construção de sentido

Escolhas verbais e intencionalidade

Nos estudos deste capítulo, mostramos como os verbos assumem formas e vozes de acordo com o contexto.

Além dessas funções e valores associados aos formatos dos verbos, há sentidos implícitos na escolha verbal no momento da enunciação que envolvem intencionalidades e ideologias relacionadas ao conteúdo da mensagem.

 Leia as manchetes a seguir e observe a escolha dos verbos.

Anac reajusta tarifas de concessão dos aeroportos de Galeão e Confins

Folha de S.Paulo, maio 2017. Disponível em: <www1.folha.uol.com.br/mercado/2017/05/1883029-anac-reajusta-tarifas-de-concessao-dos-aeroportos-de-galeao-e-confins.shtml>. Acesso em: 4 jun. 2017.

A partir da leitura da manchete, podemos depreender do contexto que a reportagem trata do aumento das tarifas aeroportuárias nos aeroportos de Confins (MG) e do Galeão (RJ). A escolha do verbo *reajustar* tem como objetivo amenizar o impacto negativo que o verbo *aumentar* causaria.

Vendas no varejo do Brasil recuam 1,9% em março, diz IBGE

Extra, maio 2017. Disponível em: <https://extra.globo.com/noticias/economia/vendas-no-varejo-do-brasil-recuam-19-em-marco-diz-ibge-21324040.html>. Acesso em: 4 jun. 2017.

Nessa outra manchete, observa-se a escolha pelo verbo *recuar* para amenizar a queda expressa pela porcentagem.

A escolha verbal, nesses dois casos, atenua os efeitos negativos que o assunto da reportagem apresenta.

---

1. Leia os títulos das reportagens a seguir e faça a adequação dos verbos em destaque para que a intencionalidade da enunciação seja outra, de acordo com a indicação do contexto entre parênteses. Faça as modificações que considerar necessárias.

a. Equipamento francês **promete amenizar** o inconveniente da urina nas ruas de Paris. (enfatizar a eficácia do equipamento)

Disponível em: <www.traduzca.com/equipamento-frances-promete-amenizar-o-inconveniente-da-urina-nas-ruas-de-paris/>. Acesso em: 28 maio 2017.

b. Ato **reúne** milhares de argentinos contra a sentença favorável a repressores. (focalizar a importância de manifestação realizada pela população)

Disponível em: <http://brasil.elpais.com/brasil/2017/05/10/internacional/1494431965_661817.html>. Acesso em: 28 maio 2017.

c. Governo **anuncia** construção de 20 salas de cinema no interior do Ceará. (exaltar a ação do governo)

Disponível em: <http://g1.globo.com/ceara/noticia/governo-anuncia-construcao-de-20-salas-de-cinema-no-interior-do-ceara.ghtml>. Acesso em: 28 maio 2017.

d. Procon **descarta** 218 Kg de carne com prazo de validade vencido no Rio. (enfatizar o desperdício)

Disponível em:<https://economia.uol.com.br/noticias/redacao/2017/03/24/procon-descarta-218-kg-de-carne-com-prazo-de-validade-vencido-no-rio.htm>. Acesso em: 28 maio 2017.

Verbo – Parte II Capítulo 11 207

Exercícios

1. Leia o trecho de uma reportagem.

Plantas têm sinal de alerta para avisar vizinhas sobre perigos

Quando sente que está sob ataque de predadores, esta espécie cumpre as leis da boa vizinhança – informando quem está perto sobre a ameaça

"Ei, cara. Parece que esse gafanhoto está prestes a dar uma mordida bem na sua folha."

Não é exatamente dessa forma, mas, ao serem atacadas, as plantas dão um jeito de avisar suas vizinhas sobre o perigo. Por meio de sinais químicos transmitidos pelo ar, elas fazem quem está por perto entender a ameaça – e passar a se preparar para não virar comida de inseto. Essa habilidade foi descrita por pesquisadores da Universidade de Delaware, nos EUA, em um estudo publicado no periódico Frontiers in Plant Science.

Superinteressante. Disponível em: <http://super.abril.com.br/ciencia/plantas-tem-sinal-de-alerta-para-avisar-vizinhas-sobre-perigos/>. Acesso em: 19 maio 2017.

a. Como seriam conjugados os verbos da seguinte frase da matéria, caso as palavras abaixo destacadas estivessem no plural?

Parece que **esse gafanhoto** está prestes a dar uma mordida bem na sua folha.

b. Observe o verbo *dar* na sua resposta da questão anterior e responda: Ele foi flexionado? Trata-se de um caso de infinitivo pessoal ou impessoal?

c. Identifique no texto um caso de verbo no infinitivo pessoal flexionado no plural.

2. Leia o fragmento da notícia a seguir.

Campeão olímpico, australiano foi alertado de possível câncer de pele por um fã

O nadador australiano Mack Horton, de 20 anos, deixou sua marca nos Jogos do Rio de Janeiro em agosto ao conquistar o ouro olímpico nos 400 metros livre.

Foi outra marca, no entanto, que chamou a atenção de um fã do atleta: uma verruga escura na região do tórax.

A pessoa alertou a equipe australiana de natação da possibilidade de um câncer de pele de Horton, que nesta sexta-feira fez um agradecimento ao "anjo da guarda".

Ele fez uma cirurgia para retirar a verruga e espera pelo resultado da biopsia para saber se o pequeno tumor era benigno ou maligno.

"Agradecimento à pessoa que mandou um e-mail ao médico da equipe de natação e me disse para examinar minha verruga. Boa chamada. Muito boa chamada", escreveu o nadador no Instagram.

ESPN. Disponível em: <http://espn.uol.com.br/noticia/640781_campeao-olimpico-australiano-foi-alertado-de-possivel-cancer-de-pele-por-um-fa>. Acesso em: 28 maio 2017.

a. A palavra *marca* é usada no primeiro e no segundo parágrafos. Explique o sentido que essa palavra assume em cada um dos casos.

b. O título da notícia apresenta o verbo na voz ativa ou na voz passiva? Justifique sua resposta.

c. O terceiro parágrafo da notícia começa com "A pessoa".

- Quem é essa pessoa?
- Identifique outras expressões usadas para fazer referência a essa pessoa no texto:
  – no título na notícia;
  – no terceiro parágrafo.

d. Qual das alternativas a seguir apresenta informações corretas sobre este trecho do texto?

Ele fez uma cirurgia para retirar a verruga e espera pelo resultado da biopsia

I. Em "Ele fez uma cirurgia", o verbo está na voz ativa; em "espera pelo resultado", o verbo está na voz passiva.

II. Em "Ele fez uma cirurgia" e em "espera pelo resultado", os verbos estão na voz ativa.

III. Em "Ele fez uma cirurgia", o verbo está na voz passiva; em "espera pelo resultado", o verbo está na voz ativa.

IV. Em "Ele fez uma cirurgia", e em "espera pelo resultado", os verbos estão na voz passiva.

V. "espera pelo resultado" é um exemplo de verbo na voz passiva analítica.

3. Leia este comentário sobre a companhia de dança mineira Grupo Corpo.

> Quando se vê o GRUPO CORPO dançando, é como se as questões do trânsito entre a natureza e a cultura estivessem sendo bem respondidas. São os diversos Brasis, o passado e o futuro, o erudito e o popular, a herança estrangeira e a cor local, o urbano e o suburbano, tudo ao mesmo tempo **sendo resolvido** como arte. Arte brasileira. Arte do mundo.
>
> KATZ, Helena. *Grupo Corpo.* Disponível em: <http://www.grupocorpo.com.br/companhia>. Acesso em: 19 maio 2017.

Qual das alternativas que apresentam informações a respeito da locução verbal *sendo resolvido* não está correta?

a. Trata-se de uma locução verbal formada pelo gerúndio do verbo *ser* e o particípio do verbo *resolver*.

b. A forma verbal *resolvido* está no masculino e no singular, concordando com o termo *tudo*.

c. Por ser uma locução verbal, *sendo resolvido* não sofre flexão de gênero, apenas de número e de pessoa.

d. A locução verbal *sendo resolvido* dá ideia de concomitância, reforçando que todos os elementos citados estão presentes na arte produzida pela companhia de dança.

e. Seria possível substituir "sendo resolvido" por "resolvendo-se", sem que o sentido fosse alterado.

4. Leia atentamente o poema abaixo e indique a alternativa incorreta a seu respeito.

A espantosa realidade das coisas

A espantosa realidade das coisas
É a minha descoberta de todos os dias.
Cada coisa é o que é,
E é difícil explicar a alguém quanto isso me alegra,
E quanto isso me basta.

Basta existir para se ser completo.

Tenho escrito bastantes poemas.
Hei de escrever muitos mais, naturalmente.
Cada poema meu diz isto,
E todos os meus poemas são diferentes,
Porque cada coisa que há é uma maneira de dizer isto.

Às vezes ponho-me a olhar para uma pedra.
Não me ponho a pensar se ela sente.
Não me perco a chamar-lhe minha irmã.
Mas gosto dela por ela ser uma pedra,
Gosto dela porque ela não sente nada,
Gosto dela porque ela não tem parentesco nenhum comigo.

Alberto Caeiro

a. No verso "Basta existir para ser completo", o verbo existir está na forma de um infinitivo não flexionado, pois não se refere a nenhum sujeito específico e tem valor de substantivo.

b. Na terceira estrofe, "Tenho escrito" é uma locução verbal na voz ativa, em que o particípio é empregado com o verbo auxiliar *ter*.

c. Na terceira estrofe, "Hei de escrever" apresenta um tempo composto na voz ativa com valor de futuro, no qual o particípio compõe com o verbo auxiliar *haver*.

d. Na quarta estrofe, a forma composta de infinitivo "me ponho a pensar" pode ser substituída pela forma composta de gerúndio "fico pensando", sem perda de significado.

e. No último verso, o poeta emprega o verbo *ter* no presente do indicativo apenas para manter a simetria dos versos. O correto seria o futuro do pretérito (*teria*), já que se trata de uma condição passada.

Enem e vestibulares

1. Uece

Pessoas habitadas

Estava conversando com uma amiga, dia desses. Ela comentava sobre uma terceira pessoa, que eu não conhecia. Descreveu-a como sendo boa gente, esforçada, ótimo caráter. "Só tem um probleminha: não é habitada". Rimos. Uma expressão coloquial na França – habité, – mas nunca tinha escutado por estas paragens e com este sentido. Lembrei-me de uma outra amiga que, de forma parecida, também costuma dizer "aquela ali tem gente em casa" quando se refere a pessoas que fazem diferença.

MEDEIROS, Martha. In: Org. e Int. SANTOS, Joaquim Ferreira dos. *As Cem Melhores Crônicas Brasileiras*. Objetiva, 324-325.

Considere o excerto "Estava conversando com uma amiga, dia desses" e o que se diz sobre ele.

I. Tem-se uma locução verbal de gerúndio – estava conversando –, em que *estava* é o verbo auxiliar e *conversando* é o verbo principal.

II. O verbo auxiliar, no presente exemplo, empresta um matiz semântico novo ao verbo principal.

III. Do ponto de vista aspectual, *estava conversando* não é o mesmo que *conversava*. Em *estava conversando*, a ideia de ação verbal em curso é mais forte do que em *conversava*. Essa constatação é importante principalmente na leitura de um texto literário, que pode ter em cada elemento uma carga expressiva a mais.

Está correto o que se diz em

a. I e II apenas.
b. II e III apenas.
c. I, II e III.
d. I e III apenas.

2. Enem

"Narizinho correu os olhos pela assistência. Não podia haver nada mais curioso. Besourinhos de fraque e flores na lapela conversavam com baratinhas de mantilha e miosótis nos cabelos. Abelhas douradas, verdes e azuis falavam mal das vespas de cintura fina – achando que era exagero usar coletes tão apertados. Sardinhas aos centos criticavam os cuidados excessivos que as borboletas de toucados e de gaze tinham com o pó das suas asas. Mamangavas de ferrões amarrados para não morderem. E canários cantando, e beija-flores beijando as flores, e camarões camaronando, e caranguejos caranguejando, tudo que é pequenino e não morde, pequeninando e não mordendo."

LOBATO, Monteiro. *Reinações de Narizinho*. São Paulo: Brasiliense, 1947.

No último período do trecho, há uma série de verbos no gerúndio que contribuem para caracterizar o ambiente fantástico descrito. Expressões como "camaronando", "caranguejando" e "pequeninando e não mordendo" criam, principalmente, efeitos de

a. esvaziamento de sentido.
b. monotonia do ambiente.
c. estaticidade dos animais.
d. interrupção dos movimentos.
e. dinamicidade do cenário.

3. Fatec-SP Assinale a alternativa em que a forma verbal grifada no período 2 não substitui corretamente a do período 1.

a. 1 Economistas afirmam que já <u>foi descoberto</u> o remédio para a inflação no Brasil.
   2 Economistas afirmam já <u>ter sido descoberto</u> o remédio para a inflação no Brasil.

b. 1 Não souberam ou não me quiseram dizer para onde você <u>tinha ido</u>.
   2 Não souberam ou não me quiseram dizer para onde você <u>fora</u>.

c. 1 <u>Eram passados</u> já muitos anos, desde o acidente.
   2 <u>Haviam passado</u> já muitos anos, desde o acidente.

d. 1 <u>Honrarás</u> a teu pai e a tua mãe.
   2 <u>Honra</u> a teu pai e a tua mãe.

e. 1 Ao chegar à sua casa, o seu amigo já <u>terá partido</u>.
   2 Ao chegar à sua casa, o seu amigo já <u>partirá</u>.

4. Insper-SP

Quando flexionados no gerúndio, os verbos perdem suas características e assumem características de nome.

Sobre o uso do gerúndio, considere as seguintes afirmações:

I. A forma verbal "morrendo" (presente no segundo quadrinho) poderia ser substituída, sem prejuízo de sentido, por "quando morria".

II. Os gerúndios "pulsando" e "morrendo" exercem a mesma função sintática nos períodos em que se inserem.

III. O gerúndio "pulsando" (presente no primeiro quadrinho) poderia ser substituído por uma oração de valor temporal.

Está(ão) correta(s) apenas

a. I.
b. II.
c. III.
d. I e II.
e. II e III.

5. FCC-SP Transpondo para a voz passiva a oração "O faro dos cães guiava os caçadores", obtém-se a forma verbal:

a. guiava-se
b. ia guiando
c. guiavam
d. eram guiados
e. foram guiados

6. Fuvest-SP Se passarmos para a voz ativa a frase "O francês da Williams foi derrotado pela chuva", mantendo tempo e modo verbais, o verbo da frase resultante deverá assumir a forma:

a. havia derrotado.
b. derrotara.
c. derrotou.
d. derrotaria.
e. derrotava.

7. UEL-PR Transpondo da voz passiva para a voz ativa a frase "Os avisos terão sido dados pelo coordenador", obtém-se a forma verbal:

a. deu.
b. dará.
c. terá dado.
d. terão dado.
e. foram dados.

8. Enem

Há certos usos consagrados na fala, e até mesmo na escrita, que, a depender do estrato social e do nível de escolaridade do falante, são, sem dúvida, previsíveis. Ocorrem até mesmo em falantes que dominam a variedade padrão, pois, na verdade, revelam tendências existentes na língua em seu processo de mudanças que não podem ser bloqueadas em nome de um "ideal linguístico" que estaria representado pelas regras da gramática normativa. Usos como *ter* por *haver* em construções existenciais (*tem* muitos livros na estante), o do pronome objeto na posição de sujeito (para *mim* fazer o trabalho), a não concordância das passivas com *se* (aluga-se casas) são indícios da existência, não de uma norma única, mas de uma pluralidade de normas, entendida, mais uma vez, norma como conjunto de hábitos linguísticos, sem implicar juízo de valor.

CALLOU, D. Gramática, variação e normas. In: VIEIRA, S. R.; BRANDÃO, S. (orgs). *Ensino de gramática: descrição e uso.* São Paulo: Contexto, 2007 (fragmento).

Considerando a reflexão trazida no texto a respeito da multiplicidade do discurso, verifica-se que

a. estudantes que não conhecem as diferenças entre língua escrita e língua falada empregam, indistintamente, usos aceitos na conversa com amigos quando vão elaborar um texto escrito.

b. falantes que dominam a variedade padrão do português do Brasil demonstram usos que confirmam a diferença entre a norma idealizada e a efetivamente praticada, mesmo por falantes mais escolarizados.

c. moradores de diversas regiões do país que enfrentam dificuldades ao se expressar na escrita revelam a constante modificação das regras de emprego de pronomes e os casos especiais de concordância.

d. pessoas que se julgam no direito de contrariar a gramática ensinada na escola gostam de apresentar usos não aceitos socialmente para esconderem seu desconhecimento da norma padrão.

e. usuários que desvendam os mistérios e sutilezas da língua portuguesa empregam formas do verbo *ter* quando, na verdade, deveriam usar formas do verbo *haver*, contrariando as regras gramaticais.

CAPÍTULO 12

ADVÉRBIO

O que você vai aprender

1. **Advérbios e locuções adverbiais**
   - Reconhecer os advérbios e as locuções adverbiais.
   - Identificar as circunstâncias expressas pelos advérbios e pelas locuções adverbiais.
   - Refletir sobre o efeito de sentido produzido pelo emprego de advérbios e locuções adverbiais em determinados contextos.
   - Empregar adequadamente advérbios e locuções adverbiais ao contexto de produção do texto.
2. **Advérbios como modalizadores**
   - Reconhecer o papel modalizador dos advérbios.
   - Empregar advérbios para modalizar o discurso.
3. **Advérbios como dêiticos**
   - Reconhecer o papel dêitico de determinados advérbios.
4. **Advérbios como elementos anafóricos**
   - Reconhecer as relações anafóricas estabelecidas por determinados advérbios.
   - Analisar o impacto produzido pelos advérbios em textos e considerar essa avaliação ao interpretá-los.

▶ Leia a seguir um diálogo entre Charlie Brown e Linus.

Quem nunca ouviu a clássica pergunta "O que você vai ser quando crescer"? Na maioria das vezes, as respostas esperadas estavam relacionadas à profissão que queríamos ter, como se essa fosse a única projeção de futuro possível para uma criança. A resposta de Linus, no entanto, surpreende ao romper de forma drástica com essa expectativa: em vez de pensar em uma profissão, ele diz que quer ser "absurdamente feliz".

Observe que algumas palavras e expressões do texto dão ênfase a essa postura do personagem. Linus diz, por exemplo, que pensa "o tempo todo", "no futuro" e em ser "absurdamente feliz".

E você? O que pensa sobre seu futuro? Em sua opinião, em que consiste um futuro feliz? Como você gostaria que fosse seu futuro?

No contexto comunicativo da tira, foi usado um advérbio para caracterizar o "futuro feliz" ao qual Linus se refere. Você, ao explicitar os detalhes de seu futuro, provavelmente usará também alguma palavra dessa classe gramatical para projetar as circunstâncias de acontecimentos ou ações almejadas para si. Neste capítulo, você saberá mais sobre esse grupo de palavras.

Reflexão e análise linguística

Os advérbios e os textos: a criação de sentido

Advérbios e locuções adverbiais

Ao contrário do personagem Linus, que deseja ter um futuro absurdamente feliz, o narrador-personagem da crônica a seguir defende a ideia de que não vale a pena pensar em ser feliz. Leia-a e observe os argumentos apresentados por ele para sustentar esse ponto de vista.

Como não ser feliz

Nós não nascemos pra ser felizes. Isso é uma descoberta, um anseio recente

A moça aproximou-se após esperar alguns minutos na fila da tarde de autógrafos na livraria e disparou, com um sorriso entredentes, à queima-roupa:

– Você é feliz?

Respondi, afável mas secamente:

– Não!

– Jura? Não acredito!

A essa altura, começava a pensar, pelo teor da conversa, tratar-se de pura gozação. Mas vi que era a sério quando ela tascou:

– Você passa a impressão de que é bem feliz...

Pedi breve licença às pessoas na fila. E avancei no debate:

– Veja, nós não nascemos pra ser felizes. Isso é uma descoberta, um anseio recente... Há 200 anos, tudo que as pessoas queriam era sobreviver, chegar aos 30 anos... No começo dos tempos, você acha que o homem tinha tempo pra pensar em felicidade enquanto fugia dos dinossauros e outras ameaças?

Ela ficou parada, certamente surpresa com argumento tão inusitado. Continuei:

– Quantas "pessoas felizes" você conhece?

– Não muitas – ela respondeu, já um tanto desolada.

– Eu não conheço nenhuma – sentenciei, quase amargo.

Ela riu um riso sem graça. Aliviei um pouco.

– O que acontece é que algumas pessoas são bem resolvidas com seu trabalho, têm uma vida familiar relativamente tranquila... Essas pessoas talvez pareçam felizes, não demonstram amargura com a vida. E talvez eu seja uma delas. Prefiro acreditar nisso.

Ela balançou a cabeça, resignada. E eu, concluindo meu pensamento:

– "Ser feliz" hoje em dia tem mais a ver com poder financeiro, desejos de consumo sem-fim, que com qualquer outra coisa. Mas pense comigo: se você não vive desesperadamente pelo dinheiro, não tem sonhos impossíveis, fica mais fácil viver, mais fluente, mais tranquilo...

A essa altura eu já me sentia protagonista da palestra "Lair Ribeiro para jovens que sonham com a felicidade". Só que às avessas, ensinando não como ser feliz, mas como não ser.

– Se você dedica mais tempo ao lúdico e vive menos pressionado pela corrida do ouro que virou nosso tempo, você terá mais tempo para o que importa... Isso talvez seja felicidade, vai saber.

– É, mas... e o dinheiro? – ela retrucou, mostrando não ser tão avoada assim.

— Se nos satisfizéssemos em ganhar apenas o necessário para viver bem, confortavelmente, sem sacrifícios, seria ótimo. Mas nossa natureza sempre pede mais... E isso torna as pessoas bastante infelizes, viram escravas do dinheiro...

A fila já chiava, por conta da espera, interrompida por esse debate misterioso, para o qual os demais não foram convidados. Ainda ilustrei rapidamente, para finalizar, com um filme argentino obscuro que vi há algum tempo, uma espécie de comédia surreal e filosófica em que dois funcionários de uma companhia elétrica ou de esgotos vagam pela cidade, vivendo situações estranhas e mesmo delirantes. Em dado momento, um fala ao outro: "Preciso ir, tenho que dormir, estou muito cansado". Ao que o outro diz: "Ok, nos encontramos às sete então?". E o primeiro diz: "Não, preciso dormir pelo menos oito horas, senão não descanso". O outro contra-ataca: "Essa história de dormir oito horas por dia é uma invenção burguesa. Você acha que no tempo das guerras as pessoas pensavam nisso? Na Idade Média, você acha que alguém dormia oito horas por dia?". O outro fica sem palavras.

Para arrematar nossa conversa, disse-lhe:

— É a mesma coisa. Um guerreiro assírio não devia pensar em felicidade, apenas em sobreviver à próxima guerra. Assim é que deveríamos pensar, em sobreviver à próxima guerra. E só.

Sorri. Ela também sorriu.

— Fiquei muito feliz de ter você aqui nesta tarde — ainda lhe disse (enfatizando a palavra feliz) à guisa de ironia, mas não sem verdade.

BALEIRO, Zeca. Como não ser feliz. *IstoÉ*, dez. 2012. Disponível em: <http://istoe.com.br/259548_COMO+NAO+SER+FELIZ>. Acesso em: 21 mar. 2017.

Assírio: relativo à Assíria, reino que dominou por muito tempo a região norte da Mesopotâmia, onde hoje se localiza o Iraque. Esse domínio era mantido por meio de muitas batalhas, que colocavam o guerreiro assírio constantemente em situação de combate.

1. Explique a relação que o narrador-personagem estabelece entre consumo e felicidade.

2. Releia este trecho da crônica:

Um guerreiro assírio não devia pensar em felicidade, apenas em sobreviver à próxima guerra. Assim é que deveríamos pensar, em **sobreviver à próxima guerra**. E só.

Nesse contexto, qual das afirmações a seguir traduz a ideia do trecho destacado?
a. Sobreviver à falta de recursos para consumir tudo o que desejamos.
b. Viver com foco no presente e no futuro próximo, agindo para vencer as adversidades.
c. Sobreviver à amargura causada pela falta de felicidade.
d. Perseguir a felicidade a todo custo, dedicando mais tempo à busca pelo dinheiro.

3. Ao longo da crônica, o narrador-personagem explica "como não ser feliz", conforme está anunciado no título? Justifique sua resposta.

4. No fragmento a seguir, ao iniciar a narração do encontro com a moça na tarde de autógrafos, o narrador-personagem usa expressões que mostram as circunstâncias em que esse fato ocorreu. Observe as expressões destacadas no fragmento. Classifique-as, de acordo com a ideia que transmitem, em expressões de **tempo**, de **modo** ou de **lugar**.

A moça aproximou-se **após esperar alguns minutos na fila da tarde de autógrafos na livraria** e disparou, **com um sorriso entredentes, à queima-roupa**

5. Na tira de abertura deste capítulo, Linus diz a Charlie Brown que deseja ser "*absurdamente* feliz". Na crônica, quando a moça expressa curiosidade por saber se o narrador-personagem é feliz, ele diz: "Respondi, afável mas *secamente*: – Não!". As palavras *absurdamente* e *secamente* expressam circunstâncias de tempo, modo, lugar, afirmação, negação ou dúvida?

6. Releia o trecho final da crônica:

Fiquei muito feliz de ter você aqui nesta tarde – ainda lhe disse (enfatizando a palavra feliz) à guisa de ironia, mas não sem verdade.

Identifique no trecho a ocorrência de uma palavra ou expressão que indique:

a. intensidade;
b. lugar;
c. tempo;
d. negação;
e. modo.

As palavras e expressões que você analisou ou identificou nos exercícios **4**, **5** e **6** indicam as circunstâncias em que os fatos ocorreram. Observe como elas enfatizam alguns ("fiquei **muito** feliz"), modificam outros ("mas **não** sem verdade") e tornam determinadas informações mais precisas ("de ter você **aqui nesta tarde**"). Dessa forma, elas contribuem para que o texto atinja seu propósito. Essas palavras são chamadas **advérbios** e essas expressões são denominadas **expressões adverbiais**.

> **Advérbio** é o termo que modifica a palavra ou o enunciado a que se refere, atribuindo-lhe uma circunstância. Os advérbios podem estabelecer uma relação lógica com:
> - **verbos**, para indicar tempo, modo, lugar, intensidade, negação, afirmação, dúvida, concessão, assunto, causa, companhia, fim, instrumento etc.;
> - **adjetivos**, para indicar intensidade ou modo;
> - **advérbios**, para indicar intensidade;
> - **enunciados**, para imprimir uma posição pessoal.

Observe estes exemplos:

(1) Você chegou **tarde ontem à noite**.
(2) Você é **bastante** valente.
(3) Você está **muito** bem de aparência.
(4) **Infelizmente** não tenho boas notícias.

Em (1) há duas palavras e uma expressão que indicam as circunstâncias de tempo atribuídas ao verbo *chegar*: *tarde*, *ontem* e *à noite*.

Em (2) há o termo *bastante*, que intensifica o adjetivo *valente*.

Em (3) há a palavra *muito*, que intensifica o advérbio *bem*.

Em (4) há a palavra *infelizmente*, que indica a posição pessoal ou a avaliação do locutor em relação à ideia expressa nesse enunciado.

Locução adverbial é um conjunto de palavras com valor de advérbio. Geralmente, é formada por **preposição** + **substantivo** ou **preposição** + **advérbio**. Exemplos: com certeza, sem dúvida, às vezes, atrás da porta, logo mais, pela manhã, de muito, de todo.

Os advérbios e as locuções adverbiais são **invariáveis**, ou seja, não flexionam em gênero (masculino e feminino) nem em número (singular e plural). Exemplos:

Ele está **muito** triste.
Ela está **muito** triste.
Eles estão **muito** tristes.

Classificação dos advérbios e das locuções adverbiais

São muitas as circunstâncias que os advérbios podem indicar, dependendo da situação comunicativa e do contexto em que são empregados. Os advérbios e as locuções adverbiais são classificados de acordo com seu **valor semântico**, ou seja, conforme o sentido que indicam cada circunstância. Observe alguns exemplos dos valores semânticos de advérbios e de locuções adverbiais.

Tempo	**Ontem** fiquei na chuva para aliviar o calor que sentia. **Nas férias de julho** irei a Santarém.
Frequência	**De vez em quando**, fico na chuva para sentir o frescor da água caindo no meu rosto. Por que você **sempre** me pergunta a mesma coisa?
Modo	Contou **apressadamente** o que se passou no ônibus e saiu **em silêncio**.
Lugar	**Na praça da esquina**, encontrei meu grande amor. Lá deixei meu coração despedaçado.
Intensidade	Lamento afirmar que seu filho está **pouco** empenhado em vencer as dificuldades. Estou **tão** impressionada com sua competência!
Negação	**Não** espere que eu faça tudo sozinha. **De modo algum** contarei a você esse segredo.
Dúvida	**Provavelmente** teremos de pensar em outras possibilidades para resolver as questões econômicas. **Quem sabe,** um dia, viajarei para a França e conhecerei de perto a Cidade Luz.
Assunto	Vamos conversar **sobre literatura**?
Causa	A maçã caiu **de madura** que estava. Chegaram notícias de muitas mortes **por causa do frio excessivo**.
Companhia	Fui ao cinema **com seu irmão**.
Instrumento	O escritor fez seus registros **à caneta**.
Meio	Não vou **de ônibus** para a escola porque o ponto não é perto da minha casa.
Conformidade	Faça o bolo **conforme a receita**, para que ele fique bom.
Concessão	**Apesar do frio**, aproveitamos a viagem para a Serra Gaúcha.
Finalidade	**Para um bom aproveitamento**, estude todos os dias os conteúdos do curso.

Além dos próprios advérbios, outras classes de palavras podem desempenhar a função de advérbio em uma frase. São elas:

- **Verbos**

    Exemplo:

    Pode ser que eu vá à praia no próximo final de semana.

    Nesse exemplo, a locução **pode ser** equivale ao advérbio **talvez**.

    Trata-se, portanto, de uma locução com valor adverbial.

- **Adjetivos**

    Exemplo:

    Ele anda muito **rápido**.

    Nessa frase, o adjetivo **rápido** equivale ao advérbio **rapidamente**.

Gírias e expressões coloquiais também podem exercer papel de advérbio, como você verá a seguir, no fragmento de uma crônica em que a escritora Nina Horta explica o começo de sua carreira.

Não acreditem em manuais de como escrever

Tinha tomado gosto e comecei uma peregrinação. Primeiro procurava alguém que conhecesse alguém – fui parar na Vogue, onde o Rudi Crespi conversou comigo e comentou com a amiga dele "Ela é rica, não tem vontade trabalhar". Errou nas duas conclusões, e não percebeu que eu tinha um texto muito metido a erudito, chato **pra burro**. Sugeriu que eu escrevesse sobre a Taittinger Brut. Virei de costas para escrever o título, para que ele não visse que nem o nome do champanhe sabia.

HORTA, Nina. Não acreditem em manuais de como escrever. Folha de S.Paulo, 20 jul. 2016. Disponível em: <www1.folha.uol.com.br/colunas/ninahorta/2016/07/1793601-a-sorte-e-o-acaso.shtml>. Acesso em: 22 mar. 2017.

A locução adverbial *pra burro* exerce a função de advérbio de intensidade, assim como os advérbios *muito*, *bastante*, *deveras* etc.

> ### AMPLIANDO O CONHECIMENTO
>
> #### Advérbios com o sufixo *-mente*
>
> Os advérbios que terminam em *-mente* são classificados de acordo com o papel semântico que desempenham.
>
> Exemplos:
>
> **Atualmente** estamos interessados em estudar a cultura popular.
>
> ↑ ideia de tempo
>
> **Irrefletidamente** me posicionei sobre sua decisão de mudar de país.
>
> ↑ ideia de modo
>
> **Certamente** irei me encontrar com você.
>
> ↑ ideia de afirmação
>
> Observação: Note que, ao relacionar dois ou mais advérbios terminados em *-mente* em um mesmo enunciado, para evitar que haja eco entre eles, pode-se usar o sufixo apenas no último elemento da relação. Exemplo:
>
> Fiz o discurso **vagarosa e pacificamente**.

▶ Leia esta tira.

7. O humor da tira é construído com base na quebra da expectativa que normalmente temos sobre o lugar em que uma jaqueta é guardada. Explique como essa quebra de expectativa é construída.

8. No segundo quadro, Calvin diz: "Eu já olhei em todo canto!".
    a. Identifique o advérbio de tempo presente nessa oração.
    b. Que informação esse advérbio enfatiza?

9. Na tira, Calvin usa seis locuções adverbiais de lugar para designar os lugares em que procurou a jaqueta. Identifique-as.

10. Na frase "Não tá em lugar nenhum", que Calvin diz no terceiro quadro da tira, identifique um advérbio e uma locução adverbial e classifique-os.

11. Amplie a oração a seguir, acrescentando advérbios de tempo, lugar, intensidade e causa.

    Eu cheguei atrasada.

12. A oração a seguir apresenta dois advérbios de modo. Identifique-os.

    Educo a minha filha paciente e responsavelmente.

Advérbios como modalizadores

Os advérbios e as locuções adverbiais podem aparecer no início, no meio ou no final de um período, dependendo do que se quer enfatizar. Observe, a seguir, o que eles enfatizam no trecho de uma notícia publicada pela Agência Brasil.

Em 2017, em todo o Brasil, já são 872 as cidades com reconhecimento federal de situação de emergência causada por um longo período de estiagem. A região mais afetada é a do Nordeste e o estado da Paraíba é o que concentra maior número de municípios, com 198 que comunicaram o problema à Secretaria Nacional de Proteção e Defesa Civil (Sedec).

SINIMBU, Fabíola; JADE, Líria. Mais de 850 municípios brasileiros enfrentam problemas por falta de água em 2017. *Agência Brasil*, mar. 2017. Disponível em: <http://agenciabrasil.ebc.com.br/geral/noticia/2017-03/mais-de-850-municipios-brasileiros-enfrentam-problemas-por-falta-de-agua-em>. Acesso em: 22 mar. 2017.

13. A notícia inicia situando um fato no tempo e no espaço. Quais são os advérbios ou as locuções adverbiais utilizados para fazer essas identificações?

14. Na primeira frase do trecho, o advérbio de tempo *já* produz que efeito de sentido?

Agora veja como o trecho da notícia poderia ter sido escrito se as informações estivessem dispostas em outra ordem e o advérbio de tempo *já* não fosse empregado.

> Há 872 cidades com reconhecimento federal de situação de emergência causada por um longo período de estiagem. A região mais afetada é a do Nordeste e o estado da Paraíba é o que concentra maior número de municípios, com 198 que comunicaram o problema à Secretaria Nacional de Proteção e Defesa Civil (Sedec). Esses dados se referem ao ano de 2017 e dizem respeito a todo o Brasil.

Comparando os dois fragmentos, percebe-se que a presença da locução adverbial *Em 2017* e do advérbio *já*, no início da notícia, destaca que, embora decorridos apenas três meses, o ano se mostra problemático do ponto de vista do abastecimento de água. O fato de a locução adverbial de lugar *em todo o Brasil* também estar no início do texto enfatiza que esse é um problema generalizado no país. Por fim, a presença do advérbio de tempo *já* acrescenta um senso de urgência, mostrando que o número de cidades em situação de emergência é maior que o esperado para essa época do ano. Essa análise permite concluir que o autor **modalizou** o discurso, ou seja, escolheu e posicionou o advérbio e as locuções adverbiais na narrativa de modo a enfatizar informações que desejava destacar.

> **Modalização** é o modo pelo qual o emissor seleciona e organiza a informação a fim de comunicar sua posição em relação ao assunto.
>
> Os advérbios podem atuar como **modalizadores** do discurso, servindo para enfatizar ou suavizar determinadas informações, de acordo com a intenção do enunciador.

15. Suponha que as seguintes perguntas tenham sido feitas por um professor a um aluno:

> Você não fez a lição de casa?
> Você não fez a lição de casa de novo?
> De novo você não fez a lição de casa?

a. Em qual das perguntas a posição do professor parece neutra? Justifique sua resposta.

b. Em qual das três perguntas o professor parece se posicionar de forma mais crítica em relação ao fato de o aluno não ter feito a lição de casa? Justifique sua resposta

16. Modalize as orações conforme as indicações a seguir, usando os advérbios do quadro.

> ainda – já – certamente – agora
> nunca – sempre – bastante – muito

a. Modalize a oração de modo a enfatizar que a entrega do trabalho está atrasada.

> Você não entregou o trabalho?

b. Modalize a oração de modo a enfatizar o adjetivo *cansado*.

> Papai voltou para casa cansado ontem.

Advérbios como dêiticos

Alguns advérbios de tempo e de lugar – *agora, antes, depois, aqui, ali, lá* –, assim como alguns pronomes – *ele(s), ela(s), este(s), esta(s), aquele(s), aquela(s)* – são identificados pelos interlocutores no momento do contexto comunicativo.

Observe uma frase de Axel Rueger, diretor do Museu Van Gogh, em Amsterdã, na Holanda:

"**Elas** irão permanecer **aqui** por muitas gerações futuras."

Essa frase, por estar fora do contexto, suscita dois questionamentos: Quem são **elas**? Onde é **aqui**? Isso ocorre porque as palavras *elas* e *aqui* não se referem necessariamente, de forma respectiva, a pessoas e a um lugar específico. A palavra *Elas* pode designar diferentes pessoas, animais etc., e a palavra *aqui* pode se referir a diferentes lugares, de acordo com o contexto de comunicação em que estiver inserida.

No parágrafo inicial da notícia da qual a frase faz parte, podemos identificar os termos aos quais as palavras *elas* e *aqui* se referem:

Duas pinturas de Vincent Van Gogh foram retornadas, pouco danificadas, a um museu de Amsterdã nesta terça-feira (21), 14 anos depois de serem roubadas pela máfia.

PINTURAS de Van Gogh roubadas voltam a museu de Amsterdã após 14 anos. *Folha de S.Paulo*, 21 mar. 2017. Disponível em: <www1.folha.uol.com.br/ilustrada/2017/03/1868369-pinturas-de-van-gogh-roubadas-voltam-a-museu-de-amsterda-apos-14-anos.shtml>. Acesso em: 22 mar. 2017.

Vista do Mar de Scheveningen, de Vincent Van Gogh. Óleo sobre tela. 1882.

Congregação Deixando a Igreja Restaurada em Nuenen, de Vincent Van Gogh. Óleo sobre tela. 1884.

Com base nesse parágrafo, podemos deduzir que *elas* é um pronome usado para fazer referência às duas pinturas que haviam sido roubadas e que a*qui* é o advérbio empregado para aludir ao museu de Amsterdã.

> **Dêiticos** são elementos linguísticos que fazem referência à situação de produção do texto, permitindo situar os participantes do enunciado, que estão inseridos em determinado tempo e espaço, em um contexto.

Advérbios como elementos anafóricos

Observe o uso do advérbio *então* na frase a seguir, reproduzida de um texto publicado no jornal *Correio Braziliense*.

A partir de **então**, decidiu assumir, de vez, os cachos.

A palavra *então*, nessa frase, refere-se a determinado tempo que marca um acontecimento citado anteriormente. Para que entendamos a que momento essa palavra se refere, precisamos conhecer o contexto do qual ela faz parte. Leia agora o trecho em que ela está inserida:

Saiu do salão, como de costume, mas teve uma surpresa pela manhã. Ao acordar, se deparou com o travesseiro manchado de sangue, consequência de uma forte reação alérgica ao procedimento. A partir de **então**, decidiu assumir, de vez, os cachos.

MULHERES descobrem a beleza de manter os cabelos naturalmente crespos. *Correio Braziliense*, Brasília, set. 2016. Disponível em: <www.correiobraziliense.com.br/app/noticia/cidades/2016/09/04/interna_cidadesdf,547219/mulheres-descobrem-a-beleza-de-manter-os-cabelos-naturalmente-crespos.shtml>. Acesso em: 22 mar. 2017.

No trecho acima, podemos observar que a palavra *então* retoma o fato ocorrido após a realização de um procedimento químico feito em um salão de cabeleireiro: a reação alérgica a esse procedimento.

> O processo no qual uma palavra ou expressão que retoma uma informação citada anteriormente é chamada **anáfora**. Como vimos, alguns advérbios, por exemplo *então*, podem exercer papel anafórico.

▶ Leia a tira.

17. No primeiro quadro, identifique na fala de Helga:
  a. um advérbio de lugar que atue como dêitico;
  b. uma locução adverbial de lugar que faça referência a um local específico.

18. Na oração a seguir, identifique um advérbio que exerça, ao mesmo tempo, função anafórica e dêitica. Justifique sua resposta.

Quero morar em Recife, porque lá está a minha família.

A gramática e a construção de sentido

Os advérbios e os contextos narrativos

A crônica a seguir, de Rubem Braga, descreve o impacto que a visão de um homem nadando na praia causou no narrador. Leia-a.

Homem no mar

De minha varanda vejo, entre árvores e telhados, o mar. Não há ninguém na praia, que resplende ao sol. O vento é nordeste, e vai tangendo, aqui e ali, no belo azul das águas, pequenas espumas que marcham alguns segundos e morrem, como bichos alegres e humildes; perto da terra a onda é verde.

Mas percebo um movimento em um ponto do mar; é um homem nadando. Ele nada a uma certa distância da praia, em braçadas pausadas e fortes; nada a favor das águas e do vento, e as pequenas espumas que nascem e somem parecem ir mais depressa do que ele. Justo: espumas são leves, não são feitas de nada, toda sua substância é água e vento e luz, e o homem tem sua carne, seus ossos, seu coração, todo seu corpo a transportar na água.

Ele usa os músculos com uma calma energia; avança. Certamente não suspeita que um desconhecido o vê e o admira porque ele está nadando em uma praia deserta. Não sei de onde vem essa admiração, mas encontro nesse homem uma nobreza calma, sinto-me solidário com ele, acompanho o seu esforço solitário como se ele estivesse cumprindo uma bela missão. Já nadou em minha presença uns trezentos metros; antes, não sei, duas vezes o perdi de vista, quando ele passou atrás das árvores, mas esperei com toda confiança que reaparecesse sua cabeça, e o movimento alternado de seus braços. Mais uns cinquenta metros, e o perderei de vista, pois um telhado o esconderá. Que ele nade bem esses cinquenta ou sessenta metros, isto me parece importante, é preciso que conserve a mesma batida de sua braçada, que eu o veja desaparecer assim como o vi aparecer, no mesmo rumo, no mesmo ritmo, forte, lento, sereno. Será perfeito; a imagem desse homem me faz bem.

É apenas a imagem de um homem, e eu não poderia saber sua idade, nem sua cor, nem os traços de sua cara. Estou solidário com ele, e espero que ele esteja comigo. Que ele atinja o telhado vermelho, e então eu poderei sair da varanda tranquilo, pensando – "vi um homem sozinho, nadando no mar; quando o vi ele já estava nadando; acompanhei-o com atenção durante todo o tempo, e testemunho que ele nadou sempre com firmeza e correção; esperei que ele atingisse um telhado vermelho, e ele atingiu".

Agora não sou mais responsável por ele; cumpri o meu dever, e ele cumpriu o seu. Admiro-o. Não consigo saber em que reside, para mim, a grandeza de sua tarefa; ele não estava fazendo nenhum gesto a favor de alguém, nem construindo algo útil; mas certamente fazia uma coisa bela, e a fazia de um modo puro e viril.

Não desço para ir esperá-lo na praia e lhe apertar a mão; mas dou meu silencioso apoio, minha atenção e minha estima a esse desconhecido, a esse nobre animal, a esse homem, a esse correto irmão.

BRAGA, Rubem. Homem no mar. In: SANTOS, Joaquim Ferreira dos (Org.). *As cem melhores crônicas brasileiras*. Rio de Janeiro: Objetiva, 2007. p. 110-111.

1. A primeira frase da crônica deixa claro que o narrador está em um ambiente familiar e que a visão do mar é corriqueira para ele. Identifique a locução adverbial que:
   a. indica que o narrador está em um ambiente familiar;
   b. indica que a visão do mar por quem está na varanda é parcialmente obstruída.
2. No primeiro parágrafo, o narrador descreve com detalhes a paisagem que vê de sua varanda.

   ....

   De minha varanda vejo, entre árvores e telhados, o mar. Não há ninguém na praia, que resplende ao sol. O vento é nordeste, e vai tangendo, aqui e ali, no belo azul das águas, pequenas espumas que marcham alguns segundos e morrem, como bichos alegres e humildes; perto da terra a onda é verde.

   ....

   A tranquilidade que o primeiro parágrafo da crônica transmite ao leitor é quebrada no segundo parágrafo, quando o narrador vê um homem nadando no mar. Releia a primeira frase desse parágrafo e identifique a locução adverbial de lugar usada para localizar o homem.
3. No seguinte trecho do segundo parágrafo, a palavra destacada é um adjetivo ou um advérbio? Justifique sua resposta.

   ....

   as pequenas espumas que nascem e somem parecem ir mais **depressa** do que ele.

   ....

4. No terceiro parágrafo, o narrador descreve o nado do homem e a simpatia que começa a nutrir por ele. Os advérbios exercem um papel importante nesse parágrafo, porque o leitor tem, pela descrição, acesso ao que o narrador vê e pensa. Releia este trecho desse parágrafo.

   ....

   Ele usa os músculos com uma calma energia; avança. Certamente não suspeita que um desconhecido o vê e o admira porque ele está nadando em uma praia deserta.

   ....

   Identifique no trecho:
   a. uma locução adverbial de modo;
   b. um advérbio de afirmação;
   c. um advérbio de negação;
   d. um advérbio de lugar.
5. No final do terceiro parágrafo, o narrador já está consciente de que vai perder o nadador de vista. Após perceber que deixará de vê-lo, afirma:

   ....

   Que ele nade bem esses cinquenta ou sessenta metros.

   ....

   a. Identifique um advérbio de modo no trecho.
   b. Por que o narrador está torcendo para que o nadador tenha esse desempenho?

O narrador e o homem que nada se relacionam com o mar de formas diferentes. O primeiro observa o oceano pela varanda de sua casa. O segundo interage com o mar nadando "com firmeza e correção". Esse flagrante de uma cena do cotidiano, analisado com sensibilidade pelo cronista, sugere ao leitor que reflita sobre como momentos triviais podem ser apreciados e valorizados.

Conforme pudemos perceber nas questões sobre a crônica, os advérbios e as locuções adverbiais foram essenciais para o cronista descrever um momento trivial, atribuindo-lhe importância e beleza.

Exercícios

1. Leia esta tira.

a. No segundo quadro, que advérbio intensifica o adjetivo *feliz*?

b. Leia, no terceiro quadro, a frase do narrador: "Aí chegou o Facebook". Nesse caso, o advérbio *aí* expressa a ideia de lugar ou de tempo? Justifique sua resposta.

2. Leia a seguir um trecho da canção "Enquanto houver sol", composta por Sérgio Britto e conhecida pela sua interpretação pelo grupo Titãs.

Enquanto houver sol

Quando não houver esperança
Quando não restar nem ilusão
Ainda há de haver esperança
Em cada um de nós, algo de uma criança

Enquanto houver sol, enquanto houver sol
Ainda haverá
Enquanto houver sol, enquanto houver sol

BRITTO, Sérgio. Enquanto houver sol.
In: *Titãs. Como estão vocês*. Rio de Janeiro: Warner Chappell Edições Musicais LTDA, 2004. CD. Todos os direitos reservados.

a. A leitura dos três primeiros versos indica uma quebra de expectativa no ato da leitura. Explique como o termo *ainda* colabora para o surgimento de uma ideia inesperada. Justifique sua resposta com base nas palavras do texto.

b. Quais são os advérbios responsáveis por construir essa relação semântica entre os versos.

3. Leia a tira.

Revisionista: relativo a revisionismo, atitude de quem tende a rever antigos valores artísticos e literários ou discorda de uma doutrina.

a. Segundo Calvin, qual é o valor de conhecer a História?

b. Observe a expressão do tigre Haroldo no segundo quadro. O que ela indica em relação à fala de Calvin?

c. No terceiro quadro, a circunstância de tempo é marcada por dois recursos diferentes. Quais são eles?

4. Leia, a seguir, um fragmento da letra da música "Travessia", de Milton Nascimento e Fernando Brant.

Travessia

Quando você foi embora fez-se noite em meu viver
Forte eu sou, mas não tem jeito
Hoje eu tenho que chorar
Minha casa não é minha e nem é meu este lugar
Estou só e não resisto, muito tenho pra falar

Solto a voz nas estradas, já não quero parar
Meu caminho é de pedra, como posso sonhar
Sonho feito de brisa, vento vem terminar
Vou fechar o meu pranto, vou querer me matar

NASCIMENTO, Milton; BRANT, Fernando. Travessia. In: *Travessia*. Rio de Janeiro: Dubas Música, 2002. LP.

a. No terceiro verso da primeira estrofe, além da escolha do tempo verbal, qual palavra é usada para marcar o tempo da enunciação, ou seja, o tempo em que a mensagem está sendo transmitida? Como essa palavra é classificada morfologicamente?

b. Qual é o estado de ânimo do eu lírico na segunda estrofe? O que a expressão "nas estradas" indica no contexto dessa estrofe e como ela é classificada morfologicamente?

5. Leia este fragmento do conto "Viajante", de Heloisa Seixas.

> Lá está ela.
> Vergada, sim – mas soberba. O cabelo branco preso num coque no alto da cabeça, o corpo muito magro apoiado na bengala. Parada junto ao meio-fio, do outro lado da rua, prepara-se para atravessar.
> Eu a vejo de longe, mas sua presença se impõe. O vestido é simples, de algodão talvez, um corte reto, sem mangas, sem bolsos. Os sapatos, um mocassim preto, de gáspea alta, pesado mas firme, talvez pela necessidade de um bom apoio para pés tão incertos, tão cansados. Na mão direita, a bengala; na esquerda, uma sacola de plástico, de supermercado. Tudo muito prosaico, simples, e no entanto há uma aura de majestade ali.
> Agora, o sinal abriu. E ela começa a atravessar.

SEIXAS, Heloisa. *Viajante*. Disponível em: <http://heloisaseixas.com.br/contos-minimos/2006-2>. Acesso em: 17 mar. 2017.

a. Identifique nesse trecho advérbios ou locuções adverbiais, que expressem as circunstâncias indicadas, respectivamente: lugar, intensidade, dúvida ou tempo.

b. De que maneira o uso desses advérbios e locuções adverbiais contribui para a construção da narrativa?

6. Leia o fragmento de um texto opinativo.

Conto e ouço histórias; logo existo

Nós, humanos, sabemos instintivamente como contar uma boa história. Sabemos disso desde o tempo imemorial. Contar histórias é o que fazemos. É nossa arte. Nossa forma de transmitir conhecimento, de passar uma tradição pra frente, de demonstrar afeto, cuidado. [...] E hoje, para além dos anciãos em volta do fogo, das histórias de ninar e também da rádio AM, há *podcasts* pra se baixar no *smartphone*.

[...]

Além disso, percebi que aprendo e apreendo melhor através da escuta. Somos uma espécie gregária, a humana. A colaboração, segundo ouvi em outro *podcast*, é uma de nossas características **mais** contributivas pra nossa permanência e sobrevivência na Terra. Nas palavras de Ailton Krenak, no livro da série "Encontros", "Na nossa tradição, um menino bebe o conhecimento do seu povo nas práticas de convivência, nos cantos, nas narrativas". É o que busco. Porque aprender junto é **muito mais** gostoso. Eu pelo menos gosto de gente, de histórias. E mesmo que eu não esteja cara-a-cara com os apresentadores dos *podcasts*, **já** estabeleci uma relação afetuosa com eles pela familiaridade que suas vozes evocam.

Fico torcendo pro formato "pegar" aqui no Brasil também. Temos tantas histórias a serem contadas, mas **mais ainda** a serem ouvidas. Dentre elas, tenho um desejo crescente de que venham de uma tribo indígena, de uma ocupação urbana, de um assentamento no campo. Quem sabe assim não aprendemos a nos comunicar, algo que me parece cada dia mais ameaçado. Quem sabe não deslocamos nosso ponto de vista e, como diria Oswald de Andrade, consigamos ver com olhos livres. Fica a dica. Fica o convite.

BITARELLO, Maria. Conto e ouço histórias; logo, existo. *Outras palavras*. Disponível em: <https://outraspalavras.net/destaques/conto-e-ouco-historias-logo-existo/>. Acesso em: 5 jun. 2017.

a. No primeiro parágrafo, há dois advérbios que são responsáveis por definir um período temporal e mostrar que a contação de histórias é uma prática que se estende do passado ao presente. Identifique tais palavras.

b. As palavras *mais* (2º parágrafo) e as expressões *muito mais* e *mais ainda* (3º parágrafo) cumprem a mesma função nas diferentes frases em que estão inseridas. Que função é essa?

c. Releia a frase na qual consta o advérbio *já* (2º parágrafo). Substitua na frase tal advérbio por outro sem que o sentido seja alterado.

Enem e vestibulares

1. ITA-SP A questão a seguir refere-se ao texto abaixo.

[...] As angústias dos brasileiros em relação ao português são de duas ordens. Para uma parte da população, a que não teve acesso a uma boa escola e, mesmo assim, conseguiu galgar posições, o problema é sobretudo com a gramática. É esse o público que consome avidamente os fascículos e livros do professor Pasquale, em que as regras básicas do idioma são apresentadas de forma clara e bem-humorada. Para o segmento que teve oportunidade de estudar em bons colégios, a **principal** dificuldade é com clareza. É para satisfazer a essa demanda que um novo tipo de profissional surgiu: o professor de português especializado em adestrar funcionários de empresas. Antigamente, os cursos dados no escritório eram de gramática básica e se destinavam principalmente a secretárias. De uns tempos para cá, eles passaram a atender primordialmente gente de nível superior. Em geral, os professores que atuam em firmas são acadêmicos que fazem esse tipo de trabalho esporadicamente para ganhar um dinheiro extra. "É fascinante, porque deixamos de viver a teoria para enfrentar a língua do mundo real", diz Antônio Suárez Abreu, livre-docente pela Universidade de São Paulo [...]

(JOÃO GABRIEL DE LIMA. Falar e escrever, eis a questão. *Veja*, 7/11/2001, n. 1725)

O adjetivo "principal" (em a principal dificuldade é com clareza) permite inferir que a clareza é apenas um elemento dentro de um conjunto de dificuldades, talvez o mais significativo. Semelhante inferência pode ser realizada pelos advérbios:

a. avidamente, principalmente, primordialmente.
b. sobretudo, avidamente, principalmente.
c. avidamente, antigamente, principalmente.
d. sobretudo, principalmente, primordialmente.
e. principalmente, primordialmente, esporadicamente.

2. ITA-SP Leia o texto abaixo e assinale a alternativa correta:

Sonolento leitor, o jogo do Brasil já aconteceu. Como estou escrevendo ontem, não faço ideia do que ocorreu. Porém, tentei adivinhar a atuação dos jogadores. Cabe ao leitor avaliar minha avaliação e dar-me a nota final.

(TORERO, José Roberto. *Folha de S.Paulo*, 13/06/2002, A-1)

Com o uso do advérbio em "Como estou escrevendo ontem...", o autor

a. marcou que a leitura do texto acontece simultaneamente ao processo de produção do texto.
b. adequou esse elemento à forma verbal composta de auxiliar + gerúndio, para guiar a interpretação do leitor.
c. não observou a regra gramatical que impede o uso do verbo no presente com aspecto durativo juntamente com um marcador de passado.
d. sinalizou explicitamente que a produção e a leitura do texto acontecem em momentos distintos.
e. lançou mão de um recurso que, embora gramaticalmente incorreto, coloca o leitor e o produtor do texto em dois momentos distintos: passado e presente, respectivamente.

3. Fuvest-SP

Tornando da malograda espera do tigre, alcançou o capanga um casal de velhinhos, que seguiam diante dele o mesmo caminho, e conversavam acerca de seus negócios particulares. Das poucas palavras que apanhara, percebeu Jão Fera que destinavam eles uns cinquenta mil réis, tudo quanto possuíam, à compra de mantimentos, a fim de fazer um **moquirão***, com que pretendiam abrir uma boa roça.

– Mas chegará, homem? perguntou a velha.

– Há de se espichar bem, mulher!

Uma voz os interrompeu:

– Por este preço dou eu conta da roça!

– Ah! É nhô Jão!

Conheciam os velhinhos o capanga, a quem tinham por homem de palavra, e de fazer o que prometia.

Aceitaram sem mais hesitação; e foram mostrar o lugar que estava destinado para o roçado. Acompanhou-os Jão Fera; porém, mal seus olhos descobriram entre os utensílios a enxada, a qual ele esquecera um momento no afã de ganhar a soma precisa, que sem

mais deu costas ao par de velhinhos e foi se deixando-
-os embasbacados.

José de Alencar, **Til**.

* **moquirão** = mutirão (mobilização coletiva para auxílio mútuo, de caráter gratuito).

Considerada no contexto, a palavra sublinhada no trecho "mal seus olhos descobriram entre os utensílios a enxada" [...] expressa ideia de:

a. tempo.
b. qualidade.
c. intensidade.
d. modo.
e. negação.

4. Enem

Na verdade, o que se chama genericamente de índios é um grupo de mais de trezentos povos que, juntos, falam mais de 180 línguas diferentes. Cada um desses povos possui diferentes histórias, lendas, tradições, conceitos e olhares sobre a vida, sobre a liberdade, sobre o tempo e sobre a natureza. Em comum, tais comunidades apresentam a profunda comunhão com o ambiente em que vivem, o respeito em relação aos indivíduos mais velhos, a preocupação com as futuras gerações, e o senso de que a felicidade individual depende do êxito do grupo. Para eles, o sucesso é resultado de uma construção coletiva. Estas ideias, partilhadas pelos povos indígenas, são indispensáveis para construir qualquer noção moderna de civilização. Os verdadeiros representantes do atraso no nosso país não são os índios, mas aqueles que se pautam por visões preconceituosas e ultrapassadas de "progresso".

AZZI, R. As razões de ser guarani-kaiowá.
Disponível em: <www.outraspalavras.net>.
Acesso em: 7 dez. 2012.

Considerando-se as informações abordadas no texto, ao iniciá-lo com a expressão "Na verdade", o autor tem como objetivo principal:

a. expor as características comuns entre os povos indígenas no Brasil e suas ideias modernas e civilizadas.
b. trazer uma abordagem inédita sobre os povos indígenas no Brasil e, assim, ser reconhecido como especialista no assunto.
c. mostrar os povos indígenas vivendo em comunhão com a natureza, e, por isso, sugerir que se deve respeitar o meio ambiente e esses povos.
d. usar a conhecida oposição entre moderno e antigo como uma forma de respeitar a maneira ultrapassada como vivem os povos indígenas em diferentes regiões do Brasil.
e. apresentar informações pouco divulgadas a respeito dos indígenas no Brasil, para defender o caráter desses povos como civilizações, em contraposição a visões preconcebidas.

5. Fuvest-SP Leia o seguinte texto, extraído de uma biografia do compositor Carlos Gomes.

No ano seguinte [1860], com o objetivo de consolidar sua formação musical, [Carlos Gomes] mudou-se para o Rio de Janeiro, contra a vontade do pai, para iniciar os estudos no conservatório da cidade. "Uma ideia fixa me acompanha como o meu destino! Tenho culpa, porventura, por tal cousa, se foi vossemecê que me deu o gosto pela arte a que me dediquei e se seus esforços e sacrifícios fizeram-me ganhar ambição de glórias futuras?", escreveu ao pai, aflito e cheio de remorso por tê-lo contrariado. "Não me culpe pelo passo que dei hoje. [...] Nada mais lhe posso dizer nesta ocasião, mas afirmo que as minhas intenções são puras e espero desassossegado a sua bênção e o seu perdão", completou.

http://musicaclassica.folha.com.br

a. Sobre o advérbio "porventura", presente na carta do compositor, o dicionário **Houaiss** informa: "usa-se em frases interrogativas, especialmente em perguntas delicadas ou retóricas". Aplica-se ao texto da carta essa informação? Justifique sua resposta.

b. Cite duas palavras, também empregadas pelo compositor, que atestem, de maneira mais evidente, que, daquela época para hoje, a língua portuguesa sofreu modificações.

CAPÍTULO 13

PREPOSIÇÃO, CONJUNÇÃO, REGÊNCIA NOMINAL E CRASE

O que você vai aprender

1. **Preposição**
   - Identificar a função da preposição em diferentes enunciados.
   - Diferenciar preposição de conjunção.
   - Conhecer as preposições.
   - Empregar a preposição adequada ao propósito comunicativo.
   - Relacionar as preposições aos sentidos inscritos em diferentes enunciados.

2. **Regência nominal**
   - Reconhecer a relação entre termo regente e termo regido.
   - Utilizar as preposições adequadas, estabelecendo relação de sentido entre elas e os termos regentes.
   - Conhecer algumas ocorrências de regência nominal.

3. **Crase**
   - Reconhecer a fusão de artigos com preposições.
   - Conhecer as regras da crase.
   - Utilizar o sinal indicativo de crase de acordo com as regras gramaticais.

4. **Conjunção**
   - Identificar a função da conjunção em diferentes enunciados.
   - Conhecer as conjunções.
   - Reconhecer a função relacional dos pronomes relativos.
   - Empregar a conjunção adequadamente, de acordo com o propósito comunicativo.
   - Relacionar as conjunções aos sentidos inscritos em diferentes enunciados.

▶ Leia esta charge de Luiz Fernando Cazo.

No final de 2015, ano em que a charge foi produzida, duas tragédias marcaram os noticiários:

- a guerra da Síria, que começou com movimentos pacíficos por reformas democráticas no país e contra a repressão imposta pelo presidente Bashar al-Assad. Esse evento se converteu em um conflito de grandes proporções, responsável pelo êxodo de cerca de 5 milhões de pessoas;

- o rompimento da barragem do Fundão, no subdistrito de Bento Rodrigues, a 35 quilômetros do centro do município de Mariana, em Minas Gerais. A enxurrada de lama decorrente desse rompimento é considerada o maior desastre ambiental já ocorrido no Brasil. A lama atingiu o Rio Doce e contaminou suas águas e seus peixes.

Releia a charge e observe como esses episódios foram relacionados e que recursos estilísticos foram usados para promover uma crítica social. Perceba que, por meio da repetição da afirmação "Nós somos refugiados", cada grupo de personagens evidencia o drama vivido: o lugar de origem tornou-se perigoso, inabitável, impelindo-os a buscar um novo local para viver. Um dos grupos é refugiado de guerra, e o outro, do massacre de um rio; o primeiro caso aconteceu na Síria, e o segundo, no Rio Doce. Também preste atenção às frases da charge. Nelas, as palavras *da* e *na*, presentes na fala do homem, e *do*, que faz parte da fala do peixe, estabelecem relações entre as tragédias e os locais onde elas ocorreram.

Ao longo deste capítulo, você vai observar outras palavras que desempenham a função de estabelecer relações e articular as ideias do texto.

Reflexão e análise linguística

Elementos relacionais: preposição e conjunção

Preposição e locução prepositiva: conceito

▶ O artigo a seguir apresenta um dos muitos problemas que refugiados encontram ao cruzar as fronteiras de outros países. Leia o texto.

ACNUR explica significado de *status* de refugiado e de migrante

Os refugiados escapam de conflitos armados ou perseguições. Sua situação é tão perigosa que devem cruzar fronteiras para buscar segurança. Nesses casos, a negação de asilo pode ter resultados fatais.

O Alto Comissariado das Nações Unidas para Refugiados (ACNUR) estima que, pelo mundo, aproximadamente 60 milhões de pessoas foram forçadas a se deslocar. Mas, apesar da repercussão internacional que imagens de embarcações precárias atravessando o Mediterrâneo têm ganhado na mídia, o público em geral ainda confunde os significados dos termos "refugiado" e "migrante". Para o ACNUR, a distinção entre os dois termos é fundamental para garantir os direitos dessas populações.

[...] a agência da ONU tem verificado a presença de ambos os tipos de populações deslocadas. A maioria vem de nações afetadas pela guerra ou que são consideradas como de origem de "refugiados". Entretanto, uma parte menor vem de outros lugares e, para muitas destas pessoas, a definição "migrante" seria mais apropriada. Mas qual a diferença exata entre os dois termos?

Os refugiados são pessoas que escaparam de conflitos armados ou perseguições. Com frequência, sua situação é tão perigosa e intolerável que devem cruzar fronteiras internacionais para buscar segurança nos países mais próximos, onde passam a ser considerados "refugiados", reconhecidos internacionalmente, com acesso à assistência dos Estados, do ACNUR e de outras organizações.

Para esses indivíduos, é muito perigoso voltar ao seu país de origem, de modo que precisam de refúgio em algum outro lugar. Nesses casos, a negação de asilo pode ter consequências fatais.

A proteção dos refugiados envolve a garantia contra a devolução às ameaças das quais eles já fugiram e o acesso a procedimentos justos de asilo, além de medidas que garantam que seus direitos humanos básicos sejam respeitados a fim de permitir-lhes viver com segurança e dignidade e encontrar uma solução a longo prazo. São os Estados que possuem a responsabilidade primordial desta proteção.

Asilo: acolhimento dado ao refugiado; direito que o refugiado tem de se instalar no país ao qual chegou.

Criança brincando em campo de refugiados sírios em Ain Issa, 2017.

Já os migrantes escolhem se deslocar não por causa de uma ameaça direta de perseguição ou morte, mas, principalmente, para melhorar sua vida, buscando melhores oportunidades de trabalho e educação ou procurando viver com parentes que moram fora do país de origem. Diferentemente dos refugiados, que não podem voltar ao seu país, os migrantes continuam recebendo a proteção do seu governo.

Para os governos, estas distinções são importantes. As nações tratam os migrantes de acordo com sua própria legislação e procedimentos em matéria de **imigração**, enquanto lidam com os refugiados segundo normas definidas a nível nacional e internacional.

Confundir os termos "refugiado" e "migrante" pode gerar sérias consequências na vida e na segurança dos refugiados. Misturá-los desvia a atenção das **salvaguardas** legais específicas a que os refugiados têm direito. A confusão também prejudica o apoio público aos refugiados no momento em que eles mais necessitam dessa proteção. Para o ACNUR, os direitos humanos tanto dos migrantes quanto dos refugiados devem ser inteiramente respeitados, sem perder de vista, porém, a problemática particular em que estes últimos estão enquadrados.

Imigração: ato de estabelecer nova residência em país estrangeiro.
Salvaguarda: proteção concedida por autoridade.

MAIA LEGAL STUDIES. Acnur explica significado de *status* de refugiado e imigrante. Brasília, DF, 2015. Maia Legal Studies. Disponível em: <http://maialegalstudies.com/site/acnur-explica-significado-de-status-de-refugiado-e-migrante/>. Acesso em: 11 jul. 2017.

1. Segundo o Acnur, por que é importante o uso do termo adequado para designar os deslocamentos de pessoas entre países?
2. Por que as condições dos refugiados são mais precárias que as dos migrantes?
3. Segundo o texto, quais consequências são decorrentes da confusão entre os termos *refugiado* e *migrante*?
4. Releia o seguinte trecho do quinto parágrafo do texto:

> A proteção dos refugiados envolve a **garantia contra** a devolução às ameaças das quais eles já fugiram e o acesso a procedimentos justos de asilo, além de medidas que garantam que seus direitos humanos básicos sejam respeitados a fim de permitir-lhes viver com segurança e dignidade e encontrar uma solução a longo prazo.

De acordo com o assunto abordado no trecho anterior, qual palavra poderia substituir o símbolo ❖ na frase a seguir?

A proteção dos refugiados envolve a garantia ❖ permanência dessas pessoas no local de asilo.

▶ Leia o trecho de uma reportagem da revista *Mundo Estranho*. Observe que as preposições foram suprimidas e agrupadas no quadro localizado na lateral do texto.

em
de
entre
para

Quais foram as maiores levas de imigração para o Brasil?

As principais levas ❖ imigração ❖ o Brasil ocorreram ❖ meados do século 19 e a primeira metade do século 20. "Portugueses, italianos, espanhóis, japoneses e alemães constituíram os principais fluxos ❖ termos quantitativos", diz a socióloga Ethel Kosminsky, da Unesp de Marília (SP).

QUAIS foram as maiores levas de imigração para o Brasil? *Mundo Estranho*, São Paulo: Abril Comunicações S/A, n. 29, p. 54-55, 01 jul. 2004.

5. Identifique que preposição completa cada supressão no trecho, de acordo com o sentido do texto.

6. Leia as orações a seguir e identifique as conjunções e o sentido que elas promovem na frase.

As preposições não apenas ligam as palavras, mas também estabelecem relação de sentido entre elas.

I. Admiro sua luta **por** igualdade de direitos entre homens e mulheres.
II. Admito sua luta **contra** a violência.

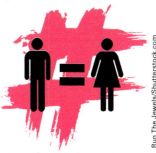

Para resolver essas questões, você escolheu palavras que estabelecem diferentes relações de sentido quando estão ligadas a outras. Elas podem assumir significados distintos em diferentes contextos.

> **Preposições** são palavras (ou conjunto de palavras) que ligam termos a seus antecedentes, estabelecendo relações entre eles.
>
> As preposições mais utilizadas são: a, ante, após, até, com, contra, de, desde, em, entre, para, perante, por, pelo(a), sem, sob, sobre.

Palavras que pertencem a outras categorias gramaticais também podem atuar como preposições em determinados contextos. Nesse caso, são chamadas **preposições acidentais**.

Exemplo:

> A maioria vem de nações afetadas pela guerra ou que são consideradas **como [segundo a]** de origem de "refugiados".

A palavra *como*, que originalmente é uma conjunção, está sendo usada como preposição nesse contexto.

Agora, observe as duas palavras destacadas em outro trecho do texto:

> A proteção dos refugiados envolve a garantia contra a devolução às ameaças das quais eles já fugiram e o acesso a procedimentos justos de asilo, **além de** medidas que garantam que seus direitos humanos básicos sejam respeitados a fim de permitir-lhes viver com segurança e dignidade e encontrar uma solução a longo prazo.

> As **locuções prepositivas** são formadas por duas ou mais palavras que assumem o valor de preposição. São elas: além de, ao lado de, antes de, depois de, através de, dentro de, fora de, abaixo de, a par de, graças a, junto a, junto de, diante de, acerca de etc.

Preposição, conjunção, regência nominal e crase Capítulo 13

Regência nominal

▶ Leia a seguir mais uma das aventuras de Calvin e Haroldo. Observe que as frases da tira são formadas por palavras que se articulam de diferentes maneiras.

7. Associe cada expressão destacada e a palavra que a antecede à explicação que corresponda à relação entre elas.

   a. "Vou dar uma olhada **na minha armadilha** para tigres."
   b. "Vou dar uma olhada na minha armadilha **para tigres**."
   c. "sanduíche **de atum**"
   d. "Tigres fazem qualquer coisa **por um sanduíche de atum!**"

   I. A expressão em destaque indica a finalidade da palavra antecedente.
   II. A expressão em destaque especifica a palavra que a antecede.
   III. A expressão em destaque delimita a abrangência da situação que a antecede.
   IV. A expressão em destaque complementa o sentido da palavra que a antecede.

Observe que, no exercício anterior, há palavras que necessitam da presença de outras para completar ou especificar seu sentido. Essa relação entre as palavras e seus complementos ou suas especificações foi mediada por **preposições**.

> A palavra que exige a presença de outra para completar ou especificar seu sentido chama-se **termo regente**. A palavra ou expressão que complementa o sentido de outra, ou a especifica, é denominada **termo regido**.
>
> A relação entre termos regentes que são **substantivos**, **adjetivos** e **advérbios** e os seus complementos é chamada **regência nominal**.
>
> Exemplo:
>
> "Vou dar uma olhada **na minha armadilha para tigres**."
>
> termo regente → na minha armadilha
> termo regido → para tigres

232 Unidade 3 Morfologia

8. Na tabela a seguir, observe as regências nominais e identifique as preposições que completam os termos regidos.

Termo regente	Termo regido
Não estou **apto**	❖ exercer essa função.
Reconheço a minha **impossibilidade**	❖ ajudar meus pais neste momento.
Tenho **dúvida**	❖ os conteúdos que vão ser avaliados na prova.
Certamente você será **capaz**	❖ vencer esse desafio.
Tenho muita **confiança**	❖ você.
Estou **ansiosa**	❖ notícias dele.
Não seja **desleal**	❖ seu marido.
Ele é um **amante**	❖ música clássica.
Seja **tolerante**	❖ quem é diferente de você.
O salário é **compatível**	❖ o cargo.
Esse rapaz é muito **parecido**	❖ o pai.

Contração e combinação

▶ Leia esta tira de Fernando Gonsales.

9. As expressões *de balanço* e *do balanço* especificam o substantivo *cadeira*, imprimindo diferentes significados a essa palavra. Explique a diferença de sentido entre as expressões.

10. Agora compare as frases abaixo.
   I. Vi a apresentação **de** Ivete Sangalo.
   II. Vi a apresentação **da** Ivete Sangalo.
   a. Existe diferença de sentido entre essas frases? Justifique.
   b. Qual das duas formas, *de* ou *da*, é mais usada coloquialmente na região em que você mora?

Releia as frases do exercício anterior.

A palavra *apresentação* rege a preposição *de*: Apresentação *de* ou *de quem*? Nesse caso, *apresentação* é o **termo regente**. A preposição *de* faz parte do **termo regido**, introduzindo-o: "*de* Ivete Sangalo". O nome *Ivete Sangalo* pode ou não estar acompanhado do artigo **a**.

Observação: Em algumas regiões do Brasil, a forma *de* é usada tanto coloquialmente quanto em contextos mais formais.

Nessa frase, a estrutura entre termo regente e termo regido permanece a mesma. A diferença está no termo regido: "*da* Ivete Sangalo". Nesse caso, houve uma **contração** da preposição **de** com o artigo **a**, formando **da**. O nome *Ivete Sangalo* pode ou não estar acompanhado do artigo **a**.

Observação: Em algumas regiões do Brasil, as formas *da* ou *do* são mais usadas coloquialmente. Em contextos formais, no entanto, é preferível a ausência de artigo.

Conforme você observou nos exercícios e na análise anteriores, a contração do artigo com a preposição:
- pode alterar ou não o sentido do termo regido, como ocorre em *cadeira do balanço/cadeira de balanço*;
- coloquialmente, varia de acordo com as opções dos falantes das diferentes regiões do Brasil, sobretudo em situações de oralidade;
- pode variar de acordo com o grau de formalidade do contexto de produção.

AMPLIANDO O CONHECIMENTO

As preposições *a, de, em, por, para* e *com* podem se ligar a artigos, pronomes ou advérbios. Quando essa ligação preserva todos os fonemas das palavras, ocorre uma **combinação**.
Exemplos:
Fomos **ao** cinema ontem. (*a + o*)
Aonde você vai? (*A + onde*)

Quando ocorre perda de um ou mais fonemas na ligação entre a preposição e o artigo, o pronome ou o advérbio, ocorre **contração**.
Exemplos:
Estou **num** beco sem saída. (*em + um*)
A capa **do** livro está rasgada. (*de + o*)
Preciso fazer o resumo **deste** capítulo. (*de + este*)

> **PENSE SOBRE ISSO**
>
> A preposição *por* tem uma história peculiar. Em sua origem latina, a grafia é *per*. Por esse motivo, ainda hoje, a contração da preposição *por* + **o**(s)/**a**(s) resulta em **pelo**(s)/**pela**(s).
>
> Exemplo:

Vá **pelo** caminho mais curto.

termo regente — termo regido **per + o**

11. Nas frases a seguir, identifique as contrações ou combinações de preposições com artigos, advérbios ou pronomes e explique como são formadas.

   a. Espero que seja garantido o direito de resposta ao rapaz que se sentiu ofendido.

   b. Você já esteve no consultório do meu tio?

   c. Peço desculpas pelo meu atraso.

   d. Moro nessa rua desde que era criança.

Crase

Leia esta tira de Hagar, o Horrível.

12. No segundo quadro, Hagar dá boas-vindas ao vizinho. Observe como essa saudação foi formada.

Bem-vindo à vizinhança.

rege um complemento introduzido pela preposição **a**

Agora, responda: Como ficaria a frase "Bem-vindo à vizinhança!" se o termo regido fosse *esta vizinhança*?

13. Identifique que preposição é exigida pelo termo regido *esta vizinhança*.

Observe o termo regente e o termo regido nesta frase:

Seja bem-vindo à vizinhança!

Nesse caso, o termo regente *bem-vindo* rege a preposição **a**, já o termo regido é o substantivo feminino *vizinhança*, que é acompanhado do artigo **a**.

Como os fonemas vocálicos da preposição e do artigo são idênticos (**a** e **a**), eles sofrem um processo de fusão e passam a ser pronunciados como um só fonema. Na escrita, esse processo é marcado pelo acento grave (`).

A **crase** é um fenômeno fonético: dois fonemas são pronunciados como se fossem um só. Para a formação de crase, pode ocorrer a fusão da preposição **a** com:

- o artigo **a**;
  Exemplo:
  Seja bem-vindo **à** vizinhança!

- o pronome demonstrativo **a**;
  Exemplo:
  Não me refiro a esta menina; refiro-me **à** que está na diretoria agora.

- a letra inicial dos pronomes *aquele(s)*, *aquela(s)* e *aquilo*;
  Exemplo:
  Entregue esse bilhete **àquele** moço que está na sala de espera.

- os pronomes relativos quando também acompanhados de artigo **a**, como *a qual*, *as quais*.
  Exemplo:
  Essa é a empresa **à** qual enviei minha carta de apresentação.

AMPLIANDO O CONHECIMENTO

Casos especiais de ocorrência da crase

A crase ocorre nas locuções adverbiais, prepositivas e conjuntivas formadas por substantivos femininos e em outras situações. Veja a seguir alguns casos em que há crase.

- Locuções adverbiais: à direita, à esquerda, às vezes, à toa, à noite, à tarde, às 8 horas, às 10 horas.
- Locuções prepositivas: à espera de, à beira de, à frente de.
- Locuções conjuntivas: à medida que, à proporção que.
- Nas expressões à moda, à moda de, à maneira de, mesmo que elas estejam subentendidas.
  Exemplos:
  Quero o arroz **à** moda grega.
  Quero o arroz **à** grega.

- Diante da palavra *casa* sempre que esta estiver precedida de artigo, o que costuma ocorrer quando ela é determinada.
  Exemplo:
  Vou **à** casa de Laura depois da aula.

  Nesse caso, a palavra *casa* está determinada pela expressão *de Laura* e é precedida de artigo. Já em "Vou **a** casa depois da aula", a palavra *casa* não está determinada nem é precedida de artigo.

- Diante da palavra *terra* sempre que esta estiver precedida de artigo, o que normalmente ocorre quando ela é determinada.
  Exemplo:
  Depois de dias no mar, voltamos **à** terra de nossos antepassados.

236 Unidade 3 Morfologia

Nessa frase, o termo *terra* está precedido de artigo. Diferentemente, em "Depois de dias no mar, voltamos **a** terra", a palavra *terra* não está determinada nem é precedida de artigo.

- Antes de nomes de localidades precedidos de artigo.
  Exemplo:
  Pretendo **ir à** Itália nas férias.

  preposição regida pelo verbo **ir + a**

Veja que na frase acima ocorre crase porque o substantivo *Itália* exige artigo.
Exemplo:
Pretendo **ir para a** Itália.

Agora, veja estes exemplos:

Andorra é um belo país.

Pretendo ir **a** (ou **para**) Andorra nas férias.

preposição regida pelo verbo **ir**

Observe que o nome *Andorra*, nessas frases, não é precedido de artigo. Logo, não ocorre crase.

Casos em que a crase é facultativa

O uso do sinal indicativo de crase é **facultativo** nos casos a seguir.

- Diante de nomes próprios femininos de pessoas.
  Exemplos:
  Entregue esse livro **a** Marina.
  Entregue esse livro **à** Marina.

Os nomes próprios femininos de pessoas podem ou não ser precedidos de artigo; por isso, a crase pode ocorrer ou não.

- Diante de pronomes possessivos femininos.
  Exemplos:
  Fiz todas as recomendações **a** sua filha.
  Fiz todas as recomendações **à** sua filha.

Os pronomes possessivos femininos podem ou não ser precedidos de artigo; por isso, a crase pode ocorrer ou não.

- Diante da locução prepositiva *até a*.
  Exemplos:
  Vou caminhando **até a** igreja.
  Vou caminhando **até à** igreja.

No primeiro caso, a preposição *até* precede o artigo **a**; no segundo, ocorre crase na fusão do artigo **a** com a preposição **a** presente na locução *até a*.

> **PENSE SOBRE ISSO**
>
> Algumas estratégias práticas podem ajudar você a identificar a ocorrência ou não de crase. Leia algumas delas.
>
> 1. Se quiser ter certeza de que ocorre crase antes de uma palavra feminina, passe-a para o masculino. Se você obtiver **ao**, isso significa que o feminino da palavra deve ser precedido de **à**.
>
>   Exemplos:
>
>   Diga a verdade **à** advogada.
>
>   Diga a verdade **ao** advogado.
>
> 2. Caso queira ter certeza de que ocorre crase antes do nome de uma localidade, troque os verbos *ir* ou *chegar* pelo verbo *voltar*. Se esses verbos forem seguidos da contração preposição **de** + artigo **a**, formando *da*, ocorre crase.
>
>   Exemplos:
>
>   Fui **a** Paris. / Voltei **de** Paris.
>
>   Cheguei **à** Alemanha. / Voltei **da** Alemanha.

Conjunção

 Leia a tira.

14. Na fala da Helga, há duas informações sobre sua vida conjugal. Quais são elas?

15. Por que o trecho "... casei com você!" está grafado com letras em corpo maior?

16. Hagar usa ironia para responder à provocação da esposa. De que estratégia ele se vale para também provocar Helga?

Observe que, ao contrapor o que poderia ter acontecido com ela ao que de fato aconteceu, Helga diz: "Mas em vez disso...". Nesse caso, a palavra *mas* une duas orações, estabelecendo relação de sentido entre elas. Esse tipo de função é desempenhado pelas conjunções.

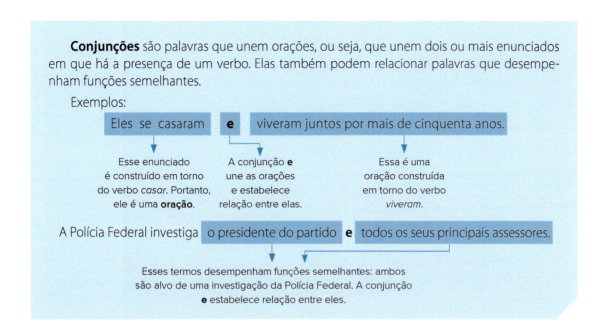

Classificação das conjunções

Conjunções coordenativas

 Leia a tira.

17. O segundo e o terceiro quadros mostram por que Calvin não concluiu sua leitura. O quarto quadro mostra a explicação que ele dá para esse fato. Observe o contraste entre o que aconteceu e o que Calvin diz.

a. Explique o que pode ter acontecido com Calvin.

b. Explique a fala de Calvin.

18. Observe que a fala de Calvin é formada por duas partes: uma declaração e uma explicação. Releia a fala do personagem e identifique cada uma dessas partes.

Observe que nessa frase a palavra *porque* é a conjunção usada para introduzir a explicação. Essa conjunção liga duas orações sintaticamente independentes e completas, estabelecendo relação entre elas. Dessa forma, a conjunção *porque* coordena as duas partes da fala de Calvin.

As conjunções podem ser classificadas em **coordenativas** e **subordinativas**.

As **conjunções coordenativas** ligam orações sintaticamente independentes entre si. Classificadas de acordo com o sentido que promovem no enunciado, elas podem ser:

- **Conjunções aditivas**: ligam dois termos ou duas orações estabelecendo a ideia de adição. São elas: e, nem, mas também, como também, além de, tanto... quanto, bem como etc.

    Exemplo:

    Maria foi à praia **e** voltou rapidamente para casa.

- **Conjunções adversativas**: estabelecem relação de oposição, de contraste entre dois termos ou duas orações. São elas: mas, porém, todavia, entretanto, no entanto, senão, não obstante, contudo etc. Exemplo:

    Maria foi à praia, **mas** detesta areia.

- **Conjunções alternativas**: estabelecem relação de alternância ou de exclusão entre termos ou orações. São elas: ou...ou, ou, ora...ora, já...já, quer...quer etc.
    Exemplo:

    Ou Maria vai à praia, **ou** vai ao sítio da família.

- **Conjunções conclusivas**: estabelecem ideia de conclusão em uma oração em relação à oração anterior. São elas: pois (posposta ao verbo), logo, portanto, então, por isso, por conseguinte, por isto, assim etc.
    Exemplo:

    Maria vai à praia; **logo**, precisa comprar filtro solar.

- **Conjunções explicativas**: introduzem uma oração que explica algo apresentado na oração anterior. São elas: **que, porque, porquanto, pois** (anteposta ao verbo).
    Exemplo:

    Maria foi à praia, **porque** ganhou uma viagem no sorteio.

Na dinâmica do uso da língua, novas expressões podem ser criadas tendo como base as conjunções. É o que ocorre com *nem* nos casos a seguir, fenômeno propiciado por um fato social.

Nem-nem: cresce número de jovens que não trabalham nem estudam

Em 2015, um quarto da população brasileira de jovens fazia parte deste grupo. Total cresceu 20% em um ano

VEJA. Disponível em: <http://veja.abril.com.br/economia/nem-nem-numero-de-jovens-que-nao-trabalham-nem-estudam-aumenta/>. Acesso em: 23 jun. 2017.

Geração "nem nem" avança no Brasil

Entre 2014 e 2015, o percentual de jovens que não estudam e nem trabalham passou de 20% para 22,5%

FREITAS, Raquel; FERREIRA, Tatiana. *Folha PE*. Disponível em: <http://www.folhape.com.br/economia/economia/economia/2016/12/03/NWS,8861,10,550,ECONOMIA,2373-GERACAO-NEM-NEM-AVANCA-BRASIL.aspx>. Acesso em: 23 jun. 2017.

Nas manchetes, vimos que a conjunção *nem*, usada de forma duplicada nas expressões *nem nem* e *nem-nem* desloca-se do papel conjuntivo e passa a adjetivar uma geração. Esse caso exemplifica uma propriedade da língua cuja marca é a constante mudança e o dinamismo frente ao contexto social.

AMPLIANDO O CONHECIMENTO

Leia os títulos de um dicionário de Hermínio Sargentim e de uma notícia sobre Bill Gates. Observe a semelhança sonora entre a palavra *afins* e a expressão *a fim de*, presentes nesses títulos.

A fim de resolver problema da água, Bill Gates bebe "esgoto"

Fundador da Microsoft quis provar que tecnologia para limpar água funciona.

R7.com, jan. 2017. Disponível em: <http://noticias.r7.com/tecnologia-e-ciencia/a-fim-de-resolver-problema-da-agua-bill-gates-bebe-esgoto-08012015>. Acesso em: 22 maio 2017.

1. Explique os sentidos da palavra *afins* e da expressão *a fim de*.

2. Qual das palavras do quadro abaixo é sinônimo da expressão *a fim de*?

| finalmente | para | a | até |

3. Considerando os significados da palavra *afins* e da expressão *a fim de*, classifique-as morfologicamente.

4. Leia o seguinte título de um filme lançado em 2009.

a. Por que a palavra *tão* aparece em destaque? Que sentido ela expressa?
b. No contexto das relações amorosas, que sentido tem a expressão *a fim de*, quando usadas em situações informais?

Conjunções subordinativas

▶ Leia outra tira de Hagar, o Horrível.

19. Em que consiste o humor da tira? Que trecho colabora para a criação desse humor?

20. No primeiro quadro, uma expressão de indicação de tempo reforça a importância de o mensageiro voltar para que Hagar e seus companheiros iniciem a invasão dos castelos. Que expressão é essa?

21. Que palavras ou expressões poderiam substituir a expressão utilizada na tira para indicar o tempo de retorno do mensageiro?

A oração que indica tempo exerce uma função sintática em relação à oração principal do período: "Estamos prontos para invadir os grandes castelos da Europa". Ela atua como um adjunto adverbial de tempo, função que também é exercida pelo advérbio de tempo. Portanto, a oração não é sintaticamente independente, mas subordinada, introduzida por uma conjunção subordinativa.

> As **conjunções subordinativas** estabelecem dependência de sentido entre as orações do período. Elas são úteis na construção de textos argumentativos, porque estabelecem comparações, causa e consequência e outras ideias que fundamentam a argumentação. Veja a seguir, como as conjunções subordinativas são classificadas.
>
> - **Conjunções integrantes**: introduzem a oração que completa a principal. São elas: que, se.
>   Exemplo:
>   Maria disse **que** gostou do filme ontem.
>
> - **Conjunções causais**: estabelecem relação de causa entre a oração subordinada e a oração principal. São elas: porque, como, uma vez que, já que etc.
>   Exemplo:
>   **Como** gostou muito do filme, indicou-o a sua família.
>
> - **Conjunções comparativas**: estabelecem comparação entre a oração principal e a subordinada. São elas: como, mais... do que, menos... do que etc.
>   Exemplo:
>   Ela gostava **mais** do Shrek **do que** [gostava] da Cinderela.
>
> - **Conjunções concessivas**: introduzem uma oração que se opõe à oração principal, diminuindo o valor argumentativo desta. São elas: embora, ainda que, mesmo que, apesar de que etc.
>   Exemplo:
>   Ela elogiou a atuação da atriz, **embora** não tenha gostado do filme.

- **Conjunções condicionais**: indicam condição ou hipótese em relação à oração principal. São elas: se, desde que, contanto que, caso etc.
  Exemplo:
  Vou estudar hoje **se** você me ajudar a resolver dúvidas.

- **Conjunções conformativas**: introduzem uma oração que está em conformidade com a oração à qual está interligada. São elas: conforme, segundo, como, consoante etc.
  Exemplo:
  Vou estudar matemática hoje, **conforme** está descrito em meu plano de estudos.

- **Conjunções consecutivas**: introduzem uma oração que é consequência da oração à qual estão ligadas. São elas: de forma que, de sorte que, que etc.
  Exemplo:
  Estudou tanto, **que** obteve um bom resultado no vestibular.

- **Conjunções finais**: introduzem uma oração que estabelece sentido de finalidade em relação à oração principal. São elas: que, a fim de que, porque, para que etc.
  Exemplos:
  Estudou tanto ontem **que** obteve um bom resultado no vestibular.
  Aqui vão os exercícios **para que** você possa fazer a revisão para a prova.

- **Conjunções proporcionais**: introduzem uma oração que indica proporcionalidade em relação à ocorrência da oração principal. São elas: à medida que, à proporção que, ao passo que etc.
  Exemplo:
  Quanto mais lê, **mais** gosta de conhecer novos livros.

- **Conjunções temporais**: indicam relação temporal entre as orações. São elas: quando, depois que, desde que, logo que, assim que etc.
  Exemplo:
  Quando você era criança, gostava de assistir a filmes de aventura.

As **locuções conjuntivas** são agrupamentos de palavras que assumem a função de conjunções.
Exemplo:
Ele sempre estuda aos sábados, **no entanto** dessa vez vai viajar com a família.

22. Leia as orações, identifique as conjunções ou locuções conjuntivas e classifique-as.
   a. Estava confiante, até que recebeu a notícia de seu pai.
   b. Como todos falavam muito alto, não consegui entender o que você dizia.
   c. Continuaria a sustentar seus estudos, contanto que estudasse muito.
   d. À proporção que a escavação descia, a unidade ia encerrando aos poucos.
   e. Embora tenha estudado muito, não obteve bons resultados.
   f. Tudo saiu conforme havíamos previsto.
   g. O lavrador volta para casa quando o sol se põe.
   h. O investigador foi mais esperto que o ladrão.
   i. Estude muito para que tenha bons resultados no futuro.

AMPLIANDO O CONHECIMENTO

No Capítulo 8, vimos que os pronomes são palavras que substituem ou acompanham nomes. Alguns pronomes, por causa da relação de sentido que estabelecem na frase, são semelhantes a conjunções, pois também relacionam orações. Esse é o caso dos **pronomes relativos**, pois, ao mesmo tempo que fazem referência ao termo anteriormente citado, introduzem uma nova oração.

▶ Leia o título da notícia e observe como a relação entre as orações ocorre.

Lichtsteiner, que interessava ao Barça, renova com a Juventus

Lichtsteiner chegou ao time da Juventus em 2011.

Disponível em: <www.lance.com.br/futebol-internacional/lichtsteiner-que-interessava-barca-renova-com-juventus.html>. Acesso em: 25 maio 2017.

1. O título da notícia apresenta duas informações sobre o jogador Lichtsteiner. Quais são elas?

2. Considerando o valor relacional da palavra *que*, qual é a função desse termo no título?

3. Agora, identifique os termos aos quais fazem referência os pronomes relativos destacados nas frases a seguir.

   a. Hoje é aniversário da mulher a **quem** devo a minha vida.
   b. Lembro-me bem dos anos 90, **quando** você ainda era bebê.
   c. Admiro o modo **como** ele resolve os problemas.
   d. Estão aqui as mães **cujos** filhos tiraram notas baixas.
   e. Essa é a injustiça contra **a qual** vou lutar por toda a minha vida.

4. Os pronomes relativos destacados no exercício anterior, além de fazerem referência a determinadas palavras, introduzem novas orações. Indique quais são essas orações.

Os **pronomes relativos** têm as funções de:
- relacionar ideias dentro de um período, evitando repetições;
- introduzir orações.

PENSE SOBRE ISSO

A palavra *como* exerce função morfológica de **conjunção** ou de **preposição** de acordo com seu valor semântico (significado) ou morfológico.

▶ Leia os enunciados.

   I. **Como** estava muito atrasada para realizar o trabalho, pedi ajuda a seu auxiliar. Algum problema nisso?

   II. Fiz tudo **como** você me orientou. Era isso mesmo o que imaginava?

   III. Você já notou que salta **como** uma lebre?

Nos três enunciados, a palavra *como* indica **causa**, **conformidade** e **comparação**, respectivamente.

1. Substitua a palavra *como* por outras conjunções ou locuções conjuntivas que tenham o mesmo valor semântico dos enunciados originais.

▶ Agora observe este enunciado.

   Como adulta, preciso avisá-lo de que está agindo de forma impulsiva.

Nesse período, a palavra *como* significa "no papel de, na qualidade de", assumindo a função de uma preposição acidental, isto é, em determinados contextos, essa palavra atua como preposição.

2. Com base nos quatro enunciados que você analisou, indique uma pista, para seus colegas, que os ajude a identificar a palavra *como* no papel de preposição ou de conjunção.

3. Leia a tira.

Armandinho, de Alexandre Beck

a. Comente o sentido implícito da palavra "combinamos" no segundo quadro.

b. Agora, comente o sentido da palavra "como" no primeiro quadro? Qual sua classificação morfológica?

A gramática e a construção de sentido

O uso da conjunção como ponte: leitura de um poema de Alberto Caeiro

Leia a seguir um poema de Alberto Caeiro, um dos heterônimos de Fernando Pessoa, que faz parte do conjunto de poemas chamado "O guardador de rebanhos". Caeiro se considerava um poeta da natureza. Observe como ele fala sobre o rio de sua aldeia.

O Tejo é mais belo que o rio que corre pela minha aldeia

O TEJO é mais belo que o rio que corre pela minha aldeia,
Mas o Tejo não é mais belo que o rio que corre pela minha aldeia
Porque o Tejo não é o rio que corre pela minha aldeia

O Tejo tem grandes navios
E navega nele ainda,
Para aqueles que veem em tudo o que lá não está,
A memória das **naus**.

O Tejo desce de Espanha
E o Tejo entra no mar em Portugal.
Toda a gente sabe isso.
Mas poucos sabem qual é o rio da minha aldeia
E para onde ele vai
E donde ele vem.
E por isso, porque pertence a menos gente,
É mais livre e maior o rio da minha aldeia.

Pelo Tejo vai-se para o Mundo.
Para além do Tejo há a América
E a fortuna daqueles que a encontram.
Ninguém nunca pensou no que há para além
Do rio da minha aldeia.

O rio da minha aldeia não faz pensar em nada.
Quem está ao pé dele está só ao pé dele.

Alberto Caeiro

Nau: navio.

Fernando Pessoa (1888-1935) é um dos mais importantes poetas portugueses do século XX. A sua obra é marcada pela presença de vários "eus" poéticos, os seus **heterônimos**, para os quais criou uma identidade, com biografia e personalidade próprias. Esse conjunto de escritos do poeta revela a sua genialidade.

1. O poema estabelece comparação entre dois rios. Como se caracteriza cada um deles? Identifique passagens que ilustrem sua resposta.

2. Releia os dois primeiros versos do poema e explique a contradição estabelecida pelo eu lírico.

        O TEJO é mais belo que o rio que corre pela minha aldeia,
        Mas o Tejo não é mais belo que o rio que corre pela minha aldeia

3. Releia o terceiro verso do poema. A conjunção explicativa desse verso introduz a explicação para a contradição. Como o eu lírico esclarece a contradição inicial?

        Porque o Tejo não é o rio que corre pela minha aldeia.

4. Releia este trecho.

        O Tejo desce de Espanha
        E o Tejo entra no mar em Portugal.
        Toda a gente sabe isso.
        Mas poucos sabem qual é o rio da minha aldeia
        E para onde ele vai
        E donde ele vem.
        E por isso, porque pertence a menos gente,
        É mais livre e maior o rio da minha aldeia.

    a. Os três primeiros versos da estrofe enumeram as qualidades do Rio Tejo. Quais são as qualidades mais conhecidas desse rio, conforme essa passagem do texto?

    b. Explique o sentido que a conjunção adversativa *mas* estabelece na estrofe. As características do rio da aldeia do eu lírico são contrárias ou semelhantes às do Rio Tejo? Justifique.

    c. Por que, segundo o eu lírico, o rio de sua aldeia é mais livre?

5. No poema, Alberto Caeiro estabelece um jogo de ideias aparentemente contraditórias. Para criar esse jogo, o eu lírico faz uso de repetições e conjunções que ora reforçam, ora explicam o que se quer tratar no poema.

    a. Ao longo do poema, o eu lírico descreve as utilidades do Rio Tejo e, ao final, sintetiza a utilidade do rio de sua aldeia. Para que serve, afinal, esse rio?

    b. Que tipo de experiência parece ser valorizado nesse poema?

Exercícios

▶ Leia a tira.

1. Justifique o uso do sinal indicativo de crase nas frases a seguir.

   a. "À praia!"
   b. "A crase me quer à meia-noite"
   c. "em frente à orla"
   d. "bife à parmegiana"
   e. "à luz da lua"

2. Se o rato não intercedesse na situação retratada pela tira, por que não ocorreria crase se a letra A fosse ao campo?

3. Leia este trecho da canção "É necessário", composta por Geraldo Espíndola e gravada por Almir Sater.

   ### É necessário

   É importante, você me saber
   Acolher, como eu colho em você
   Esperanças de querer
   [...]
   E deixar que a paixão me domine
   Num abraço pretender
   Ser mais forte do que as leis
   Que me prendem a você

   ESPÍNDOLA, Geraldo. É necessário. In: SATER, Almir. *Terra de sonhos*. São Paulo: Warner Chappell Edições Musicais LTDA., 1994. Todos os direitos reservados.

   a. A fim de atender às necessidades poéticas da canção, o compositor escreveu os dois primeiros versos colocando uma partícula de ligação em um lugar não usual (**me** saber) e alterando a forma do verbo exigida pelas variedades urbanas de prestígio. Reelabore esses versos utilizando tal partícula e adequando a forma verbal à norma-padrão.
   b. Nos versos "E deixar **que** a paixão me domine" e "Ser mais forte do que as leis / **que** me prendem a você", a palavra *que* tem funções diferentes. Explique quais são essas funções.

▶ Leia a tira.

4. O humor da tira ocorre por causa do sentido ambíguo de uma palavra presente no primeiro quadro. Cite-a e indique a que classe de palavras ela pertence.

5. Explique como a palavra *na* produz a quebra da expectativa da personagem.

6. Leia as orações a seguir, identifique as conjunções e classifique-as.
   a. Eu saí de casa cedo, entretanto não consegui chegar no horário marcado.
   b. Estudei muito, portanto terei bons resultados nas provas.
   c. Ela chegou atrasada, pois perdeu o ônibus escolar.
   d. Saiu cedo e voltou tarde.
   e. Vai à escola ou ficará estudando em casa?

7. Substitua os símbolos que aparecem nestas orações considerando a regência entre os nomes.
   a. O fumo é prejudicial ❖ saúde.
   b. Financiamentos imobiliários tornaram-se acessíveis ❖ população.
   c. Seu projeto é passível ❖ reformulações.
   d. Esteja atento ❖ tudo o que acontece por aqui.
   e. Suas ideias são compatíveis ❖ minhas.

8. Identifique as frases em que há ocorrência de crase. Nessas frases, substitua os símbolos por **à** ou **às**.
   a. A aula de piano começa ❖ 7 horas.
   b. Vou ❖ Fortaleza nas férias.
   c. Quero comer um arroz ❖ milanesa.
   d. Garanto ❖ você que eles não voltam antes da meia-noite.
   e. Estamos ❖ espera de ajuda.
   f. Eles ficaram o tempo todo ❖ procura dos amigos.
   g. Depois de dois dias de paralisação, os ônibus voltam ❖ ruas em São Paulo.
   h. Fiz um pedido importante ❖ meu filho.
   i. Estou disposta ❖ vender meu carro ❖ vista ou ❖ prazo.

9. Leia o texto de Antonio Prata.

Segunda, dois de janeiro

Abro os olhos e vejo, no teste de Rorschach **que** as sombras pintam no teto do meu quarto, todas as tarefas de 2017. À esquerda, pontilhadas, cada uma das cinquenta e duas crônicas a serem escritas. Uma faixa perto da porta é a série na qual estou trabalhando. Paralela a ela há uma outra faixa, tremelicante: deve ser o livro que eu deveria ter entregue em 2016. (Talvez por isso essa faixa trema, como um alarme – **ou** talvez seja só o vento lá fora, chacoalhando um ramo do jasmim).

[...]

A escola era obrigatória, a gente fazia porque os pais mandavam, **mas** a vida adulta é a gente quem inventa. Era o que eu imaginava, aos 13 anos: **quando** eu for grande vou morar numa casa com um tobogã da janela do meu quarto direto pra uma piscina, vou ter uma bateria e uma mesa de sinuca na sala, minha alimentação vai ser à base de pudim.

Já sou adulto há 22 anos e ainda aguardo ansiosamente por esse dia em que vou fazer só o que der na telha. Ou no tobogã. Toda manhã, no lusco-fusco entre o travesseiro e o holerite, o IPVA, o IPTU, penso se estou fazendo o que eu quero. Às vezes acho **que** trabalho demais e não aproveito. Noutras, tenho certeza de **que** gasto muito tempo com bobagens **e** deveria me concentrar mais no trabalho.

Rolo de um lado pro outro. Escrever um conto? Ver "Procurando Nemo"? Entregar o piloto da série. Eu deveria comer mais pudim. Não, eu vou é cortar o pudim. Sai, 2017, me deixa dormir. "Dormir, dormir, talvez sonhar". Lembrei: é Hamlet, no monólogo do "Ser ou não ser". Por que não posso ver a sombra que treme e, em vez de pensar nas tarefas não concluídas, lembrar que do lado de lá da minha janela tem um pé de jasmim? Eis a questão.

PRATA, Antonio. Segunda, dois de janeiro. *Folha de S.Paulo*. Disponível em: <http://www1.folha.uol.com.br/colunas/antonioprata/2017/01/1847983-segunda-dois-de-janeiro.shtml>. Acesso em: 3 jun. 2017.

a. No texto, há uma série de palavras destacadas. Do ponto de vista morfológico, qual a função de cada uma?
b. Como cada uma dessas palavras se classifica gramaticalmente?

10. Leia os enunciados a seguir e identifique os que possuem desvios de regência nominal nos trechos destacados. Reelabore esses trechos adequando-os à norma-padrão da língua.
    a. Minha mãe sempre teve **horror com este tipo de coisa**. Para ela, a casa precisa ser organizada todos os dias. Casa bagunçada é sinônimo de vida bagunçada.
    b. Ela era **bacharel de direito**, enquanto seu irmão havia se formado em engenharia civil. Em casa, os dois sempre protagonizaram os debates mais interessantes.
    c. O que ocorreu foi um verdadeiro **atentado contra os direitos sociais e naturais**. Afinal, enquanto não considerarmos que a natureza também possui direitos, continuaremos essa destruição em massa.
    d. São condições de trabalho **análogas à escravidão**. Na verdade, poderíamos dizer que se trata de escravidão, mas apenas em um momento histórico diverso.
    e. Sempre me **habituei com este tipo de comentário**. Nada que venha de pessoas que não refletiram minimamente sobre o que dizem me atinge.

Enem e vestibulares

1. **IFBA** A imagem a seguir representa um cartaz retirado de um ambiente virtual. Em relação ao uso do acento indicativo de crase, a frase presente na imagem está:

   a. correta, tal como em "Ele caminhava à passo firme".
   b. incorreta, tal como em "Encontraram-se às 18 horas".
   c. incorreta, tal como em "Esta é a escola à qual se referiram".
   d. correta, tal como em "Fui àquela praça, mas não o encontrei".
   e. incorreta, tal como em "Dirigiu-se ao local disposto à falar com o delegado".

2. **PUC-SP** No período: "Da própria garganta saiu um grito de admiração, que Cirino acompanhou, **embora** com menos entusiasmo", a palavra destacada expressa uma ideia de:

   a. explicação.
   b. concessão.
   c. comparação.
   d. modo.
   e. consequência.

3. **Unicamp-SP**

   > Em sua versão benigna, a valorização da malandragem corresponde ao elogio da criatividade adaptativa e da predominância da especificidade das circunstâncias e das relações pessoais sobre a frieza reducionista e generalizante da lei. Em sua versão maximalista e maligna, porém, a valorização da malandragem equivale à negação dos princípios elementares de justiça, como a igualdade perante a lei, e ao descrédito das instituições democráticas.
   >
   > (Adaptado de Luiz Eduardo Soares, Uma interpretação do Brasil para contextualizar a violência, em C. A. Messeder Pereira, Linguagens da violência. Rio de Janeiro: Rocco, 2000, p. 23-46.)

   Considerando as posições expressas no texto em relação à valorização da malandragem, é correto afirmar que:

   a. O verbo "equivale" relaciona a valorização da malandragem à negação da justiça, da igualdade perante a lei e das instituições democráticas.
   b. Entre os pares de termos "benigna/maligna" e "maxima lista/reducionista" estabelece-se no texto uma relação semântica de equivalência.
   c. O elogio da malandragem reside na valorização da criatividade adaptativa e da sensibilidade em contraposição à fria aplicação da lei.
   d. O articulador discursivo "porém" introduz um argumento que se contrapõe à proposta de valorização da malandragem.

4. **UEM-PR** Leia os anúncios a seguir.

   TEXTO I

   TEXTO II

a. Nos dois textos, ocorre o emprego da preposição **por**: "por ser antiderrapante" (texto 1) e "por escorregamento" (texto 2). Explique a relação semântica estabelecida por essa preposição nos textos.

b. Retire dos textos dois exemplos que comprovem o uso da fita adesiva para fins empresariais e não domésticos.

5. Fuvest-SP

No final da Guerra Civil americana, o ex-coronel ianque [...] sai à caça do soldado desertor que realizou assalto a trem com confederados.

(*O Estado de S. Paulo*, 15/09/95)

O uso da preposição **com** permite diferentes interpretações da frase acima.

a. Reescreva-a de duas maneiras diversas, de modo que haja um sentido diferente em cada uma.

b. Indique, para cada uma das reações, a noção expressa da preposição **com**.

6. Enem

Disponível em: http://clubedamafalda.blogspot.com.br. Acesso em: 21 set. 2011. (Foto: Reprodução)

Nessa charge, o recurso morfossintático que colabora para o efeito de humor está indicado pelo(a)

a. emprego de uma oração adversativa, que orienta a quebra da expectativa ao final.

b. uso de conjunção aditiva, que cria uma relação de causa e efeito entre as ações.

c. retomada do substantivo "mãe", que desfaz a ambiguidade dos sentidos a ele atribuídos.

d. utilização da forma pronominal "la", que reflete um tratamento formal do filho em relação à "mãe".

e. repetição da forma verbal "é", que reforça a relação de adição existente entre as orações.

7. Enem

O Flamengo começou a partida no ataque, **enquanto** o Botafogo procurava fazer uma forte marcação no meio-campo e tentar lançamentos para Victor Simões, isolado entre os zagueiros rubro-negros. **Mesmo** com mais posse de bola, o time dirigido por Cuca tinha grande dificuldade de chegar à área alvinegra **por causa** do bloqueio montado pelo Botafogo na frente da sua área.

No entanto, na primeira chance rubro-negra, saiu o gol. **Após** cruzamento da direita de Ibson, a zaga alvinegra rebateu a bola de cabeça para o meio da área. Kléberson apareceu na jogada e cabeceou por cima do goleiro Renan. Ronaldo Angelim apareceu nas costas da defesa e empurrou para o fundo da rede quase que em cima da linha: Flamengo 1 a 0.

Disponível em: http://momentodofutebol.blogspot.com (adaptado).

O texto, que narra uma parte do jogo final do Campeonato Carioca de futebol, realizado em 2009, contém vários conectivos, sendo que:

a. **após** é conectivo de causa, já que apresenta o motivo de a zaga alvinegra ter rebatido a bola de cabeça.

b. **enquanto** conecta duas opções possíveis para serem aplicadas no jogo.

c. **no entanto** tem significado de tempo, porque ordena os fatos observados no jogo em ordem cronológica de ocorrência.

d. **mesmo** traz ideia de concessão, já que "com mais posse de bola" ter dificuldade não é algo naturalmente esperado.

e. **por causa de** indica consequência, porque as tentativas de ataque do Flamengo motivaram o Botafogo a fazer um bloqueio.

UNIDADE 4

SINTAXE
O PERÍODO SIMPLES

Você já reparou as possíveis semelhanças entre a arquitetura e a língua? Esta edificação, por exemplo, é constituída de uma série de estruturas, cada uma com suas particularidades, tal como nosso discurso oral ou escrito. Palavras, orações e frases sustentam nossa expressão verbal, elas são as estruturas às quais nos referimos aqui. Nas diversas línguas, cada estrutura tem sua função e, juntas, são elas que organizam a lógica da língua a que correspondem.
Nesta unidade, você estudará uma parte da estrutura da língua: a sintaxe do período simples.

Detalhe da cúpula e de um dos sete edifícios do complexo Sony Center, em Berlim (Alemanha), projetado pelo arquiteto Helmut Jahn. A edificação integra o projeto de reconstrução da capital alemã pós Segunda Guerra Mundial e o Muro de Berlim.

CAPÍTULO 14

FRASE, ORAÇÃO E PERÍODO

O que você vai aprender

1. **Sintaxe**
   - Reconhecer os elementos linguísticos que estruturam os enunciados.
   - Analisar as relações de sentido produzidas por diferentes organizações sintáticas.
   - Compreender o conceito de sintaxe.
   - Refletir sobre as escolhas sintáticas e suas intencionalidades comunicativas.

2. **Frase**
   - Compreender o conceito de frase.
   - Reconhecer diferentes tipos de frase e classificá-los.
   - Refletir sobre a organização da frase e o efeito de sentido produzido nos textos.

3. **Oração**
   - Compreender a diferença entre frase e oração.
   - Identificar orações em um texto.
   - Refletir sobre a organização das palavras na oração e o sentido produzido por elas.

4. **Período**
   - Compreender o conceito de período.
   - Identificar períodos em um texto.
   - Reconhecer a extensão do período como estratégia discursiva.
   - Refletir sobre os efeitos de sentido produzidos por diferentes formas de organização de períodos em textos literários.
   - Identificar períodos simples e períodos compostos.
   - Compreender os conceitos de coesão e coerência.

▶ Leia esta tira de Ricardo Liniers, cartunista argentino.

Enriqueta e Fellini são dois dos personagens mais famosos do cartunista Liniers. Uma das características da menina Enriqueta é sua paixão por livros. Nessa tira, a menina revela que está escrevendo um romance. Para responder à pergunta de Fellini, ela arranja suas ideias em uma linguagem organizada, revelando seu ambicioso projeto de escrita. Fellini, por sua vez, tem uma reação inusitada.

O que, afinal, promove o humor na tira? Considerando a relação entre o livro que a menina pretende escrever e a fala do gato no último quadro, que sentido podemos inferir para a palavra *eloquente*?

A fala e a escrita são práticas de uso da língua que têm características próprias de organização. Observe que podemos nos comunicar com nossos interlocutores por meio de diversas estruturas. Se nossa intenção for apenas estabelecer comunicação, podemos dizer um simples "olá". Se quisermos transmitir um conteúdo breve e de fácil compreensão, fazemos uso de uma oração objetiva. Agora, se precisarmos elaborar nosso discurso de forma a integrar ideias semelhantes ou opostas, construímos períodos mais longos, usando elementos coesivos e tornando os períodos coerentes com a mensagem que queremos transmitir.

Neste capítulo, para entender melhor as estruturas da língua, você vai estudar os conceitos de frase, oração e período.

Reflexão e análise linguística

Os elementos linguísticos e suas relações

Sintaxe

▶ Leia a crônica a seguir, publicada pelo jornal *Folha de S.Paulo*.

A cerimônia do adeus

A primeira vez que eu me apaixonei eu tinha 6 anos. O nome dela era Julie Angulo (pronunciava-se julí angulô). Diziam que ela era superdotada. Chegou no nosso ano porque tinha pulado o ano anterior. Por ser um ano mais nova, era do meu tamanho.

Só passou um ano entre nós mortais – logo pulou de ano outra vez e disparou como uma flecha em direção ao futuro. Acho que ela fez a escola inteira assim, brincando de amarelinha com o tempo. Eu, que fiquei preso no meu ano pra sempre, às vezes me pergunto onde ela está, se continua pulando os anos da vida e hoje em dia é bisavó, ou se escolheu um ano bom e resolveu ficar por lá.

Aos 8 anos, me apaixonei pela Fanny Moffette (pronuncia-se faní moféte). Ela era canadense e tinha os cabelos brancos de tão amarelos e olhos cinzas de tão azuis. Tinha uns dez centímetros a mais que eu – dez centímetros aos 8 anos equivalem a 80 centímetros hoje em dia.

Um dia, descobriram que eu gostava dela. Começaram a cantar a velha canção, se é que se pode chamá-la assim, posto que só tem uma nota: "tá namoran-do, tá namoran-do".

Ela teve uma reação, digamos, inusitada: pegou a minha cabeça e começou a bater com ela no chão para provar que a gente não estava namorando, que a gente nunca tinha namorado, que a gente nunca iria namorar. Gritava: "nunca, nunca", enquanto batia com a minha cabeça no chão. As pessoas riam. Até que perceberam que a minha testa começou a sangrar.

Aos 11 anos me apaixonei pela Alice. Ficamos meio amigos numa época em que a amizade entre meninos e meninas era tão rara quanto entre israelenses e palestinos. Alice me contava, não por sadismo, mas por ignorância, dos garotos que ela achava "gatos". Um dia, me disse que tinha dado o primeiro beijo. Dei um abraço nela, "parabéns!", e acho que fui chorar no banheiro.

"A vida é uma longa despedida de tudo aquilo que a gente ama", meu pai sempre repete (mas a frase é do Victor Hugo). Todos os amores terminam — alguns amigavelmente, chorando no banheiro, outros com humilhação pública e sangue na testa, outros com a morte. "Para isso temos braços longos, para os adeuses."

Alice se casou e eu estava lá, felizão. Fanny veio me pedir desculpas pelas porradas na cabeça. Somos muito amigos – no Facebook.

Tem uma hora – e dizem que essa hora sempre chega – que para de doer. A parte chata é que, até parar de doer, parece que não vai parar de doer nunca.

"Nunca! Nunca!" gritava a Fanny.

DUVIVIER, Gregorio. A cerimônia do adeus. *Folha de S.Paulo*, São Paulo, 8 dez. 2014. FOLHAPRESS. Disponível em: <www1.folha.uol.com.br/colunas/gregorioduvivier/2014/12/1559017-a-cerimonia-do-adeus.shtml>. Acesso em: 27 mar. 2017.

AMPLIANDO O CONHECIMENTO

Victor Hugo (1802-1885) foi um renomado romancista, poeta, dramaturgo e ensaísta francês. Atuou também na política e foi ativista pelos direitos humanos. É autor dos romances *O corcunda de Notre Dame* (1831) e *Os miseráveis* (1862), entre outras obras. É considerado o principal representante do Romantismo na França.

A frase "Para isso temos braços longos, para os adeuses", mencionada na crônica de Gregorio Duvivier, faz referência ao verso "Por isso temos braços longos para os adeuses", que faz parte do "Poema de Natal", escrito em 1946 por Vinicius de Moraes (1913-1980). Observe, nesse poema, reproduzido a seguir, que o eu lírico revela um sentimento de aceitação diante dos fatos da vida e de esperança de um recomeço. O cronista Gregorio Duvivier se vale desse verso de Vinicius de Moraes e do pensamento "A vida é uma longa despedida de tudo aquilo que a gente ama", de Victor Hugo, para traduzir sua visão sobre seus antigos amores.

Retrato de Victor Hugo aos 73 anos, feito por Comte Stanisław, 1875.

Poema de Natal

Para isso fomos feitos:
Para lembrar e ser lembrados
Para chorar e fazer chorar
Para enterrar os nossos mortos —
Por isso temos braços longos para os adeuses
Mãos para colher o que foi dado
Dedos para cavar a terra.

Assim será a nossa vida:
Uma tarde sempre a esquecer
Uma estrela a se apagar na treva
Um caminho entre dois túmulos —
Por isso precisamos velar
Falar baixo, pisar leve, ver
A noite dormir em silêncio.

Não há muito que dizer:
Uma canção sobre um berço
Um verso, talvez, de amor
Uma prece por quem se vai —
Mas que essa hora não esqueça
E por ela os nossos corações
Se deixem, graves e simples.

Pois para isso fomos feitos:
Para a esperança no milagre
Para a participação da poesia
Para ver a face da morte —
De repente nunca mais esperaremos...
Hoje a noite é jovem; da morte, apenas
Nascemos, imensamente.

Vinicius de Moraes, à direita, poeta, músico e diplomata brasileiro.

CÍCERO, Antonio; FERRAZ, Eucanaã (Orgs.). Poema de Natal. In:.
Nova Antologia poética de Vinícius de Morais. São Paulo: Cia. das Letras LTDA., 2008, p. 92.

1. Explique o significado destes trechos extraídos da crônica:
   a. "disparou como uma flecha em direção ao futuro."
   b. "fez a escola inteira assim, brincando de amarelinha com o tempo."

2. Que relação pode ser estabelecida entre os dois trechos do exercício 1 e a característica relacionada à inteligência da menina?

3. Ao descrever fisicamente Fanny Moffette, o narrador ressalta que a menina era consideravelmente mais alta do que ele, levando em consideração a idade que os dois tinham na época. Que relação pode ser estabelecida entre a altura da menina e sua reação quando os colegas de escola insinuaram que ela e o narrador estavam namorando?

4. A qual dor o narrador se refere no parágrafo a seguir?

> Tem uma hora – e dizem que essa hora sempre chega – que para de doer. A parte chata é que, até parar de doer, parece que não vai parar de doer nunca.

Para produzir o texto "A cerimônia do adeus", o cronista:
- selecionou um fato corriqueiro – no caso, os amores de infância;
- criou um narrador-personagem para conduzir a narrativa;
- localizou no tempo alguns amores não correspondidos;
- comentou lembranças de certos episódios;
- compartilhou com o leitor detalhes do sofrimento do narrador-personagem em decorrência de amores não correspondidos.

Para recuperar essas memórias e transformá-las em um texto, o autor da crônica precisou **selecionar**, **hierarquizar** e **organizar** as informações, além de tomar outras decisões que são próprias do ato da escrita. A seguir, releia a frase de abertura da crônica e observe como esse processo ocorre no campo linguístico.

> A primeira vez que eu me apaixonei eu tinha 6 anos.

Em seu primeiro episódio amoroso, o narrador-personagem informa o fato e o situa no tempo. O leitor, então, passa a ter conhecimento:
- do caráter inovador da experiência do narrador-personagem ("A primeira vez que");
- da ocorrência do fato ("eu me apaixonei");
- da fase da vida do narrador-personagem em que o fato ocorreu ("eu tinha 6 anos").

Podemos perceber que, do mesmo modo como o autor selecionou e hierarquizou os fatos na narrativa, ele também organizou as palavras para obter os efeitos de sentido pretendidos.

Ao utilizar a expressão "A primeira vez que", o autor destaca a inauguração da trajetória amorosa desenvolvida na crônica.

5. Agora, responda: Se o autor desejasse enfatizar a idade do narrador-personagem, como poderia iniciar o texto?

6. Como ele poderia iniciar a crônica se sua intenção fosse enfatizar o fato de o narrador-personagem ter se apaixonado?

Vemos, portanto, que a abertura da crônica foi formada por um conjunto de três informações que poderiam ter sido arranjadas de diferentes maneiras de acordo com os efeitos pretendidos pelo autor do texto. Vejamos, agora, como cada uma dessas estruturas foi organizada.

As palavras que formam a expressão "A primeira vez que" poderiam ser ordenadas de outra forma, menos comum:

A vez primeira que eu me apaixonei eu tinha 6 anos.

Observe que nas expressões "A primeira vez que" e "A vez primeira que" há uma **relação lógica** de sentido na combinação das palavras, ou seja, essas expressões são construções possíveis na gramática da língua portuguesa. A língua oferece inúmeras possibilidades combinatórias das palavras em enunciados concretos. No entanto, isso não significa que seja possível fazer qualquer combinação de palavras. No quadro a seguir, note algumas possibilidades de organização da primeira frase da crônica e as combinações não previstas pela gramática da língua portuguesa.

Sequência das palavras na crônica	Outras combinações possíveis	Combinações que não são possíveis de acordo com a gramática da língua portuguesa
A primeira vez que	A vez primeira que	Primeira a vez que Vez a primeira que Que vez primeira a Que a primeira vez Que primeira a vez
eu me apaixonei	[eu] apaixonei-me	apaixonei-me eu apaixonei eu me
eu tinha	tinha eu	–
6 anos	–	anos 6

Como você pôde observar no quadro, entre as possibilidades de sintaxe disponíveis na língua portuguesa, os autores de textos literários podem fazer escolhas de acordo com seus propósitos comunicativos. Essas escolhas relacionam-se ao gênero textual, ao que desejam enfatizar, ao estilo da época que querem retratar e aos efeitos que querem provocar no leitor, entre outros fatores.

Para compreender melhor como se dá essa construção de sentidos, analise algumas manchetes sobre a Seleção Olímpica Brasileira de Futebol.

7. Leia as manchetes a seguir.

I. **Brasil vence Alemanha nos pênaltis e conquista ouro no futebol pela 1ª vez**

Disponível em: <www1.folha.uol.com.br/esporte/olimpiada-no-rio/melhores-momentos/2016/08/1805372-brasil-vence-alemanha-nos-penaltis-e-conquista-ouro-no-futebol-pela-1-vez.shtml>. Acesso em: 27 maio 2017.

II. **É ouro! Brasil vence a Alemanha nos pênaltis e é campeão do futebol masculino na Olimpíada**

Disponível em: <http://brasil.elpais.com/brasil/2016/08/20/deportes/1471713886_028765.html>. Acesso em: 27 maio 2017.

III. O ouro olímpico é do Brasil, nos pênaltis, após decisão dramática

Disponível em: <http://oglobo.globo.com/esportes/o-ouro-olimpico-do-brasil-nos-penaltis-apos-decisao-dramatica-19964010>. Acesso em: 27 maio 2017.

IV. Nos pênaltis, Brasil vence Alemanha e conquista primeiro ouro olímpico

Disponível em: <http://zh.clicrbs.com.br/rs/esportes/olimpiada/noticia/2016/08/nos-penaltis-brasil-vence-alemanha-e-conquista-primeiro-ouro-olimpico-7306135.html>. Acesso em: 27 maio 2017.

a. Qual(is) manchete(s) enfatiza(m) o fato de a partida ter sido decidida nos pênaltis?

b. Qual(is) manchete(s) enfatiza(m) a conquista do ouro olímpico?

c. Qual(is) manchete(s) enfatiza(m) a conquista sobre o adversário?

Seleção Brasileira Masculina de Futebol vence a Alemanha nos pênaltis e leva o primeiro ouro olímpico.

Apesar de as quatro manchetes terem noticiado o mesmo acontecimento – a conquista da medalha de ouro olímpica pela Seleção Brasileira de Futebol, em 2016, no estádio do Maracanã, no Rio de Janeiro (RJ) –, elas enfatizam diferentes aspectos do fato noticiado.

Se reconhecemos as estruturas de que a língua portuguesa dispõe e utilizamos de forma eficaz as possibilidades de organização das palavras em cada uma delas, temos o domínio das regras da **sintaxe** dessa língua.

> **Sintaxe** é o conjunto de regras que determina as diferentes possibilidades de organização das palavras da língua para a construção de sentidos.

Frase

▶ Releia o seguinte trecho da crônica "A cerimônia do adeus", em que o personagem narrador conta um dos fatos que marcaram suas tristes experiências amorosas na infância:

Gritava: "nunca, nunca", enquanto batia com a minha cabeça no chão.

Quando a personagem Fanny Moffette gritava "nunca, nunca", o que ela dizia era compreendido por aqueles que presenciavam a cena, ou seja, aqueles que a ouviam sabiam o que ela estava negando, porque faziam parte daquele contexto. Por isso, o enunciado "nunca, nunca", que na situação descrita na crônica tem sentido completo, é considerado uma **frase**. Se a personagem, por exemplo, dissesse "Isso nunca aconteceu!", essa também seria uma frase, organizada de outra maneira, mas igualmente portadora de sentido completo.

Frase é o enunciado com sentido completo em uma situação comunicativa. É a unidade mínima de comunicação. As frases podem ser formadas por uma única palavra ou por várias. Aquelas que contêm verbo são chamadas **frases verbais**. As que não contêm verbo são denominadas **frases nominais**.

Tipos de frase

▶ Leia o poema.

Breve

Bom, diz ele,
Dia!, diz ela.

Vamos?, diz ele,
Não!, diz ela.

Que há?, diz ele,
Nada!, diz ela.

Então, diz ele,
Adeus!, diz ela.

O'NEILL, Alexandre et al. Breve. In: FERRAZ, Eucanaã (Org.). *A lua no cinema e outros poemas*. São Paulo: Companhia das Letras, 2011. p. 67.

8. No poema, o autor se utiliza da pontuação para construir o sentido do texto. Como o uso do ponto de exclamação após a palavra *dia*, no segundo verso, pode ser interpretado?

9. Explique de que maneira, no terceiro e no quarto verso, a pontuação reforça a semântica do texto, ou seja, atribui sentido ao contexto dos supostos amantes.

10. Considerando a pontuação inscrita na fala dos personagens nas demais estrofes, o que pode ser inferido sobre o estado de ânimo dos amantes?

Como você pôde observar no poema, a pontuação é um sistema que organiza as pausas do discurso, tanto o oral quanto o escrito, além de comunicar impressões, estados de ânimo, entonação e intenções. A pontuação é feita por meio de sinais que marcam estruturas sintáticas e semânticas.

- **Frase exclamativa**: exprime o estado emotivo do emissor. É pontuada com ponto de exclamação.
  Exemplos:
  Que filme incrível!
  Querida, eu te amo!
  Ufa, como estou cansada!

- **Frase interrogativa**: questiona algo sobre o qual se quer saber. Pode ocorrer de forma direta ou indireta.

  Exemplos:

  Você vai viajar no fim de semana? (forma direta)

  Gostaria de saber se você vai viajar no fim de semana. (forma indireta)

- **Frase imperativa**: revela a intenção do emissor em relação ao comportamento do interlocutor. Pode indicar ordem, pedido, aconselhamento.

  Exemplos:

  Feche a janela, por favor.

  Não perca esse documento de forma alguma.

- **Frase declarativa**: declara ou informa algo sobre determinado assunto. Pode ser afirmativa ou negativa.

  Exemplos:

  A notícia foi publicada hoje pela manhã.

  O decreto ainda não foi publicado.

Oração

Leia o primeiro parágrafo do conto "Doutor", de Luiz Schwarcz. Trata-se de uma narrativa que aborda os caminhos inusitados da trajetória profissional de um rapaz. O episódio narrado faz parte da memória remota do narrador-personagem. Ele se recorda da projeção que sua mãe fazia para seu futuro, exprime opinião sobre essa expectativa e reproduz algumas falas que ficaram guardadas em sua memória. Preste atenção no modo como essas memórias são narradas.

Doutor

Minha mãe queria que eu fosse médico. Coitada. Meu pai até ria. Meu filho médico, ele dizia, e gargalhava. Se conseguir ser pedreiro ou encanador, está bom. Ela fechava a cara e continuava dizendo que eu iria ser médico, que eu estudaria para isso, faculdade e essas coisas, que eu era inteligente, olha a cara do menino, Oswaldo, ele tem cara de doutor.

SCHWARCZ, Luiz In: VÁRIOS AUTORES. *Boa companhia*: contos. São Paulo: Companhia das Letras, 2003. p. 25.

Capa do livro *Boa companhia*: contos.

11. Qual das seguintes frases do trecho do conto expressa a opinião do narrador-personagem sobre a projeção de futuro que sua mãe fazia para ele?

   a. "Minha mãe queria que eu fosse médico."

   b. "Coitada."

   c. "Ela fechava a cara e continuava dizendo que eu iria ser médico"

12. No trecho, o narrador revela ao leitor a visão de seu pai acerca da ideia de o filho ser médico: "Meu pai até ria". O que esse riso expressa sobre a opinião do pai?

13. Observe que o autor resolveu intercalar a voz do narrador-personagem à fala dos outros personagens. No caso do seu pai, ele escreve: "Meu filho médico, ele dizia, e gargalhava". Como o texto seria organizado caso o autor optasse por usar travessão para introduzir a fala do pai?

Como você observou, na frase "Meu pai até ria", o narrador-personagem explicita que seu pai considerava impossível o projeto de futuro que a esposa havia construído para o filho. Sua posição também fica clara em relação ao futuro projetado pela mãe. Diferentemente do pai, ele não debocha do sonho da mãe, mas expressa, por meio da frase "Coitada", que considera a ideia dela grandiosa demais para si mesmo.

"Meu pai até ria" e "Coitada" são **frases**, porque os enunciados têm sentido completo no contexto do conto. No entanto, quanto à estrutura de cada uma, há uma diferença entre elas: "Meu pai até ria" é um enunciado construído com base em um verbo. Trata-se, portanto, de uma **oração**.

> **Oração** é a frase organizada em torno de um verbo. Não existe oração sem verbo. Contudo, existem frases com ou sem verbo.

Período

▶ O parágrafo que você vai ler a seguir faz parte do conto "Era uma vez, pela primeira vez", de Heloisa Prieto. A narrativa fala das primeiras experiências de uma professora de Educação Infantil às voltas com as dificuldades que o cotidiano escolar lhe impõe. Ao longo do conto, ela descobre o poder das histórias para a construção de vínculo com as crianças e, gradativamente, supera dificuldades como a que você vai ler. Observe, porém, que fizemos uma modificação intencional no parágrafo: a pontuação (exceto as vírgulas) e as letras iniciais maiúsculas usadas no início das frases foram eliminadas.

A escritora Heloisa Prieto, autora do conto "Era uma vez, pela primeira vez".

da primeira vez que o Fredinho me estapeou na frente de todos, eu me tranquei no banheiro e chorei sem parar depois, quando percebi que as semanas passavam e todos os tapas continuavam, eu sofria ainda mais como seria possível gostar tanto de uma criatura que me tratava tão mal

PRIETO, Heloisa. **Era uma vez, pela primeira vez**. In: PRIETO, Heloisa (Org.). *De primeira viagem*. São Paulo: Companhia das Letras, 2003. p. 55.

14. No fragmento que você acabou de ler, identifique onde devem ser colocados os sinais de pontuação adequados e as letras iniciais maiúsculas no início das frases, para que o parágrafo fique organizado.

Ao inserir a pontuação no parágrafo, você tomou decisões sobre o agrupamento das orações, ou seja, você elaborou **períodos**.

> **Período** é a frase organizada em uma ou mais orações. Na fala, o início e o fim do período são marcados pela entonação e, na escrita, pela pontuação. Usa-se ponto-final, ponto de exclamação, ponto de interrogação, dois-pontos ou reticências para encerrar o período.

Período simples e período composto

Releia o sexto parágrafo da crônica "A cerimônia do adeus" e observe a maneira como o autor organizou os períodos.

> Aos 11 anos me apaixonei pela Alice. Ficamos meio amigos numa época em que a amizade entre meninos e meninas era tão rara quanto entre israelenses e palestinos. Alice me contava, não por sadismo, mas por ignorância, dos garotos que ela achava "gatos". Um dia, me disse que tinha dado o primeiro beijo. Dei um abraço nela, "parabéns!", e acho que fui chorar no banheiro.

Para identificar as orações, precisamos considerar que elas se organizam sintaticamente em torno de um verbo. Observe:

Aos 11 anos me **apaixonei** pela Alice.
↓
período simples formado por uma única oração construída em torno do verbo *apaixonar-se*

Ficamos meio amigos numa época em que a amizade entre meninos e meninas **era** tão rara quanto entre israelenses e palestinos.
↓
período composto formado por duas orações, uma organizada em torno do verbo *ficar*, outra organizada em torno do verbo *ser*

Alice me **contava**, não por sadismo, mas por ignorância, dos garotos que ela **achava** "gatos".
↓
período composto formado por duas orações, uma organizada em torno do verbo *contar*, outra organizada em torno do verbo *achar*

> Um dia, me **disse** que **tinha dado** o primeiro beijo.

período composto formado por duas orações, uma organizada em torno do verbo *dizer*, outra organizada em torno da locução *tinha dado*

> **Dei** um abraço nela, "parabéns!", e **acho** que **fui chorar** no banheiro.

período composto formado por três orações, uma organizada em torno do verbo *dar*, outra organizada em torno do verbo *achar*, e outra em torno da locução *fui chorar*

Período é a frase organizada em uma ou mais orações. O período formado por uma única oração é denominado **período simples**. O período formado por mais de uma oração é chamado **período composto**.

Coesão e coerência

▶ Releia os dois primeiros parágrafos da crônica "A cerimônia do adeus".

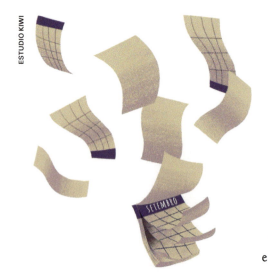

A primeira vez que eu me apaixonei eu tinha 6 anos. O nome dela era Julie Angulo (pronunciava-se julí angulô). Diziam que ela era superdotada. Chegou no nosso ano porque tinha pulado o ano anterior. Por ser um ano mais nova, era do meu tamanho.

Só passou um ano entre nós mortais – logo pulou de ano outra vez e disparou como uma flecha em direção ao futuro. Acho que ela fez a escola inteira assim, brincando de amarelinha com o tempo. Eu, que fiquei preso no meu ano pra sempre, às vezes me pergunto onde ela está, se continua pulando os anos da vida e hoje em dia é bisavó, ou se escolheu um ano bom e resolveu ficar por lá.

15. Que recursos linguísticos o autor utilizou para estabelecer a **coesão** entre os fatos narrados, isto é, para criar uma sequência entre as ideias do texto?

16. Que efeito de sentido o autor pretende provocar no leitor ao usar essa forma de compor a sequência dos fatos?

▶ Agora observe como a autora Heloisa Prieto, no conto "Era uma vez, pela primeira vez", estabelece coesão entre os fatos narrados.

> Da primeira vez que o Fredinho me estapeou na frente de todos, eu me tranquei no banheiro e chorei sem parar. Depois, quando percebi que as semanas passavam e todos os tapas continuavam, eu sofria ainda mais. Como seria possível gostar tanto de uma criatura que me tratava tão mal?

17. Quais são os recursos linguísticos utilizados para estabelecer ligação entre as orações do primeiro período?

18. Explique a relação de sentido que o elemento coesivo *quando* estabelece em:

> Depois, quando percebi que as semanas passavam e todos os tapas continuavam, eu sofria ainda mais.

▶ Releia este trecho da crônica "Cerimônia do adeus".

> Um dia, me disse que tinha dado o primeiro beijo. Dei um abraço nela, "parabéns!", e acho que fui chorar no banheiro.

19. Por que o garoto se sentiu na obrigação de dizer "parabéns" à garota?

20. Considerando o fato narrado, você acha que o choro do menino foi coerente com o contexto criado pelo autor?

Coesão é a conexão entre as ideias de um texto escrito ou falado. Essa ligação pode ser feita por meio de diversos recursos linguísticos, como a pontuação e as conjunções, ou por outras classes de palavras que estabelecem relação de sentido dentro de determinado contexto comunicativo.

Coerência é a lógica de sentido dentro de determinado contexto comunicativo. Um texto apresenta coerência quando o tema ou o assunto se mantém linear.

A gramática e a construção de sentido

As estruturas do texto e o efeito de sentido: análise de crônica de Paulo Mendes Campos

▶ Leia a crônica.

O amor acaba

O amor acaba. Numa esquina, por exemplo, num domingo de lua nova, depois de teatro e silêncio; acaba em cafés engordurados, diferentes dos parques de ouro onde começou a pulsar; de repente, ao meio do cigarro que ele atira de raiva contra um automóvel ou que ela esmaga no cinzeiro repleto, polvilhando de cinzas o escarlate das unhas; na acidez da aurora tropical, depois duma noite votada à alegria póstuma, que não veio; e acaba o amor no desenlace das mãos no cinema, como tentáculos saciados, e elas se movimentam no escuro como dois polvos de solidão; como se as mãos soubessem antes que o amor tinha acabado; na insônia dos braços luminosos do relógio; e acaba o amor nas sorveterias diante do colorido iceberg, entre frisos de alumínio e espelhos monótonos; e no olhar do cavaleiro errante que passou pela pensão; às vezes acaba o amor nos braços torturados de Jesus, filho crucificado de todas as mulheres; mecanicamente, no elevador, como se lhe faltasse energia; no andar diferente da irmã dentro de casa o amor pode acabar; na epifania da pretensão ridícula dos bigodes; nas ligas, nas cintas, nos brincos e nas silabadas femininas; quando a alma se habitua às províncias empoeiradas da Ásia, onde o amor pode ser outra coisa, o amor pode acabar; na compulsão da simplicidade simplesmente; no sábado, depois de três goles mornos de gim à beira da piscina; no filho tantas vezes semeado, às vezes vingado por alguns dias, mas que não floresceu, abrindo parágrafos de ódio inexplicável entre o pólen e o gineceu de duas flores; em apartamentos refrigerados, atapetados, aturdidos de delicadezas, onde há mais encanto que desejo; e o amor acaba na poeira que vertem os crepúsculos, caindo imperceptível no beijo de ir e vir; em salas esmaltadas com sangue, suor e desespero; nos roteiros do tédio para o tédio, na barca, no trem, no ônibus, ida e volta de nada para nada; em cavernas de sala e quarto conjugados o amor se eriça e acaba; no inferno o amor não começa; na usura o amor se dissolve;

Capa do livro *O amor acaba: crônicas líricas e existenciais*, de Paulo Mendes Campos, 2013.

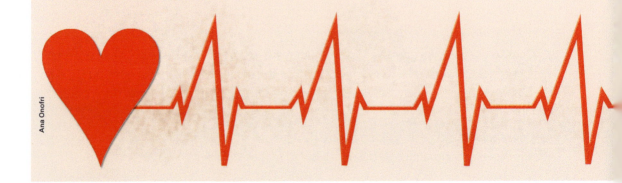

em Brasília o amor pode virar pó; no Rio, frivolidade; em Belo Horizonte, remorso; em São Paulo, dinheiro; uma carta que chegou depois, o amor acaba; uma carta que chegou antes, e o amor acaba; na descontrolada fantasia da libido; às vezes acaba na mesma música que começou, com o mesmo drinque, diante dos mesmos cisnes; e muitas vezes acaba em ouro e diamante, dispersado entre astros; e acaba nas encruzilhadas de Paris, Londres, Nova Iorque; no coração que se dilata e quebra, e o médico sentencia imprestável para o amor; e acaba no longo périplo, tocando em todos os portos, até se desfazer em mares gelados; e acaba depois que se viu a bruma que veste o mundo; na janela que se abre, na janela que se fecha; às vezes não acaba e é simplesmente esquecido como um espelho de bolsa, que continua reverberando sem razão até que alguém, humilde, o carregue consigo; às vezes o amor acaba como se fora melhor nunca ter existido; mas pode acabar com doçura e esperança; uma palavra, muda ou articulada, e acaba o amor; na verdade; o álcool; de manhã, de tarde, de noite; na floração excessiva da primavera; no abuso do verão; na dissonância do outono; no conforto do inverno; em todos os lugares o amor acaba; a qualquer hora o amor acaba; por qualquer motivo o amor acaba; para recomeçar em todos os lugares e a qualquer minuto o amor acaba.

CAMPOS, Paulo Mendes. O amor acaba. In: *O amor acaba*: crônicas líricas e existenciais. São Paulo: Companhia das Letras, 2013. p. 22-24. ©by herdeiros de Paulo Mendes Campos.

1. Quantos períodos compõem o texto?
2. Comente as características desses períodos.
3. Considerando o tema amoroso, explique de que maneira o tamanho do primeiro período reforça o sentido do que é dito na crônica.

Observe a composição do segundo período do texto. Ele se estende por muitas linhas, descreve diversos cenários, gestos, sentimentos e ressentimentos associados ao fim do amor. A desproporção entre as extensões do primeiro e do segundo período explicita as contradições envolvidas na situação: depois do choque inicial, segue-se uma avalanche de ideias sobre o que acaba e sobre o que pode recomeçar.

4. Agora, responda: Quais recursos linguísticos foram utilizados pelo autor para estabelecer a coesão entre os dois períodos?

5. De que modo a extensão dos períodos impacta o leitor? Como você se sente diante da longa lista de possibilidades, relacionadas uma após a outra, quase sem pausa, no segundo período, em contraste com o curto período inicial?

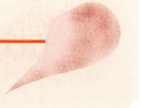

Exercícios

▶ Leia a tira *Peanuts*, de Charles Schulz.

1. Quantas frases interrogativas a personagem Peppermint Patty elabora em sua conversa com o personagem Snoopy?

2. Observe as frases exclamativas. Que emoção elas expressam? Como Peppermint Patty parece se sentir ao dizer essas sentenças?

3. Observe o que se passa nos três primeiros quadros e responda: Que fato induz Peppermint Patty a elaborar a última frase interrogativa?

4. Leia o seguinte trecho da crônica "Carregando seu Cervantes", na qual o escritor Juan Pablo Villalobos ironiza o fato de haver muitas imagens de Dom Quixote, o famoso personagem de Miguel de Cervantes em *Dom Quixote de la Mancha*, espalhadas pela Espanha:

> Em seu consultório médico, meu pai tinha um pesa-papéis de vidro piramidal com a figura do Quixote e o nome de um remédio gravados na base. Franzino. Barbadão. Montado num cavalo ainda mais magrela. O cara devia mesmo precisar do remédio. Numa das paredes da casa de um dos meus tios estava pendurado um quadrinho do Quixote, desta vez acompanhado de Sancho e sem o nome do remédio. Daí a tia Maria Cristina foi de férias às cidades coloniais e voltou com uma lembrancinha de Guanajuato para mim: uma estatuazinha do Quixote feita de arame. O calhamaço, lógico, adornava as prateleiras da casa dos meus pais e de todos os meus tios, respeitando um costume inquebrantável da classe média de todo o mundo hispânico. Para falar a verdade, eu nunca vi ninguém ler o Quixote, mas a lombada do livraço era um adorno muito lindo mesmo.
>
> VILLALOBOS, Juan Pablo. Carregando seu Cervantes. *Blog da Companhia*. abr. 2016. Disponível em: <www.blogdacompanhia.com.br/conteudos/visualizar/Carregando-seu-Cervantes>. Acesso em: 8 fev. 2017.

▶ Releia o seguinte trecho:

> Em seu consultório médico, meu pai tinha um pesa-papéis de vidro piramidal com a figura do Quixote e o nome de um remédio gravados na base.

a. Essa sentença é uma oração? Justifique.

b. A sentença é um período simples ou composto? Justifique.

5. Leia as seguintes frases da crônica:

> Franzino. Barbadão. Montado num cavalo ainda mais magrela.

a. Por que podemos afirmar que enunciados tão curtos como "Franzino. Barbadão." são frases?

b. As três frases do trecho se referem a Dom Quixote. Nelas, o autor optou por elaborar períodos bem curtos para descrever o personagem de Cervantes. Que efeito essa pontuação causa? Para refletir sobre isso, compare o trecho original e o mesmo trecho reescrito, apresentados no quadro a seguir. Leia as duas formas, compare-as e escolha a(s) opção(ões) que expresse(m) sua opinião, justificando sua escolha com uma explicação coerente e coesa.

Trecho original	Franzino. Barbadão. Montado num cavalo ainda mais magrela.
Texto reescrito	Era um sujeito franzino, barbadão, montado num cavalo ainda mais magrela.

I. Os períodos curtos chamam a atenção para as características de Dom Quixote, dando maior destaque a elas.

II. Diante de cada período curto, o leitor faz uma pausa para pensar na característica apresentada.

III. O período longo, ao relacionar todas as características, facilita a construção da imagem do cavaleiro na mente do leitor.

6. O período a seguir é simples ou composto? Justifique sua resposta.

> Daí a tia Maria Cristina foi de férias às cidades coloniais e voltou com uma lembrancinha de Guanajuato para mim: uma estatuazinha do Quixote feita de arame.

7. Classifique o período a seguir em simples ou composto. Justifique sua resposta.

> Para falar a verdade, eu nunca vi ninguém ler o Quixote, mas a lombada do livraço era um adorno muito lindo mesmo.

8. Observe com atenção a campanha publicitária do Ministério da Saúde.

a. A propaganda se baseia em uma frase declarativa que visa a informar o leitor sobre algo que está acontecendo. Qual é a frase?

b. É possível reescrever essa mesma frase transformando um dos nomes em um verbo, a fim de atingir de modo mais direto o interlocutor da propaganda. Reescreva-a.

c. O período "Todos os Postos de Saúde estarão abertos das 8h às 17h" é formado por quantas orações? Justifique sua resposta.

9. Um jornal brasileiro de grande circulação, *Folha de S.Paulo*, possui uma página *on-line* destinada a apresentar alguns critérios de escrita de suas matérias adotados pelos editores, articulistas e jornalistas. Em seu *Manual de Redação*, há as seguintes diretrizes:

> Nos textos noticiosos, o título deve, em geral:
>
> a. Conter verbo, de preferência na voz ativa;
>
> b. Estar no tempo presente, exceto quando o texto se referir a fatos distantes no futuro ou no passado;
>
> c. Empregar siglas com comedimento.
>
> Para editoriais e textos opinativos, a Folha pode usar frases nominais em títulos: Rombo na Previdência.

Disponível em: <www1.folha.uol.com.br/folha/circulo/manual_edicao_t.htm>. Acesso em: 29 maio 2017.

Com base na leitura dessas diretrizes, resolva as questões:

a. O jornal define que notícias devem apresentar títulos com verbo no presente e na voz ativa; já os editoriais e os textos opinativos podem ser redigidos com frases nominais. Que diferença de sentido esses formatos podem gerar nos dois tipos de título?

b. Transforme a frase nominal "Rombo na Previdência" em um título de notícia, de acordo com as diretrizes dadas acima.

c. "Greve de caminhoneiros ameaça interromper o abastecimento de alimentos no Pará". Reescreva essa manchete, transformando-a no título de um editorial.

d. Na manchete "Caminhoneiros param rodovia e anunciam ciclo de paralisações por todo o país", há uma frase com período simples ou composto? Justifique sua resposta.

Frase, oração e período Capítulo 14

Enem e vestibulares

1. **Unicamp-SP** Dois adesivos foram colocados no vidro traseiro de um carro:
em cima: DEUS É FIEL
e bem embaixo: PORQUE PARA DEUS NADA É IMPOSSÍVEL

É possível ler os dois adesivos em sequência, constituindo um único período. Neste caso,
   a. o que se estaria afirmando sobre a fidelidade?
   b. o que o dono do carro poderia estar querendo afirmar sobre si mesmo?

2. **UPM-SP**

> José Leal fez uma reportagem na Ilha das Flores, onde ficam os imigrantes logo que chegam. E falou dos equívocos de nossa política imigratória. As pessoas que ele encontrou não eram agricultores e técnicos, gente capaz de ser útil. Viu músicos profissionais, bailarinas austríacas, cabeleireiras lituanas. [...] Tudo gente para o asfalto, "para entulhar as grandes cidades", como diz o repórter. [...] Mas eu peço licença para ficar imaginando uma porção de coisas vagas, ao olhar essas belas fotografias que ilustram a reportagem. [...] – não, essa gente não vai aumentar a produção de batatinhas e quiabos nem plantar cidades no Brasil Central. É insensato importar gente assim. Mas o destino das pessoas e dos países também é, muitas vezes, insensato: principalmente da gente nova e países novos. A humanidade não vive apenas de carne, alface e motores. [...] e se o jovem Chaplin quisesse hoje entrar no Brasil acaso poderia? Ninguém sabe que destino terão no Brasil essas mulheres louras, esses homens de profissões vagas. Eles estão procurando alguma coisa: emigraram. Trazem pelo menos o patrimônio de sua inquietação e de seu apetite de vida.
>
> Rubem Braga. Rio de Janeiro, janeiro de 1952.

Poderia fazer parte do texto, por ser coerente com o pensamento do cronista, a seguinte consideração:

a. Sejamos humildes diante da pessoa humana; o grande homem do Brasil de amanhã pode descender de um estrangeiro que neste momento está saltando assustado numa praça brasileira, sem saber aonde ir, nem exatamente o que fazer.

b. Cada pessoa se revela naquilo a que se dedica e sua prática determina, sem mistérios, toda sua trajetória existencial.

c. Façamos uma política de imigração sábia, baseada na visão objetiva de nossas necessidades materiais, sem acolher estrangeiros cuja bagagem são desejos inconsistentes.

d. Aqueles que deixam sua terra em busca de novos horizontes só têm futuro e podem contribuir com sua "nova pátria" se forem habilidosos em seus ofícios e se tais ofícios se relacionarem a atividades básicas de produção de alimentos e serviços técnicos.

e. Grandes cidades são o espaço ideal para os estrangeiros que, sem formação técnica ou recursos intelectuais apurados, nelas se aglomeram, à espera de uma oportunidade de entrar com facilidade no trem no futuro.

3. **UPE** Em agosto de 2005, a Revista Língua fez uma entrevista com Millôr Fernandes, o escritor escolhido para ser o homenageado da FLIP 2014. Eis, aqui, alguns trechos dessa entrevista.

> Língua – Fazer humor é levar a sério as palavras ou brincar com elas?
>
> Millôr – Humor, você tem ou não tem. Pode ser do tipo mais profundo, mais popular, mas tem de ter. Você vai fazendo e, sem querer, a coisa sai engraçada. Dá para perceber quando a construção é forçada. Tenho uma capacidade muito natural de perceber bobagem e destruir a coisa.
>
> Língua – Com que língua você mais gosta de trabalhar?
>
> Millôr – Não aprendi línguas até hoje (risos). Gosto de trabalhar com o português, embora inglês seja a que eu mais leio. Nunca tive temor de nada. Deve-se julgar as obras pelo que elas têm de qualidade, não por serem de fulano ou beltrano. Shakespeare fez muita besteira, mas tem três ou quatro obras perfeitas, e *Macbeth* é uma delas.

Língua – Na sua opinião, quais vantagens o português possui em comparação a outras línguas que você conhece?

Millôr – A principal vantagem é a de ser a minha língua. Ninguém fala duas línguas. Essa ideia de um espião que fala múltiplas línguas não passa de mentira. Vai lá no meio do jogo dizer "salame minguê, um sorvete colorê..." ou "velho guerreiro". Os modismos da língua, as coisas ocasionais, não são acessíveis a quem não é nativo. Toda pessoa tem habilidade só no seu idioma. Você pode aprender uma, dez, sei lá quantas expressões de outra língua, mas ainda existirão outras mil – como é que se vai fazer? A língua portuguesa tem suas particularidades. Como outras também. Aprendi desde cedo a ter o cuidado de não rimar ao escrever uma frase. Sobretudo em "-ão".

Língua – Quais as normas mais loucas ou mais despropositadas da língua portuguesa?

Millôr – Toda pesquisa de linguagem é perigosa porque tem o caráter de induzir o sentido. Não tenho nenhum carinho especial por gramáticos. Na minha vida inteira sempre fui violento [no ataque às regras do idioma], porque a língua é a falada, a outra é apenas uma forma de você registrar a fala. Se todo mundo erra na crase é a regra da crase que está errada, como aliás está. Se você vai a Portugal, pode até encontrar uma reverberação que indica a crase. Não aqui. Aqui, no Brasil, a crase não existe.

Língua – Mas a fala brasileira é mutante e díspar, cada região tem sua peculiaridade. Como romper regras da língua sem cair no vale-tudo?

Millôr – Se não houver norma, não há como transgredir. A língua tem variantes, mas temos de ensinar a escrever o padrão. Quem transgride tem nome ou peito, que o faça e arque com as consequências. Mas insisto que a escrita é apenas o registro da língua falada. De Machado de Assis pra cá, tudo mudou. A língua alemã fez reforma ortográfica há 50 anos, correta. Aqui, na minha geração, já foram três reformas do gênero, uma mais maluca que a outra. Botaram acento em "boemia", escreveram "xeque" quando toda língua busca lembrar o árabe *shaik*, insistiram que o certo é "veado" quando o Brasil inteiro pronuncia "viado". Como chegaram a tais conclusões? Essas coisas são idiotas e cabe a você aceitar ou não. Veja o caso da crase. A crase, na prática, não existe no português do Brasil. Já vi tábuas de mármore com crase errada. Se todo mundo erra, a crase é quem está errada. Se vamos atribuir crase ao masculino "dar àquele", por que não fazer o mesmo com "dar alguém"? Não podemos.

Disponível em: http://revistalingua.uol.com.br/textos/97/millor-fernandeso-senhor-das-palavras-247893-1.asp. Acesso em: 13/06/2014. Adaptado.

Na nossa língua, temos certa liberdade de posicionar palavras e expressões no texto, a depender dos sentidos que pretendemos expressar. A esse respeito, assinale a alternativa correta, considerando as escolhas feitas no texto.

a. Com o trecho: "Humor, você tem ou não tem.", o locutor revela que prioriza a organização sintática tradicional: sujeito, verbo, complemento.

b. Para expressar o sentido pretendido no trecho: "Não aprendi línguas até hoje.", o termo destacado tem posição livre, podendo ser colocado em qualquer ponto do enunciado.

c. No trecho: "Toda pessoa tem habilidade só no seu idioma.", a posição do termo destacado faz com que ele incida sobre o segmento "tem habilidade".

d. A organização do trecho: "Toda pesquisa de linguagem é perigosa porque tem o caráter de induzir o sentido." demonstra a opção do locutor em primeiro fazer uma declaração e depois apresentar uma justificativa para o que foi declarado.

e. No trecho: "Aqui, no Brasil, a crase não existe.", os termos "Aqui" e "no Brasil" podem trocar de posição entre si.

DIÁLOGOS

A frase na linguagem musical

Como você já sabe, as línguas possuem uma sintaxe, ou seja, um conjunto de regras que impõe a ordem e a relação entre as palavras.

A palavra *sintaxe* vem do grego *syntaxis*, formada pela junção de *syn* ("junto") e *taxis* ("arranjo"), denotando a ideia de combinação de elementos. Assim, se compreendermos o termo como a ordenação necessária para a construção dos sentidos em um texto, perceberemos que outras formas de linguagem também apresentam uma sintaxe – por exemplo, a linguagem musical.

Observe este trecho da partitura para piano e violão da canção "Águas de março", de Tom Jobim:

Como você imagina que essa partitura seja lida? Como se concretiza a linguagem presente nela?

Na linguagem musical, as **notas** são os elementos mínimos sonoros dispostos em uma pauta musical, também conhecida como **pentagrama**, que são as cinco linhas horizontais que vemos no exemplo. Dessa forma, para ler uma partitura é preciso conhecer as notas e a forma como elas se organizam, ou seja, é preciso conhecer sua **sintaxe**.

As estruturas da gramática e da música são de tal forma análogas, que a música emprestou da gramática suas nomenclaturas. As notas musicais são dispostas no pentagrama em uma ordem sintática, que permite ao intérprete executar a sequência de sons da mesma maneira que foi pensada pelo compositor. Essa ordem compõe uma **frase musical**, que combinada a outra forma um **período**.

A composição das frases e dos períodos nem sempre é linear, tal como ocorre em nossa língua, mas a ordenação das notas permite a constituição da **melodia**, da **harmonia**, do **ritmo** e do **som** musical.

CAPÍTULO 15

SUJEITO E PREDICADO

O que você vai aprender

1. **Termos essenciais da oração: sujeito e predicado**
   - Conceituar os termos essenciais da oração.
   - Compreender o papel do sujeito e o do predicado na construção textual.
   - Aplicar o conhecimento sobre sujeito e predicado na construção do sentido do texto.
   - Reconhecer no texto a inversão dos termos essenciais da oração como um recurso estilístico.

2. **Tipos de sujeito**
   - Identificar os sujeitos das orações e classificá-los.
   - Reconhecer o núcleo do sujeito.
   - Conhecer a intencionalidade comunicativa do sujeito indeterminado.
   - Reconhecer verbos impessoais.
   - Identificar orações sem sujeito.
   - Interpretar o sentido produzido por diferentes tipos de sujeito na construção do texto.

3. **O sujeito e as vozes passiva e reflexiva**
   - Compreender o sujeito em orações passivas e reflexivas.
   - Reconhecer a intencionalidade na omissão do agente na voz passiva.

▶ Leia esta tira de Níquel Náusea.

Essa tira satiriza questões que podem ser consideradas as mais antigas da humanidade: De onde viemos? Quem somos nós? Qual é nosso lugar no mundo? E, afinal, qual é o sentido da vida? Você já parou para pensar sobre isso? Observe os gestos e as expressões dos personagens e reflita: Como você define a resposta dada pela pulga? O que significa a conclusão de Níquel Náusea no último quadro?

Desde a Antiguidade, a filosofia procura responder a essas e a outras questões sobre a existência do ser humano e sobre as implicações decorrentes da vida em sociedade. Há muitos textos filosóficos que podem nos apoiar tanto na busca de respostas para os nossos questionamentos como na construção das nossas próprias perguntas, que nos apoiam na construção da nossa própria voz, do nosso pensamento, da nossa forma de ver e viver o mundo. As perguntas e a declaração final do rato, bem como as respostas da pulga, satirizam esse pensamento abstrato sobre a vida.

As falas dos personagens são construídas a partir de orações, que são constituídas de verbos. No primeiro quadro, o pronome *eu*, que substitui o nome do personagem, Níquel Náusea, concorda com as formas verbais *sou* e *estou*, que informam a qualidade ou o estado do personagem. Ele é o ser sobre o qual as questões filosóficas são feitas.

No segundo quadro, podemos notar que a pulga não se preocupa com questões filosóficas e revela ter uma visão mais pragmática da vida. Em vez de questionamentos, ela constrói orações declarando de forma mais direta e objetiva o que Níquel Náusea representa para ela: "um depósito de sangue e um alimento".

Neste capítulo, você vai iniciar o estudo sobre sujeito e predicado, os dois termos em torno dos quais as orações se estruturam.

Reflexão e análise linguística

Os termos essenciais da oração

Sujeito e Predicado

Assim como o personagem Níquel Náusea, você já deve ter se perguntado sobre o sentido da vida. À medida que crescemos e amadurecemos, esses questionamentos vão se modificando e percebemos que temos responsabilidade sobre o que queremos para nossa vida.

 Leia o fragmento de um artigo que aborda esse tema.

Todo caminho é o caminho certo

Ser criança é maravilhoso. Poder brincar, se divertir sem muitas preocupações, confiar que vai sempre haver algum adulto por perto pra te guiar, chamar a atenção se necessário, consertar as besteiras que você faz e se responsabilizar por tudo. Mas, infelizmente, Peter Pan é apenas um conto e ninguém pode ser criança para sempre. E como a vida não vem com nenhum manual de instruções, ao mesmo tempo em que percebemos a realidade à nossa volta, temos que dar nosso jeito de lidar com ela. As situações vão se desenrolando na frente dos nossos olhos, e temos então que decidir o que queremos.

As primeiras decisões que tomamos na vida são, geralmente, mais simples, mesmo que na hora pareçam bem chatas: fazer dever de casa ou brincar na rua? Dormir ou levantar pra tomar banho e ir pro colégio? Prestar atenção na aula ou ficar sonhando acordada, com a mente nas nuvens? À medida em que vamos crescendo e amadurecendo, entretanto, maior fica o peso de tomar decisões. Coisas que antes nos pareciam automaticamente resolvidas por uma força maior (também conhecida como *pais*), acabam virando responsabilidade nossa e, quando sentimos o impacto do resultado que essas decisões podem ter na nossa vida, a coisa toma proporções inimagináveis.

RODRIGUES, Luciana. Todo caminho é o caminho certo. *Revista Capitolina*, 14 fev. 2015. Disponível em: <www.revistacapitolina.com.br/todo-caminho-e-o-caminho-certo>. Acesso em: 6 jun. 2017.

1. O texto que você acabou de ler é fragmento de um artigo de opinião. O propósito da articulista é expressar seu ponto de vista sobre determinado assunto e, para defender seu ponto de vista, a autora utiliza o exemplo de um personagem de histórias infantis, o Peter Pan. Qual é o assunto discutido no trecho?

2. Qual é o ponto de vista da articulista sobre o assunto abordado?

3. Agora observe, no primeiro parágrafo do trecho, as formas verbais *guiar*, *chamar*, *consertar*, *responsabilizar* e *faz*. A quem as quatro primeiras formas verbais se referem? E a quem a última forma verbal se relaciona?

No fragmento do texto "Todo caminho é o caminho certo", essas e outras formas verbais, tais como os verbos *faz*, *vem*, *percebemos*, *fica*, *pareciam*, *sentimos* e *toma*, concordam em número e pessoa com as palavras a que se referem, ou seja, com os sujeitos com os quais estabelecem uma relação de sentido.

> **Sujeito** é o termo que está em relação de concordância de número (singular e plural) e pessoa (1ª, 2ª e 3ª) com o verbo da oração. É sobre o sujeito que se declara algo na frase verbal.

▶ Agora leia um fragmento do último parágrafo do "Sermão da sexagésima", escrito e proferido pelo padre Antônio Vieira no século XVII. Nesse sermão, Vieira constrói uma metáfora para explicar que o ofício de levar a palavra de Deus ao povo pode ser comparado à arte de bem plantar e semear o trigo: há os maus e os bons semeadores (pregadores).

Lograr: alcançar, obter.

Oh que grandes esperanças me dá esta sementeira! Oh que grande exemplo me dá este semeador! **Dá**-me grandes esperanças a sementeira porque, ainda que se perderam os primeiros trabalhos, lograr-se-ão os últimos. **Dá**-me grande exemplo o semeador, porque, depois de perder a primeira, a segunda e a terceira parte do trigo, aproveitou a quarta e última, e colheu dela muito fruto.

Padre Antônio Vieira

4. No sermão, a quem o orador atribui as grandes esperanças?

5. Quem dá grande exemplo ao orador?

6. No fragmento, Vieira afirma que o pregador não pode desistir de levar a palavra de Deus, mesmo que não obtenha sucesso nas primeiras vezes em que fizer isso. Observe que os sujeitos *a sementeira* e *o semeador* aparecem depois da forma verbal *dá*, na segunda e na terceira frases, respectivamente. Identifique a alternativa que apresenta o efeito de sentido que essa inversão dos sujeitos das orações promove no sermão.

   a. A inversão é apenas uma questão de estilo e não influencia na construção de sentido do texto.

   b. A inversão é característica de textos religiosos.

   c. A inversão destaca a afirmação que o orador faz sobre os sujeitos, demonstrando seu sentimento em relação ao compromisso de levar a palavra de Deus.

   d. A inversão tem a intenção de aproximar o texto da língua latina.

Os sujeitos "esta sementeira" e "este semeador" são formados, cada um, por duas palavras: um pronome demonstrativo e um substantivo. Os núcleos dessas duplas de palavras são representados pelos substantivos *sementeira* e *semeador*, pois constituem o significado principal desses sujeitos.

> **Núcleo do sujeito** é a palavra central do sujeito, e contém seu significado principal.

276 Unidade 4 Sintaxe: o período simples

▶ Leia a seguir outro episódio de Níquel Náusea.

7. O que provoca o humor na tira?

8. Na tira, as formas verbais *dormiu*, *podemos* e *entendeu* estruturam cada uma das falas e concordam, em pessoa e número, com o sujeito de cada oração. Identifique o sujeito correspondente a cada um dos usos desses verbos.

9. Identifique os sujeitos e as afirmações feitas sobre eles nas seguintes falas da tira:
   a. "A vovó dormiu na frente da TV!"
   b. "Podemos mudar de canal."
   c. "Você não entendeu!"
   d. "Ela dormiu na frente da TV!"

As informações sobre os sujeitos que você identificou em cada uma das orações do exercício anterior são chamadas **predicados**.

> **Predicado** é o termo da oração que afirma algo sobre o sujeito, estabelecendo com ele uma relação de concordância de pessoa e de número. O verbo faz parte do predicado da oração.
>
> **Sujeito** e **predicado** são os elementos constituintes das orações, compondo sua estrutura básica.

Tipos de sujeito

Sujeito simples e Sujeito composto

▶ Leia a tira.

10. Considerando os recursos da linguagem de histórias em quadrinhos, o que indicam os destaques no substantivo *mãe* e no adjetivo *bela*?

11. Por que Helga destaca essas palavras em sua fala?

12. A que se refere a palavra *isso* no último quadro? Como essa palavra ajuda o leitor a inferir o sentido geral da tira?

13. As quatro falas da tira foram construídas com frases nominais e orações. Identifique duas frases que não sejam orações, ou seja, que não contenham verbos.

14. Nas falas da tira, identifique os sujeitos das formas verbais *pensei*, *estávamos* e *pareceu*.

Nas orações da tira, há sujeitos com apenas um núcleo – "Eu pensei em fazer uma visita a vocês!" – e um sujeito com dois núcleos – "Hagar e eu estávamos justamente falando sobre você agorinha!!".

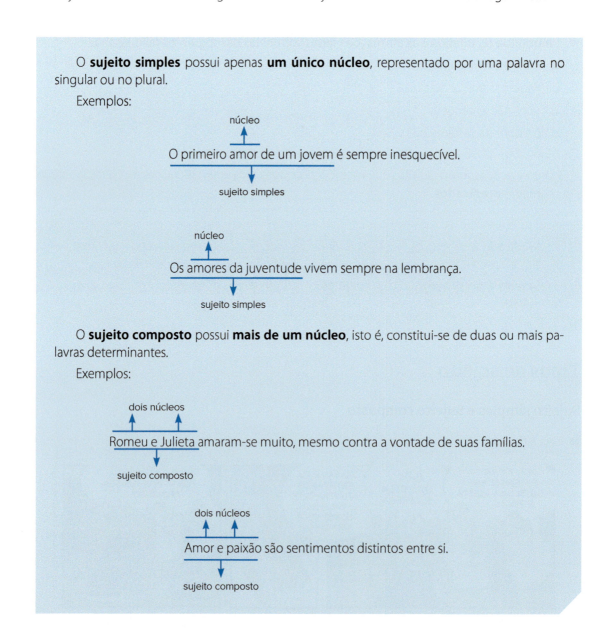

O **sujeito simples** possui apenas **um único núcleo**, representado por uma palavra no singular ou no plural.

Exemplos:

O primeiro amor de um jovem é sempre inesquecível.
(núcleo / sujeito simples)

Os amores da juventude vivem sempre na lembrança.
(núcleo / sujeito simples)

O **sujeito composto** possui **mais de um núcleo**, isto é, constitui-se de duas ou mais palavras determinantes.

Exemplos:

Romeu e Julieta amaram-se muito, mesmo contra a vontade de suas famílias.
(dois núcleos / sujeito composto)

Amor e paixão são sentimentos distintos entre si.
(dois núcleos / sujeito composto)

Sujeito desinencial ou oculto

▶ Leia a seguir um trecho do primeiro parágrafo da crônica "Ele comprou tudo que Van Gogh pintou", de Marcos Rey.

Já escrevi um esboço de história em que um cientista reinventava o Túnel do Tempo, a preciosa máquina bolada por H.G.Wells. Porém decidiu, ao contrário do escritor, não dar ao fato a menor publicidade. Guardaria o segredo até a morte.

REY, Marcos. Ele comprou tudo que Van Gogh pintou. In: *O coração roubado e outras crônicas*. São Paulo: Ática, 2003. p. 46. (Coleção Para Gostar de Ler, 19).

15. Qual é o sujeito do verbo *escrever* na primeira oração? Como você reconheceu esse sujeito?

16. Quais são os sujeitos dos verbos *reinventar*, *decidir* e *guardar* no trecho? Explique como você chegou a essa conclusão.

O **sujeito desinencial** ou **sujeito oculto** é reconhecido pela desinência do verbo ou pelo contexto. O recurso de omissão do sujeito é muito valioso para evitar sua repetição na produção escrita.

▶ Leia o cartum a seguir e verifique outro caso de omissão do sujeito.

17. O cartum estabelece relação entre linguagem verbal e não verbal para fazer crítica à poluição do mar pela ação do homem. Que elemento estabelece essa relação entre as duas linguagens?

18. Se a fala do personagem estivesse desassociada da imagem, ela teria o mesmo sentido?

19. Qual é o sujeito correspondente à forma verbal *olha*?

AMPLIANDO O CONHECIMENTO

Quando o modo imperativo é usado na construção de orações, o sujeito frequentemente está implícito, sendo identificado apenas na desinência verbal. Veja que, em "Ande logo ou você chegará atrasado", o verbo *andar* está no modo imperativo e o verbo *chegar*, no modo indicativo.

Observe que o sujeito *você* é comum aos dois verbos, no entanto aparece explicitamente apenas ao relacionar-se com o verbo no indicativo. No imperativo, geralmente, o sujeito não aparece de forma expressa, mas de forma elíptica. Contudo, o sujeito pode estar determinado quando houver a resposta de um interlocutor, como forma de enfatizar a quem se destina o pedido.

Observe:

I. Feche a porta, por favor! (sujeito desinencial ou oculto)

II. Feche você. (sujeito simples: *você*)

O **sujeito desinencial** ou **sujeito oculto** está subentendido no texto e pode ser facilmente identificado pela desinência verbal. A leitura do contexto também contribui para sua identificação. O sujeito desinencial ou oculto, também chamado **sujeito elíptico**, é usado, muitas vezes, como um recurso para evitar a repetição do sujeito.

Exemplos:

Dizemos que estamos amando quando nosso coração bate aceleradamente perto do ser amado.

Contei meu segredo a você porque sabia que não iria dizer nada a ninguém.

No primeiro exemplo, o sujeito desinencial é *nós*. No segundo, as formas verbais *contei* e *sabia* referem-se ao sujeito desinencial *eu*; e a locução verbal *iria dizer*, ao sujeito desinencial *você*.

Sujeito indeterminado

 Leia esta tira de Hagar, o Horrível.

20. A linguagem oral é marcada por entonações de voz usadas para imprimir mais expressividade ao discurso. De que modo essa modulação de voz é representada, na segunda fala de Hagar? Que efeito de sentido é sugerido por essa modulação?

21. Na segunda fala de Hagar, que informação do quadro anterior o pronome *isso* resume?

22. Considere a organização sintática da oração "Como isso vai me fazer feliz?". Qual é a função sintática do pronome *isso*?

23. A última fala do sábio, "Dizem que dar é melhor que receber", não explicita o sujeito da forma verbal *dizem*. Que efeito de sentido essa construção sintática atribui ao discurso?

A construção sintática mais frequente das sentenças na língua portuguesa é a **ordem direta**: **sujeito + verbo + complemento**. Contudo, ocorrem variações nessa ordem de acordo com a ênfase que o locutor pretende imprimir a seu discurso. Além disso, em algumas situações comunicativas, o sujeito não aparece determinado. Isso pode ocorrer porque não conseguimos identificar quem é o sujeito ou porque, intencionalmente, não queremos identificá-lo.

Observe, na tira, que a fala do sábio corresponde a um ditado popular cuja autoria se perdeu no tempo. A forma verbal *dizem*, flexionada na terceira pessoa do plural, revela a indeterminação do sujeito, ou melhor, mostra que, embora o sujeito exista, não podemos ou não queremos identificá-lo. Esse tipo de sujeito é chamado **sujeito indeterminado**.

> ### PENSE SOBRE ISSO
>
> Agora que você conhece um pouco mais sobre os sujeitos gramaticais, utilize seus conhecimentos para justificar a afirmação a seguir.
>
> Se a última fala inscrita na tira de Hagar fosse "As pessoas dizem que dar é melhor que receber", o sujeito não seria considerado indeterminado, e sim sujeito simples (*as pessoas*).

▶ Leia o anúncio classificado a seguir e verifique outra ocorrência possível de indeterminação do sujeito.

> **PRECISA-SE**
> de funcionários especializados em injeção eletrônica para carros.

Na estrutura sintática do anúncio classificado, o verbo *precisar* está no singular, uma vez que o sujeito não está determinado; portanto, não é possível concordar o sujeito com o verbo.

> ### AMPLIANDO O CONHECIMENTO
>
> Os **pronomes indefinidos** não determinam diretamente o agente da ação verbal. Entretanto, como ocupam sintaticamente o lugar do sujeito, este é classificado como simples, e não como indeterminado.
> Exemplos:
> **Alguém** disse a verdade a ele?
> **Ninguém** conhece a verdade ainda.
>
> No primeiro caso, apesar de semanticamente não ser possível identificar quem **disse a verdade**, sintaticamente o sujeito é simples. No segundo, apesar de semanticamente não ser possível identificar quem **conhece a verdade**, sintaticamente o sujeito é simples.

Sujeito indeterminado é aquele que **não** pode ser identificado na sentença ou no contexto textual, por desconhecimento ou por omissão intencional. Esse tipo de sujeito é marcado por:

- **Verbo na 3ª pessoa do plural**.
  Exemplos:
  Esqueceram um relógio na quadra depois da aula de Educação Física – disse o professor ao entrar na sala de aula.

  Quebraram seu vaso – disse a mãe, tentando proteger o filho caçula.

  No primeiro caso, o professor não sabe quem é o dono do relógio. No segundo, a mãe sabe quem quebrou o vaso, mas não quer denunciar o responsável por isso.

- **Verbo no singular + se + preposição**.
  Exemplos:
  Luta-se por igualdade de direitos para todos os que vivem neste país.

  Trata-se de assuntos de interesse coletivo.

- **Verbo no singular que não precisa de complemento + se.**
  Exemplos:
  Vive-se melhor com os direitos garantidos.

  Come-se muito no inverno.

O pronome *se* pode ser usado como **índice de indeterminação do sujeito**. Ele pode ser ligado a um verbo na 3ª pessoa do singular, regido por preposição, ou ser ligado a um verbo que tenha sentido completo. Compare as duas orações a seguir:

I. **Os senadores tratam** de assuntos importantes para a nação.

II. **Trata-se** de assunto importante para a nação.

Note que, na primeira construção, o sujeito do verbo *tratar* está determinado: *os senadores*. Já na segunda oração, a indeterminação do sujeito é marcada pela partícula *se* juntamente com o verbo regido por preposição. Agora observe as orações a seguir:

I. **As pessoas vivem** bem neste lugar.

II. **Vive-se** bem neste lugar.

Comparando as duas orações, pode-se determinar o sujeito apenas na primeira oração: "as pessoas". Na segunda, a indeterminação do sujeito é marcada gramaticalmente pelo pronome *se* acompanhado por um verbo que não precisa de complemento.

Oração sem sujeito ou sujeito inexistente

▶ Agora, compare a manchete de uma publicação *on-line*, o Portal Gazeta do Amazonas, com uma manchete recriada com base nesse título.

Tempo nublado com chuva em grande parte do Norte, neste sábado (11)

Portal Gazeta do Amazonas, 11 fev. 2017. Disponível em: <http://portalgazetadoamazonas.com.br/tempo-nublado-com-chuva-em-grande-parte-do-norte-neste-sabado-11>. Acesso em: 7 jun. 2017.

Tempo nublado: chove em grande parte do Norte, neste sábado

As duas manchetes têm estruturas linguísticas diferentes:

- Na primeira, não há um verbo explícito; portanto, ela foi construída tendo como base uma frase nominal.
- Na segunda, há a presença da forma verbal *chove*, portanto ela foi construída tendo como base uma oração.

Note que o verbo *chover* não se refere a nenhuma pessoa do discurso, por isso é chamado **verbo impessoal**. Observe a seguir outros verbos impessoais.

- **Haver**: quando indica *existir*, *fazer*, *acontecer*.
- **Fazer, estar e ser**: quando indicam tempo transcorrido ou fenômenos meteorológicos.
- **Nevar, trovejar, anoitecer, amanhecer**: indicam fenômenos naturais.

Esses verbos, por serem impessoais, não admitem sujeito. A oração formada por verbo impessoal contém apenas predicado, uma vez que o núcleo da informação se concentra na ação verbal. Nesse caso, tem-se uma **oração sem sujeito** ou um **sujeito inexistente**.

AMPLIANDO O CONHECIMENTO

O verbo *chover* merece atenção, pois pode ser usado com sentido figurado.
Exemplo:
Choveram elogios após a apresentação do aluno.

Nesse enunciado, o verbo *chover* está flexionado na 3ª pessoa do plural, pois concorda com o sujeito simples *elogios*. Nesse contexto, semanticamente, esse verbo não tem o sentido de fenômeno da natureza; ele expressa que o aluno recebeu muitos elogios.

A **oração sem sujeito** é formada por um verbo impessoal, ou seja, por um verbo que não se refere a nenhuma pessoa do discurso. Nesse caso, a informação fica centrada na forma verbal.

- **Verbos relativos a fenômenos naturais**.
  Exemplo:
  Neva em Santa Catarina no mês de julho.
- **Verbo *haver* quando equivale a *existir*, *fazer* ou *acontecer***.
  Exemplos:
  Há muitos palpites e pouca resolução dos problemas nacionais.
  Há muito tempo espero por uma resposta sua.
  Haverá mudanças climáticas em todo o planeta.
- **Verbos *fazer*, *estar* e *ser* quando indicam passagem de tempo ou fenômenos meteorológicos**.
  Exemplos:
  Faz dez anos que você se mudou de bairro.
  Está muito tarde para voltar.
  É meio-dia e meia, volte mais tarde.

PENSE SOBRE ISSO

O poema "No caminho, com Maiakóvski", de Eduardo Alves da Costa, passou a ser declamado em protestos e assembleias estudantis e sindicais no período da ditadura militar no Brasil (1964-1985), época da política brasileira em que muitos oposicionistas foram presos e torturados por questionar as ideias do governo e a repressão. Leia a seguir um trecho desse poema.

No caminho, com Maiakóvski

Na primeira noite eles se aproximam
e roubam uma flor
do nosso jardim.
E não dizemos nada.
Na segunda noite, já não se escondem:
pisam as flores,
matam nosso cão,
e não dizemos nada.
Até que um dia, o mais frágil deles
entra sozinho em nossa casa,
rouba-nos a luz e,
conhecendo nosso medo,
arranca-nos a voz da garganta.

COSTA, Eduardo Alves da. *No Caminho, com Maiakóvski*.
Rio de Janeiro: Nova Fronteira. 1985, p. 49-51.

1. Reconheça o tipo de sujeito que constitui o verso "Na primeira noite eles se aproximam".

2. No primeiro verso, o uso do pronome *eles* substitui um substantivo, camuflando a identidade do sujeito da ação verbal *se aproximam*. Considerando o contexto histórico em que o poema foi produzido, justifique essa escolha do poeta.

AMPLIANDO O CONHECIMENTO

Eduardo Alves da Costa nasceu em Niterói (RJ). É formado em Direito pela Universidade Presbiteriana Mackenzie, em São Paulo (SP). Seus versos sem rima nem métrica aproximam sua poética da prosa. Militante da esquerda, após o golpe militar no Brasil, em 1964, Alves da Costa diz que se imaginou conversando com o poeta que mais admirava, Maiakóvski, para escrever o poema "No caminho com Maiakóvski".

Eduardo Alves da Costa, em seu apartamento no Rio de Janeiro.

Vladimir Maiakóvski (1893-1930) foi poeta e dramaturgo. É conhecido como "o poeta da Revolução", porque sua poesia expressa confiança e admiração pela Revolução Russa de 1917.

Maiakóvski, importante poeta do século XX.

O sujeito e as vozes verbais passiva e reflexiva

▶ Leia a manchete e o trecho da notícia.

Vendaval destrói casas em questão de segundos no oeste de São Paulo

Pelo menos 50 casas foram destruídas pela chuva e pelo vento. Em um terreno onde havia duas casas, só restou parte de uma. Em outra, não restou praticamente nada.

Disponível em: <http://g1.globo.com/jornal-nacional/noticia/2015/09/vendaval-destroi-casas-em-questao-de-segundos-no-oeste-de-sao-paulo.html>. Acesso em: 7 jun. 2017.

Observe que a manchete enfatiza a ação do vendaval, ou seja, a informação sobre o que provocou a destruição das casas. O sujeito é o agente do processo verbal, que está na voz ativa. Nesse caso, há:

Vendaval + destrói + casas = **sujeito** + **verbo** + **predicado**

Ao longo do texto, a notícia enfoca outras informações relevantes. Observe a ordem das informações nesta oração:

Pelo menos 50 casas	foram destruídas	pela chuva e pelo vento.
1	2	3

Nesse caso, a construção oracional prioriza informar quem sofreu a ação de ser destruído. Note que, para isso, a forma verbal foi modificada:

destrói ⟶ foram destruídas

Quando o **sujeito sofre a ação verbal**, diz-se que a oração está na **voz passiva** e que o sujeito é **paciente**.

Observe o verbo presente no cartum a seguir.

Na sentença inicial do cartum, o verbo está na **voz passiva**, uma vez que o sujeito recebe a ação verbal.

24. A frase inicial do cartum simula uma manchete. Compare essa sentença e outras duas possíveis construções, em que a voz passiva está presente:

   I. "Encontrada a maior jazida de paralelepípedo do mundo em Bifaland!"
   II. A maior jazida de paralelepípedo do mundo é encontrada em Bifaland!
   III. Em Bifaland, é encontrada a maior jazida de paralelepípedo do mundo.

   Qual das três possibilidades de redação da notícia enfatiza o termo sobre o qual se diz algo? Justifique.

25. No cartum, caso fosse mencionado que um grupo de garimpeiros encontrou a jazida, como essa informação poderia ser escrita para dar ênfase a esse sujeito? Identifique a voz verbal que você utilizar para a redação dessa informação.

26. Agora, usando a voz passiva, reelabore de diferentes maneiras a sentença que você deu como resposta no exercício anterior.

27. Compare a voz verbal presente no cartum com a que você utilizou no exercício **25**. Que diferença pode ser destacada?

AMPLIANDO O CONHECIMENTO

Quando a sentença apresentar verbo na voz passiva, o agente da ação verbal pode estar ausente quando for do interesse do escritor ou do falante, ou quando seu uso for desnecessário para que a informação seja compreendida.

Conheça agora outra possibilidade de construção de sentença com o verbo na voz passiva. Leia a manchete e o intertítulo a seguir.

Por que se usa tanta soja na culinária vegetariana?

O alto teor de proteína é o grande trunfo desse alimento. Mas ele também tem outras vantagens: é fácil de ser cultivado e texturizado para imitar a carne.

BIROLINI, Gustavo. *Mundo Estranho*, fev. 2017. Disponível em: <http://mundoestranho.abril.com.br/alimentacao/por-que-se-usa-tanta-soja-na-culinaria-vegetariana>. Acesso em: 12 fev. 2017.

28. Leia esta sentença com outro uso da voz passiva. Comparando-a com a manchete original, descreva a diferença que há entre elas em relação à construção sintática.

Por que tanta soja é usada na culinária vegetariana?

29. O agente da forma verbal *usa* não está explícito na manchete. Isso prejudica a informação? Justifique.

Na **voz reflexiva**, o verbo indica que o sujeito **realiza** e **recebe** a ação verbal.

286 Unidade 4 Sintaxe: o período simples

▶ Leia duas chamadas de capa da revista *Mosaico*.

RECUPERE A SAÚDE DO CABELO COM CIMENTO CAPILAR

SURPREENDA-SE COM O CONDICIONADOR A SECO

30. Qual é o sujeito gramatical na sentença "Recupere a saúde do cabelo com cimento capilar"? Que estratégia você utilizou para classificá-lo?

31. Releia esta sentença: "Surpreenda-se com o condicionador a seco". A quem se refere a forma verbal *surpreenda-se*?

O sentido da forma verbal *surpreenda-se* equivale a "surpreenda a si mesmo". Nesse caso, o verbo está na voz reflexiva, pois o sujeito é, ao mesmo tempo, agente e paciente da ação verbal. Observe que o pronome oblíquo é a marca linguística que define o sujeito na voz reflexiva quando ele não estiver explícito na oração.

Exemplos:

Penteei-me com aquele produto da nova linha cosmética. (pronome oblíquo: *me*; sujeito desinencial ou oculto: *eu*)

Refletiu-se no espelho com vergonha de seu comportamento. (pronome oblíquo: *se*; sujeito desinencial ou oculto: *ele*)

O sujeito nas vozes passivas

- **Voz passiva analítica** (verbo auxiliar + particípio do verbo principal): o sujeito paciente concorda com o verbo em número e pessoa.
  Exemplo:
  Notas explicativas foram divulgadas pelos empresários.

- **Voz passiva sintética** (verbo transitivo direto + pronome *se*): o sujeito posposto ao verbo concorda com o verbo em número e pessoa.
  Exemplo:
  Divulgaram-se notas explicativas.

O sujeito na voz reflexiva

Quando o sujeito está na voz reflexiva, o verbo é acompanhado por pronome oblíquo, indicando que o sujeito realiza e recebe a ação verbal.
Exemplo:
Feriu-se com o canivete ao abri-lo.

A gramática e a construção de sentido

A identificação do sujeito em textos: um exemplo extraído do livro *Primeiro amor*, de Turguêniev

▶ Leia a seguir um comentário sobre o livro *Primeiro amor*, do escritor russo Ivan Turguêniev. O texto consta na quarta capa dessa obra.

Em um passeio corriqueiro por sua casa de veraneio nos arredores de Moscou, Vladímir Petróvitch, um garoto de dezesseis anos, filho único de uma família tradicional, vê uma moça exuberante brincando com amigos entre os arbustos da casa nos fundos da propriedade. Ele ainda não sabe, mas trata-se de Zinaida, filha de sua nova vizinha, e por quem irá viver uma paixão avassaladora.

À medida que eles se aproximam, fica claro quem está no controle da situação. Disposto a tudo para ter os seus sentimentos correspondidos, Vladímir terá de aprender rapidamente o intrincado jogo da sedução e do desejo, em que as regras são tão aleatórias quanto obscuras.

Primeiro amor foi publicado em 1860, quando Ivan Turguêniev tinha 42 anos. Admirado por Henry James e Flaubert, foi o primeiro autor russo a ser traduzido na Europa, reconhecido, ainda em vida, como um dos grandes escritores de sua época.

TURGUÊNIEV, Ivan. *Primeiro Amor*. São Paulo: Penguin-Companhia, 2015.

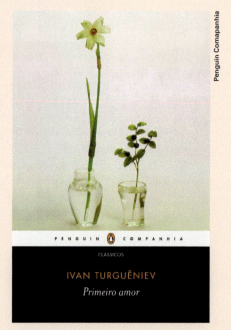

O primeiro parágrafo do comentário sobre o livro é formado por dois períodos. No primeiro período, a ordem direta (sujeito + verbo) é interrompida por informações complementares a respeito do sujeito. Para reconstruir o sentido desse parágrafo, o leitor precisa identificar quem declara algo, ou seja, o **sujeito** correspondente ao verbo. É importante notar que, mesmo quando o sujeito não está diretamente expresso em uma oração, como ocorre em: "por quem irá viver uma paixão avassaladora", ele pode ser identificado pelo leitor.

No último parágrafo do texto, a forma verbal *foi publicado* é composta por verbo auxiliar (*ser*) + particípio do verbo principal (*publicar*). Essa composição verbal indica que a oração está na voz passiva, isto é, que o sujeito da oração recebe a ação verbal. Essa construção também está presente em: "o primeiro autor russo a ser traduzido na Europa, reconhecido, ainda em vida, como um dos grandes escritores de sua época".

O conhecimento sobre a relação entre os termos essenciais das orações que formam os parágrafos textuais está a serviço do usuário da língua, tanto no papel de escritor como no de leitor, uma vez que favorece escolhas linguísticas adequadas às suas intencionalidades e contribui para a construção de sentido do texto.

1. Quem é o sujeito do primeiro período?

2. No segundo período, para evitar a repetição do sujeito, o autor do comentário sobre o livro utiliza dois recursos linguísticos: o pronome *ele* e a elipse (omissão) do sujeito. Sintaticamente, essas escolhas resultam em dois tipos de sujeito. Quais são eles?

3. Os verbos estabelecem concordância em número com os sujeitos aos quais se referem. Veja, por exemplo, como isso ocorre no trecho:

   ....

   À medida que eles se aproximam, fica claro quem está no controle da situação.

   ....

   Explique a concordância dos verbos *aproximar* e *estar*.

4. No último parágrafo, o que indica a omissão intencional dos agentes das ações verbais *foi publicado* e *a ser traduzido*?

Exercícios

1. Observe a tira.

a. O humor da tira resulta de uma atitude inesperada da personagem, que foge a um comportamento social comum. Explique que comportamento social é esse e como se dá a produção do humor.

b. No primeiro quadro, a personagem exclama: "Colocaram uma cesta com gatinhos na minha porta!". Em seguida, ela afirma: "Eles sabem que eu não resisto!". Pode-se dizer que há um mesmo sujeito para as duas orações? Explique sua resposta.

2. Leia o artigo de opinião a seguir.

Aos 100 anos, samba não é mais música de pretos e pobres

O samba completou cem anos de existência no último dia 27 [de novembro de 2016]. **O marco** foi a canção "Pelo Telefone" composta por Donga e Mauro Almeida, o primeiro samba gravado no Brasil, em 1916. Desde então, acompanhando sua trajetória ao longo do século 20, **esse autêntico símbolo de brasilidade** mudou de status e significado na medida da evolução da sociedade brasileira.

A origem do samba está relacionada aos antigos batuques trazidos pelos africanos que vieram escravizados para o Brasil. Estes ritmos, em geral, associados a elementos religiosos, funcionavam como uma forma de expressão musical e de dança, com percussão e movimentos do corpo. Aos poucos, o ritmo incorporou novos elementos, recebendo influência de outras músicas e criando diversas vertentes dentro de um mesmo estilo. O gênero, que é fruto de nossas raízes africanas, como toda manifestação popular, por muitos anos **existiu** na marginalidade e foi relegado a um segundo papel pela elite branca do Brasil.

No entanto, com a nova organização da sociedade brasileira, o samba desce do morro da marginalidade. De uma manifestação que remontava à escravidão, **chegou** às áreas urbanas dos bairros cariocas e começou a ser valorizado pela intelectualidade do Rio de Janeiro, conquistando espaço na imprensa e rádio, com as décadas de composições e interpretações memoráveis.

Ganha novos contornos com o fenômeno Carmem Miranda e seu Tico-Tico no Fubá. Mas ainda é algo exótico. Foi com a Bossa Nova que o samba atingiu a classe média branca brasileira, se caracterizando definitivamente como um produto de exportação: é o jazz brasileiro que, ao lado das escolas de samba e Carnaval, mostrou sua cara para o mundo. São alguns marcos como esses que transformaram o samba em um verdadeiro patrimônio cultural brasileiro.

[...]

Assim como ocorreu com o jazz nos Estados Unidos, o muro que separava o samba da elite, classificando-o como música de pretos e pobres, **foi atravessado**. Agora precisamos lutar para conquistar outros espaços e fazer com que o respeito e admiração também sejam sinônimos de políticas de desenvolvimento econômico para aqueles que o criaram.

PESTANA, Maurício. Aos cem anos, samba não é mais música de pretos e pobres. *UOL Notícias*, 4 dez. 2016. Disponível em: <https://noticias.uol.com.br/opiniao/coluna/2016/12/04/aos-100-anos-samba-nao-e-mais-musica-de-pretos-e-pobres.htm>. Acesso em: 13 jun. 2017.

Indique a alternativa **incorreta** em relação ao artigo que você leu:

a. O conjunto de palavras "O Marco" (1º parágrafo) é sujeito do verbo *foi* e se refere ao momento de criação do samba – o qual completou cem anos.

b. O conjunto de palavras "esse autêntico símbolo de brasilidade" (1º parágrafo) é sujeito do verbo *mudou* e se refere à expressão *o samba*, citada na primeira frase do parágrafo.

c. O verbo *existiu* (2º parágrafo) tem como sujeito a expressão *o gênero*, citada no início do período.

d. O verbo *chegou* (3º parágrafo) tem como sujeito a expressão *o samba*, a qual foi omitida pelo autor por motivos estilísticos.

e. A locução verbal *foi atravessado* (5º parágrafo) tem como sujeito a expressão *o samba da elite*, citada anteriormente.

3. A seguir, leia a sinopse do filme *Uma noite em Sampa* (2016), de Ugo Giorgetti, publicada no *site* Adoro Cinema.

Uma noite em Sampa

[...]

Após assistir a uma peça no teatro Ruth Escobar, um grupo de viajantes ricos espera o ônibus que vai levá-los de volta às suas casas. Eles já não moram em São Paulo: mudaram-se em busca de melhor qualidade de vida e maior segurança. Mas, na saída do teatro, o ônibus está trancado e o motorista não está por perto. **Amedrontados, eles começam a perceber os moradores de rua e a escuridão ao redor**.

a. A oração grifada que abre a sinopse faz parte de um período que está em ordem inversa. Reelabore-o na ordem direta e indique o sujeito da oração sublinhada.

b. A última oração da sinopse também aparece na ordem inversa. Indique o sujeito dessa oração e explique por que, provavelmente, o autor do texto optou por fazer essa inversão.

4. Leia a seguir o trecho de uma reportagem da revista *Mundo Estranho* que tem como tema o uso das onomatopeias em tiras.

> As HQs têm papel importante nessa exportação de onomatopeias. Desde as primeiras publicações, na virada do século 19 para o 20, esse recurso de linguagem já era usado como um "efeito sonoro".
>
> ROMERO, Luiz. Por que o sono é representado com "zzz" nas HQs? *Mundo Estranho*, São Paulo, jan. 2017. Disponível em: <http://mundoestranho.abril.com.br/curiosidades/por-queo-sono-e-representado-com-zzz-nas-hqs>. Acesso em: 12 jun. 2017.

O parágrafo que você acabou de ler é formado por duas orações. Sabendo disso:

a. Identifique e classifique o sujeito de cada oração.

b. Reconheça a voz verbal presente em cada oração. Em seguida, explique de que forma a escolha da voz verbal influencia o papel do sujeito da oração.

Enem e vestibulares

1. Unicamp-SP Os enunciados abaixo são parte de uma peça publicitária que anuncia um carro produzido por uma conhecida montadora de automóveis.

> UM CARRO QUE
> ATÉ A ORGANIZAÇÃO
> MUNDIAL DA SAÚDE
> APROVARIA:
> ANDA MAIS
> E BEBE MENOS
>
> ELE CABE NA SUA VIDA. SUA VIDA CABE NELE.

a. A menção à Organização Mundial da Saúde na peça publicitária é justificada pela apresentação de uma das características do produto anunciado. Qual é essa característica? Explique por que o modo como a característica é apresentada sustenta a referência à Organização Mundial da Saúde.

b. A peça publicitária apresenta duas orações com o verbo caber. Contraste essas orações quanto à organização sintática. Que efeito é produzido por meio delas?

2. PUCC-SP "Nesse momento começaram a feri-lo nas mãos a pau" – Nessa frase o sujeito do verbo é:

a. nas mãos;
b. indeterminado;
c. eles (determinado)
d. inexistente ou eles, depende do contexto.
e. N.d.a.

3. PUC-SP

"O que há entre a vida e a morte?"

a. O sujeito do verbo haver é o pronome interrogativo QUE.
b. Tem-se uma oração sem sujeito.
c. O sujeito está oculto.
d. O sujeito é indeterminado.
e. O sujeito é "a vida e a morte"

4. FGV-SP Assinale a alternativa em que o pronome **você** exerça a função de sujeito do verbo sublinhado.

a. **Cabe** a você alcançar aquela peça do maleiro.
b. Não **enchas** o balão de ar, pois ele pode ser levado pelo vento.
c. Ao **chegar**, vi você perambulando pelo *shopping center* da Mooca.
d. Ei, você, posso **entrar** por esta rua?
e. Na Estação Trianon-Masp desceu a Angelina; na Consolação, **desceu** você.

5. PUC-PR Assinale a alternativa que contém uma oração sem sujeito.

a. No momento, doem-me muito os dentes.
b. Para alguns, ainda havia esperança.
c. Lentamente chegava a noite.
d. Na repartição, existiam muitos documentos secretos.
e. Nada se fazia de proveitoso.

6. UEM-PR Assinale a alternativa em que a(s) expressão(ões) sublinhada(s) **não** exerce(m) a função de sujeito da oração.

a. "... como nadam com soberba nas águas agitadas, mas vencíveis, da política e da finança **os tais** que agiram..."
b. "Na circunstância, equivalem-se **desprezo e higiene íntima**."
c. "**Quatro inimigas** tem a prudência..."
d. "Sem ladrões desapareceriam **inúmeras indústrias**: a dos cadeados, a dos cofres e fechaduras."
e. "Até se arruinariam **as fábricas de tecidos de véus** para viúvas..."

7. UERR

A voz das emoções

Noite morna, vento quente, calor, suor, ofego, sufoco. E cá estou eu maltratando as intimoratas teclas da *underwood*, catando a voz das emoções mais ocultas. Ontem, fui à tradicional macarronada com galinha à cabidela do vetusto Solar dos Monte. A tarde já ia alta, nas vésperas do anoitecer, meu pai entregou-me uma carta na hora do adeus e que ora reproduzo.

> Meu filho, hoje quando a velhice me alcança, minando o antes imbatível organismo, resta-me intacta a mente pródiga e a memória onde sepultei amores, ódios, rancores, prazeres.
>
> Sei que um dia tudo estará terminado ou será talvez o começo de uma nova vida? Jamais me preocupei com esta sequência da existência ou não, pois sempre me interessou apenas o que representei no palco desta vida. Eu, você, nossa família, tudo não terá sido uma aventura que a gente só tardiamente reconhece?

Tomo um longo e sôfrego gole de vinho e continuo a ler o maior filósofo vivo da rua Dom Jerônimo:

> Sei que não posso me considerar um desses infelizes que nada construíram. Fui, talvez, como um pedreiro que ergue casas, condomínios e não se preocupa em erguer sua própria moradia.
>
> Terei sido um homem bom, solidário com os males dos outros? Emprestei alguma vez os meus braços para ajudar a carregar o peso que esmagava meu companheiro, meu vizinho? Fui um pai presente, afetivo, amoroso e cheio de bondade e compaixão para com meus filhos?
>
> Gostaria, nessa noite de domingo, que você, meu filho, tentasse ou fingisse um perdão por tudo em que mais lhe falhei e magoei.
>
> Com o amor de seu pai,
>
> Airton Teixeira do Monte.

Engasgado de eZmoção há tanto tempo represada, acabo de ler a carta do autor de meus dias e sento-me num meio-fio imaginário, abro outra garrafa de vinho e, súbito, desato num choro convulso, um choro despudorado e livre de qualquer ranço de um menino que, noite de Natal, acabou de ver Papai Noel.

(MONTE, Airton. **Moça com flor na boca**. Fortaleza: Editora UFC, 2005)

Relendo o trecho do texto [...] que diz respeito à carta do pai, podemos concluir, sobre a classificação dos sujeitos nas orações, que a maioria tem a classificação de:

a. Sujeito determinado simples;
b. Sujeito indeterminado;
c. Sujeito determinado oculto;
d. Oração sem sujeito;
e. Sujeito determinado composto.

8. INSPER

Leia estas manchetes:

I.
Câncer mata Hugo Chávez, líder populista da Venezuela
(Folha de S. Paulo, 06/03/2013)

II.
Chorão é achado morto em apartamento de Pinheiros
(Folha de S. Paulo, 07/03/2013)

Considerando que as vozes verbais abrem um leque de possibilidades expressivas, é correto afirmar que

a. em I, a opção pela voz ativa assume caráter de deboche ao enfatizar que o poderoso líder foi vencido por uma doença.
b. em II, a construção na voz passiva analítica tem o intuito de colocar em evidência quem é o agente da ação expressa pelo verbo.
c. em I, a predicação do verbo "matar" não permite, segundo a norma padrão, a transposição para a voz passiva analítica.
d. em II, a omissão do agente da passiva acentua o mistério em torno da morte do cantor; já em I, o sujeito agente esclarece a causa da morte.
e. em I, a opção pela voz ativa produz marcas de subjetividade que revelam um enunciador simpatizante do chavismo.

CAPÍTULO 16

TIPOS DE PREDICADO E REGÊNCIA VERBAL

O que você vai aprender

1. **Predicação**
   - Reconhecer a propriedade predicativa do verbo.

2. **Transitividade verbal e verbos de ligação**
   - Compreender a transitividade verbal.
   - Reconhecer verbos transitivos e intransitivos.
   - Compreender as características do verbo de ligação.

3. **Tipos de predicado**
   - Identificar os núcleos dos predicados.
   - Classificar os predicados em nominal, verbal ou verbo-nominal.
   - Reconhecer as estruturas de diferentes predicados.

4. **Predicativo do sujeito e núcleo do predicado**
   - Identificar o predicativo do sujeito.
   - Considerar os conhecimentos sobre os tipos de predicado para interpretar textos.

5. **Regência verbal**
   - Compreender a relação entre termo regente e termo regido.
   - Compreender o processo de regência verbal.
   - Identificar as preposições regidas por alguns verbos.
   - Refletir sobre as peculiaridades da regência na comunicação oral e na escrita.

▶ Leia um episódio de Calvin e Haroldo.

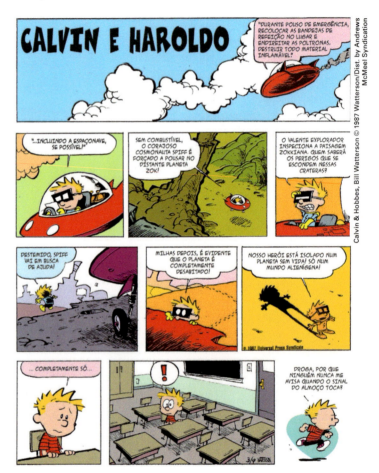

Quando crianças, geralmente costumamos dar asas à imaginação. Já imaginou estar em uma aventura espacial, explorando outros planetas como um astronauta, como o personagem Calvin?

Nessa tira, Calvin, alheio ao que acontece à sua volta na sala de aula, imagina-se vivendo aventuras como o personagem Spiff, um explorador espacial. Em seu devaneio, o garoto, em certos momentos, relata algumas ações do astronauta: ele é forçado a fazer um pouso de emergência, inspeciona a paisagem e vai em busca de ajuda. Calvin também descreve estados ou características do astronauta e do planeta encontrado: "Nosso herói está isolado" e "o planeta é completamente desabitado!" são algumas de suas falas.

Em relatos reais ou ficcionais, as predicações são muito importantes para descrever os personagens ou para expressar as ações ou construir a descrição ou do ambiente em que se desenrolam.

Ao longo deste capítulo, você vai estudar diferentes formas de construir predicações, seja para comunicar características, seja para destacar ações.

Reflexão e análise linguística

Sintaxe do período simples: os predicados

Predicação

O episódio criado por Calvin não está muito distante da realidade. Os avanços tecnológicos têm permitido ao ser humano descobrir outros planetas e até vislumbrar a possibilidade de habitá-los. Com esses avanços, muitas atividades humanas e profissões estão desaparecendo para dar lugar a outras. Esse é o assunto dos trechos de uma reportagem que você vai ler agora.

Dez profissões que desapareceram ao longo do tempo

A cada dia, surgem novas profissões, muitas impulsionadas pelos avanços tecnológicos. Mas quem já parou para pensar naquelas que foram desaparecendo ao longo dos anos? Como mostra o *site* Hypeness, algumas funções simplesmente foram extintas. Tecnologia, (falta de) demanda e, principalmente, segurança são alguns dos motivos que levaram estes serviços a perderem importância e caírem em desuso. Conheça algumas dessas funções que ficaram obsoletas.

Obsoleto: aquilo que já não se usa; ultrapassado, antigo.

[...]

Radar humano

Até as mais modernas forças armadas do mundo, como a americana e a japonesa, já usaram o radar humano. Ele detectava som de motores de aviões se aproximando por meio de um dispositivo de concentração dos sons.

[...]

Despertador

Já imaginou ser acordado com batidinhas em sua janela ao invés do som estridente dos despertadores? Esta era justamente a função de homens e mulheres que madrugavam e iam de casa em casa acordando a vizinhança. Eles usavam pedaços de madeira ou pedrinhas para tirar os clientes da cama.

[...]

Acendedor de lâmpadas

Até a invenção da luz elétrica e o seu uso na iluminação pública, uma figura era essencial para a iluminação das ruas, que contavam com lâmpadas a querosene: o acendedor de lâmpadas.

[...]

Caçador de ratos

O caçador de ratos percorria esgotos, elevados e outras partes das cidades em busca dos temidos roedores, causadores de inúmeras doenças. Certamente, não era uma das mais brilhantes profissões, mas de suma importância para impedir as infestações desses animais.

Dez profissões que desapareceram ao longo do tempo. *G1 – Globo.com*. Disponível em: <http://infograficos.oglobo.globo.com/economia/emprego/dez-profissoes-que-desapareceram-ao-longo-dos-tempos/quebrador-de-gelo-12177.html#description_text>. Acesso em: 14 jun. 2017.

1. Cite alguns dos fatores que motivaram a extinção das quatro profissões apresentadas no texto.

2. A reportagem informa sobre ações e atribuições de alguns profissionais do passado. Identifique uma delas referente ao radar humano e outra ao caçador de ratos.

3. O trecho do texto não especifica ações ou atividades exercidas pelo acendedor de lâmpadas. Observe a imagem que acompanha o texto e descreva a função desse profissional.

4. Releia a seguinte afirmação sobre o acendedor de lâmpadas:

uma figura **era essencial para a iluminação das ruas**

Nessa oração, o sujeito é "uma figura". O predicado é "era essencial para a iluminação das ruas". Esse predicado informa:

a. uma ação que o sujeito costumava executar.

b. um atributo, ou seja, uma qualificação para o sujeito.

Nos exercícios que acabou de resolver, você pôde observar as predicações atribuídas aos sujeitos.

Predicar é afirmar algo sobre alguma coisa ou alguém. A parte da oração em que acontece a predicação é denominada **predicado**.

Transitividade verbal e verbos de ligação

Agora, compare os predicados das duas orações.

I. O caçador de ratos **percorria esgotos, elevados e outras partes das cidades em busca dos temidos roedores, causadores de inúmeras doenças**.

II. Os ratos **morriam**.

Na primeira oração, o predicado foi construído em torno do verbo *percorria*. Esse verbo indica uma atividade do caçador de ratos, ou seja, mostra o que ele fazia no exercício da sua profissão. Apesar de ser o núcleo do predicado, o verbo *percorria* não informa uma ideia completa. Se a oração se encerrasse no verbo, o leitor certamente perguntaria: "O caçador de ratos **percorria** o quê?". Logo, o verbo *percorrer* não tem sentido completo, portanto precisa de outro termo para concluir sua significação. Essa propriedade do verbo é denominada **transitividade verbal**.

Na segunda oração, porém, a informação expressa pelo verbo é suficiente para que o leitor entenda o que ocorreu com o sujeito "os ratos" e o verbo não necessita de complemento verbal.

A **transitividade verbal** é o processo por meio do qual a informação expressa pelo verbo não está integralmente contida no verbo, mas se estende a outros termos, chamados **complementos verbais**.

Os **verbos transitivos** são aqueles que precisam de complemento.

Os **verbos intransitivos** são aqueles que têm sentido completo e, portanto, não precisam de complemento.

Observe a classificação dos verbos das duas orações analisadas anteriormente:

O caçador de ratos **percorria** esgotos, elevados e outras partes das cidades em busca dos temidos roedores, causadores de inúmeras doenças.

Os ratos **morriam**.
↓
verbo intransitivo

Quando a relação entre o verbo e o complemento se dá de modo **direto, sem preposição**, o verbo é considerado **transitivo direto**.

Quando a relação entre o verbo e o complemento ocorre **indiretamente por meio de uma preposição**, o verbo é considerado **transitivo indireto**.

Exemplos:

Alguns verbos requerem simultaneamente dois complementos: um **direto** e outro **indireto**. São chamados **verbos transitivos diretos e indiretos**.

Exemplo:

▶ Agora leia esta tira.

Observe que o predicado da oração do quadrinho é "está muito mal" e que a predicação é atribuída ao sujeito *você*. Nesse caso, o pronome de tratamento ocupa, sintaticamente, o lugar de sujeito.

A predicação atribuída a ele refere-se ao seu estado, "muito mal". O verbo *está* constrói essa predicação, mas ele não é o centro da informação, pois não traz uma ideia nova sobre o sujeito: sua função é ligar o sujeito ao seu estado.

▶ Leia o trecho a seguir, da obra *Felicidade clandestina*, de Clarice Lispector.

Ela **era gorda, baixa, sardenta e de cabelos excessivamente crespos, meio arruivados**. Tinha um busto enorme; enquanto nós todas ainda éramos achatadas. Como se não bastasse, enchia os dois bolsos da blusa, por cima do busto, com balas. Mas possuía o que qualquer criança devoradora de histórias gostaria de ter: um pai dono de livraria.

LISPECTOR, Clarice. *Felicidade clandestina*.
Rio de Janeiro: Rocco, 1998. p. 7.

5. Na oração "Ela era gorda, baixa, sardenta e de cabelos excessivamente crespos, meio arruivados", o verbo do predicado:

   a. indica uma ação praticada pelo sujeito.

   b. faz a ligação entre o sujeito e seus atributos.

6. A informação central desse predicado:

   a. é expressa pelos atributos da personagem.

   b. é expressa pelo verbo.

Verbo de ligação é aquele que liga o sujeito a (aos) seu(s) atributo(s). É um tipo de verbo que não acrescenta uma ideia nova ao sujeito. Sua função é estabelecer ligação entre o sujeito e a qualificação atribuída a ele.

Os verbos *ser*, *estar*, *andar* (com sentido de "estar"), *continuar*, *ficar*, *parecer*, *permanecer*, *tornar-se* e *virar* (com sentido de "tornar-se"), geralmente, exercem a função de **verbos de ligação**.

Exemplo:

Ele **está** vivo?
↓
verbo de ligação

Predicativo do sujeito é a palavra ou o grupo de palavras que qualifica o sujeito, unindo-se a ele por meio de um verbo de ligação.
Exemplo:
Calvin parecia **preocupado com o esquilinho**.
↓
predicativo do sujeito

Tipos de predicado

 Leia esta tira de Charlie Brown.

7. Observe as falas do personagem no segundo quadro:

　I. Eu gosto de todo mundo.
　II. Todo mundo é meu amigo.

a. Identifique o sujeito e o predicado dessas orações.

b. Quanto à transitividade verbal, como é classificado o verbo *gosto* na oração I?

c. Quanto à transitividade verbal, como é classificado o verbo *é* na oração II?

d. Na oração II, a predicação atribuída ao sujeito destaca:
- ações ou atribuições do sujeito.
- características do sujeito.

As orações "Eu gosto de todo mundo" e "Todo mundo é meu amigo" apresentam diferentes predicados. Na primeira, a ideia central do predicado está expressa pelo verbo, que indica a informação significativa relacionada ao sujeito. Já na segunda, o núcleo do predicado ressalta um atributo do sujeito, uma informação relevante sobre o seu estado.

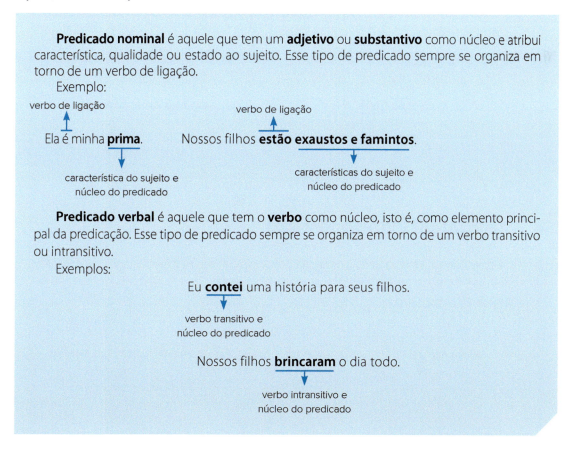

▶ Agora, leia a notícia.

Estudantes chegam atrasados e são desclassificados

Pelo menos dois estudantes chegaram ao Colégio Estadual do Paraná, em Curitiba, após o fechamento dos portões. No Centro Politécnico, a cena se repetiu. Prova de redação da segunda fase da UFPR começou neste domingo, às 14h, e termina às 18h30

CAMPOS, Marcela. Estudantes chegam atrasados e são desclassificados. *Gazeta do Povo*, Curitiba, 5 dez. 2010. Disponível em: <www.gazetadopovo.com.br/educacao/vida-na-universidade/vestibular/estudantes-chegam-atrasados-e-sao-desclassificados-0o8tond38xiuwja2pd4etv8su>. Acesso em: 4 jun. 2017.

No título "Estudantes chegam atrasados e são desclassificados", observe que há duas orações. Na primeira, as informações sobre o sujeito "estudantes" são:

- *chegam*, verbo intransitivo, que fornece um dado relevante sobre o sujeito;
- *atrasados*, atributo do sujeito, ou seja, uma palavra que o qualifica.

Dessa forma, o predicado do título da matéria têm **dois núcleos**: um verbo (isto é, um núcleo verbal) e uma característica do sujeito (ou seja, um núcleo nominal). Esse predicado é, portanto, um **predicado verbo-nominal**.

Predicado verbo-nominal é aquele que apresenta dois núcleos: um **núcleo verbal** (verbo transitivo ou intransitivo) e um **núcleo nominal** (característica, estado ou qualidade).

Exemplos:

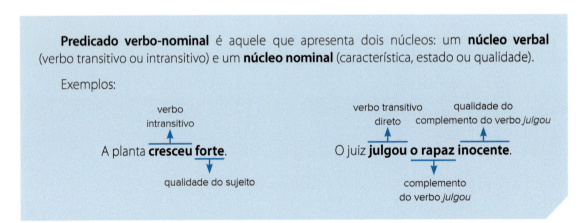

AMPLIANDO O CONHECIMENTO

Para classificar um verbo quanto à predicação, é preciso observar o contexto de comunicação. Um mesmo verbo pode ser empregado como transitivo direto, transitivo indireto ou intransitivo. Observe os exemplos:

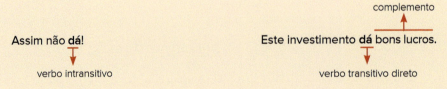

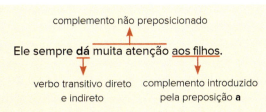

Como você pôde notar, o verbo *dar* permite várias construções sintáticas, e sua predicação varia de acordo com as necessidades comunicativas.

Agora, compare as orações a seguir e observe o que ocorre com o verbo em destaque.

I. As crianças **estão** animadas.

II. As crianças **estão** na escola.

Na primeira oração, o verbo *estar* liga o sujeito a uma característica, atuando como verbo de ligação. Na segunda, ele é um verbo intransitivo seguido de um termo que indica lugar.

Regência verbal

Quando você estudou transitividade verbal, deve ter observado que há verbos cujo sentido não é completo, por isso sua ação se estende a outros termos da oração, que são os complementos.

A relação estabelecida entre o verbo e o(s) complemento(s) é chamada **regência verbal**. O verbo cujo sentido não é completo, necessitando, portanto, de complemento, é chamado **termo regente**. O complemento é denominado **termo regido**.

▶ Observe as relações entre os termos das orações na tira.

8. Identifique os termos regidos em cada caso apresentado na tabela abaixo.

Termos regentes	Termos regidos
1. Ontem **acabou**	o quê?
2. **Acendemos**	o quê?
3. E meu pai **pegou**	o quê?

Nas orações do exercício que você acabou de resolver, os complementos se ligam aos verbos **diretamente**, porque os verbos **não regem preposições**.

 Leia a tira de Calvin.

Observe o que ocorre na primeira fala de Calvin. Nessa oração, o verbo *acreditar* rege um complemento introduzido pela preposição *em*.

Termo regente		Termo regido
Você **acredita**	**em** quê?	**em** destino?

Veja outros exemplos:

Termo regente		Termo regido
Você **gosta**	**de** quê?	**de** poesia?
Você **confia**	**em** quê?	**em** seus vizinhos?
Você **duvida**	**de** quê?	**da** minha sinceridade?

Alguns verbos admitem mais de uma regência. Em geral, a diversidade de regências corresponde à variação de significados dos verbos. Observe as regências do verbo *aspirar*:

I. Não quero **aspirar** esse ar poluído.

Nesse caso, o verbo foi empregado com o sentido de *respirar*. Portanto, é transitivo direto.

II. **Aspiro a** esse cargo desde que entrei na empresa.

Nesse outro caso, o verbo foi empregado com o sentido de *desejar*. Portanto, é verbo transitivo indireto e rege a preposição **a**.

No entanto, há casos em que a regência varia sem que o significado do verbo se modifique. Isso ocorre, por exemplo, com o verbo *meditar*:

I. Meditei **sobre** esse assunto.

II. Meditei **em** um assunto.

Observe alguns exemplos de verbos e suas regências na tabela a seguir.

Verbo(s)	Classificação	Significado(s) ou contexto(s)	Exemplo(s)
aspirar	VTD	respirar	Aspiro ar puro.
	VTI (rege a preposição **a**)	desejar, pretender	Ele aspira a esse cargo na empresa.
assistir	VTD	ajudar, dar assistência	Assisti o rapaz acidentado.
	VTI (rege a preposição **a**)	ver, presenciar	Assisti a um espetáculo de dança.
	VI	morar	Assisto em Alter do Chão.
esquecer e **lembrar**	VTD (quando não são pronominais)		Esqueci o nome dele. Lembrei o nome dele.
	VTI (quando são pronominais; regem a preposição *de*)		Esqueci-me do nome dele. Lembrei-me do nome dele.
obedecer e **desobedecer**	VTI (quando o objeto é uma coisa ou uma pessoa; regem a preposição **a**)		Obedeça ao regulamento do clube. Obedeça aos seus pais. Não desobedeça às leis de trânsito.
pagar e **perdoar**	VTD (quando o objeto é uma coisa)		Perdoe essa ofensa. Paguei o boleto.
	VTI (quando o objeto é uma pessoa; regem a preposição **a**)		Paguei ao meu pai. Perdoe a esse menino que o ofendeu.
preferir	VTDI (rege a preposição **a**)	querer antes	Prefiro o inverno ao verão.
	VTD	dar primazia, escolher	Prefiro a verdade; não admito mentiras.

Em certas situações de uso da língua, algumas regências ocorrem de forma diferente das que são determinadas pela norma-padrão.

▶ Leia a peça publicitária.

9. Identifique a alternativa incorreta de acordo com a sintaxe.

   a. O trecho "O perigo aumentou" pode ser considerado uma oração, pois é formado por um predicado verbal.

   b. O núcleo do predicado da oração "O perigo aumentou" é um verbo intransitivo, pois não exige complemento para ter sentido.

   c. A oração "Participe da guerra contra o mosquito!" tem predicado verbal com núcleo no verbo *participe*.

   d. A expressão *da guerra* é classificada sintaticamente como objeto indireto, pois complementa o sentido do verbo *participe*.

   e. O trecho "E a responsabilidade de todos também" é uma frase nominal, pois não possui verbo.

10. Identifique a regência verbal adequada para os verbos em destaque. Em seguida, reelabore as manchetes.

   a. Sem chances no Inter, Gabigol **prefere** volta ao Brasil ✤ jogar no Las Palmas

   Disponível em: <http://globoesporte.globo.com/futebol/futebol-internacional/futebol-italiano/noticia/2016/12/sem-chances-no-inter-gabigol-prefere-volta-ao-brasil-jogar-no-las-palmas.html>. Acesso em: 10. Jul. 2017.

   b. Drone controlado por Apple Watch **obedece** ✤ movimento das mãos

   Disponível em: <http://www.techtudo.com.br/noticias/noticia/2016/01/drone-controlado-por-apple-watch-obedece-ao-movimento-das-maos.html>. Acesso em: 10 jul. 2017.

   c. Atacante Leandro Pereira **assiste** ✤ jogo da Chapecoense

   Disponível em: <http://dc.clicrbs.com.br/sc/esportes/chapecoense/noticia/2017/07/atacante-leandro-pereira-assiste-ao-jogo-da-chapecoense-9836796.html>. Acesso em: 10 jul. 2017.

   d. Empresa suíça irá **aspirar** ✤ CO_2 do ar e usá-lo para produzir hortaliças

   Disponível em: <http://ciclovivo.com.br/noticia/empresa-suica-ira-aspirar-o-co2-do-ar-e-usa-lo-para-produzir-hortalicas/>. Acesso em: 10 jul. 2017.

   e. Distribuição do lucro do FGTS em 2016 será **paga** ✤ trabalhador até agosto

   Disponível em: <http://g1.globo.com/economia/seu-dinheiro/noticia/distribuicao-do-lucro-do-fgts-em-2016-sera-paga-ao-trabalhador-ate-agosto.ghtml>. Acesso em: 10 jul. 2017.

Unidade 4   Sintaxe: o período simples

A gramática e a construção de sentido

A posição do predicado e o efeito de sentido

▶ Leia a manchete.

Elogiado, filme de Laís Bodanzky discute estrutura familiar

GENESTRETI, Guilherme. *Folha de S.Paulo*, São Paulo, fev. 2017. Disponível em: <www1.folha.uol.com.br/ilustrada/2017/02/1859331-elogiado-drama-contemporaneo-de-lais-bodanzky-discute-estrutura-familiar.shtml>. Acesso em: 14 jun. 2017.

Na manchete, a predicação atribuída ao sujeito "filme de Laís Bodanzky" inclui:
- uma parte centrada no verbo: "discute estrutura familiar";
- uma parte centrada na qualidade, na característica do sujeito: "elogiado".

Um termo do predicado foi deslocado para o início da sentença. Para visualizar melhor essa estrutura, observe a seguir as partes do predicado.

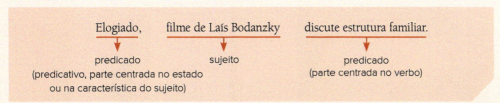

O fato de o termo *elogiado* estar na manchete, dá maior destaque a essa informação. Afinal, é a primeira informação a chegar ao leitor. Essa mesma ênfase pode ser observada neste exemplo:

Rebaixado, Inter anuncia Antônio Carlos Zago como novo técnico

UOL, Porto Alegre, dez. 2016. Disponível em: <https://esporte.uol.com.br/futebol/campeonatos/brasileiro/serie-a/ultimas-noticias/2016/12/12/inter-anuncia-antonio-carlos-zago-como-novo-tecnico.htm>. Acesso em: 14 jun. 2017.

Nesse caso e no anterior, o **predicado é verbo-nominal**, ou seja, é formado por uma parte centrada no estado ou característica do sujeito e por outra parte centrada no verbo. Na notícia sobre o Inter, a situação do clube é destacada pela posição inicial do predicativo do sujeito.

Ao ler as manchetes de jornais e revistas, fique atento a essas construções. Observar a forma como as informações são escritas é um requisito importante para a leitura crítica dos textos que saem na imprensa. Veja, por exemplo, o que ocorre nestes casos:

Muita briga, nada de gol: em jogo tenso, Coritiba e Bahia apenas empatam

Disponível em: <https://esporte.uol.com.br/futebol/campeonatos/brasileiro/serie-a/ultimas-noticias/2017/06/15/muita-briga-nada-de-gol-em-jogo-tenso-coritiba-e-bahia-apenas-empatam.htm?cmpid=copiaecola>. Acesso em: 15 jun. 2017.

Em jogo de gols perdidos e expulsões, Coritiba e Bahia empatam no Couto Pereira

Disponível em: <http://www.portals1.com.br/em-jogo-de-gols-perdidos-e-expulsoes-coritiba-e-bahia-empatam-no-couto-pereira/>. Acesso em: 6 jul. 2017.

Ao comparar essas duas manchetes, podemos notar que, na primeira, o destaque foi dado à briga e à ausência de gol durante o jogo; ao passo que, na segunda, aos gols perdidos e às expulsões. Assim, vemos que a ordem das informações transmite a intencionalidade do emissor no ato comunicativo.

Exercícios

1. Leia esta tira.

Releia a frase dita por Hagar:

> Nesse novo ano, eu vou ser um novo homem!

a. Identifique o sujeito.
b. Identifique o predicado.
c. Analise as partes que formam o predicado.
d. Classifique o predicado.

2. Analise a oração:

> Será que **esse novo homem pode ser alto, bonito e saudável?**

a. Identifique a locução verbal que funciona como verbo de ligação na fala de Helga.
b. Classifique o predicado da oração destacada.

3. Observe o modelo.

> A criança chorou. Estava desesperada.
> A criança chorou desesperada.

a. Com base nesse modelo, transforme as orações a seguir em uma oração, de modo que passem a ter predicado verbo-nominal.

I. O ministro encerrou a reunião. Estava irritado.
II. Meu filho saiu da escola. Estava nervoso.
III. O rapaz bateu a porta. Estava revoltado.

b. Explique por que se pode afirmar que os predicados das orações que você elaborou são verbo-nominais.

4. Leia a tira.

a. As falas de Calvin deixam claro que o verbo *chegar* é de que tipo? Justifique sua resposta.

b. Se Calvin entrasse em sua casa e dissesse "Eu concordo", provavelmente o interlocutor faria uma pergunta a ele, para saber o complemento dessa oração. Afinal, o verbo *concordar* não tem sentido completo. Que pergunta seria essa?

c. E se ele entrasse em casa dizendo "Eu apoio"? Que pergunta o interlocutor faria a ele?

d. Com base nas suas respostas às questões anteriores, explique a diferença entre a regência dos verbos *apoiar* e *concordar*.

5. Leia os enunciados e indique aqueles que apresentam problemas de regência verbal em alguns dos trechos destacados. Em seguida, reelabore os trechos que tiverem esses problemas, adequando-os à norma-padrão da língua portuguesa.

   a. Os pais do meu amigo não suportaram o fato de que ele **repetiu de ano** na escola e decidiram que, a partir de hoje, ele não sairá à noite conosco.

   b. Os motoristas da empresa de ônibus municipal **estão de greve** e prometeram não retomar os trabalhos enquanto sua reivindicação salarial não for atendida.

   c. O carro foi **entregue ao seu verdadeiro** dono sem nenhum arranhão. Os assaltantes **o arrasaram** psicologicamente, mas seu carro saiu ileso.

   d. Ela não **namora com ninguém** há alguns anos e espero que não tome a decisão errada. Há muitas pessoas prontas para **nos magoar** na primeira oportunidade.

   e. **Chegaram no metrô** às duas e quinze da manhã, depois de passarem a noite em uma festa da turma. Com certeza encontraram os portões fechados e **voltaram para casa** a pé.

6. Leia a seguir o texto de uma campanha de segurança rodoviária, promovida pelo Governo do Estado de São Paulo.

   > Cinto de segurança no banco de trás.
   > É obrigatório por lei e pode salvar sua vida e a de quem você ama.

   Identifique a alternativa incorreta:

   a. O trecho "Cinto de segurança no banco de trás" pode ser considerado uma frase nominal, pois tem sentido pleno e não possui nenhum verbo.

   b. O trecho "de quem você ama" é uma oração que possui predicado verbal, com núcleo no verbo *amar*.

   c. A oração "É obrigatório por lei" tem um predicado nominal, pois *obrigatório* é predicativo do sujeito oculto *cinto* e há um verbo de ligação.

   d. A oração "e pode salvar sua vida" possui um predicado verbal com núcleo no verbo *salvar*.

   e. O trecho "e a de quem" pode ser considerado uma frase nominal, pois não possui predicado.

7. Leia atentamente a capa do filme.

   a. O título do filme apresenta um problema de regência verbal. Identifique-o e justifique sua resposta.

   b. Levando em conta que o roteiro e os materiais de divulgação desse filme passaram por um processo de revisão gramatical, por que se optou por manter o título dessa maneira?

Enem e vestibulares

1. **Ibmec** Assinale a alternativa correta considerando o período abaixo.

   Saímos apressados daquela reunião.

   a. Tem-se predicação verbal, já que o núcleo do predicado é *saímos* – verbo intransitivo.
   b. Tem-se predicação nominal, já que o núcleo do predicado é *apressados* – predicativo do sujeito.
   c. Tem-se predicação verbal, já que o núcleo é *saímos* e *apressados* é um complemento nominal.
   d. Tem-se predicação verbo-nominal, já que *saímos* e *apressados* constituem núcleos do predicado.
   e. Tem-se predicação verbo-nominal, já que apresenta dois núcleos: *saímos* e *reunião*.

2. **Unimep-SP**
   I. Paulo está adoentado.
   II. Paulo está no hospital.

   a. O predicado é verbal em I e II.
   b. O predicado é nominal em I e II.
   c. O predicado é verbo-nominal em I e II.
   d. O predicado é verbal em I e nominal em II.
   e. O predicado é nominal em I e verbal em II.

3. **FMPA-MG** Identifique a alternativa em que o verbo destacado não é de ligação:

   a. A criança **estava** com fome.
   b. Pedro **parece** adoentado.
   c. Ele **tem andado** confuso.
   d. **Ficou** em casa o dia todo.
   e. A jovem **continua** sonhadora.

4. **UEPG-PR** A alternativa incorreta de acordo com a gramática da língua culta é:

   a. Obedeça o regulamento.
   b. Custa crer que eles brigam.
   c. Aspiro o ar da manhã.
   d. Prefiro passear a ver televisão.
   e. O caçador visou o alvo.

5. **FEI-SP**

   ### Consideração do poema
   (Fragmento)

   Não rimarei a palavra sono
   com a incorrespondente palavra outono.
   Rimarei com a palavra carne
   ou qualquer outra, que todas me convêm.
   As palavras não nascem amarradas,
   elas saltam, se beijam, se dissolvem,
   no céu livre por vezes um desenho,
   são puras, largas, autênticas, indevassáveis.

   Observe o verso:

   "As palavras não nascem amarradas"

   Assinale a alternativa em que o sujeito e o predicado da oração estejam corretamente analisados:

   a. sujeito composto e predicado nominal.
   b. sujeito simples e predicado verbo-nominal.
   c. sujeito composto e predicado verbal.
   d. sujeito simples e predicado nominal.
   e. sujeito simples e predicado verbal.

6. **Ibmec**

   ### Sapos, desculpas e proxenetas

   Do "vão ter que me engolir" à cafetina Jane: fecundos capítulos da novela do mensalão

   (Fragmento)

   Em Zagallo já era feio. O então técnico da seleção tinha o rosto transtornado de fúria, a voz cheia de rancor, e encarava a câmera de TV com ganas de pit bull ferido, quando despejou sua famosa frase: " VOCÊS VÃO TER QUE ME ENGOLIR!". No presidente da República fica muito pior. O "eles vão ter que engolir" destinado pelo presidente Lula aos adversários na semana passada inscreve-se na galeria das grandes grosserias já disparadas pelos presidentes do Brasil. Lembra o "Me esqueçam" do general João Figueiredo quando, em sua última entrevista como presidente, o jornalista Alexandre Garcia lhe perguntou que palavras gostaria de endereçar naquele momento ao povo brasileiro. Com a ameaça de adentrar goela abaixo de uma parcela de brasileiros, o "Lulinha paz e amor" dava abrupta marcha a ré em direção aos tempos espinhudos do sapo barbudo.

O presidente Lula tem andado exaltado em seus pronunciamentos. Um dia diz que "ninguém tem mais moral e ética" do que ele, no outro que a "elite brasileira" não vai fazê-lo baixar a cabeça. Por duas vezes, bateu na tecla de que, se deve investigar até o fim as denúncias que sacodem o país e punir os culpados, deve-se, também, absolver os inocentes e pedir-lhes desculpas. "Que pelo menos a imprensa brasileira divulgue e peça desculpas àqueles que foram acusados injustamente", disse, no mesmo discurso do "vão ter que me engolir". É nessa hora que eleva o tom de voz e embica num fraseado compassado, sinal para a claque dos comícios de que é hora de aplaudir. Fica a impressão de que a pregação que veio antes, de punição aos culpados, foi, além de obrigatório tributo à obviedade, mero contraponto ao apelo à absolvição, o ponto que realmente interessa ao presidente. "Vamos inocentar!", isso, na verdade, é o que ele mais está querendo dizer.

TOLEDO, Roberto Pompeu de. Revista *Veja*. Ensaio. São Paulo: Abril. Ano 38, n. 32, 10 de agosto de 2005. p.142.

Assinale a alternativa que apresenta exemplo de verbo usado no sentido figurado caracterizando predicado nominal.

a. "'Vamos inocentar!'"
b. "'eles vão ter que engolir'"
c. "O presidente Lula tem andado exaltado em seus pronunciamentos."
d. "... quando despejou sua famosa frase..."
e. "...'ninguém tem mais moral e ética' do que ele..."

7. FEI-SP Assinalar a alternativa cuja oração contém o predicado do mesmo tipo da seguinte oração:

"A marquesa, no centro do cadafalso, chorou muito ansiada"

a. Frequentes são também os desvios da estrada.
b. A imagem da pátria continuava viva em sua lembrança.
c. Os inoportunos roubam-nos o tempo.
d. Busco anelante o palácio encantado da Ventura.
e. De repente, os sons melancólicos de um clarim prolongaram-se pelo ar.

8. Fuvest-SP Indique a alternativa correta:
a. Preferia brincar do que trabalhar.
b. Preferia mais brincar a trabalhar.
c. Preferia brincar a trabalhar.
d. Preferia brincar à trabalhar.
e. Preferia mais brincar que trabalhar.

9. FMU-SP Assinale a única alternativa incorreta quanto à regência do verbo.
a. Perdoou nosso atraso no imposto.
b. Lembrou ao amigo que já era tarde.
c. Moraram na rua da Paz.
d. Meu amigo perdoou ao pai.
e. Lembrou de todos os momentos felizes.

10. FGV-SP Assinale a alternativa em que há erro de regência verbal.
a. Os padres das capelas que mais dependiam do dinheiro desfizeram-se em elogios à garota.
b. As admoestações que insisti em fazer ao rábula acabaram por não produzir efeito algum.
e. Nem sempre o migrante, em cujas faces se refletia a angústia que lhe ia na alma, tinha como resolver a situação.
d. Era uma noite calma que as pessoas gostavam, nem fria nem quente demais.
e. Nem sempre o migrante, cujas faces refletiam a angústia que lhe ia na alma, tinha como resolver a situação.

11. UPM-SP Assinale a alternativa incorreta quanto à regência verbal:
a. Ele custará muito para me entender.
b. Hei de querer-lhe como se fosse minha filha.
c. Em todos os recantos do sítio, as crianças sentem-se felizes, porque aspiram o ar puro.
d. O presidente assiste em Brasília há quatro anos.
e. Chamei-lhe sábio, pois sempre soube decifrar os enigmas da vida.

CAPÍTULO 17

TERMOS INTEGRANTES DA ORAÇÃO (I) E COLOCAÇÃO PRONOMINAL

O que você vai aprender

1. **Complementos verbais**
   - Reconhecer a função dos termos integrantes da oração.
   - Reconhecer objeto direto e objeto indireto como termos integrantes da oração.
   - Identificar o objeto direto em orações.
   - Empregar corretamente os pronomes oblíquos como objetos diretos.
   - Reconhecer casos em que o objeto direto é preposicionado.
   - Identificar o objeto direto pleonástico.
   - Considerar os conhecimentos sintáticos para aprimorar a interpretação de textos.
   - Identificar o objeto indireto nas orações.
   - Empregar corretamente os pronomes oblíquos como objetos indiretos.

2. **Colocação pronominal**
   - Compreender o emprego de próclise, ênclise e mesóclise.
   - Reconhecer peculiaridades da colocação pronominal na língua portuguesa falada no Brasil.
   - Conhecer as regras que determinam a colocação pronominal.
   - Empregar o pronome oblíquo de acordo com as regras de colocação pronominal da norma culta.

Leia esta charge, de Adão Iturrusgarai, que trata de forma bem-humorada um problema do cotidiano.

O personagem que você vê nesta tira é o Tio Patinhas. Criado em 1947 pelo cartunista estadunidense Carl Barks (1901-2000), ele surgiu como coadjuvante nas histórias em quadrinhos do Pato Donald, outro personagem do autor, e foi, posteriormente, imortalizado por Walt Disney (1901-1966). Em 1950, foram publicadas revistas em quadrinhos especialmente para contar as aventuras do Tio Patinhas.

Ele é o tio rico do Pato Donald. Em suas primeiras aparições, Tio Patinhas foi caracterizado como sovina, ou seja, pão-duro. Por causa do seu jeito avarento e mal-humorado, ficou conhecido por sua maneira antipática de lidar com a própria família, o que o levou a ser considerado um herói às avessas, um anti-herói. Entretanto, com o tempo, Tio Patinhas transformou-se e passou a ser caracterizado como caridoso e aventureiro.

Na tira que você leu, o cartunista brinca com a principal característica que o personagem tinha no passado, a de ser sovina, colocando-o no divã, isto é, apresentando-o em um processo de psicanálise ou terapia que o leva à constatação de que dinheiro não traz felicidade.

O humor da tira decorre da suposta inversão de valores que seu autor faz em relação às características do Tio Patinhas. Pela expressão do personagem, pode-se notar como a descoberta que ele mesmo fez o impacta. O que o dinheiro teria trazido a ele? Se o dinheiro não traz felicidade, o que a traria então?

Nessa tira, o complemento do verbo *trazer* é *felicidade*. Pense sobre outras possibilidades de complementos para esse verbo: O que a felicidade traz? A quem ela traz?

Ao longo deste capítulo, você vai estudar os complementos verbais e as suas especificidades. Estudará também as regras de colocação pronominal, aspecto da língua que merece especial atenção, dada a sua especificidade.

Unidade 4 Sintaxe: o período simples

Reflexão e análise linguística

Os objetos e a colocação pronominal

Complementos verbais

Objeto direto

Assim como o verbo *trazer*, o verbo *querer* necessita de um termo que complete seu sentido. Na canção "Amor maior", do grupo Jota Quest, o eu lírico afirma que deseja um amor com características bem específicas. A seguir, leia a letra dessa música e observe a forma como ele descreve o que deseja encontrar.

Amor maior

Eu quero ficar só
Mas comigo só eu não consigo
Eu quero ficar junto
Mas sozinho só não é possível

É preciso amar direito
Um amor de qualquer jeito
Ser amor a qualquer hora
Ser amor de corpo inteiro
Amor de dentro pra fora
Amor que eu desconheço
Quero um amor maior
Um amor maior que eu

Quero um amor maior, yeah!
Um amor maior que eu

Então seguirei meu coração até o fim
Pra saber se é amor
Magoarei mesmo assim
Mesmo sem querer
Pra saber se é amor
Eu estarei mais feliz
Mesmo morrendo de dor, yeah!
Pra saber se é amor
Se é amor

FLAUSINO, Rogério. Amor maior.
In: *Jota Quest ao vivo – MTV*.
São Paulo: MTV, 2003. CD, faixa 12.

1. Na letra da canção, identifique as estrofes em que o **eu lírico** expressa as características do amor que pretende encontrar.

2. Identifique uma estrofe em que o eu lírico expressa o que ele fará para se certificar de que está vivendo, de fato, uma experiência amorosa.

3. Considerando o contexto do poema, explique o que pode significar "amar direito".

4. Em sua opinião, essa visão de amor é realista ou **idealizada**? Justifique sua resposta.

5. Leia este verso da canção.

Quero um amor maior

Eu lírico: voz que expressa a subjetividade em poemas e letras de canções.
Idealizado: perfeito, ideal.

Termos integrantes da oração (I) e colocação pronominal Capítulo 17 311

a. Quem quer o amor maior, ou seja, qual é o sujeito dessa ação?
b. Classifique o sujeito.
c. A predicação atribuída a esse sujeito é formada por um verbo e um complemento. Identifique-os.

O verbo *quero* não rege preposição, portanto ele é classificado como **verbo transitivo direto**. Seu complemento recebe o nome de **objeto direto**.

> **Termos integrantes da oração** são aqueles que têm a função de completar a significação de verbos e nomes.
>
> **Objeto direto** é o termo que completa o sentido dos verbos transitivos diretos. Isso significa que o objeto direto se liga diretamente ao verbo, sem mediação de preposições.

▶ Observe, nesta tira, outros exemplos de verbos transitivos diretos.

Na oração a seguir, dita por Hagar, o verbo *invejar* é transitivo direto, porque não exige complemento iniciado por preposição.

Eu **a** invejo, minha querida

O objeto direto do verbo *invejar* é o pronome oblíquo **a**, pois é a esse pronome que a ação do verbo se estende.

Veja esta outra frase de Hagar:

Tem um marido tão bom

O verbo *ter* é transitivo direto e seu objeto direto é *um marido tão bom*.

Objeto direto pleonástico

▶ Leia a seguir dois versos do poema "Legado", de Carlos Drummond de Andrade (1902-1987).

E mereço esperar mais do que os outros, eu?
Tu não me enganas, mundo, e não te engano a ti.

ANDRADE, Carlos Drummond de. Legado. In: *Claro enigma*: poesia. Rio de Janeiro: Record, 1991.

Na oração "não te engano a ti", podem-se identificar:

I. Sujeito: *eu* (oculto ou desinencial).
II. Verbo transitivo direto: *engano*.
III. Objeto direto: os pronomes oblíquos *te* e *a ti*.

Em alguns casos, a informação introduzida pelo objeto direto é retomada no interior da oração, na forma de pronome oblíquo. No citado verso, o pronome *ti*, posposto ao verbo, retoma o objeto direto *te*, que o antecede e que substitui, semanticamente, a palavra *mundo*. Esse objeto direto que se repete é chamado de **objeto direto pleonástico**.

Pleonástico: repetido, redundante.

> **Objeto direto pleonástico** é aquele que aparece repetido na oração, em forma de pronome oblíquo.

Objeto direto preposicionado

▶ Observe o trecho destacado neste fragmento de uma crônica de Rubem Braga.

Recado ao senhor 903

Mas que me seja permitido sonhar com outra vida e outro mundo, em que um homem batesse à porta do outro e dissesse: "Vizinho, são 3 horas da manhã e ouvi música em tua casa. Aqui estou". E o outro respondesse: "**Entra, vizinho, e come de meu pão e bebe de meu vinho**. Aqui estamos todos a bailar e cantar, pois descobrimos que a vida é curta e a lua é bela".

BRAGA, Rubem. Recado ao senhor 903. In: *Crônicas 1*. Carlos Drummond de Andrade et al. São Paulo: Ática, 1986. p. 74-5. (Coleção Para gostar de ler, 1).

Os verbos *comer* e *beber* são transitivos diretos. Sendo assim, seus complementos se ligam a eles diretamente, sem mediação de preposição (come *meu pão*, bebe *meu vinho*). No entanto, podemos observar, no trecho destacado, a presença da preposição *de* entre os verbos e os complementos. As expressões "de meu pão" e "de meu vinho" são objetos diretos preposicionados. Eles são usados, nessa crônica, para fazer referência à Bíblia, sugerindo a mesma forma respeitosa utilizada em textos sagrados, como em "Amar a Deus sobre todas as coisas". Vê-se, assim, que essa forma é um recurso estilístico que caracteriza a fala do personagem.

Outros casos em que o objeto direto costuma ser preposicionado são:

- com verbos que exprimem sentimentos.
  Exemplos:
  Não amo **a** quem me despreza.
  Odeio **a** todos que me odeiam.

- quando o objeto é o substantivo próprio *Deus*.
  Exemplo:
  Ele respeita **a** Deus acima de tudo.

- quando o objeto é formado pelos pronomes *mim, ti, si, ele(s), ela(s), nós* e *vós*.

  Exemplos:

  Não magoe **a** si mesmo dessa forma.

  Não era minha intenção ofender **a** ela.

- quando o objeto direto é um pronome substantivo demonstrativo, indefinido ou interrogativo.

  Exemplos:

  Observei o desempenho dos dois candidatos e elogiei **a** este por sua dedicação.

  A quem você procura neste lugar?

Objeto direto preposicionado é o objeto direto que se liga ao verbo por meio de uma preposição.

AMPLIANDO O CONHECIMENTO

Leia a tira.

1. Em que consiste o humor da tira?
2. Identifique o sentido produzido pelas reticências na segunda e na terceira fala de Helga.

Os verbos *esperar* e *gostar* são transitivos, uma vez que os significados desses verbos **transitam** para os complementos, integrando-se a eles para construir um sentido completo. Veja como esses verbos e seus complementos funcionam na construção das falas de Helga:

- O sentido do verbo *esperar* é completado pela oração *que você goste*. Nesse caso, tem-se uma oração com a função de **objeto direto**.
- Na última fala de Helga, o complemento do verbo *gostar* não está presente. Essa ocorrência é muito comum no português brasileiro, em situações comunicativas nas quais o contexto permite que o complemento verbal (objeto) seja reconhecido ou recuperado por ter sido mencionado anteriormente.

Agora observe como o verbo *querer* funciona na fala de Hagar:

- A oração "Quero mais!" não especifica aquilo que Hagar quer, ou seja, o objeto direto do verbo *querer* não é citado, mas fica subentendido, pelo contexto, que ele deseja mais comida. A palavra *mais* não completa o sentido do verbo *querer*. Ela apenas ressalta o apetite voraz de Hagar, que esvazia o prato e pede para comer mais antes mesmo que Helga termine de elaborar a frase que estava proferindo.

Objeto indireto

 Leia esta tira.

6. Releia a seguinte fala da garota.

> Você gosta mesmo mesmo de mim?

a. Qual é o sujeito?
b. Qual é predicado?
c. Trata-se de predicado verbal, nominal ou verbo-nominal?

7. O predicado foi construído em torno do verbo *gostar*, que é transitivo indireto, porque rege um complemento introduzido pela preposição *de*. Identifique esse complemento.

O complemento que você identificou na oração anterior é um **objeto indireto**.

> **Objeto indireto** é o termo que completa o sentido dos verbos transitivos indiretos. Ele se liga ao verbo por meio de uma preposição.

AMPLIANDO O CONHECIMENTO

No fragmento a seguir, reproduzido do "Poema enjoadinho", de Vinicius de Moraes, o eu lírico reflete sobre a complexidade de criar filhos. Seria melhor tê-los? Ou melhor não os ter?

Poema enjoadinho

Noites de insônia
Cãs prematuras
Prantos convulsos
Meu Deus, salvai-o!
Filhos são o demo

Melhor não tê-los...
Mas se não os temos
Como sabê-los?
Como saber
Que macieza

Nos seus cabelos
Que cheiro morno
Na sua carne
Que gosto doce
Na sua boca!

Cãs: cabelos brancos.

MORAES, Marcus Vinicius de Melo. Poema enjoadinho. In: _____. *Antologia poética*. Rio de Janeiro: José Olympio, 1977. p. 161-162

Depois de citar algumas das dificuldades que os filhos trazem à vida dos pais, o eu lírico conclui: "Filhos são o demo". No verso seguinte, ele dá seguimento à sua conclusão, afirmando: "Melhor não tê-los...". Nesse verso, o pronome **-los** substitui o termo *filhos*, atuando, dessa forma, como objeto direto do verbo *ter*. Veja o exemplo a seguir:

Melhor não ter **filhos**. ⟶ Melhor não tê-**los**.

Repare que o verbo *ter* perdeu o **r** final, tornando-se um monossílabo tônico terminado em **e**, razão pela qual recebeu o acento circunflexo. O pronome oblíquo **o**, que atua como objeto direto, recebeu o **l** inicial, tornando-se -**los**.

Assim como ocorreu no exemplo anterior, os pronomes oblíquos **o**, **a**, **os** e **as** sofrem adaptações quando aparecem depois dos verbos terminados em -**r**, -**s** e -**z** ou dos fonemas nasais. Observe:

- Verbos terminados em -**r**

    Se o verbo terminar em -**ar**, passará a terminar em **á**. Se terminar em -**er**, passará a terminar em **ê**. Se o verbo terminar em -**ir**, passará a terminar em **i**.

    Os pronomes **o**, **a**, **os** e **as** passam por adaptações, tornando-se: -**lo**, -**la**, -**los** e -**las**.

    Exemplos:

    Vamos comprar **o livro**. ⟶ Vamos comprá-**lo**.

    Quero vender **o terreno**. ⟶ Quero vendê-**lo**.

    Pretendemos dividir **os lucros**. ⟶ Pretendemos dividi-**los**.

- Verbos terminados em -**s** ou -**z**

    Essas formas são muito raras no português falado no Brasil. Restringem-se, basicamente, a textos religiosos e jurídicos. Os verbos perdem o -**s** ou o -**z** finais, e os pronomes **o**, **a**, **os** e **as**, quando aparecem depois desses verbos, passam por adaptações, tornando-se: -**lo**, -**la**, -**los** e -**las**.

    Exemplos:

    Fiz **a tarefa**. ⟶ Fi-**la**.

    Conhecemos **seus parentes** há muito tempo. ⟶ Conhecemo-**los** há muito tempo.

- Verbos terminados em sons nasais (-**am**, -**em**, -**õe** etc.)

    Os verbos terminados em sons nasais não sofrem alteração, mas os pronomes sofrem adaptações, tornando-se: -**no**, -**na**, -**nos** e -**nas**.

    Exemplos:

    Vençam **as dificuldades**. ⟶ Vençam-**nas**.

    Comprem rapidamente **os ingressos**. ⟶ Comprem-**nos** rapidamente.

    Põe **os pacotes** na gaveta, por favor. ⟶ Põe-**nos** na gaveta, por favor.

Os pronomes oblíquos podem ser usados como **objetos indiretos**. Leia a tira, observando o uso do pronome *lhe*.

A primeira fala de Hagar possui um **verbo transitivo direto e indireto**. Veja a seguir quais são os seus complementos.

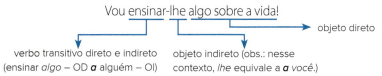

O pronome *lhe* também pode equivaler a *a ele(s)* e *a ela(s)*.

Exemplo:

Quando o visitante chegou, dei-**lhe** as boas-vindas.

Os pronomes *me*, *te*, *se*, *nos* e *vos* também podem exercer a função de objeto indireto.

Exemplos:

Diga-**me** a verdade. (O objeto indireto *me* tem o mesmo valor de *a mim*, *para mim*.)

Preciso dizer-**te** a verdade. (O objeto indireto *te* tem o mesmo valor de *a ti*, *para ti*.)

Ele precisa dar-**se** uma oportunidade. (O objeto indireto *se* tem o mesmo valor de *a si*, *para si*.)

Diga-**nos** a verdade. (O objeto indireto *nos* tem o mesmo valor de *a nós*, *para nós*.)

Preciso dizer-**vos** a verdade. (O objeto indireto *vos* tem o mesmo valor de *a vós*, *para vós*.)

8. Aplique as regras que você conheceu para substituir os termos destacados nas frases a seguir por pronomes oblíquos.
    a. Quero levar **meus filhos** ao circo.
    b. Espero ler **seu livro** ainda este ano.
    c. É preciso admitir **os erros**.
    d. Por favor, avisem **os convidados** que o jantar está servido.
    e. Entreguem o **envelope à professora**.

Colocação pronominal

A história em quadrinhos que você vai ler agora foi traduzida do inglês para o português falado em Portugal. Leia-a, observando suas particularidades.

9. Identifique uma oração em que você não encontrou nada que seja diferente do português falado no Brasil.

10. Identifique ao menos três palavras ou expressões que não lhe sejam familiares.

Como você observou, a língua portuguesa falada em Portugal não é exatamente igual à falada no Brasil. Entre elas, existem variações no vocabulário, nas gírias, nos sons, no uso das pessoas do discurso e em algumas estruturas sintáticas. Um dos aspectos em que se notam diferenças é a colocação dos pronomes. Observe, no quadro a seguir, exemplos que aparecem na história em quadrinhos.

Exemplos	Português falado em Portugal	Português falado no Brasil
"vou desenhar-te a ti"	A 2ª pessoa do discurso é usada para fazer referência ao interlocutor (desenhar-te *a ti*).	Em algumas regiões, os falantes optam pela 2ª pessoa (*te* desenhar). Em outras, optam pela 3ª pessoa (desenhar *você*).
	Nota-se a presença do objeto direto *te* e do objeto pleonástico *a ti*.	O objeto direto pleonástico é usado, basicamente, em textos literários. É muito raro o emprego desse tipo de objeto em conversas informais, como a que ocorre na história em quadrinhos (HQ) aqui apresentada.
	O pronome *te* é colocado depois do verbo (desenhar-*te*).	Em contextos informais de comunicação, como o representado nos quadrinhos, os falantes preferem usar o pronome antes do verbo: Vou *te* desenhar.
		As formulações mais observadas entre os falantes do português brasileiro são: Vou *te* desenhar. Vou desenhar *você*.
"deixa-me tentar"	O pronome foi colocado depois do verbo (deixa-*me*).	A colocação mais comum é colocar o pronome antes do verbo: *Me* deixa tentar.
		A formulação mais provável para uma situação oral informal no português falado no Brasil é: *Me* deixa tentar.
		Outra formulação muito usada em conversas informais é: Deixa *eu* tentar.

A análise dessas duas orações possibilita observar que no Brasil os falantes da língua preferem colocar o pronome antes do verbo, em situações informais de comunicação. No entanto, contextos que exigem o uso da variedade de prestígio social, ou norma-padrão, demandam o conhecimento de algumas regras que determinam qual deve ser a posição do pronome em relação ao verbo.

> A **colocação pronominal** é a posição dos pronomes em relação ao verbo.
>
> Quando o pronome oblíquo é colocado antes do verbo, ocorre **próclise**.
>
> Exemplo:
>
> Não **me** deixe aqui sozinho.
>
> Quando o pronome oblíquo é colocado depois do verbo, ocorre **ênclise**.
>
> Exemplo:
>
> Deixe-**me** sozinho, por favor.
>
> Com verbos no futuro do presente ou do pretérito, o pronome pode ser colocado entre o radical e a desinência verbal. Essa colocação recebe o nome de **mesóclise**.
>
> Exemplo:
>
> Deixá-**lo**-ei sozinho.

Regras de colocação pronominal

A gramática normativa determina algumas regras que orientam a colocação do pronome oblíquo. Observe-as a seguir.

Ênclise

A ênclise ocorre:

- quando o verbo inicia a oração.

    Exemplo:
    Desejo-**lhes** felicidades.

- diante de verbos no gerúndio.

    Exemplos:
    Ele chegou ontem, trazendo-**nos** boas-novas.
    As crianças estão fazendo-**nos** diversas perguntas sobre esse tema.

- diante de verbos no infinitivo impessoal.

    Exemplo:
    Preciso orientá-**lo** melhor para que ele consiga fazer a prova.

Próclise

A próclise ocorre:

- diante de palavras com sentido negativo (*não, nunca, jamais, nada, ninguém* etc.).

    Exemplo:
    Não **lhe** devo satisfações.

- diante de advérbios ou locuções adverbiais.

    Exemplos:
    Sempre **me** esqueço do dia do seu aniversário.
    De repente **nos** demos conta de que estávamos no caminho errado.

> Observação: Caso haja vírgula depois do advérbio ou da locução adverbial, o pronome passa a ser enclítico. Por exemplo: De repente, demo-**nos** conta de que estávamos no caminho errado.

- diante de pronomes relativos.

    Exemplo:
    O livro que **me** deste é muito bom.

- diante de pronomes indefinidos.

    Exemplo:
    Tudo **a** irrita ultimamente.

- diante de pronomes demonstrativos.

    Exemplo:
    Isso **me** preocupa.

- diante de conjunções ou locuções conjuntivas.

    Exemplos:

    Não sou amiga dele, embora **o** considere uma pessoa agradável.

    Venha à minha casa, para que **te** mostre o quadro que pintei.

- nas orações interrogativas e exclamativas.

    Exemplos:

    Quem **te** disse que eu estaria aqui?

    Como **me** encanta esse seu olhar!

    Deus **lhe** pague!

- nas locuções verbais e nos tempos compostos.

    Exemplos:

    Meus filhos têm **me** pedido para mudar de escola.

    Ele vai **te** telefonar assim que puder.

Mesóclise

A mesóclise ocorre:

- com verbos no futuro do presente e no futuro do pretérito, se na oração não existirem palavras que causem a próclise. Hoje em dia, essa forma é pouco usual, mesmo em situações de mais formalidade.

    Exemplos:

    Encontrar-**nos**-emos um dia.

> Observação: Na oração acima, se houvesse uma palavra que causasse próclise, o pronome *nos* seria deslocado para antes do verbo.
>
> Certamente **nos** encontraremos um dia.
>
> advérbio causa próclise

11. Substitua os termos destacados por pronomes, empregando-os nas orações de acordo com as regras de colocação pronominal.

    a. É preciso proteger **as crianças**.

    b. Não dê tantos doces **aos meus filhos**.

    c. A escola tem pedido **aos alunos** que sejam mais pontuais.

    d. Quem trouxe **esses livros** para cá?

    e. Sempre tive **essas pessoas** em alta conta.

    f. Ontem encontrei **seu pai** no mercado.

    g. Encontrei **seu pai** no mercado.

A gramática e a construção de sentido

A construção de sentido na canção popular: os verbos e seus complementos

 A seguir, leia a letra da música "Casa no campo", de Zé Rodrix e Tavito.

Casa no campo

Eu quero uma casa no campo
Onde eu possa compor muitos *rocks* rurais
E tenha somente a certeza
Dos amigos do peito e nada mais

Eu quero uma casa no campo
Onde eu possa ficar do tamanho da paz
E tenha somente a certeza
Dos limites do corpo e nada mais

Eu quero carneiros e cabras pastando solenes
No meu jardim
Eu quero o silêncio das línguas cansadas

Eu quero a esperança de óculos
E um filho de cuca legal
Eu quero plantar e colher com a mão
A pimenta e o sal

Eu quero uma casa no campo
Do tamanho ideal, pau a pique e sapé
Onde eu possa plantar meus amigos
Meus discos e livros e nada mais!

Onde eu possa plantar meus amigos
Meus discos, meus livros e nada mais!
Onde eu possa plantar meus amigos
Meus discos e meus livros e nada mais!

RODRIX, Zé; TAVITO. Casa no campo. *Zé Rodrix – Soy Latino Americano*.
Rio de Janeiro: EMI-Odeon, 1976. LP. Lado B, faixa 6.

Observando o que o eu lírico quer, podemos compreender seus mais profundos anseios. Na relação entre o verbo e os objetos, e nos detalhes da descrição desses complementos, revelam-se o projeto de vida, os valores e a visão de mundo daquele que se expressa na canção. Ao analisar as minúcias dessa construção sintática, você fez uma leitura mais refinada de uma construção poética.

1. Boa parte dos versos da canção contém o verbo *querer*. Observando os objetos diretos que completam o sentido desse verbo, pode-se identificar o projeto de vida do eu lírico. Releia os versos e responda: Que estilo de vida o eu lírico almeja?

2. Releia os versos a seguir e observe os objetos diretos que foram dados ao verbo *plantar*.

> Eu quero uma casa no campo
> Do tamanho ideal, pau a pique e sapé
> Onde eu possa **plantar meus amigos**
> **Meus discos e livros e nada mais!**

Nesses versos, o verbo *plantar* está sendo usado em sentido figurado, ou seja, o eu lírico não se refere ao cultivo da terra especificamente. Que sentido pode ser atribuído ao verbo *plantar* nesse contexto?

Exercícios

1. Leia a tira.

Analise as informações:

I. O último quadro apresenta uma quebra da expectativa de Calvin em relação ao que ele disse no quadro anterior.

II. No terceiro quadro, as orações apresentam dois sujeitos ocultos.

III. No segundo quadro, o pronome **o** refere-se à palavra *casaco*, apresentada no quadro anterior, e é objeto direto do verbo *largar*.

IV. No terceiro quadro, o pronome **o** se refere a *chão* e é objeto direto do verbo *guardar*.

Estão corretas:

a. I, II e III.
b. I, III e IV.
c. II, III e IV.
d. I, II e IV.
e. II e III.

2. Observe o trecho da notícia a seguir.

'Precisa-se de clientes. Sempre', diz anúncio inusitado em porta de loja

Proprietária da loja diz que muitas pessoas tiram foto em frente ao local. Estratégia adotada no início do mês também atrai os 'desatentos'.

Cartaz inusitado pretende atrair clientes e aquecer vendas em loja de variedades.

Chamar a atenção de quem passa pela rua e atrair clientes. Essa é uma estratégia muito utilizada pelos lojistas para alavancar as vendas, principalmente em períodos de comércio mais aquecido como nas festas de fim de ano. Mas a dona de uma loja na rua Rui Barbosa, no Centro de Teresina, resolveu ir além e inovou no formato do anúncio fixado em frente ao estabelecimento. "Precisa-se de Clientes. Sempre! Não é necessário experiência. Entrada Imediata", diz o cartaz que tem atraído olhares curiosos.

'PRECISA-SE de clientes. Sempre', diz anúncio inusitado em porta de loja. *G1 PI* – Globo.com, dez. 2014. Rede Clube. Disponível em: <http://g1.globo.com/pi/piaui/noticia/2014/12/precisa-se-de-clientes-sempre-diz-anuncio-inusitado-em-porta-de-loja.html>. Acesso em: 16 jun. 2017.

a. O cartaz apresentado na notícia faz uma **paródia** de um tipo de anúncio muito utilizado no cotidiano do brasileiro. Cite qual é a mensagem original parodiada.

> **Paródia:** imitação cômica.

b. No anúncio da loja há um termo que se vincula indiretamente ao verbo. Cite esse termo e classifique-o sintaticamente.

c. Pode-se dizer que o cartaz da loja cumpriu parcialmente seu objetivo de atrair clientes. Mencione pelo menos um trecho da notícia que comprove essa afirmação.

3. Leia a seguir uma estrofe do samba "Meu veneno", de Jackson do Pandeiro.

> Cantador que atravessar
> Vai provar do meu veneno
> Vai sim, vai provar

Vai provar do meu veneno
E também não querendo acreditar
Vai morrer com o meu veneno

PANDEIRO, Jackson do. Meu veneno. In: *Cantando de norte a sul*. São Paulo: Philips, 1961. 1 disco sonoro. Lado A, faixa 3.

Observe as seguintes afirmações e escolha a(s) afirmação(ões) correta(s).

I. Os versos "cantador que atravessar/vai provar do meu veneno" referem-se ao contexto da roda de samba, no qual se recomenda que um artista não tome a frente ou interrompa outro.

II. O verso "vai provar do meu veneno" possui um objeto direto, *do meu veneno*, que é preposicionado.

III. O verso "vai morrer com meu veneno" tem um verbo transitivo indireto.

Estão corretas:

a. Somente I.
b. Somente I e II.
c. Somente I e III.
d. Somente II e III.
e. Todas as alternativas.

4. Entre as alternativas a seguir, indique aquela em que o pronome átono é empregado de modo equivocado.

a. Nunca se esqueça daquilo que sua mãe já fez por você.
b. Tinha certeza de que me negariam aquele pedido de empréstimo.
c. Disso acusaram-me, mas já chamei meu advogado.
d. Não era minha intenção ofender-lhe.
e. Chame-o agora! Cansei de esperar.

5. Leia atentamente o texto da reportagem abaixo e responda às questões a seu respeito.

Site permite comprar de qualquer lugar do mundo com a ajuda de viajantes

Basta fazer uma encomenda e pagar uma "comissão" que o produto desejado chega até você

Brasileiros em geral tendem a reclamar de **altas taxas** pagas pelos produtos que encomendam de fora do país. A frase "talvez valha mais a pena pegar **um avião** e comprar lá" é proferida com certa frequência por quem se interessa por produtos que não são encontrados por aqui. É principalmente para atender **a essas pessoas** que existe o grabr.io.

Zogbi, Paula. *Site* permite comprar de qualquer lugar do mundo com a ajuda de viajantes. *Infomoney*, São Paulo, 22 jul. 2016. Disponível em: <http://www.infomoney.com.br/minhas-financas/consumo/noticia/5352902/site-permite-comprar-qualquer-lugar-mundo-com-ajuda-viajantes>. Acesso em: 04 jun. 2017.

a. Esta reportagem objetiva divulgar um serviço novo disponível no mercado. E, além das informações divulgadas, há um recurso linguístico utilizado que permite dizer que ela também pretende convencer o leitor da utilidade do serviço. Que recurso é este?

b. Há três sintagmas destacados no texto. Classifique-os a partir da função que cumprem em relação ao verbo a que se referem.

6. Leia atentamente a tira e indique a alternativa incorreta a seu respeito.

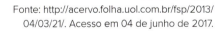

Fonte: http://acervo.folha.uol.com.br/fsp/2013/04/03/21/. Acesso em 04 de junho de 2017.

a. O sintagma "completo domínio" funciona como objeto direto da locução verbal "deve ter".
b. O sintagma "a mente livre" funciona como sujeito do verbo "desviar".
c. O sintagma "de seu objetivo" funciona como objeto indireto do verbo "desviar".
d. O sintagma "suas ações" funciona como objeto direto do verbo "executar".
e. O verbo "trataremos" possui sujeito oculto ("nós").

Enem e vestibulares

1. **FCMSCSP** Há um erro de colocação pronominal em:
   a. "Sempre a quis como namorada."
   b. "Os soldados não lhe obedeceram as ordens."
   c. "Todos me disseram o mesmo."
   d. "Recusei a ideia que apresentaram-me."
   e. "Quando a cumprimentaram, ela desmaiou."

2. **UPM - SP** Nas frases abaixo, o pronome oblíquo está corretamente classificado, **exceto** em:
   a. "Fugia-lhe é certo, metia o papel no bolso…" (objeto indireto)
   b. "… ou pedir-me à noite a bênção do costume" (objeto indireto)
   c. "Todas essas ações eram repulsivas: eu tolerava-as…" (objeto direto)
   d. "… que vivia mais perto de mim que ninguém" (objeto indireto)
   e. "… eu jurava matá-los a ambos…" (objeto direto)

3. **Unesp-SP**

Árvores e poetas

Para o botânico, a árvore é um vegetal de grande altura, composto de raiz tronco e fronde subdividindo-se cada uma dessas partes numa certa quantidade de elementos: – reduz-se tudo a um esquema. O botânico estuda-lhe o nascimento, o crescimento, a reprodução, a nutrição, a morte; descreve-a; classifica-a. Não lhe liga, porém, maior importância do que aquela que empresta ao mais microscópico dos fungos ou ao mais desinteressante dos cogumelos. O carvalho, com toda a sua corpulência e toda a sua beleza, vale tanto como a relva que lhe cresce à sombra ou a trepadeira desprezível e teimosa que lhe enrosca os sarmentos[1] colubrinos[2] pelas rugosidades do caule. Por via de regra vale até menos, porque as grandes espécies já dificilmente deparam qualquer novidade. Para o jurista, a árvore é um bem de raiz, um objeto de compra e venda e de outras relações de direito, assim como a paisagem que a enquadra – são propriedades particulares, ou terras devolutas. E há muita gente a quem a vista de uma grande árvore sugere apenas este grito de alma: – "Quanta lenha!…" O poeta é mais completo. Ele vê a árvore sob os aspectos da beleza e sob o ângulo antropomórfico[3]: encara-a de pontos de vista comuns à humanidade de todos os tempos. Vê-a na sua graça, na sua força, na sua formosura, no seu colorido; sente tudo quanto ela lembra, tudo quanto ela sugere, tudo quanto ela evoca, desde as impressões mais espontâneas até as mais remotas, mais vagas e mais indefiníveis. Dá-nos, assim, uma noção "humana", direta e viva da árvore, – pelo menos tão verdadeira quanto qualquer outra.

(*Letras floridas*, 1976.)

[1] sarmento: ramo delgado, flexível.
[2] colubrino: com forma de cobra, sinuoso.
[3] antropomórfico: descrito ou concebido sob forma humana ou com atributos humanos.

"O botânico estuda-lhe **o nascimento, o crescimento, a reprodução, a nutrição, a morte**".

Do ponto de vista sintático, que relação os termos destacados estabelecem com o verbo? Do ponto de vista semântico, a organização dos substantivos destacados aparenta seguir um determinado critério; um desses substantivos, contudo, romperia tal organização. Identifique qual seria esse critério e o substantivo que romperia sua organização.

4. **Enem** O uso do pronome átono no início das frases é destacado por um poeta e por um gramático nos textos a seguir.

Pronominais

Dê-me um cigarro
Diz a gramática
Do professor e do aluno
E do mulato sabido
Mas o bom negro e o bom branco
Da Nação Brasileira
Dizem todos os dias
Deixa disso camarada
Me dá um cigarro.

ANDRADE, Oswald de. *Seleção de textos*.
São Paulo: Nova Cultural, 1988.

"Iniciar a frase com pronome átono só é lícito na conversação familiar, despreocupada, ou na língua escrita quando se deseja reproduzir a fala dos personagens [...]".

CEGALLA. Domingos Paschoal. *Novíssima gramática da língua portuguesa.* São Paulo: Nacional, 1980.

Comparando a explicação dada pelos autores sobre essa regra, pode-se afirmar que ambos:

a. Condenam essa regra gramatical.
b. Acreditam que apenas os esclarecidos sabem essa regra.
c. Criticam a presença de regras na gramática.
d. Afirmam que não há regras para uso de pronomes.
e. Relativizam essa regra gramatical.

5. **ITA-SP** Dadas as sentenças:
   1. Seria-nos mui conveniente receber tal orientação.
   2. Em hipótese alguma, enganaria-te.
   3. Você é a pessoa que delatou-me.

   Constatamos que está (estão) correta(s):
   a. apenas a sentença 1
   b. apenas a sentença 2
   c. apenas a sentença 3
   d. todas as sentenças
   e. n.d.a

6. **PUC-MG** Segundo a norma culta, é correto mudar a posição do pronome oblíquo átono em:
   a. Nestes como em outros pontos, assemelham-se aos ingleses./Nestes como em outros pontos, se assemelham aos ingleses.
   b. Sabe que daí lhe estão vindo novas forças de progresso./Sabe que daí estão vindo-lhe novas forças de progresso.
   c. Isto é coisa que hoje o envergonharia./Isto é coisa que hoje envergonharia-o.
   d. É com prudência que se servem das inovações da técnica./É com prudência que servem-se das inovações da técnica.
   e. Formas anacrônicas de viver e de pensar não se colidem./Formas anacrônicas de viver e de pensar não colidem-se.

7. **PUC**

   ### Os cinco sentidos

   Os sentidos são dispositivos para a interação com o mundo externo **que** têm por função receber informação necessária à sobrevivência. É necessário ver o **que** há em volta para poder evitar perigos. O tato ajuda a obter conhecimentos sobre como são os objetos. O olfato e o paladar ajudam a catalogar elementos **que** podem servir ou não como alimento. O movimento dos objetos gera ondas na atmosfera **que** são sentidas como sons. [...]

   SANTAELLA, Lucia. Matrizes da Linguagem e Pensamento. São Paulo: Iluminuras, 2001.

   A palavra relacional **que** aparece quatro vezes no parágrafo exercendo, pela ordem, as seguintes funções:

   a. sujeito, objeto direto, sujeito, sujeito.
   b. sujeito, sujeito, sujeito, sujeito.
   c. sujeito, sujeito, sujeito, objeto direto.
   d. objeto direto, objeto direto, sujeito, sujeito.
   e. objeto direto, sujeito, objeto direto, sujeito.

8. **PUC-SP** Dê a função sintática do termo destacado em: "Depressa esqueci o Quincas Borba".
   a. Objeto direto.
   b. Sujeito.
   c. Agente da passiva.
   d. Adjunto adverbial.
   e. Aposto.

9. **UPM-SP** Nas frases abaixo, o pronome oblíquo está corretamente classificado, exceto em:
   a. "Fugia-**lhe** é certo, metia o papel no bolso ..." (objeto indireto)
   b. "... ou pedir-**me** à noite a bênção do costume" (objeto indireto)
   c. "Todas essas ações eram repulsivas: eu tolerava-**as** ..." (objeto direto)
   d. "... que vivia mais perto de mim que **ninguém**" (objeto indireto)
   e. "... eu jurava matá-**los** a ambos ..." (objeto direto)

CAPÍTULO 18
TERMOS INTEGRANTES DA ORAÇÃO – PARTE II

O que você vai aprender

1. **Complemento nominal: definição e uso**
   - Reconhecer, nas orações, a transitividade de certos substantivos, adjetivos e advérbios.
   - Identificar o complemento nominal.
   - Considerar a relação entre o complemento nominal e as ideias centrais de determinados textos.
2. **Agente da passiva: definição e uso**
   - Reconhecer que a voz passiva enfatiza o agente do processo.
   - Identificar o agente da passiva como agente do processo apassivador.
   - Reconhecer as diferenças de sentido produzidas pela transformação do sujeito agente em agente da passiva.
   - Refletir sobre o efeito produzido pela omissão do agente da passiva.
3. **Predicativo do objeto**
   - Diferenciar o predicativo do sujeito do predicativo do objeto.
   - Reconhecer o predicativo do objeto.
   - Considerar a informação apresentada pelo predicativo do objeto para interpretar o texto.

▶ Leia esta tira de Charlie Brown.

Observe a expressão do personagem Charlie Brown no primeiro quadro. Sua atitude parece introspectiva, e sua expressão, um tanto melancólica. O personagem Linus reconhece o estado emocional do amigo e o questiona sobre seu possível medo de ser feliz. Charlie Brown, por sua vez, confirma a impressão de Linus ao responder "Não sei...".

Nos primeiros três quadros, podemos notar o tom filosófico na reflexão sobre a felicidade. Entretanto, há a quebra desse tom no último, quando Charlie Brown associa a felicidade a um remédio perigoso que pode desencadear efeitos colaterais. Assim, o humor da tira se realiza com essa quebra da expectativa do leitor diante da fala de Charlie Brown.

E você? Acha que a felicidade é um sentimento positivo ou que ela pode trazer "efeitos colaterais", como diz Charlie Brown? O que você responderia à pergunta desse personagem? Será que o medo dele tem fundamento?

O medo faz parte da experiência humana, e é difícil encontrar alguém que não tenha sentido, algum dia, esse sentimento diante de alguma situação. Perceba que, na gramática da língua portuguesa, a palavra *medo* é transitiva, ou seja, seu sentido se estende a outro termo, que a complementa. Quem tem medo, tem medo de alguma coisa: medo do escuro, medo de viajar de avião, medo de barata, medo de amar, de ser independente e até mesmo de ser feliz, como acontece com o personagem Charlie Brown. E você, tem medo de quê?

Muitos complementos podem ser atribuídos à palavra *medo*. Eles variam muito. O que não varia é a importância desse sentimento para a preservação da vida.

Neste capítulo, você estudará um grupo de termos integrantes da oração e as relações que eles estabelecem.

Reflexão e análise linguística

Complemento nominal, agente da passiva e predicativo do objeto

Complemento nominal: definição e uso

▶ Leia o trecho de uma reportagem.

Pânico ou medo

Simone é uma jovem simpática que trata bem a todos. Se um sujeito mal-encarado a aborda de surpresa numa rua escura, ela o recebe sorridente e se aproxima como quem quer fazer amizade. Ou até iniciar um namoro. Como você deve imaginar, Simone (o nome é falso) teve um monte de relacionamentos fracassados e já foi passada para trás por muita gente em quem confiou. Mas, por mais que a vida lhe dê lições, ela nunca aprende. Continua afável e gentil com todos. Jamais desconfia de ninguém. Simone não tem medo. Nunca.

[...]

Felizmente, ao contrário de Simone, a maioria da humanidade tem – e sempre teve – medo. O homem não é a espécie mais forte sobre a Terra, nem a mais ágil. Talvez não seja nem a mais esperta, se levarmos em conta as decisões autodestrutivas que tomamos de vez em quando. Mas de uma coisa podemos nos orgulhar: somos os mais medrosos. Não fosse isso, é provável que jamais tivéssemos chegado até aqui. A civilização é fruto do medo que temos da desordem, as cidades nasceram do pavor da natureza, a ciência é filha do terror que o desconhecido causa, as religiões, as armas, a diplomacia, a inteligência. Devemos tudo isso ao medo que falta a Simone.

BURGIERMAN, Denis Russo. Pânico ou medo. *Superinteressante*, São Paulo, 31 out. 2016. Disponível em: <http://super.abril.com.br/ciencia/panico-ou-medo>. Acesso em: 19 jun. 2017.

1. Releia este trecho do primeiro parágrafo.

Como você deve imaginar, Simone (o nome é falso) teve um monte de relacionamentos fracassados e já foi passada para trás por muita gente em quem confiou.

Em "Como você deve imaginar", por que o autor da reportagem presume que o leitor deva imaginar os acontecimentos mencionados?

2. Considere a frase a seguir:

Simone não tem medo.

A palavra *medo* é transitiva, ou seja, ela admite complemento. No entanto, essa palavra, nesse contexto, tem sentido completo. A ausência de complemento revela uma informação importante sobre a jovem. Que informação é essa?

3. Releia a seguinte oração do segundo parágrafo:

> Mas de uma coisa podemos nos orgulhar: somos os mais medrosos.

De acordo com o texto, por que podemos nos orgulhar de sermos a espécie mais medrosa da Terra?

4. O segundo parágrafo cita algumas criações que foram impulsionadas pelo medo. Identifique a causa de algumas delas:

a. civilização: fruto do medo do(a)...

b. cidades: fruto do medo do(a)...

c. ciência: fruto do medo do(a)...

Em outro trecho da reportagem, César Ades, um estudioso do comportamento animal, da Universidade de São Paulo, afirma:

> O homem, com seu poder antecipatório, é capaz de **temer** a morte mesmo quando não há ninguém tentando matá-lo.
>
> BURGIERMAN, Denis Russo. Pânico ou medo. *Superinteressante*, São Paulo, 31 out. 2016. Disponível em: <http://super.abril.com.br/ciencia/panico-ou-medo>. Acesso em: 19 jun. 2017.

Nesse trecho, o verbo transitivo direto *temer* está acompanhado pelo objeto direto *a morte*. Tanto o substantivo *medo* quanto o adjetivo *temeroso* são transitivos, ou seja, também admitem complementos. Observe os exemplos.

Temer a morte. — verbo transitivo direto / objeto direto

Ter **medo** da morte. — substantivo / complemento

Estar temeroso pela morte. — adjetivo / complemento

> **Complemento nominal** é o termo que completa o sentido de substantivos, adjetivos ou advérbios e sempre é introduzido por preposição. Os substantivos, adjetivos e advérbios que são derivados de verbos transitivos conservam o princípio de transitividade dos verbos de origem.
>
> Exemplos:
>
> Essa decisão **favorece** os trabalhadores.
> — verbo transitivo / objeto direto
>
> Essa é uma decisão **favorável** aos trabalhadores.
> — adjetivo / complemento nominal
>
> O **favorecimento** aos trabalhadores é o nosso objetivo.
> — substantivo / complemento nominal
>
> Posicionei-me **favoravelmente** aos trabalhadores.
> — advérbio / complemento nominal

5. Nos itens a seguir, há verbos transitivos e os objetos que os complementam. Transforme esses verbos em substantivos e os objetos em complementos nominais, conforme o modelo.

Investir em segurança. ⟶ O investimento em segurança.

a. Comprar uma ação.
b. Preparar a festa.
c. Vender ingressos.
d. Pressionar o jogador.
e. Comemorar o gol.

6. Agora transforme os verbos em adjetivos e os objetos em complementos nominais, conforme o modelo.

Ansiar pela vitória. ⟶ Ansioso(a) pela vitória.

a. Confiar na capacidade.
b. Preocupar-se com o filho.
c. Necessitar de ajuda.
d. Hesitar em ajudar.

Agente da passiva: definição e uso

 Leia a tira.

Fernando Gonsales

7. No primeiro quadro, a imagem enfatiza a atração que o cheiro das flores exerce sobre as borboletas. Que recursos foram usados para mostrar essa atração?

A oração do primeiro quadro, escrita na voz passiva, também enfatiza a atração sofrida pelas borboletas. Observe:

Borboletas são atraídas pelo cheiro das flores.

sujeito paciente
(sofre a ação verbal)

predicado
(enfatiza o processo
sofrido pelas borboletas)

Nesse predicado, o termo responsável pela ação de atrair é "pelo cheiro de flores". Ele é chamado **agente da passiva**.

> **Agente da passiva** é o termo que indica o responsável pela ação verbal quando o verbo está na voz passiva analítica, conforme você estudou no Capítulo 14. Geralmente, é regido pelas preposições *por*, *pelo(s)*, *pela(s)*.

PENSE SOBRE ISSO

Se a primeira frase da tira tivesse a intenção de enfatizar o papel exercido pelo termo *cheiro das flores* em relação às borboletas, esse termo seria o sujeito agente e a oração deveria estar na voz ativa. Observe:

Texto original, na voz passiva	Borboletas são atraídas **pelo cheiro das flores**.
Texto modificado, na voz ativa	**O cheiro das flores** atrai borboletas.

8. Caso a oração "O cheiro das flores atrai borboletas" fizesse parte do primeiro quadro da tira, que recursos poderiam ser usados para expressar visualmente o que seria enfatizado na oração?

AMPLIANDO O CONHECIMENTO

As orações na voz passiva enfatizam o processo sofrido pelo sujeito, dando pouco destaque aos agentes da ação verbal. Por essa razão, há ocasiões em que o agente da passiva é omitido das orações na voz passiva analítica, sem que isso cause prejuízo ao texto. No entanto, há situações em que é conveniente deixar o agente da passiva expresso na oração, para garantir que o leitor obtenha a informação completa.

Compare os seguintes casos:

"Moonlight" é eleito o melhor filme do Oscar 2017; "La La Land" domina categorias técnicas

Disponível em: <http://teleguiado.com/cinema/2017/02/moonlight-e-eleito-o-melhor-filme-do-oscar-2017-la-la-land-domina-categorias-tecnicas.html>. Acesso em: 19 jun. 2017.

Na oração "'Moonlight' é eleito o melhor filme do Oscar 2017", o agente da passiva é omitido. No entanto, a falta desse termo não compromete o sentido global da informação. Afinal, sabe-se que existe um júri especialmente criado para eleger os vencedores do Oscar.

No seguinte exemplo, porém, os responsáveis pela ação de expulsar não são evidentes.

Militantes foram expulsos de todos os bairros de Aleppo

Disponível em: <https://br.sputniknews.com/oriente_medio_africa/201612157179265-militantes-expulsos-todos-bairros-aleppo>. Acesso em: 20 jun. 2017.

No título dessa reportagem, qual é o agente da passiva? Quem cometeu a ação de expulsar os militantes? O Exército? Agentes do governo? O povo? O agente da passiva é omitido da oração. É importante estar atento a essas questões ao ler a notícia, uma vez que o título não traz essa informação.

9. Identifique o agente da passiva nas frases a seguir.

   a. O contrato foi assinado por todos os sócios.

   b. O conserto foi feito por um mecânico muito experiente.

   c. Esse edifício foi construído por imigrantes italianos no começo do século passado.

   d. A triste notícia do falecimento do rapaz foi amplamente divulgada pelas redes sociais.

   e. Foram recebidas por nossos atendentes todas as fichas de inscrição para o curso.

10. As orações a seguir estão na voz ativa. Transforme-as em orações na voz passiva analítica.

    a. O médico pediu diversos exames.

    b. Meu filho construiu essa churrasqueira.

    c. O time da casa derrotou o adversário.

    d. Muitas pessoas sentiram sua falta.

    e. Um time europeu comprou o passe do nosso melhor jogador.

11. Identifique os agentes da passiva nas orações do exercício anterior.

Predicativo do objeto

 Leia a tira.

No primeiro quadro, um personagem se apresenta a Níquel Náusea, dizendo: "Eu sou o tataravô Noel". Logo depois, ele dá mais informações ao rato sobre si: "Eu já morri e agora sou um fantasma!".

12. As orações abaixo possuem predicado verbal ou nominal?

    a. "Eu sou o tataravô Noel."

    b. "Eu já morri"

    c. "e agora sou um fantasma!"

13. Observe, na tira, as orações que apresentam predicado nominal e identifique o predicativo do sujeito de cada uma. Lembre-se: o predicativo do sujeito é um termo que está no predicado, informando uma característica ou um estado do sujeito.

14. Agora leia esta manchete e observe outro tipo de predicativo.

Senado aprova Moraes como novo ministro

Disponível em: <http://jcrs.uol.com.br/_conteudo/2017/02/politica/548395-senado-aprova-moraes-como-novo-ministro.html>. Acesso em: 20 jun. 2017.

a. Indique o sujeito da oração
b. O verbo *aprovar* é transitivo direto. Identifique o objeto direto que completa o sentido desse verbo.
c. O termo "como novo ministro" qualifica o sujeito ou o objeto direto?
d. Por informar um estado, no caso específico do título da notícia, a expressão "como novo ministro" é um predicativo. De acordo com sua resposta à questão anterior, você consideraria essa expressão um predicativo do sujeito ou do objeto?

Predicativo é o termo do predicado que atribui qualidade, característica ou estado ao **sujeito** ou ao **objeto**. Existem dois tipos de predicativo: o predicativo do sujeito e o predicativo do objeto.

- **Predicativo do sujeito**: atribui qualidade, característica ou estado ao sujeito.

    Exemplo:
    Ele ficou **aflito** com a notícia do terremoto. (sujeito: *ele*; predicativo do sujeito: *aflito*)

- **Predicativo do objeto**: atribui qualidade, característica ou estado ao objeto.

    Exemplo:
    A notícia do terremoto deixou **o rapaz aflito**. (objeto: *o rapaz*; predicativo do objeto: *aflito*)

AMPLIANDO O CONHECIMENTO

▶ Leia a manchete.

Folha recorre de decisão da Justiça e considera censura "inaceitável"

Disponível em: <www1.folha.uol.com.br/poder/2017/02/1858318-decisao-que-impede-reportagem-e-inaceitavel-censura-diz-recurso-da-folha.shtml>. Acesso em: 21 jun. 2017.

Na oração "considera censura 'inaceitável'", o adjetivo *inaceitável* exerce o papel de predicativo do objeto direto *censura*, qualificando esse objeto e, ao mesmo tempo, informando a opinião do jornal *Folha de S.Paulo* sobre uma decisão judicial.

1. Identifique o predicativo do objeto das seguintes orações:

a. O júri considera o candidato apto para o cargo.
b. Não o reconheço como meu novo chefe.
c. O discurso do presidente deixou a plateia comovida.
d. Eu achei seu namorado muito educado.
e. Nunca o vi como inimigo.

A gramática e a construção de sentido

O realce da mensagem em diferentes estruturas linguísticas

▶ Leia a letra da canção "Borzeguim", de Tom Jobim (1927-1994).

Borzeguim

É fruta do mato
Borzeguim, deixa as fraldas ao vento
E vem dançar
E vem dançar
Hoje é sexta-feira de manhã
Hoje é sexta-feira
Deixa o mato crescer em paz
Deixa o mato crescer
Deixa o mato
Não quero fogo, quero água
(deixa o mato crescer em paz)
Não quero fogo, quero água
(deixa o mato crescer em paz)
Hoje é Sexta-Feira da Paixão
Sexta-Feira Santa
Todo dia é dia de perdão
Todo dia é dia santo
Todo santo dia
Ah, e vem João e aí vem Maria
Todo dia é dia de folia
Ah, e vem João e aí vem Maria
Todo dia é dia
O chão no chão
O pé na pedra
O pé no céu
Deixa o tatu-bola no lugar
Deixa a capivara atravessar
Deixa a anta cruzar o ribeirão
Deixa o índio vivo no sertão
Deixa o índio vivo nu
Deixa o índio vivo
Deixa o índio
Deixa (é fruta do mato) (deixa)
Escuta o mato crescendo em paz (é fruta do mato)

Borzeguim: tipo de calçado. Na canção homônima, representa o agente dos desmatamentos.

Escuta o mato crescendo
Escuta o mato
Escuta
Escuta o vento cantando no arvoredo
Passarim, passarão no passaredo
Deixa a índia criar seu **curumim**
Vá embora daqui, coisa ruim
Some logo
Vá embora
Em nome de Deus
É fruta do mato
Borzeguim, deixa as fraldas ao vento
E vem dançar
E vem dançar
O jacu já tá velho na fruteira
O lagarto teiú tá na soleira
Uirassu foi rever a cordilheira
Gavião grande é bicho sem fronteira
Cutucurim
Gavião-zão
Gavião-ão
Caapora do mato é capitão
Ele é dono da mata e do sertão
Caapora do mato é guardião
É vigia da mata e do sertão
(**yauaretê**, **jaguaretê**)
Deixa a onça viva na floresta
Deixa o peixe n'água que é uma festa
Deixa o índio vivo
Deixa o índio
Deixa
Deixa
Dizem que o sertão vai virar mar
Diz que o mar vai virar sertão
Deixa o índio
Dizem que o mar vai virar sertão
Diz que o sertão vai virar mar
Deixa o índio
Deixa
Deixa

Curumim: criança indígena.
Caapora: em tupi, "aquele ou aquilo que mora no mato".
Yauaretê e jaguaretê: palavras indígenas usadas para designar a onça.

JOBIM, Antônio Carlos. Borzeguim. In: *Passarim*. Rio de Janeiro: Polygram, 1987.

Você deve ter observado que a letra da canção evoca a natureza, partindo de um apelo à preservação dos elementos que a compõem ou habitam. O verbo *deixar* é central para expressar essa ideia de preservação. Veja, nos trechos a seguir, como esse verbo se repete, variando apenas os objetos diretos que o complementam.

Deixa o tatu-bola no lugar
Deixa a capivara atravessar
Deixa a anta cruzar o ribeirão
Deixa o índio vivo no sertão
Deixa o índio vivo nu
Deixa o índio vivo
Deixa o índio
Deixa
[...]
Deixa a onça viva na floresta
Deixa o peixe n'água que é uma festa
Deixa o índio vivo
Deixa o índio
Deixa
Deixa

1. Nesse trecho, os objetos diretos do verbo *deixar* são seres que habitam as florestas brasileiras, como a onça, o peixe e o índio. Em alguns versos, a informação é complementada por indicações de lugares onde, segundo o compositor da música, esses seres devem permanecer: seus lugares de origem, seus *hábitats* naturais (o sertão, a floresta e a água). Em outros versos são citadas ações habituais desses seres na natureza (atravessar e cruzar o ribeirão). Observe, nos versos a seguir, que, no entanto, os objetos diretos *índio* e *onça* são qualificados pelos predicativos do objeto *vivo* e *viva*.

Deixa o índio vivo no sertão
[...]
Deixa a onça viva na floresta

A escolha dos predicativos *vivo* e *viva* para acompanhar os objetos *índio* e *onça* não foi aleatória. O que pode ter levado o compositor a optar por esses predicativos para qualificar especificamente esses habitantes da floresta?

Exercícios

1. Leia este fragmento de um artigo.

> Texto delicioso da repórter Anna Virginia Balloussier, "A morte lhe cai bem", na "Ilustríssima" (26/2), conta como os jornais preparam de antemão os obituários de pessoas de certa idade, de saúde instável ou cujas profissões as ponham em perigo, para não serem surpreendidos quando uma delas apanha o chapéu. O "New York Times", por exemplo, cuja seção de obituários vem desde 1851, é um cemitério de vivos. Mas até ele pode se apressar. Vide o caso do bilionário David Rockefeller, hoje com 101 anos. Seu obituário já foi escrito cinco vezes – e ele enterrou seus cinco obituaristas.

CASTRO, Ruy. Mortos muito vivos. *Folha de S.Paulo*, São Paulo, 4 mar. 2017. Folhapress. Disponível em: <www1.folha.uol.com.br/colunas/ruycastro/2017/03/1863615-mortos-muito-vivos.shtml>. Acesso em: 5 mar. 2017.

a. Que sentido pode ser atribuído à expressão "apanha o chapéu", na oração "para não serem surpreendidos quando uma delas apanha o chapéu"?

b. O texto diz que o jornal *The New York Times* é um cemitério de vivos. Como pode ser interpretada a expressão "cemitério de vivos"?

c. A oração "Seu obituário já foi escrito cinco vezes" foi escrita na voz ativa ou na voz passiva?

d. A oração "e ele enterrou seus cinco obituaristas" foi escrita na voz ativa. Reelabore-a na voz passiva analítica.

2. O filme *Quatro vidas de um cachorro*, de Lasse Hallström, foi bastante polêmico porque seu diretor foi acusado de ter exposto um cachorro a perigo e estresse durante as filmagens. Leia o trecho de uma reportagem que comenta os cuidados dispensados ao cachorro que atuou no filme.

> Durante a última tomada, cuidadores imediatamente tiraram o animal da água e o colocaram em um lugar para ser aquecido. Lá, foi examinado por um veterinário, que não detectou sinais de estresse.

ORGANIZAÇÃO diz que vídeo de 'Quatro Vidas de um Cachorro' foi editado. *Folha de S.Paulo*, São Paulo, 4 fev. 2017. Disponível em: <www1.folha.uol.com.br/ilustrada/2017/02/1855913-organizacao-diz-que-video-de-quatro-vidas-de-um-cachorro-foi-editado.shtml>. Acesso em: 6 mar. 2017.

a. A seguinte oração foi escrita na voz ativa: "Durante a última tomada, cuidadores imediatamente tiraram o animal da água". Reelabore-a na voz passiva sintética.

b. Identifique o agente da passiva na oração que você elaborou no item anterior.

c. Identifique o agente da passiva nesta oração: "Lá, foi examinado por um veterinário".

3. Qual das formulações a seguir dá destaque aos cuidados com o cachorro e qual enfatiza a ação da equipe de filmagem? Justifique sua resposta.

I. O animal foi bem cuidado pela equipe de filmagem.

II. A equipe de filmagem cuidou bem do animal.

4. Leia a resenha a seguir.

Sebastião Salgado – Genesis

> Sempre envolvido em projetos grandiosos, o fotógrafo mineiro radicado em Paris exibe no Sesc Santo André o mais recente resultado de suas incessantes andanças mundo afora. Muito bem organizada pela curadora e mulher do artista, Lélia Wanick Salgado, em cinco núcleos temático-geográficos, a mostra *Genesis* reúne 245 imagens de regiões praticamente intocadas pelo homem, feitas entre 2004 e 2011. Montanhas, desertos, florestas, tribos indígenas e animais são retratados nas fotos, todas em preto e branco. Embora em certos momentos sentimentalize um pouco os flagrantes, Salgado consegue criar impressões escultóricas no registro de dunas, da cauda de uma baleia e de uma enorme geleira. Chama atenção ainda um elefante em um parque da Zâmbia. Vale dizer que a qualidade principal da exposição é trazer o contraste gritante entre locais imunes ao caos moderno e o modo como vivemos hoje, acelerado e dependente da tecnologia.

LOPES, Jonas. Sebastião Salgado – Genesis. *Veja São Paulo*. Abril Comunicações S/A. Disponível em: <http://vejasp.abril.com.br/atracao/sebastiao-salgado-genesis>. Acesso em: 22 jun. 2017.

a. Qual é a classificação do termo destacado no texto a seguir?

> Sempre envolvido em projetos grandiosos, o fotógrafo mineiro radicado em Paris exibe no Sesc Santo André o mais recente resultado **de suas incessantes andanças** mundo afora.

I. Objeto direto.
II. Objeto indireto.
III. Sujeito.
IV. Predicativo do objeto.
V. Complemento nominal.

b. A seguinte oração, reproduzida do texto, está escrita na voz ativa ou na voz passiva?

> Montanhas, desertos, florestas, tribos indígenas e animais são retratados nas fotos, todas em preto e branco.

5. Leia o seguinte trecho da resenha do livro *A maçã envenenada*, de Michel Laub.

> No sutil entrelaçamento de seus temas, que evocam as particularidades de universos tão opostos quanto o mundo da música e um quartel, este é um livro sobre paixão: por uma pessoa, por um ídolo, por uma ideia, por uma época. E também pela vida, embora esta sempre cobre um preço de quem escolhe – quando se trata de uma escolha – experimentá-la com intensidade.

Disponível em: <www.companhiadasletras.com.br/detalhe.php?codigo=13580>. Acesso em: 22 jun. 2017.

a. Qual é a função sintática dos termos destacados no texto? Justifique sua resposta.

> este é um livro sobre paixão: **por uma pessoa, por um ídolo, por uma ideia, por uma época**.

b. No período "E também **pela vida**, embora esta sempre cobre um preço de quem escolhe – quando se trata de uma escolha – experimentá-la com intensidade", o termo destacado é complemento de que palavra?

6. Leia a manchete a seguir.

> **Rafael Silva conquista o bronze no judô; Phelps é derrotado pela 1ª vez na Rio-16 e leva prata**

Disponível em: <http://aovivo.folha.uol.com.br/2016/08/12/4986-aovivo.shtml>. Acesso em: 18 mar. 2017.

a. A manchete é formada por três orações. Identifique a voz verbal de cada uma:

> I: Rafael Silva conquista o bronze no judô
>
> II: Phelps é derrotado pela 1ª vez na Rio-16
>
> III: e leva prata

b. Releia a oração que está na voz passiva no item anterior e responda: O agente da passiva está presente nessa oração?

7. Leia este trecho de uma notícia.

> *Cerca de 11 mil torcedores assistiram ao empate do São Paulo diante do Ituano neste sábado (18) no Morumbi e o resultado deixou a torcida irritada*

PALUMBO, Bia. São Paulo tropeça no Paulistão e deixa Morumbi sob vaias. *UOL – Torcedores.com*, 18 mar. 2017. Disponível em: <http://torcedores.com/noticias/2017/03/sao-paulo-x-ituano-morumbi>. Acesso em: 18 mar. 2017.

Identifique as funções sintáticas exercidas pelos termos.

a. "Cerca de 11 mil torcedores".

b. "ao empate do São Paulo diante do Ituano".

c. "o resultado".

d. "a torcida".

e. "irritada".

▶ Leia este fragmento de reportagem para responder às questões 8 e 9.

> Em parecer, datado de fevereiro de 2014, o procurador-geral da República, Rodrigo Janot, considerou procedente a reclamação do advogado e se posicionou pela determinação ao STM "do acesso integral do reclamante aos registros de áudio de todas as sessões daquele tribunal realizadas na década de 1970, independentemente da anterior classificação em registros públicos e secretos".

CASADO, Letícia. STF determina que tribunal militar libere acesso a arquivos da ditadura. *Folha de S.Paulo*, São Paulo, 16 mar. 2017. Disponível em: <www1.folha.uol.com.br/poder/2017/03/1867048-stf-determina-que-tribunal-militar-libere-acesso-a-arquivos-da-ditadura.shtml>. Acesso em: 22 jun. 2017.

8. Na oração "o procurador-geral da República, Rodrigo Janot, considerou procedente a reclamação do advogado":

I. "O procurador-geral da República, Rodrigo Janot" é o sujeito da oração.

II. "considerou" é verbo transitivo direto.

III. "procedente" é objeto direto.

IV. "a reclamação do advogado" é predicativo do objeto.

a. Todas as afirmações estão corretas.

b. Apenas as afirmações I, II e III estão corretas.

c. Apenas as afirmações I e II estão corretas.

d. Apenas a afirmação I está correta.

9. Qual é o sujeito do termo "se posicionou"?

Termos integrantes da oração – Parte II   Capítulo 18   **337**

Enem e vestibulares

1. **FGV-SP** Em cada uma das alternativas abaixo está sublinhado um termo iniciado por preposição. Assinale a alternativa em que esse termo não é objeto indireto.
   a. O rapaz aludiu <u>às histórias passadas</u>, quando nossa bela Eugênia ainda era praticamente uma criança.
   b. Quando voltei da Romênia, o Brasil todo assistia <u>à novela da Globo</u>, todos os dias.
   c. Quem disse <u>a Joaquina</u> que as batatas deveriam cozer-se devagar?
   d. Com a aterrissagem, o aviador logo transmitiu <u>ao público</u> a melhor das impressões.
   e. Foi fiel <u>à lei</u> durante todos os anos que passou nos Açores.

2. **PUC-SP** Em: "Os sururus em família têm <u>por testemunha</u> <u>a Gioconda</u>", as expressões sublinhadas são:
   a. complemento nominal – objeto direto
   b. predicativo do objeto – objeto direto
   c. objeto indireto – complemento nominal
   d. objeto indireto – objeto indireto
   e. complemento nominal – objeto direto

3. **Fuvest-SP**
   a. "Se eu não tivesse atento e olhado o rótulo, o paciente teria morrido", declarou o médico.
   Reescreva a frase acima, corrigindo a impropriedade gramatical que nela ocorre.
   b. "A econologia, combinação de princípios da economia, sociologia e ecologia, é defendida por ambientalistas como maneira de se viabilizarem formas alternativas de desenvolvimento."
   Reescreva a frase acima, transpondo-a para a voz ativa.

4. **Fuvest-SP**

   "Sei que esperavas desde o início
   que eu te dissesse hoje o meu canto solene.
   Sei que a única alma que eu possuo
   é mais numerosa que os cardumes do mar."

   (Jorge Lima)

   Assinale a classificação correta de *te* (2º verso), *única alma* (3º verso), *numerosa* (4º verso), nessa ordem.
   a. objeto indireto – objeto direto – sujeito
   b. objeto direto – sujeito – predicativo do sujeito
   c. objeto indireto – sujeito – predicativo do sujeito
   d. objeto direto – objeto direto – sujeito
   e. objeto indireto – objeto direto – predicativo do sujeito.

5. **FEI-SP** Assinale a alternativa correta quanto à função sintática do termo destacado.

   A aldeia era povoada **de indígenas**.
   a. Agente da passiva.
   b. Complemento nominal.
   c. Adjunto adverbial.
   d. Objeto indireto.
   e. Objeto direto.

6. **PUC-SP**

   ### A animalização do país

   Clóvis Rossi, Folha de São Paulo, 21 de fevereiro de 2006

   SÃO PAULO – No sóbrio relato de Elvira Lobato, lia-se ontem, nesta Folha, a história de um Honda Fit abandonado em uma rua do Rio de Janeiro "com uma cabeça sobre o capô e os corpos de dois jovens negros, retalhados a machadadas, no interior do veículo". Prossegue o relato: "A reação dos moradores foi tão chocante como as brutais mutilações. Vários moradores buscaram seus celulares para fotografar os corpos, e os mais jovens riram e fizeram troça dos corpos. Os próprios moradores descreveram a algazarra à reportagem. "Eu gritei: Está nervoso e perdeu a cabeça?", relatou um motoboy que pediu para não ser identificado, enquanto um estudante admitiu ter rido e feito piada ao ver que o coração e os intestinos de uma das vítimas tinham sido retirados e expostos por seus algozes. "Ri porque é engraçado ver um corpo todo picado", respondeu o estudante ao ser questionado sobre a causa de sua reação.

   O crime em si já seria uma clara evidência de que bestas-feras estão à solta e à vontade no país. Mas ainda daria, num esforço de autoengano, para dizer que crimes bestiais ocorrem em todas as partes do mundo. Mas a reação dos moradores prova que não se trata de uma perversidade circunstancial e circunscrita. Não. O país perde, crescentemente, o respeito à vida, a valores básicos, ao convívio civilizado. O anormal, o patológico, o bestial, vira normal. "É engraçado", como diz o estudante. O processo de animalização contamina a sociedade, a partir do topo, quando o presidente da República diz que seu partido está desmoralizado, mas vai à festa dos desmoralizados e confraterniza com trambiqueiros confessos. Também deve achar "engraçado".

Alguma surpresa quando é declarado inocente o comandante do massacre de 111 pessoas, sob aplausos de parcela da sociedade para quem presos não têm direito à vida? São bestas-feras, e deve ser "engraçado" matá-los. É a lei da selva, no asfalto.

No trecho "Os próprios moradores descreveram a algazarra à reportagem", pode-se dizer que os dois termos grifados são, respectivamente,

a. o sujeito e o predicado do verbo "descreveram".
b. o adjunto adnominal e o adjunto adverbial do verbo "descreveram".
c. o objeto direto e o objeto indireto do verbo "descreveram".
d. o aposto e o vocativo do verbo "descreveram".
e. o complemento nominal e o agente da passiva do verbo "descreveram".

7. **ESPM-SP** Observe os termos destacados das opções que se seguem e identifique a alternativa que apresenta a classificação correta da função sintática.
- Sempre esteve acostumada **ao luxo**.
- Naquela época ainda obedecia **aos pais**.
- Esta roupa não está adequada **à ocasião**.
- Os velhos soldadinhos **de chumbo** foram esquecidos.

a. complemento nominal - complemento nominal - objeto indireto - complemento nominal.
b. objeto indireto - objeto indireto - objeto indireto - complemento nominal.
c. objeto indireto - complemento nominal - complemento nominal - adjunto adnominal.
d. complemento nominal - objeto indireto - complemento nominal - adjunto adnominal.
e. adjunto adnominal - objeto indireto - complemento nominal - adjunto adnominal.

(retirado de https://vestibular.uol.com.br/cursinho/questoes/questao-38-portugues.htm)

8. **UPM-SP** Assinale a alternativa em que há agente da passiva.
a. Nós seremos julgados pelos nossos atos.
b. Olha esta terra toda que se habita dessa gente sem lei, quase infinita.
c. Agradeço-lhe pelo livro.
d. Ouvi a notícia pelo rádio.
e. Por mim, você pode ficar.

(retirado de http://exercicios.brasilescola.uol.com.br/exercicios-gramatica/exercicios-sobre-agente-passiva.htm#resp-4)

9. **INSPER-SP** Em ... *não **lhe** passou pela cabeça que pudesse ser **ele** o centro das atenções*, os pronomes pessoais destacados exercem, respectivamente, a função sintática de:
a. objeto indireto, sujeito.
b. complemento nominal, objeto direto.
c. adjunto adnominal, sujeito.
d. objeto indireto, predicativo do objeto.
e. adjunto adnominal, predicativo do sujeito.

(retirado de http://d2f2yo9e8spo0m.cloudfront.net/vestibulares/insper/2012/semestre2/resolucoes/resolucao_insper_analise_verbal_2012_sem2.pdf)

10. **FMPA-MG** Assinale a alternativa em que o termo destacado **não** está **corretamente** classificado.
a. Mozart nasceu **compositor**. (predicativo do sujeito)
b. Não duvides das **verdades divinas**. (objeto indireto)
c. Foi demorado o desembaraço **da bagagem**. (complemento nominal)
d. Vives cercado **por perigos**. (agente da passiva)
e. Caíram **bombas** sobre a cidade. (objeto direto)

(retirada de http://www.grupogen.com.br/cmsmedia/Outros/Material%20Suplementar%202013.pdf)

Termos integrantes da oração – Parte II **Capítulo 18**

CAPÍTULO 19

TERMOS ACESSÓRIOS DA ORAÇÃO E VOCATIVO

O que você vai aprender

1. **Adjunto adverbial: definição e classificações**
   - Identificar os adjuntos adverbiais.
   - Reconhecer as circunstâncias expressas pelos adjuntos adverbiais.
   - Refletir sobre o efeito de sentido causado pelo emprego de determinados adjuntos adverbiais.
2. **Adjunto adnominal: definição e uso**
   - Diferenciar os núcleos (do sujeito e do objeto) dos adjuntos adnominais.
   - Reconhecer o papel dos adjuntos adnominais na construção de textos precisos.
3. **Aposto: definição e uso**
   - Identificar apostos de diferentes tipos.
   - Criar apostos, pontuando corretamente os enunciados.
4. **Vocativo: definição e uso**
   - Identificar o vocativo.
   - Reconhecer os princípios que regem a escolha de determinados vocativos.
5. **A vírgula e os termos da oração**
   - Empregar corretamente a vírgula entre os termos da oração.
   - Compreender a relação entre pontuação e organização sintática.
   - Reconhecer as diferenças de sentido produzidas por distintas maneiras de empregar a vírgula.

▶ Leia mais uma das reflexões de Calvin sobre a vida.

A perda, seja ela qual for, é um aprendizado doloroso diante da vida. Nessa tira, Calvin expressa de forma comovente sua percepção sobre esse tema: ele nota a complexa contradição entre a ausência do animalzinho do lado de fora, ou seja, no mundo material, e sua presença dentro dele, isto é, em seus sentimentos. Se o bichinho tivesse morrido também dentro do garoto, ele não sentiria a dor da perda nem choraria.

Observe que as expressões "aqui fora" e "dentro de mim" são centrais para a construção do sentido da tira. Elas situam o tema em "dois espaços", respectivamente: a morte do quati no ambiente físico e a presença dele no campo emocional de Calvin. Esses "dois espaços" determinam o conflito do personagem: a razão reconhece a morte do animalzinho, mas o sentimento revela que ele ainda está no mundo interior de Calvin, que ainda sente a dor dessa partida.

As falas inscritas nos quadros da tira indicam a complexidade do tema por meio de estruturas linguísticas que relacionam o acontecimento às suas circunstâncias. Você considera que o pai de Calvin sabe lidar bem com essas circunstâncias? Em sua opinião, ele sabe acolher o filho em sua dor? A expressão facial e as palavras que o pai usa para consolar o garoto revelam que ele é sensível ao assunto?

Neste capítulo, você vai observar que determinadas palavras ou expressões, como as que acabou de ver, contribuem para a construção textual, acrescentando informações e especificando circunstâncias, de forma a imprimir mais vivacidade ao texto e maior interação entre o autor e os leitores.

Reflexão e análise linguística

Termos acessórios da oração

Adjunto adverbial: definição e classificações

Leia um trecho da letra da canção "Back in Bahia", de Gilberto Gil. O eu lírico da canção manifesta poeticamente seu sofrimento pelo fato de estar em um lugar em que não desejaria estar. A letra se refere ao período em que o compositor exilou-se em Londres, na Inglaterra.

Back in Bahia

Lá em Londres, vez em quando me sentia longe daqui
Vez em quando, quando me sentia longe, dava por mim
Puxando o cabelo
Nervoso, querendo ouvir Celly Campelo pra não cair
Naquela fossa
Em que vi um camarada meu de Portobello cair
Naquela falta
De juízo que eu não tinha nem uma razão pra curtir
Naquela ausência
De calor, de cor, de sal, de sol, de coração pra sentir
Tanta saudade
Preservada num velho baú de prata dentro de mim

Digo num baú de prata porque prata é a luz do luar
Do luar que tanta falta me fazia junto do mar
Mar da Bahia
Cujo verde vez em quando me fazia bem relembrar
Tão diferente
Do verde também tão lindo dos gramados campos de lá
Ilha do norte
Onde não sei se por sorte ou por castigo dei de parar
Por algum tempo
Que afinal passou depressa, como tudo tem de passar

GIL, Gilberto. Back in Bahia. In. *Expresso 2222*.
SI, Universal Music, 1972. Lado A, faixa 2.

Celly Campello: cantora que fez sucesso no final dos anos 1960 e 1970. Precursora do *rock* no Brasil.

Fossa: no contexto da música significa ficar triste.

Portobello: famosa rua do bairro de Notting Hill, em Londres, Inglaterra, onde acontece uma grande feira de arte e antiguidades aos fins de semana.

1. O eu lírico conta do período em que, por causa do seu exílio, ficou longe da Bahia, sua terra natal. No entanto, nos primeiros versos da canção, ele afirma que "vez em quando" se sentia longe da Bahia. Como você interpreta a diferença entre os termos *estar longe* e *sentir-se longe*?

2. Quando se sentia longe, o eu lírico tinha vontade de ouvir Celly Campello, para não "cair naquela fossa". Por que você considera que ouvir essa cantora o ajudaria no momento de dificuldade que estava passando?

3. O que seria o "baú de prata" citado no final da primeira estrofe?

4. Releia o primeiro verso da canção.

Lá em Londres, vez em quando me sentia longe daqui

a. Indentifique expressões que indiquem lugar.
b. Indique uma expressão que indique tempo.

5. Agora, releia os seguintes versos e identique que palavra é usada para intensificar a diferença entre o verde do mar da Bahia e o verde dos gramados campos de Londres.

Mar da Bahia
Cujo verde vez em quando me fazia bem relembrar
Tão diferente
Do verde também tão lindo dos gramados campos de lá

Os fatos ocorrem em determinadas circunstâncias de tempo, lugar, modo, intensidade etc. Essas circunstâncias, embora não sejam essenciais para a construção dos textos, são portadoras de informações relevantes que tornam os enunciados mais precisos. Observe o quadro.

Trecho da letra da canção "Back in Bahia"	O mesmo trecho da canção "Back in Bahia" sem as circunstâncias de tempo e intensidade
Mar da Bahia Cujo verde **vez em quando** me fazia bem relembrar **Tão** diferente Do verde também **tão** lindo dos gramados campos de lá	Mar da Bahia Cujo verde me fazia bem relembrar Diferente Do verde também lindo dos gramados campos de lá

Na comparação entre as duas versões, podemos verificar que a presença dos adjuntos na versão original contribui para atribuir um novo sentido ao texto, por modalizar o discurso, ou seja, por mostrar o ponto de vista do eu lírico e seus sentimentos em relação à mensagem que quer transmitir.

A palavra *adjunto* vem do latim *adjunctus*: *ad* ("a") + *junctus* ("unido, ligado, junto"). **Adjunto adverbial** é um termo que está junto ao verbo, indicando a circunstância em que algo ocorreu.

Os fatos podem acontecer em circunstâncias muito variadas de tempo, lugar, causa, intensidade, dúvida, afirmação, negação ou finalidade, entre outras. As diferentes classificações para os adjuntos adverbiais refletem essa diversidade de circunstâncias. Leia abaixo as classificações mais comumente observadas.

- **Afirmação**: **Certamente** seremos indenizados por esse prejuízo.
- **Negação**: **Não** me oponho às suas ideias.
- **Dúvida**: **Talvez** ele aceite minha proposta.
- **Tempo**: Preciso entregar o relatório **hoje**.
- **Frequência**: **Raramente** viajo no feriado do Carnaval.
- **Lugar**: Estive em **Alter do Chão** duas vezes.
- **Meio**: Não consigo ir **de bicicleta** para a escola todos os dias.
- **Fim**: Prepare-se **para o desafio**.
- **Condição**: **Sem empenho** você não vai conseguir nada.
- **Intensidade**: Estamos **muito** desapontados com você.
- **Modo**: Respirei **profundamente**.
- **Causa**: Ele tremia **de fome**.
- **Finalidade**: Estou preparada **para a maternidade**.
- **Companhia**: Passei as férias **com meus avós**.
- **Assunto**: Li um bom artigo **sobre nutrição infantil**.
- **Concessão**: O passeio foi agradável, **apesar do frio**.
- **Conformidade**: O texto deve ser desenvolvido em duas páginas, **segundo as orientações do professor**.
- **Instrumento**: Escrevi o texto **a lápis**.

Os adjuntos podem tanto modificar um verbo, quanto outro advérbio ou adjetivo. Observe:

Corri *muito* hoje!

o adjunto *muito* intensifica o verbo *corri*

Estou *muito* **cansada**.

o adjunto *muito* intensifica o adjetivo *cansada* (predicativo do sujeito)

Ele é *muito* **bem** tratado pelos avós.

o adjunto *muito* intensifica o advérbio *bem* (adjunto adverbial)

Termos acessórios da oração e vocativo **Capítulo 19** 343

> **PENSE SOBRE ISSO**
>
> Além de tornar os enunciados mais precisos, os adjuntos adverbiais podem enfatizar determinadas informações, evidenciando o ponto de vista do emissor da mensagem. É isso o que ocorre no título de uma notícia, reproduzido a seguir. Leia-o, observando o emprego da palavra *ainda*.
>
> ### 23 mil crianças ainda vivem nas ruas no Brasil
>
> CARRIEL, Paola. *Gazeta do Povo*, Curitiba, mar. 2011. Disponível em: <www.gazetadopovo.com.br/vida-e-cidadania/23-mil-criancas-ainda-vivem-nas-ruas-no-brasil-epp6r1bvny1r1impam9dv7426>. Acesso em: 20 jun. 2017.
>
> No título, o adjunto adverbial *ainda* enfatiza a gravidade do problema de crianças viverem nas ruas, pois chama a atenção para o fato de que isso persiste ao longo do tempo. Esse adjunto sugere que essa questão já deveria ter sido resolvida.
>
> Agora observe o adjunto adverbial de tempo *já*, no seguinte texto:
>
> ### A seca já começou a afetar a economia
>
> MARTINS, Rodrigo. *Carta Capital*, São Paulo, fev. 2015. Disponível em: <www.cartacapital.com.br/revista/835/a-seca-da-economia-4105.html>. Acesso em: 20 jun. 2017.
>
> 1. Qual é a diferença entre as frases "A seca começou a afetar a economia" e "A seca já começou a afetar a economia"?

6. Identifique os adjuntos adverbiais nas frases e explique que circunstâncias eles expressam.
   a. Semana passada meus filhos tiveram um resfriado muito forte.
   b. Visito meus sobrinhos regularmente.
   c. Apesar das dificuldades, conseguimos fazer um bom trabalho.
   d. Você ainda não terminou os exercícios?
   e. Sinto-me tão bem aqui...

7. Amplie as orações acrescentando os adjuntos adverbiais indicados.
   a. Meu sobrinho nasceu. (adjunto adverbial de tempo e adjunto adverbial de lugar)
   b. As crianças chegaram. (adjunto adverbial de lugar e adjunto adverbial de modo)

Adjunto adnominal: definição e uso

 Leia a tira.

8. No primeiro e no segundo quadro, o personagem compara as marcas deixadas pelo amor a uma tatuagem. Que palavra usada por ele explicita o que esses dois elementos têm em comum? Justifique sua resposta.

Indelével: que não se pode apagar ou eliminar.

9. Releia o último quadro da tira.
   a. Identifique um adjunto adverbial de frequência.
   b. Explique o que esse adjunto adverbial informa sobre o que o amor e uma tatuagem podem ter em comum.

10. A primeira fala do personagem apresenta sujeito, verbo transitivo direto e objeto direto. Observe-a.

   a. Identifique o núcleo do sujeito, ou seja, a palavra que concentra a maior carga informativa.
   b. Identifique o termo que especifica o núcleo do sujeito.
   c. Identifique o núcleo do objeto direto, ou seja, a palavra que informa o que o amor deixa.
   d. Identifique o termo que caracteriza o núcleo do objeto direto.

11. Na fala do personagem no terceiro quadro, que outro termo poderia ser usado para especificar o núcleo do sujeito? Identifique a opção que lhe pareça coerente com a visão do personagem sobre o amor.
   a. O amor **não correspondido** deixa marcas indeléveis.
   b. O amor **perfeito** deixa marcas indeléveis.
   c. O amor **ideal** deixa marcas indeléveis.
   d. O amor **eterno** deixa marcas indeléveis.

12. Observe os adjetivos usados para especificar o sujeito "amor". Considerando o sentido desses adjetivos, escolha outros adjetivos que poderiam ser empregados, coerentemente, para especificar o objeto direto "marcas".

a. O amor **correspondido** deixa marcas...

b. O **primeiro** amor deixa marcas...

Ao qualificar o núcleo do sujeito e o núcleo do objeto direto, você criou **adjuntos adnominais** para esses termos.

> Os núcleos das funções sintáticas são, geralmente, formados por substantivos. O **adjunto adnominal** é o termo que acompanha o substantivo e o caracteriza, determina, indetermina, especifica ou o torna mais preciso.
>
> Os adjuntos adnominais são expressos por: **adjetivos** e **locuções adjetivas**, **artigos** (definidos ou indefinidos), **pronomes adjetivos** (possessivos, demonstrativos, indefinidos e interrogativos) e **numerais adjetivos**.
>
> Exemplo:
>
> **Os** jovens **voluntários** embrulharam **todos os** presentes **de Natal**.
>
> Sem os adjuntos adnominais, teríamos:

> Os adjuntos adnominais usados para especificar o núcleo *jovem* são: *Os*, artigo definido, e *voluntários*, adjetivo.
>
> Os adjuntos adnominais usados para especificar o núcleo *presentes* são: *os*, artigo definido, e *de Natal*, locução adjetiva.

AMPLIANDO O CONHECIMENTO

Os **títulos de textos jornalísticos** têm o objetivo de chamar a atenção do leitor para o assunto que será abordado, informando o que é essencial para que ele decida se vai ou não ler esses textos. Dessa forma, é importante que a oração elaborada para compor o título seja uma síntese precisa daquilo que será apresentado no texto. Por causa dessa necessidade de concisão e precisão, é comum que os títulos sejam formados apenas pelos núcleos das funções sintáticas. Observe a manchete a seguir.

Arrocho paralisa obras

Estado de Minas, Belo Horizonte. Disponível em: <http://impresso.em.com.br/app/capas/2015/03/30/capa,1047/capa-30-03.shtml>. Acesso em: 23 jun. 2017.

Ao ler esse título, o leitor pode se perguntar: "Que arrocho? Quais obras?". Essas dúvidas podem ocorrer porque adjuntos adnominais não estão presentes no título para especificar os núcleos. No entanto, o início da notícia contém as informações necessárias para que a interação leitor-texto se estabeleça de maneira eficaz. Leia a seguir o trecho inicial da notícia.

....

O arrocho fiscal no país já provoca atrasos no cronograma de obras em estradas de Minas. Diante da determinação do governo federal de diminuir gastos, a liberação de verbas ocorre em ritmo lento e ordens de serviço são adiadas no estado. Nas BRs, apenas editais para manutenção estão em andamento. Outras sete intervenções em rodovias federais em fase de estudos no Departamento Nacional de Infraestrutura e Transporte (Dnit) têm apenas uma previsão de licitação para junho.

....

13. Identifique os adjuntos adnominais e os núcleos das funções sintáticas nas frases.

a. Todos os familiares elogiaram o nosso convite de casamento.

b. Os manifestantes entregaram o abaixo-assinado ao novo prefeito.

14. Amplie as orações acrescentando-lhes adjuntos adnominais.

a. Espetáculo agrada público.

b. Crianças apreciam livros.

Aposto: definição e uso

▶ Leia a seguinte notícia.

J.K. Rowling e Harry Potter fazem aniversário e recebem carinho dos fãs

J.K. Rowling, a criadora e escritora da série "Harry Potter", está completando 50 anos de idade nesta sexta-feira (31). Não à toa, a data é a mesma do aniversário do personagem que a alçou à fama.

Fãs da escritora e do bruxinho comemoraram a data na internet.

Em seu Twitter, Rowling agradeceu aos votos dos fãs.

J.K. Rowling e Harry Potter fazem aniversário e recebem carinho dos fãs. *Folha de S.Paulo*, São Paulo, jul. 2015. Folhapress. Disponível em: <http://f5.folha.uol.com.br/celebridades/2015/07/1663067-jk-rowling-e-harry-potter-fazem-aniversario-veja-curiosidades.shtml>. Acesso em: 23 jun. 2017.

15. O sujeito da primeira oração do texto é J.K. Rowling. Identifique a expressão que explica quem é esse sujeito.

16. O que você observou em relação a essa expressão e à pontuação do período?

17. Observe os termos destacados nas orações e relacione-os às descrições a seguir.

a. Nesta casa viveu o **Barão do Rio Branco**.
b. **Santos Dumont** morou em Petrópolis.
c. Nasci e cresci em **Rio Branco**.
d. **Washington D.C.** é uma cidade repleta de cerejeiras.
e. **Hermione** é uma aluna muito dedicada.

I. A capital dos Estados Unidos da América.
II. Patrono da diplomacia brasileira.
III. Uma das protagonistas da série *Harry Potter*.
IV. Inventor do avião.
V. A capital do Acre.

As explicações sobre os substantivos que você incluiu nas orações do exercício anterior são chamadas **apostos**.

Aposto é o termo que se junta a um substantivo, para explicá-lo, ampliá-lo ou resumi-lo. De acordo com o tipo de informação que agrega ao substantivo, o aposto pode ser:

- **Explicativo**

A expressão "terceiro na linha de sucessão" explica quem é o príncipe Otto. A expressão "quarto na fila do banheiro" explica quem é o príncipe Harold. Nos dois casos, o aposto está separado do substantivo por uma vírgula.

- **Enumerativo**

"La La Land: Cantando Estações" ganhou o maior número de prêmios no Oscar neste domingo (26), com seis prêmios: atriz, diretor, música original, trilha sonora, fotografia e design de produção.

G1 – Globo.com, fev. 2017. Disponível em: <http://g1.globo.com/pop-arte/oscar/2017/noticia/la-la-land-e-o-grande-vencedor-do-oscar-2017-com-sete-premios.ghtml>. Acesso em: 23 jun. 2017.

Nesse exemplo, a expressão "seis prêmios" resume aquilo que é enumerado no aposto, depois dos dois-pontos.

- **Recapitulativo (ou resumidor)**

Marcas, lutas, cicatrizes: tudo isso faz parte da luta que essas mulheres travaram para se curar do câncer. Então como não chamá-las de SuperMulheres? ♥ ♥

G1 – O portal de notícias da Globo. Disponível em: <www.facebook.com/g1/posts/1370633779655370>. Acesso em: 23 jun. 2017.

348 Unidade 4 Sintaxe: o período simples

A expressão "tudo isso" recapitula, ou resume, os substantivos citados antes dela. Nesse exemplo, o aposto fica separado dos demais termos da oração por dois-pontos, mas poderia ficar separado por vírgula.

- **Especificador**

O fotógrafo Sebastião Salgado entregou à presidente Dilma Rousseff, em Brasília, uma proposta de recuperação do Vale do Rio Doce após o desastre das barragens da mineradora Samarco na região.

CARVALHO, Marco Antônio. *O Estado de S. Paulo*, nov. 2015. Disponível em: <http://brasil.estadao.com.br/noticias/geral,temos-um-projeto-para-recuperar-o-vale-do-rio-doce--diz-sebastiao-salgado,1796901>. Acesso em: 23 jun. 2017.

Observe os termos que estão especificando os substantivos:

Substantivos comuns	Substantivos próprios
fotógrafo ←	Sebastião Salgado
presidente ←	Dilma Rousseff
mineradora ←	Samarco

Nesses três casos, os substantivos próprios que especificam os substantivos comuns são **apostos especificadores**, que não devem ser separados dos termos que especificam, nem por vírgula nem por dois-pontos.

18. Identifique e classifique os apostos.
- **a.** O ex-presidente Getúlio Vargas era natural de São Borja, cidade do Rio Grande do Sul.
- **b.** Ele me oferece todo tipo de suporte: ajuda financeira, companheirismo, compreensão.
- **c.** Mentiras, simulações, insinuações maldosas: nada do que ele faz me agrada.

Adjunto adnominal, **adjunto adverbial** e **aposto** são **termos acessórios da oração**. Isso significa que esses termos não são fundamentais para a estrutura sintática dos enunciados, mas acrescentam informações que tornam as sentenças mais precisas.

Vocativo: definição e uso

▶ Leia a tira a seguir.

19. Que palavra foi responsável pela brusca mudança de humor do personagem?

20. A menina escolheu usar um chamamento que exalta uma característica física do garoto. Além desse, há outras opções possíveis de fazer chamamentos. Crie alguns exemplos de chamamento de acordo com cada item a seguir.
   a. Graus de parentesco.
   b. Palavras amorosas.
   c. Palavras que indicam a amizade entre as pessoas.
   d. Tratamento respeitoso.

> **Vocativo** é o termo da oração que tem a função de chamar o interlocutor ou dirigir-se a ele.
> O vocativo pode estar no **começo**, no **meio** ou no **fim** das orações.
> Exemplos:
> **Querido filho**, obrigada por ter vindo me visitar.
> Obrigada, **querido filho**, por ter vindo me visitar.
> Obrigada por ter vindo me visitar, **querido filho**.

A vírgula e os termos da oração

Agora que você já conhece todos os termos da oração, deve ter percebido que organizar sintaticamente um enunciado requer muitos procedimentos: a observação das relações entre os termos, a decisão sobre a melhor organização desses elementos no texto em razão do que se pretende comunicar e enfatizar, e o respeito às regras que determinam o emprego de sinais de pontuação, como a vírgula.

Leia o texto da campanha comemorativa dos cem anos da Associação Brasileira de Imprensa (ABI). Ele explicita que, em determinadas situações, a vírgula pode fazer toda a diferença.

A Vírgula

A vírgula pode ser uma pausa... ou não.
Não, espere.
Não espere.
Ela pode sumir com seu dinheiro.
23,4.
2,34.
Pode ser autoritária.
Aceito, obrigado.
Aceito obrigado.
Pode criar heróis.
Isso só, ele resolve.
Isso só ele resolve.
E vilões.
Esse, juiz, é corrupto.
Esse juiz é corrupto.
Ela pode ser a solução.
Vamos perder, nada foi resolvido.
Vamos perder nada, foi resolvido.
A vírgula muda uma opinião.
Não queremos saber.
Não, queremos saber.
Uma vírgula muda tudo!

ABI – 100 anos lutando para que ninguém mude uma vírgula da sua informação.

CAMPANHA de Centenário da ABI inspira cordelista. *Associação Brasileira de Imprensa*. Disponível em: <www.abi.org.br/poeta-cria-cordel-inspirado-na-campanha-de-cem-anos-da-abi>. Acesso em: 19 jun. 2017.

21. Responda às questões sobre as seguintes orações.

I. "Esse juiz é corrupto."
II. "Esse, juiz, é corrupto."

a. Em qual das orações se afirma que o juiz é corrupto?
b. Em qual das orações se diz ao juiz que alguém é corrupto?
c. Em qual das orações o termo *juiz* é vocativo?
d. Em qual das orações o termo *juiz* faz parte do sujeito?

Como você pôde observar, a presença da vírgula altera a organização sintática da oração e, em consequência, modifica o sentido do que é declarado. Dessa forma, obedecer às regras que determinam o emprego da vírgula entre os termos da oração é fundamental para a produção de textos claros, **coesos** e coerentes.

Coeso: bem articulado, harmônico.

Emprega-se a vírgula:

- Para separar termos que exercem função sintática idêntica, a menos que sejam unidos por **e** ou por **nem**.
  Exemplos:
  Não posso comer **açúcar**, **gordura**, **glúten nem soja**.
  Amor, **paz**, **saúde e união** são os meus maiores desejos para o ano-novo.

- Para isolar o vocativo.
  Exemplos:
  Carlos, entregou o livro na biblioteca?
  Entregou o livro na biblioteca, **Carlos**?
  Entregou, **Carlos**, o livro na biblioteca?

- Para isolar o aposto explicativo.
  Exemplos:
  O Teatro Guaíra fica em Curitiba, **a capital do estado do Paraná**.
  Recomendo que você leia *Cem anos de solidão*, **o livro mais famoso de Gabriel García Márquez**.

- Para indicar a elipse de termos da oração.
  Exemplo:
  Tenho medo de escuro; **ele, de tempestades**.
  Observação: Na segunda oração da frase anterior, o termo *tem medo* foi omitido. A vírgula é empregada para organizar essa elipse.

- Para separar adjuntos adverbiais empregados na ordem indireta.
  Exemplos:
  O pai explicou as regras ao filho pacientemente. (ordem direta)
  Pacientemente, o pai explicou as regras ao filho. (adjunto adverbial deslocado para o início da oração)

Termos acessórios da oração e vocativo   Capítulo 19   351

- Para separar complementos nominais e verbais deslocados para o início da oração.

    Exemplos:

    Só você pode entender suas dores de amores. (ordem direta)

    Suas dores de amores, só você pode entender. (complemento verbal deslocado para o início da oração)

- Para isolar expressões como **isto é, ou seja, por exemplo, aliás** etc.

    Exemplos:

    O rapaz teve alta hoje, **ou seja**, ele vai sair do hospital e voltar para casa.

    O projeto foi aprovado, **isto é**, foi considerado adequado às necessidades da empresa.

    O Brasil recebeu imigrantes de diversas nacionalidades, **por exemplo**, Itália, Japão, entre outras.

    A data da prova do Enem já foi marcada, **aliás**, como anunciaram anteriormente.

Não se emprega a vírgula:

- Para separar o sujeito do predicado.

    Exemplos:

- Para separar o verbo do seu complemento.

    Exemplo:

- Para separar o núcleo de um termo de seus adjuntos adnominais ou complementos nominais.

    Exemplos:

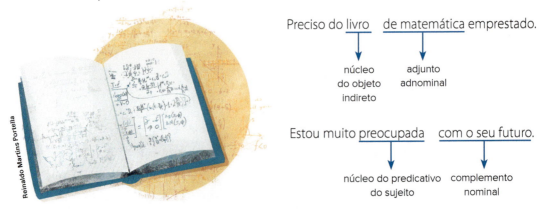

A gramática e a construção de sentido

A ampliação de sentido e os termos integrantes da oração

A crônica "Apelo", de Dalton Trevisan, tem estrutura epistolar, ou seja, assemelha-se a uma carta. Leia-a.

Apelo

Amanhã faz um mês que a Senhora está longe de casa. Primeiros dias, para dizer a verdade, não senti falta, bom chegar tarde, esquecido na conversa de esquina. Não foi ausência por uma semana: o batom ainda no lenço, o prato na mesa por engano, a imagem de relance no espelho.

Com os dias, Senhora, o leite primeira vez coalhou. A notícia de sua perda veio aos poucos: a pilha de jornais ali no chão, ninguém os guardou debaixo da escada. Toda a casa era um corredor deserto, até o canário ficou mudo. Não dar parte de fraco, ah, Senhora, fui beber com os amigos. Uma hora da noite eles se iam. Ficava só, sem o perdão de sua presença, última luz na varanda, a todas as aflições do dia.

Sentia falta da pequena briga pelo sal no tomate — meu jeito de querer bem. Acaso é saudade, Senhora? Às suas violetas, na janela, não lhes poupei água e elas murcham. Não tenho botão na camisa. Calço a meia furada. Que fim levou o saca-rolha? Nenhum de nós sabe, sem a Senhora, conversar com os outros: bocas raivosas mastigando. Venha para casa, Senhora, por favor.

TREVISAN, Dalton. Apelo. In: BOSI, Alfredo (Org.). *O conto brasileiro contemporâneo*. São Paulo: Cultrix, 2015. p. 227.

1. Como você interpreta a seguinte frase da crônica: "Não foi ausência por uma semana"?

2. Observe a expressão "o batom ainda no lenço". De que maneira o advérbio de tempo *ainda* contribui para a ideia de que, naquele momento, o homem não sentia a falta da mulher?

3. Releia a expressão "a notícia de sua perda veio aos poucos". Como é classificado o adjunto adverbial *aos poucos*?
   a. Adjunto adverbial de tempo.
   b. Adjunto adverbial de modo.
   c. Adjunto adverbial de finalidade.
   d. Adjunto adverbial de lugar.

4. No primeiro parágrafo, o narrador fala que, nos primeiros dias, não sentiu a ausência da mulher. No segundo parágrafo, ele explica que, aos poucos, percebeu a perda. Qual é a diferença entre ausência e perda?

5. No terceiro parágrafo, depois da constatação da perda, o narrador tem a percepção de que pode estar sentindo saudade da mulher e, por fim, vem o apelo. Nos dois casos, o narrador usa o vocativo *Senhora* para se dirigir à mulher. Essa forma de fazer referência à mulher amada é familiar a você? Você conhece alguém que use esse vocativo para interpelar, ou seja, para chamar, a esposa ou a namorada?

Exercícios

1. Observe a tira.

a. A tira apresenta duas visões opostas sobre a relação entre seres humanos e outros animais. Explique quais são esses pontos de vista com base em elementos da tira.

b. No primeiro quadro, identifique os adjuntos adnominais usados para caracterizar o termo *amigo*.

c. Dos adjuntos adnominais que você listou no exercício anterior, qual deles localiza a amizade em uma escala de valores? Qual indica posse?

d. Como é classificada a expressão "minha senhora", presente no último quadro? Qual é a função específica dessa expressão no contexto da tira?

2. Leia um trecho de um poema de Luís de Camões.

Sete anos de pastor

Sete anos de pastor Jacó servia
Labão, pai de Raquel, serrana bela;
Mas não servia ao pai, servia a ela,
E a ela só por prêmio pretendia.

Os dias, na esperança de um só dia,
Passava contentando-se com vê-la.
Porém o pai, usando de cautela,
Em lugar de Raquel lhe dava Lia.

Vendo o triste pastor que com enganos,
Lhe fora assim negada a sua pastora,
Como se a não tivera merecida,

Começa de servir outros sete anos,
Dizendo – mais servira, se não fora
Para tão longo amor tão curta a vida!

Luís de Camões

Leia as afirmações a seguir, baseadas no poema de Luís de Camões.

I. A expressão "pai de Raquel" (no segundo verso da primeira estrofe) é um aposto explicativo e se refere a "Labão".

II. "Serrana bela" (no segundo verso da primeira estrofe) é um vocativo e evoca a imagem da mulher bela da serra como fonte de inspiração para o poema.

III. O trecho "que com enganos" (no primeiro verso da terceira estrofe) explica de que forma o pai da pastora a negou a Jacó.

Está(ão) correta(s) apenas:

a. I.
b. I e II.
c. I e III.
d. II e III.
e. Todas estão corretas.

3. Leia um trecho da canção "Sujeito de sorte", de Belchior (1946-2017).

Sujeito de sorte

Presentemente eu posso me considerar um sujeito
[de sorte

Unidade 4 Sintaxe: o período simples

Porque, apesar de muito moço, me sinto são e
[salvo e forte
E tenho comigo pensado "Deus é brasileiro e
[anda do meu lado"
E assim já não posso sofrer no ano passado
Tenho sangrado demais, tenho chorado pra
[cachorro
Ano passado eu morri, mas esse ano eu não morro
Tenho sangrado demais, tenho chorado pra
[cachorro
Ano passado eu morri, mas esse ano eu não morro
Ano passado eu morri, mas esse ano eu não morro
Ano passado eu morri, mas esse ano eu não morro

BELCHIOR. Sujeito de sorte. In: *Alucinação*.
São Paulo: Polygram, 1976. 1
disco sonoro. Lado A, faixa 4.

a. Identifique, no primeiro verso da canção, um adjunto adverbial de tempo.

b. Aponte, no segundo verso da canção, um adjunto adverbial de concessão.

c. Identifique, no quarto verso da canção, um adjunto adverbial de tempo.

d. Cite os versos da canção em que há contraposição entre dois adjuntos adverbiais de tempo.

e. Há dois adjuntos adverbiais na letra da canção e um deles é coloquial. Identifique-os.

4. Crie apostos explicativos para os termos em destaque nas orações.

a. **João Pessoa** tem praias lindíssimas.

b. Estou lendo um romance de **Machado de Assis**.

c. **Renato Russo** morava em Brasília.

d. **Pelé** começou a jogar profissionalmente aos 16 anos.

5. Identifique os apostos enumerativos nas orações.

a. Os pecados capitais são sete: inveja, ira, gula, preguiça, luxúria, avareza e vaidade.

b. O Brasil já teve três capitais: Rio de Janeiro, Salvador e Brasília.

c. Quando estou longe do Brasil, sinto falta de: "música, comida, bebida, clima, amigos e parentes".

6. Leia o seguinte fragmento de uma notícia.

A Pinacoteca Ruben Berta (Duque de Caxias, 973) e a Galeria Bolsa de Arte (Visconde do Rio Branco, 365), em Porto Alegre, inauguram simultaneamente a exposição "Espelho", de André Severo. A abertura ocorre nesta quinta-feira, a partir das 19h. A mostra é composta por uma série de fotografias e de vídeos articulados com uma seleção de pinturas dos acervos dos locais de exposição. Na Galeria Bolsa de Arte, a visitação gratuita ocorre de segunda a sexta das 10h às 19h e sábado das 10h às 13h30; já na Pinacoteca Ruben Berta, os horários são de segunda a sexta das 14h às 18h.

PORTO Alegre recebe mostra fotográfica simultânea de André Severo. *Correio do Povo*, Porto Alegre, mar. 2017. Disponível em: <www.correiodopovo.com.br/ArteAgenda/Variedades/Exposicao/2017/3/612566/Porto-Alegre-recebe-mostra-fotografica-simultanea-de-Andre-Severo>. Acesso em: 18 mar. 2017.

a. Identifique os apostos especificadores no primeiro período.

b. Identifique os adjuntos adverbiais no segundo período.

7. Identifique os apostos recapitulativos nas seguintes orações.

a. Vitaminas, medicamentos, repouso: nada tem me ajudado a superar essa gripe.

b. Impostos, taxas, pagamentos de contas: todas essas despesas precisam caber no orçamento.

c. Nem pai, nem mãe, nem amigos: ninguém estava lá para ajudá-la.

Termos acessórios da oração e vocativo   Capítulo 19   355

Enem e vestibulares

1. Uerj

Em cima do muro, o gato recebeu o aviso da presença do menino.

O adjunto adverbial que ocorre neste enunciado pode ser deslocado para outras posições; em uma delas, porém, a frase se tornará ambígua.

Reescreva o enunciado duas vezes com o deslocamento do adjunto, de modo a manter o sentido original em uma e a criar ambiguidade em outra. Aponte, também, a construção ambígua e explique-a.

2. Fuvest-SP

"É preciso agir, **e rápido**", disse ontem o ex-presidente nacional do partido.

A frase em que a palavra destacada NÃO exerce função idêntica à de **rápido** é:

a. Como estava exaltado, o homem gesticulava e falava **alto**.

b. Mademoiselle ergueu **súbito** a cabeça, voltou-a pro lado, esperando, olhos baixos.

c. Estavam acostumados a falar **baixo**.

d. Conversamos por alguns minutos, mas tão **abafado** que nem as paredes ouviram.

e. Sim, havíamos de ter um oratório bonito, **alto**, de jacarandá.

3. FCMSC-SP Observe as duas frases seguintes.

I. O proprietário **da farmácia** saiu.

II. O proprietário saiu **da farmácia**.

Sobre elas são feitas as seguintes considerações:

I. Na I, *da farmácia* é adjunto adnominal.

II. Na II, *da farmácia* é adjunto adverbial.

III. Ambas as frases têm exatamente o mesmo significado.

IV. Tanto em I como em II, *da farmácia* tem a mesma função sintática.

Dessas quatro considerações:

a. apenas uma é verdadeira;

b. apenas duas são verdadeiras;

c. apenas três são verdadeiras;

d. as quatro são verdadeiras;

e. nenhuma é verdadeira.

4. Unimep-SP Em: "... as empregadas das casas saem **apressadas**, de latas e garrafas na mão, para a pequena fila **de leite**", os termos destacados são, respectivamente:

a. Adjunto adverbial de modo e adjunto adverbial de matéria.

b. Predicativo do sujeito e adjunto adnominal.

c. Adjunto adnominal e complemento nominal.

d. Adjunto adverbial de modo e adjunto adnominal.

e. Predicativo do objeto e complemento nominal.

5. UEM-PR O Brasil **jovem** está "curtindo" o **vestibular**.

Os termos destacados no período acima são, respectivamente:

a. adjunto adverbial e objeto direto

b. predicativo do sujeito e objeto direto

c. adjunto adnominal e complemento nominal

d. adjunto adnominal e objeto direto

e. adjunto adverbial e predicativo do sujeito

6. Vunesp-SP

"De resto não é bem uma greve, é um *lock-out*, **greve dos patrões**, que suspenderam o trabalho noturno."

"Muitas vezes lhe acontecera bater à campainha de uma casa e ser atendido **por uma empregada ou por outra pessoa qualquer**."

"E, às vezes, me julgava **importante**."

Identifique a alternativa em que os termos em destaque aparecem corretamente analisados quanto à função sintática:

a. Predicativo, sujeito, objeto direto.

b. Aposto, agente da passiva, predicativo.

c. Objeto direto, objeto indireto, adjunto adverbial.

d. Complemento nominal, adjunto adverbial, aposto.

e. Vocativo, adjunto adnominal, predicativo.

7. Vunesp-SP

"Três seres esquivos que compõem em torno à mesa a instituição da família, **célula da sociedade**."

O trecho destacado é:

a. complemento nominal.

b. vocativo.

c. agente da passiva.

d. objeto direto.

e. aposto.

8. Unicamp-SP

Uma cidade como Paris, Zé Fernandes, precisa ter cortesãs de grande pompa e grande fausto. Ora para montar em Paris, nesta tremenda carestia de Paris, uma cocotte com os seus vestidos, os seus diamantes, os seus cavalos, os seus lacaios, os seus camarotes, as suas festas, o seu palacete [...], é necessário que se agremiem umas poucas de fortunas, se forme um sindicato! Somos uns sete, no Clube. Eu pago um bocado...

(Eça de Queirós, *A Cidade e as Serras*. São Paulo: Ateliê Editorial, 2011, p. 94.)

> **cocotte**: mulher de hábitos libertinos e vida luxuosa; meretriz.
> **fausto**: luxo.

a. Que expressão do texto representa uma marca direta de interação do narrador com outro personagem?

b. Uma descrição pode ter um efeito argumentativo. Que trecho descritivo do texto reforça a imagem da vida luxuosa das cortesãs na Paris da época (fim do século XIX)?

9. Uerj

"Onde que andou minha missão de poeta, Carnaval?"

O trecho anterior contém uma figura de linguagem chamada apóstrofe.

a. Reescreva esse verso começando-o pela apóstrofe e colocando o sujeito na ordem direta.

b. Cite a função sintática que corresponde à apóstrofe e explique, em uma frase completa, por que ela é empregada no texto.

10. Enem

Jogar limpo

Argumentar não é ganhar uma discussão a qualquer preço. Convencer alguém de algo é, antes de tudo, uma alternativa à prática de ganhar uma questão no grito ou na violência física – ou não física. Não física, dois-pontos. Um político que mente descaradamente pode cativar eleitores. Uma publicidade que joga baixo pode constranger multidões a consumir um produto danoso ao ambiente. Há manipulações psicológicas não só na religião. E é comum pessoas agirem emocionalmente, porque vítimas de ardilosa – e cangoteira – sedução. Embora a eficácia a todo preço não seja argumentar, tampouco se trata de admitir só verdades científicas – formar opinião apenas depois de ver a demonstração e as evidências, como a ciência faz. Argumentar é matéria da vida cotidiana, uma forma de retórica, mas é um raciocínio que tenta convencer sem se tornar mero cálculo manipulativo, e pode ser rigoroso sem ser científico.

Língua Portuguesa, São Paulo, ano 5, n. 66, abr. 2011 (adaptado).

No fragmento, opta-se por uma construção linguística bastante diferente em relação aos padrões normalmente empregados na escrita. Trata-se da frase "Não física, dois-pontos". Nesse contexto, a escolha por se representar por extenso o sinal de pontuação que deveria ser utilizado

a. enfatiza a metáfora de que o autor se vale para desenvolver seu ponto de vista sobre a arte de argumentar.

b. diz respeito a um recurso de metalinguagem, evidenciando as relações e as estruturas presentes no enunciado.

c. é um recurso estilístico que promove satisfatoriamente a sequenciação de ideias, introduzindo apostos exemplificativos.

d. ilustra a flexibilidade na estruturação do gênero textual, a qual se concretiza no emprego da linguagem conotativa.

e. prejudica a sequência do texto, provocando estranheza no leitor ao não desenvolver explicitamente o raciocínio a partir de argumentos.

DIÁLOGOS

A escolha de vocativos por diferentes presidentes da República no Brasil

Presidentes da República costumam escolher distintos vocativos para se referir ao povo brasileiro em seus discursos. Essas escolhas refletem tanto o gosto pessoal dos estadistas quanto suas plataformas de governo ou fatos históricos relevantes dos períodos em que ocorreram seus mandatos. Veja a seguir alguns exemplos de vocativos que já foram usados por ex-presidentes da República do Brasil.

Getúlio Vargas   1937-1945 (terceiro período do governo)

Em seu terceiro período de governo, o chamado Estado Novo, Getúlio Vargas criou o Departamento de Imprensa e Propaganda (DIP), o grande instrumento de promoção de sua imagem. Intitulado pelo DIP como "Pai dos pobres" e "Salvador da pátria", Vargas teve amplo apoio popular, mas enfrentou recorrentes acusações de corrupção. Suicidou-se em 1954.

"Trabalhadores do Brasil": vocativo usado por Getúlio Vargas.

Emílio Garrastazu Médici   1969-1974

Médici, que era militar, governou o Brasil no auge da Ditadura Militar (1964-1985), quando muitos opositores do governo foram torturados e mortos. O período de seu governo ficou conhecido como "Anos de chumbo".

"Homens de meu país": vocativo usado por Emílio Garrastazu Médici.

José Sarney   1985-1990

Mesmo apoiando o regime militar, Sarney acabou, ironicamente, sendo o primeiro presidente civil do Brasil ao suceder Tancredo Neves, morto em 1985. Sarney convocou a Constituição de 1988, promulgada em seu mandato e vigente atualmente. Na sua fala, percebemos a marca de gênero, presente no vocativo por ele utilizado, direcionando-se tanto aos "brasileiros" quanto às "brasileiras".

"Brasileiros e brasileiras": vocativo usado por José Sarney.

Fernando Collor de Mello   1990-1992

Collor foi o primeiro presidente da República eleito por voto direto. Os vocativos que ele usava eram uma tentativa de aproximação com o povo, de busca por apoio da população. Seu governo foi repleto de denúncias de corrupção e de políticas de **desestatização** que levaram o Brasil à recessão. Collor sofreu *impeachment* em 1992.

> "Minhas senhoras e meus senhores", "Minha gente amiga do Brasil" e "Minha gente": vocativos usados por Fernando Collor de Mello.

Desestatização: diminuição da participação e da interferência do Estado em certas atividades econômicas. Tornar privado, particular.

Impeachment: processo político-penal instaurado por denúncia no Congresso Nacional para apurar se houve crime de responsabilidade por parte de presidentes, governadores ou ministros.

Plebiscito: consulta popular realizada por meio de voto para aprovar ou não algum ato legislativo.

Itamar Franco   1992-1994

Itamar Franco assumiu a presidência após o *impeachment* de Collor e foi amplamente apoiado pelos jovens. Isso justifica o vocativo escolhido por ele, que marca a distinção entre as faixas etárias. Durante seu governo, ele implantou o Plano Real e organizou um **plebiscito** sobre a reforma do governo brasileiro, cujo resultado foi a manutenção da república presidencialista.

> "Senhoras e senhores, moços e moças": vocativo usado por Itamar Franco.

Luiz Inácio Lula da Silva   2003-2006 e 2007-2010

Lula foi o presidente que alcançou recorde histórico de popularidade em seus dois mandatos: mais de 90% de aprovação. A escolha que Lula fazia dos vocativos refletia sua política de proximidade com o povo, vivida por ele ao longo de sua vida como sindicalista e no período em que governou o país.

> "Minhas amigas e meus amigos" e "Queridas brasileiras e queridos brasileiros": vocativo usado por Luiz Inácio Lula da Silva.

Existem muitos outros vocativos usados por presidentes ao longo da História do Brasil. Que tal você e seus colegas completarem essa linha do tempo? Reúnam-se e pesquisem um pouco mais sobre outros presidentes e suas relações com o povo brasileiro. Vocês podem usar as informações deste livro e as que vocês pesquisarem, formando um breve panorama da política brasileira.

UNIDADE 5

SINTAXE: O PERÍODO COMPOSTO

Você já observou como, nesta tela, a geometria está em evidência: quadrados, retângulos, cilindros, trapézios? Depois de analisá-la, vê-se um todo criado com base na articulação dessas figuras. Embora elaborada por formas, não se trata de uma obra que se limita a representá-las, pois articula todas elas.

Na linguagem, ocorre algo parecido: substantivos, adjetivos, verbos e artigos podem ser examinados isoladamente, sob a ótica da morfologia. Mas combinados produzem frases que, por sua vez, produzem os textos.

Nesta unidade, você vai investigar as características das orações e o modo como elas se articulam umas às outras, compondo os textos.

Fábrica de Horta, 1909, de Pablo Picasso, foi inspirada na fábrica de azeite localizada em Horta de Sant Joan, na Espanha. O ambiente foi modelo para o estudo de geometria feito pelo artista, o que deu início à sua fase cubista.

CAPÍTULO 20
PERÍODO SIMPLES, PERÍODO COMPOSTO E ORAÇÕES COORDENADAS

O que você vai aprender

1. **Período simples e período composto**
   - Diferenciar período simples de período composto.
   - Reconhecer as orações que formam o período composto.

2. **A articulação entre as orações: coordenação e subordinação**
   - Compreender o que são orações sintaticamente completas e orações sintaticamente incompletas.
   - Compreender o processo de coordenação de orações sintaticamente completas.
   - Compreender a relação entre a oração principal e a oração subordinada.
   - Diferenciar coordenação e subordinação.

3. **Orações coordenadas**
   - Identificar as orações coordenadas.
   - Classificar as orações coordenadas de acordo com seu valor semântico.
   - Compreender o papel coesivo das conjunções coordenativas.
   - Refletir sobre a relação de sentido estabelecida entre as orações de um período composto.

4. **Pontuação de períodos compostos por coordenação**
   - Empregar a vírgula corretamente para separar orações coordenadas.

▶ Leia a tira.

Peanuts, Charles Schulz © 1986 Peanuts Worldwide LLC./Dist. by Andrews McMeel Syndication

Gripe ou amor? Qual será o responsável pelo estado vulnerável de Snoopy? Por que ele compara os supostos sintomas de quem está amando aos sintomas de quem está gripado, igualando-os? Com base na leitura da imagem que retrata o estado de Snoopy, o que podemos inferir? Trata-se de amor ou gripe? Aparentemente, o personagem não difere os sinais de ambos por crer que eles são semelhantes. Mas ele também não indica que os dois casos ocorrem de maneira concomitante.

Muitas vezes, como Snoopy, ficamos em dúvida entre duas possibilidades. No caso do personagem, ele utilizou uma construção textual que expressa a ideia de que uma opção exclui a outra, ou seja, ele não pode estar sentindo as duas ao mesmo tempo. Por isso, retrata certa dúvida sobre qual delas seria de fato real em seu momento de fala. A palavra escolhida por Snoopy que indica essa dúvida é *ou*. O sentido da fala mudaria completamente se ele usasse outro termo, por exemplo, a palavra *e*: "É gripe e é amor". Assim, Snoopy não apresentaria possibilidades, mas estaria afirmando que os sintomas são decorrentes tanto da gripe quanto do amor, e não somente de um deles.

Analisando essa tira podemos perceber que, para uma mensagem ser transmitida claramente, é necessário que as orações estejam relacionadas por meio de palavras que comunicam a ideia pretendida. No caso de Snoopy, como vimos, há a exclusão de uma das possibilidades: ou é uma coisa, ou outra, ainda que os sintomas sejam comuns a ambas. Se mudarmos a palavra *ou* por outra, o sentido da mensagem se alterará por completo – em determinados casos, de maneira drástica.

Ao longo deste capítulo, você vai se aprofundar no estudo da articulação entre as orações, para produzir sentidos e efeitos diversos.

Reflexão e análise linguística

Período simples e período composto

▶ O texto a seguir associa, de forma bem-humorada, a gripe a outro sentimento: o pânico que as epidemias podem causar. Ao lê-lo, observe que o efeito de apavoramento é criado pela forma como as orações são articuladas.

Os mascarados

Os manobristas usavam máscaras. Todos os funcionários do hospital usavam máscaras. As atendentes usavam máscaras e luvas e distribuíam álcool gel e máscaras e luvas. Todos os pacientes usavam máscaras e mesmo assim se olhavam assustados "será que você está de máscara porque já está doente?". Os enfermeiros e médicos estavam fantasiados de apicultores. Eu não sabia mais se estava na Bela Vista ou no epicentro do ebola. Se tirariam meu sangue ou minha vida. Se daria mesmo tempo de usar o vale cafezinho nesta encarnação. Meu marido apertou meu braço e murmurou algo como "corre". Olhei pra ver se era piada, se ele estava rindo, mas não dava mais pra ver seus lábios, alguém já tinha metido uma máscara em seu rosto.

BERNARDI, Tati. Os mascarados. *Folha de S.Paulo*, São Paulo, 15 abr. 2016. Colunistas. Disponível em: <www1.folha.uol.com.br/colunas/tatibernardi/2016/04/1761140-os-mascarados.shtml>. Acesso em: 12 jun. 2017.

Apicultor: criador de abelhas.
Bela Vista: bairro da região central de São Paulo.
Epicentro: ponto em que se registra a intensidade máxima de um abalo sísmico. No texto, significa o ponto de maior incidência de casos de ebola.
Ebola: febre hemorrágica transmitida por vírus.

1. Como a narradora parece se sentir diante de tantas máscaras, luvas e álcool gel?

2. Certamente, os enfermeiros e médicos não estavam fantasiados de apicultores, mas usavam roupas que lembravam as usadas por esses profissionais. Como você imagina que eles estavam vestidos? Por que estariam se vestindo dessa forma?

3. Qual das alternativas a seguir apresenta uma interpretação adequada para a fala da narradora?

Eu não sabia mais se estava na Bela Vista ou no epicentro do ebola.

   a. A narradora de fato não sabia onde estava, porque a gripe a deixou desorientada e confusa.
   b. A frase é criada para ironizar a grande quantidade de aparatos usados para evitar a contaminação.

4. Releia a seguinte frase da crônica:

As atendentes usavam máscaras e luvas e distribuíam álcool gel e máscaras e luvas.

   a. A expressão "As atendentes" é sujeito de dois verbos. Identifique-os.
   b. Que palavra é repetida?
   c. Reelabore o período, eliminando essa repetição. Você pode separar as orações usando ponto final e incluir palavras, desde que isso resulte em eliminação da repetição.
   d. Qual das duas formas mais contribui para que o leitor perceba o quanto a narradora está ficando assustada: a original ou a que você elaborou? Justifique sua resposta.

Ao ler a crônica, você pôde observar que o texto é composto de frases com diferentes estruturas. Há enunciados formados por uma única oração e outros compostos por mais de uma. Releia novamente as seguintes frases:

Os manobristas usavam máscaras. Todos os funcionários do hospital usavam máscaras.

Observe que a repetição de duas frases curtas, com predicados idênticos, contribui para que o leitor imagine o que a narradora viu: primeiro, o manobrista; depois, todos os funcionários usando máscaras, o que tornou a cena mais assustadora. Parece que a narradora estava dando um passo de cada vez e, a cada passo, percebia a gravidade da situação. Nesse caso, ambas são formadas por apenas uma oração.

Veja outra frase:

As atendentes usavam máscaras e luvas e distribuíam álcool gel e máscaras e luvas.

Agora, repare que nessa frase, diferentemente, temos a impressão de que a narradora já não observa uma cena de cada vez, mas vê vários acontecimentos ao mesmo tempo. Esse efeito é causado pela repetição da palavra **e**.

Observação: A oração II tem sujeito oculto ("As atendentes"), já apresentado na oração I; portanto, não precisa ser citado novamente.

5. **Agora, leia estes períodos compostos. Sublinhe os verbos de cada um, separe as orações com barras e indique quantas orações formam o período. Siga o exemplo como modelo.**

   Exemplo:

   O tráfego <u>está</u> intenso / e os semáforos <u>estão</u> desativados, / por isso <u>chegaremos</u> atrasados ao evento. (período composto de três orações)

   a. O menino chorou, espernou, atirou-se ao chão, mas a mãe não atendeu ao desejo dele.
   b. Recebi sua mensagem, mas ainda não respondi porque estou muito ocupado.
   c. Nuvens carregadas cobrem o céu da cidade nesta manhã, por isso estou preparada para chuvas fortes.
   d. O juiz afirmou que tinha provas suficientes para condenar o réu.
   e. Ainda não assinei o relatório que a professora me entregou no dia da reunião.
   f. Como ele chegou cedo, conseguiu um bom lugar, perto do palco.
   g. Cresce a importação de leite e cai a de algodão.

Como vimos, saber o número de verbos colabora para o reconhecimento da estrutura de um **período**: um único verbo, uma única oração; mais de um verbo, mais de uma oração.

Período é o enunciado com sentido completo. Ele pode ser formado por uma única oração ou por mais de uma. Os períodos são classificados em:

- **Período simples**: formado por uma única oração.
  Exemplo:

  Os manobristas **usavam** máscaras.

  a oração é construída em torno do verbo *usavam*

- **Período composto**: formado por mais de uma oração.
  Exemplos:

  conjunção que relaciona as duas orações

  As atendentes **usavam** máscaras e luvas e **distribuíam** álcool gel e máscaras e luvas.

  a oração é construída em torno do verbo *usavam*

  a oração é construída em torno do verbo *distribuíam*

  conjunção que relaciona as duas orações

  Eu não **sabia** mais se **estava** na Bela Vista ou no epicentro do ebola.

  a oração é construída em torno do verbo *sabia*

  a oração é construída em torno do verbo *estava*

Observe que o período abaixo contém sete verbos ou locuções verbais, destacados em laranja. Sendo assim, trata-se de um período formado por sete orações, que se relacionam por meio das conjunções destacadas em verde.

Olhei / pra **ver** / **se era** piada, /
se ele **estava** rindo, /
mas não **dava** mais /
pra **ver** seus lábios, /
alguém já **tinha metido**
uma máscara em seu rosto.

Período simples, período composto e orações coordenadas   Capítulo 20   365

A articulação entre as orações: coordenação e subordinação

▶ Leia esta tira.

A situação vivida por Charlie Brown e Lucy explora as características centrais dos personagens. Ele é um menino melancólico que tende a destacar o lado negativo das coisas. Ela, por sua vez, é egocêntrica, pouco reflexiva e bastante segura de si. Na situação apresentada na tira, há um conflito entre o que a mãe de Lucy disse e o que cada um pensa a respeito dessa fala.

Observe esta fala de Lucy:

Minha mãe me elogiou... Disse **que eu sou a pessoa mais exigente do mundo!**

O trecho em destaque é uma oração que informa o conteúdo da fala da mãe, tomada por Lucy como um elogio. Essa oração completa o sentido do verbo *disse*; portanto, ela funciona como objeto direto.

Na fala seguinte, Charlie Brown questiona a interpretação de Lucy, convidando-a a pensar sobre o tema.

Você nunca pensou por um momento **que sua mãe pode não estar te elogiando?**

O trecho em destaque nessa oração informa o ponto de vista de Charlie Brown sobre o que Lucy deveria pensar. Essa oração completa o sentido do verbo *pensou*; portanto, ela funciona como objeto direto.

Esses exemplos mostram uma forma de articulação entre as orações de um período: uma oração exerce determinada função sintática em relação a outra. Assim, existe entre elas uma relação de dependência.

> O **período composto por subordinação** é formado por uma oração principal, à qual se subordina outra oração. A oração subordinada exerce uma função sintática em relação à principal (sujeito, objeto direto, objeto indireto, complemento nominal, predicativo, aposto, agente da passiva, adjunto adnominal ou adjunto adverbial).
>
> Exemplo:
>
> **Disse** que eu sou a pessoa mais exigente do mundo!
> ↓   ↓
> oração principal   oração subordinada, que exerce a função de objeto direto da oração principal

Agora, leia esta outra tira.

O diálogo entre o sargento Tainha e Dentinho também elucida as características centrais de cada personagem. O sargento tem responsabilidade pelos soldados, por isso sempre dá instruções, cobra resultados e irrita-se com o rendimento da tropa. Dentinho não é muito ágil para responder aos comandos. Muitas das tiras que o envolvem exploram o fato de ele não entender as instruções e confundir-se com as ordens. É exatamente o que acontece nessa tira. Ele interpreta o desabafo do sargento como uma autocrítica, quando, na verdade, o criticado era ele.

6. **Observe na tira a relação entre os elementos visuais e os verbais.**

   a. Que recurso visual foi usado para ressaltar o desgaste do sargento diante das tentativas de orientar Dentinho?

   b. Agora, observe o texto escrito: Que recurso foi usado para reforçar esse desgaste?

   c. Note que a fala do sargento é formada por três orações que, embora estejam ligadas entre si, são sintaticamente completas. Identifique as palavras usadas para relacionar as orações.

As orações ditas pelo sargento são completas, do ponto de vista sintático, e estão coordenadas entre si, formando um período composto.

O **período composto por coordenação** é formado por orações que possuem todos os elementos necessários para ter sentido completo, por isso dizemos que elas são sintaticamente completas. Uma oração é colocada ao lado da outra, sem que uma faça parte da outra. Observe os exemplos a seguir, nos quais as orações são sintaticamente completas.

Meu celular escapou da minha mão. Meu celular caiu no asfalto. Meu celular se espatifou. Vou precisar comprar outro.

Podemos coordená-las, estabelecendo lógica entre elas:

Meu celular escapou da minha mão, caiu no asfalto e se espatifou, por isso vou precisar comprar outro.

Período simples, período composto e orações coordenadas Capítulo 20 367

Orações coordenadas

Orações coordenadas assindéticas

▶ Leia esta tira.

Armandinho, de Alexandre Beck

7. A primeira fala de Armandinho parece ser a resposta a uma pergunta feita anteriormente. Considerando o contexto, formule a questão que possivelmente lhe deve ter sido feita.

8. Observe a fala de Armandinho no segundo quadro. Com que objetivo ele cita as ações da mãe?

▶ Releia a segunda fala de Armandinho:

Ela **cuida** de mim, / me **ama**, / me **ensina**, / me **educa**...

Observe que essa fala é formada por quatro orações, que enumeram as ações da mãe de Armandinho. Essas ações poderiam ser apresentadas em outra ordem, sem que isso prejudicasse o sentido. Veja:

Ela me **ama**, **cuida** de mim, me **educa**, me **ensina**...

Agora, observe este enunciado:

Vi-o uma única vez em um café. **Ele chegou, sentou-se, pediu uma média, suspirou profundamente, com ar de desalento**...

Repare que as orações do período em destaque não poderiam ser apresentadas em outra ordem porque refletem a sequência dos acontecimentos.

Ambas as orações analisadas referem-se ao período composto por coordenação, formado por orações coordenadas. Por se relacionarem entre si sem ser por meio de conjunção, são chamadas de **orações coordenadas assindéticas**.

> As **orações coordenadas** são orações completas, sintaticamente independentes, que se encadeiam, formando um período composto.
>
> As orações coordenadas são **assindéticas** quando não são introduzidas por conjunção. Elas são justapostas, separadas por vírgula. A palavra *assindética* significa "sem conjunção" (*a* = não; *síndeto* = palavra de origem grega que significa "união, conjunção").

Orações coordenadas sindéticas

Como vimos, o período composto por coordenação é constituído por orações completas. Embora elas sejam **sintaticamente** independentes, as **relações de sentido** podem não ser totalmente independentes, e isso deve ser levado em conta quando se organiza o período composto. Observe o seguinte exemplo:

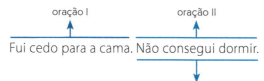

A oração apresenta uma ideia que contraria as expectativas em relação à primeira: ao coordenar as duas orações em um único período, será preciso escolher uma conjunção que expresse essa ideia de contrariedade, oposição.

Agora, leia esta outra frase.

Fui cedo para a cama, **mas** não consegui dormir.

a conjunção expressa ideia de contrariedade, oposição, adversidade, por isso é adequada para relacionar as informações

O período foi composto por uma oração coordenada assindética e uma oração coordenada sindética. Observe:

> **Orações coordenadas sindéticas** são introduzidas por conjunção coordenativa.

As orações coordenadas sindéticas são classificadas de diferentes formas, de acordo com a relação que estabelecem com a oração principal, conforme veremos a seguir.

Oração coordenada sindética aditiva

▶ Leia a letra da canção "Poema", de Cazuza e Frejat.

Poema

Eu hoje tive um pesadelo e levantei atento, a tempo
Eu acordei com medo e procurei no escuro
Alguém com seu carinho e lembrei de um tempo
Porque o passado me traz uma lembrança
Do tempo que eu era criança
E o medo era motivo de choro
Desculpa pra um abraço ou um consolo

CAZUZA; FREJAT. Poema. In: MATOGROSSO, Ney. *Vivo*. RF EDIÇÕES MUSICAIS (Adm. por Warner C. Lapell Edições Musicais LTDA), 1999. Todos os direitos reservados.

9. O que o eu lírico fez ao acordar do pesadelo? Que memória de infância o influenciou a agir dessa forma?

10. O primeiro verso é formado por duas orações.
    a. Identifique-as.
    b. Elas são sintaticamente dependentes ou independentes?
    c. Que conjunção está relacionando essas duas orações?

11. No segundo e terceiro versos, o eu lírico segue narrando os acontecimentos. Observe que ele apresenta os fatos em sequência, adicionado novas informações às anteriores, a fim de descrever o que se passou durante a noite.

> Eu acordei com medo e procurei no escuro
> Alguém com seu carinho e lembrei de um tempo

a. Que conjunção é usada para relacionar as orações?
b. Uma dessas conjunções poderia ter sido substituída por vírgula. Identifique-a.

A conjunção **e** relaciona as orações, dando ideia de sequência, adição de fatos ou acontecimentos. Por isso, ela é classificada como uma conjunção coordenativa aditiva, a qual introduz a oração coordenada sindética aditiva. No caso da letra da canção, o fato de a conjunção ser repetida reforça a ideia de sequência, chamando a atenção para tudo o que o eu lírico fez ao acordar do pesadelo.

Oração coordenada sindética aditiva é aquela que, sendo sintaticamente independente, articula-se a outra oração do período, compondo uma sequência ou soma de acontecimentos.

Exemplo:

Ele acordou cedo e saiu apressado logo após o café.

oração coordenada assindética — oração coordenada sindética aditiva

A oração coordenada sindética aditiva é introduzida por conjunção coordenativa aditiva, como *e, nem, não apenas... mas também, não apenas... como* (*também*).

Oração coordenada sindética adversativa

▶ Leia esta tira.

12. No segundo quadro, Calvin anuncia o cardápio que preparou para a mãe. No terceiro quadro, ele explica, em três orações coordenadas, como as intenções se concretizaram:

Os ovos queimaram um pouco e grudaram na panela, mas você pode raspar eles com esta espátula.

oração I   oração II   oração III

a. Por que podemos dizer que a oração I é coordenada assindética?

b. Por que a oração II é classificada como coordenada sindética aditiva?

Observe que a oração III se opõe às anteriores, porque não mostra outro problema, mas sugere uma solução para a mãe. Essa é uma oração coordenada sindética adversativa.

> **Oração coordenada sindética adversativa** é aquela que apresenta uma ideia que se opõe à anterior, estabelecendo com ela relação de contraste ou compensação.
>
> As orações coordenadas sindéticas adversativas são introduzidas por conjunções coordenativas adversativas, como *mas*, *porém*, *contudo*, *todavia*, *no entanto*, *entretanto*, *não obstante*.
>
> Exemplos:
>
> Fui derrotada nessa batalha, **no entanto** ainda não perdi a guerra.
>
> Estudei o final de semana todo, **mas** valeu a pena. Consegui a nota de que precisava para ser aprovada.

AMPLIANDO O CONHECIMENTO

A seguir, você vai encontrar duas formas diferentes de coordenar as orações "Meu filho não foi ao cinema" e "Meu filho queria ter ido ao cinema". Observe:

Meu filho queria ter ido ao cinema com os amigos, **mas não foi**.
↓
a adversidade é o fato de o filho não ter ido ao cinema

Meu filho não foi ao cinema com os amigos, **mas queria ter ido**.
↓
a adversidade é o fato de que o filho queria ter ido

Observe que a oração apresentada como adversidade ganha destaque, por se apresentar como uma oposição ao que foi declarado antes.

Período simples, período composto e orações coordenadas · Capítulo 20

Oração coordenada sindética alternativa

Leia esta tira.

13. Por que Cascão e Cebolinha fugiram assim que o truque foi concluído?

14. Diante da reação do público, Magali apresenta duas opções para Mônica. Observe que uma opção exclui a outra. Que conjunção foi usada para estabelecer essa relação de exclusão?

O período "Ou você suspende o seu número de fazer aparecer o coelhinho ou você perde todo o seu público!" é composto de duas orações coordenadas sindéticas alternativas. Elas recebem esse nome porque expressam ideia de alternância.

Oração coordenada sindética alternativa é aquela que introduz uma oração cujo conteúdo exclui o conteúdo de outra.

As orações coordenadas sindéticas alternativas são introduzidas por conjunções coordenativas alternativas, como *ou, ou… ou, ora… ora, quer… quer, já… já.*

A conjunção alternativa *ou* pode ser empregada em uma das orações ou pode ser repetida. Já as demais são sempre repetidas em ambas.

Exemplos:

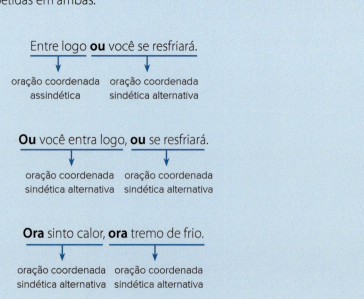

372 Unidade 5 Sintaxe: o período composto

Oração coordenada sindética conclusiva

▶ Leia esta tira.

15. O raciocínio de Charlie Brown sobre a "postura de deprimido" é construído a partir de algumas **premissas**, que conduzem a uma conclusão. Observe as premissas e escreva a conclusão.

> **Premissa:** ideia de que se parte para construir um raciocínio.

1ª premissa: Quando uma pessoa fica deprimida, a postura faz a diferença.

2ª premissa: Se a pessoa ficar ereta e levantar a cabeça, começará a melhorar.

16. Que conjunção é usada para introduzir a conclusão?

Para exprimir sua conclusão sobre a relação entre postura e depressão, Charlie Brown elabora uma oração coordenada sindética conclusiva.

Oração coordenada sindética conclusiva é aquela que expressa conclusão ou consequência lógica baseada no conteúdo das orações anteriores.

As orações coordenadas sindéticas conclusivas são introduzidas por conjunções coordenativas conclusivas, como *logo, portanto, pois* (posposto ao verbo), *então, por isso, de modo que, de forma que, de maneira que* etc.

Exemplos:

As luzes estão todas apagadas **e** o carro não está na garagem **portanto** eles já saíram de casa.

- oração coordenada assindética
- oração coordenada sindética aditiva
- oração coordenada sindética conclusiva

Período simples, período composto e orações coordenadas   Capítulo 20   373

Oração coordenada sindética explicativa

 Leia esta estrofe da letra da canção "Futuros amantes", de Chico Buarque.

Posta-restante: correspondência que não é levada até o endereço do destinatário, ficando depositada na agência do correio para ser retirada pessoalmente.

Não se afobe, não
Que nada é pra já
O amor não tem pressa
Ele pode esperar em silêncio

Num fundo de armário
Na **posta-restante**
Milênios, milênios
No ar

BUARQUE, Chico. Futuros amantes. *Paratodos*. 110% © by Marola Edições Musicais LTDA, 1993. Todos os direitos reservados.

17. No primeiro verso, o eu lírico sugere ao interlocutor que não se afobe. O segundo verso explica o motivo de não haver necessidade de afobação.

   a. Identifique a conjunção empregada para introduzir a oração no segundo verso.

   b. Indique, entre as opções abaixo, outras conjunções que poderiam ser usadas para introduzir essa oração:

   • porque   • pois   • contudo   • logo   • e

A oração "Que nada é pra já" é **coordenada sindética explicativa**.

> A **oração coordenada sindética explicativa** apresenta uma explicação para o que foi declarado anteriormente.
>
> As orações coordenadas sindéticas explicativas são introduzidas por conjunções coordenativas explicativas, como *porque, pois* (anteposto ao verbo), *que*.
>
> Exemplos:
> Não se preocupe com a prova **porque** ela foi adiada.
> Ele virá me visitar, **pois** está muito saudoso.
> Fique calmo **que** daremos todo apoio a você.

18. Classifique as orações destacadas de acordo com o seguinte código:

   I. oração coordenada assindética
   II. oração coordenada sindética aditiva
   III. oração coordenada sindética adversativa
   IV. oração coordenada sindética alternativa
   V. oração coordenada sindética conclusiva
   VI. oração coordenada sindética explicativa

   a. Agradeço sua oferta, **mas não a aceito**, porque me faltam recursos para arcar com essa despesa.

   b. As crianças ora brincam felizmente, ora brigam violentamente.

   c. O deputado não apenas se exaltou na sessão, **como também votou contra a proposta do partido**.

   d. Esse resultado me decepciona e me preocupa.

   e. A terra está seca, **logo ninguém regou minhas plantas**.

   f. Ele venceu; **era, pois, o melhor**.

   g. Ele venceu **porque se esforçou muito**.

374 Unidade 5 Sintaxe: o período composto

▶ Leia a tira a seguir.

19. O segundo quadro apresenta um período composto por coordenação.

a. Indique quais são a oração 1 e a oração 2.

b. Classifique cada uma das orações.

c. Qual é a conjunção coordenativa que relaciona as duas orações?

d. Que outras conjunções poderiam ser usadas para substituir a conjunção coordenativa presente no período?

A pontuação dos períodos compostos por coordenação

Ao elaborar períodos compostos, é importante escolher cuidadosamente a ordem em que as orações serão apresentadas e a forma como será estabelecida a relação entre elas: pode ser conveniente apenas elencá-las uma após a outra, ou pode ser preciso selecionar uma conjunção adequada para estabelecer relação entre as orações. Qualquer que seja o caso, é preciso observar atentamente as regras que determinam o emprego da vírgula entre as orações do período.

- Para separar as orações coordenadas assindéticas.

Os filhos de Ana eram bons, uma coisa verdadeira e sumarenta. **Cresciam, tomavam banho, exigiam para si, malcriados, instantes cada vez mais complexos.**

LISPECTOR, Clarice. Amor. In: MORICONI, Italo (Org.).
Os cem melhores contos brasileiros do século. Rio de Janeiro: Objetiva, 2000. p. 212.

- Para separar as orações coordenadas sindéticas, exceto as que são introduzidas pela conjunção **e**:
  – Separam-se geralmente por vírgula as orações coordenadas unidas pela conjunção **e** quando os sujeitos são diferentes.

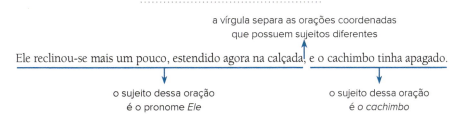

TREVISAN, Dalton. Uma vela para Dario. In: MORICONI, Italo (Org.).
Os cem melhores contos brasileiros do século. Rio de Janeiro: Objetiva, 2000. p. 279.

– Costuma-se também separar por vírgula as orações introduzidas por essa conjunção quando ela é repetida reiteradamente.

> **E** o homem trouxesse sua mulher, **e** os dois ficassem entre os amigos e amigas do vizinho entoando canções para agradecer a Deus o brilho das estrelas e o murmúrio da brisa nas árvores, **e** o dom da vida, **e** a amizade entre os humanos, **e** o amor e a paz.
>
> BRAGA, Rubem. *Para gostar de ler*, v. 1. Recado ao senhor 903. São Paulo: Ática, 1986, p. 74-75.

- Entre as conjunções adversativas, *mas* sempre inicia oração. *Porém*, *todavia*, *contudo*, *entretanto* e *no entanto* podem iniciar a oração ou ser empregadas após outro termo. No primeiro caso, emprega-se vírgula antes da conjunção; no segundo, ela fica isolada por vírgulas.
Exemplos:
O caso é grave, **mas** temos grandes esperanças.
O caso é grave, **contudo** temos grandes esperanças.
O caso é grave, temos, **contudo**, grandes esperanças.

    – Nesse último caso, existe a opção de usar ponto e vírgula para separar as orações:
    O caso é grave; temos, **contudo**, grandes esperanças.

- A conjunção *pois* anteposta ao verbo é explicativa. Posposta ao verbo, ela é conclusiva e deve ficar separada por vírgulas.
Exemplo:
Ele não cometeu delito algum; deve, **pois**, ser inocentado das acusações.

- As demais conjunções conclusivas (*logo*, *portanto*, *por conseguinte* etc.) podem iniciar a oração ou pospor-se a um de seus termos.
Exemplos:
Ele não cometeu delito algum; deve, **portanto**, ser inocentado das acusações.
Ele não cometeu delito algum, **portanto** deve ser inocentado das acusações.

20. Nas orações a seguir, empregue a vírgula conforme necessário.

   a. O espetáculo foi bom mas não correspondeu às minhas expectativas.
   b. Seu trabalho foi o mais consistente portanto o prêmio é seu.
   c. Saí para fazer compras e aproveitei para visitar minha mãe pois fazia tempo que não a via.
   d. Ou você para de reclamar ou será desligado do concurso.
   e. Essa criança ora aceita os alimentos ora os recusa com veemência.

21. Empregue vírgula e ponto e vírgula, conforme for necessário.

   a. Os preços estão muito altos devemos pois agir com cautela na hora das compras.
   b. Está tarde devemos portanto voltar para casa.
   c. O professor elogiou o trabalho tenho no entanto impressão de que ele não gostou tanto assim.

A gramática e a construção de sentido

Dialética

É claro que a vida é boa
E a alegria, a única indizível emoção
É claro que te acho linda
Em ti bendigo o amor das coisas simples
É claro que te amo
E tenho tudo para ser feliz
Mas acontece que eu sou triste…

MORAES, Vinicius de. Dialética. In:
Nova antologia poética de Vinícius de Moraes.
Seleção e organização de Antonio Cícero e Eucanaã Ferraz.
São Paulo: companhia das letras, 2008. p.241.

Dialética: arte de filosofar por meio da contraposição de ideias contraditórias.

1. Três versos do poema são iniciados com a expressão "É claro". Existe alguma contradição entre as três ideias apresentadas nesses três versos?

2. O último verso rompe com o que vinha sendo apresentado nos anteriores. Explique essa ruptura.

3. Sobre a conjunção que introduz o último verso:
   a. Identifique-a.
   b. Classifique-a.
   c. Que tipo de oração essa conjunção introduz?
   d. Explique de que forma o conhecimento da relação de sentido que essa conjunção estabelece colabora com a compreensão do título do poema.

Ana Onofri

Exercícios

1. Leia com atenção a campanha institucional a seguir, que tem dois personagens: os irmãos Manera e Esbanja.

   a. No anúncio da campanha há um imperativo: "seja um Manera". Explique o que isso significa com base nos recursos linguísticos e não linguísticos da campanha.
   b. No trecho "Na hora do banho, seja um Manera: desligue o chuveiro", há quantas orações? Elas são dependentes uma da outra?
   c. No trecho destacado anteriormente, reelabore o período substituindo os dois-pontos por uma conjunção, sem alterar seu sentido inicial.

2. Leia a tirinha abaixo e identifique a alternativa que não corresponde ao conteúdo abordado.

   a. No primeiro quadro, há duas orações que acrescentam informações sobre a situação da democracia, ligadas pela conjunção **e**.
   b. O segundo quadro traz uma oposição ao que foi dito no quadro anterior, construída pela conjunção *mas*.
   c. O terceiro quadro traz uma espécie de explicação em relação ao que foi dito nos quadros anteriores, construída com a conjunção **e**.
   d. No quinto quadro há uma oposição em relação ao que foi dito nos anteriores, construída pela conjunção **e**, em "e se tornar plena!".
   e. No último quadro, os dois-pontos têm valor explicativo, pois em seguida é apresentada uma palavra que ilustra o que foi dito anteriormente.

3. Leia o poema a seguir.

A um poeta

Longe do estéril turbilhão da rua,
Beneditino escreve! No aconchego
Do claustro, na paciência e no sossego,
Trabalha e teima, e lima, e sofre, e sua!

Mas que na forma se disfarce o emprego
Do esforço: e trama viva se construa
De tal modo, que a imagem fique nua
Rica mas sóbria, como um templo grego

Não se mostre na fábrica o suplício
Do mestre. E natural, o efeito agrade
Sem lembrar os andaimes do edifício:

Porque a Beleza, gêmea da Verdade
Arte pura, inimiga do artifício,
É a força e a graça na simplicidade.

Olavo Bilac

Observe as afirmações a respeito do poema de Olavo Bilac.

   I. Nos versos "No aconchego / do claustro, na paciência e no sossego, trabalha e teima, e lima, e sofre, e sua!", repete-se a conjunção **e** a fim de criar um efeito expressivo, no qual a sequência de orações coordenadas demonstra a quantidade de esforço e trabalho para a construção do poema.
   II. O verso "Rica mas sóbria, como um templo grego" traz uma aparente oposição, ou contradição,

própria do bom fazer poético: as imagens na poesia devem ser requintadas, mas sem exageros. Em seguida, apresenta-se um exemplo que ilustra tal condição: a arquitetura grega.

III. Os versos "Porque a Beleza, gêmea da Verdade / Arte pura, inimiga do artifício, / É a força e a graça na simplicidade" trazem uma explicação do que seriam a Beleza e a Verdade: a simplicidade da poesia.

Está(ão) correta(s):

a. I.
b. I e II.
c. I e III.
d. II e III.
e. Todas estão corretas.

4. Leia atentamente a tira a seguir.

a. O último quadro traz uma visão preconceituosa da velhice, que se contrapõe à visão alimentada pelo tigre, amigo de Calvin. Cite tais visões.

b. O avô de Calvin tem uma opinião sobre os quadrinhos atuais. Para especificá-la, utiliza-se uma oração coordenada explicativa. Cite-a.

c. A explicação do avô de Calvin também vem construída em torno de uma oração coordenada alternativa. Cite-a.

5. Atente para as reflexões no texto a seguir.

Eu sei, mas não devia

Eu sei que a gente se acostuma. Mas não devia.

A gente se acostuma a morar em apartamentos de fundos e a não ter outra vista que não as janelas ao redor. E, porque não tem vista, logo se acostuma a não olhar para fora. E, porque não olha para fora, logo se acostuma a não abrir de todo as cortinas. E, porque não abre as cortinas, logo se acostuma a acender mais cedo a luz. E, à medida que se acostuma, esquece o sol, esquece o ar, esquece a amplidão.

A gente se acostuma a acordar de manhã sobressaltado porque está na hora. A tomar o café correndo porque está atrasado. A ler o jornal no ônibus porque não pode perder o tempo da viagem. A comer sanduíche porque não dá para almoçar. A sair do trabalho porque já é noite. A cochilar no ônibus porque está cansado. A deitar cedo e dormir pesado sem ter vivido o dia.

[...]

A gente se acostuma para não se ralar na aspereza, para preservar a pele. Se acostuma para evitar feridas, sangramentos, para esquivar-se de faca e baioneta, para poupar o peito. A gente se acostuma para poupar a vida. Que aos poucos se gasta, e que, gasta de tanto acostumar, se perde de si mesma.

COLASANTI. Marina. Eu sei mas não deveria. In: *A casa das palavras*. São Paulo: Ática, 1996. © by Marina Colasanti.

a. A autora do texto inicia sua reflexão com a afirmação: "Eu sei que a gente se acostuma. Mas não devia". Cite um trecho do último parágrafo que exemplifique uma atitude que demonstre "costume" e outro trecho que reflita sobre esse "Costume".

b. O primeiro parágrafo traz uma série de orações coordenadas aditivas que funcionam, ao mesmo tempo, como explicações. Cite pelo menos um exemplo de oração desse tipo.

c. O primeiro parágrafo também traz orações coordenadas conclusivas que se constroem em relação a uma oração coordenada explicativa. Cite pelo menos um exemplo de oração desse tipo.

Enem e vestibulares

1. Enem

Tarefa

Morder o fruto amargo e não cuspir
Mas avisar aos outros quanto é amargo
Cumprir o trato injusto e não falhar
Mas avisar aos outros quanto é injusto
Sofrer o esquema falso e não ceder
Mas avisar aos outros quanto é falso
Dizer também que são coisas mutáveis...

E quando em muitos a não pulsar
– do amargo e injusto e falso por mudar –
então confiar à gente exausta o plano
de um mundo novo e muito mais humano.

CAMPOS, G. *Tarefa*. Rio de Janeiro: Civilização Brasileira, 1981.

Na organização do poema de Geir Campos, os empregos da conjunção "mas" articulam, para além de sua função sintática,

a. a ligação entre verbos semanticamente semelhantes.
b. a oposição entre ações aparentemente inconciliáveis.
c. a introdução do argumento mais forte de uma sequência.
d. o reforço da causa apresentada no enunciado introdutório.
e. a intensidade dos problemas sociais presentes no mundo.

2. Uema

Passei o pente no cabelo, abotoei o colete, enfiei o anel no dedo e me olhei no espelho: a imagem (persona) correspondia exatamente ao juízo que eu (e os outros) faziam de mim. Fechei a mala. Tomei o trem. Na recepção do hotel, apresentei meus documentos, preenchi a ficha, gratifiquei o moço que me conduzia ao apartamento, descerrei as cortinas para a bela vista e liguei o rádio de cabeceira que tocava a Serenata de Schubert.

[...]

TELLES, Lygia Fagundes. *A disciplina do amor*. São Paulo: Companhia das Letras, 2010.

O estilo demarcado pela escritora no trecho em análise caracteriza-se pelo(a)

a. predominância de orações coordenadas.
b. inserção do narrador na fala das personagens.
c. isolamento sintático, por parênteses, do vocativo.
d. interlocução devido ao uso de verbos de elocução.
e. sequência narrativa marcada por orações reduzidas.

3. ITA-SP

Os dois primeiros quadros da tirinha criam no leitor uma expectativa de desfecho que não se concretiza, gerando daí o efeito de humor. Nesse contexto, a conjunção "e" estabelece a relação de

a. conclusão.
b. explicação.
c. oposição.
d. consequência.
e. alternância.

4. Vunesp-SP Assinale a alternativa que contém uma coordenativa conclusiva:

a. Sérgio foi bom filho; logo será um bom pai.
b. Os meninos ora brigavam, ora brincavam.
c. Jaime trabalha depressa, contudo produz pouco.

d. Os cães mordem, não por maldade, mas por precisarem viver.

e. Adão comeu a maçã, e nossos dentes até hoje doem.

5. **Cesgranrio-RJ** Assinale a opção em que a conjunção e está empregada com valor adversativo.

   a. "Deixou viúva e órfãos miúdos."
   b. "Para diminuir a mortalidade e aumentar a produção proibi a aguardente."
   c. "Tenho visto criaturas que trabalham demais e não progridem."
   d. "Iniciei a pomicultura e a avicultura."
   e. "Perdi dois caboclos e levei um tiro de emboscada."

6. **FCL-SP** Em "Esse processo ocorre não apenas no Brasil e na América Latina, mas também em escala internacional", a série " não apenas... mas também" exprime valor de:

   a. Oposição.
   b. Alternativa.
   c. Comparação.
   d. Adição.
   e. Concessão.

7. **Enem**

   ### O mundo é grande

   O mundo é grande e cabe
   Nesta janela sobre o mar.
   O mar é grande e cabe
   Na cama e no colchão de amar.
   O amor é grande e cabe
   No breve espaço de beijar.

   ANDRADE, Carlos Drummond de. *Poesia e prosa*. Rio de Janeiro: Nova Aguilar, 1983.

   Neste poema, o poeta realizou uma opção estilística: a reiteração de determinadas construções e expressões linguísticas, como o uso da mesma conjunção para estabelecer a relação entre as frases. Essa conjunção estabelece, entre as ideias relacionadas, um sentido de:

   a. comparação
   b. conclusão.
   c. oposição.
   d. alternância.
   e. finalidade.

8. **Enem**

   Cultivar um estilo de vida saudável é extremamente importante para diminuir o risco de infarto, mas também de problemas como morte súbita e derrame. Significa que manter uma alimentação saudável e praticar atividade física regularmente já reduz, por si só, as chances de desenvolver vários problemas. Além disso, é importante para o controle da pressão arterial, dos níveis de colesterol e de glicose no sangue. Também ajuda a diminuir o estresse e aumentar a capacidade física, fatores que, somados, reduzem as chances de infarto. Exercitar-se, nesses casos, com acompanhamento médico e moderação, é altamente recomendável.

   ATALIA, M. Nossa vida. *Época*. 23 mar. 2009.

   As ideias veiculadas no texto se organizam estabelecendo relações que atuam na construção do sentido. A esse respeito, identifica-se, no fragmento, que

   a. a expressão "Além disso" marca uma sequenciação de ideias.
   b. o conectivo "mas também" inicia oração que exprime ideia de contraste.
   c. o termo "como", em "como morte súbita e derrame", introduz uma generalização.
   d. o termo "Também" exprime uma justificativa.
   e. o termo "fatores" retoma coesivamente "níveis de colesterol e de glicose no sangue".

DIÁLOGOS

A lógica de Aristóteles e Lewis Carroll

Você já ouviu falar em lógica aristotélica?

Aristóteles foi um filósofo grego da Antiguidade. Ele viveu no século IV a.C. e suas contribuições intelectuais abrangem diversas áreas do conhecimento, como a física, a música, a poesia, a biologia e... a lógica.

Seus estudos de lógica são reconhecidos até hoje como um trabalho notável, muito usados na filosofia, que busca resolver problemas por meio da criação de teorias embasadas por argumentos.

Assim, os argumentos seriam um conjunto de proposições lógicas que fazemos para justificar nossas ideias e teses. Vejamos, por meio de um exemplo clássico, como Aristóteles propôs a teoria lógica:

Termos: são neutros, não podem ter valor de verdadeiro ou falso.

Premissa 1   Todo **homem** é **mortal**.

Premissa 2   Sócrates é homem.

Premissas: são sentenças com significado completo, que recebem valor de verdadeiras ou falsas.

Logo,   Sócrates é mortal.

Silogismo: conclusão extraída das premissas. Ao sujeito é atribuído o termo não usado na premissa. O sujeito de uma premissa precisa estar no predicado da outra. Observe que o predicado traz uma conjunção coordenativa conclusiva.

Aristóteles no Liceu que abriu em Atenas, em 335 a.C., após encerrar seus ensinamentos a Alexandre da Macedônia, de quem era mentor. A escola era dedicada ao deus Apolo (*Lykeios*), daí o nome Liceu. O afresco (1883-1888) é de Gustav Adolph Spangenberg.

382   Unidade 5   Sintaxe: o período composto

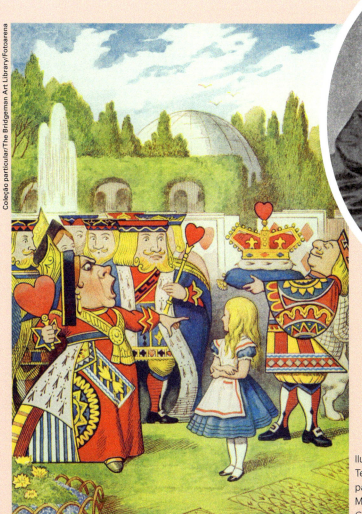

Lewis Carroll (1832-1898) pseudônimo de Charles Lutwidge Dodgson.

Ilustração de John Tenniel (1820-1914) para Alice no País das Maravilhas, de Lewis Carroll.

Lewis Carroll, autor de *Alice no País das Maravilhas*, além de escritor, era matemático, lógico, fotógrafo e diácono da Igreja Anglicana, no século XIX. Em seu livro-texto sobre lógica, ele propõe uma crítica velada à lógica aristotélica: ele adiciona mais uma premissa, mostrando que os silogismos podem adquirir significados aleatórios.

Premissa 1: Bebês são ilógicos.
Premissa 2: Ninguém que saiba manejar um crocodilo é desprezado.
Premissa 3: Pessoas ilógicas são desprezadas.
Silogismo: Logo, bebês não podem manejar crocodilos.

Parece, então, uma questão de coerência. No entanto, as conclusões dos silogismos sempre fazem sentido no mundo pragmático, real?

Reúna-se com seus colegas e elaborem proposições lógicas como as de Aristóteles. Depois, insiram uma terceira premissa qualquer, observem os silogismos possíveis e preparem-se para uma ginástica mental de coerência.

CAPÍTULO 21
ORAÇÕES SUBORDINADAS SUBSTANTIVAS

O que você vai aprender

1. Sintaxe do período composto por subordinação. Oração principal e oração subordinada
   - Identificar a relação de subordinação entre as orações de um período.
   - Reconhecer a oração principal e a oração subordinada.

2. Orações subordinadas substantivas
   - Identificar funções sintáticas desempenhadas por substantivos.
   - Compreender a relação entre funções sintáticas desempenhadas por substantivos e orações subordinadas substantivas.
   - Reconhecer as orações subordinadas substantivas e identificar a função sintática que exercem.
   - Analisar períodos compostos por subordinação, reconhecendo a articulação entre a oração principal e a oração subordinada.

3. Orações subordinadas substantivas reduzidas
   - Reconhecer as características das orações subordinadas substantivas desenvolvidas e reduzidas.
   - Identificar as orações subordinadas substantivas e reconhecer as funções sintáticas que desempenham.

4. Pontuação das orações substantivas
   - Compreender as regras que determinam a pontuação entre a oração principal e a oração subordinada substantiva.
   - Pontuar corretamente os períodos formados por oração principal e oração subordinada substantiva.

▶ Observe a tira.

A incerteza sobre o que desejava dizer a Hagar fica evidente em várias falas de Helga. Observe os exemplos a seguir e note que, enquanto tenta se lembrar do que quer falar, ela elabora períodos compostos, ou seja, cria orações para expressar aquilo que **acha**, **sabe**, **odeia** e **queria**.

Acho **que tenho muitas coisas na cabeça**!

Sei **que isso acontece com qualquer um**... Mas odeio **quando acontece comigo**.

Eu queria **que você fizesse uma coisa**...

Aproveitando-se da hesitação de Helga, Hagar complementa a oração de acordo com sua conveniência:

Você queria **que eu fosse até a taverna beber com meus amigos**!

A situação retratada na tira evidencia a forma como articulamos as orações, quando pensamos e falamos. É comum elaborarmos orações para expressar aquilo que queremos, sabemos, ignoramos, desejamos, entre outras situações.

Agora lembre-se de alguém que seja importante para você. O que você deseja a essa pessoa? Reflita sobre essa questão e complete o enunciado abaixo.

Eu desejo que...

Reflexão e análise linguística
A sintaxe do período composto por subordinação
Oração principal e oração subordinada

▶ Leia este fragmento de crônica.

Desejo que desejes

Eu desejo que desejes ser feliz de um modo possível e rápido, desejo que desejes uma via expressa rumo a realizações não utópicas, mas viáveis, que desejes coisas simples como um suco gelado depois de correr ou um abraço ao chegar em casa, desejo que desejes com discernimento e com alvos bem mirados.

Mas desejo também que desejes com audácia, que desejes uns sonhos descabidos e que ao sabê-los impossíveis não os leve em grande consideração, mas os mantenha acesos, livres de frustração, desejes com fantasia e atrevimento, estando alerta para as casualidades e os milagres, para o imponderável da vida, onde os desejos secretos são atendidos.

Desejo que desejes trabalhar melhor, que desejes amar com menos amarras, que desejes parar de fumar, que desejes viajar para bem longe e desejes voltar para teu canto, desejo que desejes crescer e que desejes o choro e o silêncio, através deles somos puxados pra dentro, eu desejo que desejes ter a coragem de se enxergar mais nitidamente.

MEDEIROS, Martha. *Montanha-russa*: crônicas. São Paulo: L&PM Pocket, 2003.

Utópico: qualidade daquilo que é ideal, mas irrealizável.

1. No primeiro parágrafo do texto, o narrador enfatiza a possibilidade de o interlocutor ser feliz com conquistas simples, que podem ser atingidas rapidamente no dia a dia. Tendo em vista o foco desse parágrafo, explique o sentido do seguinte trecho:

   desejo que desejes uma via expressa rumo a realizações não utópicas, mas viáveis

2. Que tipo de desejo o segundo parágrafo enfatiza?

3. No terceiro parágrafo, o que significa "enxergar-se mais nitidamente" no contexto da crônica?

   eu desejo que desejes ter a coragem de se enxergar mais nitidamente.

4. Observe o trecho.

   desejo que desejes uma via expressa rumo a realizações não utópicas, mas viáveis

   a. Qual é o objeto direto do verbo *desejo*, expresso pelo narrador na primeira oração?
   b. Sabendo que uma oração é um enunciado construído em torno de um verbo, por que podemos afirmar que o objeto direto do verbo *desejar* é uma oração?

Nesse trecho, *desejo* é um termo contido em uma oração, cujo sentido se completa com outra. Trata-se de uma oração principal que precisa de uma oração subordinada para adquirir significado. Observe.

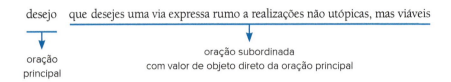

> O **período composto por subordinação** é formado por uma **oração principal**, à qual se subordina outra oração. A **oração subordinada** exerce uma função sintática em relação à principal, ou seja, ela pode ter a função de sujeito, objeto direto, objeto indireto, complemento nominal, predicativo, aposto, agente da passiva, adjunto adnominal ou adjunto adverbial.

Oração subordinada substantiva

▶ Observe os seguintes períodos simples, ou seja, formados apenas por uma oração. Neles estão indicados os termos da oração, com destaque para os seus respectivos núcleos.

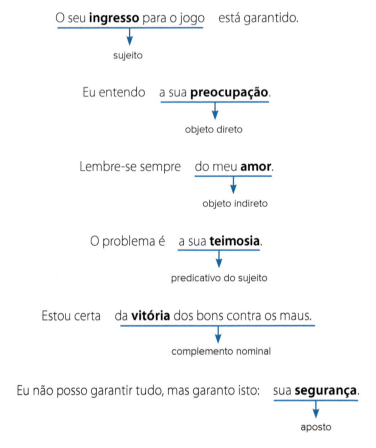

Observe que, em todos os casos, os núcleos destacados são **substantivos**. Se esses termos fossem organizados em torno de verbos, seriam orações que ocupariam posições próprias de substantivos, ou seja, seriam **orações subordinadas substantivas**.

5. Transforme os trechos destacados em orações subordinadas. Observe o modelo a seguir.

O seu ingresso para o jogo está garantido. → Está garantido **que você terá um ingresso para o jogo**.

a. Eu entendo **a sua preocupação**.
b. Lembre-se sempre **do meu amor**.
c. O problema é **a sua teimosia**.
d. Estou certa **da vitória dos bons contra os maus**.
e. Eu não posso garantir tudo, mas garanto isto: **sua segurança**.

Oração subordinada substantiva é aquela que pode desempenhar, no período, funções que são próprias dos substantivos: sujeito, objeto direto, objeto indireto, complemento nominal, predicativo e aposto.

As orações subordinadas substantivas geralmente se articulam à oração principal por meio das conjunções integrantes *que* e *se*. Também podem ser introduzidas por:
- pronomes interrogativos (que, quem, quanto, qual);
- advérbios interrogativos (como, onde, quando, por que).

Exemplos:

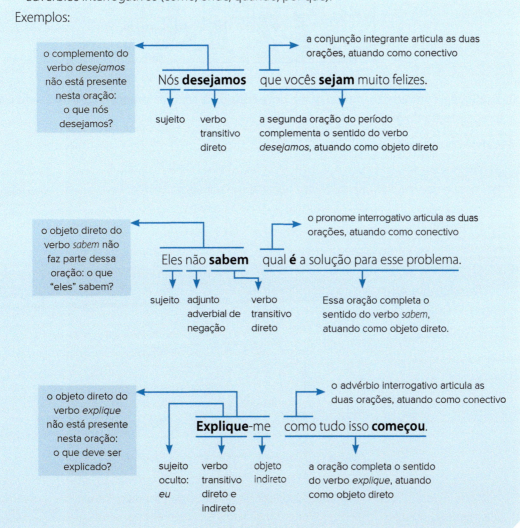

Oração subordinada substantiva subjetiva

▶ Leia a tira.

Ultraje: insulto grave.

6. Explique a contradição entre o que o tigre considera ser uma preocupação de Calvin e a real preocupação do garoto.

7. Calvin considera algo um "ultraje".

   a. Qual é o sujeito da oração "É um ultraje", no primeiro quadro? Explique.

   b. Por que podemos afirmar que esse sujeito é uma oração?

   c. Por que trata-se de uma oração subordinada?

   d. Por que é subordinada substantiva?

Oração subordinada substantiva subjetiva é aquela que exerce a função de sujeito da oração principal.

Exemplo:

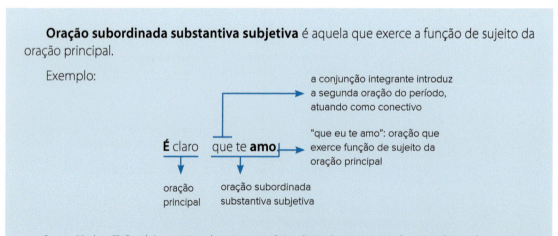

O que "é claro"? Qual é o sujeito dessa oração? Analisando o enunciado completo, observamos que a segunda oração do período é que exerce a função de sujeito.

388 Unidade 5 Sintaxe: o período composto

Oração subordinada substantiva objetiva direta

  Leia a tira.

8. No primeiro quadro, lê-se "Sapos coacham para atrair fêmeas". Essa afirmação reflete o que acontece com o personagem da tira?

9. Qual foi o fator responsável pelo fracasso do plano do sapo?

10. Observe a fala do sapo no terceiro quadro: "Acho que exagerei!".
    a. Qual é o objeto direto do verbo *acho*?
    b. Que verbo organiza esse complemento?
    c. Que conjunção introduz essa oração?

Oração subordinada substantiva objetiva direta é aquela que exerce a função de objeto direto da oração principal.

Exemplo:

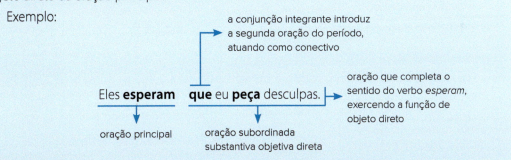

O que eles "esperam"? Qual é o objeto direto dessa oração? Analisando o enunciado completo, observamos que a segunda oração do período, iniciada pela conjunção *que*, exerce a função de objeto direto.

No período composto por subordinação a seguir, a oração subordinada substantiva objetiva direta é introduzida pela conjunção *se*. Observe.

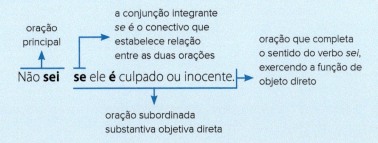

Oração subordinada substantiva objetiva indireta

▶ Leia este fragmento de reportagem sobre as primeiras atuações de um jogador em seu time.

Bruno Henrique sonha em ser ídolo no seu Corinthians

Quando viu que a bola foi para a rede, Bruno Henrique não sabia o que fazer. Após alguns segundos, lembrou-se de que o pai estava no Itaquerão. Procurou-o, mas não o achou. O lance, que empatou a partida contra o Coritiba, aos 50 min do 2º tempo, foi o primeiro gol dele com a camisa do Corinthians.

"Foi a única vez que entrei na área do Coritiba no jogo inteiro. Agora que fiz o primeiro, quero mais. A sensação foi indescritível", conta à Folha o cabeça de área, que será titular no clássico contra o Santos, neste domingo (9), às 19h30, no Itaquerão.

SABINO, Alex. Bruno Henrique sonha em ser ídolo no seu Corinthians. *Folha de S.Paulo*, São Paulo, 9 nov. 2014. Esporte. Disponível em: <www1.folha.uol.com.br/fsp/esporte/194779-bruno-henrique-sonha-em-ser-idolo-no-seu-corinthians.shtml>. Acesso em: 20 abr. 2017.

11. Que palavra do título da reportagem indica que o jogador é torcedor do time em que atua?

12. Observe o seguinte período composto.

Após alguns segundos, lembrou-se de que o pai estava no Itaquerão.

a. O verbo *lembrou-se* é transitivo indireto. De que o jogador se lembrou? Ou seja, qual é o objeto indireto desse verbo?

b. O objeto indireto do verbo *lembrou-se* é uma oração? Justifique.

Oração subordinada substantiva objetiva indireta é aquela que exerce a função de objeto indireto da oração principal.

Exemplo:

Ele **se convenceu** de que eu **sou** inocente.

— oração principal
— oração subordinada substantiva objetiva indireta

- o verbo *convencer-se* rege a preposição *de* (convencer-se *de* quê?); por essa razão, a preposição está presente na oração subordinada objetiva direta
- a conjunção integrante introduz a segunda oração do período, atuando como conectivo
- oração que atua como objeto indireto do verbo *se convenceu*

Essa oração apresenta sujeito (*ele*) e verbo transitivo indireto (*se convenceu*), mas não há objeto indireto que complete o sentido do verbo.

Oração subordinada substantiva completiva nominal

▶ Leia este trecho de um comentário esportivo escrito por Adroaldo Guerra Filho, jornalista esportivo cujo apelido é Guerrinha.

Guerrinha: a vantagem deixa a certeza de que o Inter avançou

Como se imaginava, o Inter foi diferente do que havia sido na Serra, derrotou o Cruzeiro por 3 a 1 e encaminhou matrícula na fase semifinal do Gauchão. Uma vitória merecida, com o aval do maestro D'Alessandro, atuação muito boa de Carlinhos, mais dois gols de Brenner, um golaço de Valdívia e alegria nas arquibancadas.

Claro que não existe jogo jogado, mas a vantagem deixa a certeza de que o Colorado avançou.

Serra: Estádio Serra Dourada, em Passo Fundo (RS).
Colorado: apelido pelo qual o Internacional de Porto Alegre é conhecido.

GUERRA FILHO, Adroaldo. Guerrinha: a vantagem deixa a certeza de que o Inter avançou. *Diário Gaúcho*, 7 abr. 2017. Opinião. Disponível em: <http://diariogaucho.clicrbs.com.br/rs/esporte/inter/noticia/2017/04/guerrinha-a-vantagem-deixa-a-certeza-de-que-o-inter-avancou-9766370.html>. Acesso em: 20 abr. 2017.

13. Identifique a alternativa que apresenta uma afirmação correta quanto ao conteúdo do texto.
a. Na Serra, o Inter jogou bem.
b. Não era esperado um bom desempenho do Inter na partida contra o Cruzeiro.
c. O artigo comenta a partida entre Inter e Cruzeiro no Estádio Serra Dourada.
d. O artigo afirma que o Inter avançou de uma partida para a outra.

14. Observe o seguinte trecho, um período composto por duas orações. Identifique os termos que formam a primeira oração.

a vantagem deixa a certeza de que o Colorado avançou

Orações subordinadas substantivas Capítulo 21 391

15. O objeto direto dessa oração é formado por um substantivo que não tem sentido completo: *certeza*. Identifique seu complemento.

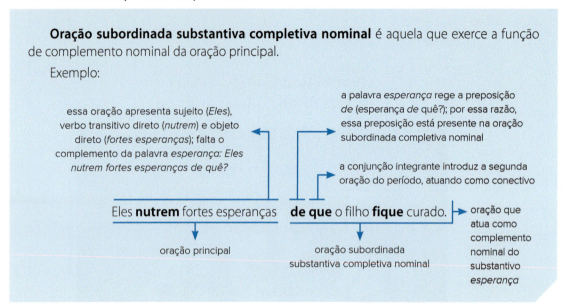

Oração subordinada substantiva completiva nominal é aquela que exerce a função de complemento nominal da oração principal.

Exemplo:

essa oração apresenta sujeito (*Eles*), verbo transitivo direto (*nutrem*) e objeto direto (*fortes esperanças*); falta o complemento da palavra *esperança*: *Eles nutrem fortes esperanças de quê?*

a palavra *esperança* rege a preposição *de* (esperança de quê?); por essa razão, essa preposição está presente na oração subordinada completiva nominal

a conjunção integrante introduz a segunda oração do período, atuando como conectivo

Eles **nutrem** fortes esperanças | **de que** o filho **fique** curado.

oração principal | oração subordinada substantiva completiva nominal | oração que atua como complemento nominal do substantivo *esperança*

AMPLIANDO O CONHECIMENTO

▶ Leia esta tira.

© 2017 King Features Syndicate/Ipress

A extensão do livro causa determinada impressão no personagem. Note que *impressão* é uma palavra transitiva, ou seja, seu sentido se estende a um complemento. Desse modo, diante da afirmação

"Tenho a ligeira impressão", logo nos perguntamos: impressão **de quê**? Na tira, o complemento desse substantivo aparece em forma de oração: "que a professora me odeia!". Observe que houve apagamento da preposição *de*. Isso ocorre com frequência em situações informais, geralmente quando a fala é espontânea. Em contextos mais formais, em que se espera o uso da variedade urbana de prestígio, convém usar a preposição antes da conjunção integrante *que*, tanto em orações subordinadas substantivas objetivas indiretas quanto em orações subordinadas substantivas completivas nominais, como nos seguintes exemplos:

Tenho a ligeira impressão **de** que a professora me odeia!

o substantivo *impressão* rege um complemento introduzido pela preposição *de*: impressão *de quê*?

Não duvido **de** que ele esteja falando a verdade.

o verbo *duvido* rege um complemento introduzido pela preposição *de*: duvido *de quê*?

392 Unidade 5 Sintaxe: o período composto

Oração subordinada substantiva predicativa

▶ Leia esta tira.

16. A tira faz referência a um personagem clássico: o vampiro que dorme em um caixão durante o dia e sai à noite para se alimentar de sangue. Na situação representada, o vampiro escapa por pouco. Explique como ele se livrou das estacadas.

17. Observe a fala do vampiro:

> A sorte é que eu viro muito quando durmo!

a. Identifique os verbos na frase.
b. Cada verbo faz parte de uma oração. Identifique as orações, separando-as com barras.

A primeira oração desse período traz um sujeito (*A sorte*) e um verbo de ligação (*é*). De modo geral, orações com essa estrutura apresentam predicado nominal, ou seja, predicado formado por **verbo de ligação** e **predicativo do sujeito**.

No caso, o predicativo do sujeito é outra oração do período. Observe:

Oração subordinada substantiva predicativa é aquela que exerce a função de predicativo do sujeito da oração principal.

Exemplo:

Meu sonho **é que** meu filho se **forme** este ano.

- oração principal: Meu sonho é
- oração subordinada substantiva predicativa: que meu filho se forme este ano
- a conjunção integrante introduz a segunda oração do período, atuando como conectivo
- oração que caracteriza o sujeito da oração principal, atuando como predicativo do sujeito

Essa oração apresenta sujeito (*Meu sonho*) e verbo de ligação (*é*). Falta nela o predicativo do sujeito, ou seja, o termo que caracteriza o sujeito.

Orações subordinadas substantivas — Capítulo 21

Oração subordinada substantiva apositiva

▶ Leia o seguinte período.

Quero lhe fazer um pedido: que você nunca se esqueça das suas origens.

18. Identifique os termos que formam a oração principal.

19. A oração principal é sintaticamente completa. No entanto, um de seus termos foi explicado na oração subordinada. Que termo é esse?

Note que há um esclarecimento, uma explicação ao termo pedido da oração principal. Sintaticamente, chama-se **aposto** a explicação dada ao termo citado anteriormente.

Oração subordinada substantiva apositiva é aquela que exerce a função de aposto de um termo da oração principal.

Exemplo:

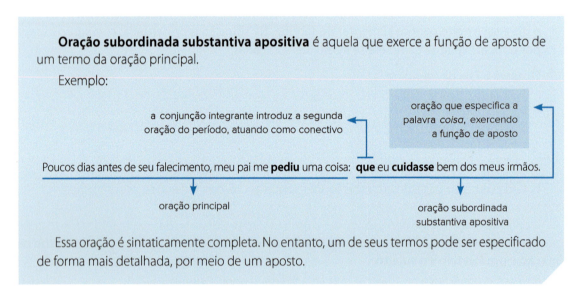

Poucos dias antes de seu falecimento, meu pai me **pediu** uma coisa: **que** eu **cuidasse** bem dos meus irmãos.

Essa oração é sintaticamente completa. No entanto, um de seus termos pode ser especificado de forma mais detalhada, por meio de um aposto.

▶ AMPLIANDO O CONHECIMENTO

As orações subordinadas substantivas que exercem função sintática idêntica podem coordenar-se entre si.

Exemplo:

Tenho esperança de que eles se casem e sejam felizes.

Observe que o substantivo *esperança* pede um complemento para que o interlocutor saiba de que *esperança* se trata. Perceba que, sem esse complemento, a ideia transmitida fica vaga e imprecisa.

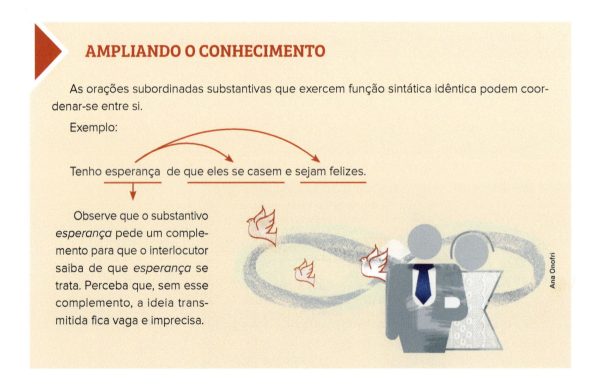

Orações substantivas reduzidas

 Leia a tira.

20. O que leva o personagem a concluir que as galinhas estão tentando salvar o emprego do marido?

21. Observe a seguinte fala do personagem e indique abaixo qual das opções indica a função sintática que a segunda oração exerce em relação à primeira.

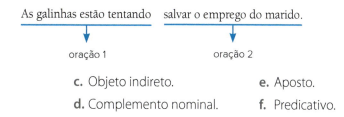

- **a.** Sujeito.
- **b.** Objeto direto.
- **c.** Objeto indireto.
- **d.** Complemento nominal.
- **e.** Aposto.
- **f.** Predicativo.

22. Compare as seguintes orações e observe:
- **a.** A presença ou ausência de preposições.
- **b.** O tempo verbal dos verbos destacados.

....

As galinhas estão tentando **salvar** o emprego do marido.

As galinhas estão tentando que o emprego do marido **seja** salvo.

....

Oração desenvolvida é aquela que apresenta o verbo no modo indicativo, subjuntivo ou imperativo e é introduzida por conectivo.

A **oração reduzida** apresenta o verbo em uma forma nominal (infinitivo, gerúndio ou particípio) e não é introduzida por conectivo.

Exemplos:

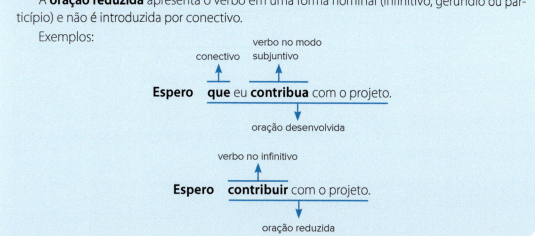

A pontuação das orações subordinadas substantivas

▶ Observe a oração subordinada destacada no seguinte trecho de uma reportagem sobre Fernando Pessoa:

Pedimos aos leitores e colaboradores **que apontassem os poemas mais significativos de Fernando Pessoa**. Escritor e poeta, Fernando Pessoa é considerado, ao lado de Luís de Camões, o maior poeta da língua portuguesa e um dos maiores da literatura universal. O crítico literário Harold Bloom afirmou que a obra de Fernando Pessoa é o legado da língua portuguesa ao mundo.

Carlos Willian Leite
Fonte: Revista Bula

Analisando o primeiro período, verificamos que o verbo *pedimos* é transitivo direto e indireto e um de seus complementos é uma oração subordinada substantiva. Observe:

Note que não há vírgula nesse período. Isso se deve ao fato de que a relação do verbo com os complementos não deve ser interrompida por vírgula. Afinal, se os termos se complementam, o vínculo entre eles é muito estreito, de modo que não faria sentido separá-los. Da mesma forma, não se deve separar o sujeito e o verbo por meio de vírgula. Essa regra vale também para as orações que desempenham função de sujeito, objeto direto, objeto indireto, predicativo do sujeito e complemento nominal.

O aposto, por sua vez, é sempre separado por vírgulas ou por dois-pontos, mesmo quando se apresenta em forma de oração. Exemplo:

Pedimos isto aos leitores e colaboradores:　que apontassem os poemas mais significativos de Fernando Pessoa.

oração subordinada substantiva apositiva

Caso haja um termo intercalado entre a oração principal e a oração subordinada, ele deve ficar separado por vírgulas. Na frase a seguir, expressão muito gentilmente intercalou-se entre a oração principal e a oração subordinada. Observe:

Pedimos isto aos leitores e colaboradores, **muito gentilmente**, que apontassem os poemas mais significativos de Fernando Pessoa.

A gramática e a construção de sentido

O uso das orações substantivas e a construção de sentido

Feliz ano velho, romance autobiográfico de Marcelo Rubens Paiva, narra o acidente sofrido pelo narrador poucos dias antes do Natal de 1979. Durante um passeio com um grupo de amigos, Marcelo resolveu dar um mergulho no lago, sem saber que a profundidade dele era de apenas meio metro. No choque do corpo contra o fundo do lago, uma vértebra se quebrou e, desde então, o jovem tornou-se **tetraplégico**.

O trecho a seguir narra o momento em que, depois de meses imóvel na cama, o narrador se senta pela primeira vez em uma cadeira de rodas. Leia-o, observando que a mudança de perspectiva é tão grande que o óbvio se torna uma incrível descoberta.

Tetraplégico: aquele que sofre de tetraplegia, ou seja, de paralisia ou perda total dos movimentos dos braços e das pernas.

Que incrível, eu me mexia novamente. É óbvio que a gravidade fazia a maior parte do esforço, mas aqueles pedaços de carne balançavam, mudavam de forma. As pessoas iam falando e eu estava absolutamente desligado. Viajava e curtia minha nova posição. Não poderia ficar mais de três horas, mas é mais tempo que uma sessão de cinema. A minha irmã Eliana chegou e constatou uma coisa que todos sabiam, mas ninguém tinha prestado muita atenção. A cadeira tinha rodas. Oras, óbvio que tinha rodas. A roda gira, claro que gira.

– Então, por que não damos uma volta por aí?

PAIVA, Marcelo Rubens. *Feliz ano velho*. Rio de Janeiro: Objetiva, 2006. p. 169.

 Observe os períodos a seguir.

É óbvio **que a gravidade fazia a maior parte do esforço**

A cadeira tinha rodas. Oras, óbvio **que tinha rodas**.

A roda gira, claro **que gira**.

1. Considerando o que se passava com o narrador, explique por que o fato de ele se mexer se devia ao esforço da gravidade.
2. Explique por que, nesse contexto, é ressaltada de forma tão entusiasmada a constatação de um fato tão óbvio quanto a presença de *rodas* na *cadeira de rodas*.
3. As orações que exprimem o conteúdo daquilo que "é óbvio" e daquilo que "é claro" podem ser classificadas como:
   a. orações subordinadas substantivas subjetivas.
   b. orações subordinadas substantivas predicativas.
   c. orações subordinadas substantivas objetivas diretas.
   d. orações subordinadas substantivas objetivas indiretas.
   e. orações subordinadas substantivas completivas nominais.

As orações que indicam aquilo que é *claro* e *óbvio* expressam a razão da alegria do personagem nesse fragmento. Por isso, é interessante observar a construção do texto por meio do uso dessas orações. Afinal, elas nos levam a compreender que a reviravolta ocorrida na vida do rapaz impôs novos desafios e critérios. O que antes era *claro* e *óbvio* tornou-se novidade, proporcionando novas experiências.

Orações subordinadas substantivas Capítulo 21 397

Exercícios

1. Leia a tira.

No período "Pensei **que fosse conjuntivite!**", a oração destacada é:

a. coordenada conclusiva, pois acrescenta uma conclusão ao verbo *pensar*, presente na oração anterior.

b. subordinada substantiva subjetiva, pois exerce a função de sujeito da oração "Pensei".

c. subordinada substantiva predicativa, pois exerce a função de predicativo do sujeito *eu*, presente na oração anterior.

d. subordinada substantiva objetiva direta, pois exerce a função de complemento direto do verbo *pensar*.

e. coordenada explicativa, pois explica o motivo do pensamento expresso na oração anterior.

2. Leia o texto a seguir.

É verdade que usamos apenas 10% de nosso cérebro?

A antiga teoria de que usamos apenas 10% do nosso cérebro se perpetuou ao longo do tempo e, por vezes, é atribuída a Albert Einstein. "Ele nunca disse isso", afirma o neurologista e professor da Pontifícia Universidade Católica do Rio Grande do Sul (PUC-RS), André Palmini.

Na realidade, a origem deste mito está no trabalho do psicólogo americano William James, que em 1908 escreveu: "nós estamos fazendo uso apenas de uma pequena parte do nosso potencial mental e físico". A ideia foi corroborada pelo cientista Karl Lashley, que nas décadas de 1920 e 1930 retirou partes do córtex cerebral de ratos e verificou que eles conseguiam reaprender algumas tarefas.

PINTO, Angela Joenck Cayres. É verdade que usamos apenas 10% de nosso cérebro? *Terra*. Educação. Disponível em: <https://noticias.terra.com.br/educacao/voce-sabia/e-verdade-que-usamos-apenas-10-de-nosso-cerebro,1318c087e60ea310VgnCLD200000bbcceb0aRCRD.html>. Acesso em: 22 mar. 2017.

a. O texto utiliza-se de recursos típicos de textos informativos, visando à objetividade da informação e à conquista da credibilidade junto ao leitor. Cite pelo menos dois desses recursos.

b. A pergunta presente no título tem uma estrutura subordinada. Identifique-a em relação à oração principal.

c. Qual é a função sintática exercida pela oração subordinada? Explique.

3. Leia atentamente a tira.

a. O terceiro quadro apresenta uma atitude inesperada do tigre em relação ao que foi dito por Calvin nos anteriores. Explique por que sua atitude causa estranhamento.

b. Na tira, há duas orações subordinadas objetivas diretas. Identifique-as e indique a oração principal a que se subordinam.

4. Leia atentamente a instrução abaixo, retirada de uma página que orienta seus leitores a elaborar tiras.

Como escrever uma tirinha simples

Defina a trama da tirinha. Lembre-se de que ela deve ser realizada em duas páginas. A história precisa ser empolgante e centrada na ação simples que vai esboçar nos quadrinhos. Para concentrar-se na trama, identifique os pontos centrais da tirinha. Alguns exemplos: conflito (físico), conflito (emocional), homem x natureza, bem x mal, sacadas cômicas, eufemismos, etc.

Como escrever uma tirinha simples. *Wikihow*. Disponível em: <http://pt.wikihow.com/Escrever-Uma-Tirinha-Simples>. Acesso em: 23 mar. 2017.

a. Uma das características desse tipo de texto instrucional é que ele possui uma série de comandos que guiam o leitor. Cite pelo menos dois deles.

b. No período "Lembre-se **de que ela deve ser realizada em duas páginas**", qual é a função do trecho destacado? Explique sua resposta.

5. Há orações subordinadas que exercem funções semelhantes às de substantivos e complementam o sentido de nomes presentes na oração principal. Entre as alternativas a seguir, assinale aquela em que há uma oração destacada que corresponde a essa explicação.

a. Ela recebeu com surpresa a notícia **de que seria a pessoa cotada para ocupar o novo ministério**.

b. Desconfio **de que não sou o único a pensar dessa maneira aqui nesta escola**.

c. Minha esperança é **que possamos salvar os moradores ribeirinhos daquela região**.

d. Não consigo resolver um impasse: **como ser uma pessoa comprometida com as questões do mundo e estar bem consigo mesmo**?

e. Diz-se **que era um dos alunos mais bem avaliados do colégio antes de se envolver com alunos mais velhos**.

6. Leia a tira.

Sobre o período presente na fala do personagem no último quadro, pode-se dizer que há uma oração:

a. subordinada substantiva objetiva direta.

b. subordinada objetiva indireta.

c. coordenada sindética explicativa.

d. subordinada substantiva subjetiva.

e. coordenada sindética conclusiva.

7. Desenvolva as orações reduzidas em destaque.

a. Espero resolver o **problema**.

b. É importante **atender bem os clientes**.

c. Convém **repousar depois da cirurgia**.

d. Desejamos **homenagear os noivos**.

Orações subordinadas substantivas Capítulo 21 399

Enem e vestibulares

1. **Fuvest-SP** Em "Queria **que me ajudasses**", o trecho destacado pode ser substituído por:

   a. a sua ajuda
   b. a vossa ajuda
   c. a ajuda de vocês
   d. a ajuda deles
   e. a tua ajuda

2. **PUCC-SP** A alternativa em que se encontra uma oração subordinada objetiva direta iniciada com a conjunção SE é:

   a. Só obteremos a aprovação se tivermos encaminhado corretamente os papéis.
   b. Haverá racionamento de água em todo o país, se persistir a seca.
   c. Falava como se fosse especialista no assunto.
   d. Se um deles entrasse, todos exigiriam entrar também.
   e. Queria saber dos irmãos se alguém tinha alguma coisa contra o rapaz.

3. **Fuvest-SP**

   Modelo:
   Observou que a lenha verde agonizava.
   Observou a agonia da lenha verde.

   Seguindo o modelo acima, reescreva a seguinte frase:
   "Percebeu que os homens se aproximavam."

4. **Fuvest-SP** Considere os seguintes comentários sobre diferentes elementos linguísticos presentes no texto:

   > Tornando da malograda espera do tigre, alcançou o capanga um casal de velhinhos, que seguiam diante dele o mesmo caminho, e conversavam acerca de seus negócios particulares. Das poucas palavras que apanhara, percebeu Jão Fera que destinavam eles uns cinquenta mil-réis, tudo quanto possuíam, à compra de mantimentos, a fim de fazer um muquirão, com que pretendiam abrir uma boa roça.
   > — Mas chegará, homem? Perguntou a velha.
   > — Há de se espichar bem, mulher!
   > Uma voz os interrompeu:
   > — Por este preço dou eu conta da roça!
   > — Ah! É nhô Jão!
   > Conheciam os velhinhos o capanga, a quem tinham por homem de palavra, e de fazer o que prometia. Aceitaram sem mais hesitação; e foram mostrar o lugar que estava destinado para o roçado.
   > Acompanhou-os Jão Fera; porém, mal seus olhos descobriram entre os utensílios a enxada, a qual ele esquecera um momento no afã de ganhar a soma precisa, que sem mais deu costas ao par de velhinhos e foi-se deixando-os embasbacados.
   >
   > José de Alencar, *Til*.

   Muquirão: mutirão (mobilização coletiva para auxílio mútuo, de caráter gratuito).

   I. Em "alcançou o capanga um casal de velhinhos", o contexto permite identificar qual é o sujeito, mesmo este estando posposto.
   II. O verbo sublinhado no trecho "que seguiam diante dele o mesmo caminho" poderia estar no singular sem prejuízo para a correção gramatical.
   III. No trecho "que destinavam eles uns cinquenta mil-réis", pode-se apontar um uso informal do pronome pessoal reto "eles", como na frase "Você tem visto eles por aí?".

   Está correto o que se afirma em

   a. I, apenas.
   b. II, apenas.
   c. III, apenas.
   d. I e II, apenas.
   e. I, II e III.

5. **Unimar-SP** Assinalar a alternativa que indica a função sintática exercida pelas orações destacadas, nos seguintes períodos:

   I. Insistiu **em que permanecesse no clube**.
   II. Não há dúvida **de que disse a verdade**.
   III. É preciso **que aprendas a ser independente**.
   IV. A verdade é **que não saberia viver sem ela**.

a. Sujeito; objeto direto; complemento nominal; predicativo do sujeito.
b. Predicativo do sujeito; complemento nominal; objeto direto; sujeito.
c. Sujeito; predicativo do sujeito; objeto indireto; complemento nominal.
d. Objeto direto; complemento nominal; sujeito; predicativo do sujeito.
e. Complemento nominal; sujeito; predicativo do sujeito; objeto direto.

6. **FCE-SP** "Os homens sempre se esquecem de que somos todos mortais."

   A oração destacada é:
   a. substantiva completiva nominal
   b. substantiva objetiva indireta
   c. substantiva predicativa
   d. substantiva objetiva direta
   e. substantiva subjetiva

7. **FEI-SP** "Estou seguro **de que a sabedoria dos legisladores** saberá encontrar meios para realizar semelhante medida." A oração em destaque é substantiva:
   a. objetiva indireta
   b. completiva nominal
   c. objetiva direta
   d. subjetiva
   e. apositiva

8. **UCMG** Há oração subordinada substantiva apositiva em:
   a. Na rua perguntou-lhe em tom misterioso: onde poderemos falar à vontade?
   b. Ninguém reparou em Olívia: todos andavam como pasmados.
   c. As estrelas que vemos parecem grandes olhos curiosos.
   d. Em verdade, eu tinha fama e era valsista emérito: não admira que ela me preferisse.
   e. Sempre desejava a mesma coisa: que a sua presença fosse notada.

9. **PUC-SP** Nos trechos: "... não é impossível que a notícia da morte me deixasse alguma tranquilidade, alívio e um ou dois minutos de prazer" e "Digo-vos que as lágrimas eram verdadeiras". A palavra "que" está introduzindo, respectivamente, orações:
   a. subordinada substantiva subjetiva, subordinada substantiva objetiva direta
   b. subordinada substantiva objetiva direta, subordinada substantiva objetiva direta
   c. subordinada substantiva subjetiva, subordinada substantiva predicativa
   d. subordinada substantiva completiva nominal, subordinada adjetiva explicativa
   e. subordinada adjetiva explicativa, subordinada substantiva predicativa

10. **Mack-SP** Assinale o período em que a oração destacada exerce a função de complemento nominal.
    a. Estou certa de **que você nunca me compreenderá**.
    b. Nunca precisei **de que você defendesse os meus interesses**.
    c. **De tanto gritar**, você acabará ficando rouca.
    d. Informei-a **de que já conquistei novas amizades**.
    e. Lembre-se **de que, com esse gênio, você ficará sozinha**.

11. **Fesp**
    "Lembro-me **de que ele só usava camisas brancas**."
    A oração em destaque é:
    a. substantiva completiva nominal
    b. substantiva objetiva indireta
    c. substantiva predicativa
    d. substantiva subjetiva
    e. n.d.a.

12. **FEI-SP** Assinale a alternativa que apresenta uma oração subordinada substantiva apositiva:
    a. Ele falou: "eu o odeio".
    b. Não preciso de você: sei viver sozinho.
    c. Sabendo que havia um grande estoque de roupas na loja, quis ir vê-las: era doida por vestidos novos.
    d. Fez três tentativas, aliás, quatro. Nada conseguiu.
    e. Havia apenas um meio de salvá-la: falar a verdade.

CAPÍTULO 22
ORAÇÕES SUBORDINADAS ADJETIVAS

O que você vai aprender

1. A sintaxe do período composto por subordinação – Orações subordinadas adjetivas
   - Identificar as orações subordinadas adjetivas.
   - Reconhecer que as orações subordinadas adjetivas desempenham funções que são próprias dos adjuntos adnominais.
   - Reconhecer o pronome relativo como conectivo.
   - Identificar o pronome relativo adequado para fazer referência a coisas, pessoas, lugares, tempo ou ao modo como algo acontece.
2. Oração subordinada adjetiva restritiva
   - Reconhecer a forma como a oração subordinada adjetiva restritiva delimita o sentido do termo a que se refere.
3. Oração subordinada adjetiva explicativa
   - Reconhecer a forma como a oração subordinada adjetiva explicativa agrega informações suplementares a um termo cujo sentido já é delimitado.
   - Pontuar corretamente as orações subordinadas adjetivas restritivas.
4. Oração subordinada adjetiva reduzida
   - Identificar as orações subordinadas adjetivas reduzidas de infinitivo, particípio ou gerúndio.
5. Pontuação das orações adjetivas
   - Pontuar corretamente as orações adjetivas explicativas.
   - Reconhecer a diferença de sentido que pode ser criada por meio da pontuação das orações.

▶ Leia esta tira de Níquel Náusea.

A tira explora, de forma bem-humorada, tanto o **sentido literal** quanto o **sentido figurado** do verbo *prender*. Ao fechar o livro, o homem deixa o inseto preso entre as páginas, aprisionando-o literalmente. Por outro lado, como se vê no primeiro quadro, o inseto considera o livro interessante, o que pode nos levar a pensar que a leitura o envolveu, ou seja, prendeu sua atenção.

Você já teve a sensação de estar preso a uma leitura? Que livros prendem sua atenção?

Na fala "É um livro que prende o leitor", observamos que o substantivo *livro* é delimitado; a traça não se refere a um volume qualquer, mas a um livro que possui uma característica específica. Essa especificação é feita por meio de uma oração.

Ao longo deste capítulo, você vai estudar a forma como as orações podem ser organizadas para caracterizar, delimitar ou explicar o sentido de substantivos.

Sentido literal: sentido comum que se costuma dar a um termo.
Sentido figurado: sentido simbólico, alterado.

Reflexão e análise linguística

A sintaxe do período composto por subordinação

As orações subordinadas adjetivas

Na abertura do capítulo, você pensou sobre as características de livros que prendem os leitores. Para muitos, esse é o caso do romance *Capitães da Areia*, de Jorge Amado. Apesar de ter sido escrito há mais de 80 anos, sua narrativa continua conquistando grande parte do público leitor no Brasil e em diversos países.

Para saber mais sobre essa obra, leia esta resenha.

Capitães da Areia, história crua e comovente de meninos pobres que moram num trapiche abandonado em Salvador, é talvez o romance mais influente de Jorge Amado. Clássico absoluto dos livros sobre a infância abandonada, assombrou e encantou várias gerações de leitores e permanece hoje tão atual quanto na época em que foi escrito.

[...]

Desde o seu lançamento, em 1937, *Capitães da Areia* causou escândalo: inúmeros exemplares do livro foram queimados em praça pública, por determinação do Estado Novo. Ao longo de oito décadas a narrativa não perdeu viço nem atualidade, pelo contrário: a vida urbana dos meninos pobres e infratores ganhou contornos trágicos e urgentes.

Várias gerações de brasileiros sofreram o impacto e a sedução desses meninos que moram num trapiche abandonado no areal do cais de Salvador, vivendo à margem das convenções sociais. Verdadeiro romance de formação, o livro nos torna íntimos de suas pequenas criaturas, cada uma delas com suas carências e suas ambições: do líder Pedro Bala ao religioso Pirulito, do ressentido e cruel Sem-Pernas ao aprendiz de cafetão Gato, do sensato Professor ao rústico sertanejo Volta Seca. Com a força envolvente da sua prosa, Jorge Amado nos aproxima desses garotos e nos contagia com seu intenso desejo de liberdade.

Estado Novo: regime político autoritário, que vigorou no Brasil de 1936 a 1945.
Viço: vigor, energia, força.
Trapiche: depósito para estoque de mercadorias que entram ou que saem dos navios nos portos.
Romance de formação: romance no qual é exposto o desenvolvimento físico, moral, psicológico, estético, social ou político de um ou mais personagens.

Disponível em: <www.companhiadasletras.com.br/detalhe.php?codigo=80129>. Acesso em: 27 abr. 2017.

1. Que relação pode ser estabelecida entre a queima de exemplares de *Capitães da Areia* em praça pública e o regime político vigente em nosso país na época?

2. Por que se pode afirmar que o livro continua atual, apesar de ter sido escrito há mais de 80 anos?

Veja os recursos usados para caracterizar o substantivo **meninos** no seguinte trecho.

Capitães da Areia, a história crua e comovente de **meninos** pobres que moram num trapiche abandonado em Salvador, é talvez o romance mais influente de Jorge Amado.

- adjetivo que caracteriza o substantivo *meninos* → pobres
- oração que caracteriza o substantivo *meninos* → que moram num trapiche abandonado em Salvador

3. Neste outro trecho, identifique a oração usada para caracterizar o substantivo *meninos*.

....

> Várias gerações de brasileiros sofreram o impacto e a sedução desses **meninos** que moram num trapiche abandonado no areal do cais de Salvador [...]

....

Conforme a resenha do livro *Capitães da Areia*, os meninos são personagens centrais do romance. Os leitores afeiçoam-se a eles, envolvem-se com seus conflitos, compactuam com seus sonhos, sofrem diante de seus problemas, vibram por suas conquistas. Por essa razão, comentar o livro implica, necessariamente, caracterizar adequadamente esses personagens.

Do ponto de vista sintático, cabem aos adjuntos adnominais caracterizar e especificar os termos da oração, em geral por meio de adjetivos. Nos exemplos analisados anteriormente, alguns desses adjuntos adnominais são formados por orações.

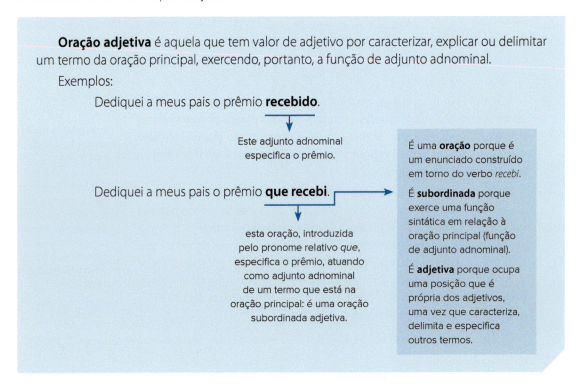

> **Oração adjetiva** é aquela que tem valor de adjetivo por caracterizar, explicar ou delimitar um termo da oração principal, exercendo, portanto, a função de adjunto adnominal.
> Exemplos:
> Dediquei a meus pais o prêmio **recebido**.
>
> Este adjunto adnominal especifica o prêmio.
>
> Dediquei a meus pais o prêmio **que recebi**.
>
> esta oração, introduzida pelo pronome relativo *que*, especifica o prêmio, atuando como adjunto adnominal de um termo que está na oração principal: é uma oração subordinada adjetiva.
>
> É uma **oração** porque é um enunciado construído em torno do verbo *recebi*.
>
> É **subordinada** porque exerce uma função sintática em relação à oração principal (função de adjunto adnominal).
>
> É **adjetiva** porque ocupa uma posição que é própria dos adjetivos, uma vez que caracteriza, delimita e especifica outros termos.

Oração subordinada adjetiva restritiva

▶ Leia esta tira.

AMPLIANDO O CONHECIMENTO

Paul Klee, artista suíço naturalizado alemão, foi professor na Bauhaus, a escola de arte alemã mais marcante do período entre guerras. Seu estilo foi influenciado por diversas tendências artísticas, como o Expressionismo, o Cubismo e o Surrealismo.

4. Na tira anterior, como a imagem se relaciona com a frase citada do artista plástico Paul Klee?

Agora, observe a construção do período criado por Paul Klee.

Uma linha é **um ponto** que foi caminhar.

Note que a oração adjetiva a "que foi caminhar" restringe o sentido da palavra *ponto*. Afinal, nem todo ponto é uma linha; apenas aqueles que "caminham". Trata-se, portanto, de uma **oração subordinada adjetiva restritiva**.

Oração subordinada adjetiva restritiva é aquela que restringe o sentido do termo a que se refere, particularizando-o em relação a outros.

Exemplo:

O rapaz **que chegou atrasado** perdeu a prova.

oração subordinada adjetiva que restringe o sentido da palavra *rapaz*, particularizando-a

Gostei do livro **que você me emprestou**.

oração subordinada adjetiva que restringe o sentido da palavra *livro*, para que o interlocutor saiba exatamente qual é o livro de que se está falando

Oração subordinada adjetiva explicativa

Em 2011, o livro *Capitães da Areia* foi adaptado para o cinema pela cineasta Cecília Amado, neta do autor. Leia um trecho da resenha do filme.

> Meninos abandonados que perambulam reunidos por Salvador para se proteger da violência e até mesmo como meio de sobrevivência, com sonhos, medos e desejos típicos da idade.
>
> Assim são os personagens do filme Capitães da Areia, que estreia hoje nos cinemas.
>
> FARIA, Alan de. Chega adaptação do romance 'Capitães de Areia'. *Agora*, São Paulo, 07 nov. 2011. Folhapress. Disponível em: <www.agora.uol.com.br/show/ult10111u986736.shtml>. Acesso em: 27 abr. 2017.

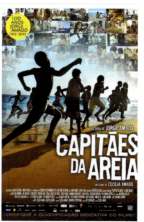

Orações subordinadas adjetivas   Capítulo 22   405

5. Identifique, no seguinte trecho, a oração adjetiva.

Assim são os personagens do filme *Capitães da Areia*, que estreia hoje nos cinemas.

Capitães da Areia é um nome específico. Sendo assim, não é preciso restringir o seu sentido. Nesse caso, a caracterização feita pela oração adjetiva tem outro caráter: o de introduzir uma informação adicional sobre o termo. Trata-se de uma **oração subordinada adjetiva explicativa**.

> A **oração subordinada adjetiva explicativa** introduz uma explicação ou informação adicional a um termo que já tem seu sentido suficientemente delimitado. Esse tipo de oração sempre deve ser separado por vírgulas.
>
> Exemplos:
>
> Este ano vou hospedar tia Suzana, **que sempre vem de Curitiba para a celebração do Natal em família**.
>
> → oração subordinada adjetiva que acrescenta uma informação suplementar a um termo cujo sentido já é delimitado
>
> sujeito da oração principal
>
> O livro *A culpa é das estrelas*, **que vendeu milhares de exemplares desde seu lançamento no Brasil**, foi adaptado para o cinema.
>
> predicado da oração principal
>
> → oração subordinada adjetiva explicativa intercalada entre o sujeito e o predicado da oração principal

Oração subordinada adjetiva reduzida

▶ Leia o trecho de um artigo sobre mudanças climáticas.

Os governantes não agem na medida do necessário para adaptar as cidades brasileiras a uma situação que se agrava, a olhos vistos, de ano para ano. E que não se explica só por "causas naturais": surgem na medida da irresponsabilidade humana, em sua repetição e em seus trágicos efeitos.

Folha de S. Paulo. Editoriais. Disponível em: <www1.folha.uol.com.br/fsp/opiniao/fz1601201101.htm>. Acesso em: 17 abr. 2017.

6. Analise atentamente a oração subordinada adjetiva em destaque.

Os governantes não agem na medida do necessário para adaptar as cidades brasileiras a uma situação **que se agrava**, a olhos vistos, de ano para ano.

a. A que termo a oração subordinada adjetiva se refere?

b. Trata-se de uma oração subordinada adjetiva restritiva ou explicativa? Justifique sua resposta.

406 Unidade 5 Sintaxe: o período composto

c. Identifique o conectivo usado para introduzir a oração subordinada adjetiva.

d. Em que tempo verbal está conjugado o verbo *agrava*?

A oração que você analisou no exercício anterior é **desenvolvida**, ou seja, introduzida por conectivo e com o verbo conjugado em um tempo do modo indicativo. Verifique algumas variações dessa oração:

I. Os governantes não agem na medida do necessário para adaptar as cidades brasileiras a uma situação **agravando-se**, a olhos vistos, de ano para ano.

II. Os governantes não agem na medida do necessário para adaptar as cidades brasileiras a uma situação **a se agravar**, a olhos vistos, de ano para ano.

III. Os governantes não agem na medida do necessário para adaptar as cidades brasileiras a uma situação **agravada**, a olhos vistos, de ano para ano.

7. Nenhuma das três variações da oração "que se agrava" apresenta conectivo. Quanto ao verbo, indique:

a. Qual delas tem o verbo no infinitivo?

b. Qual delas tem o verbo no gerúndio?

c. Qual delas tem o verbo no particípio?

As orações que você analisou no exercícios correspondem à oração desenvolvida analisada anteriormente. A presença das formas nominais indicam que são **orações reduzidas**.

Pontuação das orações adjetivas

O conto "Um cinturão", de Graciliano Ramos, aborda um episódio que marcou a infância do narrador: a punição física por um erro que ele não havia cometido. Antes de narrar os detalhes do "caso do cinturão", o personagem narrador descreve as memórias de outros episódios de violência que havia sofrido.

Leia o trecho para conhecer essas memórias.

>   Os golpes **que recebi** antes do caso do cinturão, puramente físicos, desapareciam quando findava a dor. Certa vez minha mãe surrou-me com uma corda nodosa **que me pintou as costas de manchas sangrentas**. Moído, virando a cabeça com dificuldade, eu distinguia nas costelas grandes lanhos vermelhos. Deitaram-me, enrolaram-me em panos molhados com água de sal – e houve uma discussão na família. Minha avó, **que nos visitava**, condenou o procedimento da filha e esta afligiu-se. Irritada, ferira-me à toa, sem querer. Não guardei ódio a minha mãe: o culpado era o nó. Se não fosse ele, a flagelação me haveria causado menor estrago. E estaria esquecida. A história do cinturão, **que veio pouco depois**, avivou-a.
>
> RAMOS, Graciliano. Um cinturão. In: MORICONI, Italo (Org.).
> *Os cem melhores contos brasileiros do século.* Rio de Janeiro: Objetiva, 2000. p. 144.

8. Identifique o substantivo que cada oração subordinada adjetiva destacada no texto caracteriza. Em seguida, indique as informações corretas sobre as orações.

  a. "que recebi"
  Termo que essa oração caracteriza:
   I. Essa oração restringe o sentido de um termo.
   II. Essa oração traz informações suplementares sobre um termo cujo sentido já é delimitado.
   III. Essa oração é subordinada adjetiva restritiva.
   IV. Essa oração é subordinada adjetiva explicativa.

  b. "que me pintou as costas de manchas sangrentas"
  Termo que essa oração caracteriza:
   I. Essa oração restringe o sentido de um termo.
   II. Essa oração traz informações suplementares sobre um termo cujo sentido já é delimitado.
   III. Essa oração é subordinada adjetiva restritiva.
   IV. Essa oração é subordinada adjetiva explicativa.

  c. "que nos visitava"
  Termo que essa oração caracteriza:
   I. Essa oração restringe o sentido de um termo.
   II. Essa oração traz informações suplementares sobre um termo cujo sentido já é delimitado.
   III. Essa oração é subordinada adjetiva restritiva.
   IV. Essa oração é subordinada adjetiva explicativa.

  d. "que veio pouco depois"
  Termo que essa oração caracteriza:
   I. Essa oração restringe o sentido de um termo.
   II. Essa oração traz informações suplementares sobre um termo cujo sentido já é delimitado.
   III. Essa oração é subordinada adjetiva restritiva.
   IV. Essa oração é subordinada adjetiva explicativa.

Agora, atente à pontuação das orações que você classificou como restritivas e daquelas que você classificou como explicativas. Note que há um padrão, pois tanto as restritivas quanto as explicativas mantêm regularidade na sinalização da pontuação.

> Quanto à pontuação das orações subordinadas adjetivas:
> - As orações subordinadas adjetivas **explicativas** ficam sempre separadas por vírgulas.
> - As orações subordinadas adjetivas **restritivas** não ficam entre vírgulas.
>
> Observe:
>
> Meu filho **que é médico** também mora em Cuiabá.
>
> ↓
>
> oração subordinada adjetiva que restringe o sentido da palavra *filho*: entende-se que quem a pronunciou tem mais de um filho, dentre eles um médico que mora em Cuiabá
>
> Meu filho, **que é médico**, também mora em Cuiabá.
>
> ↓
>
> oração subordinada adjetiva que explica algo, portanto ela traz uma informação suplementar sobre um termo que já tem seu sentido delimitado

AMPLIANDO O CONHECIMENTO

As orações subordinadas adjetivas desenvolvidas podem ser introduzidas por diferentes pronomes relativos, de acordo com o tipo de palavra ao qual elas se referem. Veja:

- **Que, o qual** e suas variações (**os quais, a qual, as quais**) são pronomes relativos usados para fazer referência a **coisas** ou a **pessoas**.
Exemplos:

Malala: conheça a menina **que ganhou** Nobel da Paz ao lutar por direitos das mulheres

Disponível em: <www.vix.com/pt/bdm/dia-da-mulher/malala-conheca-a-menina-que-ganhou-nobel-da-paz-ao-lutar-por-direitos-das-mulheres>. Acesso em: 27 jun. 2017.

O pronome relativo *que* estabelece relação entre uma palavra que designa pessoa e a oração subordinada adjetiva que restringe seu sentido.

Foto: Luiz Rampelotto/Pacific Press/LightRocket/Getty Images

Orações subordinadas adjetivas Capítulo 22 409

[Entrevista de Mia Couto sobre a influência de Guimarães Rosa em sua prosa poética] Este se parece com o caminho trilhado por Guimarães Rosa, que é um escritor **com o qual sua prosa estabelece um diálogo evidente**. Houve essa influência?

Disponível em: <www.cartacapital.com.br/educacao/personagem-em-busca-de-um-autor>. Acesso em: 27 jun. 2017.

> O pronome relativo *o qual* estabelece relação entre uma palavra que designa pessoa e a oração subordinada adjetiva que restringe seu sentido.

Filha mais velha de um professor, Malala desde cedo teve o incentivo do pai para estudar. Ainda antes do nascimento da filha ele já havia fundado uma escola **que recebia meninos e meninas**.

Disponível em: <www.vix.com/pt/bdm/dia-da-mulher/malala-conheca-a-menina-que-ganhou-nobel-da-paz-ao-lutar-por-direitos-das-mulheres>. Acesso em: 27 jun. 2017.

> O pronome relativo *que* estabelece relação entre uma palavra que designa uma instituição e a oração subordinada adjetiva que restringe seu sentido.

Quando a proteína líquida entra em contato com o ar, torna-se um fino fio de seda, **com o qual a teia será construída**. Nas pontas das fiandeiras há vários pelinhos que parecem pequenas garras e servem para ajustar a espessura do fio produzido.

Disponível em: <http://mundoestranho.abril.com.br/mundo-animal/como-e-feita-a-teia-de-aranha/>. Acesso em: 27 jun. 2017.

> O pronome relativo *o qual* estabelece relação entre uma palavra que designa coisa e a oração subordinada adjetiva que restringe seu sentido.

- **Onde** é o pronome relativo usado para fazer referência a lugares. Exemplo:

Amora

Vou contar para o seu pai
Que você namora
Vou contar pra sua mãe
Que você me ignora

Vou pintar a minha boca
Do vermelho da amora
Que nasce lá no quintal
Da casa **onde você mora**.

> O pronome relativo *onde* estabelece relação entre uma palavra que designa lugar e a oração subordinada adjetiva que restringe seu sentido.

AMORA. Renato Teixeira. UNIVERSAL PUBLISHING MGB

- **Quando** é o pronome relativo usado para fazer referência a tempo. Exemplo:

> Mas o falso choro é mentira pequena em comparação ao que acontece entre o segundo e o terceiro ano, **quando a criança já sabe falar suas primeiras frases completas**. Nesse momento, seu vocabulário terá aproximadamente 300 palavras – o suficiente para contar uma mentira para fugir de punições. Ainda que não consiga enganar ninguém.
>
> Disponível em: <http://super.abril.com.br/comportamento/quando-os-filhos-comecam-a-mentir/>. Acesso em: 27 jun. 2017.

> O pronome relativo *quando* estabelece relação entre as palavras que indicam um período específico do desenvolvimento infantil e a oração subordinada explicativa que agrega informação suplementar sobre esse período.

- **Cujo** e suas variações (**cujos**, **cuja**, **cujas**) estabelecem relação de posse com o antecedente. Note, na seguinte manchete, a oração que restringe o sentido do termo *caminhão*.

> Cuiabá: polícia prende em flagrante homem que estava com caminhão **cujo motor era furtado**.
>
> Disponível em: <www.sonoticias.com.br/noticia/geral/cuiaba-policia-prende-em-flagrante-homem-que-estava-com-caminhao-cujo-motor-era-furtado#sthash.dScVWJOb.dpuf>. Acesso em: 27 jun. 2017.

> O motor furtado pertencia ao caminhão. O pronome relativo *cujo* explicita essa relação de posse e introduz a oração subordinada adjetiva que restringe o sentido da palavra *caminhão*.

- **Quem** é o pronome relativo usado para fazer referência a pessoas, como você pode perceber na oração destacada no seguinte fragmento de reportagem. Exemplo:

> Surgem ao redor do Brasil projetos de valorização das mulheres escritoras, a começar pelo autorreconhecimento. Em Curitiba, no Paraná, a poeta Andréia Carvalho Gavita, 43, está há três anos elaborando uma lista de autoras da cidade como parte dessa missão.
>
> Até agora, elencou 330, mas não param de chegar sugestões de novos nomes. A iniciativa animou as novatas no ramo. "A maioria das mulheres **com quem entrei em contato** passou a mostrar os textos escondidos na gaveta", disse à *Folha*.
>
> Disponível em: <www1.folha.uol.com.br/ilustrada/2017/02/1860524-poeta-cria-coletivo-com-330-escritoras-em-curitiba-e-prepara-lancamentos.shtml>. Acesso em: 27 jun. 2017.

> O pronome relativo *quem* estabelece relação entre uma palavra que designa pessoa e a oração subordinada adjetiva que restringe seu sentido.

- **Como** é o pronome relativo usado para fazer referência a formas, modos, maneiras. Exemplo:

> Existem diferenças no modo **como caçam os grandes felinos**?
>
> Disponível em: <http://mundoestranho.abril.com.br/mundo-animal/existem-diferencas-no-modo-como-cacam-os-grandes-felinos/>. Acesso em: 27 jun. 2017.

> O pronome relativo *como* estabelece relação entre uma palavra que designa *modo*, maneira, e a oração subordinada adjetiva que restringe seu sentido.

Orações subordinadas adjetivas **Capítulo 22** 411

A gramática e a construção de sentido

O uso das orações adjetivas e a construção de sentido

▶ Leia o poema de Fernando Pessoa.

Poema em linha reta

Nunca conheci quem tivesse levado porrada.
Todos os meus conhecidos têm sido campeões em tudo.

E eu, tantas vezes reles, tantas vezes porco, tantas vezes vil,
Eu tantas vezes irrespondivelmente parasita,
Indesculpavelmente sujo,
Eu, que tantas vezes não tenho tido paciência para tomar banho,
Eu, que tantas vezes tenho sido ridículo, absurdo,
Que tenho enrolado os pés publicamente nos tapetes das etiquetas,
Que tenho sido grotesco, mesquinho, submisso e arrogante,
Que tenho sofrido enxovalhos e calado,
Que quando não tenho calado, tenho sido mais ridículo ainda;
Eu, que tenho sido cômico às criadas de hotel,
Eu, que tenho sentido o piscar de olhos dos moços de fretes,
Eu, que tenho feito vergonhas financeiras, pedido emprestado sem pagar,
Eu, que, quando a hora do soco surgiu, me tenho agachado
Para fora da possibilidade do soco;
Eu, que tenho sofrido a angústia das pequenas coisas ridículas,
Eu verifico que não tenho par nisto tudo neste mundo.

Toda a gente que eu conheço e que fala comigo
Nunca teve um ato ridículo, nunca sofreu enxovalho,
Nunca foi senão príncipe – todos eles príncipes – na vida...

Quem me dera ouvir de alguém a voz humana
Que confessasse não um pecado, mas uma infâmia;
Que contasse, não uma violência, mas uma cobardia!
Não, são todos o Ideal, se os oiço e me falam.
Quem há neste largo mundo que me confesse que uma vez foi vil?
Ó príncipes, meus irmãos,

Ana Onofri

Arre, estou farto de semideuses!
Onde é que há gente no mundo?

Então sou só eu que é vil e errôneo nesta terra?

Poderão as mulheres não os terem amado,
Podem ter sido traídos – mas ridículos nunca!
E eu, que tenho sido ridículo sem ter sido traído,
Como posso eu falar com os meus superiores sem titubear?
Eu, que tenho sido vil, literalmente vil,
Vil no sentido mesquinho e infame da vileza.

Fernando Pessoa

1. No primeiro verso, o eu lírico afirma que nunca conheceu pessoas que tivessem vivido dificuldades e fracassos. Na estrofe seguinte, ele passa a falar de si.

   a. Na segunda estrofe, leia as orações subordinadas adjetivas explicativas usadas para acrescentar informações suplementares à palavra *eu*. Com base no conteúdo dessas orações, responda: Que impressão geral o eu lírico tem de si mesmo?

   b. Considerando a primeira estrofe do poema e sua resposta à questão anterior, explique o sentido do último verso da segunda estrofe.

2. Na quarta estrofe, o eu lírico expressa o desejo de ouvir determinado tipo de voz humana. Identifique as duas orações subordinadas adjetivas usadas para caracterizar essa voz.

3. Releia esta estrofe e responda: Quem são os semideuses a que o eu lírico se refere? Justifique sua resposta.

   Arre, estou farto de semideuses!
   Onde é que há gente no mundo?

Como você pôde verificar ao responder às perguntas, o poema explora um embate entre o eu lírico e as pessoas com quem ele convive. Para compreender esse conflito, é preciso atentar à forma como ele descreve a si mesmo e aos demais, o que requer a observação minuciosa das orações subordinadas adjetivas restritivas e explicativas. Afinal, essas orações são responsáveis pelas delimitações e pelas explicações importantes à caracterização de comportamentos que são alvo de crítica.

Orações subordinadas adjetivas Capítulo 22 413

Exercícios

1. Leia atentamente a manchete abaixo.

   ### Portões dos locais de provas da 1ª fase do vestibular da Unicamp fecham

   Vestibulandos que chegaram depois das 13h não puderam entrar. Exame acontece neste domingo em 25 cidades do estado de SP e DF.

   Disponível em: <http://g1.globo.com/sp/campinas-regiao/noticia/2015/11/portoes-dos-locais-de-provas-da-1-fase-do-vestibular-da-unicamp-fecham.html>. Acesso em: 2 maio 2017.

   O intertítulo destaca o seguinte período: "Vestibulandos que chegaram depois das 13h não puderam entrar". Se outro jornalista o reescrevesse inserindo um par de vírgulas ("Vestibulandos, que chegaram depois das 13h, não puderam entrar"), o sentido original do período seria alterado? Justifique sua resposta.

2. Leia atentamente o trecho da notícia.

   ### Os que apodrecem

   As flechas empunhadas pelos indígenas **que ocuparam Brasília na semana passada** podem indicar. É contra os mais vulneráveis, os que ninguém liga, os grandes outros do Brasil que as mãos corrompidas avançam sem a necessidade de disfarçar sequer no discurso. É desta aldeia chamada Funai que vem se arrancando peça por peça e talvez em breve o dia amanheça e já não existam sequer cadeiras. É ali que o pior de ontem é melhor do que o pior de hoje. E no amanhã a frase "nenhum direito a menos" pode deixar de fazer qualquer sentido porque já se foram todos. É com os índios que acontece primeiro. Desde 1500, como se sabe.

   BRUM, Eliane. *El País*, 2 maio 2017. Disponível em: <http://brasil.elpais.com/brasil/2017/05/01/opinion/1493666728_748294.html>. Acesso em: 27 jun. 2017.

   a. A oração "É contra os mais vulneráveis" refere-se a outra oração, presente no mesmo texto. Cite-a.

   b. A oração "os que ninguém liga" acrescenta um tipo de informação específica em relação à oração anterior. Explique essa afirmação.

   c. Classifique a oração destacada a no texto.

3. Leia os trechos de um *quiz*, publicado no portal *Nexo*, sobre uma série de atores e os personagens por eles representados em diferentes produções no cinema.

   ### Qual personagem real este ator ou atriz está interpretando? Faça o teste

   Dê o seu palpite sobre os personagens retratados nesses filmes baseados em histórias reais

   Meryl Streep, Nicole Kidman, Milla Jovovich e Morgan Freeman são alguns dos profissionais **que já representaram personagens reais em produções no cinema**. O *Nexo* preparou um *quiz* para avaliar seu conhecimento sobre os filmes que retratam essas histórias. Para cada questão, tente adivinhar o nome desse personagem real e qual filme conta sua história.

   [...]

   [...] Milla Jovovich interpreta uma personagem **que busca justiça** por crimes cometidos contra uma cidade

   Rainha Isabel em *Coração Valente*

   Joana d'Arc em *Joana d'Arc* *

   [...] Glória Pires interpreta uma mulher **que ficou conhecida** por usar a arte para influenciar a medicina no Brasil

   Nise da Silveira em *Nise: O coração da loucura**

   Elizabeth Bishop em *Flores raras*

   [...]

   [...] Philip Seymour Hoffman conseguiu imitar todos os trejeitos desta figura histórica do jornalismo literário **que interpretou no cinema** em 2005

   Truman Capote em *Capote**

Marty Baron em *Spotlight*

[...]

Disponível em: <www.nexojornal.com.br/interativo/2017/03/12/Qual-personagem-real-este-ator-ou-atriz-est%C3%A1-interpretando-Fa%C3%A7a-o-teste>. Acesso em: 3 maio 2017.

a. As orações em destaque possuem uma mesma função. Explique o papel que elas assumem em cada um dos enunciados.

b. Como as orações destacadas se classificam sintaticamente?

c. Em muitas situações é possível substituir este tipo de oração por apenas uma palavra, a fim de deixar o enunciado mais direto e enxuto. Reelabore o período "Glória Pires interpreta uma mulher **que ficou conhecida** por usar a arte para influenciar a medicina no Brasil", substituindo o trecho destacado por uma única palavra, sem alterar seu sentido original.

4. Leia o trecho da notícia.

De volta à Seleção, Ramires é o primeiro a se apresentar em Brasília

Após toda a polêmica em torno do atraso antes do amistoso do Brasil contra a Rússia e de ter ficado fora da Copa das Confederações, o volante Ramires não perdeu tempo e o foi o primeiro a se apresentar à Seleção, em Brasília, para o amistoso contra a Austrália, no próximo sábado. O jogador desembarcou na capital federal por volta das 11h e, meia-hora depois já estava no hotel onde o time ficará concentrado durante toda a semana.

Disponível em: <http://globoesporte.globo.com/futebol/selecao-brasileira/noticia/2013/09/de-volta-selecao-ramires-e-o-primeiro-se-apresentar-em-brasilia.html>. Acesso em: 15 jun. 2017.

a. A fim de dar importância ao retorno do jogador à seleção brasileira de futebol, a matéria dá destaque a um outro detalhe a seu respeito. Cite a oração presente na manchete que expressa tal detalhe.

b. Qual é a função gramatical exercida pela oração citada anteriormente. Justifique sua resposta.

c. Reelabore a oração citada empregando o pronome relativo *que*, sem mudar seu sentido original.

5. Muitos manuais de redação e estilo defendem a ideia de que a repetição do pronome relativo *que* torna o texto pesado e de difícil entendimento. Como solução, propõem a redução de orações subordinadas adjetivas. No entanto, muitas pessoas ao tentarem promover tal redução alteram o sentido dos enunciados originais. Observe as alternativas a seguir e indique aquela em que a reescrita de uma oração subordinada adjetiva reduzida foi alterada na versão desenvolvida.

a. Constatei um objeto **movendo-se na parte superior da vidraça**. / Constatei um objeto **que se move na parte superior da vidraça**.

b. Não gostei da solução **encontrada por ele**. / Não gostei da solução **que ele encontrou**.

c. O candidato era parte do grupo de estudantes **examinado pela banca de professores**. / O candidato era parte do grupo de estudantes **que foi examinado pela banca de professores**.

d. Ouvimos um bêbado **chorando no fundo da mercearia**. / Ouvimos um bêbado **que chorava no fundo da mercearia**.

e. A cantora **apresentada aos novos críticos** é péssima. / A cantora **que se apresenta aos novos críticos** é péssima.

Enem e vestibulares

1. PUC-SP Considere a palavra destacada neste período:

"E há poetas míopes **que** pensam **que** é o arrebol."

Ela introduz, respectivamente, orações:

a. subordinada substantiva completiva nominal e subordinada substantiva objetiva direta.

b. subordinada substantiva objetiva direta e subordinada substantiva predicativa.

c. subordinada adjetiva restritiva e subordinada adjetiva explicativa.

d. subordinada substantiva predicativa e subordinada substantiva objetiva direta.

e. subordinada adjetiva restritiva e subordinada substantiva objetiva direta.

2. Vunesp-SP

A gente Honório Cota

Quando o coronel João Capistrano Honório Cota mandou erguer o sobrado, tinha pouco mais de trinta anos. Mas já era homem sério de velho, reservado, cumpridor. Cuidava muito dos trajes, da sua aparência medida. O jaquetão de casimira inglesa, o colete de linho atravessado pela grossa corrente de ouro do relógio; a calça é que era como a de todos na cidade – de brim, a não ser em certas ocasiões (batizado, morte, casamento – então era parelho mesmo, por igual), mas sempre muito bem passada, o vinco perfeito. Dava gosto ver.

O passo vagaroso de quem não tem pressa – o mundo podia esperar por ele, o peito magro estufado, os gestos lentos, a voz pausada e grave, descia a rua da Igreja cumprimentando cerimoniosamente, nobremente, os que por ele passavam ou os que chegavam na janela muitas vezes só para vê-lo passar.

Desde longe a gente adivinhava ele vindo: alto, magro, descarnado, como uma ave pernalta de grande porte. Sendo assim tão descomunal, podia ser desajeitado: não era, dava sempre a impressão de uma grande e ponderada figura. Não jogava as pernas para os lados nem as trazia abertas, esticava-as feito medisse os passos, quebrando os joelhos em reto.

Quando montado, indo para a sua Fazenda da Pedra Menina, no cavalo branco ajaezado de couro trabalhado e prata, aí então sim era a grande, imponente figura, que enchia as vistas. Parecia um daqueles cavaleiros antigos, fugidos do Amadis de Gaula ou do Palmeirim, quando iam para a guerra armados cavaleiros.

Ópera dos mortos, 1970.

No início do segundo parágrafo, por ter na frase a mesma função sintática que o vocábulo "vagaroso" com relação a "passo", a oração "de quem não tem pressa" é considerada

a. coordenada sindética.

b. subordinada substantiva.

c. subordinada adjetiva.

d. coordenada assindética.

e. subordinada adverbial.

3. Fuvest-SP

"Os meninos de rua que procuram trabalho são repelidos pela população."

a. Reescreva a frase, alterando-lhe o sentido apenas com o emprego de vírgulas.

b. Explique a alteração de sentido ocorrida.

4. Ueba

Meu pai, **que havia arrancado três dentes**, não pôde viajar naquele dia. A oração grifada classifica-se como subordinada:

a. adverbial temporal

b. substantiva apositiva

c. substantiva predicativa

d. adjetiva explicativa

e. adjetiva restritiva

5. PUC-SP Assinale a alternativa que apresenta um período composto onde uma das orações é subordinada adjetiva.

a. "... a nenhuma pedi ainda que me desse fé: pelo contrário, digo a todas como sou."

b. "Todavia, eu a ninguém escondo os sentimentos que ainda há pouco mostrei."

c. "... em toda a parte confesso que sou volúvel, inconstante e incapaz de amar três dias um mesmo objeto."

d. "Mas entre nós há sempre uma grande diferença; vós enganais e eu desengano."

e. " – Está romântico!... está romântico... – exclamaram os três..."

6. UCDB-MS

"Estive pensando muito na fúria cega / com que os homens se atiram à caça do dinheiro."

A classificação correta do período acima é:

a. Principal e adjetiva restritiva.

b. Principal e substantiva predicativa.

c. Principal e substantiva completiva nominal.

d. Principal e adverbial causal.

e. Principal e adverbial concessiva.

7. Uerj

"E as que passam ondulando nas cordas dos violoncelos;"

"Era uma voz de mulher cantando nas Antilhas."

Reescreva estes versos substituindo o primeiro gerúndio por um adjetivo e o segundo por uma oração adjetiva, utilizando formas cognatas nas duas substituições.

8. PUC-RJ

a. Reescreva o período a seguir, pontuando-o corretamente.

É fato conhecido por muitos que Paulo Lins escritor carioca viveu na Cidade de Deus onde se desenrola a trama de seu famoso livro.

b. Construa períodos compostos por subordinação transformando as orações sublinhadas em subordinadas adjetivas. Respeite o início indicado. Veja o exemplo:

Aquela devota chegou tarde. A devota não conseguiu entrar na igreja. Resposta: A devota que chegou tarde não conseguiu entrar na igreja.

I. Estava sentada sobre uma pequena muralha. Converti a pequena muralha em meu observatório. Converti...

II. A morte daquele homem mobilizou a comunidade. Aquele homem era um trabalhador honesto. Aquele homem...

9. Uerj

Era uma espécie de êxtase: fazer de simples prova de natação, a que ninguém o obrigava, uma disputa em que parecia empenhar o destino, fazer da arrancada final uma luta contra o cansaço, em que a vida parecia querer prolongar-se além de si mesma.

Reescreva as duas orações subordinadas adjetivas sublinhadas, fazendo uso da expressão "a qual", de acordo com a norma-padrão.

10. FGV-RJ

Na Espanha, por exemplo, a recentíssima reforma do Código Penal – que atende diretivas da União Europeia sobre o tema – trouxe, no artigo 31 bis, não só a possibilidade de responsabilização penal da pessoa jurídica (por delitos que sejam cometidos no exercício de suas atividades sociais, ou por conta, nome, ou em proveito delas), mas também estabelece regras de como essa responsabilização será aferida nos casos concretos (ela será aplicável [...], em função da inoperância de controles empresariais, sobre atividades desempenhadas pelas pessoas físicas que as dirigem ou que agem em seu nome).

A respeito do período acima, analise as afirmativas a seguir.

I. Há uma oração coordenada sindética aditiva e uma oração coordenada sindética alternativa.

II. Há três orações na voz passiva, mas somente uma com agente da passiva explícito.

III. Há quatro orações subordinadas adjetivas desenvolvidas e uma oração subordinada adjetiva reduzida.

Assinale

a. se apenas as afirmativas I e II estiverem corretas.

b. se apenas as afirmativas II e III estiverem corretas.

c. se apenas as afirmativas I e III estiverem corretas.

d. se nenhuma afirmativa estiver correta.

e. se todas as afirmativas estiverem corretas.

CAPÍTULO 23
ORAÇÕES SUBORDINADAS ADVERBIAIS

O que você vai aprender

1. A sintaxe do período composto por subordinação. Orações subordinadas adverbiais
   - Reconhecer as orações que exercem a função de adjuntos adverbiais em relação à oração principal.
   - Reconhecer as diferentes circunstâncias que podem ser expressas pelas orações subordinadas adverbiais.
   - Identificar as conjunções e as locuções conjuntivas que introduzem as orações subordinadas adverbiais.
   - Refletir sobre os efeitos produzidos pelo uso das orações subordinadas adverbiais.

2. Oração reduzida
   - Compreender a diferença entre oração desenvolvida e oração reduzida.
   - Reconhecer as preposições que, eventualmente, introduzem as orações subordinadas reduzidas.
   - Identificar as orações subordinadas reduzidas.

3. Pontuação das orações adverbiais
   - Compreender a relação entre sintaxe e pontuação.
   - Compreender e aplicar as regras que determinam a pontuação das orações adverbiais.

▶ Observe a tira.

Alguns adultos, ao retornarem, depois de muito tempo, ao local frequentado na infância, têm a impressão de que ele é menor do que imaginavam ou que não é tão interessante quanto julgavam. Nossas lembranças, quase sempre, estão relacionadas a experiências afetivas, por isso, visitar um lugar da infância, encontrar um objeto perdido ou um amigo do passado são eventos que podem nos despertar a memória.

Isso pode explicar por que a curiosidade do gato Fellini diante do gesto de Enriqueta é bastante compreensível. Afinal, é comum vermos crianças olhando as cores de seus lápis, tocando-os para sentir sua textura ou admirando suas formas, mas o ato de cheirá-los não é tão corriqueiro. Ao ser questionada, a menina surpreende: ela deseja que o cheiro do lápis evoque suas memórias de infância.

Ao dizer "Quando ficar grande", Enriqueta projeta o futuro e situa nele o sentido de seu gesto. Agora pense em suas memórias de infância: que imagens, sons, cheiros e sabores lhe vêm à mente? Você se lembra do que imaginava que ocorreria "quando crescesse"? Usava a frase "quando eu crescer" com frequência?

Além de lançar ideais para o futuro, as orações iniciadas pela conjunção *quando* podem ser usadas para indicar fatos do presente e do passado, como você verá ao longo deste capítulo, em que serão abordadas as orações que atuam como advérbios.

Reflexão e análise linguística

A sintaxe do período composto por subordinação

Orações subordinadas adverbiais

Na tira de Liniers que abre o capítulo, a personagem usa a oração "Quando ficar grande" para justificar sua atitude de cheirar os lápis, que a fará recordar de sua infância. No poema a seguir, o eu lírico elabora uma oração iniciada pela conjunção *quando* para narrar seu encontro com uma outra pessoa. Leia-o, observando as possíveis impressões que o seu eu lírico tem nesse encontro.

Ser e não ser: eis o que acho

quando te vejo
dois olhos orelhas
nariz boca bochecha
eu me olho em ti

de repente num relance
somos um mesmo ser olhando

quando te encontro
braços pernas
barriga umbigo
eu me espanto contigo

pelo tempo de um relâmpago
somos dois seres se entreolhando

CHACAL. Ser e não ser: eis o que acho. In: *Boa companhia*: poesia. São Paulo: Companhia das Letras, 2003, p. 123.

1. Na primeira estrofe, o eu lírico projeta a si mesmo no outro. Qual é a causa dessa projeção, ou seja, porque ele olha a si mesmo no outro?

2. O mesmo fato que causa identificação produz estranhamento. Identifique, na terceira estrofe, um verso em que o eu lírico estranha o outro e, por consequência, a si mesmo.

3. A segunda e a quarta estrofes do poema apresentam um paralelo, ou seja, um ponto comum, e um contraste, isto é, um ponto divergente.

   a. Identifique os versos que trazem ideias parecidas.

   b. Identifique os versos que apresentam ideias contrastantes.

Observar a construção da ideia de tempo contribui para a compreensão do poema. As orações "quando te vejo" e "quando te encontro" designam momentos reveladores para o eu lírico. Elas são orações temporais, posto que indicam o tempo em que acontecem os fatos. A revelação que ocorre nesses momentos é fugaz, ou seja, acontece "de repente, num relance" ou "pelo tempo de um relâmpago". Esses advérbios acrescentam circunstâncias de tempo e de modo, tornando a descrição do momento ainda mais precisa.

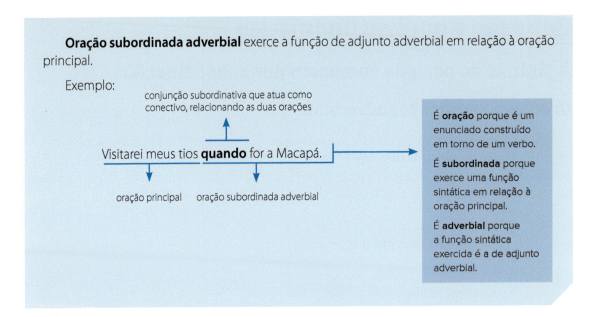

Oração subordinada adverbial exerce a função de adjunto adverbial em relação à oração principal.

Exemplo:

Visitarei meus tios **quando** for a Macapá.

- oração principal
- oração subordinada adverbial
- conjunção subordinativa que atua como conectivo, relacionando as duas orações

É **oração** porque é um enunciado construído em torno de um verbo.

É **subordinada** porque exerce uma função sintática em relação à oração principal.

É **adverbial** porque a função sintática exercida é a de adjunto adverbial.

As orações subordinadas adverbiais podem ser classificadas de diferentes maneiras, de acordo com as circunstâncias que acrescentam às orações principais. Observe a seguir sua classificação.

Oração subordinada adverbial causal

 Leia a tira.

4. Tendo em vista a expressão facial e a resposta do pai de Calvin, ele compreendeu a brincadeira proposta pelo filho?

5. Releia o terceiro quadro.

   a. A que se refere a expressão "já que é assim"?

   b. Separe, no seguinte fragmento do texto, a consequência e a causa do que levou Calvin a decisão retratada.

   ....
   Já que é assim, vou inventar novos significados pras palavras...
   ....

A oração que indica a causa daquilo que é declarado na oração principal exerce a função de **adjunto adverbial de causa**.

Oração subordinada adverbial causal indica a causa de algo que é declarado na oração principal.

Exemplos:

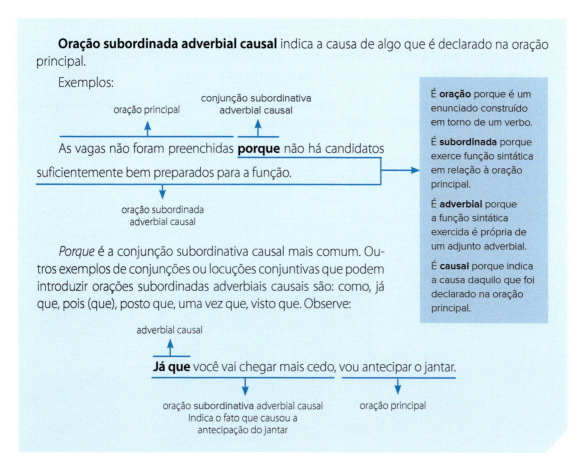

Porque é a conjunção subordinativa causal mais comum. Outros exemplos de conjunções ou locuções conjuntivas que podem introduzir orações subordinadas adverbiais causais são: como, já que, pois (que), posto que, uma vez que, visto que. Observe:

Oração subordinada adverbial consecutiva

 Leia o poema de Fernando Pessoa.

....

Tenho tanto sentimento

Tenho tanto sentimento
Que é frequente persuadir-me
De que sou sentimental,
Mas reconheço, ao medir-me,
Que tudo isso é pensamento,
Que não senti afinal.

Temos, todos que vivemos,
Uma vida que é vivida
E outra vida que é pensada,
E a única vida que temos
É essa que é dividida
Entre a verdadeira e a errada.

Qual porém é verdadeira
E qual errada, ninguém
Nos saberá explicar;
E vivemos de maneira
Que a vida que a gente tem
É a que tem que pensar.

              Fernando Pessoa

....

6. Comente o sentido de *persuadir-me*, considerando o sentido dos três primeiros versos.

7. Os três primeiros versos estabelecem uma relação de causa e consequência. Indique qual verso é a causa e qual é a consequência decorrente dessa informação.

8. Os três versos finais da primeira estrofe estabelecem uma quebra de sentido em relação aos iniciais. Explique a afirmação, com base no texto.

A oração que indica o efeito ou a consequência de algo que é declarado na oração principal exerce a função de **adjunto adverbial de consequência**.

Oração subordinada adverbial consecutiva indica a consequência de algo que é declarado na oração principal.

Exemplo:

a ideia de consequência é criada por meio da correlação entre o adjunto adverbial de intensidade **tanto** e a conjunção **que**

Tenho **tanto** sentimento
↓
oração principal

Que é frequente persuadir-me.
↓
oração subordinada adverbial consecutiva

No caso dos versos do poema "Tenho tanto sentimento", do poeta português Fernando Pessoa, o eu lírico diz ser persuadido, convencido, frequentemente. No contexto, isso é a consequência de ele ter muito (tanto) sentimento. Ou seja, a oração "Tenho tanto sentimento", que é a oração principal, é a causa da oração "que é frequente persuadir-me", como você pode analisar no exercício 7.

Além de *tanto*, outros intensificadores podem se articular com a conjunção *que* para produzir a ideia de consequência.

Observe:
O dia estava **tão** quente **que** não tive coragem de sair de casa.
Era **tamanho** seu mau humor **que** todos se afastaram.

Outros exemplos de locuções conjuntivas que introduzem orações subordinadas adverbiais consecutivas são: de modo que, de forma que, de sorte que, tanto que.

Oração subordinada adverbial condicional

▶ Leia esta história em quadrinhos.

9. Usando elementos do primeiro e do segundo quadros, identifique:

   a. uma evidência de que Eddie tenta argumentar com Hagar.

   b. uma evidência de que Hagar não está disposto a ouvir os argumentos do amigo.

10. Observe uma estrutura que se repete nos primeiros quadros. Nos dois casos, as hipóteses criadas para o formato do mundo estão vinculadas a uma condição. Identifique essa condição e as palavras que a expressam.

   ....
   Eu sei, mas **se fosse**... seria redondo como um ovo?
   [...]
   Se fosse redondo como um ovo, como ficaria de pé?
   ....

A oração que apresenta uma condição para algo que está expresso na oração principal exerce a função de **adjunto adverbial de condição**.

Oração subordinada adverbial condicional indica uma condição, real ou hipotética, para que ocorra aquilo que é declarado na oração principal.

Exemplo:

conjunção subordinativa adverbial condicional
↓
Se o tempo estivesse bom, viajaríamos hoje.

oração subordinada adverbial condicional, que explicita a condição para que ocorra o fato declarado na oração principal — oração principal

Outros exemplos de conjunções e locuções conjuntivas que introduzem orações subordinadas adverbiais condicionais: a menos que, caso, contanto que, desde que, exceto se, salvo se, sem que, uma vez que.

Oração subordinada adverbial concessiva

▶ Leia um trecho da primeira carta que o apóstolo Paulo escreveu aos cristãos de **Corinto**, a fim de sensibilizá-los para a importância do amor.

[1] Ainda que eu fale as línguas dos homens e dos anjos, se não tiver amor, serei como o bronze que soa ou como o **címbalo** que **retine**.

[2] Ainda que eu tenha o dom de profetizar e conheça todos os mistérios e toda a ciência; ainda que eu tenha tamanha fé, a ponto de transportar montes, se não tiver amor, nada serei.

[3] E ainda que eu distribua todos os meus bens entre os pobres e ainda que entregue o meu próprio corpo para ser queimado, se não tiver amor, nada disso me aproveitará.

BÍBLIA Sagrada. 2. ed. Barueri: Sociedade Bíblica do Brasil, 2011. p. 1514.

Corinto: cidade grega.
Címbalo: instrumento musical de percussão.
Retinir: emitir som forte.

11. Qual é o significado das expressões "o bronze que soa" e "o címbalo que retine" no contexto da carta?

12. O que você entende por "nada disso me aproveitará", no terceiro parágrafo?

13. No segundo parágrafo, o narrador argumenta que a importância do amor é tão grande que, sem esse sentimento, o ser humano não seria nada, mesmo que ele fosse capaz de feitos extraordinários. Quais são esses feitos?

De acordo com o texto, não há concessão para a falta de amor: sem ele, o ser humano não se constitui. Uma **concessão** é um fato contrário ao esperado, algo que representa uma quebra de expectativa.

Na carta de Paulo aos coríntios, as concessões apresentadas representam feitos extraordinários que de nada valem se não houver amor. Do ponto de vista sintático, a oração que apresenta uma condição para algo que está expresso na oração principal exerce a função de **adjunto adverbial de condição**.

424 Unidade 5 Sintaxe: o período composto

Oração subordinada adverbial concessiva indica concessão, ou seja, comunica uma ideia que contraria o que seria esperado.

Exemplos:

Perdoarei meu filho **ainda que ele não mereça**.
↓
se o filho será perdoado, espera-se que ele mereça; mas essa expectativa é quebrada

Não perdoarei meu filho **ainda que ele mereça**.
↓
se o filho não será perdoado, espera-se que ele não mereça; mas, ao contrário do que se espera, ele merece

locução conjuntiva subordinativa adverbial concessiva
↑
Votei nesse candidato **ainda que** não concorde com o plano de governo dele para a área ambiental.
↓   ↓
oração principal   oração subordinada adverbial concessiva

O fato apresentado na oração subordinada contraria o que está expresso na oração principal, mas não é suficiente para anulá-lo. Por isso, trata-se de uma concessão.

Outros exemplos de conjunções e locuções conjuntivas que introduzem orações subordinadas adverbiais concessivas são: embora, apesar de que, conquanto, que, mesmo que, por mais que, se bem que.

Oração subordinada adverbial comparativa

O funcionamento do Sistema Solar é complexo. Por isso, pode ser conveniente recorrer a exemplos e comparações a fim de explicá-lo.

Leia esta tira e observe o humor produzido quando o personagem faz comparações.

Fernando Gonsales

14. Que ponto comum entre dois elementos possibilitou a comparação feita:
   a. no primeiro quadro?
   b. no segundo quadro?
   c. no terceiro quadro?

15. Qual palavra é usada para estabelecer a relação de comparação no primeiro quadro?

16. As relações comparativas podem ocorrer entre orações que se organizam em torno dos mesmos verbos. Nesse caso, um deles pode ser omitido para evitar a repetição. Observe:

Faço bolos como minha mãe (*faz*).

Ele chorou mais que um bebê (*chora*).

Diante disso, responda: que verbo foi omitido na comparação "A Terra gira como um frango de padaria"?

As orações que estabelecem relações comparativas têm valor de **adjunto adverbial** e são classificadas como **comparativas**.

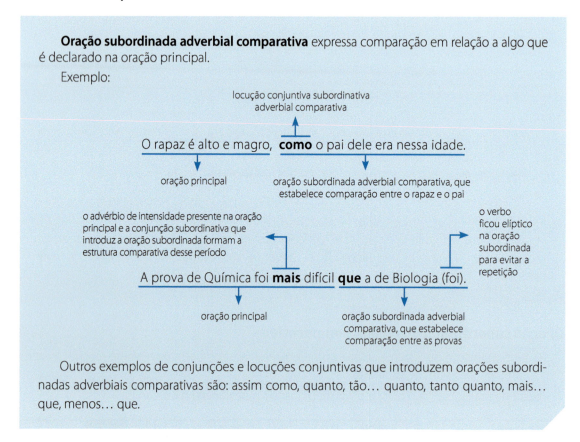

Outros exemplos de conjunções e locuções conjuntivas que introduzem orações subordinadas adverbiais comparativas são: assim como, quanto, tão... quanto, tanto quanto, mais... que, menos... que.

Oração subordinada adverbial conformativa

Graciliano Ramos (1892-1953) foi romancista, contista, cronista e jornalista. Além dessa vasta experiência com a escrita, ele também atuou na política, assumindo, inclusive, o cargo de prefeito do município alagoano de Palmeira dos Índios.

Leia, a seguir, o trecho de uma reportagem sobre a experiência de Graciliano Ramos na chefia da prefeitura da citada cidade.

> Enfrentou o trabalho com punho forte, mas não escondeu um certo desânimo diante do caos administrativo encontrado na prefeitura pouco tempo depois de assumir o cargo, conforme escreveu em carta à futura esposa, Heloísa, que nessa época ainda morava em Maceió: 'Para os cargos de administração municipal escolhem de preferência os imbecis e os gatunos. Eu, que não sou gatuno, que tenho na cabeça uns parafusos de menos, mas não sou imbecil, não dou para o ofício e qualquer dia renuncio'.

LOPES, Marcus. O prefeito Graciliano Ramos e seus relatórios de gestão. *Nexo*. Disponível em: <www.nexojornal.com.br/reportagem/2016/03/12/O-prefeito-Graciliano-Ramos-e-seus-relat%C3%B3rios-de-gest%C3%A3o>. Acesso em: 9 maio 2017.

Gatuno: aquele que furta.

17. Que argumentos Graciliano Ramos usa para justificar sua possível renúncia ao cargo de prefeito?

Para apurar informações sobre a opinião do escritor a respeito da atividade política, o repórter recorreu à carta que Graciliano Ramos havia mandado à futura esposa. Isso fica evidente na seguinte oração: "conforme escreveu em carta à futura esposa, Heloísa". Essa oração expressa circunstância de conformidade.

Assim, oração que apresenta relação de conformidade com algo que está expresso na oração principal também exerce a função de **adjunto adverbial**.

> **Oração subordinada adverbial conformativa** acrescenta circunstância de conformidade, ou concordância, entre o fato que ela expressa e o que é informado na oração principal.
>
> Exemplo:
>
> locução conjuntiva subordinativa adverbial conformativa
>
> Escrevi um breve relato da reunião, **conforme** o diretor recomendou.
>
> oração principal
>
> oração subordinada adverbial conformativa, que indica conformidade entre a recomendação do diretor e a escrita do bilhete
>
> Outros exemplos de conjunções e locuções conjuntivas que introduzem orações subordinadas adverbiais conformativas são: como, consoante, segundo.

Oração subordinada adverbial final

 Leia este poema de Mario Quintana.

Esperança

Lá bem no alto do décimo segundo andar do Ano
vive uma louca chamada Esperança
e ela pensa que quando todas as sirenas
todas as buzinas
todos os reco-recos tocarem
atira-se
e
– ó delicioso voo –
será encontrada miraculosamente incólume na calçada,
outra vez criança...
E em torno dela indagará o povo:
– Como é teu nome, meninazinha de olhos verdes?
E ela lhes dirá, então,
(é preciso explicar-lhes tudo de novo!)
ela lhes dirá, bem devagarinho, para que não esqueçam nunca:
– O meu nome é ES-PE-RAN-ÇA...

Incólume: ileso, intacto, sem ferimentos.

ESPERANÇA. In: Baú de Espantos, de Mario Quintana, Alfaguara, Rio de Janeiro; © by Elena Quintana.

18. A que festividade o poema se refere? Justifique sua resposta.

19. Em: "ela lhes dirá bem devagarinho, para que não esqueçam nunca", podemos notar a ação da Esperança e a finalidade dessa ação. Identifique a oração que expressa a finalidade.

20. Tendo em vista a festividade a que o poema se refere, explique por que a Esperança deseja que ninguém esqueça seu nome.

A oração que indica o objetivo ou a finalidade de algo que é expresso na oração principal exerce a função de **adjunto adverbial de finalidade**.

> **Oração subordinada adverbial final** é aquela que indica o objetivo ou a finalidade de algo que é expresso na oração principal.
> Exemplo:
>
> locução conjuntiva subordinativa adverbial final
>
> Economize seu dinheiro agora **para que** possa desfrutar dele no futuro.
>
> oração principal — oração subordinada adverbial final
>
> No caso da oração subordinada, desfrutar do dinheiro no futuro é a finalidade da ação de economizar. Outros exemplos de conjunções e locuções conjuntivas que introduzem orações subordinadas adverbiais finais são: a fim de que, que.

Oração subordinada adverbial proporcional

▶ Leia o trecho de uma carta ficcional escrita por uma leitora em junho de 2016 à poeta **Ana Cristina Cesar**, falecida em outubro de 1983.

Ana Cristina Cesar (1952-1983): poeta, crítica literária e ensaísta.
Bolaño: Roberto Bolaño (1953-2003), escritor chileno, autor de *Noturno do Chile*, (Companhia das Letras, 2000) e muitas outras obras de ficção.
Tchékhov: Anton Tchékhov (1860-1904), escritor russo, considerado um dos melhores contistas de todos os tempos.

Quanto mais leio você, mais sinto sua falta. Não é assim com o Bolaño, ou com o Tchékhov, dois escritores que admiro demais. Eles também estão mortos, mas não sinto a falta presencial deles, não é engraçado? A sua falta é diferente, você se retirou de nós. Não vou descambar pra melancolia, você pra mim é vida, solar, óculos escuros, bicicleta, praia, pulsão, intensidade. O Armando disse que você acordava cedo. E sem ter te conhecido, aposto que você era uma pessoa divertida. Não o tempo todo, senão seria chata. Entendo que você não tenha suportado, é difícil mesmo, quem vai dizer o contrário? Talvez seja pior ainda para quem tem sucesso. Mas que você faz falta, faz...

MENDES, Mariana. Viagem em busca da Ana – 3º dia. *Blog* Companhia das Letras. Disponível em: <http://historico.blogdacompanhia.com.br/2016/06/viagem-em-busca-de-ana-c-3o-dia/>. Acesso em: 9 maio 2017.

21. A autora compara sua relação com a poeta Ana Cristina Cesar à sua relação com outros escritores. Indique pontos comuns.

22. Apesar de haver pontos comuns, há uma diferença na relação que a autora da carta tem com a poeta, em comparação com outros escritores: a falta que ela sente de Ana Cristina Cesar aumenta proporcionalmente em relação a outro fato. Identifique no texto um período que indica essa relação de proporcionalidade.

Pode-se notar que a relação de proporcionalidade estabelecida no contexto comunica algo sobre as circunstâncias em que ocorre a ação. Dessa maneira, a oração que expressa proporcionalidade exerce a função de advérbio em relação à oração principal.

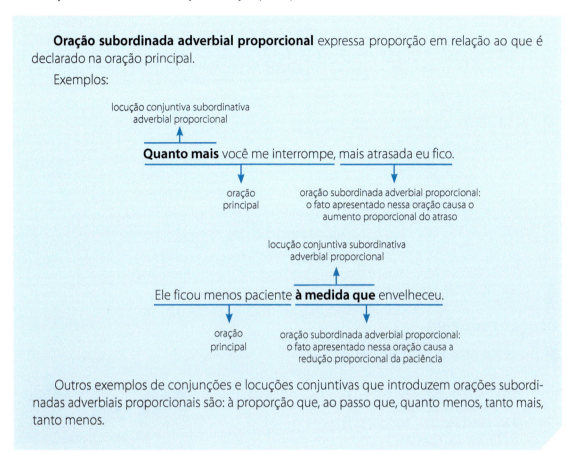

Oração subordinada adverbial proporcional expressa proporção em relação ao que é declarado na oração principal.

Exemplos:

Quanto mais você me interrompe, mais atrasada eu fico.

Ele ficou menos paciente à medida que envelheceu.

Outros exemplos de conjunções e locuções conjuntivas que introduzem orações subordinadas adverbiais proporcionais são: à proporção que, ao passo que, quanto menos, tanto mais, tanto menos.

Oração subordinada adverbial temporal

 Leia esta tira.

23. O que fez o lobo mudar de ideia em relação ao seu plano inicial?

24. No primeiro quadro, vemos que o lobo pretendia atacar em um momento específico. Que oração indica esse momento?

A oração que expressa circunstância de tempo exerce função de **adjunto adverbial**.

Oração subordinada adverbial temporal é aquela que expressa circunstância de tempo em relação à oração principal.

Exemplo:

locução conjuntiva subordinativa adverbial temporal
↑
A torcida comemorou **quando** o adversário errou o pênalti.
↓ ↓
oração principal / oração subordinada adverbial temporal: indica o momento preciso em que ocorreu aquilo que é declarado na oração principal

As orações subordinadas adverbiais temporais também podem indicar anterioridade, posterioridade ou simultaneidade em relação ao fato apresentado na oração principal. Observe:

O homem os expulsou da sala **antes que eles pudessem se defender**.
O valor do condomínio aumentou **depois que o prédio foi reformado**.
Ficarei aqui na sala de espera **enquanto meu marido estiver no centro cirúrgico**.

Outros exemplos de conjunções e locuções conjuntivas que introduzem orações subordinadas adverbiais temporais são: assim que, logo que, mal, no momento em que, sempre que.

Oração reduzida

▶ Leia este poema de Fernando Pessoa.

Para ser grande, sê inteiro: nada
    Teu exagera ou exclui.
Sê todo em cada coisa. Põe quanto és
    No mínimo que fazes.
Assim em cada lago a lua toda
    Brilha, porque alta vive.

Fernando Pessoa

25. No trecho "nada / Teu exagera ou exclui", o eu lírico faz um aconselhamento, usando verbos no imperativo. Como você interpreta esse conselho?

Perceba que, no primeiro verso, fica expressa a finalidade de todo o aconselhamento que é feito:

Para ser grande, sê inteiro
↓ ↓
oração subordinada adverbial final / oração principal

Essa oração apresenta o verbo no infinitivo e é introduzida pela preposição *para*, não pela locução conjuntiva *para que*. Por isso, a oração é classificada como **reduzida de infinitivo**.

É **oração** porque é um enunciado construído em torno de um verbo.

É **subordinada** porque exerce função sintática em relação à oração principal.

É **adverbial** porque a função sintática exercida é própria de um adjunto adverbial.

É **final** porque indica circunstância de finalidade em relação ao que é declarado na oração principal.

Orações reduzidas apresentam verbo em uma das formas nominais (infinitivo, gerúndio ou particípio) e não são introduzidas por conjunção.

Exemplos:

Esforce-se **para que** você **tenha** uma vida confortável.
↓
oração subordinada adverbial final desenvolvida

Esforce-se **para ter** uma vida confortável.
↓
oração subordinada adverbial final reduzida de infinitivo

Assim que atingir a maioridade, ele será chamado para uma audiência com o juiz.
↓
oração subordinada adverbial temporal desenvolvida

Atingindo a maioridade, ele será chamado para uma audiência com o juiz.
↓
oração subordinada adverbial temporal reduzida de gerúndio

Caso a proposta feita pelo possível comprador **seja** aceita, fecharemos o negócio.
↓
oração subordinada adverbial condicional desenvolvida

Aceita a proposta feita pelo possível comprador, fecharemos o negócio.
↓
oração subordinada adverbial condicional reduzida de particípio

Pontuação das orações adverbiais

▶ Observe as orações destacadas neste fragmento de reportagem sobre turismo na Romênia.

> **Se o tempo estiver bom, basta olhar para o alto** para ter uma noção do que está por vir. A 900 metros de altura, o cinza escuro das muralhas da antiga fortaleza se destaca em meio à vegetação fechada que, em meados de outubro, ganha tons outonais em vermelho, laranja e amarelo.
>
> VARGAS, Rodrigo. Romênia conserva castelo de príncipe que inspirou criação do conde Drácula. *Folha de S.Paulo*. Disponível em: <http://www1.folha.uol.com.br/turismo/2014/01/1398039-romenia-conserva-castelo-de-principe-que-inspirou-criacao-do-conde-dracula.shtml>. Acesso em: 10 maio 2017.

26. No trecho destacado, a vírgula separa a oração principal e a oração subordinada adverbial. Identifique essas orações e classifique a subordinada adverbial.

Observe que a oração subordinada está anteposta à oração principal. Essa é a razão pela qual elas estão separadas por vírgula.

> A vírgula separa a oração subordinada adverbial anteposta à oração principal. Caso a oração subordinada venha depois da principal, a vírgula é facultativa.
>
> Exemplos:
> Assim que o telefone tocou, **meu coração disparou de tanta emoção**.
> **Meu coração disparou de tanta emoção** assim que o telefone tocou.
> **Meu coração disparou de tanta emoção**, assim que o telefone tocou.

A gramática e a construção de sentido

Observando as circunstâncias: os adjuntos adverbiais e as orações adverbiais na construção do texto

Ao longo deste capítulo, você estudou as circunstâncias expressas pelas orações subordinadas adverbiais aos predicados com os quais elas se relacionam. Agora, esse conhecimento vai ser mobilizado para que você leia este poema de Adélia Prado.

Fatal

Os moços tão bonitos me doem,
impertinentes como limões novos.
Eu pareço uma atriz em decadência,
mas, como sei disso, o que sou
é uma mulher com um radar poderoso.
Por isso, quando eles não me veem
como se me dissessem: acomoda-te no teu galho,
eu penso: bonitos como potros. Não me servem.
Vou esperar que ganhem indecisão. E espero.
Quando cuidam que não,
estão todos no meu bolso.

FATAL. In: Bagagem, de Adélia Prado, Record, Rio de Janeiro; © by Adélia Prado.

1. No começo do poema, o eu lírico tece comentários sobre os "moços bonitos". Os adjuntos adverbiais empregados expressam circunstâncias importantes para a construção desses comentários. Observe-os.

    a. Identifique, no primeiro verso, o adjunto adverbial usado para intensificar a beleza dos moços.

    b. Identifique o adjunto adverbial de comparação presente no segundo verso.

2. No terceiro verso, o eu lírico começa a falar sobre si. Ele se descreve como "uma atriz em decadência" e diz:

....
mas, como sei disso, o que sou
é uma mulher com um radar poderoso
....

a. O que significa parecer "uma atriz em decadência"?

b. Saber que parece uma atriz em decadência faz o eu lírico mais forte ou mais frágil? Justifique sua resposta com elementos do poema.

c. A oração "como sei disso" é subordinada adverbial, portanto é introduzida pela conjunção subordinativa adverbial *como*. Qual das seguintes alternativas apresenta uma substituição possível para essa conjunção?

   I. conforme
   II. assim que
   III. já que
   IV. apesar de que
   V. tanto que

d. A oração "como sei disso" é subordinada adverbial...

   I. temporal.
   II. comparativa.
   III. causal.
   IV. condicional.
   V. conformativa.

3. No sexto verso começa a descrição da relação entre o eu lírico e os moços bonitos. Identifique a oração subordinada adverbial temporal usada para informar os momentos em que os moços não dão atenção ao eu lírico.

4. Como você interpreta a frase "acomoda-te no teu galho"?

5. O comportamento dos moços leva o eu lírico a compará-los a potros. Como os potros se comportam? O que possibilitou a comparação entre moços e potros?

6. Identifique a oração subordinada adverbial temporal que indica o momento preciso em que os moços são seduzidos, ou seja, "estão todos no bolso".

Como você pôde perceber, as comparações, as indicações de tempo e as noções de intensidade e de consequência expressas por adjuntos adverbiais ou por orações subordinadas são circunstâncias importantes para a construção do sentido desse poema. Por essa razão, analisar o impacto causado por essa classe de palavra é um procedimento importante para a compreensão e a apreciação poética.

Orações subordinadas adverbiais   Capítulo 23   433

Exercícios

1. Leia um trecho da canção "Oração ao tempo", de Caetano Veloso, e identifique a alternativa incorreta.

Oração ao tempo

Peço-te o prazer legítimo
E o movimento preciso
Tempo, tempo, tempo, tempo
Quando o tempo for propício
Tempo, tempo, tempo, tempo

De modo que o meu espírito
Ganhe um brilho definido
Tempo, tempo, tempo, tempo
E eu espalhe benefícios
Tempo, tempo, tempo, tempo

[...]

E quando eu tiver saído
Para fora do teu círculo
Tempo, tempo, tempo, tempo
Não serei nem terás sido
Tempo, tempo, tempo, tempo

Ainda assim acredito
Ser possível reunirmo-nos
Tempo, tempo, tempo, tempo
Num outro nível de vínculo
Tempo, tempo, tempo, tempo

Portanto, peço-te aquilo
E te ofereço elogios
Tempo, tempo, tempo, tempo
Nas rimas do meu estilo
Tempo, tempo, tempo, tempo

VELOSO, Caetano. *Oração ao tempo*. Warner Chappell Edições Musicais LTDA. Todos os direitos reservados.

a. O verso "Quando o tempo for propício" é uma oração subordinada que cria uma circunstância de tempo em relação aos dois versos iniciais.

b. Os versos "De modo que o meu espírito / Ganhe um brilho definido" são uma oração subordinada que cria uma relação de consequência do que foi dito na estrofe anterior.

c. Os versos "E quando eu tiver saído / Para fora do teu círculo" são uma oração subordinada que cria uma circunstância de condição ao que será dito nos versos seguintes.

d. O verso "Ainda assim acredito" é uma oração coordenada que expressa a ideia de oposição ao que foi dito na estrofe anterior.

e. O verso "Portanto, peço-te aquilo" é uma oração coordenada que expressa a ideia de conclusão em relação ao que foi dito em toda a canção.

2. Leia os trechos do texto a seguir.

TEXTO I

Segundo pesquisa, 34% dos brasileiros gastam com alimentação fora do lar

[...]

Segundo dados do IBGE, o brasileiro gasta cerca de 25% de sua renda com alimentação fora do lar. A Associação de Bares e Restaurantes (ABRASEL) estima que o setor represente, hoje, 2,7% do PIB brasileiro. Já a Associação Brasileira das Indústrias da Alimentação (ABIA) destaca que o setor tem crescido a uma média anual de 14,2%.

Terra. Disponível em: <www.terra.com.br/noticias/dino/segundo-pesquisa-34-dos-brasileiros-gastam-com-alimentacao-fora-do-lar,a514bddb48d43238aa5bd72c27193824rn3oqqw5.html>. Acesso em: 30 abr. 2017.

TEXTO II

Ensino Médio

O Ensino Médio é a última etapa da Educação Básica. Segundo a Lei de Diretrizes e Bases (LDB 9394/96), os Estados são responsáveis por, progressivamente, tornar o Ensino Médio obrigatório, sendo que para isso devem aumentar o número de vagas disponíveis, de forma a atender a todos os concluintes do Ensino Fundamental, *conforme* estabelece o Plano Nacional de Educação (PNE).

PACIEVICH, Thais. *Infoescola*. Disponível em: <www.infoescola.com/educacao/ensino-medio/>. Acesso em: 30 abr. 2017.

a. Os dois textos apresentados são de gêneros diferentes. Ainda assim, utilizam-se de recursos comuns para conquistarem a credibilidade e a objetividade das informações que apresentam. Cite pelo menos dois desses recursos.

b. A palavra "segundo" (texto I) e a palavra "conforme" (texto II) possuem funções semelhantes. Explique essa afirmativa.

c. As duas palavras citadas anteriormente introduzem orações adverbiais que expressam uma circunstância semelhante. Indique as orações e classifique-as sintaticamente.

3. Observe a tira a seguir.

Com relação ao período "Quando a alavanca for acionada, você será reduzido a uma pasta gosmenta", presente no primeiro quadro, são feitas as seguintes afirmações:

I. Trata-se de um período composto por subordinação. A primeira oração é uma oração subordinada adverbial temporal.

II. O humor da tirinha é derivado do fato de que a partícula "quando" cria uma expectativa em que não é realizada no último quadrinho.

III. Se reescrevermos o período, trocando a partícula "quando" por "uma vez que" não haverá mudança de sentido em relação ao período original.

Está(ão) correta(as) apenas:

a. I
b. II
c. I e II
d. I e III
e. II e III

4. Dadas as duas orações a seguir, elabore diferentes períodos em consonância com as indicações em cada uma das alternativas. As orações podem ser invertidas, ter seus tempos verbais alterados e conectivos acrescentados.

Ter o computador protegido. Ocorre um ataque de vírus.

a. Circunstância de consequência.
b. Circunstância de condição.
c. Circunstância de concessão.
d. Circunstância de tempo.
e. Circunstância de finalidade.

5. No seguinte trecho da crônica "Eu é um outro", o personagem narrador comenta o momento que passou a ser chamado pelo apelido Rei, diminutivo de Reinaldo.

Confesso que gostei desse 'Rei', talvez devido às tendências absolutistas do meu psiquismo profundo. Foi um alívio **quando o Rei assumiu o poder**, destronando o incômodo Reinaldo e o excessivamente infantil Reinaldinho. Sempre experimentei um desconforto com esse nome que meus pais me deram: Reinaldo. Na infância, nos anos 50, eu simplesmente não encontrava ninguém com esse nome nas classes ou nas ruas, ou ainda entre a parentela. Eu era o único Reinaldo do mundo. E, ainda por cima, sou filho único.

MORAES, Reinaldo. Eu é um outro. *Nexo*. Disponível em: <www.nexojornal.com.br/colunistas/2017/Eu-%C3%A9-um-outro>. Acesso em: 10 maio 2017.

a. Classifique a oração destacada no texto.

b. Por que não foi empregada vírgula antes da conjunção *quando*?

c. Como o período a seguir deveria ser pontuado caso as orações estivessem dispostas em outra ordem? Todas as vírgulas foram retiradas. Empregue-as conforme for necessário.

Quando o Rei assumiu o poder destronando o incômodo Reinaldo e o excessivamente infantil Reinaldinho foi um alívio.

6. Nas orações a seguir, substitua as conjunções ou locuções conjuntivas destacadas por uma das opções do quadro abaixo. Faça as devidas adaptações.

embora   caso   conforme

a fim de que   tão logo

a. Os produtos não chegarão ao mercado **se** a greve dos motoristas se estender por mais dias.

b. **Assim que** eu saí, começou a chover.

c. Revisei o documento **segundo** as determinações do chefe.

d. Imprima o cartão de embarque com antecedência **para que** não corra o risco de se atrasar.

e. Ele perdeu dois quilos, **apesar de** não ter seguido a dieta à risca.

Orações subordinadas adverbiais   Capítulo 23   435

Enem e vestibulares

1. Enem

O Flamengo começou a partida no ataque, **enquanto** o Botafogo procurava fazer uma forte marcação no meio-campo e tentar lançamentos para Victor Simões, isolado entre os zagueiros rubro-negros. **Mesmo** com mais posse de bola, o time dirigido por Cuca tinha grande dificuldade de chegar à área alvinegra **por causa** do bloqueio montado pelo Botafogo na frente da sua área.

No entanto, na primeira chance rubro-negra, saiu o gol. **Após** cruzamento da direita de Ibson, a zaga alvinegra rebateu a bola de cabeça para o meio da área. Kléberson apareceu na jogada e cabeceou por cima do goleiro Renan. Ronaldo Angelim apareceu nas costas da defesa e empurrou para o fundo da rede quase que em cima da linha: Flamengo 1 a 0.

Disponível em: <http://momentodofutebol.blogspot.com>. (Adaptado.)

O texto, que narra uma parte do jogo final do Campeonato Carioca de futebol, realizado em 2009, contém vários conectivos, sendo que

a. **após** é conectivo de causa, já que apresenta o motivo de a zaga alvinegra ter rebatido a bola de cabeça.
b. **enquanto** conecta duas opções possíveis para serem aplicadas no jogo.
c. **no entanto** tem significado de tempo, porque ordena os fatos observados no jogo em ordem cronológica de ocorrência.
d. **mesmo** traz ideia de concessão, já que "com mais posse de bola", ter dificuldade não é algo naturalmente esperado.
e. **por causa de** indica consequência, porque as tentativas de ataque do Flamengo motivaram o Botafogo a fazer um bloqueio.

2. Enem

Cidade grande

Que beleza, Montes Claros.
Como cresceu Montes Claros.
Quanta indústria em Montes Claros.
Montes Claros cresceu tanto,
ficou urbe tão notória,
prima-rica do Rio de Janeiro,
que já tem cinco favelas
por enquanto, e mais promete.

(Carlos Drummond de Andrade)

No trecho "Montes Claros cresceu tanto, / [...], / que já tem cinco favelas", a palavra **que** contribui para estabelecer uma relação de consequência. Dos seguintes versos, todos de Carlos Drummond de Andrade, apresentam esse mesmo tipo de relação:

a. "Meu Deus, por que me abandonaste / se sabias que eu não era Deus / se sabias que eu era fraco."
b. "No meio-dia branco de luz uma voz que aprendeu / a ninar nos longes da senzala – e nunca se esqueceu / chamava para o café."
c. "Teus ombros suportam o mundo / e ele não pesa mais que a mão de uma criança."
d. "A ausência é um estar em mim. / E sinto-a, branca, tão pegada, aconchegada nos meus braços, / que rio e danço e invento exclamações alegres."
e. "Penetra surdamente no reino das palavras. / Lá estão os poemas que esperam ser escritos."

3. FGV-SP "... e eu sou acaso um deles, **conquanto a prova de ter a memória fraca**..."; a oração grifada traz uma ideia de:

a. causa.
b. consequência.
c. condição.
d. conformidade.
e. concessão.

4. Fuvest-SP "**Entrando na faculdade**, procurarei emprego", a oração destacada pode indicar uma ideia de:

a. concessão.
b. oposição.
c. condição.
d. lugar.
e. consequência.

5. Vunesp-SP A questão toma por base um fragmento da crônica "Letra de canção e poesia", de Antonio Cicero.

Como escrevo poemas e letras de canções, frequentemente perguntam-me se acho que as letras de canções são poemas. A expressão "letra de canção" já indica de que modo essa questão deve ser entendida, pois a palavra "letra" remete à escrita. O que se quer saber é se a letra, separada da canção, constitui um poema escrito.

"Letra de canção é poema?" Essa formulação é inadequada. Desde que as vanguardas mostraram que não se pode determinar *a priori* quais são as formas lícitas para a poesia, qualquer coisa pode ser um poema. Se um poeta escreve letras soltas na página e diz que é um poema, quem provará o contrário?

Neste ponto, parece-me inevitável introduzir um juízo de valor. A verdadeira questão parece ser se uma letra de canção é um bom poema. Entretanto, mesmo esta última pergunta ainda não é suficientemente precisa, pois pode estar a indagar duas coisas distintas: 1) Se uma letra de canção é necessariamente um bom poema; e 2) Se uma letra de canção é possivelmente um bom poema.

Quanto à primeira pergunta, é evidente que deve ter uma resposta negativa. Nenhum poema é necessariamente um bom poema; nenhum texto é necessariamente um bom poema; logo, nenhuma letra é necessariamente um bom poema. Mas talvez o que se deva perguntar é se uma boa letra é necessariamente um bom poema. Ora, também a essa pergunta a resposta é negativa. Quem já não teve a experiência, em relação a uma letra de canção, de se emocionar com ela ao escutá-la cantada e depois considerá-la insípida, ao lê-la no papel, sem acompanhamento musical? Não é difícil entender a razão disso.

Um poema é um objeto autotélico, isto é, ele tem o seu fim em si próprio. Quando o julgamos bom ou ruim, estamos a considerá-lo independentemente do fato de que, além de ser um poema, ele tenha qualquer utilidade. O poema se realiza quando é lido: e ele pode ser lido em voz baixa, interna, aural.

Já uma letra de canção é heterotélica, isto é, ela não tem o seu fim em si própria. Para que a julguemos boa, é necessário e suficiente que ela contribua para que a obra lítero-musical de que faz parte seja boa. Em outras palavras, se uma letra de canção servir para fazer uma boa canção, ela é boa, ainda que seja ilegível. E a letra pode ser ilegível porque, para se estruturar, para adquirir determinado colorido, para ter os sons ou as palavras certas enfatizadas, ela depende da melodia, da harmonia, do ritmo, do tom da música à qual se encontra associada.

Folha de S.Paulo, 16.06.2007.

Para que a julguemos boa, é necessário e suficiente que ela contribua para que a obra lítero-musical de que faz parte seja boa.

No período em destaque, a oração "Para que a julguemos boa" indica, em relação à oração principal,

a. finalidade.
b. comparação.
c. concessão.
d. tempo.
e. proporção.

6. Cesgranrio-RJ Assinale o período em que ocorre a mesma relação significativa indicada pelos termos destacados em "A atividade científica é **tão natural quanto qualquer outra atividade econômica**".

a. Ele era tão aplicado, que em pouco tempo foi promovido.
b. Quanto mais estuda, menos aprende.
c. Tenho tudo quanto quero.
d. Sabia a lição tão bem como eu.
e. Todos estavam exaustos, tanto que se recolheram logo.

7. Mack-SP "Na 'Partida Monção', não há uma atitude inventada. Há reconstituição de uma cena como ela devia ter sido na realidade." A oração "como ela devia ter sido na realidade" é:

a. adverbial conformativa.
b. adverbial proporcional.
c. adjetiva.
d. adverbial causal.
e. adverbial consecutiva.

8. Fuvest-SP No período: "Era tal a serenidade da tarde, que se percebia o sino de uma freguesia distante, dobrando a finados.", a segunda oração é:

a. subordinada adverbial causal.
b. subordinada adverbial consecutiva.
c. subordinada adverbial concessiva.
d. subordinada adverbial comparativa.
e. subordinada adverbial subjetiva.

9. Fuvest-SP No período: "**Ainda que fosse bom jogador**, não ganharia a partida", a oração destacada encerra ideia de:

a. causa.
b. condição.
c. concessão.
d. proporção.
e. fim.

10. PUC-SP No período: "**Apesar** disso a palestra de Seu Ribeiro e D. Glória é bastante clara", a palavra grifada veicula uma ideia de:

a. concessão.
b. condição.
c. comparação.
d. modo.
e. consequência.

CAPÍTULO 24 — PERÍODOS MISTOS: COORDENAÇÃO E SUBORDINAÇÃO

O que você vai aprender

1. Períodos compostos por coordenação e por subordinação
   - Reconhecer, nos períodos, orações formadas por processos de coordenação e subordinação.
   - Identificar orações intercaladas.
   - Identificar orações que foram interrompidas por intercalações.
   - Classificar as orações e compreender a articulação entre elas.
2. Pontuação de períodos mistos
   - Revisar as regras que determinam a pontuação de períodos compostos por coordenação e por subordinação.
   - Reconhecer a importância da vírgula na delimitação das intercalações.

▶ Observe a tira.

A leitura da tira nos leva a presumir que, na interpretação de Calvin, ele só ganharia um presente de Natal caso sua conduta fosse aprovada pelo Papai Noel. Por essa razão, Calvin questiona a autoridade do bom velhinho para realizar uma "inspeção moral" em sua vida.

Examinando o primeiro quadro, podemos notar que, no trecho inicial da carta, Calvin faz um questionamento; depois, prestará contas de seu comportamento e pedirá o presente de Natal. Veja o encadeamento das orações nessa passagem e analise como a noção de tempo é construída:

"Antes de submeter minha vida à sua inspeção moral" – oração subordinada adverbial temporal

"Eu quero" – oração principal (Quer o quê? – Falta o objeto direto.)

"saber" – oração subordinada substantiva objetiva direta reduzida de infinitivo e oração principal em relação à seguinte (Saber o quê? – Falta o objeto direto.)

"quem fez de **você** o senhor do meu destino" – oração subordinada substantiva objetiva direta

O tom contestador continua no segundo quadro e só se encerra quando Haroldo chama a atenção para um dado importante: Papai Noel faz os brinquedos, logo ele tem o poder de decidir a quem os dar. Esse alerta provoca uma mudança na conduta de Calvin: depois da contestação, ele diz que passará à fase dos apelos, na qual, provavelmente, terá de submeter sua vida à "inspeção moral" que tanto questionou.

Você se lembra de sua relação na infância com as histórias de Papai Noel? Você ficava esperando os presentes de Natal? Temia não merecer os presentes que tanto queria?

Neste capítulo, você verá como orações de diferentes classificações se encadeiam e formam períodos complexos.

Reflexão e análise linguística

O texto em ação

Períodos compostos por coordenação e por subordinação

Na tira de abertura do capítulo, você observou as estratégias argumentativas de Calvin para lidar com Papai Noel. No texto a seguir, você verá o caso de uma menina que, ao contrário daquele personagem, não crê na existência do bom velhinho (finge acreditar só para não desapontar os adultos).

"Mãe, sabia que, quando a gente cresce, pode voltar a brincar com os brinquedos de criança?", anunciou minha afilhada Catarina, três anos e oito meses. E seguiu, em sua primeira declaração de Ano-Novo. "A gente precisa dos brinquedos pra ir na faculdade. Eu vou ser escrevista." Escrevista?, pontuou a mãe, interrogativa. "Escrevista, mãe. Aquela pessoa que escreve pra ler."

Catarina é assim. Cercada de princesas, porque ela também é uma princesista praticante, ela às vezes silencia os adultos ao redor, arrancando-nos da repetição neurótica dos dias. É visível que sente compaixão por nós, a ponto de, neste Natal, ter fingido acreditar no Papai Noel para não nos decepcionar. Fizemos coisas ridículas, na falta de chaminés o Papai Noel teria descido por uma janela pela qual não passaria um duende com anorexia, e ela deixou passar. Mas, juro, seus olhos eram tão céticos quanto os de Humphrey Bogart em *Casablanca*.

BRUM, Eliane. A delicadeza dos dias. *El País*, 5 jan. 2015. Disponível em: <http://brasil.elpais.com/brasil/2015/01/05/opinion/1420458928_791039.html>. Acesso em: 19 maio 2017.

1. A cronista afirma que a afilhada "às vezes silencia os adultos ao redor", arrancando-os "da repetição neurótica dos dias". Sobre esse trecho, responda às questões.
   a. O que significa dizer que a menina silencia os adultos ao redor?
   b. Tendo em vista os exemplos apresentados, por que se pode afirmar que aquilo que a menina diz arranca os adultos da "repetição neurótica dos dias"?

2. Quais são as evidências de que a menina fingiu acreditar no Papai Noel?

3. Analise a oração subordinada adverbial temporal destacada no seguinte trecho do texto: "Mãe, sabia que, **quando a gente cresce**, pode voltar a brincar com os brinquedos de criança?".
   a. Essa oração temporal está intercalada à outra oração. Identifique-a.
   b. Reelabore o período mudando a ordem das orações para que a oração subordinada adverbial temporal não fique intercalada à outra. Faça as adaptações necessárias.

Vamos analisar outros trechos da citação sob o ponto de vista sintático.

A oração "Fizemos coisas ridículas" coordena-se com a oração "e ela deixou passar". Observe:

Fizemos coisas ridículas, na falta de chaminés o Papai Noel teria descido por uma janela pela qual não passaria um duende com anorexia, **e ela deixou passar**.

Entre as duas orações coordenadas, há um exemplo que ilustra as *coisas ridículas* que Catarina *deixou passar*. Veja:

Fizemos coisas ridículas, **na falta de chaminés o Papai Noel teria descido por uma janela pela qual não passaria um duende com anorexia**, e ela deixou passar.

No exemplo, o termo *janela* foi delimitado por uma oração subordinada adjetiva restritiva:

Fizemos coisas ridículas, na falta de chaminés o Papai Noel teria descido por uma janela **pela qual não passaria um duende com anorexia**, e ela deixou passar.

Os trechos analisados evidenciam que, quando escrevemos, organizamos diferentes tipos de orações de acordo com o conteúdo que desejamos comunicar.

Nos capítulos anteriores, você estudou períodos compostos por coordenação e períodos compostos por subordinação; agora, vai notar que esses dois processos podem se articular, formando períodos mistos.

> **Períodos mistos** são aqueles em que as orações se articulam por coordenação e por subordinação.
>
> Exemplo:
>
> **Irei a Belém** e, **caso o tempo esteja bom**, passarei também por Santarém.
>
> Esse período é composto de três orações. Duas delas são coordenadas entre si:
>
> Irei a Belém e passarei também por Santarém.
>
> oração coordenada assindética — oração coordenada sindética aditiva
>
> O período traz também a oração subordinada adverbial condicional "caso o tempo esteja bom", que acrescenta uma circunstância de condição para a ida a Santarém.
>
> Assim, temos:
>
> **Irei a Belém** – oração coordenada assindética
>
> **e passarei também por Santarém** – oração coordenada sindética aditiva e oração principal em relação à oração subordinada
>
> **caso o tempo esteja bom** – oração subordinada adverbial condicional

Os períodos mistos, em geral, são elaborados quando é preciso discorrer sobre temas complexos, que apresentam muitos desdobramentos ou diversas informações que se articulam. Antes de ver um exemplo, leia algumas informações sobre a lei de cotas disponibilizadas no *site* do Ministério da Educação (MEC).

AMPLIANDO O CONHECIMENTO

O que é a lei de cotas?

1) A Lei n. 12.711/2012, sancionada em agosto deste ano [2012], garante a reserva de 50% das matrículas por curso e turno nas 59 universidades federais e 38 institutos federais de educação, ciência e tecnologia a alunos oriundos integralmente do ensino médio público, em cursos regulares ou da educação de jovens e adultos. Os demais 50% das vagas permanecem para ampla concorrência.

[...]

3) Como é feita a distribuição das cotas?

As vagas reservadas às cotas (50% do total de vagas da instituição) serão subdivididas – metade para estudantes de escolas públicas com renda familiar bruta igual ou inferior a um salário mínimo e meio *per capita* e metade para estudantes de escolas públicas com renda familiar superior a um salário mínimo e meio. Em ambos os casos, também será levado em conta percentual mínimo correspondente ao da soma de pretos, pardos e indígenas no estado, de acordo com o último censo demográfico do Instituto Brasileiro de Geografia e Estatística (IBGE).

[...]

10) Como será comprovada cor e renda declarados pelos candidatos?

O critério da raça será autodeclaratório, como ocorre no censo demográfico e em toda política de afirmação no Brasil. Já a renda familiar *per capita* terá de ser comprovada por documentação, com regras estabelecidas pela instituição e recomendação de documentos mínimos pelo MEC.

11) No critério racial, haverá separação entre pretos, pardos e índios?

Não. No entanto, o MEC incentiva que universidades e institutos federais localizados em estados com grande concentração de indígenas adotem critérios adicionais específicos para esses povos, dentro do critério da raça, no âmbito da autonomia das instituições.

MINISTÉRIO DA EDUCAÇÃO. Disponível em: <http://portal.mec.gov.br/cotas/perguntas-frequentes.html>. Acesso em: 23 jun. 2017.

▶ Agora, acompanhe, como exemplo, o trecho de um editorial sobre cotas para negros em universidades.

Grupos de universitários negros estão se mobilizando contra a ação do que chamam de falsos cotistas.

Como mostrou reportagem desta *Folha*, eles denunciam à reitoria alunos que a seu ver são brancos, mas se declararam negros para beneficiar-se da política de cotas.

Algumas instituições federais já criaram ou cogitam criar comitês para tentar evitar que estudantes que não tenham fenótipo de negros proclamem possuir essa cor.

O PROBLEMA das cotas. *Folha de S.Paulo*, 14 abr. 2016. Disponível em: <www1.folha.uol.com.br/opiniao/2016/04/1760712-o-problema-das-cotas.shtml>. Acesso em: 19 maio 2017.

Fenótipo: conjunto de caracteres visíveis de um indivíduo.

Analisando o segundo parágrafo do editorial, podemos fazer algumas constatações:

- O período começa com uma oração subordinada adverbial conformativa: "Como mostrou reportagem desta *Folha*".
- A oração principal, à qual as outras se articulam, é "eles denunciam à reitoria alunos".
- O termo *alunos* é caracterizado por uma oração subordinada adjetiva restritiva: "que a seu ver são brancos".
- Há uma contraposição ao que é declarado na oração subordinada adjetiva restritiva, contraposição feita por meio de uma oração coordenada sindética adversativa: "mas se declararam negros". Sendo assim, a oração "que a seu ver são brancos" e a oração "mas se declararam negros" são coordenadas entre si.
- O período termina com uma oração subordinada que indica a finalidade da atitude descrita na oração anterior. Sendo assim, "mas se declararam negros" estabelece relação com a oração subordinada adverbial final "para beneficiar-se da política de cotas".

Em suma, a articulação sintática das orações é:

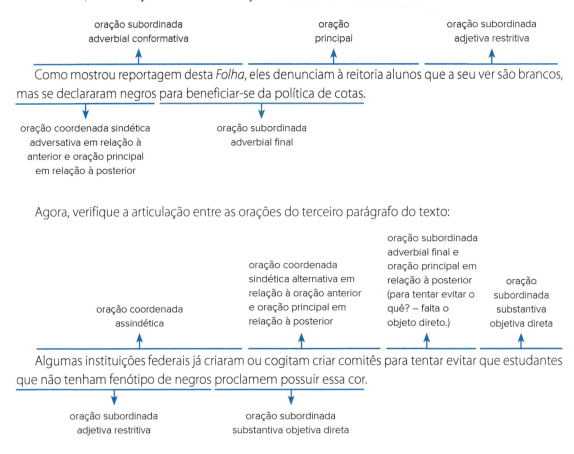

Pontuação de períodos mistos

A seguir está reproduzido um fragmento da resenha "O mago e a espiã", que comenta o livro *A espiã*, de Paulo Coelho. Publicado em 2016, o romance reconta a vida de Mata Hari, dançarina holandesa acusada de espionagem e condenada ao fuzilamento, na França, durante a Segunda Guerra Mundial.

> O que teria levado o autor de *O Alquimista* a escrever sobre Mata Hari? A resposta está em parte nas entrelinhas do texto pontuado por aforismos como os que ajudaram o escritor a se tornar um sucesso global. "Quando não sabemos aonde a vida está nos levando, nunca estamos perdidos". A frase com jeito de provérbio parece ter sido escolhida para dar ao leitor uma "pílula de sabedoria". Esse recurso estilístico tem sido uma marca de Paulo Coelho desde *O Diário de um Mago* (1987). No caso de *A Espiã*, as frases de efeito entremeiam a jornada de aventuras e escolhas de uma mulher à frente de seu tempo. "Sou uma mulher que nasceu na época errada e nada poderá corrigir isso. Não sei se o futuro se lembrará de mim, mas, caso isso ocorra, que jamais me vejam como uma vítima, mas sim como alguém que deu passos corajosos e pagou sem medo o preço que precisava pagar", diz a Mata Hari de Paulo Coelho.
>
> MASSON, Celso. O mago e a espiã. *IstoÉ*, 9 set. 2016. Disponível em: <http://istoe.com.br/o-mago-e-espia/>. Acesso em: 21 maio 2017.

Como você viu no capítulo que trata de orações subordinadas adverbiais, essas orações são separadas por vírgula quando estão antepostas à oração principal. É o que ocorre no seguinte período:

"Quando não sabemos aonde a vida está nos levando, nunca estamos perdidos."

Se a oração subordinada adverbial estivesse posposta à principal, a vírgula não seria necessária, pois os termos estariam na ordem direta:

"Nunca estamos perdidos **quando não sabemos** aonde a vida está nos levando".

Há casos, porém, em que ocorrem intercalações, ou seja, uma oração interrompe outra, posicionando-se entre a conjunção e os outros termos.

4. Leia o trecho.

"Não sei se o futuro se lembrará de mim, mas, caso isso ocorra, que jamais me vejam como uma vítima, mas sim como alguém que deu passos corajosos e pagou sem medo o preço que precisava pagar"

a. Identifique, no período, uma oração intercalada.
b. Como a intercalação é pontuada?

Como você viu em capítulos anteriores, a vírgula separa orações:

- coordenadas assindéticas;
- coordenadas sindéticas, exceto as que são unidas pela conjunção **e** (a menos que os sujeitos sejam diferentes ou que o **e** apareça repetido);
- subordinadas adverbiais antepostas à oração principal;
- subordinadas adjetivas explicativas.

Neste capítulo, você observou que **as vírgulas delimitam orações intercaladas**. Exemplo:

oração subordinada adjetiva explicativa ↑   oração coordenada sindética adversativa ↑

Meu pai, que nasceu na capital da Itália, gostaria de visitar sua cidade natal, mas, como as passagens custam muito caro, ele ainda não realizou esse sonho.

↓ oração subordinada adverbial causal   ↓ oração coordenada sindética adversativa

---

As intercalações podem também ser marcadas por travessões, como ocorre no seguinte fragmento de reportagem sobre o coletivo Arquitetas Invisíveis, fundado com o objetivo de divulgar a atuação de mulheres na arquitetura.

O trabalho do coletivo brasiliense mostra que houve muitas arquitetas relevantes, sobretudo a partir do século 20. Mas, quando trabalharam em parceria com um homem – **que muitas vezes era também seu companheiro, forma de inserção das mulheres no campo que era mais aceita nas primeiras décadas daquele século** –, elas são citadas com nome abreviado, creditadas como coadjuvantes ou simplesmente apagadas.

LIMA, Juliana Domingos de. Elas são maioria. Mas o renome costuma ser reservado aos arquitetos. *Nexo*, 22 maio 2017. Disponível em: <www.nexojornal.com.br/expresso/2017/05/22/Elas-s%C3%A3o-maioria.-Mas-o-renome-costuma-ser-reservado-aos-arquitetos>. Acesso em: 27 jun. 2017.

Nesse caso, como já havia orações separadas por vírgulas no período, optou-se pelo uso de travessão para separar a oração intercalada.

Períodos mistos: coordenação e subordinação   **Capítulo 24**   **443**

A gramática e a construção de sentido

▶ Na seguinte crônica, Gregorio Duvivier recorda-se de momentos importantes que viveu com a irmã e das lições de vida que ela lhe ensinou.

Tinha um medo terrível do mundo lá fora. Meu quarto era o único lugar seguro do mundo – e ainda assim não punha minha mão no fogo quanto ao interior dos armários. Dormir na casa de um amigo, para mim, equivalia a conhecer a Coreia do Norte. Acordava no meio da noite aos prantos e ligava pros meus pais virem me buscar. Durante anos tive pesadelos por causa da capa de um VHS de terror – sim, só vi a capa. Me afastei de um amigo por causa de um adesivo que ele tinha no caderno – uma caveira sangrando. Não podia ver esse amigo que o adesivo me vinha à mente e eu começava a tremer e chorar. Sim, eu tinha problemas sérios. E não vou dizer quantos anos eu tinha. Só vou dizer que era uma idade em que tudo isso já era bastante constrangedor.

Minha irmã Barbara tinha três anos de idade quando chegou em casa da escola e começou a fazer as malas. "Aonde você pensa que vai?" – minha mãe perguntou. "Vou passar o fim de semana com o Yannick na praça seca." Minha mãe, que nunca tinha ouvido falar no Yannick ou na praça seca, achou que a filha estivesse delirando até que, poucas horas depois, o próprio Yannick, um rapaz mais velho, de quatro anos de idade, toca a campainha, acompanhado dos pais: "Vim buscar a Barbara, a gente combinou de ir à Praça Seca". Lembro de observar a picape indo embora com minha irmã na caçamba como quem se despede para sempre. "O mundo lá fora vai te trucidar!" eu dizia com os olhos, "Ainda dá tempo de desistir!", mas ela nem sequer olhava pra trás. Apostei com a minha mãe: "Não dou meia hora pra ela ligar chorando". Barbara não ligou em meia hora, nem em 24, nem em 48. Só reapareceu no domingo, com a mochila cheia de goiabas que ela mesma tinha catado. Alguns arranhões, nada mais. Se hoje não tenho muito medo de sair de casa – só tenho um pouco – é porque vi a Barbara sobrevivendo.

Aos 17 anos, Barbara foi morar sozinha em outro continente. Achei que ela fosse ligar chorando na primeira noite. Não ligou. Aos 28, já se formou, escreveu peça, foi à China, fala cinco línguas e acorda às sete pra correr na praia com o namorado.

Nesse sábado, os dois vão se casar. Isso, casar. Tentei explicar que casar hoje em dia é tão obsoleto quanto abrir uma vídeo locadora. "Barbara, você sabe o que te espera? Você sabia que todo casamento acaba em divórcio ou em morte? Ainda dá tempo de desistir." Na caçamba da picape, ela não olha pra trás. Minha irmã mais nova me ensina diariamente a não ter medo do mundo.

DUVIVIER, Gregorio. Barbara. *Folha de S.Paulo*, Folhapress, 27 jun. 2016. Disponível em: <http://www1.folha.uol.com.br/colunas/gregorioduvivier/2016/06/1785988-barbara.shtml>. Acesso em: 23 jun. 2017.

Reinaldo Martins Portella

1. No primeiro parágrafo, o narrador descreve seus medos. No segundo, ele fala sobre a irmã.
   a. Qual é o ponto contrastante entre os comportamentos das duas crianças?
   b. De que modo a descrição feita no primeiro parágrafo colabora para que o leitor perceba a importância da irmã para o narrador?
2. O trecho a seguir é formado por três orações que têm a irmã do narrador como sujeito. Identifique cada uma das orações e classifique-as.

   > Minha irmã Barbara tinha três anos de idade quando chegou em casa da escola e começou a fazer as malas.

3. O seguinte trecho descreve ações de três sujeitos diferentes: a mãe do narrador, a irmã e o amigo dela, Yannick. Observe como as orações se articulam para mostrar os desdobramentos do episódio narrado. Em seguida, classifique-as.

   > Minha mãe, / que nunca tinha ouvido falar no Yannick ou na praça seca, / achou / que a filha estivesse delirando / até que, poucas horas depois, o próprio Yannick, um rapaz mais velho, de quatro anos de idade, toca a campainha, acompanhado dos pais

   Oração 1: Minha mãe achou

   Oração 2: que nunca tinha ouvido falar no Yannick ou na praça seca

   Oração 3: que a filha estivesse delirando

   Oração 4: até que, poucas horas depois, o próprio Yannick, um rapaz mais velho, de quatro anos de idade, toca a campainha, acompanhado dos pais

4. Responda às questões sobre o seguinte trecho:

   > O mundo lá fora vai te trucidar!' eu dizia com os olhos, 'Ainda dá tempo de desistir!', mas ela nem sequer olhava pra trás.

   a. Identifique as duas orações que exercem a função de objeto direto do verbo *dizia*.
   b. Classifique esta oração: "mas ela nem sequer olhava pra trás".
5. Explique o sentido da frase "Na caçamba da picape, ela não olha pra trás", que se encontra no último parágrafo.

Conforme você pôde perceber, os processos de coordenação e subordinação articularam-se na composição da crônica. Narrar as memórias da infância e relacioná-las com o presente exigiu que o autor do texto unisse orações para adicionar informações ou para ressaltar adversidades e quebra de expectativas, o que é feito por meio da coordenação. Ao mesmo tempo, precisou caracterizar pessoas, indicar circunstâncias e elaborar enunciados completos e sintaticamente organizados, o que é feito por meio da subordinação. Compreender esses processos e reconhecer as relações entre as orações é uma competência importante para uma leitura crítica e apreciativa.

Exercícios

1. Leia atentamente o trecho abaixo.

Como a perda de biodiversidade afeta a mim e as outras pessoas?

A diversidade biológica é o recurso do qual dependem famílias, comunidades, nações e gerações futuras. É o elo entre todos os organismos existentes na Terra, que liga cada um deles a um ecossistema interdependente, em que cada espécie desempenha sua função. É uma verdadeira teia da vida.

O patrimônio natural da Terra é composto por plantas, animais, terra, água, a atmosfera e os seres humanos! Juntos, fazemos todos parte dos ecossistemas do planeta, **o que equivale a dizer que, se houver uma crise de biodiversidade, nossa saúde e meios de subsistência também entram em risco.**

Porém, atualmente estamos usando 25% mais recursos naturais do que o planeta é capaz de fornecer. O resultado é que espécies, *habitats* e comunidades locais estão sofrendo pressões ou ameaças diretas. Um exemplo de ameaça que já atinge seres humanos é a perda de acesso à água doce.

WWF Brasil. Como a perda de biodiversidade afeta a mim e as outras pessoas? Disponível em: <http://www.wwf.org.br/natureza_brasileira/especiais/biodiversidade/consequencias_perda_biodiversidade/>. Acesso em: 17 maio 2017.

a. Justifique sintaticamente as vírgulas presentes no trecho destacado.

b. Classifique a oração que está entre vírgulas.

Leia atentamente o trecho e responda às questões 2 a 5.

'O mundo do meu avô era o meu preferido', rememora neta de Candido

Para mim, o mundo do Vovô Candido – como todas as seis netas e o único neto homem o chamam – é tecido nas linhas da memória e do afeto. Começa quando o primeiro antepassado pisa em terras brasileiras e nunca termina de ser costurado. Parte do princípio de que somos todos personagens de uma mesma história, ligados por existências múltiplas e cheias de significado, não importando se fomos barbeiros na sua pequena Santa Rita de Cássia, escravos libertos de uma fazenda esquecida do sul de Minas, influentes barões de Cerro Azul, comerciantes poliglotas ou fazendeiros de café que sonham em ser poetas. Cada um dos milhares de filhos das suas árvores genealógicas favoritas (colecionadas ao longo de quase um século) tem uma história e uma marca para ser lembrada.

[...]

Dizia que vinha vivendo tanto porque "era um sujeito moderado", que quase nunca se exaltava, de modo que isso devia ter-lhe conservado o coração, o sono, a consciência e, ao final, a saúde. Que, apesar de adorar a companhia dos amigos e da família, sentia-se bem quando só, com suas ideias.

VERGUEIRO, Maria Clara. 'O mundo do meu avô era o meu preferido', rememora neta de Candido. Folha de S.Paulo, Folhapress, 20 maio 2017. Disponível em: <www1.folha.uol.com.br/ilustrada/2017/05/1885549-o-mundo-do-meu-avo-era-o-meu-preferido-rememora-neta-de-candido.shtml>. Acesso em: 20 maio 2017.

2. Com relação ao período "Para mim, o mundo do Vovô Candido – como todas as seis netas e o único neto homem o chamam – é tecido nas linhas da memória e do afeto:

a. Qual é a função da oração que está entre os dois travessões? Sintaticamente, como essa oração é classificada?

b. Considerando que esse texto foi publicado em um jornal de grande circulação e escrito em tom pessoal, qual seria o objetivo da autora do texto ao destacar essa oração?

3. Com relação ao período "Começa quando o primeiro antepassado pisa em terras brasileiras e nunca termina de ser costurado", que se encontra no primeiro parágrafo, indique a afirmação incorreta.

a. A oração "Começa" é principal e tem como sujeito oculto o "mundo do Vovô Candido", mencionado no período anterior.

b. A conjunção "quando" introduz uma oração subordinada adverbial de tempo, ligada à oração principal "Começa".

c. A conjunção "e" introduz uma oração coordenada sindética aditiva e complementa o sentido das duas orações anteriores.

446 Unidade 5 Sintaxe: o período composto

- d. A oração "e nunca termina" é coordenada e tem como sujeito oculto a palavra "tecido", que se encontra no período anterior.
- e. A palavra "costurado" predica "mundo do Vovô Candido", sujeito oculto mencionado no período anterior.

4. No último parágrafo do trecho, há uma série de orações de tipos diferentes, configurando um período misto. Sobre isso, indique a afirmação incorreta.

- a. A oração "que vinha vivendo tanto" funciona como objeto direto da oração anterior.
- b. A oração "porque 'era um sujeito moderado'" é subordinada e funciona como explicação do período anterior.
- c. A oração "de modo que isso devia ter-lhe conservado o coração, o sono, a consciência e, ao final, a saúde" é subordinada e funciona como consequência do período anterior.
- d. O período "Que, apesar de adorar a companhia dos amigos e da família, sentia-se bem quando só, com suas ideias" funciona como objeto direto do verbo *dizia* e é atravessado por uma oração intercalada.
- e. A oração intercalada "apesar de adorar a companhia dos amigos e da família" é coordenada e funciona como oposição à oração anterior.

5. Releia o trecho.

"Dizia que vinha vivendo tanto porque 'era um sujeito moderado', que quase nunca se exaltava, de modo que isso devia ter-lhe conservado o coração, o sono, a consciência e, ao final, a saúde."

- a. Classifique as orações:
  - dizia
  - que vinha vivendo tanto
  - porque "era um sujeito moderado"
  - que quase nunca se exaltava
  - de modo que isso devia ter-lhe conservado o coração, o sono, a consciência e, ao final, a saúde
- b. Explique por que a oração "quase nunca se exaltava" está separada por vírgulas.

6. Leia a seguinte reportagem, publicada na edição brasileira do jornal *El país*.

O verdadeiro poder das expectativas na sua felicidade

Ciência mostra que pessoas que enfrentam a vida com otimismo e perseverança conseguem seus objetivos com mais facilidade

Em 1963, o psicólogo Robert Rosenthal publicou um artigo na revista *American Scientist* mostrando como as expectativas dos pesquisadores podiam afetar os resultados dos experimentos. O texto indicava que esse tipo de profecia auto-realizável também estaria presente nas escolas, onde as expectativas que os professores têm sobre os alunos poderiam influir no seu rendimento acadêmico. Ao ler isso, Lenore Jacobson, diretora de uma escola pública da Califórnia, entrou em contato com Rosenthal. Poucos anos mais tarde, ambos assinaram um dos estudos psicológicos mais importantes da década, *Pigmalião na Sala de Aula*, replicado em inúmeras ocasiões com resultados similares.

SOLER, Alberto. *El País*, 8 jul. 2017. Disponível em: <https://brasil.elpais.com/brasil/2017/07/07/eps/1499462319_556097.html>. Acesso em: 30 jul. 2017.

- a. Quantas orações formam o período a seguir? Identique-as e classifique-as.

  Ciência mostra que pessoas que enfrentam a vida com otimismo e perseverança conseguem seus objetivos com mais facilidade

- b. No seguinte período, uma oração adjetiva interrompe outra oração adjetiva.

  O texto indicava que esse tipo de profecia auto-realizável também estaria presente nas escolas, onde as expectativas que os professores têm sobre os alunos poderiam influir no seu rendimento acadêmico.

  - Identifique as duas orações adjetivas.
  - Indique a qual substantivo cada uma delas se refere.
  - Classifique-as em oração subordinada adjetiva restritiva ou oração subordinada adjetiva explicativa.

Enem e vestibulares

1. Faap-SP

Dario vinha apressado, o guarda-chuva no braço esquerdo e, assim que dobrou a esquina, diminuiu o passo até parar, encostando-se à parede de uma casa. Foi escorregando por ela, de costas, sentou-se na calçada, ainda úmida da chuva, e descansou no chão o cachimbo. Dois ou três passantes rodearam-no, indagando se não estava se sentindo bem. Dario abriu a boca, moveu os lábios, mas não se ouviu resposta. Um senhor gordo, de branco, sugeriu que ele devia sofrer de ataque. Estendeu-se mais um pouco, deitado agora na calçada, o cachimbo a seu lado tinha apagado. Um rapaz de bigode pediu ao grupo que se afastasse, deixando-o respirar. E abriu-lhe o paletó, o colarinho, a gravata e a cinta. Quando lhe retiraram os sapatos, Dario roncou pela garganta e um fio de espuma saiu do canto da boca. Cada pessoa que chegava se punha na ponta dos pés, embora não pudesse ver. Os moradores da rua conversavam de uma porta à outra, as crianças foram acordadas e vieram de pijama às janelas. O senhor gordo repetia que Dario sentara-se na calçada, soprando ainda a fumaça do cachimbo e encostando o guarda-chuva na parede. Mas não se via guarda-chuva ou cachimbo ao lado dele. Uma velhinha de cabeça grisalha gritou que Dario estava morrendo. Um grupo transportou-o na direção do táxi estacionado na esquina. Já tinha introduzido no carro metade do corpo, quando o motorista protestou: se ele morresse na viagem? A turba concordou em chamar a ambulância. Dario foi conduzido de volta e encostado à parede – não tinha os sapatos e o alfinete de pérola na gravata.

(Dalton Trevisan)

"(1) Cada pessoa / (2) que chegava, / (1) se punha na ponta dos pés, / (3) embora não pudesse ver."

Há no texto três orações, e estão numeradas. A primeira – CADA PESSOA SE PUNHA NA PONTA DOS PÉS – chama-se:

a. absoluta
b. principal
c. coordenada assindética
d. coordenada sindética
e. subordinada

2. Fatec-SP

O mundo já dispõe de informação e tecnologia para resolver a maioria dos problemas enfrentados pelos países pobres, mas falta implementar esse conhecimento na escala necessária. Foi a partir desse pressuposto que a Organização das Nações Unidas (ONU) lançou no Brasil o Projeto do Milênio das Nações Unidas. A novidade propõe um conjunto de ações práticas para que o mundo alcance os Objetivos de Desenvolvimento do Milênio – uma série de metas socioeconômicas que os países da ONU se comprometerem a atingir até 2015, abrangendo áreas como renda, educação, saúde, meio ambiente.

Uma grande mudança nas políticas globais é necessária em 2005, para que os países mais pobres do mundo avancem para alcançar os Objetivos, alerta o projeto. Se forem alcançados, mais de 500 milhões de pessoas sairão da pobreza e 250 milhões não passarão mais fome.

O relatório do projeto recomenda que cada país mapeie as principais dimensões da extrema pobreza e faça um plano de ação, incluindo os investimentos públicos necessários. Recomenda também que os governos trabalhem ativamente com todos os segmentos, particularmente com a sociedade civil organizada e o setor privado.

"Este triunfo do espírito humano nos dá a esperança e a confiança de que a extrema pobreza pode ser reduzida pela metade até o ano de 2015, e até mesmo eliminada totalmente nos próximos anos. A comunidade mundial dispõe de tecnologias políticas, recursos financeiros e, o mais importante, coragem e compaixão humana para fazer isso acontecer", diz o coordenador no prefácio do relatório.

(Texto adaptado da revista *Fórum*, n. 24, de 2005.)

Considere as seguintes afirmações sobre trechos do texto:

I. *O mundo já dispõe de informação e tecnologia / para resolver a maioria dos problemas enfrentados pelos países pobres, / mas falta implementar esse conhecimento na escala necessária.* Nesse período, a relação de sentido entre a 1ª e a 2ª oração é de finalidade; na 3ª oração, a substituição de MAS por CONTUDO mantém o sentido do original.

II. A passagem – *problemas enfrentados pelos países pobres* – está redigida na voz passiva: sua adequada redação em voz ativa: *os países mais pobres enfrentam problemas*.

III. *Se [os Objetivos] forem alcançados, / mais de 500 milhões de pessoas sairão da pobreza*. A oração que inicia esse período expressa condição em relação à sequência de ideias expressas.

IV. *Caso [os Objetivos] fossem alcançados, mais de 500 milhões de pessoas sairão da pobreza*. Essa versão do trecho está redigida de acordo com a norma culta.

Deve-se concluir que está correto o que se afirma em

a. I e II somente.
b. II e III somente.
c. I, II e III somente.
d. II, III e IV somente.
e. I, II, III e IV.

3. **Vunesp-SP**

Resta a ideia de que o escravo morria jovem porque trabalhava demais. Na verdade, a noção de excesso de trabalho é relativa.

Não há dúvida de que os escravos trabalhavam muito. De todos eles, e em qualquer serviço, os senhores exigiam de 15 a 17 horas de trabalho diário, e a tradição os dá como implacáveis nesse ponto. [...]

No campo, alternam-se fases de paradeiro e outras de intensa atividade, ao ritmo das colheitas e das estações. Nas minas, chuvas pesadas interrompem toda a atividade. E o trabalho noturno é impossível, a não ser nos engenhos e durante a fase do cozimento do melaço. Além disso, a jornada de trabalho era cortada por várias pausas. As crianças e os velhos traziam aos trabalhadores do campo grandes vasilhas de água e sopa. Por outro lado, os feriados são numerosos no calendário brasileiro: Maurício Goulart calculou que os dias de trabalho não passavam de 250 por ano.

O excesso de trabalho não explica, portanto, a grande mortalidade entre os escravos. A explicação estará mais facilmente, talvez, nas condições desse trabalho. O escravo o pratica em climas muito severos. No nordeste, há calor e umidade, muita umidade, durante todo o ano, e os saltos bruscos da temperatura são frequentes. De uma hora para outra, o termômetro pode passar de 24 a 18 graus. Ora, nessas regiões os escravos usam habitualmente roupas leves, de algodão. Capas e casacos são raros e os resfriados ligeiros, mal curados, fazem-se crônicos e provocam bronquites, anginas, pneumonias, tuberculose. No centro, no oeste e no sul, o inverno é rigoroso, a temperatura cai facilmente abaixo de zero e não existe qualquer espécie de calefação na casa do senhor ou na senzala. Ocorre com frequência que os escravos não possuam cobertores e roupas de lã para se protegerem suficientemente do frio. E a terapêutica é muito tateante. Raros médicos diplomados visitam as fazendas para cuidar de doentes.

(Kátia M. de Queirós Mattoso, *Ser escravo no Brasil*.)

Compare estes trechos, extraídos do fragmento de Mattoso:

Resta a ideia de que o escravo morria jovem <u>porque</u> trabalhava demais.

O excesso de trabalho não explica, <u>portanto</u>, a grande mortalidade entre os escravos.

Comente o valor com que os termos destacados foram empregados, no texto, apontando uma diferença na sua função de elementos relacionantes.

4. **Fuvest-SP**

"Sei que esperavas desde o início

que eu te dissesse hoje o meu canto solene.

Sei que a única alma **que eu possuo**

é mais numerosa **que os cardumes do mar**."

Jorge de Lima

As orações subordinadas destacadas abaixo são, respectivamente:

a. substantiva subjetiva – adjetiva – adverbial consecutiva.
b. adjetiva – substantiva objetiva direta – adverbial comparativa.
c. substantiva objetiva direta – adjetiva – adverbial comparativa.
d. adjetiva – substantiva subjetiva – adverbial correlativa.
e. Substantiva predicativa – adjetiva – adverbial consecutiva.

CAPÍTULO 25
CONCORDÂNCIA VERBAL E CONCORDÂNCIA NOMINAL

O que você vai aprender

1. **Concordância verbal: relação entre verbo e sujeito**
   - Reconhecer o vínculo gramatical entre o verbo e o sujeito.
   - Identificar duas formas de combinar as palavras na oração: a gramatical e a estilística.
   - Conhecer e analisar as regras de concordância do verbo com diferentes tipos de sujeito.
   - Conhecer e analisar as regras de concordância do verbo *ser*.
   - Conhecer e analisar as regras de concordância de verbos no infinitivo.
   - Reconhecer o efeito de sentido provocado pelo uso da concordância ideológica de número e de pessoa.

2. **Concordância nominal: relação entre substantivo e seus determinantes**
   - Conhecer e analisar as regras de concordância entre o substantivo e seus determinantes.
   - Explorar situações em que a posição do adjetivo e a posição do substantivo na oração determinam a flexão de número.
   - Reconhecer o efeito de sentido provocado pelo uso da concordância ideológica de gênero.

▶ Observe a crítica presente nesta tira de André Dahmer.

Note que a expressão "sair da lama" é entendida por um dos interlocutores em seu sentido literal, conforme se verifica pela indagação: "Um banho?". O palestrante aproveita-se dessa interpretação para reforçar sua convicção de que o país se encontra em uma situação difícil e afirma: "Eu diria mil banhos.". Observe que a flexão do substantivo *banho*, ora no singular, ora no plural, não é feita de forma aleatória por parte do autor da tira. Ele conhece o mecanismo da língua que estabelece a relação de dependência entre as palavras em uma oração: na primeira fala, o substantivo *banho* concorda com o vocábulo *um*; na segunda, concorda com a palavra *mil*.

Você, como falante de língua portuguesa, procura observar a adequada concordância das palavras ao construir seu discurso, seja ele oral, seja ele escrito? Em que tipo de situação comunicativa você fica mais atento às normas gramaticais de concordância? E em quais situações se sente mais à vontade para se comunicar utilizando uma linguagem coloquial?

Neste capítulo, você vai estudar as regras de concordância verbal e de concordância nominal e observar como elas são empregadas em diferentes textos.

Reflexão e análise linguística
A concordância entre os termos da oração

▶ Observe agora a primeira fala do personagem na tira anterior:

O que é preciso para o país sair da lama, senhores?

Caso o personagem se referisse a mais de um país, seria necessário tanto flexionar o substantivo *país* para *países* como o artigo e o verbo que o acompanha. A frase ficaria assim:

O que é necessário para **os países saírem** da lama, senhores?

Com base nesse exemplo, podemos verificar que a flexão do substantivo é responsável pela flexão dos demais elementos que o acompanham, como artigos, verbos, adjetivos. Podemos constatar que, ao estabelecer uma relação de sentido, as palavras se relacionam e formam vínculos de **concordância** entre si por meio de marcas de flexão de número, pessoa e gênero.

Para isso, são utilizadas regras estabelecidas pela norma-padrão da língua. Conhecê-las, sejam elas entre o verbo e o sujeito, sejam elas entre o substantivo e seus determinantes, é imprescindível nos momentos de produção escrita (ou oral) em que a situação comunicativa exigir maior formalidade.

> **Concordância** é um processo linguístico que orienta a relação de vínculo e combinação entre as palavras da oração.
>
> Há dois tipos de concordância na língua portuguesa:
> - **Concordância verbal**: é a concordância em número e pessoa do verbo com o sujeito.
> - **Concordância nominal**: é a concordância em gênero e número entre o substantivo e seus determinantes.

Concordância verbal: relação entre verbo e sujeito

▶ Leia o trecho de um artigo de opinião publicado na versão *on-line* do jornal *Gazeta do Povo*.

Sustentabilidade e competitividade responsável

"A sustentabilidade não é uma opção, mas uma obrigação."

Nos últimos anos a classe média urbana teve crescimento significativo, aumentando o consumo e, consequentemente, a pressão sobre os recursos ambientais. Segundo relatório de 2013 do Programa das Nações Unidas para o Desenvolvimento (PNUD), em 2009 a classe média global correspondia a 27% da população do planeta, as projeções indicavam que em 2020 seriam 47% e em 2030, já seriam a maioria com 59% do total de habitantes. Essa classe média global tem uma característica comum, que é a avidez pelo consumo de novos produtos que dependem para a sua fabricação de recursos naturais. Esse cenário indica um quadro de insustentabilidade do atual modelo de produção e consumo, pois a natureza não tem como satisfazer a essas crescentes necessidades.

Acontece que as empresas veem esse quadro como uma oportunidade de oferta de produtos para atender às necessidades dos novos consumidores (e consequentemente aumentar seus lucros). Por outro lado, são pressionadas por amplas camadas da população exigindo que as organizações adotem soluções criativas para resolver problemas que afetam o meio ambiente.

A situação no meio empresarial é que muitos ainda consideram que a sustentabilidade é um modismo passageiro e que basta resistir às pressões ou atendê-las superficialmente que se manterão competitivos no mercado. Este é um erro que pode ser fatal para o seu negócio. Pois as empresas são afetadas particularmente porque ao longo dos últimos 200 anos trataram o ambiente natural como fonte de matéria-prima inesgotável, beneficiando-se de sua exploração.

No momento atual, a sustentabilidade deve ser entendida como uma mudança radical da relação do homem com a natureza e do ser humano com ele próprio. Do ponto de vista corporativo, a sustentabilidade não é uma opção, mas uma obrigação no que diz respeito ao papel das empresas na sociedade e uma necessidade quando se trata de sua própria sobrevivência.

Por exemplo, nos próximos anos as preocupações globais com as mudanças climáticas se transformarão em compromissos assumidos coletivamente pelos países (no final deste ano [2015] ocorrerá em Paris a reunião que definirá o novo protocolo que substituirá o de Quioto), que se converterão em regulações nacionais fazendo com que as empresas, obrigatoriamente, assumam um papel mais relevante no combate ao aquecimento global, reduzindo suas emissões de gases que provocam o efeito estufa. Trata-se aqui da sobrevivência de todos, logo serão medidas inegociáveis.

Para as empresas, assumir padrões de sustentabilidade não serve somente para que estas sobrevivam às necessárias mudanças que a sociedade exige. Há inúmeras oportunidades que se abrem para aquelas organizações que transformarem seus métodos de produção. A variável da sustentabilidade dentro dos processos empresariais faz com que busquem soluções mais eficientes e, portanto, mais rentáveis, por exemplo, na utilização da energia e dos recursos naturais.

Além disso, a revisão dos processos produtivos para torná-los mais eficientes leva as empresas a buscarem inovação, o que permitirá que alcancem, sustentem e melhorem sua posição no mercado adotando uma forma de competitividade responsável.

A ideia de empresa isolada da sociedade, tendo como preocupação primordial a obtenção de lucro a qualquer custo, vai gradativamente sendo superada pela concepção de que as organizações, além de cumprirem sua função social de atendimento às demandas de grupos de consumidores, devem condicionar sua atividade a uma agenda de responsabilidade social vinculada ao atendimento do bem comum.

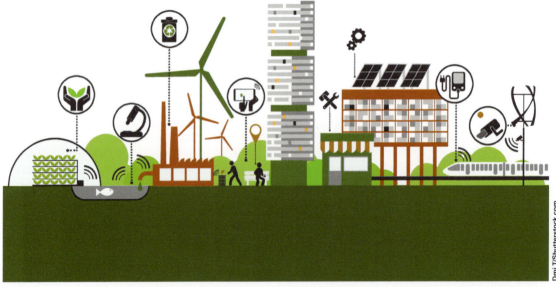

A construção desta agenda implica, também, no reconhecimento da necessidade de formação de alianças estratégicas com parceiros fora da iniciativa privada, que podem ser tanto as administrações públicas quanto as organizações do terceiro setor. A consequência dessas ações é a formação de novos tipos de articulações com interesses comuns alinhados na perspectiva do desenvolvimento sustentável.

DIAS, Reinaldo. *Gazeta do Povo*, 22 maio 2015. Disponível em: <http://www.gazetadopovo.com.br/opiniao/artigos/sustentabilidade-e-competitividade-responsavel-6v7o4mnbi1sqzschc4vjl64xi>. Acesso em: 27 maio 2017.

1. O articulista defende que há um fator de insustentabilidade no atual modelo de produção e consumo. Que fator é esse?

2. O autor do artigo afirma que "a sustentabilidade não é uma opção, mas uma obrigação". Identifique o argumento usado para sustentar essa afirmação.

Ao estruturar seu texto, o articulista empregou termos essenciais da oração – sujeito e predicado – preocupando-se em estabelecer a adequada relação de pessoa e número entre eles, de acordo com a norma-padrão. Veja como isso acontece em algumas orações do artigo lido.

Sujeito	Predicado	Regras de concordância entre o sujeito e o verbo
A classe média global	**correspondia** a 27% da população do planeta.	**Sujeito simples** concorda com o verbo em **número e pessoa**.
As empresas	**veem** esse quadro como uma oportunidade de oferta de produtos.	
Muitos	ainda **consideram**.	
	Trata-se aqui **da** sobrevivência de todos.	**Sujeito indeterminado** que se manifesta pela forma verbal **verbo + se + preposição** deixa o verbo sempre no **singular**.
	Há inúmeras oportunidades.	**Oração sem sujeito** que se manifesta pelo verbo impessoal **haver** (quando equivale a **existir, fazer, acontecer**) deixa o verbo sempre no **singular**.
[...] assumir padrões de sustentabilidade	não **serve** somente.	Sujeito formado por oração (**sujeito oracional**) leva o verbo para a 3ª pessoa do singular.

3. Justifique a flexão de número do verbo *dependem* no seguinte trecho: "Essa classe média global tem uma característica comum que é a avidez pelo consumo de novos produtos que **dependem** para a sua fabricação de recursos naturais."

4. Organize uma oração usando as palavras a seguir.
   - Substantivos: país, energia, mercados, líderes.
   - Adjetivos: satisfeitos, eólica.
   - Verbo: deixaram.
   - Artigos: o, os.
   - Preposições: de, dos.

Concordância verbal e concordância nominal Capítulo 25

> ### PENSE SOBRE ISSO
>
> Você observou que há um padrão de concordância entre o sujeito e o verbo com o qual ele se relaciona. Para pensar sobre essa ocorrência, leia uma fala de Pedro Bala para João Grande, personagens do livro *Capitães de areia*, de Jorge Amado.
>
> – Tu é bom, Grande. Tu é melhor que a gente. Gosto de você.
>
> Note que, na linguagem empregada em algumas situações do cotidiano, muitas vezes o pronome *você* é substituído pelo pronome *tu*. No entanto, nesses casos (como mostra o exemplo), a concordância verbal é realizada da mesma maneira, como se o pronome empregado fosse *você*, já que ambos os pronomes se referem à pessoa a quem o locutor se dirige.
>
> De acordo com a norma-padrão, o exemplo anterior deveria ser escrito assim:
>
> – Tu és bom, Grande. Tu és melhor que a gente. Gosto de ti.

▶ Leia a tira de Hagar.

5. Na tira, o verbo *contar*, cujo sujeito é "a maioria das pessoas", está no plural. Com que palavra ele concorda?

6. Se a personagem Helga optasse por estabelecer a concordância do verbo com o núcleo do sujeito gramatical, como seria reescrita a segunda fala da tira?

A expressão "a maioria das" presente na segunda fala de Helga, possibilita estabelecer duas combinações entre o sujeito e o verbo: ou o verbo concorda apenas com o núcleo do sujeito, ou o verbo concorda com a ideia inscrita no complemento.

Observe outra ocorrência referente à concordância verbal na manchete de uma reportagem que trata de uma pesquisa sobre a porcentagem de leitores no Brasil em 2015.

44% da população brasileira não lê e 30% nunca comprou um livro, aponta pesquisa Retratos da Leitura

RODRIGUES, Maria Fernanda. Disponível em: <http://cultura.estadao.com.br/blogs/babel/44-da-populacao-brasileira-nao-le-e-30-nunca-comprou-um-livro-aponta-pesquisa-retratos-da-leitura/>. Acesso em: 28 jun. 2017.

De acordo com a norma-padrão, quando o **sujeito** é representado por **porcentagem**, o verbo pode flexionar tanto pelo numeral referente à porcentagem como pelo substantivo que a acompanha. No caso, a jornalista optou por estabelecer a relação de concordância entre os verbos *ler* e *comprar* com o substantivo *população*; assim os verbos foram flexionados na 3ª pessoa do singular. Se ela optasse, por concordar com os numerais, *44%* e *30%*, os verbos seriam flexionados na 3ª pessoa do plural: "44% da população brasileira não leem e 30% nunca compraram um livro". Mas, na manchete, observe que o numeral *30%* não está seguido de substantivo, o termo *população* está implícito; portanto, nesse caso, o verbo comprar deveria ter sido flexionado na 3ª pessoa do plural.

A concordância verbal precisa ser estudada à luz das regras que foram estabelecidas pela norma-padrão da língua, uma vez que, numa situação de formalidade, elas deverão ser conhecidas e utilizadas.

Na linguagem informal, nem sempre as regras da norma-padrão são seguidas. Entretanto, na linguagem formal, é preciso respeitá-las. Dessa forma, é importante conhecer, estudar e consultar, quando necessário, as regras de concordância verbal estabelecidas por essas normas.

Leia a seguir as regras cujos tipos de sujeito definem a concordância verbal. Consulte a tabela sempre que necessário.

Concordância do verbo com o sujeito simples	
Regras	**Exemplos**
Sujeito simples concorda com o verbo em **número** e **pessoa**.	**O reaquecimento** dos negócios motiva a abertura de novas empresas. **Os ajustes fiscais** são realizados anualmente. Existem **várias histórias** sobre esses acontecimentos atuais.
Expressões partitivas (a maioria de, grande parte de, uma porção de etc.) seguidas por substantivo ou pronome no plural levam o verbo preferencialmente para o **singular**, podendo ir para o plural por questão estilística para denotar o conjunto.	**Grande parte** das pessoas disse que já conhecia a notícia. Grande parte **das pessoas** disseram que já conheciam a notícia.
A expressão **um dos que** leva o verbo para o **plural**; no entanto, é comum o uso do verbo no **singular** quando se pretende destacar o termo com o qual o verbo concorda.	Sou **um dos que** mais admiram esse escritor homenageado pela Festa Literária em Paraty. Sou **um dos que** mais admira esse escritor homenageado pela Festa Literária em Paraty.
Sujeito que indica **porcentagem** seguida por um substantivo, o verbo deve concordar com o **substantivo** ou com o **numeral**.	**45%** do **orçamento familiar** está destinado à sua educação. **45%** do orçamento familiar estão destinados à sua educação.
Sujeito formado por **número fracionário**, o verbo concorda com o **numerador da fração** (número acima do traço da fração).	1/3 da população sofre com as constantes enchentes. 2/3 da população sofrem com as constantes enchentes.
Sujeito formado por **substantivos no plural**, o verbo concorda com o **artigo**, o **pronome** ou o **numeral** que acompanha esse substantivo. Caso não haja artigo, pronome ou numeral, o verbo fica no **singular**.	**As Minas Gerais** são inesquecí**veis**. **Minas Gerais** é inesquecível. **Meus óculos** se perderam na desordem de minha bolsa.
Sujeito formado por **substantivo coletivo**, o verbo fica no **singular**.	**A colmeia** estava vazia.

Concordância do verbo com o sujeito composto	
Regras	**Exemplos**
Sujeito composto concorda com o verbo em **número** e **pessoa** no **plural**.	A injustiça, o desagravo e o desrespeito serão reparados de hoje em diante.
Sujeito composto localizado **após o verbo** leva o verbo para o **plural** ou para o **singular**, concordando com a palavra mais próxima.	Chegaram a carta e o presente ao mesmo tempo. Chegou a carta e o presente ao mesmo tempo.
Núcleos do sujeito ligados por **ou/nem** possuem duas possibilidades de concordância: 1. Ideia de **exclusão** de um dos elementos – verbo fica no **singular**. 2. Ideia de **inclusão** dos elementos – verbo fica no **plural**.	Ou você ou seu amigo deverá trazer o livro de pesquisa para a aula de amanhã. Nem a chuva nem o frio farão com que eu desista da viagem.
Núcleos do sujeito unidos por expressões correlacionadas (não só... como também, não só... mas também, não apenas... como) levam o verbo para o **plural**.	**Não só** suas notícias **como também** suas fotografias trouxeram muito conforto a todos.
Núcleos do sujeito no singular que transmitem a ideia de **gradação** ou de **expressões sinônimas** concordam com o verbo no **plural** ou **singular**. Caso se pretenda dar ênfase, apenas ao último termo, é mais adequado o verbo concordar apenas com ele.	A **tristeza**, o **desânimo** e o **desalento** tornaram seu primo apático. A **tristeza**, o **desânimo** e o **desalento** tornou seu primo apático.
Sujeito composto resumido pelos pronomes **tudo**, **nada**, **ninguém** leva o verbo para o singular.	Seus olhos, suas palavras carinhosas, seus gestos tranquilos, **tudo** fez com que eu me apaixonasse por você.

Concordância do verbo com o sujeito indeterminado	
Regra	**Exemplos**
Sujeito indeterminado que se manifesta pela forma verbal **verbo + se + preposição**, o verbo sempre permanece no **singular**, já que o sujeito não está determinado.	**Trata-se de** assuntos confidenciais. **Necessita-se de** pessoas comprometidas com as causas de justiça social.

Concordância do verbo com a oração sem sujeito	
Regras	**Exemplos**
Verbo impessoal **haver**, quando equivale a **existir**, **fazer** e **acontecer**, leva o verbo para o singular.	Já avisaram que **havia** muitas distorções nessas histórias sobre seu passado.
Verbo impessoal **fazer**, quando indicar **tempo transcorrido**, leva o verbo para o singular.	**Faz** quinze anos que mora nesta casa.

7. Estabeleça a concordância entre o sujeito e o verbo usando os verbos indicados entre parênteses para substituir os ícones nas orações.

a. Onde ❖ os óculos de sol que deixei sobre a mesa? (estar)

b. Alagoas ❖ deslumbrante no verão. (ser)

c. ❖ sua terra natal todos aqueles que se sentiram injustiçados. (deixar)

d. Ontem ❖ a fotografia e a carta para matar um pouco de nossa saudade. (chegar)

8. O parágrafo a seguir foi reproduzido da notícia "Gente bonita come fruta feia", da versão *on-line* do jornal *El País*.

O velho palácio do Ateneo Comercial de Lisboa é o lugar escolhido por Isabel Soares para vender frutas e verduras que seriam destinadas ao lixo. Essa engenheira ambiental, de 32 anos, criou há 14 meses uma cooperativa de consumo que compra dos agricultores produtos que, pelo tamanho ou aparência, não **entram** no circuito comercial. Chamou-a de Frutafeia, e seu lema é desafiador: *Gente bonita come Fruta Feia*.

© JAVIER MARTÍN. EDICIONES EL PAÍS, S.L., 2015.

Explique o motivo pelo qual o verbo *entrar* está flexionado no plural.

9. Leia a manchete divulgada no jornal *O Estado de S.Paulo*.

Índice de insatisfação social no Brasil é um dos que mais aumenta, alerta OIT

CHADE, Jamil. Disponível em: <http://economia.estadao.com.br/noticias/geral,indice-de-insatisfacao-social-no-brasil-e-um-dos-mais-aumenta-alerta-oit,10000099763>. Acesso em: 28 jun. 2017.

OIT: Organização Internacional do Trabalho.

Analise as afirmações.

I. O verbo *aumentar*, neste caso, refere-se à palavra *índice*.

II. A concordância do verbo *aumentar* com a expressão *um dos que* é variável e depende das intenções do interlocutor. No plural, pode se referir a vários índices; no singular, a apenas um índice.

III. O tipo de concordância presente em *um dos que mais aumenta* é semelhante ao que ocorre em *a maioria dos acidentes ocorre em razão da imprudência*.

Dentre as afirmações, está(ão) correta(s):

a. I.
b. I e II.
c. I e III.
d. II e III.
e. I, II e III.

10. Leia a tira de Hagar.

a. Justifique o uso do singular na forma verbal *está começando a feder*.

b. Justifique o uso do singular na oração "há dias...", usando seu conhecimento sobre tipos de sujeito.

11. Leia dois anúncios classificados e indique qual dos dois é mais adequado para ser publicado em *sites* de anúncios de emprego. Justifique sua escolha.

I.

PRECISA-SE DE
CORRETORES DE IMÓVEIS COM
EXPERIÊNCIA.
ENVIAR CURRÍCULO PARA RUA DAS
FLORES, 2853. JARDIM PARAÍSO.

II.

PRECISAM-SE DE
CORRETORES DE IMÓVEIS COM
EXPERIÊNCIA.
ENVIAR CURRÍCULO PARA RUA DAS
FLORES, 2853. JARDIM PARAÍSO.

▶ Agora você vai conhecer outros casos de concordância verbal apresentados pela gramática.

O verbo concorda com o sujeito na voz passiva	
Regra	**Exemplos**
O verbo na **voz passiva** concorda em **número** com o **núcleo do sujeito paciente**.	No museu, **foram abordadas** todas as **curiosidades** históricas. No museu, **foi abordada** a **vinda** de D. João VI para o Brasil. **Mudaram-se** todos os **móveis** de lugar. **Mudou-se** a **mesa** de lugar para dar mais espaço na sala.

Concordância com o verbo *ser*	
Regras	**Exemplos**
Verbo **ser** entre **um substantivo comum no singular e outro no plural**, o verbo tende a ir para o plural.	Seu sorriso **são** minhas felicidades.

458 Unidade 5 Sintaxe: o período composto

Concordância com o verbo *ser*

Regras	Exemplos
Colocado entre os pronomes **tudo, aquilo, isso, isto** e um **substantivo** (ou **adjetivo**), o verbo tende a concordar com o substantivo (ou adjetivo).	Tudo **são flores**. Tudo **é flores**. Aquilo **eram revoltas tardias**. Isso **é maravilhoso**.
O verbo **ser** concorda com o **número indicativo** de **horas** e **distância**.	**É meio-dia e meia**. **São duas horas** da manhã. **É um quilômetro** de sua casa. **São dez quilômetros** de sua casa
Sujeito que indica **preço, quantidade** ou **medida**, a concordância do verbo é no **singular**.	**Trezentos reais é** muito caro. **Duzentos gramas** de queijo **é** o suficiente para nós.

Concordância com o verbo no infinitivo

Regras	Exemplos
No **singular**, quando o verbo assume o **valor de substantivo**.	**Amar é** tudo o que desejamos na vida.
No **singular**, quando o verbo tem o **valor de imperativo**.	**Colocar** todos os livros nas estantes, agora!
Quando o **sujeito** é **determinado**, o verbo concorda em **número** e **pessoa**.	Chegou a hora de **nós passarmos** o que aprendemos. Chegou a hora de **Paulo e José passarem** o que aprenderam.

12. Algumas orações a seguir não estão de acordo com as regras de concordância verbal estabelecidas pela norma-padrão. Identifique-as e indique as adequações necessárias para estabelecer a concordância.

　a. São desvendados crimes de guerra esmiuçando gravações de atentados.
　b. Desvendam-se crimes de guerra esmiuçando gravações de atentados.
　c. Amar e odiar faz parte da relação entre as pessoas.
　d. Trouxeram os lanches para os funcionários almoçar durante o expediente.
　e. Tudo isso são desilusões passageiras.
　f. Duzentos quilos são muito para este elevador.
　g. É nove horas, mas a exposição só abre às 10 horas.

13. Leia a tira de Níquel Náusea.

a. Em que consiste o humor da tira?

b. Justifique a concordância do verbo *ser*.

14. Imagine que a notícia a seguir seja real. Substitua o ícone nas orações pelo verbo *haver*, fazendo uso da concordância adequada segundo a gramática normativa.

As empresas garantem que ❖ muitas discussões e replanejamentos antes das indicações de demissão. Os sindicatos garantem que se ❖ mais desemprego, as greves serão inevitáveis.

> ### PENSE SOBRE ISSO
>
> Releia o quinto parágrafo do artigo de opinião "Sustentabilidade e competitividade responsável" e observe a concordância verbal nas orações subordinadas em que o sujeito não está explícito logo após o verbo.
>
> ....
>
> Por exemplo, nos próximos anos as preocupações globais com as mudanças climáticas se transformarão em compromissos assumidos coletivamente pelos países (no final deste ano [2015] ocorrerá em Paris a reunião que definirá o novo protocolo que substituirá o de Quioto), que se **converterão** em regulações nacionais fazendo com que as empresas, obrigatoriamente, assumam um papel mais relevante no combate ao aquecimento global, reduzindo suas emissões de gases que provocam o efeito estufa. Trata-se aqui da sobrevivência de todos, logo serão medidas inegociáveis.
>
> ....
>
> **1.** A forma verbal *se converterão* estabelece concordância com qual palavra no parágrafo?
>
> **2.** Como você obteve a resposta para a pergunta anterior?
>
> A forma verbal *se converterão* concorda em número com o núcleo do sujeito que, embora distante dele, é representado pelo pronome relativo *que*. Fique atento a construções linguísticas cujo sujeito é representado pelo pronome relativo *que*. Nesses casos, o verbo da oração subordinada adjetiva deverá concordar em número e pessoa com o termo ao qual o pronome relativo faz referência.

460 Unidade 5 Sintaxe: o período composto

AMPLIANDO O CONHECIMENTO

Releia mais este parágrafo do artigo "Sustentabilidade e competitividade responsável".

....

Nos últimos anos a classe média urbana **teve** crescimento significativo, aumentando o consumo e, consequentemente, a pressão sobre os recursos ambientais. Segundo relatório de 2013 do Programa das Nações Unidas para o Desenvolvimento (PNUD), em 2009 a classe média global **correspondia** a 27% da população do planeta, as projeções indicavam que em 2020 **seriam** 47% e em 2030, já **seriam** a maioria com 59% do total de habitantes.

....

Identifique, nos seguintes trechos, os sujeitos aos quais se referem os verbos em destaque.
a. "**teve** crescimento significativo"
b. "**correspondia** a 27% da população do planeta"
c. "em 2020 **seriam** 47%"
d. "em 2030, já **seriam** a maioria com 59% do total de habitantes"

Note que, apesar de o sujeito ser o mesmo nas quatro orações, há diferença na relação de concordância verbal. Nas duas primeiras, o verbo concordou com o núcleo do sujeito no singular – classe média; nas duas últimas, a concordância foi realizada com a **ideia de número** que esse sujeito representa: pessoas que estão no mesmo nível socioeconômico. A essa ocorrência na língua a gramática dá o nome de **concordância ideológica** (ou **silepse**).

É necessário que, em uma situação de comunicação formal, o mesmo critério de concordância (concordância com o sujeito gramatical, ou com a ideia que esse sujeito representa) seja mantido no mesmo parágrafo para não comprometer a coerência textual.

Denomina-se concordância ideológica aquele tipo de construção presente em enunciados nos quais as palavras não concordam gramaticalmente com o termo ao qual se referem. Nesse tipo de procedimento, há o objetivo de destacar ou realçar para o interlocutor algum elemento mentalmente implícito ou subentendido, submetendo as normas gramaticais aos interesses do enunciador.

Além da silepse de número, que ocorre no parágrafo do texto, como você viu, há outras possibilidades de concordância ideológica.

- **Concordância (ou silepse) de pessoa:**

Todos os brasileiros **estamos** confiantes no progresso do país.

O sujeito "todos brasileiros" apresenta-se na 3ª pessoa do plural; no entanto, o verbo concorda com a 1ª pessoa do plural, para que o locutor possa se incluir entre os brasileiros confiantes no progresso do país.

- **Concordância (ou silepse) de gênero:**

Vossa Santidade **está preocupado** com a miséria mundial.

O adjetivo *preocupado*, no masculino, concorda corretamente com o sujeito *Vossa Santidade*, representado por um pronome de tratamento no feminino, uma vez que este estabelece relação com o gênero do papa, não com a palavra gramatical que o representa.

Concordância nominal: relação entre substantivo e seus determinantes

▶ Leia uma tira de André Dahmer.

No segundo quadro, ao se referir ao local em que comemorará seu aniversário, o personagem usa a contração *na* antes do substantivo *Alface* por saber que se trata de uma palavra do gênero feminino no singular. No entanto, poderia ter dito "no Alface de ouro", caso estivesse fazendo a concordância, por exemplo, com as palavras *restaurante* ou *bar*. A **concordância nominal** trata da relação que os adjetivos, pronomes adjetivos, artigos, numerais e verbos no particípio estabelecem com o substantivo a que se referem.

> A **concordância nominal** é o princípio segundo o qual toda palavra variável associada ao substantivo deve ser flexionada com ele. Adjetivos, pronomes adjetivos, artigos, numerais e verbos no particípio devem **concordar em gênero e número** com o substantivo ao qual se referem.
>
> Exemplo:
>
>
>
> Na terceira **semana** de sua breve **visita**, conhecemos os belos **parques** nacionais.

▶ Leia as regras que abordam especificamente a concordância do adjetivo com o substantivo.

Concordância do adjetivo com o substantivo	
Regras	**Exemplos**
Adjetivo referindo-se a um único substantivo O **adjetivo** sempre concorda em **gênero e número com o substantivo** ao qual se refere.	A **imensa** decomposição da terra em tão pouco tempo deixou os cientistas **intrigados**. Varandas **amplas** permitem a entrada de uma luz **agradável**.
Adjetivo referindo-se a mais de um substantivo e posicionado **antes dos substantivos**: a. O **adjetivo** concorda em **gênero e número com o substantivo mais próximo**. b. Se os substantivos forem nomes próprios ou nomes de parentesco, o **adjetivo fará a concordância no plural**.	Sentia por ele **imenso** carinho e admiração. **Belos** prados e alamedas faziam parte do cartaz de publicidade. **Belas** alamedas e prados faziam parte do cartaz de publicidade. Conheci os **divertidos** irmão e irmã de meu noivo.

462 Unidade 5 Sintaxe: o período composto

Concordância do adjetivo com o substantivo	
Regras	**Exemplos**
Adjetivo referindo-se a mais de um substantivo e posicionado **depois dos substantivos**. **a.** O **adjetivo** pode concordar **com o substantivo mais próximo** (nesse caso, entende-se que se refere somente a ele), ou **com os substantivos em conjunto**, ficando **no masculino plural** (nesse caso, entende-se que se refere a todos os substantivos). **b.** O **adjetivo** no papel de **predicativo** (do sujeito ou do objeto) cujo núcleo possui **mais de um substantivo** concorda em **gênero e número**. **c. Adjetivo** que se refere a substantivos que indicam **ideia de gradação** pode ser **flexionado no plural ou no singular**. A ideia de gradação fica mais presente quando o adjetivo fica no singular.	Nesta semana, visitei um sítio e um parque **ecológico**. Nesta semana, visitei um sítio e um parque **ecológicos**. Minha irmã e meu irmão **adorável** chegarão hoje de viagem. Minha irmã e meu irmão **adoráveis** chegarão hoje de viagem. Estes dois sapatos e este vestido **antigo** podem ser colocados na mala. Estes dois sapatos e este vestido **antigos** podem ser colocados na mala. Pedro e sua esposa ficaram **tranquilos** com a notícia de seu retorno. O pai julgou a fala e a decisão de seu filho **imprudentes**. O filme aborda a paixão, o amor, a adoração **delirantes**. O filme aborda a paixão, o amor, a adoração **delirante**.

15. Leia a resenha do filme *A teoria de tudo*, inspirado em fatos reais da vida de Stephen Hawking, um renomado cientista.

A *Teoria de Tudo* começa pouco antes de Hawking (Eddie Redmayne) ser acometido pela doença que o privou dos movimentos. Já na faculdade, Hawking demonstra possuir um enorme talento para a Física Teórica, seu brilhantismo já é estabelecido logo no início. Durante uma festa, ele conhece Jane (Felicity Jones), por quem se interessa. Ao contrário do que se espera, Hawking não foi um adolescente sem jeito com as mulheres. Apesar de um pouco desajeitado, ele demonstra desenvoltura ao abordar Jane, conseguindo conquistar a moça com sua inteligência e charme.

Mas não demora muito para notarmos os primeiros sinais de que há algo errado com o rapaz. O que inicialmente parece fraqueza, rapidamente evolui, culminando num acidente que leva Hawking a buscar ajuda médica. Já apaixonado por Jane (e ela por ele), ele é diagnosticado com a doença do neurônio motor, uma doença degenerativa progressiva. Nela, os sinais que o cérebro emite e recebe para nos fazer mover são **interrompidos**. Em sua conversa com o médico, a primeira pergunta de Hawking é "Mas e o cérebro?". No que o médico responde que o cérebro não é **afetado** pela doença. Com uma estimativa de vida de dois anos, Hawking decide se isolar do mundo e faz de tudo para afastar Jane, pois acha que não há chance de um futuro com ela. Mas a garota persiste e, mesmo visivelmente **chocada** com a degradação física do rapaz, decide ficar com ele até o fim.

Disponível em: <http://estacaogeek.xpg.uol.com.br/2015/01/28/resenha-a-teoria-de-tudo/>. Acesso em: 29 jun. 2017.

a. Justifique a flexão dos adjetivos *interrompidos, afetado* e *chocada*, destacados no segundo parágrafo do texto.

b. Considere o trecho: "Já na faculdade, Hawking demonstra possuir um *enorme talento* para a Física Teórica, seu brilhantismo já é estabelecido logo no início". Se, em vez do substantivo *talento*, fossem colocados na oração os substantivos *talento* e *vocação*, como ficaria a flexão do adjetivo *enorme*? Justifique sua resposta.

16. Substitua o ícone das orações pelos termos entre parênteses estabelecendo a adequada concordância nominal.

a. ❖ árvores e canto de pássaros alegram a rua em que moro. (esplêndido)
b. ❖ canto de pássaros e árvores alegram a rua em que moro. (esplêndido)
c. Ontem à noite, acompanhei ❖ notícias e programas de televisão que comemoravam o aniversário de 90 anos do cantor e compositor Tom Jobim. (diverso)
d. Ontem à noite, acompanhei ❖ programas de televisão e notícias que comemoravam o aniversário de 90 anos do cantor e compositor Tom Jobim. (diverso)
e. Marchas de Carnaval, paródias e *jingles* ❖ serviram de modelo para a criação de tiras em quadrinhos. (engraçado)
f. O cinema e a literatura ❖ tematizam a proteção às crianças judias na época da Segunda Guerra Mundial. (contemporâneo)

▶ Agora, leia as regras estabelecidas pela norma-padrão para palavras que podem causar dúvidas em relação à concordância nominal.

Anexo, incluso, obrigado	
Regra	**Exemplos**
Anexo, **incluso** e **obrigado** concordam com o termo a que se referem.	Os arquivos vão **anexos** ao e-mail. As despesas estão **inclusas** na nota de serviço. A garota disse **obrigada** com muita gratidão. O garoto disse **obrigado** com muita gratidão.

Bastante, meio, mesmo	
Regras	**Exemplos**
A flexão das palavras **bastante**, **meio** e **mesmo** depende do termo ao qual estão relacionadas na organização da oração. a. Se a palavra estiver **associada a substantivo ou a pronome substantivo, concorda com ele**. b. Se a palavra estiver **associada a adjetivo ou a verbo, fica invariável**, pois funciona como advérbio.	**Bastantes** (muitas) pessoas comemoram a vitória do time campeão. Sem **meias** palavras, consegui falar sobre minhas impressões a respeito dele. Elas **mesmas** confessaram a mentira. Todos os jardins da rua estão **bastante** floridos e perfumados. Ela ficou **meio** abalada pela notícia de sua partida. Vocês conseguiram **mesmo** fazer a entrega no prazo combinado.

Verbo *ser* + adjetivo (É bom, é proibido, é necessário)	
Regras	**Exemplos**
A flexão de expressões como **é bom**, **é proibido**, **é necessário** depende da presença ou da ausência de um determinante junto ao substantivo. a. **Sem determinante** (artigo, pronome, numeral), **fica invariável**, ou melhor, não se flexiona. b. **Com determinante** (artigo, pronome, numeral), **concorda com o substantivo em gênero e número**.	Todos sabem que **é bom** água mineral para a saúde. **É proibido** entrada de pessoas estranhas. **É necessário** atenção nas estradas. Todos sabem que a água mineral **é boa** para a saúde. **É proibida** a entrada de pessoas estranhas. **É necessária** sua atenção nas estradas.

Unidade 5 Sintaxe: o período composto

Menos	
Regra	Exemplos
Menos é sempre **invariável**, ou seja, a palavra não é flexionada.	Depois da mudança, **menos** reclamações foram feitas ao diretor. **Menos** mulheres decidem se tornar donas de casa atualmente.

17. Leia esta placa de aviso.

A concordância nominal da placa está de acordo com as regras estabelecidas pela norma-padrão? Justifique sua resposta.

18. Leia a mensagem de *e-mail* e faça as correções, segundo a norma-padrão, dos dois desvios de concordância nominal presentes nele.

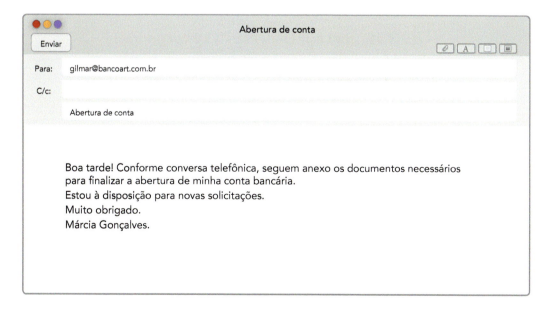

A gramática e a construção de sentido

A concordância ideológica em textos jornalísticos

No decorrer deste capítulo, você estudou como ocorre a concordância entre o verbo e o sujeito (concordância verbal) e entre o substantivo e seus determinantes (concordância nominal). Em ambos os casos de concordância, o vínculo entre as palavras é estabelecido pela flexão de gênero, número e pessoa.

No entanto, também é possível estabelecer uma combinação harmônica entre as palavras por meio do sentido implícito na oração, e não pela forma gramatical da palavra. Nesse caso, ocorre a **concordância ideológica** ou **silepse** – como você já viu. Esse tipo de concordância é visto pela estilística – parte da gramática que estuda o uso estético da linguagem para obter expressividade – como recurso para particularizar uma ideia ou sentimento, ressaltando a subjetividade do enunciador. Veja como isso ocorre nos textos a seguir e reflita sobre o efeito de sentido produzido nos leitores.

1. Leia o título jornalístico.

Pesquisa aponta que maioria de usuários conhecem as drogas na infância e adolescência

De mais de 13 mil atendidos pelo Centro de Referência Estadual em Álcool e Drogas no ano passado, mais de 2,3 mil dizem ter experimentado drogas quando crianças

Disponível em: <http://www.em.com.br/app/noticia/gerais/2017/05/04/interna_gerais,866979/pesquisa-aponta-que-maioria-de-usuarios-conhecem-as-drogas-na-infancia.shtml>. Acesso em: 29 jun. 2017.

A norma-padrão indica que a concordância do verbo com o sujeito em expressões como a *maioria de usuários* pode exigir a flexão do verbo no plural ou no singular. No título jornalístico em questão, que efeito de sentido é alcançado com o uso do verbo *conhecer* no plural?

2. Leia o título da notícia.

Café com a Presidenta: "Convoco todos os brasileiros, sem exceção, para vencermos juntos a batalha contra a miséria"

Disponível em: <http://www.brasil.gov.br/economia-e-emprego/2011/05/cafe-com-a-presidenta-convoco-todos-os-brasileiros-sem-excecao-para-vencermos-juntos-a-batalha-contra-a-miseria>. Acesso em: 29 jun. 2017.

Caso a concordância do verbo *vencer* fosse estabelecida por uma expressão explícita na frase, esse verbo concordaria com a expressão *todos os brasileiros*, ou seja, ele estaria na terceira pessoa do plural, *vencerem*. No entanto, optou-se pela flexão *vencermos*. Qual seria a provável intenção da presidenta ao flexionar o verbo dessa forma?

3. Leia um trecho do artigo de opinião escrito pelo jornalista e escritor gaúcho José Francisco Botelho sobre a cidade de Porto Alegre.

José Francisco Botelho: "Como reencontrei Porto Alegre"

O que me salvou, como sempre, foram os livros. Incapaz de reencontrar Porto Alegre na realidade, tentei reconstruí-la na imaginação.

Nos recônditos da Lancheria, de manhã cedo, eu mergulhava em ficções porto-alegrenses, como se o ritmo da leitura fosse um antídoto contra o descalabro dos tempos. Li mais a respeito de Porto Alegre, nesses dois anos de confusão, do que jamais havia lido antes. A cidade literária não apenas revelou coisas sobre a cidade material: redimiu-a. Quando retomei minhas andanças, foi com novo espírito desbravador: agora eu queria encontrar os pontos de confluência entre a fantasia e a realidade.

[...]

Acabei achando Porto Alegre bonita outra vez, bonita como a Dama do Bar Nevada: lutando. E tive a confirmação perfeitamente empírica de uma teoria em que sempre acreditei: digam o que quiserem, mas a humanidade precisa, sim, de literatura.

Recôndito: oculto, encoberto.
Descalabro: decadência, ruína.

BOTELHO, José Francisco. Disponível em: <http://zh.clicrbs.com.br/rs/porto-alegre/noticia/2017/04/jose-francisco-botelho-como-reencontrei-porto-alegre-9765757.html>. Acesso em: 29 jun. 2017.

a. Como o autor resgata a cidade dentro de si mesmo?

b. Releia os dois trechos a seguir.

"Incapaz de reencontrar Porto Alegre na realidade, tentei reconstruí-la na imaginação."

"Acabei achando Porto Alegre bonita outra vez."

O pronome oblíquo -*la*, no primeiro trecho, e o adjetivo *bonita*, no segundo, referem-se ao substantivo *Porto Alegre*, pertencente ao gênero masculino. No entanto, seus determinantes estão flexionados no feminino. Com que intenção o autor atribuiu esse gênero ao nome *Porto Alegre*?

c. Identifique uma passagem do texto em que a cidade de *Porto Alegre* é idealizada pelo autor.

Exercícios

1. Observe a seguir o título de uma notícia.

Polícia recaptura 79 presos que haviam fugido de presídio em Bauru

Até o início da tarde desta terça-feira, 24, a polícia havia recapturado 79 presos que fugiram durante uma rebelião no Centro de Progressão Penitenciária (CPP3), em Bauru, no interior de São Paulo.

Disponível em: <http://istoe.com.br/policia-recaptura-79-presos-que-haviam-fugido-de-presidio-em-bauru/>. Acesso em: 29 jun. 2017.

Qual é a alternativa que traz afirmação **incorreta** a respeito desse título.

a. Na manchete, o verbo *haver* é conjugado no plural (haviam), pois desempenha a função de verbo auxiliar e concorda com *presos*.

b. No primeiro parágrafo da notícia, o verbo *haver* vem no singular, pois é verbo auxiliar e concorda com *polícia*.

c. Na manchete, o verbo *haver* é sinônimo de *existir*, pois remete a presos que realmente existiam.

d. No primeiro parágrafo da notícia, o verbo *haver* possui o mesmo sentido do verbo *haver* na frase "havia mil pessoas no evento".

e. Ambas as formas do verbo *haver* diferem em sentido do verbo *haver* conjugado em "Deverá haver mudanças no próximo mês".

2. Dentre os enunciados abaixo, marque a alternativa em que **não** ocorre concordância ideológica:

a. A maioria das pessoas veio hoje ao Rio de Janeiro em busca de diversão.

b. Naquele dia, toda a multidão presente gritavam por mais verbas para a saúde.

c. Os brasileiros somos todos adeptos da informalidade cotidiana.

d. Vossa Senhoria parece um pouco atormentado com tal mudança.

e. O povo daquele país é assim: brigam por qualquer coisa.

3. O artigo a seguir foi escrito pelo jornalista Ruy Castro. Nele, foram eliminadas algumas palavras. Substitua os ícones pelas palavras indicadas entre parênteses, estabelecendo a concordância verbal e a nominal. Depois, indique a regra de concordância que justifica a flexão do verbo ou do adjetivo.

A grande cantora

RIO DE JANEIRO — Finalmente assisti a "Elis", o filme de Hugo Prata sobre Elis Regina. Boa reconstituição de época, diálogos que de fato ❖ *(ecoar – presente)* aqueles personagens — conheci todos eles e fui amigo da maioria — e grandes interpretações de Andreia Horta, como Elis, e Gustavo Machado, como Ronaldo Bôscoli. Mas o que mais me motivou a ver o filme foi constatar se ele fazia jus a determinado elemento que Elis, entre tantas coisas, introduziu na música popular. Com todo o respeito, as axilas.

Os veteranos de 1966 se lembram bem. A moda ❖ *(ser – pretérito imperfeito)* os vestidinhos frouxos e curtos, presos no busto. A diferença é que Elis os usava sem mangas. E tinha de ser assim, para acomodar o formidável jogo de braços que ela aprendera com o dançarino Lennie Dale, no Beco das Garrafas, e do qual abusou naquela fase da carreira — a ponto de seu então desafeto Bôscoli a apelidar de "Hélice Regina". Ao levantar os braços para rodopiá-los e compor a apoteose de "Upa, Neguinho" — na época, tudo que Elis cantava terminava em apoteose —, a câmera e as primeiras filas ❖ *(ser tomada – pretérito imperfeito)* por suas axilas, rigorosamente ❖ *(depilada)*. ❖ *(ser – pretérito imperfeito)* uma sensação.

Antes e durante o reinado de Elis, muitas cantoras foram ❖ *(notável)* também por alguma característica além da voz — as mãos de Carmen Miranda, a pinta no queixo de Emilinha Borba, as curvas de Marlene, o rosto de Doris Monteiro, as bochechas de Dolores Duran, os olhos de Maysa, os joelhos de Nara Leão, as pernocas de Wanderléa, o nariz de Maria Bethânia, o umbigo de Gal Costa, o decote de Fafá de Belém. Mas só Elis teve as axilas.

E, mesmo assim, por pouco tempo. Bôscoli, com quem ela se reconciliou e até se casou, foi quem a instruiu a usar o cabelo curtinho, valorizar o romantismo das letras e parar com aquela exposição de sovacos.

Sem as axilas, surgiu a grande cantora.

CASTRO, Ruy. *Folha de S.Paulo*. FOLHAPRESS. Disponível em: <http://www1.folha.uol.com.br/colunas/ruycastro/2017/05/1883744-a-grande-cantora.shtml>. Acesso em: 29 jun. 2017.

4. Leia os enunciados a seguir e indique as alternativas que os completam, considerando a norma-padrão.

   I. ❖ precaução ao se dirigir a pessoas mais velhas e desconhecidas.
      a. É necessário
      b. É necessária

   II. ❖ bebida alcoólica a menores de 18 anos em todo o país.
      a. É proibido
      b. É proibida

   III. A entrada de desconhecidos ❖ nas salas de aula.
      a. é proibida
      b. são proibidos

   IV. A precaução ❖ no trato com plantas portadoras de espinhos.
      a. é necessária
      b. é necessário

   V. Entregamos ❖ cartas na última semana, assim como havíamos planejado.
      a. bastante
      b. bastantes

   VI. Considero ❖ estranhas as manifestações deste novo presidente do comitê.
      a. bastante
      b. bastantes

   VII. Foram as professoras ❖ que nos solicitaram uma declaração para participarmos da excursão.
      a. mesmo
      b. mesmas

   VIII. Eles querem ❖ as notas das provas antes do prazo oficial, contrariando todo o regulamento.
      a. mesmo
      b. mesmos

   IX. Em nosso escritório, Lucia é ❖ ocupada que Kátia.
      a. menas
      b. menos

   X. Júlia entrou discretamente na padaria, comprou dois pães e disse seriamente à atendente: "Muito ❖."
      a. obrigado
      b. obrigada

   XI. O garoto e a garota ❖ mal conseguem passar pela soleira da porta. Por isso precisam sempre se agachar.
      a. alta
      b. altos
      c. ambas as formas são possíveis

   XII. Fui tomado por um dó, uma tristeza e um ressentimento ❖.
      a. dilacerante
      b. dilacerantes
      c. ambas as formas são possíveis

5. Leia o fragmento do romance Dom Casmurro, de Machado de Assis.

   > Um dos gestos que melhor exprimem a minha essência foi a devoção com que corri no domingo próximo a ouvir missa em S. Antônio dos Pobres. O agregado quis ir comigo, e principiou a vestir-se, mas era tão lento nos suspensórios e nas presilhas, que não pude esperar por ele. Demais, eu queria estar só. Sentia necessidade de evitar qualquer conversação que me desviasse o pensamento do fim a que ia, e era reconciliar-me com Deus, depois do que se passou no capítulo 67.
   >
   > Machado de Assis

   a. Qual a motivação do personagem para ir à missa: a devoção descomprometida à igreja ou a algum sentimento perturbador? Justifique sua resposta com base em passagens no texto.

   b. Explique o uso do plural no verbo *exprimem*. Com quem ele concorda?

   c. O que justificaria o uso do verbo *exprimir*, nesse contexto, no singular?

Enem e vestibulares

1. Fuvest-SP

As cem melhores crônicas

Desde pequeno, tive tendência para personificar as coisas. Tia Tula, que achava que mormaço fazia mal, sempre gritava: "Vem pra dentro, menino, olha o mormaço!" Mas eu ouvia o mormaço com M maiúsculo. Mormaço, para mim, era um velho que pegava crianças! Ia pra dentro logo. E ainda hoje, quando leio que alguém se viu perseguido pelo clamor público, vejo com estes olhos o Sr. Clamor Público, magro, arquejante, de preto, brandindo um guarda-chuva, com um gogó protuberante que se abaixa e levanta no excitamento da perseguição. E já estava devidamente grandezinho, pois devia contar uns trinta anos, quando me fui, com um grupo de colegas, a ver o lançamento da pedra fundamental da ponte Uruguaiana-Libres, ocasião de grandes solenidades, com os presidentes Justo e Getúlio, e gente muita, tanto assim que fomos alojados os do meu grupo num casarão que creio fosse a Prefeitura, com os demais jornalistas do Brasil e Argentina. Era como um alojamento de quartel, com breve espaço entre as camas e todas as portas e janelas abertas, tudo com os alegres incômodos e duvidosos encantos de uma coletividade democrática. Pois lá pelas tantas da noite, como eu pressentisse, em meu entredormir, um vulto junto à minha cama, sentei-me **estremunhado** e olhei atônito para um tipo de **chiru**, ali parado, de bigodes caídos, pala pendente e chapéu descido sobre os olhos. Diante da minha muda interrogação, ele resolveu explicar-se, com a devida calma:
— Pois é! Não vê que eu sou o sereno...

Mário Quintana. *As cem melhores crônicas brasileiras.*

> **Estremunhado**: mal acordado.
> **Chiru**: que ou aquele que tem pele morena, traços acaboclados (regionalismo: Sul do Brasil).

Considerando que "silepse é a concordância que se faz não com a forma gramatical das palavras, mas com seu sentido, com a ideia que elas representam", indique o fragmento em que essa figura de linguagem se manifesta.

a. "olha o mormaço".
b. "pois devia contar uns trinta anos".
c. "fomos alojados os do meu grupo".
d. "com os demais jornalistas do Brasil".
e. "pala pendente e chapéu descido sobre os olhos".

2. Fuvest-SP Indique a alternativa correta:
a. Tratavam-se de questões fundamentais.
b. Comprou-se terrenos no subúrbio.
c. Precisam-se de datilógrafas.
d. Reformam-se ternos.
e. Obedeceram-se aos severos regulamentos.

3. Vunesp-SP Leia as frases.
   I. Não devem haver excessos no uso de agrotóxicos.
   II. Consomem-se muitos alimentos com agrotóxicos.
   III. A Anvisa está meia preocupada com o uso de agrotóxicos.

Está(ão) correta(s), quanto à concordância verbal e nominal, apenas a(s) frase(s).

a. I.
b. II.
c. III.
d. I e II.
e. II e III.

4. Ceeteps-SP

Musa paradisíaca

Hoje, na quitanda, vi duas donas de casa pondo as mãos na cabeça: "Trinta e seis **cruzeiros** por uma dúzia de bananas! É o fim do mundo, onde já se viu uma coisa dessas!"

E a conversa continuava nesse tom. Mas eu fui e paguei prazerosamente o preço de um cacho dourado. Tudo está pela hora da morte, concordo. Mas banana não! Acho que nunca a banana será cara demais para mim, e eu conto por quê.

Para mim, a banana é bem mais que aquela fruta amarela, perfumada, de polpa alva, macia e saborosa, que se apresenta numa **abundância** nababesca em cachos e pencas. O aspecto, o sabor, o perfume da banana estão indissoluvelmente associados com minha infância longínqua na terra nórdica de onde eu vim, nas praias do Mar Báltico.

    Naquele tempo, naquele lugar, uma banana era uma novidade e uma raridade. Numa certa época do ano, ela aparecia na cidade, em algumas casas muito finas, solitária e formosa, exposta na vitrina. Solitária, sim – uma de cada vez. E uma banana custava uma quantia fabulosa, porque meu pai comprava mesmo uma só, e a trazia para casa onde ela era admirada e namorada durante horas, para depois ser solenemente descascada e repartida em partes milimetricamente iguais entre nós crianças, que a saboreávamos lentamente, conservando o bocadinho de polpa suave na boca o mais possível, com pena de engoli-lo.

    Imaginem, pois, o meu espanto maravilhado ao desembarcar do navio no porto de Santos e dar de cara com todo um carregamento de bananas, cachos e mais cachos enormes, num exagero de abundância que só em contos de fadas!

    Naquele dia, me empachei de bananas até quase estourar. Foi aos dez anos de idade, a minha primeira grande impressão gastronômica do Trópico de Capricórnio – e nunca mais me refiz dela. Até hoje sou fiel ao meu primeiro amor brasileiro – a banana.

    Se eu fosse poeta, como Pablo Neruda, por exemplo, que escreveu **Ode** à cebola, eu escreveria uma Ode à banana.

    E não estou sozinha neste meu entusiasmo pela mais brasileira das frutas, porque se eu não tivesse razão, os cientistas, que não são as pessoas mais sentimentais do mundo, não a teriam batizado com o nome poético de Musa paradisíaca.

(BELINKY, Tatiana. *Olhos de ver*. São Paulo: Moderna, 1996. Adaptado)

Cruzeiro: moeda utilizada no Brasil à época em que a crônica foi escrita.
Ode: poema de exaltação, de elogio.

Leia as frases reescritas a partir do texto e assinale a alternativa em que o verbo em destaque está corretamente empregado de acordo com a gramática normativa.

a. A escritora relata que se **mantêm** fiel ao seu primeiro amor brasileiro.

b. As porções de banana **era** saboreadas prazerosamente pelas crianças.

c. Em Riga, **havia** mercearias finas que exibiam bananas e outras frutas na vitrina.

d. **Necessitavam**-se de trinta e seis cruzeiros para se comprar uma dúzia de bananas.

e. **Estavam** visível, nas docas do porto de Santos, um enorme carregamento de bananas.

5. Vunesp-SP Assinale a alternativa correta quanto à concordância verbal.

a. Começaram as investigações pelas ações do jovem soldado.

b. Um jovem soldado e a *WikiLeaks* divulgou informações secretas.

c. Mais de um relatório diplomático vazaram na internet.

d. Repartições, investimentos, pessoas, nada impediram o jovem soldado.

e. Os telegramas relacionados com o Brasil foi, para o ministro Jobim, muito negativos.

6. PUCC-SP A frase em que a concordância nominal está correta é:

a. A vasta plantação e a casa grande caiados há pouco tempo era o melhor sinal de prosperidade da família.

b. Eles, com ar entristecidos, dirigiram-se ao salão onde se encontravam as vítimas do acidente.

c. Não lhe pareciam útil aquelas plantas esquisitas que ele cultivava na sua pacata e linda chácara do interior.

d. Quando foi encontrado, ele apresentava feridos a perna e o braço direitos, mas estava totalmente lúcido.

e. Esses livro e caderno não são meus, mas poderão ser importantes para a pesquisa que estou fazendo.

UNIDADE 6

RECURSOS ESTILÍSTICOS

Você já observou como esta instalação faz referência a barquinhos de papel que produzimos manualmente? Nesta obra, Vik Muniz adesivou um barco de madeira com imagens da notícia publicada em jornal. Nesse gesto, o artista atribuiu novo sentido para o suporte de veiculação de informação, assim como para o meio de transporte: o jornal virou material plástico, e o barco passou a ser um símbolo da morte de imigrantes ilegais. Assim como nas artes plásticas, a linguagem verbal também pode sofrer alterações para a promoção de novos significados. Nesta unidade, você irá aprender sobre os recursos linguísticos utilizados para a transformação da linguagem cotidiana em poética.

Lampedusa, instalação do artista plástico paulistano Vik Muniz, na 56ª Bienal de Veneza (2015). A obra protestava contra a morte de centenas de imigrantes no naufrágio ocorrido próximo à Lampedusa, uma ilha localizada no mar Mediterrâneo.

CAPÍTULO 26

FIGURAS DE LINGUAGEM – PARTE I

O que você vai aprender

1. **Figuras de linguagem**
   - Reconhecer a linguagem denotativa e conotativa.
   - Compreender o conceito de figuras de linguagem.
2. **Figuras de palavras**
   - Reconhecer e interpretar as figuras de palavras: comparação, metáfora, catacrese, metonímia, sinédoque, antonomásia e sinestesia.
3. **Figuras de pensamento**
   - Reconhecer e interpretar as figuras de pensamento: ironia, ambiguidade, personificação ou prosopopeia, antítese, paradoxo, hipérbole, eufemismo, gradação e apóstrofe.

▶ Leia esta tira do quadrinista argentino Liniers.

Em nossa interação com outras pessoas, nem sempre é indicado interpretar ao "pé da letra" o que o interlocutor diz. Dependendo da situação e do objetivo comunicativo, é comum recorrermos a certos recursos expressivos que ampliam o significado de palavras ou destacam algo intencionalmente. Podemos criar imagens para atribuir ao texto novos significados e obter dele novas interpretações. Por isso, quando o objetivo da comunicação é fornecer expressividade e subjetividade ao discurso, muitas vezes modificamos a linguagem, tornando-a **figurada** ou **conotativa**.

Na tira do argentino Ricardo Liniers Siri, Lorenzo afirma que não tem nada a dizer a Teresita. No entanto, alguns elementos visuais e textuais sugerem o contrário, indicando que há sentimentos que ele ainda não é capaz de comunicar a ela claramente. Nesse caso, a linguagem verbal associa-se à visual para representar o diálogo de maneira polissêmica, ampliando o sentido do texto.

Para aprofundar sua leitura, observe os elementos composicionais da tira. Como o ilustrador concretizou a dificuldade de comunicação vivida pelo personagem Lorenzo? Como o caráter conotativo do texto fica evidente? De que maneira a linguagem polissêmica colabora para imprimir um tom subjetivo à tira?

Em nosso cotidiano, é comum nos depararmos com esse tipo de linguagem, visto que ela pode ser encontrada em peças publicitárias, em letras de música e, amplamente, em textos literários. Sendo assim, cabe ao usuário da língua reconhecer os diferentes mecanismos de elaboração dos textos cuja linguagem apontam múltiplos sentidos, a fim de que sejam compreendidos e interpretados.

Neste capítulo, estudaremos as figuras de linguagem, um dos recursos essenciais para a representação simbólica da mensagem, para a criação de textos com sentidos figurados.

Reflexão e análise linguística

O efeito de sentido e o trabalho com a linguagem

Eliane Brum, gaúcha da cidade de Ijuí, é jornalista, documentarista e autora de diversos livros. Em 2013, ela publicou na revista *Época* um texto sobre a história de Rosângela Ramos, repórter de um jornal feito por moradores de rua em Porto Alegre, o *Boca de rua*. Rosângela foi convidada a participar de um evento sobre a produção de reportagens em São Paulo. Na véspera da viagem, ela se viu diante de uma difícil situação: Onde guardar o que lhe era mais caro, um livro manuscrito com 107 páginas, se não tinha casa? A solução encontrada por ela foi enterrar seu livro às margens do Rio Guaíba.

▶ Leia um trecho do texto de Eliane Brum.

Rosângela e o livro enterrado

Escrever um livro é sempre desenterrar, acho eu. As palavras estão em algum lugar bem fundo de nós. Não um fundo que conhecemos, mas aquele lugar sem lugar que fica abaixo do fundo falso que existe em nossos interiores. Desenterrá-las significa arrancar um pouco de sangue dos nossos confins. Um livro é sempre meio ensanguentado, um pouco de vísceras, alguns miolos, um resto que não se sabe se é humano ou alienígena. Mas Rosângela desenterrou as palavras simbolicamente, como faz qualquer escritor – para depois enterrá-las literalmente. E botou uma pedra por cima, como fazemos para garantir que os mortos não escapem como outra coisa, como algo vivo demais para nos dar sossego, como algo capaz de nos assombrar. Ao enterrar na beira do rio o que desenterrou do fundo de si, o que Rosângela fez?

BRUM, Eliane. Rosângela e o livro enterrado. *Época*, 7 jan. 2013. Disponível em: <http://revistaepoca.globo.com/Sociedade/eliane-brum/noticia/2013/01/rosangela-e-o-livro-enterrado.html>. Acesso em: 5 jul. 2017.

1. Eliane Brum afirma que "Escrever um livro é sempre desenterrar". O que seria "desenterrado" quando se escreve um livro, segundo a jornalista?

2. As palavras podem ser usadas em sentido denotativo (sentido literal) ou em sentido conotativo (figurado). Leia o trecho abaixo.

   Ao enterrar na beira do rio o que desenterrou do fundo de si, o que Rosângela fez?

   a. Qual verbo é usado em sentido conotativo? Explique seu significado.
   b. Qual verbo é usado em sentido denotativo? Justifique sua resposta.

Eliane Brum, além de alternar o uso de linguagem conotativa e denotativa, explicita o jogo de palavras que há no ato de "enterrar" e "desenterrar" e o significado que essas palavras assumem na história de Rosângela. Observe o efeito criado pela autora no trecho a seguir.

Rosângela desenterrou as palavras simbolicamente, como faz qualquer escritor – para depois enterrá-las literalmente.

Embora a linguagem figurada seja própria das obras literárias, podemos utilizá-la em vários gêneros textuais, como é o caso do texto jornalístico que você leu. O uso da conotação imprime um tom poético à escrita.

Além da função poética, a linguagem figurada ou conotativa pode ter a função de condensar ideias, como acontece nos provérbios. Leia os exemplos a seguir.

Água mole em pedra dura tanto bate até que fura.

Filho de peixe peixinho é.

A fé move montanhas.

Provérbios populares

Nenhuma das orações anteriormente citadas deve ser compreendida em seu sentido literal. Os provérbios apresentam recursos da linguagem figurada para transmitir ensinamentos ou ditos populares e para expressar conceitos morais. Por exemplo, "Água mole em pedra dura tanto bate até que fura" refere-se ao poder da persistência; "Filho de peixe peixinho é", à influência dos pais ou da família na formação das crianças; e "A fé move montanhas", ao poder da fé na resolução de problemas.

Tanto no texto de Eliane Brum quanto nos provérbios populares encontramos **figuras de linguagem**.

> **Figuras de linguagem** são recursos estilísticos que alteram o sentido literal da palavra para o sentido figurado ou conotativo. As figuras de linguagem podem ocorrer no nível das palavras (figuras de palavras), do significado (figuras de pensamento), dos sons (figuras sonoras) ou das estruturas sintáticas (figuras sintáticas ou de construção).

Figuras de palavras

Comparação e metáfora

Um dos temas mais frequentes nas artes é o amor. Para expressar toda a complexidade de sentimentos, sensações e ideias relacionados a ele, escritores e compositores fazem uso dos mais diversos recursos expressivos. Veja como o amor é definido nesta canção de Djavan.

Oceano

Amar é um deserto
E seus temores
Vida que vai na sela
Dessas dores
Não sabe voltar

Me dá teu calor
Vem me fazer feliz
Porque eu te amo
Você deságua em mim
E eu oceano

DJAVAN. Oceano. 100% ©Luanda Edições Musicais Ltda.

3. Quais sensações a palavra *deserto* evoca na canção? Como, nesse contexto, essa palavra se relaciona ao sentimento amoroso?

4. O que quer dizer "Amar é um deserto / E seus temores"?

5. Qual é o sentido de "eu oceano", no verso final?

Para dar um tom poético ao texto, o autor amplia o sentido das palavras, relacionando-as a imagens que são interpretadas pelo leitor. Essa associação é baseada no princípio da similaridade ou semelhança. Observe:

O ato de amar é árido. / **Um deserto** é árido.

Como há similaridade entre o fato de o deserto ser árido e o ato de amar ser comparado à aridez do deserto, podemos representar essa comparação da seguinte forma:

Amar é árido **como** o deserto.

Se eliminarmos o elemento comparativo *como*, teremos uma **metáfora**:

....
Amar é um deserto
....

A construção dessa metáfora exigiu a substituição de uma comparação por um só termo, a palavra *deserto*, que se aproxima por analogia de sentido da palavra *amar*.

Portanto, a palavra *deserto* foi empregada com um sentido novo, conotativo, que deve ser interpretado pelo leitor.

> **Figuras de palavras** são figuras de linguagem que atuam no nível da palavra. Elas ocorrem quando a palavra sofre alteração de sentido em determinado contexto, gerando um novo significado.
>
> **Comparação** é a figura de palavra que estabelece semelhança entre termos distintos, por meio de um elemento comparativo (como, tal como, tal qual etc.).
>
> Exemplos:
>
> Ele chegou, bravo **como** um touro, e começou a discutir com todos.
>
> Suas ideias são claras **como** a luz do dia.
>
> **Metáfora** é a figura de palavra que estabelece semelhança entre termos distintos, sem a presença do elemento comparativo *como* ou outro termo com o mesmo sentido. Essa figura possui grande potencial expressivo, pois sugere imagens raras e imprevisíveis. Ela pode se constituir de duas maneiras:
> - **Relação de similaridade** estabelecida por meio dos verbos *ser* ou *parecer*.

Exemplos:

Seus **olhos** são **diamantes**. (*olhos* e *diamantes* são igualmente brilhantes)

Sua **língua** parece uma **cobra coral**. (*língua* e *cobra* são igualmente venenosas)

A **Amazônia** é o **pulmão do mundo**. (*Amazônia* e *pulmão do mundo* são igualmente capazes de filtrar o ar)

- **Relação de semelhança** por meio da substituição de termos.

Exemplos:

Em pouco tempo você encontrou a **chave do problema**. (chave = abrir o problema para solucioná-lo)

Não vou à praia no feriado porque o **mar de gente** me assusta. (mar = imensidão, vastidão)

O **pêssego** de sua pele a torna mais bonita. (pêssego = maciez, frescor)

Além da comparação e da metáfora, outras figuras de linguagem atuam no nível da palavra. São elas: **catacrese**, **metonímia**, **sinédoque**, **antonomásia** e **sinestesia**.

Catacrese

 Leia a manchete publicada em um *site* de notícias.

Passageiros embarcam em ônibus junino e entram no clima de São João

Disponível em: <http://tvjornal.ne10.uol.com.br/noticia/ultimas/2017/06/21/passageiros-embarcam-em-onibus-junino-e-entram-no-clima-de-sao-joao-31558.php>. Acesso em: 24 jul. 2017.

Observe o uso do termo "embarcam" na manchete da *TV Jornal*. Em sua origem, o verbo *embarcar* relacionava-se ao ato de partir em barca ou barco. Ao longo do tempo, surgiram outros meios de transporte, mas não novas palavras: a palavra já existente foi tomada, por empréstimo, para designar a mesma ação.

478 Unidade 6 Recursos estilísticos

Algumas construções parecidas com essa já estão cristalizadas pelo uso e também não nos causam estranheza.

Estamos tão acostumados a utilizar essas expressões que não percebemos que as empregamos em sentido conotativo. No entanto, observando atentamente, vemos que as palavras foram deslocadas de seu sentido literal.

Catacrese é a figura de palavra que permite usar um nome para designar algo que não tem uma nomenclatura própria. Na falta de uma palavra específica, faz-se uma analogia e emprega-se um vocábulo em sentido figurado. A catacrese é uma espécie de metáfora que foi incorporada à língua por causa de seu uso recorrente.

Exemplos de casos em que a catacrese é gerada pela forte relação de semelhança:

O palato é conhecido popularmente como **céu da boca**.

A panturrilha é conhecida como como **barriga** (ou **batata**) **da perna**.

Exemplos de catacrese criados para nomear coisas ou situações que não possuem uma nomenclatura própria: asa da xícara, dente de alho.

PENSE SOBRE ISSO

▶ Observe a propaganda a seguir.

1. Ao observar a imagem, qual é o primeiro aspecto que causa estranhamento?

2. Considerando que essa imagem pertença a uma propaganda, qual hipótese pode ser levantada sobre o produto que está sendo anunciado?

3. Leia as seguintes informações:
   - O anúncio é do café do Museu Van Gogh, em Amsterdã.
   - O pintor holandês Van Gogh, após arrepender-se de uma briga que teve com o amigo e também pintor Paul Gauguin, cortou a própria orelha, em um acesso de agressividade.

   Agora, observe novamente a imagem e responda: O que ela representa simbolicamente?

Metonímia

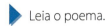
Leia o poema.

rápido e rasteiro

vai ter uma festa
que eu vou dançar
até o sapato pedir pra parar.

aí eu paro
tiro o sapato
e danço o resto da vida.

CHACAL. Rápido e rasteiro. In: MORICONI, Italo (Org.). *Os cem melhores poemas brasileiros do século*. Rio de Janeiro: Objetiva, 2001. p. 271.

6. O que indica ao eu lírico que é hora de parar de dançar? Que verso apresenta essa informação?

7. A palavra *sapato* representa, de forma condensada, o corpo e os desejos do eu lírico. Explique essa afirmação.

As palavras carregam significados que dependem do contexto. Por exemplo, quando dizemos "Fulano comeu um prato", não pensaremos que a pessoa comeu o prato, e sim que comeu a comida que estava no prato. Da mesma forma, o sapato não pede a ninguém que pare de dançar; *sapato* é a palavra usada no lugar de outra, mas em sentido mais amplo: o corpo como um todo, cansado, desejoso de descansar.

Além da substituição de um termo por outro, como ocorre na metáfora, é bastante comum empregarmos uma palavra no lugar de outra por causa de algum tipo de relação de proximidade de sentidos.

> **Metonímia** é a figura de palavra criada por meio do uso de um termo em lugar de outro, em função da **proximidade** de ideias.
>
> Exemplos:
> - **Concreto pelo abstrato**
>   Uma boa discussão é pautada por um assunto **cabeça**. (intelectual)
> - **Abstrato pelo concreto**
>   A **juventude** luta para mudar o mundo. (jovens)
> - **Continente pelo conteúdo**
>   Comi uma **caixa de bombom**. (bombons)
> - **Atributo pelo ser**
>   O **verde** nas grandes cidade é algo raro. (natureza)

480 Unidade 6 Recursos estilísticos

- **Efeito pela causa**

  Tudo que consegui foi com o **suor de meu rosto**. (meu esforço)

- **Autor pela obra**

  Pegue um **Machado de Assis** na minha escrivaninha, por favor. (livro de Machado de Assis)

- **Marca pelo produto**

  Cortou o dedo com a **gilete** que estava na gaveta. (lâmina de barbear)

- **Singular pelo plural**

  O **mineiro** é hospitaleiro e amigável. (os mineiros)

Sinédoque

Leia este trecho do poema de Carlos Drummond de Andrade.

Poema de sete faces

O bonde passa cheio de pernas:

pernas brancas pretas amarelas.

Para que tanta perna, meu Deus, pergunta meu coração.

Porém meus olhos

não perguntam nada.

ANDRADE, Carlos Drummond de. Poema de sete faces.
In: *Reunião*. Rio de Janeiro: José Olympio, 1977. p. 3.

Observe que o bonde não está "cheio de pernas", mas cheio de pessoas. O poeta cita essa parte do corpo humano para referir-se ao todo, ou seja, àqueles que estão no bonde.

Sinédoque é a figura de palavra que consiste na substituição de uma palavra por outra, gerando ampliação ou redução de sentido no contexto em que é utilizada. Ela é considerada um tipo de metonímia.

Exemplos:

Infelizmente, muitas pessoas não possuem um **teto** para morar.
(teto = casa ⟶ a palavra *teto* sofreu uma ampliação de seu sentido)

O **Brasil** comemora a vitória nas Olimpíadas de 2016.
(Brasil = povo brasileiro ⟶ a palavra *Brasil* sofreu uma redução de seu sentido)

> **PENSE SOBRE ISSO**
>
> ▶ Leia a terceira estrofe da canção "O bêbado e a equilibrista", composta por João Bosco e Aldir Blanc.
>
> Meu Brasil!
> Que sonha com a volta do irmão do Henfil
> Com tanta gente que partiu
> Num rabo de foguete
> Chora
> A nossa Pátria mãe gentil
> Choram Marias e Clarisses
> No solo do Brasil
>
> BOSCO, João; BLANC, Aldir. O bêbado e a equilibrista. In: BOSCO, João. *Obrigado, gente!* – João Bosco ao vivo. São Paulo: Universal Music, 2006. CD, faixa 20.
>
> Essa canção é considerada um hino contra a ditadura militar no Brasil, pois faz referências ao contexto político daquele momento histórico. Cita, por exemplo, o exílio do irmão do cartunista Henfil, o sociólogo Betinho. Faz menção também à incansável luta de Clarisse Herzog em busca do marido desaparecido, o jornalista Vladimir Herzog. Esses dois fatos são expressos pelo uso da sinédoque em "Choram Marias e Clarisses", simbolizando as mulheres que também sofreram em decorrência da violência política.

Antonomásia

▶ De que lugar você se lembra quando alguém diz "cidade maravilhosa"? Conheça abaixo a canção que difundiu essa expressão.

Cidade maravilhosa

Berço do samba e das lindas canções
Que vivem n'alma da gente
És o altar dos nossos corações
Que cantam alegremente
Cidade maravilhosa
Cheia de encantos mil
Cidade maravilhosa
Coração do meu Brasil
Cidade maravilhosa
Cheia de encantos mil
Cidade maravilhosa
Coração do meu Brasil

Jardim florido de amor e saudade
Terra que a todos seduz
Que Deus te cubra de felicidade
Ninho de sonho e de luz
Cidade maravilhosa
Cheia de encantos mil
Cidade maravilhosa
Coração do meu Brasil
Cidade maravilhosa
Cheia de encantos mil
Cidade maravilhosa
Coração do meu Brasil

CIDADE MARAVILHOSA (marcha). ANDRÉ FILHO Copyright © 1935 by MANGIONE, FILHOS & CIA LTDA. Todos os direitos autorais reservados para todos os países do mundo.

Essa canção foi composta para o Carnaval de 1934 e rapidamente caiu no gosto popular, tanto que seu compositor, André Filho, recebeu o apelido de Cidade Maravilhosa. Em 1960, ela foi transformada em hino do Rio de Janeiro. Com o passar do tempo, o título da canção vinculou-se tanto à cidade, que atualmente podemos nos referir ao Rio de Janeiro como Cidade Maravilhosa, ou seja, podemos substituir o nome próprio do local por essa expressão.

> **Antonomásia** é a figura de palavra que substitui o nome de algo por uma de suas características, algo que possa identificá-la. Ela é também uma espécie de metonímia.
>
> Exemplos:
>
> O Poeta dos Escravos nasceu na Bahia. (Poeta dos Escravos = Castro Alves)
>
> Você não vai bancar o Judas comigo, não é? (Judas = traidor)

Sinestesia

▶ No poema "A valsa", de Casimiro de Abreu, o eu lírico se dirige à mulher amada expressando a dor que sentiu ao vê-la valsando em um salão de baile. Observe, no trecho a seguir, como o poema representa a situação e os sentimentos do eu lírico.

A valsa

Meu Deus!
Eras bela
Donzela,
Valsando,
Sorrindo,
Fugindo,
Qual silfo
Risonho
Que em sonho
Nos vem!

Mas esse
Sorriso
Tão liso
Que tinhas
Nos lábios
De rosa,
Formosa,
Tu davas,
Mandavas
A quem?!

Silfo: na mitologia céltica, gênio ou espírito elementar do ar.

Casimiro de Abreu

Observe que o eu lírico usa o adjetivo *liso* para se referir ao sorriso da mulher amada. O sorriso é percebido pela visão, um dos cinco sentidos humanos. Já a lisura é uma característica percebida pelo tato, outro sentido. Para representar o "sorriso liso", o autor associou dois sentidos diferentes, criando uma imagem poética para representar o sorriso singelo da moça.

> **Sinestesia** é a figura de palavra que associa sensações reconhecidas por órgãos de sentidos diferentes – visão, olfato, paladar, audição e tato –, a fim de provocar sensações inusitadas por meio de analogias.
>
> Exemplos:
>
> O novo lançamento cosmético é a linha de **perfumes doces**. (perfumes ⟶ olfato / doces ⟶ paladar)
>
> Sua **voz de veludo** torna a poesia mais melódica. (voz ⟶ audição / veludo ⟶ tato)

8. Identifique as figuras de linguagem nos textos a seguir e comente a relação de sentido estabelecida em cada caso.

    a. ....

    ### Hora absurda

    O teu silêncio é uma nau com todas as velas pandas…
    Brandas, as brisas brincam nas flâmulas, teu sorriso…

    Fernando Pessoa

    b. ....

    Laerte

Figuras de pensamento

Ironia

▶ Leia a tira.

484 Unidade 6 Recursos estilísticos

9. Helga, esposa de Hagar, menciona um ditado popular conhecido. Qual é ele?
10. O que esse ditado significa?
11. Na tira há um jogo verbal entre a expressão "por trás" e a palavra *atrás*. De que forma esse jogo colabora com a produção do humor?
12. Helga realmente pensa que Hagar é um grande homem, ou seja, ela acha que ele é importante? Justifique sua resposta usando elementos da tira.

O humor na tira se dá por meio do contraste entre o que Helga diz e o que, de fato, ela pensa. Ao manipular intencionalmente o sentido do ditado popular, com o objetivo de criticar Hagar, a personagem cria uma **figura de pensamento**.

No caso da tira, a figura de pensamento é a **ironia**, uma vez que há um desencontro entre o que a personagem pensa e o que ela diz.

> **Figuras de pensamento** são figuras de linguagem que atuam no plano semântico. A modificação do significado abrange a mensagem em sua totalidade.
>
> **Ironia** é a figura de pensamento em que, intencionalmente, o que se diz entra em conflito ou desacordo com o que se quer dizer realmente, a fim de produzir humor, crítica ou reflexão.

A alteração da linguagem no plano do significado pode produzir outras figuras de pensamento. São elas: **ambiguidade**, **personificação** ou **prosopopeia**, **antítese**, **paradoxo**, **hipérbole**, **eufemismo**, **gradação** e **apóstrofe**.

Ambiguidade

 Leia a tira a seguir.

Os personagens da tira apresentam visões diferentes quanto ao sentido da expressão "amor cego". Um deles usa a expressão para se referir a um amor tão intenso, que torna os problemas do ser amado imperceptíveis; o outro, a um ser amado que não fale, não critique nem reclame. Isso ocorre porque a expressão "amor cego" é ambígua, podendo assumir mais de um sentido.

A ambiguidade pode ser provocada intencionalmente em tiras, histórias em quadrinhos, charges, piadas, textos literários, anúncios publicitários e em outros textos que têm o propósito de provocar humor ou estranhamento no leitor. Nesse caso, dizemos que se trata de uma **ambiguidade estilística**.

Há casos, porém, em que a ambiguidade ocorre de modo não intencional, produzindo mal-entendidos que prejudicam a comunicação. Veja o exemplo a seguir.

Dependendo do contexto e da intencionalidade, a palavra *muda* pode assumir mais de um sentido, ou seja, é polissêmica. Veja a seguir os possíveis significados que ela pode adquirir.

- O ato de mudar, na 3ª pessoa do singular.
  Família **muda** de uma casa para outra.
- O adjetivo usado para qualificar a pessoa que não fala.
  Ela ficou **muda** quando lhe disse que queria o divórcio.
- O estágio inicial do desenvolvimento de uma planta.
  Quero plantar aqui essa **muda** de roseira.

A maneira como o cartaz foi redigido permite que dois desses significados sejam atribuídos à palavra *muda*: "Família que se muda vende tudo" e "Família que é muda vende tudo".

Essa ambiguidade não foi criada intencionalmente, com finalidade estética. Ela é fruto de uma construção sintática problemática, que resulta em prejuízos à clareza da mensagem.

Conhecer as diversas possibilidades que a língua portuguesa nos oferece é imprescindível para estabelecermos a interação comunicativa tão necessária a todo usuário da nossa língua, seja para alcançar um propósito comunicativo, como no caso da ambiguidade estilística, seja para evitar confusões interpretativas, como no caso da ambiguidade como vício de linguagem.

> **Ambiguidade estilística** é um recurso de estilo que faz uso intencional da polissemia das palavras.
>
> **Ambiguidade** ou **vício de linguagem** é o uso inadequado da linguagem que ocasiona confusões interpretativas. A má construção sintática, a ausência de relação entre uma palavra e seu referente e o uso inadvertido de uma palavra em lugar de outra por causa de sua polissemia são os principais fatores responsáveis por sua ocorrência.

Personificação ou prosopopeia

▶ Leia este trecho do texto jornalístico literário "O coração grande de Cristina", escrito por Eliane Brum e publicado na revista *Época* em 2013.

O coração grande de Cristina

E mesmo naquela segunda-feira cinzenta, em que a melancolia da cidadezinha metia os dedos por dentro das gentes, Cristina passava colorida em sua melhor saia rodada, sua blusa de renda mais bonita.

BRUM, Eliane. O coração grande de Cristina. *Época*, 18 fev. 2013. Disponível em: <http://revistaepoca.globo.com/Sociedade/eliane-brum/noticia/2013/02/o-coracao-grande-de-cristina.html>. Acesso em: 7 jul. 2017.

13. De acordo com a descrição, a segunda-feira cinzenta e o clima melancólico predominavam entre as pessoas. Identifique a passagem em que se pode reconhecer essa informação.

14. Em que medida, a sugestão da imagem da moça contribui para imprimir um tom poético à melancolia da cidadezinha retratada no texto?

A atribuição de ações humanas ("meter os dedos") a um sentimento ("a melancolia") é usada aqui como um recurso expressivo que denominamos **personificação**.

> **Personificação** ou **prosopopeia** é a figura de pensamento que transfere atributos humanos (linguagem, sentimentos, ações) a animais ou a objetos.

Antítese

▶ Leia o poema "Ismália", escrito pelo poeta simbolista Alphonsus de Guimaraens.

Ismália

Quando Ismália enlouqueceu,
Pôs-se na torre a sonhar...
Viu uma lua no céu,
Viu outra lua no mar.

No sonho em que se perdeu,
Banhou-se toda em luar...
Queria subir ao céu,
Queria descer ao mar...

E, no desvario seu,
Na torre pôs-se a cantar...
Estava perto do céu,
Estava longe do mar...

E como um anjo pendeu
As asas para voar...
Queria a lua do céu,
Queria a lua do mar...

As asas que Deus lhe deu
Ruflaram de par em par...
Sua alma subiu ao céu,
Seu corpo desceu ao mar...

Alphonsus Guimaraens

15. Ismália, em seu devaneio, encontra-se dividida entre o desejo de subir ao céu e o de descer ao mar. Que palavras indicam os desejos contraditórios da moça no poema?

Podemos observar no poema a descrição da separação do corpo e da alma de Ismália por meio de oposições. Essas oposições de termos consistem em uma figura de linguagem que recebe o nome de **antítese**.

> **Antítese** é a figura de pensamento que relaciona palavras ou enunciados com sentidos opostos, contrários.

Paradoxo

 Observe a forma como as ideias opostas se articulam nesta manchete.

Grant Hackett e a derrota que o engrandeceu

Disponível em: <www.ativo.com/natacao/noticias-natacao/grant-hackett-e-a-derrota-que-o-engrandeceu/>. Acesso em: 13 jul. 2017.

Hackett nos Jogos Olímpicos de 2008, na China.

16. O que teria acontecido ao nadador para que a derrota simbolizasse seu engrandecimento?

A manchete apresenta duas ideias aparentemente contraditórias: o engrandecimento e derrota do atleta. Espera-se que o nadador se engrandeça, ao participar de uma competição, ganhando a prova. Mas, nesse contexto comunicativo, ele foi valorizado por sua derrota. A aparente falta de lógica só pode ser interpretada conhecendo-se os fatos ocorridos.

A associação de ideias opostas constitui uma figura de linguagem chamada **paradoxo**.

> **Paradoxo** é a figura de pensamento que associa termos ou ideias opostas, contrariando princípios básicos gerais do pensamento humano.
>
> A diferença entre **antítese** e **paradoxo** consiste no fato de que, na primeira, ocorre a contraposição de duas palavras com sentido contrário (claro e escuro, por exemplo) e, na segunda, trabalha-se com ideias contraditórias associadas em um mesmo elemento (cair para cima, por exemplo).

Hipérbole

 Leia este título de uma crônica de Gregorio Duvivier publicada na *Folha de S. Paulo*.

Fui a criança mais sortuda do mundo por causa do Manuelzinho

Disponível em: <www1.folha.uol.com.br/colunas/gregorioduvivier/2016/11/1833934-fui-a-crianca-mais-sortuda-do-mundo-por-causa-do-manuelzinho.shtml>. Acesso em: 7 jul. 2017.

Por meio de um exagero, o narrador da crônica ressalta no título a ideia de que sua infância foi feliz. O fato de dizer que ele foi "a criança mais sortuda do mundo" gera mais impacto que afirmar que ele foi "muito feliz". Esse exagero, empregado com finalidade estética, constitui uma figura de linguagem chamada **hipérbole**.

> **Hipérbole** é a figura de pensamento que expressa uma ideia de forma exagerada com o intuito de conferir destaque a alguma informação. Muitas hipérboles podem ser classificadas como metáforas, como "ter o olho maior que a barriga" ou "estar morto de fome".

Eufemismo

 Leia o início da crônica "O dia do meu pai", de Vinicius de Moraes.

Hoje faz nove anos que Clodoaldo Pereira da Silva Moraes, homem pobre mas de ilustre estirpe, desincompatibilizou-se com este mundo.

MORAES, Vinicius de. O dia do meu pai. In: *Para viver um grande amor* – Crônicas e poemas. São Paulo: Companhia das Letras, 1991. p. 39.

Em sentido literal, *desincompatibilizar-se* significa "tornar-se incompatível", ou seja, estar em discordância, em desarmonia. Na crônica, a expressão adquire outro significado: "desincompatibilizar-se com este mundo" significa "morrer".

Existem muitas outras expressões usadas de forma atenuada para fazer referência à morte: sono eterno, encontro com os anjos, subida aos céus etc. Em todos os casos, suaviza-se a ideia da morte, promovendo outras associações: descanso, vida eterna, vida melhor em outro plano ou, no caso da crônica, falta de compatibilidade com o mundo.

Em várias situações cotidianas, usamos expressões que suavizam o conteúdo do que queremos dizer, por ser considerado desagradável ou chocante. Essa figura de linguagem recebe o nome de **eufemismo**.

> **Eufemismo** é a figura de pensamento que consiste no emprego de uma palavra ou expressão mais suave ou amena no lugar de outras que poderiam ser consideradas desagradáveis, grosseiras, fortes ou chocantes.

PENSE SOBRE ISSO

Por ser uma figura de linguagem que evita palavras consideradas desagradáveis, grosseiras, fortes ou chocantes, o **eufemismo** pode revelar posições ideológicas, preconceitos ou até mesmo tentativas de ludibriar o consumidor ou esquivar-se da responsabilidade por algum equívoco. Veja como isso ocorre nos textos a seguir.

> Até mesmo a terminologia empregada com relação ao problema é reveladora: os conservadores preferem o termo "imigrantes ilegais", que a linha dura muitas vezes abrevia para apenas "ilegais"; os defensores dos imigrantes preferem "imigrantes não documentados", uma formulação que segundo eles devolve a conversa aos seres humanos em questão, mas também tem seu lado de eufemismo. "Não autorizados" muitas vezes é empregado como alternativa neutra.
>
> YEE, Vivian; DAVIS, Kenan; PATEL, Jugal K. A realidade dos imigrantes que vivem ilegalmente nos EUA. *Folha de S.Paulo*, 7 mar. 2017. Disponível em: <www1.folha.uol.com.br/mundo/2017/03/1864295-a-realidade-dos-imigrantes-que-vivem-ilegalmente-nos-eua.shtml>. Acesso em: 7 jul. 2017.

Segundo a reportagem, a expressão "imigrantes não documentados" é um eufemismo, uma vez que abranda o fato de que tais pessoas estariam morando ilegalmente no país.

O artigo a seguir, "Há alternativas saudáveis ao açúcar?", de Juan Revenga Frauca, trata dos diferentes tipos de açúcar disponíveis no mercado, sua nomenclatura e a dificuldade dos consumidores de decidir quais deles são saudáveis. Procurando produtos "sem adição de açúcar", muitas pessoas acabam consumindo-o. Leia a seguir o trecho com a conclusão do autor.

> no fim das contas, o uso desses eufemismos adoçantes entre os ingredientes não resolve nada, pelo contrário, prejudica o consumidor na hora de fazer as escolhas certas, de acordo com os seus interesses (evitar o açúcar).
>
> FRAUCA, Juan Revenga. Há alternativas saudáveis ao açúcar? *El País*, 2 mar. 2016. Disponível em: <http://brasil.elpais.com/brasil/2016/02/25/estilo/1456400448_908284.html>. Acesso em: 3 jun. 2017.

Agora, leia um trecho do artigo a seguir, em que Cristiane Segatto aponta as justificativas usadas para explicar a morte de pacientes.

> Antigamente, quando o paciente morria, os médicos diziam que ele não havia resistido à anestesia. Durante anos, essa era a desculpa clássica. Depois, passaram a dizer que o doente teve uma reação alérgica. Agora dizem que houve uma intercorrência. São eufemismos que a classe médica e os hospitais usam para dizer que um erro foi uma fatalidade. O cliente ouve essa desculpa e pensa: "Coitadinha da mamãe, ia mesmo acontecer isso com ela".
>
> SEGATTO, Cristiane. "Intercorrência é o eufemismo que os médicos usam para não assumir erros". *Época*, 25 out. 2016. Disponível em: <http://epoca.globo.com/colunas-e-blogs/cristiane-segatto/noticia/2015/02/bintercorrencia-be-o-eufemismo-que-os-medicos-usam-para-nao-assumir-erros.html>. Acesso em: 7 jul. 2017.

Gradação

Vimos que a hipérbole tem como função destacar alguma informação fazendo uso do exagero. Outra forma de dar destaque é dispor palavras ou ideias em uma sequência. Veja como esse recurso está presente no cartum abaixo.

No primeiro e segundo quadros, o personagem enuncia corpos celestes (planetas e estrelas) e uma **gradação**: estrelas, constelações e galáxias. No segundo quadro, notamos também uma gradação de quantidade: centenas, milhares, milhões, bilhões. Essa enumeração intensifica a quantidade de corpos celestes, em contraposição ao personagem, que se encontra sozinho.

> **Gradação** é a figura de pensamento que dispõe palavras, expressões ou ideias em uma sequência, criando uma progressão. Tal progressão pode ser ascendente, descendente ou ainda composta de sinônimos ou quase sinônimos. A gradação evidencia as etapas de intensificação da ideia.

Apóstrofe

▶ Neste poema de Carlos Drummond de Andrade, o eu lírico interpela alguém, mostrando-lhe uma triste realidade: a solidão.

José

E agora, José?
A festa acabou,
a luz apagou,
o povo sumiu,
a noite esfriou,
e agora, José?

e agora, você?
você que é sem nome
que zomba dos outros,
você que faz versos,
que amam, protesta?
e agora, José?

ANDRADE, Carlos Drummond de. *José*.
São Paulo: Companhia das Letras, 2012. p. 37.

17. Nesse poema, a repetição do vocativo promove qual efeito de sentido?

Essa invocação do nome José no poema é uma figura de linguagem que recebe o nome de **apóstrofe** e sintaticamente é expressa no texto por meio do vocativo. A invocação pode ser feita a pessoas ou coisas, presentes ou ausentes, imaginárias ou reais.

▶ Veja a apóstrofe presente na canção "Juazeiro". O juazeiro é uma árvore típica da caatinga que tem como fruto o juá.

Juazeiro, Juazeiro
Me arresponda por favor
Juazeiro velho amigo
Onde anda meu amor

Ai! Juazeiro
ela nunca mais voltou
Diz Juazeiro
Onde anda meu amor?

GONZAGA, Luiz; TEIXEIRA, Humberto. Juazeiro. In: *Gilberto Gil e as canções de Eu Tu Eles*.
Rio de Janeiro: Warner Music, 2005. CD, faixa 4.

Apóstrofe é a figura de pensamento utilizada para invocar ou interpelar alguém ou algo (real ou imaginário, presente ou ausente).

18. Identifique as figuras de linguagem e comente o sentido que elas promovem nos textos abaixo.

a.

Cê sabe que eu faço tanta coisa
Pensando no momento de te ver
A minha casa sem você é triste
E a espera arde sem me aquecer

AMARAL, Chico; ROSA, Samuel. Tão seu. In: *MTV ao vivo – Skank*.
Rio de Janeiro: Sony/BMG, 2001. CD, faixa 8.

b.

Caiu da escada
e foi parar no andar de cima

MYRTES, Adrienne. Miniconto. In: FREIRE, Marcelino.
Os cem menores contos brasileiros do século. São Paulo: Ateliê Editorial, 2004. p. 2.

c.

A gramática e a construção de sentido

A linguagem poética e o caráter polissêmico das palavras

Por meio da linguagem, expressamos nossas ideias de muitas maneiras, ora pelo uso de palavras com sentido mais literal, conciso e linear – o denotativo –, ora pelo uso de estratégias que favorecem sentidos figurativos, ambíguos, que sugerem mais de uma interpretação – o conotativo.

As figuras de linguagem são comuns em diversos gêneros textuais. Em contextos diferentes, podemos identificar distintas intencionalidades. Vejamos o que se pode perceber no seguinte **soneto** de Camões.

> **Soneto:** composição poética formada por catorze versos, sendo dois quartetos (estrofes com quatro versos) e dois tercetos (estrofes com três versos), com dez sílabas poéticas cada. O último verso de um soneto, também conhecido como "chave de ouro", abarca sua ideia principal.

Amor é um fogo que arde sem se ver,
é ferida que dói, e não se sente;
é um contentamento descontente,
é dor que desatina sem doer.

É um não querer mais que bem querer;
é um andar solitário entre a gente;
é nunca contentar-se de contente;
é um cuidar que ganha em se perder.

É querer estar preso por vontade;
é servir a quem vence, o vencedor;
é ter com quem nos mata, lealdade.

Mas como causar pode seu favor
nos corações humanos amizade,
se tão contrário a si é o mesmo Amor?

Luís Vaz de Camões

1. No poema lido, Camões define o amor por meio de figuras de linguagem. Em sua opinião, por que ele utilizou esse recurso?
2. Que figuras de linguagem foram empregadas nesse soneto? Exemplifique.
3. Essas figuras de linguagem são de palavra ou de pensamento?
4. Na primeira estrofe há duas figuras de linguagem juntas. Identifique-as.
5. Que efeito de sentido essas figuras de linguagem atribuem ao texto?
6. Como o sentido das figuras de linguagem ao longo do poema se relaciona com o último verso, a "chave de ouro"?
7. Que imagens o poema desperta em você? Comente com seus colegas.

Como vimos nesse poema de Camões, o texto poético apresenta linguagem múltipla, polissêmica, que aponta sentidos distintos a serem interpretados pelo leitor. Ele, criativamente, utiliza as imagens que surgem ao longo da leitura para entrar em contato com as várias camadas de significação do texto e obter sua própria interpretação. No caso desse poema, vimos que não há uma descrição objetiva do amor, visto que o poeta recorre às figuras que buscam traduzir, no campo da linguagem, o que é complexo no campo das emoções e das sensações.

Exercícios

1. Leia a tira.

a. O primeiro quadro produz um efeito de humor por meio da quebra de expectativas em relação ao que é perguntado pelo motorista. Qual é a palavra responsável por esse efeito? Justifique sua resposta.

b. No último quadro, ao perguntar "Você gostando de Bach?", sabemos que o taxista não se refere à pessoa de Bach. Como isso pode ser deduzido por meio dos elementos fornecidos pela tira?

c. Como se chama a figura de linguagem usada na pergunta do motorista no último quadro? Justifique sua resposta.

2. Observe a curiosa relação entre imagem e texto na capa de revista a seguir.

Para entender plenamente os sentidos produzidos por essa capa, o leitor precisa compreender as relações de sentido produzidas entre texto e imagem.

a. Quem é a pessoa representada na imagem? Quais são os elementos do texto que corroboram sua dedução?

b. Por que tal pessoa aparece atravessada por flechas? Utilize elementos textuais e extratextuais para comprovar sua afirmação.

c. Caso a capa apresentasse o título "Obama é um santo agonizante", teríamos que figura de linguagem? Pode-se dizer que o sentido seria o mesmo do produzido pela imagem?

3. Observe a tira.

a. Para o pleno entendimento do humor presente nessa tira, o leitor precisa identificar os personagens que nela aparecem. Quem é a personagem de preto no canto direito da imagem? Por que ela desperta o desespero do paciente?

b. Que figura de linguagem está construída na mensagem da placa e é responsável por produzir o humor da tira? Justifique sua resposta.

4. Leia o artigo.

Edson Arantes do Nascimento, o Pelé, comemora 76 anos neste domingo. Revirando meu baú de recordações do maior jogador de todos os tempos, encontrei a lista jogo a jogo de todos os gols do craque de Três Corações (MG). Minha curiosidade era saber quando Pelé atingiu a marca de 76 bolas na rede na carreira. Ele já era tão bom que em um só jogo fez quatro – os gols de número 75, 76, 77 e 78. A vítima? O América-RJ, em 25 de fevereiro de 1958, pelo extinto Torneio Rio-São Paulo.

A exibição de gala na vitória por 5 a 3 é um marco na história de Edson Arantes do Nascimento, do personagem Pelé, como ele costuma separar, do futebol brasileiro e do jornalismo esportivo. Pela primeira vez, alguém ousou juntar três letras [e] dar a Pelé o eterno título de rei. O responsável pelo batismo da criança que tinha só 17 anos e 8 meses foi um craque das letras – um tal de Nelson Rodrigues – na crônica A realeza de Pelé, publicada na revista Manchete Esportiva em 8 de março de 1958 [...].

Neste 23 de outubro de 2016, feliz aniversário, Pelé! Vida longa ao Rei do Futebol. E minha reverência ao histórico texto genial de Nelson Rodrigues.

LIMA, Marcos Paulo. Pelé, 76 anos: o dia em que ele virou Rei. *Drible de Corpo*, 23 out. 2016. Disponível em: <http://blogs.correiobraziliense.com.br/dribledecorpo/pele-76-anos-o-dia-em-que-ele-virou-rei/>. Acesso em: 2 fev. 2017.

a. No trecho a seguir, o jornalista se referiu ao mesmo jogador de futebol por meio de quatro formas diferentes. Identifique-as.

Edson Arantes do Nascimento, o Pelé, comemora 76 anos neste domingo. Revirando meu baú de recordações do maior jogador de todos os tempos, encontrei a lista jogo a jogo de todos os gols do craque de Três Corações (MG).

b. Sobre a expressão "batismo da criança", no 2º parágrafo do texto, responda:

  I. Quem é a "criança"? O que justifica o uso dessa expressão?

  II. A que batismo o texto se refere?

c. Quando nos referimos a Pelé como Rei do Futebol, estamos usando uma figura de linguagem chamada:

  I. metáfora.
  II. comparação.
  III. catacrese.
  IV. antonomásia.
  V. sinédoque.

5. Leia a notícia fictícia, extraída do *site* de humor Sensacionalista.

Segredo da felicidade é escrever hahaha no final de tudo, diz estudo hahaha

Um levantamento feito pelo Núcleo de Pesquisas da América Latina (Nupal) mostrou que a felicidade está em seis letras. Qualquer pessoa que escreva hahaha no fim de uma frase se sentirá mais feliz, provou o estudo hahaha. O projeto ouviu 120 voluntários em todo o país, que tiveram que postar nas redes sociais frases tristes seguidas do hahaha.

As pessoas postaram frases terríveis como "Vi meu crush no tinder hahaha" e não ficaram tristes hahaha. Outra frase que também foi testada foi "Estreou House of Card e minha internet caiu" hahaha.

Os pesquisadores constataram que qualquer coisa com esse trecho fica muito mais legal e engraçada hahaha. Inclusive piadas sem graça em sites de humor hahaha.

Disponível em: <http://www.sensacionalista.com.br/2017/01/18/segredo-da-felicidade-e-escrever-hahaha-no-final-de-tudo-diz-estudo-hahaha/>. Acesso em: 26 jan. 2017.

O humor do texto é criado por meio de ironias. Explique como essa figura de linguagem foi construída.

6. Castro Alves, poeta do Romantismo brasileiro, retrata em seu poema *Vozes d'África* o drama da escravidão.

Deus! ó Deus! onde estás que não respondes?
Em que mundo, em qu'estrela tu t'escondes
Embuçado nos céus?
Há dois mil anos te mandei meu grito,
Que embalde desde então corre o infinito...
Onde estás, Senhor Deus?...

Castro Alves

O uso da hipérbole favorece, ao leitor, reconhecer a visão do eu lírico sobre o tema da escravidão. Comente a afirmação.

7. Explique o efeito de sentido promovido pelo uso da sinestesia nestes versos de Fernando Pessoa.

Cai chuva. É noite. Uma pequena brisa
Substitui o calor.
P'ra ser feliz tanta coisa é precisa.
Este luzir é melhor.

Fernando Pessoa

Enem e vestibulares

1. Enem

Manta que costura causos e histórias no seio de uma família serve de metáfora da memória em obra escrita por autora portuguesa

O que poderia valer mais do que a manta para aquela família? Quadros de pintores famosos? Joias de rainha? Palácios? Uma manta feita de centenas de retalhos de roupas velhas aquecia os pés das crianças e a memória da avó, que a cada quadrado apontado por seus netos resgatava de suas lembranças uma história. Histórias fantasiosas como a do vestido com um bolso que abrigava um gnomo comedor de biscoitos; histórias de traquinagem como a do calção transformado em farrapos no dia em que o menino, que gostava de andar de bicicleta de olhos fechados, quebrou o braço; histórias de saudades, como o avental que carregou uma carta por mais de um mês ... Muitas histórias formavam aquela manta. Os protagonistas eram pessoas da família, um tio, uma tia, o avô, a bisavó, ela mesma, os antigos donos das roupas. Um dia, a avó morreu, e as tias passaram a disputar a manta, todas a queriam, mais do que aos quadros, joias e palácios deixados por ela. Felizmente, as tias conseguiram chegar a um acordo, e a manta passou a ficar cada mês na casa de uma delas. E os retalhos, à medida que iam se acabando, eram substituídos por outros retalhos, e novas e antigas histórias foram sendo incorporadas à manta mais valiosa do mundo.

LASEVICIUS, A. *Língua Portuguesa*, São Paulo, n. 76, 2012 (adaptado).

A autora descreve a importância da manta para aquela família, ao verbalizar que "novas e antigas histórias foram sendo incorporadas à manta mais valiosa do mundo". Essa valorização evidencia-se pela

a. oposição entre os objetos de valor, como joias, palácios e quadros, e a velha manta.
b. descrição detalhada dos aspectos físicos da manta, como cor e tamanho dos retalhos.
c. valorização da manta como objeto de herança familiar disputado por todos.
d. comparação entre a manta que protege do frio e a manta que aquecia os pés das crianças.
e. correlação entre os retalhos da manta e as muitas histórias de tradição oral que os formavam.

2. Enem

Bicho urbano

Se disser que prefiro morar em Pirapemas
ou outra cidade pequena do país
estou mentindo
ainda que lá se possa de manhã
lavar o rosto no orvalho
e o pão preserve aquele branco
sabor de alvorada.
[...]

A natureza me assusta.
Com seus matos sombrios suas águas
suas aves que são como aparições
me assusta quase tanto quanto
esse abismo
de gases e de estrelas
aberto sob minha cabeça.

GULLAR, F. *Toda poesia*. Rio de Janeiro: José Olympio, 1991.

Embora não opte por viver numa pequena cidade, o poeta reconhece elementos de valor no cotidiano das pequenas comunidades. Para expressar a relação do homem com alguns desses elementos, ele recorre à sinestesia, construção de linguagem em que se mesclam impressões sensoriais diversas. Assinale a opção em que se observa esse recurso.

a. "me assusta quase tanto quanto / esse abismo / de gases e de estrelas / aberto sob minha cabeça".
b. "e o pão preserve aquele branco / sabor de alvorada".
c. "ainda que lá se possa de manhã / lavar o rosto no orvalho".
d. "suas aves que são como aparições / me assusta tanto quanto".
e. "A natureza me assusta. / Com seus matos sombrios suas águas".

3. Fuvest-SP A catacrese, figura que se observa na frase "Montou o cavalo no burro bravo", ocorre em:

a. Os tempos mudaram, no devagar depressa do tempo.

b. Última flor do Lácio, inculta e bela, és a um tempo esplendor e sepultura.

c. Apressadamente, todos embarcaram no trem.

d. Ó mar salgado, quanto do teu sal são lágrimas de Portugal.

e. Amanheceu, a luz tem cheiro.

4. Fuvest-SP

Considere a imagem abaixo, extraída da apresentação do filme *A Amazônia*, que faz parte da campanha "A natureza está falando".

No áudio desse filme, a atriz Camila Pitanga interpreta o seguinte texto:

> Eu sou a Amazônia, a maior floresta tropical do mundo. Eu mando chuva quando vocês precisam. Eu mantenho seu clima estável. Em minhas florestas, existem plantas que curam suas doenças. Muitas delas vocês ainda nem descobriram. Mas vocês estão tirando tudo de mim. A cada segundo, vocês cortam uma das minhas árvores, enchem de sujeira os meus rios, colocam fogo, e eu não posso mais proteger as pessoas que vivem aqui. Quanto mais vocês tiram, menos eu tenho para oferecer. Menos água, menos curas, menos oxigênio. Se eu morrer, vocês também morrem, mas eu crescerei de novo...

a. Por estar em primeira pessoa, o texto constitui exemplo de uma determinada figura de linguagem. Identifique essa figura e explique seu uso, tendo em vista o efeito que o filme visa alcançar.

b. No referido áudio, é possível perceber, no final da locução da atriz, uma entonação especial, representada na transcrição por meio de reticências. Tendo em vista que uma das funções desse sinal de pontuação é sugerir uma ideia não expressa que cabe ao leitor inferir, identifique a ideia sugerida, neste caso.

5. ESPM-SP

Centrando-se, assim, no moderno, [...] faziam apologia da velocidade, da máquina, do automóvel ("um automóvel é mais belo que a Vitória de Samotrácia", dizia Marinetti no seu primeiro manifesto), da agressividade, do esporte, da guerra, do patriotismo, do militarismo, das fábricas, das estações ferroviárias, das multidões, das locomotivas, dos aviões, enfim, de tudo quanto exprimisse o moderno nas suas formas avançadas e imprevistas.

(Massaud Moisés, Dicionário de Termos Literários, Cultrix, p.234)

Vitória de Samotrácia
Museu do Louvre, Paris

Levando-se em conta que Filippo Marinetti, fundador do movimento referido na questão anterior, rejeitou o passado e defendeu a extinção de museus e cidades antigas, ao afirmar que "um automóvel é mais belo que a Vitória de Samotrácia", ele só **não** usou com essa frase:

a. eufemismo, já que automóvel apenas suaviza a natural ideia de superioridade sobre uma estátua.

b. metonímia, em que o automóvel substitui toda modernidade veloz e a Vitória de Samotrácia substitui a arte grega.

c. comparação ou símile, pois para o autor o automóvel é mais belo artisticamente que a estátua grega.

d. metáfora, em que o automóvel simboliza o moderno e a estátua simboliza o antigo.

e. antítese, pois contrapõe o conjunto da modernidade ao conjunto do passadismo.

CAPÍTULO 27

FIGURAS DE LINGUAGEM – PARTE II

O que você vai aprender

1. Retomando o conceito: figuras de linguagem
   - Relembrar o conceito de figura de linguagem.

2. Figuras sonoras
   - Reconhecer e interpretar as figuras: assonância, aliteração, onomatopeia e paronomásia.

3. Figuras sintáticas
   - Reconhecer e interpretar as figuras: elipse, zeugma, pleonasmo, anacoluto, anáfora, hipérbato, assíndeto e polissíndeto.

Mestre Yoda é uma personagem da saga cinematográfica *Star Wars*, uma produção norte-americana, criada por George Lucas. Sua característica mais marcante, muito além da sabedoria, é trocar a ordem de fala das sentenças, que não são ditas na sequência direta: sujeito + verbo + objeto. Nessa fala dele, na série animada (*Star Wars: A Guerra dos Clones*), é possível identificar duas orações, ligadas entre si pela conjunção **e**, mantendo uma relação de coordenação.

Identifique os verbos dessas orações e reflita: Qual é a ordem direta de cada uma? Quais teriam sido as intenções dos idealizadores de mestre Yoda ao associarem ao sábio essa característica de inversão da ordem **canônica** das sentenças?

A inversão da ordem direta, na fala de mestre Yoda, é um recurso estilístico diretamente associado a uma recombinação dos elementos sintáticos que se encontram nela para criar um efeito de sentido. Construídos de maneira intencional, esses efeitos são figurativos e colaboram para a caracterização do personagem.

No capítulo anterior, analisamos alguns textos que apresentam efeitos de sentido associados às palavras em si – as figuras de palavras – e outros textos cujos efeitos intencionais de sentido estão no campo do pensamento dos interlocutores – as figuras de pensamento.

Neste capítulo, olharemos com mais atenção para os efeitos figurativos associados aos sons e à estrutura sintática. Vamos estudar as figuras sonoras – assonância, aliteração, onomatopeia e paronomásia – e de sintaxe – elipse, zeugma, pleonasmo, anacoluto, anáfora, hipérbato, assíndeto e polissíndeto.

Canônica: regra geral; princípio geral do qual se deduzem diferentes regras particulares ou especiais.

498 Unidade 6 Recursos estilísticos

Reflexão e análise linguística
O efeito de sentido e o trabalho com a linguagem
Retomando o conceito: figuras de linguagem

Antes de iniciar os estudos das figuras sintáticas e sonoras, vamos relembrar conceitos importantes associados às figuras de linguagem.

▶ Observe esta tira de Alexandre Beck.

1. O verbo *construir* é usado por Fê e Armandinho com a mesma intenção de sentido? Justifique sua resposta.

2. Podemos dizer que a relação entre a imagem e o texto na tira apresenta uma ambiguidade entre os sentidos conotativo e denotativo associados ao verbo *construir*. Explique essa ambiguidade.

3. Que figura(s) de linguagem você identifica na construção desses sentidos figurativos na tira? Exemplifique sua resposta.

4. O sentido denotativo e o conotativo, a linguagem literal e a figurada, são conceitos importantes para a compreensão das figuras de linguagem. Considerando a afirmação, qual é o significado conceitual de "figuras de linguagem"?

Figuras sonoras

▶ Leia o soneto de Vinicius de Moraes.

Soneto da separação

De repente do riso fez-se o pranto
Silencioso e branco como a bruma
E das bocas unidas fez-se a espuma
E das mãos espalmadas fez-se o espanto

De repente da calma fez-se o vento
Que dos olhos desfez a última chama
E da paixão fez-se o pressentimento
E do momento imóvel fez-se o drama

De repente não mais que de repente
Fez-se de triste o que se fez amante
E de sozinho o que se fez contente

Fez-se do amigo próximo, distante
Fez-se da vida uma aventura errante
De repente, não mais que de repente

MORAES, Vinicius de. *Antologia poética*. 15. ed. Rio de Janeiro: José Olympio, 1977. p. 115.

5. Observe a repetição do verbo *fez-se*. Ele evidencia uma mudança: algo que ocorria de certa forma e passa a ocorrer de outra. Que relação existe entre essa repetição e o título do soneto?

6. A expressão "de repente" também é repetida muitas vezes ao longo do poema. Que impressão do eu lírico essa palavra ressalta?

7. Assim como ocorre com algumas palavras, há sons que, repetidos, contribuem para que o poema se torne mais musical. Releia o poema de Vinicius de Moraes, prestando atenção nos sons.

   a. Você identifica rimas? Quais?
   b. Identifica sons que se repetem? Quais?

Ao ler o poema em voz alta, percebemos que ele soa como música: tem ritmo, rima, palavras e sons repetidos, ou seja, há um trabalho cuidadoso com o plano sonoro do texto. Ao articular os sons para produzir determinados efeitos, criam-se **figuras sonoras**.

> **Figuras sonoras** são recursos estilísticos usados na organização textual de alguns textos poéticos para explorar o potencial sonoro e expressivo das palavras, imprimindo-lhes ritmo, musicalidade e cadência.

Assonância

▶ Leia o poema de Cruz e Souza.

Antífona

Ó Formas alvas, brancas, Formas claras
De luares, de neves, de neblinas!…
Ó Formas vagas, fluidas, cristalinas…
Incensos dos turíbulos das aras…

Cruz e Souza

Antífona: parte ou fragmento de canto sagrado.

Observe a repetição do /a/. Trata-se de um som aberto, que sugere leveza, claridade e translucidez, contribuindo para a construção de sentido do poema.

> **Assonância** é a figura que consiste na repetição de sons vocálicos, a fim de imprimir expressividade à linguagem.

PENSE SOBRE ISSO

▶ Observe este meme.

Meme: conteúdo que se espalha na internet de forma viral. Proveniente do termo grego *mimesis*, ou seja, "imitação".

1. Qual é a assonância presente no meme?
2. Que efeito de sentido intencional você observa nessa assonância?
3. Qual foi a possível intenção do autor ao associar a expressão facial do menino à repetição das palavras?
4. Em sua opinião, por que o autor escolheu a fala "Quando você melhorar esse seu humor a gente conversa" para construir o meme?

Aliteração

▶ Nesta estrofe do Canto VI do poema "Navio negreiro", do poeta baiano Castro Alves, o eu lírico se dirige à bandeira do Brasil para lamentar os horrores da escravidão.

....

Auriverde pendão de minha terra,
Que a brisa do Brasil beija e balança,
Estandarte que a luz do sol encerra
E as promessas divinas da esperança...
Tu que, da liberdade após a guerra,
Foste hasteado dos heróis na lança
Antes te houvessem roto na batalha,
Que servires a um povo de mortalha!...

Castro Alves

Auriverde: próprio do que é verde e amarelo, cor de ouro e verde.
Pendão: bandeira, símbolo ou emblema.
Estandarte: bandeira.
Roto: que se rompeu, esfarrapado.

....

No segundo verso, ao descrever o encontro da brisa com a bandeira, ocorre a repetição do fonema consonantal **/b/**.

8. Considerando o sentido do texto, comente a relação entre a repetição sonora do fonema /b/ e o significado da palavra *estandarte*. Em que medida essa repetição sonora sugere a imagem relacionada ao substantivo em questão?

> **Aliteração** é a figura que consiste na repetição de sons consonantais para ressaltar aspectos temáticos do texto.

Onomatopeia

▶ Leia o conto "Direto do trabalho", da escritora Marina Colasanti.

Era ela botar os pratos na mesa para o almoço e **poouuumm**! entrava-lhe o marido projetado pela janela adentro com um estrondo. Sacudia invisível poeira da roupa, tirava o capacete, e sentava-se à mesa com os filhos.

Mas depois de alimentado, pesado o estômago de cerveja e carnes, esquecia a janela e saía pela porta da frente como qualquer marido. Da rua, ainda acenava para trás, encaminhando-se para o trabalho no circo, onde à noite brilhava em seu número de homem-bala.

DIRETO DO TRABALHO. In: Contos de Amor Rasgado, de Marina Colasanti, Record, Rio de Janeiro; © by Marina Colasanti.

Para tornar real o estrondo que o marido fazia ao entrar pela janela, a escritora usa a expressão *poouuumm!*, a fim de representar o ruído produzido pelo estrondo.

> **Onomatopeia** é a figura sonora na qual se reproduz um som ou ruído.

Paronomásia

▶ Leia o poema modernista de Oswald de Andrade.

HIP! HIP! HOOVER!

América do Sul
América do Sol
América do Sal
Do Oceano
Abre a joia de tuas abras
Guanabara
Para receber os canhões de Utah

Onde vem o Presidente Eleito
Da Grande Democracia Americana
Comboiado no ar
Pelo voo dos aeroplanos
E por todos os passarinhos
Do Brasil

HIP! HIP! HOOVER! In: Poesias Reunidas, de Oswald de Andrade, Companhia das Letras, São Paulo; © Oswald de Andrade.

502 Unidade 6 Recursos estilísticos

Note que apenas um fonema diferencia as palavras *Sul*, *Sol* e *Sal*. Apesar de terem significados muito diferentes, essas palavras são sonoramente muito parecidas.

> **Paranomásia** é a figura sonora que emprega palavras de sonoridades semelhantes, e as palavras que têm sonoridade semelhantes são denominadas parônimas.

9. Identifique a figura de linguagem nos textos a seguir.

a.

....

Borboleta

Mal saíra do casulo
para mostrar ao sol
o esplendor de suas asas
um pé distraído a pisou.

PAES, José Paulo. *Poesia completa*. São Paulo: Companhia das Letras, 2008. p. 481.

b.

....

Nascido José Teixeira
Na Aldeia de Castel**ões**
Lá das terras lusitanas
O maior dos valent**ões**
Do mal ele andou no trilho
Por que José era filho
De um capitão de ladr**ões.**

RINARÉ, Rouxinol de; SOARES, Marcelo. *Cordel, Duelo de Lampião com Zé do Telhado*. Fortaleza: Editora IMEPH, 2016.

....

c.

Figuras sintáticas

Além de serem empregadas no nível da palavra (figuras de palavra), no nível semântico (figuras de pensamento) e no nível do som (figuras sonoras), as figuras de linguagem podem ser utilizadas no plano da construção sintática dos enunciados. Esses recursos são chamados de **figuras sintáticas**.

Figuras sintáticas, também chamadas de **figuras de construção**, são figuras de linguagem que provocam modificação da construção sintática dos enunciados. As inversões, as omissões e as repetições são figuras sintáticas utilizadas para garantir diferentes efeitos de sentido.

Elipse

▶ Leia este trecho da letra da canção "Atrás poeira", de Ivan Lins.

Atrás poeira

Baio: cavalo de pelo castanho.
Algibeira: bolsa, sacola.

Ele pegou um baio
E como um raio
Sumiu no atalho
Na algibeira
Tinha um retrato
E um baralho
Na frente nada
Atrás poeira

Atrás porteira
Atrás da Rita
Que foi bonita
Que anda bebendo
Que anda correndo
Atrás do tempo
e dos rapazes

LINS, Ivan; MARTINS, Vitor. Atrás poeira. In: *Amorágio*. Rio de Janeiro: Som Livre, 2012. 1 CD.

O homem citado na letra da canção parte em busca de uma moça chamada Rita, identificada no décimo verso. O quinto e o sexto versos informam o que ele levava consigo na algibeira, retratada no quarto verso.

Na algibeira
Tinha um retrato
E um baralho

Em seguida, no sétimo, oitavo e nono verso, descreve-se o que ele tem pela frente e o que deixa para trás:

Na frente nada
Atrás poeira
Atrás porteira

10. Identifique os verbos que estão implícitos nos versos a seguir.

a. "Na frente nada".

b. "Atrás poeira".

c. "Atrás porteira".

No verso "Atrás da Rita", observe que a preposição *atrás* é repetida com um sentido diferente do apresentado nos anteriores: "Atrás poeira / Atrás porteira" e outras palavras ficam apenas implícitas. O eu lírico não está "localizado" em determinada posição referente à Rita, mas sim em busca dela, ou seja, ele ia em direção a ela.

As palavras omitidas nos exemplos aqui citados, no entanto, são facilmente identificadas pelo contexto. A omissão delas deixa os versos mais sucintos, o que ajuda a criar o ritmo.

> **Elipse** é a figura de linguagem que consiste na omissão de um termo facilmente reconhecido pelo contexto.

Zeugma

 Leia o poema.

> Ele sabia que as coisas inúteis e os
> homens inúteis
> se guardam no abandono.
>
> Os homens no seu próprio abandono.
> E as coisas inúteis ficam para a poesia.
>
> ELE SABIA QUE AS COISAS INÚTEIS... In: Menino do Mato (página 95), de Manoel de Barros, Alfaguara, Rio de Janeiro; © by herdeiros de Manoel de Barros.

Os três primeiros versos indicam onde se guardam dois elementos: "coisas inúteis" e "homens inúteis". O quarto verso não apresenta o verbo explicitamente, mas o contexto permite inferir o que está implícito. Observe:

> Os homens (se guardam) no seu próprio abandono.

Nesse caso, ocorreu a elipse de um termo já citado anteriormente, o que caracteriza a figura de linguagem chamada de **zeugma**.

> **Zeugma** é um tipo de elipse em que ocorre a supressão de um termo mencionado anteriormente. Exemplos:
> O dia está ensolarado; a praia, lotada de turistas. (supressão do verbo *estar* na segunda oração)
> Meu irmão gosta de natação; eu, de vôlei. (supressão do verbo *gostar* na segunda oração)

Pleonasmo

 Morte e vida severina é uma peça escrita por João Cabral de Melo Neto, considerado um dos poetas mais importantes da literatura brasileira. Nessa obra, Severino narra sua trajetória desde o sertão nordestino até o mar. Leia o trecho.

> E se somos Severinos
> iguais em tudo na vida,
> morremos de morte igual,
> mesma morte severina:
> que é a morte de que se morre
> de velhice antes dos trinta,
>
> de emboscada antes dos vinte,
> de fome um pouco por dia
> (de fraqueza e de doença
> é que a morte severina
> ataca em qualquer idade,
> e até gente não nascida).
>
> O RETIRANTE EXPLICA AO LEITOR QUEM É E A QUE VAI.
> In: Morte e Vida Severina, de João Cabral de Melo Neto, Alfaguara, Rio de Janeiro; © by herdeiros de João Cabral de Melo Neto.

11. Nos versos "morremos de morte igual, / mesma morte severina: / que é a morte de que se morre", há repetição da palavra *morte* e do verbo *morrer*. Que efeito de sentido essa repetição provoca?

A repetição de palavras ou expressões, embora inadequada em determinadas situações comunicativas, pode ser usada intencionalmente como recurso poético.

> **Pleonasmo** é a figura de linguagem que consiste na repetição de palavras, expressões ou ideias com o objetivo de enfatizar uma informação.
>
> Certos pleonasmos são considerados vícios de linguagem. Isso ocorre quando a repetição não tem função expressiva, representando, assim, uma obviedade. Alguns exemplos bastante comuns de pleonasmos viciosos são: "subir para cima", "sair para fora", "principal protagonista". Esses pleonasmos recebem o nome de **pleonasmo vicioso** ou **redundância**.

Anacoluto

 Leia um trecho da crônica "Hora de dormir", de Fernando Sabino.

> Eu com sua idade já sabia obedecer. Quando é que eu teria coragem de responder a meu pai como você faz. [...] Eu, porque sou muito mole, você fica abusando… Quando ele falava está na hora de dormir, estava na hora de dormir.
>
> SABINO, Fernando. *Hora de dormir*. In: *Crônicas 1*. São Paulo: Ática, 2011. v. 1. p. 12. (Para Gostar de Ler).

Se considerarmos a frase "Eu, porque sou muito mole, você fica abusando", pode-se dizer que, à primeira vista, o leitor espera que seja apresentado o predicado para o suposto sujeito "eu". O sujeito da frase, no entanto, é "você".

Da forma como o período foi construído sintaticamente, há quebra na estrutura frasal, indicando a interrupção de uma ideia para a introdução de outra e sugerindo a mudança de rumo na construção do discurso. Esse é um fenômeno bastante comum nas falas do dia a dia. Como se pode observar no seguinte diálogo:

> – Você é uma pessoa muito importante pra mim.
> – Sou?
> – Nunca conheci ninguém como você.
> – Sei.
> – Verdade. Acho que com você, sei lá. Eu me transformei, com você. Fiquei mais maduro. Foi um negócio muito sério. Profundo…
>
> POSTO 5. In: O Melhor das Comédias da Vida Privada, de Luis Fernando Veríssimo, Objetiva, Rio de Janeiro; © by Luis Fernando Veríssimo.

> **Anacoluto** é a figura de linguagem que provoca quebra na construção sintática de uma oração para inserir um novo tópico, deixando o tópico inicial "solto", ou seja, sem função sintática.

> **PENSE SOBRE ISSO**
>
> Leia a transcrição de um trecho do vídeo *Não tira o batom vermelho*, do canal Jout Jout prazer, de Julia Tolezano.
>
> > Eu estava conversando com uma mulher maravilhosa, outro dia, no Facebook. A gente começou a falar de nossas experiências com relacionamentos abusivos que tivemos. E a gente quase se abraçou virtualmente, **porque... e aí eu resolvi fazer um vídeo sobre relacionamentos abusivos**, porque é uma coisa muito recorrente, mas geralmente você não sabe que você está em um relacionamento abusivo. Uma parte de você sabe, mas você meio que não sabe ao mesmo tempo.
> >
> > TOLEZANO, Julia. *Não tira o batom vermelho*. Disponível em: <www.youtube.com/watch?v=I-3ocjJTPHg>. Acesso em: 22 jun. 2017.
>
> É muito comum hesitarmos durante nossas falas para reformular o pensamento, ganhar tempo para responder a algo ou elaborar o que se quer dizer, ou até mesmo para mudar de assunto.
>
> Essas hesitações provocam quebra na construção sintática das orações, o que indica a ocorrência de anacolutos.
>
> **1.** No trecho destacado na fala de Jout Jout (apelido de Julia Tolezano), qual poderia ser a intenção dessa hesitação?
>
> **2.** Explique o uso do anacoluto no trecho citado.

Anáfora

▶ Leia a primeira estrofe do poema "Setembro", de Alice Ruiz.

> não quero
> rosa
> mil flores
> mil vezes
> mil ventos
> perfeita
>
> RUIZ, Alice. *[Dois em um]*.
> São Paulo: Iluminuras, 208. p. 29.

Nesse trecho, destaca-se a repetição da palavra *mil* no início de alguns versos. Além de constituir uma hipérbole, essa repetição confere certa cadência ao verso e dá destaque à ideia de abundância. A repetição intencional cria efeitos estéticos, contribuindo com a construção de sentido do poema.

> **Anáfora** é a figura de linguagem que consiste na repetição de palavras no início de versos, no caso da poesia, ou de frases, no caso da prosa.

Hipérbato

▶ Leia um trecho da letra da canção "Devolva-me", de Renato Barros.

Rasgue as minhas cartas
E não me procure mais
Assim será melhor, meu bem

O retrato que eu te dei
Se ainda tens não sei
Mas se tiver devolva-me

RENATO COSME VIEIRA DE BARROS (RENATO BARROS) / 1966
by EMI SONGS DO BRASIL EDIÇÕES MUSICAIS LTDA.

O verso "Se ainda tens não sei" apresenta os termos dispostos em uma ordem diferente da mais convencional, chamada de ordem direta. Essa inversão cria cadência e sonoridade que não seriam possíveis caso o verso fosse escrito em ordem direta "Não sei se ainda tens".

> **Hipérbato** é a figura de linguagem que inverte a ordem típica das orações (sujeito → verbo → complemento(s) → adjunto(s) adverbial(is) com a finalidade de criar efeitos de sentido.

Assíndeto

 Leia um trecho da crônica "Meditações imaginárias", de Paulo Mendes Campos.

A meu avô Cesário devo este horror pelos cães, o pescoço musculoso, a implicância com os países nublados, o riso acima de minhas posses, o pressentimento de uma velhice turbulenta.

MEDITAÇÕES IMAGINÁRIAS. In: Primeiras leituras:
Crônicas, de Paulo Mendes Campos, Boa Companhia, São Paulo; © by Joan A. Mendes Campos.

12. Comente o efeito de estranhamento provocado pela ausência das conjunções.

Ao alterar o uso da língua, as figuras de palavras que modificam a sintaxe promovem, inicialmente, um estranhamento no ato da leitura. Esse efeito, entretanto, passa a ser entendido como resultado do trabalho poético do autor na medida em que o leitor compreende os mecanismos de elaboração textual.

> **Assíndeto** é a figura de linguagem que suprime o conectivo aditivo em uma sequência de palavras ou de orações coordenadas.

Polissíndeto

 Quando enumeramos algo, usamos a conjunção **e** antes do último item da lista. Mudanças nesse padrão chamam a atenção dos leitores. Veja o que acontece em um trecho da canção "Parei querer", de Dante Ozzetti e Zélia Duncan.

> Passo e repasso e decoro e me esqueço outra vez
> Como foi que ficamos assim
> Proclames, Proseccos, promessas de nunca ter fim
> Que tão rapidamente eu bebi
>
> OZZETTI, Dante; DUNCAN, Zélia. Parei querer. In: *Achou*. Intérprete: Ceumar. São Paulo: MCD/Duncan Edições Musicais, 2006. 1 CD.

Prosecco: vinho espumante.

A repetição da conjunção **e** em "Passo e repasso e decoro e me esqueço outra vez" remete à ideia de um processo ininterrupto, ou até mesmo cansativo.

O mesmo pode ocorrer com a conjunção aditiva *nem*, como no exemplo a seguir.

> Hoje segues de novo... Na partida
> Nem o pranto os teus olhos umedece,
> Nem te comove a dor da despedida.
>
> Olavo Bilac

Observe que a presença da conjunção *nem* nos dois versos enfatiza a tristeza do eu lírico do texto.

> **Polissíndeto** é a figura de linguagem que repete conjunções, em especial as aditivas (e, nem), na coordenação de vários termos da oração.

13. Identifique as figuras de linguagem nos textos a seguir.

a.

> Ali a gente brincava de brincar com palavras
> tipo assim: Hoje eu vi uma formiga ajoelhada na pedra!
> A Mãe que ouvira a brincadeira falou:
> Já vem você com suas visões!
> Porque formigas nem têm joelhos ajoelháveis
> e nem há pedras de sacristia por aqui.
>
> EU QUERIA USAR PALAVRAS DE AVE PARA ESCREVER. In: Menino do Mato (página 13), de Manoel de Barros, Alfaguara, Rio de Janeiro; © by herdeiros de Manoel de Barros.

b.

O amor não é para os fracos

Amor é o que fica depois do desespero.
Amor é o que fica depois da vingança.
Amor é o que fica depois da solidão.
Amor é o que fica depois das brigas.
Amor é o que fica depois da bebedeira.
Amor é o que fica depois da fofoca.
Amor é o que fica depois das dúvidas.
Amor é o que fica depois do orgulho.
Amor é o que fica depois dos gritos.
Amor é o que fica depois da raiva.
Amor é o que fica depois dos erros.
Amor é o que fica depois da cobrança.
Amor é o que fica depois do cansaço.
Amor é o que fica depois de ir embora.
Se o amor ficou depois de tudo.
Não finja que ele é nada.

CARPINEJAR, Fabrício. *Pra onde vai o amor?* Rio de Janeiro: Bertrand Brasil, 2015. p. 11.

c.

O mundo é salvo todos os dias por pequenos gestos. Diminutos, invisíveis. O mundo é salvo pelo avesso da importância. Pelo antônimo da evidência. O mundo é salvo por um olhar. Que envolve e afaga. Abarca. Resgata. Reconhece. Salva.

BRUM, Eliane. História de um olhar. In: *A vida que ninguém vê*. Porto Alegre: Arquipélago, 2006. p. 22.

d.

Vi, claramente visto, o lume vivo
Que a marítima gente tem por santo
Em tempo de tormenta e vento esquivo,
De tempestade escura e triste pranto.
Não menos foi a todos excessivo
Milagre, e coisa certo de alto espanto,
Ver as nuvens do mar com largo cano
Sorver as altas águas do Oceano.

CAMÕES, Luís de. *Os Lusíadas*, canto V - estrofe 18. Disponível em: <https://oslusiadas.org/v/18.html>. Acesso em: 24 jul. 2017.

A gramática e a construção de sentido

Elipse, zeugma e a expressividade da economia linguística

Como vimos, as figuras de sintaxe denominadas elipse e zeugma suprimem termos de orações que ou são facilmente compreendidos no contexto, ou já foram citados. Elas podem ser encontradas em textos orais e escritos, formais e informais.

Na fala, sobretudo, essas supressões ocorrem com mais frequência, em virtude de um princípio comum a muitas línguas naturais, conhecido como economia linguística.

Marcos Bagno, filólogo especializado em variação linguística, explica esse princípio:

> Economia linguística é um termo que recobre uma gama de processos que se caracterizam por representar mecanismos de mudança que tentam reagir positivamente a dois impulsos: (a) poupar a memória, o processamento mental e a realização física da língua, eliminando os aspectos redundantes e as articulações mais exigentes; (b) preencher lacunas na gramática da língua, de modo a torná-la mais eficiente como instrumento de interação sociocomunicativa. [...] a economia linguística elimina, de um lado, mas também cria ou recria, do outro. Por isso não deve ser identificada com a célebre "lei do menor esforço".
>
> BAGNO, Marcos. *Gramática pedagógica do português brasileiro*.
> São Paulo: Parábola Editorial, 2011. p. 147.

Agora, leia este trecho do livro *Capão Pecado*, de Ferréz.

> Amanheceu, Rael levantou cedo, se arrumou e foi trabalhar, logo pela manhã ouviu um monte do seu patrão pela falta do dia anterior. O resto do dia foi tranquilo, entregou os pães nas escolas, serviu os clientes, lavou o *freezer* onde se colocavam os leites e foi para casa.
>
> FERRÉZ. *Capão Pecado*. São Paulo: Objetiva, 2005. p. 36.

Ferréz, autor do romance *Capão Pecado*, mora no bairro de Capão Redondo, periferia da cidade de São Paulo. A história do livro é ambientada nesse bairro, e a característica marcante do escritor é registrar em suas obras o retrato de acontecimentos reais de sua comunidade, até mesmo nos registros linguísticos.

1. Identifique no trecho marcas da linguagem coloquial.
2. Identifique os elementos economizados no trecho e aponte a figura de linguagem a que correspondem.

Nas conversas com os colegas, observe como a economia linguística se apresenta nas falas deles. Fique atento ao nível sintático e também ao morfológico e fonológico. Observe:
- A supressão do **r** que representa os verbos no infinitivo.
- A supressão da concordância de plural.
- A supressão de palavras que podem ser compreendidas pelo contexto.

Exercícios

1. Releia este trecho do texto jornalístico literário de Eliane Brum.

   > O mundo é salvo todos os dias por pequenos gestos. Diminutos, invisíveis. O mundo é salvo pelo avesso da importância. Pelo antônimo da evidência. O mundo é salvo por um olhar. Que envolve e afaga. Abarca. Resgata. Reconhece. Salva.

   a. Algumas palavras foram omitidas na frase "Pelo antônimo da evidência". Identifique-as.

   b. A omissão, em uma frase, de termos citados anteriormente constitui uma figura de linguagem chamada de:
   - elipse.
   - metáfora.
   - aliteração.
   - antítese.
   - zeugma.

2. Leia este verso de Manoel de Barros:

   > Eu sustento com palavras o silêncio do meu abandono.

   EU SUSTENTO COM PALAVRAS O SILÊNCIO DO MEU ABANDONO. In: Menino do Mato (página 55), de Manoel de Barra, Alfaguara, Rio de Janeiro; © by herdeiros de Manoel de Barros.

   Nesse verso, o eu lírico afirma sustentar o silêncio com palavras. Ora, se há palavras, não há silêncio. Trata-se, no entanto, de manifestação do mundo interno, de revelação da complexidade do ser humano, o que caracteriza uma figura de linguagem denominada:

   a. antítese.
   b. paradoxo.
   c. ironia.
   d. anacoluto.
   e. eufemismo.

3. Leia este poema de Oswald de Andrade.

   > Chove chuva choverando
   > Que a cidade de meu bem
   > Está-se toda se lavando

   SOLIDÃO. In: Poesia Reunidas, de Oswald de Andrade, Companhia das Letras, São Paulo; © Oswald de Andrade.

   No primeiro verso, observa-se a repetição desnecessária de uma ideia com finalidades estéticas. Esse recurso estilístico constitui uma figura de linguagem conhecida como:

   a. eufemismo.
   b. pleonasmo.
   c. paradoxo.
   d. antítese.
   e. anacoluto.

4. A elipse é uma figura de linguagem que pode ser bastante produtiva na construção de textos, pois seu uso ajuda a evitar repetições, sem prejudicar o sentido do enunciado. Entre as opções abaixo, indique aquela em que o uso da elipse contribui para tal propósito.

   a. A maioria das nações tem seu esporte de preferência. Os norte-americanos têm preferência pelo beisebol; os brasileiros, pelo futebol.

   b. Nós vivemos em tempos difíceis, ainda que a maioria das pessoas não o percebam.

   c. Pode-se dizer que a lista de opções é grande. Gastronomia, arquitetura ou simplesmente descanso: tudo é possível em Paris.

   d. Acordar todos os dias e planejar um novo recomeço. Esta é a atitude de muitos ex-viciados que querem continuar a ter uma vida saudável.

   e. Eu não admito que falem mal de meu filho. Ele é uma pessoa realmente sensacional.

5. Leia este fragmento da letra da canção "O quereres", de Caetano Veloso:

   > Onde queres revólver, sou coqueiro
   > E onde queres dinheiro, sou paixão
   > Onde queres descanso, sou desejo
   > E onde sou só desejo, queres não
   > E onde não queres nada, nada falta
   > E onde voas bem alto, eu sou o chão
   > E onde pisas o chão, minha alma salta
   > E ganha liberdade na amplidão
   >
   > Onde queres família, sou maluco
   > E onde queres romântico, burguês
   > Onde queres Leblon, sou Pernambuco
   > E onde queres eunuco, garanhão
   > Onde queres o sim e o não, talvez
   > E onde vês, eu não vislumbro razão
   > Onde o queres o lobo, eu sou o irmão
   > E onde queres *cowboy*, eu sou chinês
   >
   > Ah! Bruta flor do querer
   > Ah! Bruta flor, bruta flor

   VELOSO, Caetano. O quereres. Intérprete: Caetano Veloso. In: *Velô*. São Paulo: Polygram, 1984. 1 CD.

a. A letra da canção explora a contradição entre as características do eu lírico e os desejos de seu interlocutor. Em alguns versos, o conflito é bem explícito. Em outros, é apresentado de forma figurada, como ocorre no primeiro verso. Releia-o e explique o que o revólver e o coqueiro simbolizam.

b. Considerando o sentido da letra da canção, explique por que o querer é chamado de "bruta flor".

c. Boa parte dos versos se iniciam com as palavras "Onde" ou "E onde". A repetição de palavras no início dos versos constitui uma figura de linguagem denominada:
- Aliteração.
- Anáfora.
- Assonância.
- Anacoluto.
- Assíndeto.

6. Leia a letra da canção "Bate coração".

Bate coração

Bate, bate, bate coração
Dentro desse velho peito
Você já está acostumado
A ser maltratado, a não ter direitos

Bate, bate, bate coração
Não ligue, deixe quem quiser falar
Porque o que se leva dessa vida, coração
É o amor que a gente tem pra dar

Porque o que se leva dessa vida, coração
É o amor que a gente tem pra dar

Oi, tum, tum, bate coração
Oi, tum, coração pode bater
Oi, tum, tum, tum, bate coração
Que eu morro de amor com muito prazer

Oi, tum, tum, bate coração
Oi, tum, coração pode bater
Oi, tum, tum, tum, bate coração
Que eu morro de amor com muito prazer

As águas só deságuam para o mar
Meus olhos vivem cheios d'água
Chorando, molhando meu rosto
De tanto desgosto me causando mágoas

Mas meu coração só tem amor, amor
Era mesmo pra valer
Por isso a gente pena sofre e chora coração
E morre todo dia sem saber

Por isso a gente pena sofre e chora coração
E morre todo dia sem saber

Oi, tum, tum, bate coração
Oi, tum, coração pode bater
Oi, tum, tum, tum, bate coração
Que eu morro de amor com muito prazer

Oi, tum, tum, bate coração
Oi, tum, coração pode bater
Oi, tum, tum, tum, bate coração
Que eu morro de amor com muito prazer

CECÉU. Bate Coração. In: *Alegria*.
São Paulo: Polygram, 1982.

a. O eu lírico conversa com o coração, personificando-o, em determinados momentos, como se pode observar no seguinte verso:

I. Você já está acostumado
A ser maltratado, a não ter direitos

II. As águas só deságuam para o mar
Meus olhos vivem cheios d'água

III. Mas meu coração só tem amor, amor
Era mesmo pra valer

IV. Chorando, molhando meu rosto
De tanto desgosto me causando mágoas

V. E morre todo dia sem saber

b. Que figura de linguagem se observa no seguinte verso: "Que eu morro de amor com muito prazer"?

I. Elipse.
II. Zeugma.
III. Eufemismo.
IV. Hipérbole.
V. Sinestesia.

c. Em alguns versos da canção, observa-se a reprodução do som da batida do coração. Que nome se dá a esse recurso estilístico?

Enem e vestibulares

1. Enem

Para o Mano Caetano

O que fazer do ouro de tolo
Quando um doce bardo brada a toda brida,
Em velas pandas, suas esquisitas rimas?
Geografia de verdades, Guanabaras postiças
Saudades banguelas, tropicais preguiças?
A boca cheia de dentes
De um implacável sorriso
Morre a cada instante
Que devora a voz do morto, e com isso,
Ressuscita vampira, sem o menor aviso
[...]
E eu soy lobo-bolo? lobo-bolo
Tipo pra rimar com ouro de tolo?
Oh, Narciso Peixe Ornamental!
Tease me, tease me outra vez
Ou em banto baiano
Ou em português de Portugal
De Natal
[...]
Tease me (caçoe de mim, importune-me).

LOBÃO. Disponível em:
<http://vagalume.uol.com.br>.
Acesso em: 14 ago. 2009 (adaptado).

Na letra da canção apresentada, o compositor Lobão explora vários recursos da língua portuguesa, a fim de conseguir efeitos estéticos ou de sentido. Nessa letra, o autor explora o extrato sonoro do idioma e o uso de termos coloquiais na seguinte passagem:

a. "Quando um doce bardo brada a toda brida" (v. 2)
b. "Em velas pandas, suas esquisitas rimas?" (v. 3)
c. "Que devora a voz do morto" (v. 9)
d. "lobo-bolo//Tipo pra rimar com ouro de tolo?" (v. 11-12)
e. "Tease me, tease me outra vez" (v. 14)

2. Uema Considere o poema "O Parto", extraído do livro *Campo sem base*, de Nauro Machado.

O Parto

Meu corpo está completo, o homem – não o poeta.
Mas eu quero e é necessário
que me sofra e me solidifique em poeta,
que me destrua desde já o supérfluo e o ilusório
e me alucine na essência de mim e das coisas,
para depois, feliz e sofrido, mas verdadeiro,
trazer-me à tona do poeta
com um grito de alarma e de alarde:
ser poeta é duro e dura
e consome toda
uma existência.

Fonte: MACHADO, Nauro.
Campo sem base. São Luís, 1958.

a. No poema, o eu-lírico estabelece a diferença entre a construção do homem e a construção do poeta. Retire do texto duas palavras ou expressões que exemplifiquem, respectivamente, essas caracterizações do homem e do poeta.

b. No verso "ser poeta é duro e dura", há uma figura de palavra denominada paronomásia (aproximação de palavras com recursos fonéticos e fonológicos semelhantes, mas de diferentes classes gramaticais). Identifique as palavras envolvidas nesse recurso e relacione-as a suas respectivas categorias morfológicas.

3. Uerj

A educação pela seda

Vestidos muito justos são vulgares. Revelar formas é vulgar. Toda revelação é de uma vulgaridade abominável.

Os conceitos a vestiram como uma segunda pele, e pode-se adivinhar a norma que lhe rege a vida ao primeiro olhar.

Rosa Amanda Strausz. *Mínimo múltiplo comum*: contos.
Rio de Janeiro: José Olympio, 1990.

Os conceitos **a** vestiram como uma segunda pele,

O vocábulo **a** é comumente utilizado para substituir termos já enunciados. No texto, entretanto, ele tem um uso incomum, já que permite subentender um termo não enunciado. Esse uso indica um recurso assim denominado:

a. elipse
b. catáfora
c. designação
d. modalização

4. ESPM-SP

Poética

Estou farto do lirismo comedido

Do lirismo bem comportado

Do lirismo funcionário público com livro de ponto expediente protocolo e manifestações de apreço ao sr. diretor.

Estou farto do lirismo que para e vai averiguar no dicionário o cunho vernáculo de um vocábulo

Abaixo os puristas

Todas as palavras sobretudo os barbarismos universais

Todas as construções sobretudo as sintaxes de exceção

Todos os ritmos sobretudo os inumeráveis

Estou farto do lirismo namorador

Político

Raquítico

Sifilítico

De todo lirismo que capitula ao que quer que seja fora de si mesmo

De resto não é lirismo

Será contabilidade tabela de cossenos secretário do amante exemplar com cem modelos de cartas e as diferentes maneiras de agradar às mulheres, etc.

Quero antes o lirismo dos loucos

O lirismo dos bêbados

O lirismo difícil e pungente dos bêbados

O lirismo dos clowns de Shakespeare

– Não quero mais saber do lirismo que não é libertação.

(Manuel Bandeira, in: *Libertinagem*)

A repetição de palavras no início do verso ("Estou farto", "Todas", "O lirismo") e a omissão de termos subentendidos do verso anterior ("Político") caracterizam respectivamente:

a. anáfora e zeugma.
b. hipérbole e hipérbato.
c. catacrese e antonomásia.
d. epístrofe e elipse.
e. anacoluto e perífrase.

5. PUC-SP Manuel Bandeira publicou o seu primeiro livro, A cinza das horas, em 1917, e um dos poemas que compõe a obra é exatamente "Cartas de meu avô". Na última estrofe do poema de Bandeira, nos dois últimos versos, ocorre um hipérbato, isto é, um rompimento da ordem direta dos termos da oração. Desfaça o hipérbato, reescrevendo os dois versos na ordem direta.

Cartas do meu avô

A tarde cai, por demais
Erma, tímida e silente...
A chuva, em gotas glaciais,
Chora monotonamente

E enquanto anoitece, vou
Lendo, sossegado e só,
As cartas que meu avô
Escrevia a minha avó.

Enternecido sorrio
Do fervor desses carinhos
É que os conheci velhinhos,
Quando o fogo era já frio. [...]

A mão pálida tremia
Contando o seu grande bem.
Mas, como o dele, batia
Dela o coração também [...]

BANDEIRA, Manuel. *Antologia Poética*.
Rio de Janeiro: José Olympio, 1978. p. 12.

DIÁLOGOS

As figuras de linguagem e o texto publicitário

Uma das principais intencionalidades discursivas do texto publicitário é convencer as pessoas a assumir novos comportamentos e instaurar novos hábitos de consumo. O texto publicitário também pode divulgar informações com o objetivo mobilizar um grande público em torno de uma ideia ou de um conceito. Para atingir o público-alvo o texto da propaganda utiliza uma linguagem sedutora, atrativa aos sentidos dos interlocutores.

Para reconhecer algumas das estratégias utilizadas para atingir esses objetivos, vamos analisar a peça publicitária da organização não governamental SOS Mata Atlântica. O objetivo dessa ONG, na propaganda a seguir, é conscientizar a população sobre a importância da preservação da mata nativa que ainda existe no território brasileiro, além de estimular a restauração das áreas devastadas.

Cartaz de campanha publicitária da SOS Mata Atlântica, organização não governamental criada em 1986.

1. Comente a ligação de sentido entre a imagem central da peça publicitária e a frase: "Quer continuar a respirar"?

2. Observe a relação de sentido entre a linguagem verbal e a não verbal. Comente a metáfora inscrita na propaganda.

3. Observe a logomarca (a representação gráfica da marca e seu símbolo) do SOS Mata Atlântica. Explique o efeito de sentido obtido com a ausência de parte da cor verde na bandeira brasileira e os dizeres da faixa.

4. A força argumentativa da peça publicitária está no caráter polissêmico do texto. Com base nos estudos sobre as figuras de linguagem, explique essa afirmação.

Nessa propaganda, você pôde verificar que a linguagem publicitária pretende chamar a atenção do interlocutor e persuadi-lo de acordo com a finalidade pretendida. Para isso, os recursos das linguagens verbal e não verbal são utilizados de maneira criativa para produzir efeitos de sentido e para ampliar o universo significativo da mensagem.

Anexos

Anexos

Ortografia

Usa-se G	Exemplos	Exceções
palavras terminadas em -*agem*, -*igem*, -*ugem*, -*ágio*, -*égio*, -*ígio*, -*ógio* e -*úgio*	homenagem, vertigem, ferrugem, pedágio, privilégio, prodígio, relógio, refúgio	pajem, lambujem
vocábulos derivados de palavras grafadas com **g**	atingir – atingem selvageria – selvagem	

Usa-se J	Exemplos
palavras de origem tupi ou africana	jiló, Ubirajara, acarajé
vocábulos derivados de palavras grafadas com **j** e flexões do verbo *viajar*	nojento – nojo, cerejeira – cereja, viajei

Usa-se S	Exemplos
substantivos derivados de verbos terminados em -*nder* ou -*ndir*	compreender – compreensão expandir – expansão
formas dos verbos *pôr*, *querer* e seus derivados	pus, quis
palavras formadas com os sufixos -*ês* e -*ense*	inglês, burguês, fluminense

Usa-se SS	Exemplos
substantivos derivados de verbos terminados em -*eder* e -*edir*	ceder – cessão proceder – processo progredir – progresso transgredir – transgressão
palavras ou radicais iniciados por **s** que entram na formação de palavras derivadas ou compostas	heterossexual (hetero + sexual)

Usa-se Ç	Exemplos
flexão dos verbos terminados em –*ecer* e –*escer*	acontecer – aconteça florescer – floresça
palavras de origem árabe, indígena ou africana	muçulmano, paçoca, miçanga

Usa-se X	Exemplos	Exceções
geralmente em palavras iniciadas por **e** e antes de vogal	exemplo – exemplificar exato – exatidão	esôfago, esoterismo (nesse caso, há também *exoterismo*, mas com sentido distinto)

Usa-se Z	Exemplos	Exceções
palavras formadas com os sufixos -*ez* e -*eza*	pequenez maciez realeza beleza	
verbos formados com o sufixo -*izar*, sem **s** na palavra primitiva	amenizar agonizar realizar	catequese – catequizar
diminutivos formados com o sufixo -*zinho(a)*, sem **s** na palavra primitiva	pai – paizinho mãe – mãezinha	

Usa-se S	Exemplos	Exceção
após ditongo	besouro, náusea, maisena	Maizena (marca do produto)
em palavras formadas com os sufixos -esa, -isa, -oso(a).	princesa, profetisa, prazeroso	
em palavras derivadas de outras que têm s	análise – analisar desenho – desenhar liso - lisinho	

Usa-se X	Exemplos	Exceções
depois de ditongo	ameixa baixo caixa faixa	
depois da sílaba inicial en	enxame enxoval enxada enxaqueca	encher e seus derivados: preenchido, enchimento enchova
palavras de origem indígena e africana	abacaxi, orixá	

Usa-se CH	Exemplos
verbos encher, encharcar, enchumaçar e seus derivados	preencher, preencheram, encharcado
determinadas palavras, por razões etimológicas	chuchu, mochila, chofer, salsicha, pichar

Verbos regulares

1. Conjugação simples

1ª cant-a-r   2ª vend-e-r   3ª part-i-r

Modo indicativo

Presente

Cant-o	Vend-o	Part-o
Cant-a-s	Vend-e-s	Part-e-s
Cant-a	Vend-e	Part-e
Cant-a-mos	Vend-e-mos	Part-i-mos
Cant-a-is	Vend-e-is	Part-is
Cant-a-m	Vend-e-m	Part-e-m

Pretérito imperfeito

Cant-a-va	Vend-ia	Part-ia
Cant-a-va-s	Vend-ia-s	Part-ia-s
Cant-a-va	Vend-ia	Part-ia
Cant-á-va-mos	Vend-ía-mos	Part-ía-mos
Cant-á-ve-is	Vend-íe-is	Part-íe-is
Cant-a-va-m	Vend-ia-m	Part-ia-m

Pretérito perfeito

Cant-e-i	Vend-i	Part-i
Cant-a-ste	Vend-e-ste	Part-i-ste
Cant-o-u	Vend-e-u	Part-i-u
Cant-a-mos	Vend-e-mos	Part-i-mos
Cant-a-stes	Vend-e-stes	Part-i-stes
Cant-a-ra-m	Vend-e-ra-m	Part-i-ra-m

Pretérito mais-que-perfeito

Cant- a-ra	Vend-e-ra	Part-i-ra
Cant-a-ra-s	Vend-e-ras	Part-i-ra-s
Cant-a-ra	Vend-e-ra	Part-i-ra
Cant-á-ra-mos	Vend-ê-ra-mos	Part-í-ra-mos
Cant-á-re-is	Vend-ê-re-is	Part-í-re-is
Cant-a-ra-m	Vend-e-ra-m	Part-i-ra-m

Futuro do presente			Futuro do pretérito		
Cant-a-re-i	Vend-e-re-i	Part-i-re-i	Cant-a-ria	Vend-e-ria	Part-i-ria
Cant-a-rá-s	Vend-e-rá-s	Part-i-rá-s	Cant-a-ria-s	Vend-e-ria-s	Part-i-ria-s
Cant-a-rá	Vend-e-rá	Part-i-rá	Cant-a-ria	Vend-e-ria	Part-i-ria
Cant-a-re-mos	Vend-e-re-mos	Part-i-re-mos	Cant-a-ría-mos	Vend-e-ría-mos	Part-i-ría-mos
Cant-a-re-is	Vend-e-re-is	Part-i-re-is	Cant-a-ríe-is	Vend-e-ríe-is	Part-i-ríe-is
Cant-a-rã-o	Vend-e-rã-o	Part-i-rã-o	Cant-a-ria-m	Vend-e-ria-m	Part-i-ria-m

Modo subjuntivo

Presente			Pretérito imperfeito		
Cant-e	Vend-a	Part-a	Cant-a-sse	Vend-e-sse	Part-i-sse
Cant-e-s	Vend-a-s	Part-a-s	Cant-a-sse-s	Vend-e-sse-s	Part-i-sse-s
Cant-e	Vend-a	Part-a	Cant-a-sse	Vend-e-sse	Part-i-sse
Cant-e-mos	Vend-a-mos	Part-a-mos	Cant-á-sse-mos	Vend-ê-sse-mos	Part-í-sse-mos
Cant-e-is	Vend-a-is	Part-a-is	Cant-á-sse-is	Vend-ê-sse-is	Part-í-sse-is
Cant-e-m	Vend-a-m	Part-a-m	Cant-a-sse-m	Vend-e-sse-m	Part-i-sse-m

Futuro		
Cant-a-r	Vend-e-r	Part-i-r
Cant-a-re-s	Vend-e-re-s	Part-i-re-s
Cant-a-r	Vend-e-r	Part-i-r
Cant-a-r-mos	Vend-e-r-mos	Part-i-r-mos
Cant-a-r-des	Vend-e-r-des	Part-i-r-des
Cant-a-re-m	Vend-e-re-m	Part-i-re-m

Modo imperativo

Afirmativo		
Cant-a tu	Vend-e tu	Part-e tu
Cant-e você	Vend-a você	Part-a você
Cant-e-mos nós	Vend-a-mos nós	Part-a-mos nós
Cant-a-i vós	Vend-e-i vós	Part-i vós
Cant-e-m vocês	Vend-a-m vocês	Part-a-m você

Negativo		
Não cant-e-s tu	Não vend-a-s tu	Não part-a-s tu
Não cant-e você	Não vend-a você	Não part-a você
Não cant-e-mos nós	Não vend-a-mos nós	Não part-a-mos nós
Não cant-e-is vós	Não vend-a-is vós	Não part-a-is vós
Não cant-e-m vocês	Não vend-a-m vocês	Não part-a-m-vocês

Formas nominais

Infinitivo não flexionado
Cant-a-r   Vend-e-r   Part-i-r

Infinitivo flexionado
Cant-a-r	Vend-e-r	Part-i-r
Cant-a-re-s	Vend-e-re-s	Part-i-re-s
Cant-a-r	Vend-e-r	Part-i-r
Cant-a-r-mos	Vend-e-r-mos	Part-i-r-mos
Cant-a-r-des	Vend-e-r-des	Part-i-r-des
Cant-a-re-m	Vend-e-re-m	Part-i-re-m

Gerúndio
Cant-a-ndo   Vend-e-ndo   Part-i-ndo

Particípio
Cant-a-do   Vend-i-do   Part-i-do

2. Conjugação composta

Modo indicativo

Pretérito perfeito composto
Tenho cantado	Tenho vendido	Tenho partido
Tens cantado	Tens vendido	Tens partido
Tem cantado	Tem vendido	Tem partido
Temos cantado	Temos vendido	Temos partido
Têm cantado	Têm vendido	Têm partido

Pretérito mais-que-perfeito composto
Tinha cantado	Tinha vendido	Tinha partido
Tinhas cantado	Tinhas vendido	Tinhas partido
Tinha cantado	Tinha vendido	Tinha partido
Tínhamos cantado	Tínhamos vendido	Tínhamos partido
Tínheis cantado	Tínheis vendido	Tínheis partido
Tinham cantado	Tinham vendido	Tinham partido

Futuro do presente composto
Terei cantado	Terei vendido	Terei partido
Terás cantado	Terás vendido	Terás partido
Terá cantado	Terá vendido	Terá partido
Teremos cantado	Teremos vendido	Teremos partido
Tereis cantado	Tereis vendido	Tereis partido
Terão cantado	Terão vendido	Terão partido

Futuro do pretérito composto
Teria cantado	Teria vendido	Teria partido
Terias cantado	Terias vendido	Terias partido
Teria cantado	Teria vendido	Teria partido
Teríamos cantado	Teríamos vendido	Teríamos partido
Teríeis cantado	Teríeis vendido	Teríeis partido
Teriam cantado	Teriam vendido	Teriam partido

Modo subjuntivo

Pretérito perfeito composto
Tenha cantado	Tenha vendido	Tenha partido
Tenhas cantado	Tenhas vendido	Tenhas partido
Tenha cantado	Tenha vendido	Tenha partido
Tenhamos cantado	Tenhamos vendido	Tenhamos partido
Tenhais cantado	Tenhais vendido	Tenhais partido
Tenham cantado	Tenham vendido	Tenham partido

Pretérito mais-que-perfeito composto
Tivesse cantado	Tivesse vendido	Tivesse partido
Tivesses cantado	Tivesses vendido	Tivesses partido
Tivesse cantado	Tivesse vendido	Tivesse partido
Tivéssemos cantado	Tivéssemos vendido	Tivéssemos partido
Tivésseis cantado	Tivésseis vendido	Tivésseis partido
Tivessem cantado	Tivessem vendido	Tivessem partido

Futuro composto

Tiver cantado	Tiver vendido	Tiver partido
Tiveres cantado	Tiveres vendido	Tiveres partido
Tiver cantado	Tiver vendido	Tiver partido
Tivermos cantado	Tivermos vendido	Tivermos partido
Tiverdes cantado	Tiverdes vendido	Tiverdes partido
Tiverem cantado	Tiverem vendido	Tiverem partido

Formas nominais

Infinitivo não flexionado composto

Ter cantado	Ter vendido	Ter partido

Infinitivo flexionado composto

Ter cantado	Ter vendido	Ter partido
Teres cantado	Teres vendido	Teres partido
Ter cantado	Ter vendido	Ter partido
Termos cantado	Termos vendido	Termos partido
Terdes cantado	Terdes vendido	Terdes partido
Terem cantado	Terem vendido	Terem partido

Gerúndio composto

Tendo cantado	Tendo vendido	Tendo partido

Verbos auxiliares

1. Conjugação simples

ser   estar   ter   haver

Modo indicativo

Presente

Sou	Estou	Tenho	Hei
És	Estás	Tens	Hás
É	Está	Tem	Há
Somos	Estamos	Temos	Havemos
Sois	Estais	Tendes	Haveis
São	Estão	Têm	Hão

Pretérito imperfeito

Era	Estava	Tinha	Havia
Eras	Estavas	Tinhas	Havias
Era	Estava	Tinha	Havia
Éramos	Estávamos	Tínhamos	Havíamos
Éreis	Estáveis	Tínheis	Havíeis
Eram	Estavam	Tinham	Haviam

Pretérito perfeito

Fui	Estive	Tive	Houve
Foste	Estiveste	Tiveste	Houveste
Foi	Esteve	Teve	Houve
Fomos	Estivemos	Tivemos	Houvemos
Fostes	Estivestes	Tivestes	Houvestes
Foram	Estiveram	Tiveram	Houveram

Pretérito mais-que-perfeito

Fora	Estivera	Tivera	Houvera
Foras	Estiveras	Tiveras	Houveras
Fora	Estivera	Tivera	Houvera
Fôramos	Estivéramos	Tivéramos	Houvéramos
Fôreis	Estivéreis	Tivéreis	Houvéreis
Foram	Estiveram	Tiveram	Houveram

Futuro do presente

Serei	Estarei	Terei	Haverei
Serás	Estarás	Terás	Haverás
Será	Estará	Terá	Haverá
Seremos	Estaremos	Teremos	Haveremos
Sereis	Estareis	Tereis	Havereis
Serão	Estarão	Terão	Haverão

Futuro do pretérito

Seria	Estaria	Teria	Haveria
Serias	Estarias	Terias	Haverias
Seria	Estaria	Teria	Haveria
Seríamos	Estaríamos	Teríamos	Haveríamos
Seríeis	Estaríeis	Teríeis	Haveríeis
Seriam	Estariam	Teriam	Haveriam

Modo subjuntivo

Presente

Seja	Esteja	Tenha	Haja
Sejas	Estejas	Tenhas	Hajas
Seja	Esteja	Tenha	Haja
Sejamos	Estejamos	Tenhamos	Hajamos
Sejais	Estejais	Tenhais	Hajais
Sejam	Estejam	Tenham	Hajam

Pretérito imperfeito

Fosse	Estivesse	Tivesse	Houvesse
Fosses	Estivesses	Tivesses	Houvesses
Fosse	Estivesse	Tivesse	Houvesse
Fôssemos	Estivéssemos	Tivéssemos	Houvéssemos
Fôsseis	Estivésseis	Tivésseis	Houvésseis
Fossem	Estivessem	Tivessem	Houvessem

Futuro

For	Estiver	Tiver	Houver
Fores	Estiveres	Tiveres	Houveres
For	Estiver	Tiver	Houver
Formos	Estivermos	Tivermos	Houvermos
Fordes	Estiverdes	Tiverdes	Houverdes
Forem	Estiverem	Tiverem	Houverem

Modo imperativo

Afirmativo

Sê tu	Está tu	Tem tu	Há tu
Seja você	Esteja você	Tenha você	Haja você
Sejamos nós	Estejamos nós	Tenhamos nós	Hajamos nós
Sede vós	Estai vós	Tende vós	Havei vós
Sejam vocês	Estejam vocês	Tenham vocês	Hajam vocês

Negativo

Não sejas tu	Não estejas tu	Não tenhas tu	Não hajas tu
Não seja você	Não esteja você	Não tenha você	Não haja você
Não sejamos nós	Não estejamos nós	Não tenhamos nós	Não hajamos nós
Não sejais vós	Não estejais vós	Não tenhais vós	Não hajais vós
Não sejam vocês	Não estejam vocês	Não tenham vocês	Não hajam vocês

Formas nominais

Infinitivo não flexionado

| Ser | Estar | Ter | Haver |

Infinitivo flexionado

Ser	Estar	Ter	Haver
Seres	Estares	Teres	Haveres
Ser	Estar	Ter	Haver
Sermos	Estarmos	Termos	Havermos
Serdes	Estardes	Terdes	Haverdes
Serem	Estarem	Terem	Haverem

Gerúndio

| Sendo | Estando | Tendo | Havendo |

Particípio

| Sido | Estado | Tido | Havido |

2. Conjugação composta

Modo indicativo

Pretérito perfeito composto

Tenho	(ou hei)	
Tens	(ou hás)	
Tem	(ou há)	sido, estado,
Temos	(ou havemos)	tido, havido
Tendes	(ou haveis)	
Têm	(ou hão)	

Pretérito mais-que-perfeito composto

Tinha	(ou havia)	
Tinhas	(ou havias)	
Tinha	(ou havia)	sido, estado,
Tínhamos	(ou havíamos)	tido, havido
Tínheis	(ou havíeis)	
Tinham	(ou haviam)	

Futuro do presente composto

Terei	(ou haverei)	
Terás	(ou haverás)	
Terá	(ou haverá)	sido, estado,
Teremos	(ou haveremos)	tido, havido
Tereis	(ou havereis)	
Terão	(ou haverão)	

Futuro do pretérito composto

Teria	(ou haveria)	
Terias	(ou haverias)	
Teria	(ou haveria)	sido, estado,
Teríamos	(ou haveríamos)	tido, havido
Teríeis	(ou haveríeis)	
Teriam	(ou haveriam)	

Modo subjuntivo

Pretérito perfeito composto

Tenha	(ou haja)	
Tenhas	(ou hajas)	
Tenha	(ou haja)	sido, estado, tido, havido
Tenhamos	(ou hajamos)	
Tenhais	(ou hajais)	
Tenham	(ou hajam)	

Pretérito mais-que-perfeito composto

Tivesse	(ou houvesse)	
Tivesses	(ou houvesses)	
Tivesse	(ou houvesse)	sido, estado, tido, havido
Tivéssemos	(ou houvéssemos)	
Tivésseis	(ou houvésseis)	
Tivessem	(ou houvessem)	

Futuro composto

Tiver	(ou houver)	
Tiveres	(ou houveres)	
Tiver	(ou houver)	sido, estado, tido, havido
Tivermos	(ou houvermos)	
Tiverdes	(ou houverdes)	
Tiverem	(ou houverem)	

Formas nominais

Infinitivo não flexionado composto

Ter	(ou haver)	sido, estado, tido, havido

Infinitivo flexionado composto

Ter	(ou haver)	
Teres	(ou haveres)	
Ter	(ou haver)	sido, estado, tido, havido
Termos	(ou havermos)	
Terdes	(ou haverdes)	
Terem	(ou haverem)	

Gerúndio composto

Tendo	(ou havendo)	sido, estado, tido, havido

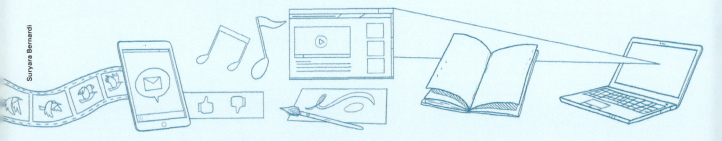

Conjugação do verbo *pôr*

1. Conjugação simples

Modo indicativo

Presente
Ponho
Pões
Põe
Pomos
Pondes
Põem

Pretérito imperfeito
Punha
Punhas
Punha
Púnhamos
Púnheis
Punham

Pretérito perfeito
Pus
Puseste
Pôs
Pusemos
Pusestes
Puseram

Pretérito mais-que-perfeito
Pusera
Puseras
Pusera
Puséramos
Puséreis
Puseram

Futuro do pretérito
Poria
Porias
Poria
Poríamos
Poríeis
Poriam

Futuro do presente
Porei
Porás
Porá
Poremos
Poreis
Porão

Modo subjuntivo

Presente
Ponha
Ponhas
Ponha
Ponhamos
Ponhais
Ponham

Pretérito imperfeito
Pusesse
Pusesses
Pusesse
Puséssemos
Pusésseis
Pusessem

Futuro
Puser
Puseres
Puser
Pusermos
Puserdes
Puserem

Modo imperativo

Afirmativo
Põe tu
Ponha você
Ponhamos nós
Ponde vós
Ponham vocês

Negativo
Não ponhas tu
Não ponhas você
Não ponhamos nós
Não ponhais vós
Não ponham vocês

Formas nominais

Infinitivo não flexionado
Pôr

Gerúndio
Pondo

Infinitivo flexionado
Pôr
Pores
Pôr
Pormos
Pordes
Porem

Particípio
Posto

2. Conjugação composta

Modo indicativo

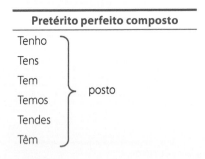

Pretérito perfeito composto: Tenho, Tens, Tem, Temos, Tendes, Têm } posto

Futuro do presente composto: Terei, Terás, Terá, Teremos, Tereis, Terão } posto

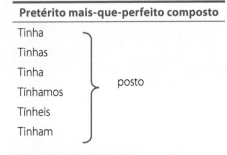

Pretérito mais-que-perfeito composto: Tinha, Tinhas, Tinha, Tínhamos, Tínheis, Tinham } posto

Futuro do pretérito composto: Teria, Terias, Teria, Teríamos, Teríeis, Teriam } posto

Modo subjuntivo

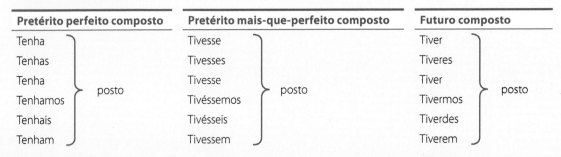

Pretérito perfeito composto: Tenha, Tenhas, Tenha, Tenhamos, Tenhais, Tenham } posto

Pretérito mais-que-perfeito composto: Tivesse, Tivesses, Tivesse, Tivéssemos, Tivésseis, Tivessem } posto

Futuro composto: Tiver, Tiveres, Tiver, Tivermos, Tiverdes, Tiverem } posto

Formas nominais

Infinitivo não flexionado composto

Ter posto

Infinitivo flexionado composto

Ter
Teres
Ter
Termos } posto
Terdes
Terem

Gerúndio composto

Tendo posto

Alguns verbos irregulares

1ª conjugação

Dar

Pres. ind.: dou, dás, dá, damos, dais, dão.
Pret. perf. ind.: dei, deste, deu, demos, destes, deram.
Pret. m. q. perf. ind.: dera, deras, dera, déramos, déreis, deram.
Pres. subj.: dê, dês, dê, demos, deis, deem.
Pret. imperf. subj.: desse, desses, desse, déssemos, désseis, dessem.
Fut. subj.: der, deres, der, dermos, derdes, derem.
Por esse modelo conjuga-se *desdar*; *circundar* é, porém, regular.

2ª conjugação

Caber

Pres. ind.: caibo, cabes, cabe, cabemos, cabeis, cabem.
Pret. perf. ind.: coube, coubeste, coube, coubemos, coubestes, couberam.
Pret. m. q. perf. ind.: coubera, couberas, coubera, coubéramos, coubéreis, couberam.
Pres. subj.: caiba, caibas, caiba, caibamos, caibais, caibam.
Pret. imp. subj.: coubesse, coubesses, coubesse, coubéssemos, coubésseis, coubessem.
Fut. subj.: couber, couberes, couber, coubermos, couberdes, couberem.

Crer

Pres. ind.: creio, crês, crê, cremos, credes, creem.
Pret. perf. ind.: cri, creste, creu, cremos, crestes, creram.
Pres. subj.: creia, creias, creia, creiamos, creiais, creiam.
Pret. imp. subj.: cresse, cresses, cresse, crêssemos, crêsseis, cressem.
Fut. subj.: crer, creres, crer, crermos, crerdes, crerem.
Imp.: crê, crede.
Part.: crido.

Dizer

Pres. ind.: digo, dizes, diz, dizemos, dizeis, dizem.
Pret. perf. ind.: disse, disseste, disse, dissemos, disseste, disseram.
Pret. m. q. perf. ind.: dissera, disseras, dissera, disséramos, disséreis, disseram.
Fut. pres. ind.: direi, dirás, dirá, diremos, direis, dirão.
Fut. pret. ind.: diria, dirias, diria, diríamos, diríeis, diriam.
Pres. subj.: diga, digas, diga, digamos, digais, digam.
Pret. imperf. subj.: dissesse, dissesses, dissesse, disséssemos, dissésseis, dissessem.
Fut. subj.: disser, disseres, disser, dissermos, disserdes, disserem.
Imp.: dize, dizei.
Part.: dito.

Fazer

Pres. ind.: faço, fazes, faz, fazemos, fazeis, fazem.
Pret. perf. ind.: fiz, fizeste, fez, fizemos, fizestes, fizeram.
Pret. m. q. perf. ind.: fizera, fizeras, fizera, fizéramos, fizéreis, fizeram.
Fut. pres. ind.: farei, farás, fará, faremos, fareis, farão.
Fut. pret. ind.: faria, farias, faria, faríamos, faríeis, fariam.
Pres. subj.: faça, faças, faça, façamos, façais, façam.
Pret. imp. subj.: fizesse, fizesses, fizesse, fizéssemos, fizésseis, fizessem.
Fut. subj.: fizer, fizeres, fizer, fizermos, fizerdes, fizerem.
Imp.: faz(e), fazei.
Part.: feito.

Ler

Pres. ind.: leio, lês, lê, lemos, ledes, leem.
Pret. perf. ind.: li, leste, leu, lemos, lestes, leram.
Pret. m. q. perf. ind.: lera, leras, lera, lêramos, lêreis, leram.
Pres. subj.: leia, leias, leia, leiamos, leiais, leiam.
Pret. imp. subj.: lesse, lesses, lesse, lêssemos, lêsseis, lessem.
Fut. subj.: ler, leres, ler, lermos, lerdes, lerem.

Perder

Pres. ind.: perco (ê), perdes, perde, perdemos, perdeis, perdem.
Pres. subj.: perca (ê), percas (ê), perca (ê), percamos (ê), percais (ê), percam (ê).

Poder

Pres. ind.: posso, podes, pode, podemos, podeis, podem.
Pret. perf. ind.: pude, pudeste, pôde, pudemos, pudestes, puderam.
Pret. m. q. perf. ind.: pudera, puderas, pudera, pudéramos, pudéreis, puderam.
Pres. subj.: possa, possas, possa, possamos, possais, possam.
Pret. imp. subj.: pudesse, pudesses, pudesse, pudéssemos, pudésseis, pudessem.
Fut. subj.: puder, puderes, puder, pudermos, puderdes, puderem.
Imp.: em desuso.

Prazer

(Pouco usado na 1ª e 2ª pessoa)
Pres. ind.: praz, prazem.
Pret. perf. ind.: prouve, prouveram.
Pret. m. q. perf. ind.: prouvera, prouveram.
Pret. imp. subj.: prouvesse, provessem.
Fut. subj.: prouver, prouverem.

Querer

Pres. ind.: quero, queres, quer, queremos, quereis, querem.
Pret. perf. ind.: quis, quiseste, quis, quisemos, quisestes, quiseram.
Pret. m. q. perf. ind.: quisera, quiseras, quisera, quiséramos, quiséreis, quiseram.
Pret. imp. subj.: quisesse, quisesses, quisesse, quiséssemos, quisésseis, quisessem.
Fut. subj.: quiser, quiseres, quiser, quisermos, quiserdes, quiserem.
Part.: querido (a forma *quisto* só se usa em *benquisto* e *malquisto*).
Imp.: hoje em dia não é usado no imperativo; aparece quando indica desejo de realização de um fato expresso pelo infinitivo seguinte, por exemplo, *queira aceitar* meus cumprimentos.

Requerer

Pres. ind.: requeiro, requeres, requer (ou requere), requeremos, requereis, requerem.
Pret. perf. ind.: requeri, requereste, requereu, requeremos, requerestes, requereram.
Pret. m. q. perf. ind.: requerera, requereras, requerera, requerêramos, requerêreis, requereram.
Pres. subj.: requeira, requeiras, requeira, requeiramos, requeirais, requeiram.
Pret. imp. subj.: requeresse, requeresses, requeresse, requerêssemos, requerêsseis, requeressem.
Fut. subj.: requer, requereres, requerer, requerermos, requererdes, requererem.
Imp.: requer(e), requerei.
Part.: requerido.

Saber

Pres. ind.: sei, saber, sabe, sabemos, sabeis, sabem.
Pret. perf. ind.: soube, soubeste, soube, soubemos, soubestes, souberam.
Pret. m. q. perf. ind.: soubera, souberas, soubera, soubéramos, soubéreis, souberam.

Pres. subj.: saiba, saibas, saiba, saibamos, saibais, saibam.
Pret. imp. subj.: soubesse, soubesses, soubesse, soubéssemos, soubésseis, soubessem.
Fut. subj.: souber, souberes, souber, soubermos, souberdes, souberem.

Trazer

Pres. ind.: trago, trazes, traz, trazemos, trazeis, trazem.
Pret. perf. ind.: trouxe, trouxeste, trouxe, trouxemos, trouxestes, trouxeram.
Pret. m. q. perf. ind.: trouxera, trouxeras, trouxera, trouxéramos, trouxéreis, trouxeram.
Fut. pres. ind.: trarei, trarás, trará, traremos, trareis, trarão.
Fut. pret. ind.: traria, trarias, traria, traríamos, traríeis, trariam.
Pres. subj.: traga, tragas, traga, tragamos, tragais, tragam.
Pret. imp. subj.: trouxesse, trouxesses, trouxesse, trouxéssemos, trouxésseis, trouxessem.
Imp.: traz(e), trazei.

Valer

Pres. ind.: valho, vales, vale (ou val), valemos, valeis, valem.
Pres. subj.: valha, valhas, valha, valhamos, valhais, valham.
Val, por *vale*, é forma corrente entre os portugueses.

Ver

Pres. ind.: vejo, vês, vê, vemos, vedes, veem.
Pret. imp. ind.: via, vias, via, víamos, víeis, viam.
Pret. perf. ind.: vi, viste, viu, vimos, vistes, viram.
Pret. m. q. perf. ind.: vira, viras, vira, víramos, víreis, viram.
Pres. subj.: veja, vejas, veja, vejamos, vejais, vejam.
Pret. imp. subj.: visse, visses, visse, víssemos, vísseis, vissem.
Fut. subj.: vir, vires, vir, virmos, virdes, virem.
Part.: visto.
- *Antever, entrever, prever* e *rever* se conjugam da mesma forma que *ver*.
- *Prover* e *desprover* também se modelam por *ver*, exceto no pretérito perfeito do indicativo e derivados, no particípio, quando se conjugam regularmente.

Pret. perf. ind.: provi, proveste, proveu, provemos, provestes, proveram.
Pret. m. q. perf. ind.: provera, proveras, provera, provêramos, provêreis, proveram.
Fut. subj.: prover, proveres, prover, provermos, proverdes, proverem.
Part.: provido.

3ª conjugação

Cair

Pres. ind.: caio, cais, cai, caímos, caís, caem.
Pret. imp. ind.: caía, caías, caía, caíamos, caíeis, caíam.
Pret. perf. ind.: caiu, caíste, caiu, caímos, caístes, caíram.
Pret. m. q. perf. ind.: caíra, caíras, caíra, caíramos, caíreis, caíram.
Fut. pres. ind.: cairei, cairás, cairá, cairemos, caireis, cairão.
Fut. pret. ind.: cairia, cairias, cairia, cairíamos, cairíeis, cairiam.
Pres. subj.: caia, caias, caia, caiamos, caiais, caiam.
Pret. imp. subj.: caísse, caísse, caísse, caíssemos, caísseis, caíssem.
Fut. subj.: cair, caíres, cairmos, cairdes, caírem.

Cobrir

Pres. ind.: cubro, cobres, cobre, cobrimos, cobris, cobrem.
Pret. perf. ind.: cobri, cobriste, cobriu, cobrimos, cobristes, cobriram.
Pres. subj.: cubra, cubras, cubra, cubramos, cubrais, cubram.
Imp.: cobre, cubra, cubramos, cobri, cubram.

Frigir

Pres. ind.: frijo, freges, frege, frigimos, frigis, fregem.
Pres. subj.: frija, frijas, frija, frijamos, frijais, frijam.
Imp.: frege, frija, frijamos, frijam.
Part.: frigido e frito.
Atente-se para troca de **g** por **j** antes de **a** e **o**.

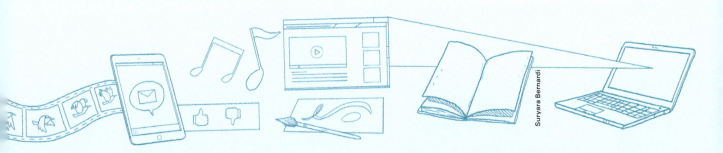

Ir

Pres. ind.: vou, vais, vai, vamos (ou imos), ides, vão.
Pret. imp. ind.: ia, ias, ias, íamos, íeis, iam.
Pret. perf. ind.: fui, foste, foi, fomos, fostes, foram.
Pret. m. q. perf. ind.: fora, foras, fora, fôramos, fôreis, foram.
Fut. pres. ind.: irei, irás, irá, iremos, ireis, irão.
Fut. pret. ind.: iria, irias, iria, iríamos, iríeis, iriam.
Pres. subj.: vá, vás, vá, vamos, vades, vão.
Pret. imp. subj.: fosse, fosses, fosse, fôssemos, fôsseis, fossem.
Fut. subj.: for, fores, for, formos, fordes, forem.
Imp.: vai, vá, vamos, ide, vão.
Ger.: indo.
Part.: ido.

Medir

Pres. ind.: meço, medes, mede, medimos, medis, medem.
Pres. subj.: meça, meças, meça, meçamos, meçais, meçam.

Mentir

Pres. ind.: minto, mentes, mente, mentimos, mentis, mentem.
Pres. subj.: minta, mintas, minta, mintamos, mintais, mintam.

Ouvir

Pres. ind.: ouço, ouves, ouve, ouvimos, ouvis, ouvem.
Pres. subj.: ouça, ouças, ouça, ouçamos, ouçais, ouçam.

Pedir

Pres. ind.: peço, pedes, pede, pedimos, pedis, pedem.
Pres. subj.: peça, peças, peça, peçamos, peçais, peçam.

Polir (= lustrar, civilizar)

Pres. ind.: pulo, pules, pule, polimos, polis, pulem.
Pret. perf.: poli, poliste, poliu, polimos, polistes, poliram.
Pres. subj.: pula, pulas, pula, pulamos, pulais, pulam.
Imp.: pule, pula, pulamos, poli, pulam.

Progredir

Pres. ind.: progrido, progrides, progride, progredimos, progredis, progridem.
Pret. imp. ind.: progredia, progredias, progredia, progredíamos, progredíeis, progrediam.
Pret. perf. ind.: progredi, progrediste, progrediu, progredimos, progredistes, progrediram.
Pres. subj.: progrida, progridas, progrida, progridamos, progridais, progridam.

Rir

Pres. ind.: rio, ris, ri, rimos, rides, riem.
Pret. imperf. ind.: ria, rias, ria, ríamos, ríeis, riam.
Pret. perf. ind.: ri, riste, riu, rimos, ristes, riram.
Part.: rido.

Vir

Pres. ind.: venho, vens, vem, vimos, vindes, vêm.
Pret. imperf. ind.: vinha, vinhas, vinha, vínhamos, vínheis, vinham.
Pret. perf. ind.: vim, vieste, veio, viemos, viestes, vieram.
Fut. pres. ind.: virei, virás, virá, viremos, vireis, virão.
Fut. pret. ind.: viria, virias, viria, viríamos, viríeis, viriam.
Pres. subj.: venha, venhas, venha, venhamos, venhais, venham.
Fut. subj.: vier, vieres, vier, viermos, vierdes, vierem.
Imp.: vem, venha, venhamos, vinde, venham.
Ger.: vindo.
Part: vindo.

Radicais, sufixos e prefixos

Radicais gregos

Radical	Significado	Exemplos
aero-	ar	aerofagia, aeronave
anemo-	vento	anemógrafo, anemômetro
antropo-	homem	antropófago, antropologia
arqueo-	antigo	arqueografia, arqueologia
auto-	de si mesmo	autobiografia, autógrafo
biblio-	livro	bibliografia, biblioteca
bio-	vida	biografia, biologia
caco-	mau, ruim	cacofonia, cacografia
cali-	belo	califasia, caligrafia, calidoscópio
cosmo-	mundo	cosmógrafo, cosmologia
cromo-	cor	cromolitografia, cromoterapia
crono-	tempo	cronologia, cronômetro
da(c)tilo-	dedo	datilografia, datiloscopia
deca-	dez	decaedro, decalitro
demo-	povo	democracia, demagogo
di-	dois	dipétalo, dissílabo
ele(c)tro-	(âmbar) eletricidade	eletroímã, eletroscopia
enea-	nove	eneágono, eneassílabo
etno-	raça	etnografia, etnologia
farmaco-	medicamento	farmacologia, farmacopeia
filo-	amigo	filologia, filomático
fisio-	natureza	fisiologia, fisionomia
fono-	voz, som	fonógrafo, fonologia
foto-	fogo, luz	fotômetro, fotosfera
geo-	terra	geografia, geologia
hemo-	sangue	hemoglobina, hemorragia
hepta-	sete	heptágono, heptassílabo
hetero-	outro	heterodoxo, heterogêneo
hexa-	seis	hexágono, hexâmetro
hidro-	água	hidrogênio, hidrografia
hipo-	cavalo	hipódromo, hipopótamo

Radical	Significado	Exemplos
ictio-	peixe	ictiófago, ictiologia
iso-	igual	isócrono, isósceles
lito-	pedra	litografia, litogravura
macro-	grande, longo	macróbio, macrodátilo
mega(lo)-	grande	megatério, megalomaníaco
melo-	canto	melodia, melopeia
meso-	meio	mesóclise, Mesopotâmia
micro-	pequeno	micróbio, microscópio
miso-	que odeia	misógino, misantropo
mito-	fábula	mitologia, mitômano
mono-	um só	monarca, monótono
necro-	morto	necrópole, necrotério
neo-	novo	neolatino, neologismo
octo-	oito	octossílabo, octaedro
odonto-	dente	odontologia, odontalgia
oftalmo-	olho	oftalmologia, oftalmoscópio
onomato-	nome	onomatologia, onomatopeia
oro-	montanha	orogenia, orografia
orto-	reto, justo	ortografia, ortodoxo
oxi-	agudo, penetrante	oxígono, oxítono
paleo-	antigo	paleografia, paleontologia
pan-	todos, tudo	panteísmo, pan-americano
pato-	(sentimento) doença	patogenético, patologia
penta-	cinco	pentágono, pentâmetro
piro-	fogo	pirosfera, pirotecnia
pluto-	riqueza	plutocrata, plutomania
poli-	muito	poliglota, polígono
potamo-	rio	potamografia, potamologia
proto-	primeiro	protótipo, protozoário
pseudo-	falso	pseudônimo, pseudoesfera
psico-	alma, espírito	psicologia, psicanálise
quilo-	mil	quilograma, quilômetro

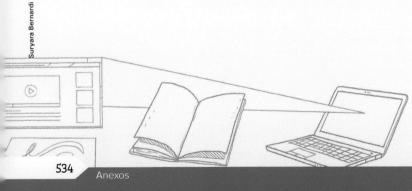

Radical	Significado	Exemplos
quiro-	mão	quiromancia, quiróptero
rino-	nariz	rinoceronte, rinoplastia
rizo-	raiz	rizófilo, rizotônico
tecno-	arte	tecnografia, tecnologia
tele-	longe	telefone, telegrama
termo-	quente	termômetro, termoquímica
tetra-	quatro	tetrarca, tetraedro
tipo-	figura, marca	tipografia, tipologia
topo-	lugar	topografia, toponímia
tri-	três	tríade, trissílabo
zoo-	animal	zootecnia, zoologia

Radicais latinos

Radical	Significado	Exemplos
agri-	campo	agricultura
ambi-	ambos	ambidestro
arbori-	árvore	arborícola
bi(s)-	duas vezes	bípede, bisavô
calori-	calor	calorífero
cruci-	cruz	crucifixo
curvi-	curvo	curvilíneo
equi-	igual	equilátero, equidistante
ferri-, ferro-	ferro	ferrífero, ferrovia
loco-	lugar	locomotiva
morti-	morte	mortífero
multi-	muito	multiforme
olei-, oleo-	azeite, óleo	oleoduto
oni-	todo	onipotente

Radical	Significado	Exemplos
pedi-	pé	pedilúvio
pisci-	peixe	piscicultor
pluri-	muitos, vários	pluriforme
quadri-, quadru-	quatro	quadrúpede
reti-	reto	retilíneo
semi-	metade	semimorto
tri-	três	tricolor

Prefixos gregos

Prefixo	Significado	Exemplos
a-, ana-	privação, negação	ápode, anarquia, anacoluto
ana-	inversão, parecença	anagrama, analogia
anfi-	duplicidade, de um e de outro lado	anfiteatro, ânfora
ant(i)-	oposição	antipatia, antagonista
apo-	afastamento	apólogo, apogeu, apócrifo
arqui-, arque-, arce-, arc-	superioridade	arquiduque, arquétipo, arcebispo, arcanjo
cata-	de cima para baixo	cataclismo, catalepsia
deca-	dez	decâmetro
dia-	através de, divisão	diáfano, diálogo
dis-	dualidade, mau	dispepsia
en-	sobre, dentro	encéfalo, energia
endo-	para dentro	endocarpo
epi-	por cima	epiderme, epígrafe
eu-	bom	eufonia, eugenia, eupepsia
hecto-	cem	hectômetro
hemi-	metade	hemiciclo, hemistíquio, hemisfério

Prefixo	Significado	Exemplos
hiper-	superioridade	hipertensão, hipérbole, hipertermia
hipo-	inferioridade	hipoglosso, hipótese, hipogeu, hipotermia
homo-	semelhança, identidade	homônimo, homogêneo
meta-	união, mudança, além de	metacarpo, metáfase, metafísica
miria-	dez mil	miriâmetro
mono-	um	monóculo, monoculista
neo-	novo	neologismo, neolatino
para-	aproximação, oposição	paráfrase, paradoxo, parassíntese
penta-	cinco	pentágono
peri-	em volta de	perímetro
poli-	muitos	polígono, polimorfo
pro-	antes de	prótese, prólogo, programa, profeta

Prefixos latinos

Prefixo	Significado	Exemplos
a-, ab-, abs-	afastamento, aversão	abjurar, abater
a-, ad-	aproximação, passagem para um estado, tendência	amontoar, adjunto, adotar
ambi-	dualidade	ambidestro, ambiguidade
bis-, bin-, bi-	dualidade	bisneto, binário, bípede
cent-	cem	centúnviro, centuplicar, centígrado, centopeia
circum-, circun-, circu-	em volta de	circumpolar, circunstante, circuito
cis-	aquém de	cisalpino, cisgangético
com-, con-, co-	companhia, concomitância	compadre, confrade, colaborador
contra-	oposição, posição inferior	contradizer, contramestre
de-	ação de tirar, separação, movimento de cima para baixo, intensidade	depenar, decaído, delambido
dis-, di-	movimento para diversas partes, ideias contrárias	distrair, dimanar, dissimulação
entre-	situação intermediária, reciprocidade	entrelinha, entrevista
ex-, es-, e-	movimento de dentro para fora, intensidade, privação, situação cessante	exportar, espalmar, ex-professor, exausto
extra-	fora de, além de, intensidade	extravasar, extraordinário, extrassensível
m-, in-, i-	movimento para dentro, ideia contrária	importar, ingrato, ilegal
inter-	no meio de	intervocálico, intercalado
intra-	movimento para dentro	intravenoso, intrometer
justa-	perto de	justapor
multi-	pluralidade	multiforme

Prefixo	Significado	Exemplos
ob-, o-	oposição	obstar, opor, obstáculo, objetar
pen(e)-	quase	penúltimo, península, penumbra
per-	movimento através de, acabamento de ação, ideia pejorativa	percorrer, perfeito, perjuro
post-, pos-	posteridade	postergar, pospor
pre-	anterioridade, superlatividade	predizer, preclaro
preter-	anterioridade, para além	preterir, preternatural
pro-	movimento para diante, a favor de, em vez de	prosseguir, procurador, pronome
re-	movimento para trás, ação reflexiva, intensidade, repetição	regressar, revirar, revolver, redizer
retro-	movimento para trás	retroceder
satis-	bastante	satisfazer
sub-, sob-, so-, sus-	inferioridade	subdelegado, sobraçar, sopé, suster
subter-	por baixo	subterfúgio
supra-	posição superior	supranumerário
trans-, tras-, tra-, tres-	para além de, excesso	transpor, transpassar, traduzir, tresloucado
tris-, tres-, tri-	três vezes	trisavô, tresdobro, trifólio
ultra-	para além de, intensidade	ultrapassar, ultrabelo
un(i)-	um	unânime, unicelular

Sufixos

Aumentativo	Exemplos
-aça, -aço, -uça	mulheraça, ricaço, dentuça
-alha, -alhão	gentalha, grandalhão
-anzil	corpanzil
-ão, -eirão	casarão, caldeirão
-arra, -arrão	bocarra, santarrão
-astro, -az	poetastro, cartaz
-ázio, -orra	copázio, cabeçorra

Diminutivo	Exemplos
-acho, -ebre, -eco	riacho, casebre, timeco
-ejo, -ela, -eta	vilarejo, viela, saleta
-ete, -eto, -ico	palacete, papeleto, namorico
-iço, -im, -inho	caniço, botequim, chefinho
-isco, -ito, -ola, -ota	rabisco, cãozito, portinhola, baixota
-ote, -ucho, -ula, -ulo	velhote, pequerrucho, pílula, glóbulo

Grau superlativo	Exemplos
-érrimo, -imo, -íssimo	chiquérrimo, dificílimo, santíssimo

Profissão	Exemplos
-ário, -dor, -eiro, -ente	bibliotecário, contador, pedreiro, servente
-ista, -(t)or, -(s)or	jornalista, instrutor, professor

Origem, nacionalidade	Exemplos
-ano, -ão, -eiro, -eno	italiano, alemão, brasileiro, chileno
-ense, -ês, -esa, -eu	cearense, paquistanês, chinesa, europeu
-ino, -ista, -ol	florentino, paulista, espanhol

Nomenclatura científica	Exemplos
-ato, -eno, -ina	fosfato, acetileno, anilina
-ite, -oide, -ose	bronquite, alcaloide, celulose

Lugar ou depósito	Exemplos
-ário, -douro, -eiro, -ório	orquidário, ancoradouro, viveiro, refeitório

Verbos	Exemplos
-ear, -ejar, -entar, -icar, -ilhar	frear, farejar, apoquentar, bebericar, fervilhar
-iscar, -itar, -izar, -inhar	chuviscar, saltitar, utilizar, escrevinhar

Sufixos que formam advérbios	Exemplo
-mente	normalmente

Numerais

Algarismos Romanos	Arábicos	Cardinais	Ordinais
I	1	um	primeiro
II	2	dois	segundo
III	3	três	terceiro
IV	4	quatro	quarto
V	5	cinco	quinto

Algarismos Romanos	Algarismos Arábicos	Cardinais	Ordinais
VI	6	seis	sexto
VII	7	sete	sétimo
VIII	8	oito	oitavo
IX	9	nove	nono
X	10	dez	décimo
XI	11	onze	undécimo ou décimo primeiro
XII	12	doze	duodécimo ou décimo segundo
XIII	13	treze	décimo terceiro
XIV	14	catorze ou quatorze	décimo quarto
XV	15	quinze	décimo quinto
XVI	16	dezesseis	décimo sexto
XVII	17	dezessete	décimo sétimo
XVIII	18	dezoito	décimo oitavo
XIX	19	dezenove	décimo nono
XX	20	vinte	vigésimo
XXI	21	vinte e um	vigésimo primeiro
XXX	30	trinta	trigésimo
XL	40	quarenta	quadragésimo
L	50	cinquenta	quinquagésimo
LX	60	sessenta	sexagésimo
LXX	70	setenta	septuagésimo ou setuagésimo
LXXX	80	oitenta	octogésimo
XC	90	noventa	nonagésimo
C	100	cem	centésimo
CC	200	duzentos	ducentésimo
CCC	300	trezentos	trecentésimo
CD	400	quatrocentos	quadrigentésimo ou quadringentésimo
D	500	quinhentos	quingentésimo
DC	600	seiscentos	seiscentésimo ou sexcentésimo
DCC	700	setecentos	septingentésimo ou setingentésimo
DCCC	800	oitocentos	octingentésimo
CM	900	novecentos	nongentésimo ou noningentésimo
M	1 000	mil	milésimo
$\bar{X}$	10 000	dez mil	décimo milésimos
$\bar{C}$	100 000	cem mil	centésimo milésimos
$\bar{M}$	1 000 000	um milhão	milionésimo
$\bar{\bar{M}}$	1 000 000 000	um bilhão	bilionésimo

Coletivos

Substantivos coletivos

alcateia	de lobos
arquipélago	de ilhas
armento	de gado grande: bois, búfalos
atilho	de espigas
banca	de examinadores
banda	de músicos
bando	de aves, de ciganos, de malfeitores
cacho	de bananas, de uvas
cáfila	de camelos
cambada	de malandros
cancioneiro	de canções, de poesias líricas
caravana	de viajantes, de peregrinos, de estudantes
cardume	de peixes
choldra	de assassinos, de malandros, de malfeitores
chusma	de gente, de pessoas
constelação	de estrelas
corja	de vadios, de tratantes, de velhacos, de ladrões
coro	de anjos, de cantores
elenco	de atores
falange	de soldados, de anjos
farândola	de ladrões, de desordeiros, de assassinos, de maltrapilhos, de vadios
fato	de cabras
feixe	de lenha, de capim
frota	de navios mercantes, de autocarros
girândola	de foguetes
horda	de povos selvagens nômades, de desordeiros, de aventureiros, de bandidos, de invasores
junta	de bois, de médicos, de credores, de examinadores

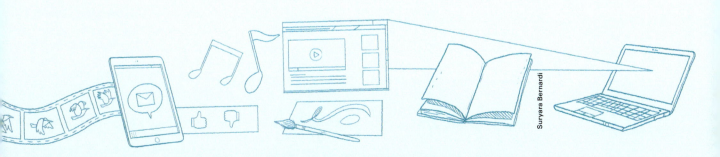

Substantivos coletivos

legião	de soldados, de demônios
magote	de pessoas, de coisas
malta	de desordeiros
manada	de bois, de búfalos, de elefantes
matilha	de cães de caça
matula	de vadios, de desordeiros
mó	de gente
molho	de chaves, de verdura
multidão	de pessoas
ninhada	de pintos
plêiade	de poetas, de artistas
quadrilha	de ladrões, de bandidos
ramalhete	de flores
rebanho	de ovelhas
récua	de bestas de carga
réstia	de cebolas, de alhos
roda	de pessoas
romanceiro	conjunto de poesias narrativas
súcia	de velhacos, de desonestos
talha	de lenha
tropa	de muares
vara	de porcos

Algumas abreviaturas

abrev. = abreviatura
a.C. = antes de Cristo
a/c, A/C = ao(s) cuidado(s) de
ap. ou apart. = apartamento
av. = avenida
bibliogr. = bibliografia
biogr. = biografia
bras., brasil. = brasileiro
c/c = conta-corrente
cap. = capital, capitão, capítulo
caps. = capítulos
Cia. = companhia
cm = centímetro(s)
cód. = código
d. = data
dep. = departamento
dist. = distribuidor
div. = divisão
ex. = exemplo
f. = folha
fragm. = fragmento
fund. = fundação
gen. = general
h = horas
hab. = habitante

impr. = imprensa
inst. = instituto
i. é. = isto é
ital. = italiano
itál. = itálico
jan. = janeiro
jun. = junho
jul. = julho
ltda. = limitada
min = minutos
mun. = municipal
nac. = nacional
neg. = negativo
obs. = observação
ocid. = ocidental
orig. = original
p. ou pág., pp. ou págs. = página, páginas
posf. = posfácio
pg. = pago
P. F. = por favor
s. d. = sem data
séc. = século
Sr., Srª = senhor, senhora
TV = televisão
W. C. = *water-closet*, banheiro

Siglas

ABNT – Associação Brasileira de Normas Técnicas
CBF – Confederação Brasileira de Futebol
FAB – Força Aérea Brasileira
FGTS – Fundo de Garantia do Tempo de Serviço
Funai – Fundação Nacional do Índio
BNDES – Banco Nacional de Desenvolvimento Econômico e Social
IML – Instituto Médico Legal
ONU – Organização das Nações Unidas
SBPC – Sociedade Brasileira para o Progresso da Ciência
Usiminas – Usinas Siderúrgicas de Minas Gerais S/A

BIBLIOGRAFIA BÁSICA

ABAURRE, Maria B. M.; RODRIGUES, Angela C. S. (Org.). *Gramática do português falado*. Campinas: Editora Unicamp, 2002.

AZEREDO, José Carlos de. *Fundamentos de gramática do português*. 2. ed. Rio de Janeiro: Zahar, 2010.

BAGNO, Marcos. *Gramática pedagógica do português brasileiro*. São Paulo: Parábola Editorial, 2012.

BAKHTIN, Mikhail. *Estética da criação verbal*. 3. ed. São Paulo: Martins Fontes, 2000.

BECHARA, Evanildo. *Ensino da gramática. Opressão? Liberdade?* 12. ed. São Paulo: Ática, 2006.

_____. *Moderna gramática portuguesa*. 38. ed. Rio de Janeiro: Lucerna, 2005.

BRANDÃO, Helena N. (Coord.). *Gêneros do discurso na escola*. 5. ed. São Paulo: Cortez, 2011.

BRONCKART, Jean-Paul. *Atividade de linguagem, textos e discursos:* por um interacionismo sociodiscursivo. São Paulo: Educ, 1999.

BUNZEN, Clécio; MENDONÇA, Márcia (Org.). *Múltiplas linguagens para o Ensino Médio*. São Paulo: Parábola Editorial, 2013.

CASTILHO, Ataliba T. de. *Nova gramática do português brasileiro*. São Paulo: Contexto, 2016.

_____; ELIAS, Vanda M. *Pequena gramática do português brasileiro*. São Paulo: Contexto, 2012.

CUNHA, Celso; CINTRA, Lindley. *Nova gramática do português contemporâneo*. Rio de Janeiro: Nova Fronteira, 1985.

FIORIN, José Luiz. (Org.). *Introdução à linguística II*. 4. ed. São Paulo: Contexto, 2010.

GARCIA, Othon M. *Comunicação em prosa moderna*. 13. ed. Rio de Janeiro: FGV, 1986.

GONÇALVES, Sebastião C. et al. (Org.). *Introdução à gramaticalização*. São Paulo: Parábola Editorial, 2007.

JAKOBSON, Roman. *Linguística e comunicação*. 22. ed. São Paulo: Cultrix, 2010.

KOCH, Ingedore Villaça. *A coesão textual*. São Paulo: Contexto, 2008.

_____. *A coerência textual*. São Paulo: Contexto, 2008.

_____. *O texto e a construção de sentidos*. São Paulo: Contexto, 2004.

LEMKE, Jay L. Letramento metamidiático: transformando significados e mídias. *Trabalhos em linguística aplicada*, Campinas, v. 49(2), p. 455-479, jul./dez. 2010.

NEVES, Maria Helena de Moura. *Gramática de usos do português*. 2. ed. São Paulo: Editora Unesp, 2011.

_____. *Que gramática estudar na escola?* 4. ed. São Paulo: Contexto, 2015.

PERINI, Mário A. *Gramática do português brasileiro*. São Paulo: Parábola Editorial, 2010.

POSSENTI, Sírio. *Por que (não) ensinar gramática na escola*. Campinas: Mercado de Letras, 1996.

_____. *Questões de linguagem: passeio gramatical dirigido*. São Paulo: Parábola Editorial, 2011.

PRETI, Dino (Org.). *O discurso oral culto*. 2. ed. São Paulo: Humanitas Publicações – FFLCH/USP, 1999.

SCHNEUWLY, Bernard; DOLZ, Joaquim. *Gêneros orais e escritos na escola*. Campinas: Mercado de Letras, 2004.

TRAVAGLIA, Luiz Carlos. *Gramática e interação:* uma proposta para o ensino de gramática. 14. ed. São Paulo: Cortez, 2009.